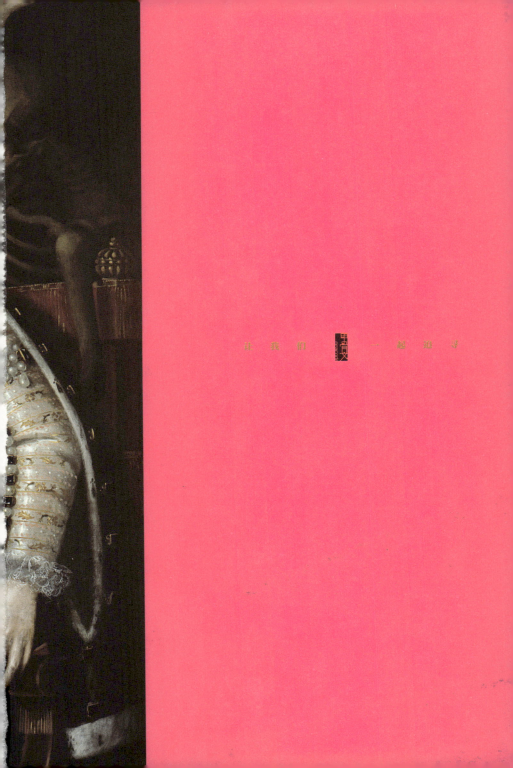

与 我 们 一 起 追 寻

伊丽莎白女王

THE QUEEN

〔英〕艾莉森·威尔 作品
Alison Weir

社会科学文献出版社
SOCIAL SCIENCES ACADEMIC PRESS (CHINA)

致谢辞

　　仅将这本书献给无怨无悔支持我的阿姨与姨丈，宝琳与约翰·马尔斯登夫妇。还要感谢同样支持我的兄弟与弟妹，罗讷与艾莉森·威尔夫妇以及肯尼斯与伊丽莎白·威尔夫妇。

　　在此容我衷心地致上感谢。

主要人物介绍

皇亲国戚

英王亨利八世（Henry VIII，1491 – 1547）

英王亨利七世的次子，都铎王朝第二任国王。为了与伊丽莎白的母亲安妮·博林成婚，亨利八世不惜与罗马教皇反目，与元配阿拉贡的凯瑟琳离婚，推行宗教改革，并通过允许自己另娶的法案。他将当时英国主教立为英国国教会大主教，使英国教会脱离罗马教廷，自己则成为英格兰最高宗教领袖，并解散修道院，使英国王室的权力因此达到顶峰。

安妮·博林（Anne Boleyn，1507 – 1536）

英国都铎王朝亨利八世的第二任妻子。就是为了与她结婚，亨利八世与教会断绝关系，推行宗教改革，并与元配阿拉贡的凯瑟琳离婚。安妮·博林在一五三三年生下伊丽莎白之后，再也无法顺利生出子嗣，使得亨利八世厌倦了她，最终在一五三六年以通奸罪名被斩首示众，结束了"千日王后"的传奇一生。

英国的玛丽女王（Mary，Queen of England，1516 – 1558）

亨利八世与元配凯瑟琳的女儿。父母的离婚，导致她度过一段悲惨的青少年时期。她是虔诚的天主教徒，因此继位之后便决意将英国恢复为信仰天主的国家，但是她与西班牙国王菲利普二世的联姻并不受人民的欢迎，在一五五八年十一月过世时并未留下子嗣，在位仅五年。

诺福克公爵四世汤玛士·霍华德（Thomas Howard，4th Duke of Norfolk，1536－1572）

伊丽莎白女王的表亲之一，也是势力庞大的权贵重臣。虽然从小在新教的环境下长大，但是他对天主教徒的苏格兰女王玛丽·斯图亚特深表同情，也因此后来在追求玛丽·斯图亚特的鱼雁往返中，同意参与天主教徒的篡位阴谋。一五七二年因叛国罪成立而遭到斩首处决。

英王爱德华六世（Edward Ⅵ，1537－1553）

伊丽莎白女王的弟弟，亨利八世唯一的儿子，由第三任妻子简·西摩所生。一五四七年，当他继位成为英国国王时还只是个十岁的小孩，到他一五五三年去世为止，在位仅六年。

莱蒂丝·诺利斯（Lettice Knollys，1541－1634）

弗朗西斯·诺利斯与凯瑟琳·凯利之女，也是伊丽莎白女王的姨甥女。她一生总共嫁了三次。二十岁时便嫁给了第一任丈夫艾赛克斯伯爵华特·德弗罗，并且生下后来的小艾赛克斯伯爵罗伯·德弗罗。华特·德弗罗身故后，将儿子托付给伊丽莎白女王，而莱蒂丝则秘密嫁给了女王最钟爱的宠臣莱斯特伯爵。事后才得知的伊丽莎白女王颇有醋意，总是找机会报复莱蒂丝。莱斯特伯爵去世后不到一年，四十七岁的莱蒂丝便下嫁了她儿子小艾赛克斯伯爵的好友布朗特爵士，但在一六〇一年以小艾赛克斯伯爵为首的谋反叛变中，布朗特爵士也受牵连遭到死刑处决。莱蒂丝活到了九十四岁。

苏格兰女王玛丽·斯图亚特（Mary Stewart，Queen of Scots，1542－1587）

伊丽莎白女王的表侄女。她出生不久后，便被加冕为苏格兰女王。因为与法国王储弗朗西斯二世有婚约在身，她从小就在法国宫廷长大，并且是一个虔诚的天主教徒。她与达恩里勋爵的婚姻虽然没有得到伊丽莎白女王的同意，但她的儿子詹姆士六世后来成为伊丽莎白女王唯一的继位人选。她与伊丽莎白女王之间的互动，是本书的重头戏之一，她涉嫌谋杀前夫达恩里勋爵、怂恿诺福克公爵与她成婚的阴谋，以及逃亡英国后被软禁期间仍不断地秘密向外界联系谋反篡位的举动，最后终于连伊丽莎白女王也抵挡不住民意，将她送上了断头台。

达恩里勋爵亨利·史都华（Henry Stuart，Lord Darnley，1546－1567）

莱诺克斯伯爵马修·史都华之子，他的外祖母是亨利八世的姐姐玛格丽特·都铎，因此他是伊丽莎白女王的表外甥。为了争取英国王权的优先继承顺位，他成了苏格兰玛丽女王的第二任丈夫，但是这段婚姻并未修得正果。一五六七年，他被发现在自宅的爆炸案中身亡。

英王詹姆士一世（King James I of England，1566－1625）

苏格兰女王玛丽·斯图亚特与达恩里勋爵之子。虽然他从襁褓时期便被加冕为苏格兰王，但直到一六〇三年他三十七岁，伊丽莎白女王去世时，才继位为英国国王。

参政大臣

伯利男爵威廉·塞西尔（Sir William Cecil，Lord Burghley，1520－1598）

伊丽莎白女王治理国事的首席顾问，也是女王的亲密好友。女王昵称他为"天使先生"。在伊丽莎白女王统治英国的四十五年期间，他便担任了长达四十年之久的国务大臣。

弗朗西斯·沃尔辛厄姆爵士（Sir Francis Walsingham，1532－1590）

身为严谨忠诚的清教主义者，因而获得伊丽莎白女王的信任，并且成为她的国务大臣。一五八〇年代起，当伊丽莎白的女王生涯面临继位危机时，他在整个欧洲布下非常精密的情报网络系统以扫荡天主教徒谋反篡位的阴谋行动。伊丽莎白女王昵称沃尔辛厄姆爵士为她的"摩尔人"。

莱斯特伯爵罗伯特·达德利（Robert Dudley，Earl of Leicester，1533－1588）

莱尔子爵、华威伯爵暨诺森伯兰公爵之三子。与伊丽莎白是青梅竹马一起长大的玩伴，自称是最懂伊丽莎白女王的男人，女王私下喜欢称他"甜美的罗宾"。然而由于第一任妻子的悬疑死亡案件，罗伯特·达德利注定无法与伊丽莎白互定终身。尽管在一五七八年他秘密迎娶了莱蒂丝·诺利斯，但是直到一五八八年去世为止，他终其一生都得到女王的宠爱。

克里斯多福·海登爵士（Sir Christopher Hatton，1540－1592）

伊丽莎白相当喜爱的宠臣之一，他是一位北安普敦郡乡绅之子。对伊丽莎白女王而言，他是一个理想的臣子，穷其一生追求着女王，而他与其他追求者的不同之处，在于他为女王保持独身，女王甚至也给了他专属的昵称——"眼睑"。

弗朗西斯·德瑞克爵士（Sir Francis Drake，1543－1596）

航海家及武装民船船长。一五八〇年以他最有名的船舰"金鹿号"环游世界一周回到英国，是英国史上第一位航海周游世界的人。一五八八年当英国对抗西班牙无敌舰队时，伊丽莎白女王授予其指挥官一职。

华德·莱礼爵士（Sir Walter Raleigh，1554－1618）

伊丽莎白女王喜爱的宠臣之一，颇为自负，身兼军人、探险家，同时也是一位诗人。他在弗吉尼亚州建立第一个海外殖民地，并以女王之名为这块土地命名，又曾经因为让伊丽莎白女王的寝宫侍女怀孕而一度被关入伦敦塔中。一六一八年，因为一项莫须有的罪名而被处以死刑。

约翰·哈林顿爵士（Sir John Harrington，1561－1612）

他是约翰·哈林顿与伊莎贝拉·马坎的儿子，他的父母皆为伊丽莎白女王自公主时期的侍从与好友，因此伊丽莎白女王成为他的教母。现今我们所知伊丽莎白女王晚期的宫廷历史多半是经由他的记录得知。他同时也是一位诗人、廷臣，以及发明冲水马桶的人。

弗朗西斯·培根（Francis Bacon，1561－1626）

尼古拉斯·培根爵士之子，伯利男爵威廉·塞西尔的外甥。因威廉·塞西尔之子罗伯特在宫廷中的政治势力日渐茁壮，转而寻求小艾赛克斯伯爵的支持。他天资聪颖，身兼律师、政治家、哲学家及作家，并拥有多部关于历史、法律、哲学等论述著作。后来晋身成为大法官。

罗伯特·塞西尔（Robert Cecil, Earl of Salisbury, 1563－1612）

伯利男爵之子。跟他父亲一样，罗伯特随后也在伊丽莎白女王的宫廷展露政治长才，成为国务大臣，并且是在伊丽莎白女王过世时将王权和平移转给苏格兰王詹姆士六世的幕后推手。

小艾赛克斯伯爵（Robert Devereux, Earl of Essex, 1567－1601）

艾赛克斯伯爵华特·德弗罗之子。伊丽莎白女王与威廉·

塞西尔谨守对其早逝父亲的承诺，协助看顾他自小到大的成长，伊丽莎白女王更成了他的教母；在他的母亲莱蒂丝·诺利斯嫁给罗伯特·达德利之后，莱斯特伯爵在宫廷中也一直提拔这个继子，因此备受这些大人们宠爱的小艾赛克斯伯爵逐渐恃宠而骄，甚至是宫廷里唯一胆敢直言冒犯伊丽莎白女王的人。一六○一年，小艾赛克斯伯爵因为谋反叛变不成而被处以死刑。伊丽莎白女王因他的死陷入深沉的哀伤之中，直到两年后女王去世之前，都一直被困扰着。

外国求婚者及其他

菲利普二世（Philip II，1527－1598）

西班牙国王，英国玛丽女王的丈夫，伊丽莎白女王的姐夫。在菲利普二世的统治下，西班牙的国力达到巅峰，他曾经试图创建一个天主教大帝国，因此与欧洲各国交战多年，但终究并未能如愿以偿。在偏向新教的伊丽莎白继位英国女王后，菲利普二世曾向她求婚未果，之后更展开"对英国的企图"以颠覆王权与宗教信仰。一五八八年派遣无敌舰队远征英格兰，却在英吉利海峡被机动灵活的英国海军击溃，从此西班牙在海上的威力便逐渐衰退。

凯瑟琳·梅迪奇（Catherine de Medici，1519－1589）

一五三三年嫁给法国国王亨利二世。她的三个儿子——弗朗西斯二世、查理九世、亨利三世，先后都成了法国国王；其中弗朗西斯二世娶了苏格兰的玛丽女王，并且在她的势力影响下，查理九世也曾对伊丽莎白女王提出联姻协商，而她第四个儿子弗朗西斯·安茹公爵则是伊丽莎白女王任内最后一位求婚者。

弗朗西斯·安茹公爵（Francis，Duke of Anjou，1554 – 1584）

法王亨利二世与凯瑟琳·梅迪奇之四子。虽然他的年纪比伊丽莎白女王小了二十多岁，但却是最受女王喜爱的追求者，也是伊丽莎白女王的最后一段热恋者（至少她表现得如此）。伊丽莎白女王昵称他为"小青蛙"。

玛丽·吉斯（Marie de Guise，1515 – 1560）

她是法国吉斯公爵的长女，一五四〇年被加冕成为苏格兰国王詹姆士五世的第二任王后，也是玛丽·斯图亚特的母亲。玛丽·斯图亚特五岁的时候，玛丽·吉斯将她的女儿送往法国宫廷接受法王亨利二世的教养。一五五四年她开始替她的女儿执政。在其执政期间，苏格兰最大的问题就是信仰天主教的她与新教之间的冲突。

家系表一 都铎家族 (m. 指婚姻对象，其后数字表示婚姻次数)

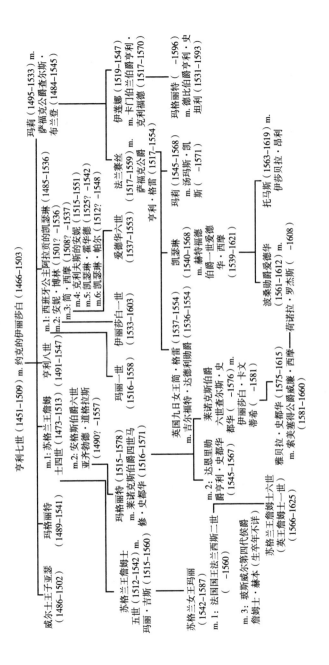

亨利七世（1451-1509）m. 约克的伊丽莎白（1466-1503）

威尔士王子亚瑟（1486-1502）

玛格丽特（1489-1541）
- 苏格兰王詹姆士四世（1473-1513）m.1
- 安格斯伯爵六世阿齐勃德·道格拉斯（1490?-1557）m.2

亨利八世（1491-1547）
- 西班牙公主阿拉贡的凯瑟琳（1485-1536）m.1
- 安妮·博林（1501?-1536）m.2
- 简·西摩（1508?-1537）m.3
- 克利夫斯的安妮（1515-1551）m.4
- 凯瑟琳·霍华德（1525?-1542）m.5
- 凯瑟琳·帕尔（1512?-1548）m.6

玛莉（1495-1533）m.
萨福克公爵查尔斯·布兰登（1484-1545）

苏格兰王詹姆士五世（1512-1542）m.
玛丽·吉斯（1515-1560）

玛格丽特（1515-1578）
莱诺克斯伯爵四世马修·史都华（1516-1571）m.

玛丽一世（1516-1558）

伊丽莎白一世（1533-1603）

爱德华六世（1537-1553）

法兰赛丝（1517-1559）m.
萨福克公爵亨利·格雷（1517-1554）

伊莲娜（1519-1547）m.
卡门伯爵亨利·克利福德（1517-1570）

凯瑟琳（1540-1568）m.
赫特福德伯爵一世爱德华·西摩（1539-1621）

玛莉（1545-1568）m.
汤玛斯·凯斯（ -1571）

玛格丽特（ -1596）m.
德比伯爵亨利·史坦利（1531-1593）

苏格兰女王玛丽（1542-1587）
- 法国国王法兰西斯二世（ -1560）m.1
- 达恩里勋爵亨利·史都华（1545-1567）m.2
- 波斯威尔第四代侯爵詹姆士·赫本（生卒年不详）m.3

英国九日女王简（1537-1554）m.
吉尔福特·达德利勋爵（1536-1554）

莱诺克斯伯爵六世查尔斯·史都华（ -1576）m.
伊丽莎白·卡文蒂希（ -1581）

波桑勋爵爱德华（1561-1612）m.
素美塞特公爵威廉·西摩·罗杰斯（ -1608）

雅贝拉·史都华（1575-1615）
荷诺拉·罗杰斯（1581-1660）

托马斯（1563-1619）m.
伊莎贝拉·昂利

苏格兰王詹姆士六世（英王詹姆士一世）（1566-1625）

家系表二　博林家族与霍华德家族亲属关系

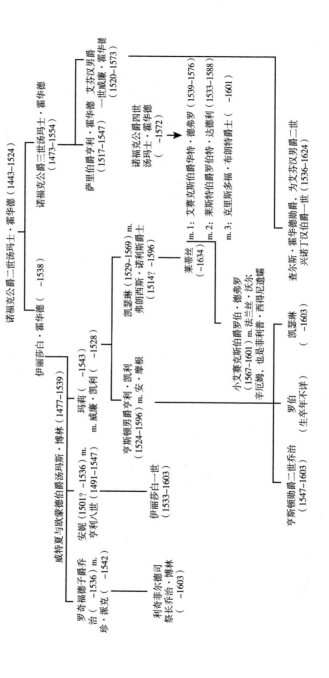

家系表三　达德利家族

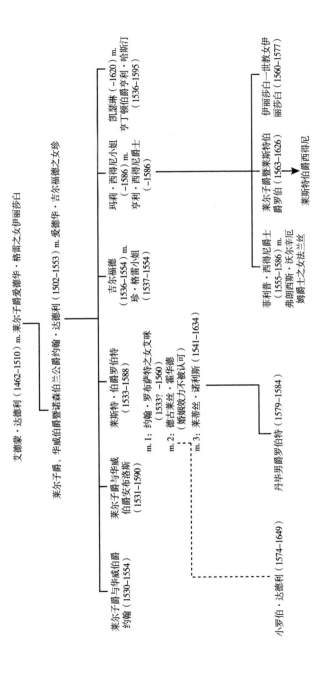

目　录

前　言

　　《伊丽莎白女王》是我有关都铎王朝系列作品中的第三部。在《亨利八世的六个王后》（*The Six Wives of Henry VIII*）中记述了伊丽莎白·都铎的童年时期，也在《大英王国的子嗣》（*Children of England*）中描绘了她早年的生涯，我发现自己非常想要撰写有关她的一生的传记。

　　这不是一部政治传记，我也并非想要描写那个年代的社会史。我最主要的目的，是记述伊丽莎白女王登基后的个人生涯，她个人留下的大量文学遗产，以及那个年代的一切。这本书原始的手稿名为《你所不知道的伊丽莎白一世》，但我很快就发现，"你所不知道的"伊丽莎白一世，其实大多数的人都知道，因此更换了书名。想要详述她的个人生涯，就无法避免地要提及交织出她的一生的各种政治与社会事件。而我所做的，则是详细记述这些事件的细节，让故事更加合理化，同时也强调伊丽莎白女王对这些议题的反应，展现出她对当代历史的影响。

　　伊丽莎白年代仿佛一块大画布，伊丽莎白女王与她那个年代又有许多不同的特点，到底该选择哪些议题，又该删掉哪些，成为对作者最大的考验。我选择的许多细节，皆精细地勾勒出她身为女王与女人的轮廓，也描绘出她性格的许多面向。

　　这本书由许多故事交织而成：包括伊丽莎白女王与莱斯特伯爵，伊丽莎白女王与苏格兰女王玛丽·斯图亚特，伊丽莎白女王与西班牙国王菲利普二世，伊丽莎白女王与小艾赛克斯伯爵，当然，伊丽莎白女王与诸位追求者的精彩故事也不能少。通过时间顺序来叙事，我将每一条轴线串成了整篇故事——但有时候我仍觉得自己像是写了四本书一样！

伊丽莎白女王是一个迷人又有魅力的角色，她的女王生涯值得记录成书。在那个年代，君主掌控国家也支配国家，因此君主的性格对国家的历史就产生了深刻的影响。本书研究的是一个全盛时期的人治政府。

艾莉森·威尔

一九九八年写于卡苏顿

序幕：一五五八年十一月十七日

一五五八年十一月十七日早上十一点到十二点，大批群众聚
集在西敏宫和伦敦街头许多地方。不久，群众开始欢呼，因为当
时的英国女王玛丽一世（Mary I）当天稍早死亡，死讯正式宣布，
她同父异母的妹妹伊丽莎白（Elizabeth I）正式登基。就在群众议
论纷纷之际，身为约克大主教与大法官的尼古拉斯·赫司
（Nicholas Heath），正在英国上议院宣布英女王继位的消息。

伦敦的民众们欢欣鼓舞地庆祝一个女人之死，她是上一任
的女王，是个女暴君，而接替她的人则大受景仰，是他们的救
世主，枢密院长老们纷纷来到赫特福德郡哈特菲尔德的皇家宫
殿，不久前同父异母的姐姐误会她密谋篡位，差点就要酿成大
祸，于是，伊丽莎白公主在这里聪明又低调地生活着。接近正
午，伊丽莎白公主无视于严寒的天气，在宫殿周围的花园里，
坐在一棵橡树下，一边呼吸新鲜空气一边看书。

她并非不知道自己的地位即将改变。这几天来，许多对未
来有野心的臣子，都已经不再理会快要死亡的玛丽女王，反而
故意往北来到哈特菲尔德，对年纪尚轻的继位人选伊丽莎白公
主输诚。但当枢密院代表来到花园中，对着伊丽莎白公主跪
下，尊称她为新任女王时，伊丽莎白公主噤默了。难以控制浮
上心头的各种情绪，她滑落到草地上，抱着膝盖，并且用拉丁
文说着："这是耶和华所做的，在我们眼中看为稀奇。"

接着她倏地站起，恢复了沉着冷静，速速返回宫殿接受民
众的喝彩，并准备着手统治英国。

引言：伊丽莎白的英国

英国首位女王玛丽·都铎（Mary Tudor）五年来的统治，简直惨不忍睹。她是亨利八世（Henry VIII）元配阿拉贡公主凯瑟琳（Katherine of Aragon）之女，亨利八世弃绝两人的婚姻，迎娶了第三者——安妮·博林（Anne Boleyn），因为父亲对母亲的残忍，她青少年时期都在悲惨中度过。玛丽女王是虔诚的天主教徒，自然也对父亲与罗马教廷断绝之举感到震惊；当年亨利八世在摆脱了安妮·博林后迎娶的第三任太太——简·西摩（Jane Seymour），随后因密反遭到处决，她生下的儿子爱德华六世（Edward VI），成为首位信奉新教的统治者，此举也令玛丽女王大感惊讶。因此，在一五五三年，当爱德华六世年仅十五岁却不幸逝世时，正统的继承人玛丽女王，好不容易克服了新教徒打算让表亲简·格雷（Lady Jane Grey）继位的谋反，总算在民众的呼声中登基，她也暗自盘算要恢复天主教信仰。为了要有正统天主教继位者来延续她的理念，她做出了致命的错误判断，和欧洲天主教权威西班牙的王储菲利普二世（Philip of Spain）结婚，然而这段婚姻并不受欢迎，很快玛丽女王便失去了臣民的爱戴。随后她恢复反对异端的法规，批准烧死三百多名英国新教徒，民众对她的观感每况愈下，也让她得到了"血腥玛丽"（Bloody Mary）这个绰号。在位的最后一年，英国将加莱（Calais）这块土地输给了法国，这是中世纪大陆帝国的最后一块，玛丽女王被视为罪魁祸首。经历两次假性妊娠和丈夫的冷漠，她得了重病，抑郁而终。

后人可以说，她统治过后的英国"简直糟透了"，国内充满宗教与政治纷争，英国退回到欧洲边缘小国的地位，同时也成为欧洲两大王权势力——西班牙与法国虎视眈眈的对象。英国与西班牙理论上应该联手对付法国，但因为伊丽莎白一世登基后，在臣民多所期待之下恢复了英国新教的地位，此举毫无意外地冒犯了菲利普二世，毕竟菲利普二世自视为反欧洲宗教改革运动领袖，并誓言歼灭各种异端。他有罗马教皇、宗教裁判所、耶稣会和西班牙在新大陆所得的庞大资产撑腰，如果被激怒，他可能变成英国的强悍敌人。当时的法国，正遭受宗教战争与内战的撕扯，但法国君主亨利二世不只占领了加莱，而且因为当时苏格兰的统治者与法国联盟，因而得以驻军在苏格兰，对英国形成巨大的威胁。时值英国国库空虚，国家财产几乎都在西班牙菲利普王子与他国兴起的战事中耗损，英国军力与军需品十分吃紧；防卫重镇与边防要塞全都破损不堪，若真的发生战事，恐怕也无力抵御外侮。

英国内部则出现许多纷争与不满的情绪。当时的英国政府负债达二十六万六千英镑，在当时简直就像是天文数字，使许多人对政府失去了信心。当年英国的人口在三百万到四百万人之间，人民才走过二十五年来宗教改革与反宗教改革之间的拉扯，社会上宗教分歧严重。玛丽女王逝世时的西班牙驻英国大使宣称英国有三分之二的人信仰天主教；也许他有夸大其词的嫌疑，因为事实上当时的伦敦、上议院和整个政府都以新教徒为主，也绝对地掌握了公众意见。一切都由伦敦主导，英国其他地方的民众自会跟随。

国内情势不稳，民众生活不易。英国并非富国，人民的生活水平低下。地主阶级人士——许多都是在没收隐修院的财产后致富——决心扩大自己的财产版图，于是将农地转为牧羊专用的草地，制造出许多羊毛制品，羊毛制造业也成为英国经济重要的支柱。但圈地政策只让贫民更贫，许多穷人都遭到驱逐，流离失所，他们被迫离开残破的家园，往大城市流窜，加入一群又一群乞丐与游民的行列中，这也成为伊丽莎白女王年代常见的景象。曾有一度，部分宗教团体会向穷人配给救济品，但在一五三〇年代左右，亨利八世解散了这些宗教团体，使得许多修士和修女也纷纷成了街头的乞丐。市政单位却完全没有伸出援手，反而通过法令禁止穷人进城，此举全然无益。此时街头常见的景象，就是游民男女躺在脏乱的街头，像狗或野兽般待在脏污不堪的街上，而经过的人不但不同情，甚至连正眼也不瞧一下。

　　"显然，"一五五八年时一名西班牙观察家提笔写下，"英国现在的状况十分凄凉。"尽管民众期待着新任的伊丽莎白女王可以拨乱反正，但还是有许多人怀疑，她有没有能力解决眼前这么多的难题，更有人质疑她这个位子可能坐不久，可能根本连开始着手的机会都没有。无论在国内还是国外，部分人士甚至认定，尽管她坐上王位，但她的根基不稳。从一五三三年九月七日出生那天开始，就有许多人认定亨利八世与安妮·博林的女儿是个杂种，尽管亨利八世的第二段婚姻有许多含糊不清之处，他依然将这个女儿放入继承人选之中。一五三六年，当安妮·博林因通奸与谋反被判有罪时，她和亨利八世的婚姻遭到否定，伊丽莎白也被贬为非法子女，因而在继位人选中遭到除名。后来亨利八世与女儿之间融冰，于是在遗嘱的继承顺序中，便将伊丽莎白的名字放在爱德华六世和玛丽一世之后，并通过了国会法案的验证。但亨利八世却忘了恢复她的合法身份，加上伊丽莎白疑似走向新教的倾向，许多觊觎王位的人，包括野心勃勃的外国王子和不忠诚的英国子民，都将她当成眼中钉。除此之外，伊丽莎白毕竟是女性，英国才刚经历玛丽女王统治失败的悲剧，她是史上首位女性在位者。在那所谓的家父长制年代，社会共识认为女性凌驾于男人之上违反天意也违反自然，女性被视为较差、脆弱、较劣等的生物，无法控制脾气，在以男性为主的世界中，天生就不适合掌权。当时圣保罗曾经下令，女性的角色就该在教会中保持安静，并且在家顺从地向丈夫学习。

但在那个年代，对皇室血脉的尊重大于反对女性执政的声浪，而伊丽莎白总归是伟大的亨利八世的女儿，加上几年来，许多人将情感与忠诚寄托在她身上，将她视为未来的解放者和新教的希望。当时英国最需要的，是一双坚定有能力的手，引导它走向安全的道路，让政府更加稳定安康，消弭歧见，让财政问题稳定下来，并提升国际威信。看起来这是个不可能的任务，但许多臣民依然殷切盼望她至少能够达到目标。

＊　＊　＊

伊丽莎白即将统治的英国，社会阶级表面上壁垒分明，每个人生下来的地位都是天意，各个不同的阶层拥有不同的生活方式、教养态度和穿着。这是中世纪时代的思想，新任的伊丽莎白女王欣然同意，但无论是社会上还是地理上，其背后都隐藏了新的动力；唯物主义潜伏在各个阶层之中，激发了许多动机与竞争心理，在伊丽莎白女王统治时间增长，民众致富机会增加后，逐渐蓄积动力，获得经济复苏。这一刻的英国已不再是中世纪社会，这个国家逐渐走向政教分离之路，他们有自信，对其成就与日积月累的繁荣盛况感到骄傲不已——而这个繁荣盛况，不只让贵族得利，也让英国经济的最大支柱——商贾与自耕农获益不少。一五九〇年代时，一名波兰观光客观察到，许多英国自耕农的地位，甚至家中的餐食，都比许多波希米亚贵族更好。

伊丽莎白的子民们外表保守，但其实十分精明。他们骨子里极度迷信，相信女巫、精灵、妖精和鬼魅，也非常仰赖先知、巫师和占星家的预言。那个年代人们的死亡率很高，生活并不容易——人类平均寿命约只有四十岁——当年的医疗知识有限，冬天也比现在严寒，也常爆发瘟疫疾病，对许多人来说，日复一日无法消弭的贫穷，让饥荒迫在眉睫，这些人不仅信奉斯多葛派，还有现今人们少有的坚毅精神，对死亡也有病态性的成见。人生苦短，聪明的人就该提早准备随时可能见到天父的那一天。

伊丽莎白年代的社会最令人担忧的，莫过于女王必须维持全国的平静，让人民的生活保持秩序，但无论在城市或乡间，总有目无法纪与暴力的事件发生，深夜里在伦敦街头行走是很危险的事情。街道上常有人拦路打劫，财力上许可的人，出国时总会雇用贴身保镖。当时英国法律的规定十分严厉，伴随法律而来的刑罚则非常残酷——在伊丽莎白一世在位期间，光是伦敦泰伯恩刑场（Tyburn）就创下处决了六千多人的纪录，鞭刑、烙刑或戴上脚镣手铐也都很常见——但刑罚不一定能奏效。

在十六世纪英国状况最好的时候，旅行也不是那么容易。地主阶级本应负责领地道路修缮维护，但很少有人愿意，因此许多道路在天候不佳的状态下，几乎是无法通行。多数的道路都仅能让人通过或只是羊肠小道，然而在主要干道——女王的快速道路上——至少一应俱全，还有驿站，当时的外籍旅客认为这是欧洲最好的。民众通常仰赖步行或骑马，至于名媛淑女们则多半搭乘马轿。一直到伊丽莎白女王统治一段时间后，没有避震又不舒服的马车才开始风行，当然，这只是有钱人家的玩意儿。

　　到了十六世纪结束时，英国首都伦敦约有二十万人口，成了一个拥挤、肮脏又吵闹的城市，夏日疫病泛滥。但在伊丽莎白女王的执政下，伦敦开始蓬勃发展，成了经济重镇，主宰英国的贸易活动，同时伦敦城区开始扩张，延伸到中世纪时期城墙以外的地区，出现有许多教区的卫星小镇。当时的伦敦不只是贸易重镇和海港，还有许多很棒的商店，尤其在威普塞街，许多金匠在此贩卖金制品，在中世纪时的圣彼得大教堂中央广场，也有许多知名市集。在泰晤士河畔的河堤上，贵族建起了一幢一幢的房子，房子前面的花园直接延伸到河边。每一栋贵族的宅邸都附有私人长堤，伦敦市区的交通混乱拥挤，走水路绝对比较省时省力。在泰晤士河南岸的苏里则是风化区，后来则变成了剧院区，其中最有名的剧团，就是莎士比亚圆形剧场。矗立在泰晤士河对岸的，则是森严的伦敦塔，它具有宫殿、监狱、军械库和堡垒的功能；在都铎王朝期间，伦敦塔则是恶名昭彰的贵族刑场，但这一切的险恶，也不足以阻止伦敦居民携家带眷地参观这个历史悠久的名胜古迹。

　　在伦敦的城墙内，有钱的商人们盖起了华丽楼房，控制了工匠与贸易公会，这些商人与他们的夫人们都穿上最好的天鹅绒，戴上金项链，以显示自己高人一等。一位当代作家菲利普·史杜伯（Philip Stubbs），赋予当时的伦敦人一些形容词——"无礼、大胆、有权有势又爱出风头"。逗熊和斗鸡是

6

当时商人间最流行的娱乐活动。伦敦是当时英格兰最大的城市，仅次于伦敦的城市，包括诺里奇（Norwich）和布里斯托（Bristol）。

身为岛国人民的英国人，处于欧洲边陲地带，性格极度封闭又有强烈爱国心，新任的女王自然也不例外。宗教改革更助长了这样的趋势，也催生出了一个制图师和地理学家更用心记录英国国境细节的年代，俗世历史学家也开始为更多的读者悉心记录英国史。至于英语，在莎士比亚戏剧出现后更上一层楼，英国人开始认定无论是古典英语还是现代英语，都和任何世界上一种语言一样好。自一四七〇年代印刷术发明以来，原本喜欢阅读希腊罗马经典（无论是原文版或翻译版，这些经典有许多不同版本的选择）、卡斯提里奥尼（Castiglione）、薄伽丘（Boccaccio）、马基雅维利（Machiavelli，当时他的书遭到官方查禁）和阿里奥斯托（Ariosto）的识字阶层，开始越来越喜欢看书。诗作，尤其是恋爱诗广受好评。原本只有各郡统治阶层和神职人员才有的读书机会，也扩展到逐渐发展成熟的中产阶级，一五五〇年开始出现的许多公立学校，都是由非常重视教育的女王主办。这些在为英国文化盛世打下基础——尤其是戏剧——一五八〇年代和一五九〇年代，由威廉·莎士比亚（William Shakespeare）、爱德蒙·斯宾塞（Edmund Spenser）和克里斯托弗·马洛（Christopher Marlowe）带领开始蓬勃发展。

在十六世纪前半段时，开始流行起让出身书香门第的仕女们，和兄弟接受一样的教育——毕竟伊丽莎白女王也从这种平等教育中获益不少——但在一五六七年时，卡斯提里奥尼出版了《宫臣》（*The Courtier*）一书，这股风气从钻研学术转为训练社交技巧。社会赋予这些出身良好的年轻女子懂阅读、会写信、知绘画、谱写音乐、能做女红和跳舞的期待——这些训练全都是希望能提升她们在婚姻市场上的竞争力。不过，女王身边的侍女们还是得要饱读诗书、博学多闻，毕竟宫廷依然是文化发展的中心。

伊丽莎白时期多数的艺术作品，都反映了英国民众对上流阶层与中产阶级向往的品位。人物肖像画蔚为流行，但当时的画风重于精致描绘华美的衣服，而非稍早前由小霍尔班（Holbein）和沃尔斯（Eworth）带起的现实派肖像画风。此外，小霍尔班还将细密画引进英格兰，但一直到尼古拉斯·希利亚德（Nicholas Hilliard）出现后，才让细密画成为一股流行风尚，而这股流行风尚成为一项英国传统，至今依然颇受欢迎。

建筑美学逐渐普及：这是贵族建筑的年代，许多旧式的建筑都被翻新或重建成英国文艺复兴式风格。它们充满古典设计、雕像装饰、带状雕刻、高耸的烟囱、有竖框的大窗、雕花栏杆、装饰复杂的柱子和意大利风格的外观。中古世纪的坞堡与城堡不再流行；枪眼、看守小屋和壕沟纳入文艺复兴式的设计后，则完全只有装饰之用。

每一栋华丽的建筑中都一定会有墙上装饰着挂毯与家族画像的长廊，各个房间里则有各种华丽的大理石装饰、壁画、布轴式的镶板、美丽的石灰天花板、彩色玻璃镶板及用各种徽章装饰的大型角窗与窗台。在建筑装饰中，处处都可以看到许多具有象征性的徽纹。房间里的家具，常以英国橡木制成，再以真皮或天鹅绒装饰于外，银镜、挂有精致刺绣帐的好床，有时会用小键琴来作为装饰，这也反映了在女王的带领下，当时对纯演奏室内乐的狂热。音乐是伊丽莎白时代英国最重要的艺术现象，加上汤玛士·摩尔利（Thomas Morley）、约翰·威尔比（John Wilbye）、托马斯·威尔克斯（Thomas Weelkes）和约翰·道兰德（John Dowland）的歌谣与小调，刺激并启发了汤马士·泰利斯（Thomas Tallis）和威廉·拜尔德（William Byrd），写出了英国国歌。

8　　　这些雄伟的建筑周围的花园和外围比较不起眼的房子，得到许多外国人士的好评。现在很难找到原汁原味的伊丽莎白式花园，但依据当时的记录，我们可以清楚发现，就算一般料理用的香草或药草有增添风味或提炼药物的实用性，但当时的人依然认为酒庄、果园或花圃中拥有罕见又不寻常的植物绝对更重要也更漂亮。时髦的花园可以为建筑的气氛大大加分，另外当时的人建筑设计的一环，还包括建筑周围的石墙或厚厚的角树树篱，就连角度都得计算进去。可以遮阴的乔木、充满传统风味的水缸或雕像，就是完成建筑氛围的最后一笔。

伊丽莎白时期的衣着有特别的艺术形式。人们过去从未如此注重时尚。男性习惯穿贴身的紧身上衣，搭上立领，薄麻布或棉布底下则有垫肩，颈部则有皱边装饰。随后，皱边装饰则被浆得硬挺的环状领取代。男性常穿及膝的灯笼短裤，里面会塞马毛，有时看起来十分可笑，让他们穿着长筒袜的腿看起来像两根竹竿。只有小腿匀称的男子才适合穿灯笼裤。当时也流行短版斗篷，斗篷上缘就固定在立领上，而帽子则要有夸张的羽毛装饰出轻快的感觉。除了剑与匕首外，伊丽莎白时代重视时尚的男子，都喜欢在身上任何地方，装饰各式各样的刺绣、编织和珠宝。

这一时期，女装的部分只有细微变化，但依然以夸张地展现女性曲线为主。前面十几年流行的方形领口，依然是主流，但那几年流行在里面加穿刺绣衬裙，因此一直到十六世纪末时，女性才再度在潮流的带领下露出胸口。女性与男性一样流行穿环状领——一开始只是小皱边，后来演变成一五八〇年代大如车轮的夸张环状皱边领，一五九〇年代再演变为胸前开口的流行设计，后面演变出来的设计，通常是以薄纱为主的领圈。女性的裙子也变得更大更宽，这一切都要感谢来自西班牙的鲸骨圆环，也就是用鲸鱼骨或细铁丝来支撑裙子。女性上半身则会穿着紧身衣，将腰部收成锥形。对此，一则风趣妙语说道，宫廷中的仕女们，看来就像是被绑在钟上的鸡。

袖子——和礼服并不相连——都是全长的，通常布满刺绣，或是十分蓬松以展现底下穿着的细致薄麻布。无论气候如何，制作服装的材料通常采用丝或天鹅绒，当时的人们也常穿戴珠宝——包括发饰、项链、珍珠项链、手环、戒指、领针、胸针、香盒、腰带，有时甚至将装饰有珠宝的书挂在腰间。许多女性都会化妆，也常用含有铅或砷成分的化妆品来改变肤色。化妆品常常被用来遮掩天花的痕迹，毕竟在当时，天花是很常见且人人都怕的疾病。

尽管眼光有些狭隘，伊丽莎白时期的人依然放眼海外新世界。十六世纪可以说是英国探索与冒险的年代，许多人都想往海外发展，包括在弗吉尼亚州第一个建立海外殖民地的华德·莱礼爵士（Sir Walter Raleigh），他以女王为这块土地命名，以及环游世界的弗朗西斯·德瑞克爵士（Sir Francis Drake）。

在英国境内，贸易持续蓬勃发展，各项产业也逐渐兴盛。来自欧洲大陆的新教难民们，为英国带来了蕾丝制造、丝绸纺织、雕刻、针线活等产业，毛料产业也持续扩大版图，为更多人带来了财富。一五六三年颁布的工徒令，是一份长期的强制契约，为工业和农业都带来稳定的契机。

然而商业上的成功也带来了副作用。追求财富、土地与权力，让多数人只在意自己的权益，完全不考虑大众的福祉或是弱势族群的需求。那是一个贪得无厌的年代，政府也十分腐败。宫廷成了有心人士瓜分权力的地方，许多人靠着贿赂便修改了法令。

富人生活无虞。当代作家菲利普·史杜伯透过观察，发现："在这个年代，如果餐桌上不是满满一桌各式各样的肉类而且每一道都还有酱料来相衬，那么它们就不会被视为正式的餐点。"人们非常愿意砸大钱购买昂贵的进口香料，因为那个年代都在秋天进行屠宰，再将所得的肉装桶腌渍，才能撑到春天，这些经过冬天长期贮存的肉类，急需香料来遮掩强烈的气味。无论哪种年纪或阶层，都会以啤酒取代水饮用，也常从欧洲大陆进口好酒。喝醉是常有的事，因此最常见的方法，就是不将酒放在桌上，转而放在餐具柜上，希望人们不要喝太多。

华德·莱礼爵士是第一个从美洲进口烟草到英国的人，他也因此极受称颂，但在一五六六年将大麻带进英国的，则是约翰·霍金斯。到了一五九〇年代时，抽烟斗是个昂贵但常见的事情——一盎司烟草要价三先令。但似乎是所有的人都会抽烟——无论是王子、臣子、贵族名员、士兵或水手都一样。

这就是伊丽莎白·都铎时期的英国。当她正式登基时，子民对她知之甚少。在严酷的环境中成长，幼年时期充满灾难与不确定性，至少两度陷入生死交关的考验，使她懂得了一定要有自己的支持者，懂得隐藏情绪并仰赖聪明智慧而活。她善于尔虞我诈、掩饰自己、支吾其词，也懂得如何陷害他人，这些都是文艺复兴时期君主必备的特质。到了二十五岁，她终于能掌握自己的命运，尽管在她的生命中充满了一个又一个的约束，但她早已决心维持自己的独立自主。从姐姐的错误中学习，也下定决心绝不要重蹈覆辙。她认为自己与人民在同一阵线，也会为民众的共同利益努力。她为陷入危机的国家带来了和平与稳定。她细心呵护着英国，就如一位母亲呵护着孩子。因此，她相信，神会留给她一条生路。

1　在英国国土上最英国的女人

　　伊丽莎白女王上任后的首件要务，就是感谢上帝让她和平接下王位，而之后她曾向西班牙大使透露，她要请求上帝"赐给她恩典，让她能以宽大为怀的心来执政，也不要发生流血事件"。因为有姐姐灾难性执政的前车之鉴，伊丽莎白女王下定决心，绝不让外国势力介入英国政权，西班牙不能，罗马不能，任何国家都不行，并且决心让她自己成为民族主义的焦点——"在英国国土上最英国的女人"。

　　伊丽莎白拥有显赫的英国血统。她的父亲是来自金雀花王朝的亨利八世，同时还有来自祖父亨利七世的威尔士血统；至于伊丽莎白女王的母亲安妮·博林，原是英国平民，她的先辈曾是诺福克郡佃农与商贾，在致富后与名门贵族女子缔结姻亲，使得他们变得家世显赫。而安妮·博林的母亲伊丽莎白·霍华德（Elizabeth Howard），则让伊丽莎白女王与萨里伯爵（Earls of Surrey）和诺福克公爵（Dukes of Norfolk）所属的霍华德家族沾上了边，这些都是英国最显要的贵族；至于博林家族本身，也与许多英国贵族世家有关，包括凯利家族（the Careys）与萨克维尔家族（the Sackvilles）。

　　亨利八世约在一五二六年时与安妮·博林开始相恋，当时他已与西班牙公主阿拉贡的凯瑟琳结褵十七年，而安妮·博林正是她当年的伴娘。凯瑟琳无法为亨利八世生下他渴求的子嗣，而且多年来，他也一直对这段婚姻的正当性存疑，因为《圣经》严禁任何人迎娶自己兄弟的遗孀：凯瑟琳曾与亨利八世的哥哥阿瑟（Authur）有过一段短暂婚姻，但阿瑟却在十五岁时不幸身亡；而凯瑟琳则从此坚决地否定这段婚姻。

　　亨利八世曾经历过几段恋曲，但他对安妮·博林却是全心付出，当她表示自己无法成为他的情妇时，他的爱火燃烧得更为炽热。她坚决地表示，自己的贞操绝对是献给夫婿最好的礼 12
物。

　　到了一五二七年初，亨利八世决定向教皇提出废除婚姻申请。大约在同一时间，他开始计划在婚姻上取得自由后，将随即与安妮·博林结婚。但教皇不想得罪凯瑟琳那势力强大的西班牙外甥——神圣罗马帝国的查理五世（Charles V），因而坚决不配合。亨利八世的"婚姻大事"因此延宕了六年，之后英国教会脱离了罗马教廷的管辖，亨利八世也自命为英国国教最高领袖。脱离了宗教束缚后，亨利八世马上宣布与凯瑟琳的婚姻无效，并公布与安妮·博林结婚的喜讯，在一五三三年安妮·博林怀孕后，他们便已秘密结婚。但新王后受到的宠爱光环，也很快光芒褪尽。

　　亨利八世与安妮·博林一直自信满满地认为会生下男孩，但孩子出世后竟是个女孩，让两人失望透顶。他们以两人的祖母，约克的伊丽莎白与霍华德家族的伊丽莎白来为女孩命名，伊丽莎白公主是个健康宝宝，而她的双亲，则希望很快能为她生下个弟弟。

　　但天不从人愿。接下来安妮·博林经历了两到三次怀孕失败的打击，亨利八世对她的爱因此荡然无存，转而爱上安妮·博林的一位侍女——简·西摩。同时他也发现安妮并不适合担任一国之母，她在公开场合放荡又不懂收敛，对敌人又充满报复心理。在短暂的时间内，她曾是个好母亲，因为坚持做到名门女子从未有的行为——亲自哺育孩子，并为孩子挑选美丽华服[1]——而触怒了丈夫。伊丽莎白公主三个月大后，随即有了自己的住所，前往哈特菲尔德宅邸后，母亲安妮就难得再见她一面了，只有在安妮完成了其他职责后才能看望女儿。

一五三六年一月，她再度胎死腹中，那天正好是阿拉贡的凯瑟琳的忌日，安妮的命运就此坠入深谷。她与另五名男子遭到逮捕，一位是她的亲生兄弟，她被控企图谋杀英王与另外二十二项通奸罪名——后来有十一项都完全遭到驳斥，这也代表其他的罪名在没有有效证据的状况下应该也是虚构的。安妮随即被关入伦敦塔中审判，被定了死罪。她与亨利八世的婚姻宣告无效，她所生的女儿也被视为私生子，在一五三六年五月十九号这天，安妮·博林被送上了断头台。

母亲被斩首时，伊丽莎白公主都还未满三岁，没有人知道日后她是什么时候，又是在什么状况下发现这个惨剧的。她是个早熟的孩子，很快就发现自身命运的飘荡，她曾问教师，为何有时人们叫她"伊丽莎白公主"，有时又称呼她为"伊丽莎白小姐"。失去父亲的宠爱，带来的问题可能不少，因此我们可以合理推测，她可能很早就发现母亲的惨剧。至于这起事件对她情绪的发展，就难有定论了，但显然影响极深。

没有人知道她是否相信母亲的罪名。成年后她只有两次提到安妮·博林的记录，但这两次都无法看出她的心意，不过她与母亲那边的几位亲戚十分亲近，也很在意他们的利益。最重要的是，尽管她的父亲公开贬低她的出身，同时在安妮·博林通奸案后那几年，正眼也不瞧她一眼，但在她的一生中，都很敬重她那恐怖的父亲。而那几年，父亲也给了她几位继母，这些继母都很同情失去母亲的她，甚至努力地想要讨好她。

　　伊丽莎白童年最凄惨的回忆，大概就是八岁这一年了。当时亨利八世的第五任妻子，也是安妮·博林的一位表妹——凯瑟琳·霍华德（Katherine Howard），是个搞不清楚状况的小女孩，她最大的不智之举，就是让秘密情人偷入寝宫，据后人猜测甚至还上了她的床。一五四一年，她的罪行曝光了。事情传入亨利八世耳中，令他痛苦哭泣，遂坚持不见凯瑟琳·霍华德。一五四二年二月，凯瑟琳·霍华德走向与安妮·博林同样的命运末路。

　　大约就在这个时期，伊丽莎白公主告诉一位朋友，也就是当时年幼的华威伯爵之子——罗伯特·达德利（Robert Dudley），"我绝对不要结婚"。部分作家宣称童年的阴霾，导致她将婚姻与死亡画上等号，尽管没有证据可以支持这个理论，但这无疑是伊丽莎白童年中最惨淡的一段时光，凯瑟琳·霍华德遭到处死的事件，让她想起了母亲悲惨命运的痛苦记忆。

　　根据都铎王朝的记载，直到亨利八世于一五四三年娶了凯瑟琳·帕尔（Katherine Parr）后，伊丽莎白公主才有了一个像样的家庭；然而接着伊丽莎白公主不明原因地冒犯、触怒了父亲，使父亲下令一年都不见她。在亨利八世于一五四七年一月份去世之前，因为九岁的儿子爱德华六世成功继位，同时伊丽莎白也前往切尔西的宫殿与凯瑟琳·帕尔同住，父女两人才再度言归于好。

　　也许在很多方面，亨利八世都忽视了他的女儿，但从伊丽莎白公主六岁起，他就坚持让她接受良好教育，这样才能配上文艺复兴时期的王子。凯瑟琳·帕尔也认真地监督继女的教育，并为伊丽莎白公主请来最好的老师，包括威廉·格林道尔（William Grindal）和著名的剑桥学者罗杰·阿谢姆（Roger Ascham）。阿谢姆身处的学术圈，不只是一群致力于古希腊与拉丁经典及女性教育的人文学家，而且也早已改信英国国教，也就是我们现代所称的新教徒，同时也可以确定，伊丽莎白在那小小年纪便已受到他们的影响。

14　　她聪颖过人、机智且记忆力惊人。阿谢姆曾称从未教过理解力如此优良，记忆力如此惊人的女性。他曾热烈地表示，她的心智似乎没有一般女性的缺点，身上同时拥有贤淑又阳刚的气质；他最高兴的是，面对任何智力上的考验，她都能聪明以对。英国有许多受过教育的女性，但用"最耀眼的一颗新星"来形容伊丽莎白公主时，阿谢姆绝不夸张。

　　和那个年代所有受过教育的女性一样，伊丽莎白公主受到的教导，要她在课业上表现得和男性一样稳健，还要超越"自诩完美的希腊与罗马"。导师为她设计的课程，依据今日的标准来说，十分折磨人，但透过这些智力上的练习，她日趋成熟，而且她还有极高的语言天分，当然，她也很爱炫耀这一点。身为一个女王，她不仅能读懂拉丁文、法文、希腊文、西班牙文、意大利文和威尔士文，而且还说得很流利。她看过希腊文版的《新约圣经》《艾索克拉底演说集》及《索福克里斯悲剧集》等经典著作。而且她长年对哲学和历史保持浓厚的兴趣，她的一生中，每一天都会拨冗三个小时来读历史名著。

　　伊丽莎白公主也擅长许多一般英国女性会的传统女红。青少年时期的她已经会做针线活，甚至会为自己的书绣出漂亮的缝线。阿谢姆表示可以证明她的做工有多漂亮，以及她常常花大把时间在缝制上。从留存至今的她的许多真迹之中，她那灵巧的"罗马斜体字迹"，便可证明她的字迹秀丽。"没有什么能比她的字迹还要优雅的了！"阿谢姆如是说。她也继承了父母对音乐的热爱，不但会弹鲁特琴，有极佳的鉴赏力，甚至有一副好歌喉，还会创作音乐。她也精通马术，她最喜欢的运动之一就是打猎。其他闲暇时间，她喜欢在大自然中走走，或是用十字弓练习射击。尽管在她继位之前并没有太多机会沉浸在舞蹈的世界，但在所有兴趣之中，她最喜爱的就是跳舞了。

伊丽莎白公主在来到切尔西之后，继续在凯瑟琳·帕尔的监督下接受教育，不过这回教育的内容对伊丽莎白来说就有所不同了，这都要怪罪凯瑟琳嫁了一个不适当的新丈夫，他是亨利八世第三任妻子简·西摩的弟弟——最高上将托马斯·西摩（Thomas Seymour）。托马斯·西摩是个浅薄又野心勃勃的人，他非常妒忌哥哥索美塞得公爵、英国摄政王爱德华·西摩（Edward Seymour）在国力衰退时握有的重权。他汲汲营营地想提升政治实力，甚至动了歪脑筋要娶老亨利八世的其中一个女儿，却遭到枢密院的吓阻。尽管还在新婚期间，这个爱虚张声势的色鬼，天天都和还在青春期的伊丽莎白厮混，在她的床上呵痒、打屁股，甚至穿着睡衣就进了她的房。家庭女教师凯瑟琳·艾希莉（Katherine Ashley）认为此事是一大丑闻，于是向凯瑟琳王后密报，尽管如此，孀居的王后对将军的行为不以为意，甚至几次加入了他们享乐的行列。

后来凯瑟琳·帕尔怀孕了，然而托马斯·西摩与伊丽莎白公主间的暧昧情愫逐渐滋长。没有人知道后来这段畸恋发展得多荒谬，但他的行为足以激起凯瑟琳的猜疑，于是她把伊丽莎白公主送走了，此举不只是为了拯救自己的婚姻，更是为了保护公主的名誉。一五八四年，凯瑟琳·帕尔难产过世，枢密院发现了西摩对公主不轨的举动，然而依据亨利八世的遗嘱与国会法案的规定，伊丽莎白公主的继位权仅次于姐姐玛丽公主，若没有君主的同意，伊丽莎白公主不得私订婚约。西摩将军涉嫌再度策划迎娶伊丽莎白公主为妻。事实上，他正在密谋推翻自己的哥哥，随后不久，在国王的寝室外面，他被发现带着一把上膛的手枪，因而遭到逮捕。他被判叛国并遭处死；伊丽莎白公主私底下对此做出回应，她对西摩将军的爱毋庸置疑，"今天一个风趣的男人逝世了"。对她来说，又再度验证了两性之间的互动可能致死的想法。

后来连伊丽莎白公主的仆人们都遭到审讯，当然她自己也是，西摩将军计划的肮脏事全都被抖了出来，这件事几乎毁了伊丽莎白公主的名声，让她的生命陷入危机。尽管年纪轻轻，讯问的人又在她身上施加强大压力，但她依然干练地为自己辩护。而小国王虽然喜欢自己的姐姐，但他对此也无能为力，最后伊丽莎白公主靠着乏味又慎重的生活方式，穿着弟弟与宗教改革家喜欢的清新服装，才成功地抢救回自己的名望。

一五五三年，爱德华死于结核病后，曾为华威伯爵，后来变成诺森伯兰公爵的约翰·达德利（John Dudley）试图策划由简·格雷继位，结果篡位意图未果。简·格雷是亨利八世的甥孙女，是他最爱的妹妹玛莉（Mary）所出的孙女；在他的遗愿中，若当时的爱德华王子、玛丽公主和伊丽莎白公主皆亡，简·格雷才可能出线继位。诺森伯兰公爵先是成功驱逐并替代索美塞得公爵，在爱德华六世继位后成为摄政王；爱德华六世之死让他积极想要维护政权，决心不让热爱天主教的玛丽公主推翻爱德华六世在位期间建立的新教声望。为达目的，他让儿子吉尔福德（Guilford）迎娶了简·格雷，同时煽动爱德华六世签署一份非法文件，改变了继位的顺序。然而英国人民站在玛丽公主这一边，在民意浪潮的支持下，玛丽公主继位了。诺森伯兰公爵犯了叛国罪，而被他利用的简·格雷最后也被送上了断头台。

诺森伯兰公爵密谋篡位之事与伊丽莎白公主完全无关，她聪明地继续待在国内。当姐姐玛丽公主顺利登基后，伊丽莎白公主也前往伦敦道贺。但这对同父异母的姐妹之间的关系，一直都不太轻松；随后玛丽女王开始怀疑，伊丽莎白公主的秘密身份为新教徒，这让姐妹两人的关系逐渐转坏。一五五四年时，伊丽莎白公主被控与汤姆斯·怀亚特爵士（Sir Thomas Wyatt）共同谋反，这场骚动从煽动民众反对玛丽女王计划下嫁西班牙菲利普王子开始，导致伊丽莎白公主在伦敦塔中待了三个月，等待行刑之日。没有任何证据能让伊丽莎白公主定罪，尽管最后她被无罪释放，但在姐姐玛丽女王的心目中依然认定伊丽莎白公主有罪。伊丽莎白公主日后曾承认，沦落到伦敦塔中的日子，是年少记忆中最悲惨灰暗的一页；在一次国会演说中，她回忆道："我的人生陷入危机；我的姐姐如此怨恨我。"安然脱离苦牢后，她从未停止对神的感谢，她把自己成功获救一事归功为一场奇迹。事实上她应该感谢的是西班牙的菲利普王子，是他帮她向玛丽女王求情，但伊丽莎白公主依然暗自向神祈祷，而且深信神听见了她的祈求，也认可了她虔诚信仰的功效。直到一五七九年底，她依然不时私下祈祷感谢上苍"把我拉出囹圄重回宫殿"。

在成功获释之后，伊丽莎白公主在国内低调行事，避免涉入任何反对姐姐的行动中，就在此时，玛丽女王与菲利普二世的婚姻也触了礁。

伊丽莎白公主于二十五岁时成功登基。她的身形又高又瘦，纤细的腰围、小胸部和美丽纤长的手指却让她可以摆出各种华丽姿态。她继承了母亲橄榄色的黝黑皮肤，不过她有美白的习惯，她会涂抹一种由蛋白、蛋壳粉、罂粟籽、硼砂和明矾调制而成的乳液，让皮肤白皙透亮。她那瘦长的脸型、高颧骨与尖下巴也遗传自安妮·博林。她的父亲则将红卷发和高挺的鹰钩鼻遗传给她。一五五七年时，一名威尼斯使者曾经写道："她的面貌姣好不显英气逼人，气质出众、眼睛迷人。"在那又细又弯的眉毛下，她有着一双明亮又凌厉的眼睛，至于眼睛的颜色，众人依然在争议中。尽管她不算非常有魅力，但仍深深吸引许多男性的注意：不是所有臣子的阿谀都是为了奉承她而已。一名使者曾写道，最重要的是，"她那不怒而威的气质，比她的一举一动更令人无法忽视，也不会有人不知道眼前的正是英国女王。"

　　一五五八年时，并没有人真正了解她的个性。她从很小就学会自己需要他人忠告，必须控制自己的情绪，在大众面前也得循规蹈矩，如此一来，在反对她的意见出现时才能自保。尽管她大多数的人生，都没有活在公众的眼光之下，她却聪明地在毫不公然张扬的情况下，诉诸公众的力量，她认同公众的利益，她也成为宗教上的赢家，推崇新教。

　　她总是维持一贯庄严的态度；她有时也感空虚、执拗、独断、倔强、专横；她的幽默感有时带着一种恶意；她也时常做出尖锐的评断，一语中的；但需要的时候，她也能给予温暖，表达怜悯，尤其是面对老者、病人、丧家和不幸的人；在信仰上与面对困境时，她展现了无比的勇气，也从不会暗自蔑视对手。她拥有天生的人道关怀精神，和当时的许多君主相比，她其实不算太残酷；而在那个宗教教条主义的年代，许多人更是认为她拥有不凡的包容度。她自视为"尊荣与诚信"的模范，总是以直接的态度对人，也会支持诸侯的论点，但实际却与她想的有所落差。她和那个年代所有的统治者一样，为达目的会虚应、掩饰和欺瞒。财政节约的需求，让她对每笔开销都小心翼翼，甚至显得有些吝啬，而且直到她死前，都仍在尽量减少花费。面对任何事情，她一定谨守小心为上的箴言：除非必要，否则绝不冒险。毕竟她来自一个险恶的环境。

她懂得善用女人天生的武器，巧妙地利用女人的软弱与缺点，有时甚至用哭闹作为手段，但同时展现出许多男人都欣赏的特质。她睿智，有常识，有毅力，有气节，又有韧性，加上懂得适时妥协，对于现实层面保持清醒的头脑，还有着狡猾又缜密的心思，这让她成为颇受尊敬的君主。男人也许会鄙视她的性别，对于她精准计算时间的能力嗤之以鼻，就算男性们不甚了解她的想法、她的难以捉摸和不按牌理出牌的倾向，却依然还是很欣赏她的能力——而且，最重要的是——她时常在非必要的时刻改变心意，甚至用过长的时间来延迟决策过程。

伊丽莎白女王的身体十分健壮、精力充沛，但辛苦的年少时期，让她变得神经质，只要偶尔不知如何是好，便会恐慌、失去理智地恐惧、情绪失控。她无法忍受强烈噪音，尽管性急暴躁，她却顶多只会对着倒霉的智囊们大吼大叫、怒骂脏话。 18

身在宫廷大群男性之中，她无疑将自己年轻未婚女性的身份，视为莫大的益处：和男人调情就像她的生命原动力，而且她也深知，自己对男性的吸引力，不完全只是来自崇高的地位。就像她的母亲一样，她深知如何向异性展现魅力，用她的风趣、她的活泼、她生动的交谈方式及灵活的眼神，让对方觉得自己很美。她的个性引人注目、魅力十足：曾有一名朝臣如此叙述，"她美得令人屏息、如此亲密又庄严"。比起与女性相处，她认为身在一群男人之中比较得心应手，而且最喜欢让自己身陷宫廷爱情之中。她的一生中最开心的，莫过于认定那些对她阿谀奉承、摇尾乞怜的朝臣们——就像她想象的一样——都爱着她。也因为这样，她把其他女性都视为威胁。

＊ ＊ ＊

一五五八年十一月十七日，她在继位的那天下午，召集了从各地来到哈特菲尔德宫的代表们，一起讨论她的立即施政计划。当天她身穿娴静的黑白服装，受到许多新教徒的喜爱，她以冷静沉着且敏锐的态度主掌了会议的进行，让原本担心她缺乏政治经验的人感到惊讶。一位从青少年时期就认识伊丽莎白，而且长期支持她的男子，表示绝对不怀疑她统治人民的能力。他的名字是威廉·塞西尔（William Cecil），在接下来的四十年中，威廉·塞西尔一直都是伊丽莎白女王的首席顾问与亲密好友。

到了塞西尔三十八岁时，在北安普敦郡一位乡绅的儿子中，唯有他曾为亨利八世的臣子，他和罗杰·阿谢姆一样都在剑桥就学，也都受到剑桥兴起的人道改革运动影响。大学毕业后，他被父亲送往葛雷法律学院就读，接着在极短的时间内，他就在高等民事裁判所找到一份报酬丰厚的差事。他的第一任妻子，是爱德华六世的导师约翰·契克之女，玛莉（Mary），她也是位剑桥的人文学家，可惜早死，接着威廉便娶了也是正经八百的第二任太太，缪德莉（Mildred），爱德华六世时期的管理者安东尼·库克爵士培养的四位高教育水平的女儿之一。缪德莉长相平庸，脸型较长，但两人的婚姻美满且有所出，让塞西尔享受了当父亲的愉悦。根据长期住在他家，并为他写传记的约翰·克拉彭（John Clapham）表示，"只要孩子们在餐桌上就座，他就像被围绕在自己的小王国中。"尽管他崇尚简单的快乐，但他们家族十分富有，在林肯郡的史丹福也有一座宅邸——一五五三年时，他便建造了这个如皇宫般的柏利庄园，另一座宅邸则在萨里郡的温布敦。 19

爱德华六世在位期间，塞西尔越来越成功，成了国王特权法院法官助理、史丹福地区议员、索美塞得摄政王秘书、枢密院成员与国务大臣，直到一五五一年受封爵位。靠着努力与坚毅的精神，他成为迅速崛起的新星，向上级证明自己慎重、博学、值得信赖，也是听令于上级的政治家。本身观点倾向保守，毕生循着中世纪君主统治的精神，与伊丽莎白女王信守相同信念。他非常爱国，是现实主义者，虽不情愿地承认改革之必要，但仍准备将国家利益放在个人利益之前，而且面对国家利益，会毫不忌讳地采用残酷阴险的手段。他本身最大的优点就是极度慎重，而且在接下来几年间，也掌握着英国的命运。

塞西尔是一位充满热诚的新教徒，尽管在玛丽女王在位时，他隐藏了这一点，但他的事业仍一度遭到停摆的命运；在玛丽女王在位期间，他失去要职，只剩最高诉讼法院的职务。

约翰·克拉彭形容塞西尔"拥有精实的身材，体型完美不显瘦长，面容严肃却不显权威感"。在他的肖像画中——而且他现存的画像比伊丽莎白女王还要多——将他塑造成一个伟大的政治人物，他有一双灰眼，粉红肤色，灰白的头发和胡髭（他的头发从一五七二年就开始变白），咖啡色络腮胡，右脸颊上还有三颗肉瘤。处在一群贵族之中，显然身为平民的他相形见绌，而且在那几年内，许多贵族的确也常对他怒目相视。

从爱德华国王在位期间到玛丽女王时期，塞西尔都为伊丽莎白提供经济事务建言，之后又用他的影响力和政治上的经验，让伊丽莎白避开敌人的诡计。她很快就发现了塞西尔存在的价值，塞西尔也很快就了解伊丽莎白独特的价值，于是他们形成了英国史上最重要的联盟。不久后，伊丽莎白便称塞西尔为她的天使——她为每个亲近她的人起的小名，都代表着她的喜好。曾经发生了一些事情，让塞西尔一度对于她的心意存疑，为此她曾写信道：

> 天使先生，我怀疑为何给你此昵称，你们那些人（据称）说的话都不具意义；近来我看到了证明，驴子踢你的同时，你已过度反应。如果我感觉到你蔑视我的看重，我将收回天使这个称呼。你要服侍神，敬畏王，和他人和睦相处。可别蠢得忽视她对你的信任。愿神祝福你，也愿你长寿。

20

因此在伊丽莎白继位的消息向外国与英国驻外使馆宣布后，十一月十七日那天下午的代表会议中，就由塞西尔坐在伊丽莎白女王的身旁。政府宣布为玛丽女王哀悼三日，尽管新任女王持续私下向各个代表秘密咨询，但代表会议却破局，同时许多臣子与皇室支持者抵达哈特菲尔德宅邸，连住宿的地方都不够了。

隔天早上，女王与代表们再度进行非正式会面，安排王室相关事宜，当天稍晚则宣布了骑士统领由罗伯特·达德利担纲。此举引起许多人私底下议论纷纷，因为达德利乃是叛国者诺森伯兰公爵之子，在一五五三年时曾策划杜绝玛丽与伊丽莎白继位的机会，由简·格雷取而代之。诺森伯兰公爵与简·格雷都已遭到处斩，而达德利与幸存的兄弟们，也都在伦敦塔被关了一段不算短的时间。后来他幸运获释，于玛丽女王在位期间，他都在老主顾兼老朋友西班牙菲利普王子的军队中担任要角，在一五五七年的圣昆汀战役中表现杰出。回到宫廷中，他努力挣得了一流马术师的名号，也是位技巧纯熟的矛骑兵；然而在达德利身上，叛国的污名依然挥之不去，依然有许多人处处防备他。

对伊丽莎白而言，若要让她和她的臣子及时抵达伦敦，就必须赶紧任命一位骑士统领，而达德利则是不二人选。之前达德利的大哥，当时已死的华威伯爵约翰，曾在爱德华六世期间担任过骑士统领，因此罗伯特·达德利自然是接位的最好人选。更重要的是，他专精于马的相关知识，而且和伊丽莎白自幼熟识；他们算是同年。达德利于一五三三年六月二十四日出生，可能曾是贵族中精挑细选出来的孩童之一，目的是与皇室后裔爱德华和伊丽莎白切磋知识，他也因此与伊丽莎白熟识。后来达德利曾写道："从她八岁起，我就比世界上其他男人都还了解她。"

一五五〇年时，达德利受封成为皇家狩猎统领，也就在同一年，他迎娶了诺福克郡赛德斯敦的约翰·罗布萨特爵士之女艾咪（Amy）。爱德华六世出席了他的婚礼。这场婚姻让罗伯特·达德利成为诺福克郡的有钱大地主，此举至少为他带来许多快乐，威廉·塞西尔曾忆道："那是场充满欲望的婚姻，为的只是欢愉。"

到了一五五三年，达德利顺利成为国会议员，并且支持父亲未竟功成的政变行动。一五五四年，伊丽莎白仍被囚禁在伦敦塔中时，他也依然是伦敦塔的阶下囚，还被判了死刑，尽管

21

没有证据可以证明在门禁森严的高墙下他们曾见面，但许多史学家仍推测他们见过面，甚至认为他们就此擦出爱的火花。然而这不太可能，因为当时的伊丽莎白受到最严密的监控，而达德利则要求并且也获准许让太太在"任何方便的时候"都可来探望他。我们唯一能臆测的就是，罗伯特·达德利与伊丽莎白坐牢且险些断送性命的共同经验，让他们有了更深一层的联结。一五五七年，罗伯特·达德利从欧洲返国后，就在诺福克郡住下，但他并没有忘记伊丽莎白，且他曾一度"卖掉一块好土地，就只为了援助她"。罗伯特·达德利听到她继位的消息，便匆忙赶到哈特菲尔德宅邸，象征性地提醒伊丽莎白他的地位，献上他的忠诚和效忠的意愿，让伊丽莎白感到难以拒绝。

担任骑士统领期间，罗伯特·达德利的年收入在一千五百英镑左右，外加其他额外补助，包括宫廷中的一个房间。他获得批准让仆人得以随侍在侧，而且还可以穿着如都铎王朝皇室制服般的绿色与白色。他个人就有四匹马任他差遣。这份差事绝非冗职，他必须为女王与皇室成员购买、繁衍、训练和管理马匹。罗伯特·达德利以谨慎的态度工作，以改善皇室马匹的一切，他的其中一项重要工作，就是在格林尼治培育巴巴利马种。他同时也要负责皇室游行和皇室娱乐的相关事宜，包括马上比武大会、化装舞会、戏剧表演与皇家晚宴，因为对管理和表演技巧天生敏锐，并对大型盛宴与骑士精神非常了解，因此他表现得相当称职。在皇家游行中，他得到最大的荣耀，得以跟在女王身后。因为伊丽莎白女王"非常喜欢好马"，因此她与罗伯特·达德利几乎天天都有接触的机会，在皇室成员离开哈特菲尔德宅邸前，甚至有人看到他们一起在庭院中共骑奔

驰。伊丽莎白最喜欢的就是走出户外骑骑马，尤其是身旁有这
英俊的年轻人相伴，他每天都敦促伊丽莎白要天天运动，才能
稍微抛开治理国事带来的烦忧。伊丽莎白女王与骑士统领的运
动时间，很快就成了她日常的习惯。

罗伯特·达德利约有六英尺高，非常有魅力；他的皮肤黝
黑，因此也有人昵称他为"吉卜赛"，其实这个形容词主要是
用来形容他的人格，而不只是面容。罗柏·依顿爵士（Sir
Robert Naunton）形容"罗伯特·达德利是一个体态优美、面
貌端正的人，青少年时期就长得十分俊美，可惜额头很高"。
他有一头棕红色的头发、微红的胡髭、高挺的鼻子和看来冷酷
的下垂眼。伊丽莎白最喜欢他修长的手指。年纪轻轻的罗伯
特·达德利，身形精瘦强壮，还有一双好看的长腿，同时他还
懂得以流行又有品味的衣着，来展现身材的优点。他好动又精
力旺盛：他能骑马进行长枪比武，懂得马术，会打网球和射
箭，也喜欢钓鱼。他对舞蹈与唱歌也很在行，而且也很健谈。
他是文艺复兴时期的好男人，对科学、数学、几何学、天文
学、地图制作及航海都非常有兴趣，他读过许多经典著作，法
文和意大利文也很流利。贵族科学家、天文学家，同时也是知
名音乐家的约翰·迪伊博士（Dr. John Dee）可能指导过他，
因为迪伊博士曾住在诺森伯兰宅邸，没多久之后罗伯特·达德
利就将迪伊博士引荐给伊丽莎白女王，而女王对迪伊博士的智
能与知识也相当尊敬，因此常常和罗伯特·达德利一起到莫特
莱克庄园请益。

罗伯特·达德利受到任命又受到年轻的女王的青睐，让宫
廷中许多臣子大感不满，同时也对罗伯特·达德利家族的野心
感到忧惧。许多臣子都还记得，他的父亲与祖父埃德蒙·达德

22

利（Edmund Dudley），都曾因为叛国罪锒铛入狱，他的祖父入狱时，刚好碰上亨利八世刚登基的时机，而后人则认为，他遭到判刑，仅是亨利八世为了给挞伐声四起的财政政策找到的代罪羔羊。但伊丽莎白继位不久后，女王对罗伯特·达德利的青睐就扩展到他许多家族成员，其中最具知名度的就是罗伯特·达德利的兄弟安布洛斯（Ambrose），以及罗伯特·达德利的姐妹，嫁给了彭斯赫斯特的亨利·西得尼爵士（Sir Henry Sidney of Penshurst）的玛莉（Mary）。玛莉后来是女王最喜欢的一位寝宫侍女。

* * *

那一年的十一月十八日到十九日，伊丽莎白都和智囊们一起商讨行政相关事宜，到了十一月二十日时，枢密院和大批贵族都来向女王行礼，正式聚集在哈特菲尔德宫大厅，聆听伊丽莎白女王宣布她的首席顾问人选和首次的公开演说。

首先，威廉·塞西尔爵士被任命为国务大臣并当场宣誓就职。国务大臣一职，并非女王指派给威廉·塞西尔的最佳职务，但却能让她常常与威廉·塞西尔有公务上的接触，毕竟在所有宫廷的男性之中，女王最信任他。他也曾有疑虑，因为他一向认同当时的男性主义观点——女人是任性、情绪化、软弱又犹豫不定的动物，不适合执政也没有能力主导政府事务。而伊丽莎白女王即将证明他的观点错误，她首度展现出女王的气魄与高雅的演说风格，让民众对她的观感极佳，也等于告诉了他："我任命你为枢密院成员，主动为我与我的王国承担苦痛。我相信你不会为任何赠予而贪渎，相信你会忠于国家；这一切无关我们的私交，你会给我你认为最好的建议；如果你认为，某些事情有必要私底下商讨，你就只会告诉我；同时也要告诉你自己，一定要直言谏上。"

体态圆胖、和蔼可亲的律师尼古拉斯·培根爵士（Sir Nicholas Bacon），当时被拔擢为国玺大臣，恢复了暂时中止的大法官办公厅，接下来，则公布了其他内阁人选。凯瑟琳·帕尔的兄弟威廉，在玛丽女王时期不受欢迎，终于回到侯爵夫人身边并成为枢密院的一员；而身为热心又忠诚的新教徒，尼古拉斯·瑟洛摩顿爵士（Sir Nicholas Throckmorton）则成为财政大臣。另一位忠心耿耿的新教徒弗朗西斯·诺利斯爵士（Sir Francis Knollys），是伊丽莎白女王表亲，同时也是安妮·博林的姐妹所出的女儿凯瑟琳·凯利的丈夫，在听到伊丽莎白女王登基的消息后，从流放地日夜兼程赶回来，成为枢密院一员。玛丽女王时期的枢密院成员，有十位受到慰留，包括温切斯特侯爵（Winchester）、舒兹伯利伯爵（Shrewsbury）、德比伯爵（Derby）、阿伦德尔伯爵（Arundel）和潘布鲁克伯爵（Pembroke）；这些人几乎都是中年男子，有相当的政治历练，其中某些人在玛丽女王年代曾对她密谋迫害，伊丽莎白都不计前嫌，但她仍非常不喜欢阿伦德尔伯爵和潘布鲁克伯爵。玛丽女王年代的枢密院成员，只要是天主教的忠诚信徒，都遭到革职，由伊丽莎白女王亲自选出的新教徒取而代之，但比起玛丽女王的年代，新的枢密院组织缩小了不少。因为伊丽莎白女王相信，"若有四十四位议员，可能会让枢密院不协调、无秩序，没有任何好处，这件事自有其道理"。

接着，伊丽莎白女王走上了议事堂前的王位，开始对枢密院发表演说。

亲情伦理让我为姐姐感到哀恸万分，落在我肩上的重担让我惊愕不已；然而，神创造了我，我注定要遵从他的指派，因此我必须服从，我将发自内心地协助他，执行他交付于我的神圣旨意。而我仅是只身一人，因此我向各位议员提出请求，请成为我的助手，在我的领导与你们的协助之下，才能完成全能的神之旨意，为后世子孙留下美好未来。

24　　　　我将依据有益的建议与决策施政。我需要的仅是你们忠诚的心，也请不要质疑我良善的意愿，请成为可靠又忠实的臣子。

接下来的三天，她都忙着草拟枢密院资政名单，拟定施政方针，加速政府机器的运作，并计划宫中事宜。首先要拔擢的对象，就是在她还是公主的时期就对她忠心不二的人。家庭女教师凯瑟琳·艾希莉晋身成为女侍长及宫廷女侍，统领宫中所有出身贵族家庭的女侍。艾希莉的丈夫约翰则成为皇室珠宝库统领，而伊丽莎白女王原本的会计，托马斯·派瑞（Thomas Parry）则受册封成骑士，成为宫廷账房总管。从伊丽莎白女王出生后便照顾她至今，甚至还教她说威尔士语的威尔士籍护士布兰琪·派瑞（Blanche Parry），则被指派为女王藏书总管。弗朗西斯·诺利斯爵士则同时担任王室宫廷副司库；他的女儿拉堤莎（Laetitia），也有人称她为莱蒂丝（Lettice），则成为女王首席侍女之一。伊丽莎白女王的另一位表亲，也是玛莉·博林（Mary Boleyn）的儿子，亨利·凯利（Henry Carey），是一位能力很好的人，则被授予贵族地位，成为亨斯顿男爵（Baron Hunsdon）。

许多曾在玛丽女王在位期间任职且笃信天主教的女侍都遭到革职，并以信仰新教的女侍取而代之。伊丽莎白女王十分严格又苛求，她希望以高标准来统御皇室宫殿。她从不雇用面貌丑陋之人，曾经有一位面貌俊美却缺了一颗牙的男子前来，她却硬生生拒绝了对方。但幸运能在皇室宫殿中得到一席之位的人，就算老了病了都能受到女王的眷顾。女王甚至给他们"丰厚的退休金"。

*　*　*

　　玛丽女王濒死之际，菲利普国王（King Philip）派遣使者斐利公爵（Count de Feria）前来英国，向太太的继位者致意，同时也希望，确保结合英国与西班牙共同对抗法国的盎格鲁—哈布斯堡联盟的稳固，并且保护哈布斯堡王朝所拥有的低地国家之贸易市场不受法国侵害。英国与西班牙的联盟，对菲利普国王很重要，他早有准备为了西英友好关系而忽略伊丽莎白女王的异教倾向。甚至在玛丽女王仍在位时，就曾有流言指出，菲利普国王妄想要娶伊丽莎白为妻。

　　斐利公爵曾在哈特菲尔德宫拜谒过伊丽莎白，他在那里向伊丽莎白女王宣称，她能够继位都要感谢菲利普国王的影响力，但女王却蔑视了这一点，于是女王不留情面地告诉他，她只会感谢自己的人民。但她知道绝对不能疏远西班牙，她和菲利普国王一样，迫切地需要维持这层友好关系。在登基的那一天，笃信天主教的法国国王亨利二世公开宣称，伊丽莎白女王是私生女，没有资格当英国女王，同时表明他心目中真正的英国女王，应该是身为他的儿媳妇，也是亨利八世甥孙女的苏格兰女王玛丽。

　　苏格兰女王玛丽与丈夫法国王储已经在苏格兰领土上领教了英国对抗法国与苏格兰联手的军事实力。许多天主教徒都不承认亨利八世与玛丽一世的母亲西班牙公主阿拉贡的凯瑟琳离婚之举，也不承认他与安妮·博林的婚姻。对天主教徒来说，苏格兰女王玛丽才是英国王位的正统继承人。伊丽莎白女王并不知道法王亨利二世这么做是为了恶意中伤，但她感到十分愤怒与苦恼，当流言指出亨利二世竟想说服教皇宣告她为"英王的私生子、异教徒，没有继承王位的资格"时，她更感愤慨。只要西班牙继续与英国为伍，教皇就会对菲利普国王有所畏惧，也不敢恣意触怒英国女王。除此之外，伊丽莎白女王已然下定决心，要从法国手上赢回加莱港，她期盼来自菲利普国王的援助；只是，当时的她并不明白，法国对加莱港的影响根深蒂固，这让英国夺回加莱港的希望变得渺茫。

斐利公爵和许多人一样，自然而然地认定女王一定会结婚。当时的人难以想象的是，一个女人竟想独自掌权，不需要男人的指导和保护；而且她也需要一个孩子的父亲，以确保王朝的延续及王权的未来。后来，塞西尔曾告诉女王，"对英国或欧洲来说，婚姻是她唯一确定的担保"，她自己当然也知道，"所有的人都坚信，一个女人若不结婚，就仿佛没有活过。"

就在那一年的十一月，一名德国大使观察到，"女王的这个年纪，于情于理——且以女性心理来说——理应渴望婚姻与枕边人的陪伴。因此她应保持处女之身，抗拒婚姻则是不可思议之举。"而丈夫可以"照顾她，分担政务上的劳苦与疲惫"。尽管在玛丽女王在位期间，伊丽莎白多次表达独身的意愿，但多数人并不以为意，认为这是少女的羞怯所致，鲜少有人认真对待她的宣言。除此之外，那个年代的人们认为不婚对女性并不健康：因为婚姻可以满足情感与性欲上的需求，带来身心满足的感受。当时的人们认为，女性独身可能会欲求不满，沉溺于幻想与欲望之中，同时心智也会不稳。

　　对斐利公爵来说，可以配得上伊丽莎白女王的只有一个人，那就是西班牙的菲利普国王。两人缔结姻缘也能带来各式各样的好处。因此在十一月二十一日这天，斐利公爵写了这样一封信给菲利普国王："我思考得越多，就越确定这一切的情势，但看这个女人挑的丈夫而定。"在他的心中，无疑认定只要菲利普国王求婚，伊丽莎白女王就一定会接受。"如果她决定与他国缔结姻缘，第一个看上的，一定就是陛下。"

　　然而，伊丽莎白女王曾针对独身说出一些令人不安的言论。只是菲利普国王和斐利公爵都指望着她会想要依赖姐夫给予治国的建议，"她与她的人民，都非陛下所能控制，如果有大使带着一桩美好姻缘而来，他们一定言听计从。"但是，已经没有时间了，因为已经有人在讨论，英国王室与奥地利的哈布斯堡王朝分支间联姻的可能性。在那个当下，对西班牙来说可能无利可图。斐利公爵认为，要撮合伊丽莎白女王与菲利普国王可能相当困难，但"只要好好协调，加上金钱的诱惑"，就有可能达成目标。这位大使继续阐述他对伊丽莎白女王的印象：

　　　　女王为人刻薄，缺乏深谋远虑，是个自负又聪颖的女人。她一定受过良好教育，深得父亲领导统御的风范。她绝对不想听令于他人。

　　斐利公爵曾一度为她着迷，大感困惑，在觐见女王时，女王轻松的态度和刻意大笑的习惯，仿佛她都知道他的心事般，这些都让斐利公爵感到困窘。因此他下了定论："她是一个奇

26

怪的女人。"

关于与伊丽莎白女王间悬而未决的婚姻大事的小道消息早已传遍菲利普国王在布鲁塞尔的臣子间，但当时菲利普国王并不想公开承认，也没有指示斐利公爵向伊丽莎白女王求婚。事实上他对于再度与英国缔结姻缘的意愿低落，也不想与有异教倾向的伊丽莎白女王有太多瓜葛，而且在菲利普国王心目中，认为伊丽莎白女王可能比姐姐玛丽女王还要难以驾驭。

* * *

十一月二十三日这天，伊丽莎白女王正式离开哈特菲尔德宫，随行的有一千多名臣子，穿过赫特福德郡和密德塞克斯来到伦敦，正式登基成为女王。沿路的街道上挤满了欢呼的群众，他们争相想要看女王一眼，伦敦市长亲自到城外迎接，同时也发表了欢迎演说，并将市政参事与郡长介绍给女王。伊丽莎白女王一边微笑着，一边伸出手接受他们的亲吻礼，她看到了一位长者，伦敦主教埃德蒙·波纳（Edmund Bonner），也就是"血腥波纳"，他在玛丽女王在位期间，烧死了很多新教徒。主教向女王单膝下跪，但女王收回了她的手，然后转头离开。

27　　她进入了伦敦城区，但因为怀特霍尔宫还没准备好迎接她，因此她便选择暂时住在史密斯菲尔德附近的查特豪斯，这个宅邸曾是一处修道院，当时则是诺斯勋爵的住所。

到了十一月二十八日这天，伊丽莎白女王再度由上千随行人员陪同，移驾到伦敦塔中的房间。一般而言，在加冕仪式当天有许多传统要遵循，但她选择了与传统登基仪式不同的路径，她出现时身穿豪华的紫色天鹅绒服装，脖子上搭配奢华的围巾，然后在人潮拥挤的伦敦街头，走上那新铺好的、装饰着许多旗帜的街道，来到克里波门与伦敦塔丘，沉浸在臣民的喝彩声中。她的加冕仪式游行路线，沿路都有许多孩子用美丽的声音歌颂她，伦敦市的乐团与合唱团悄悄等待，处处传来市区数百个教堂洪亮的钟声，以及大声宣告她将到来的响亮喇叭声。加冕仪式队伍由伦敦市长与嘉德纹章官带领，潘布鲁克伯爵手执御剑，骑着黑色坐骑的罗伯特·达德利则紧紧跟随在女王的坐骑之后。当女王一行人从芬乔奇街与慈爱教堂街口来到伦敦塔时，"传出一阵礼枪射击的声音，那个声音是前所未闻的"，长达一个小时之久。

整个伦敦的人，似乎都挤上街头只为一睹她的风采，也为此感到欣喜若狂，尤其当女王"屈身低头向平民致意"时，他们的热情更达到最高点。约翰·海华德爵士（Sir John Hayward）曾执笔写道：

> 如果要说英国史上有什么人有这样的天赋与风度，天生就能赢得民心，这个人一定是伊丽莎白女王。她举止皆宜，一举一动都恰如其分，她着眼某一件事，耳朵听着别的声音，同时心里不断地做出判断，还要同时发表演说；她似乎能一心多用。对某些人，她给予怜悯；对某些人，她给予鼓励；对某些人，她做出感谢，至于对其他人，她则和气又机智地发挥幽默感，绝不谴责任何人，绝不遗漏任何一位政府官员，恰到好处地微笑着、眼波流转着，同时散发着善意，大大增加了人们对她的好感，所有人都愿意为她效命，而且在臣子间流传着的，都是对君主的赞颂之词。

高贵的斐利公爵看到她对臣子屈尊俯就的态度，感到十分惊讶，但伦敦民众可不这么认为：他们早就为伊丽莎白女王十分着迷，对她亲民的态度激赏不已，这都是因为女王要求自己在不失尊贵的前提下，实践"刚柔并济的风范"。民众被她的关心、年轻活力与真诚笑容打动，热情地献上了他们满心的祝福。

当大队人马抵达伦敦塔，伊丽莎白女王停下了马，回忆起上一次来到这里时，她还是个戴罪之身，成天忧惧着可能遭到处斩。此时，她在大批群众的眼光之下，再度为当年获释，感到感激不已："主啊，全能永生的上帝，我要打从心底献上我的感谢，因为你对我的怜悯，我才能有今天。"接着，她转向人民：

> 有些人从一国之君成为此地之囚徒，而我则从一介囚犯成为一国之君。当年的挫折是神的旨意，而我今日的一切则是他的怜悯。

接着她策马骑入伦敦塔院落并进到了皇家大院，同时召来伦敦塔管理中尉，加入她的行列。他就是亨利·贝汀菲尔德爵士（Sir Henry Bedingfield），以前看守女王的狱卒。但她和蔼地感谢贝汀菲尔德爵士对已故玛丽女王的忠心，同时告诉他将解除职务的消息。只是女王对这位狱卒竟没有一丝怨怼。

"神会原谅你不堪的过去，我也会。"她这样告诉贝汀菲尔德爵士，同时幽默地说："以后如果我想严加看管哪个人，把他交给你就对了！"

在伦敦塔中临时居住一周后，伊丽莎白女王与她的大队人马改走水路，"在小喇叭吹奏的音乐与欢乐"之下，改道前往斯庄特的索美塞得宅邸，这里是伊丽莎白女王在公主时期居住的地方。在冬日的夜晚，总会有人看见她乘着驳船，在乐音的伴随下穿越泰晤士河，周围还有许多小船，而伦敦的子民们也逐渐习惯，天天都可以看到她穿梭在首都街头，通常都是为了前往某处宴请臣子。她清楚明白，想要继续抓住民心，她就必须维持自己的能见度。

到了十二月二十三日，她再度迁居到怀特霍尔宫，尽管她并不非常喜欢，但这里才是她的主要居所。在这里，皇室上下展开夜夜笙歌的日子，皇室成员们总是想要和女主人一样"调剂一下身心并且狂舞到深夜"，女王当时想要好好享受终获自由的感觉。当时的她刚从幼年时期以来的恐惧中解放，成为各界注意的焦点与奉承的对象，而且还掌握这块土地上最大的权力，在在都让她兴奋不已。

抵达怀特霍尔宫后，斐利公爵发现了一件让他愠怒不已的事情，在伊丽莎白女王主政下宫中打破了过往的惯例，并没有留房间给他；他无法觐见女王，也无法与女王的近臣说上话——他发现女王身边的人纷纷避开他，"好像我是恶魔一样"。事情至此，伊丽莎白女王已经清楚表明，在治理国家的议题上，绝对不受外国势力影响的决心。 29

伊丽莎白的执政风格与亨利八世迥异，亨利八世执政早年期间，几乎将所有时间用在玩乐上，而治理国家的大事则交给其他臣子；伊丽莎白女王则是日日勤政，为宫廷确定计划，随时注意朝政。她坚持送进宫廷的每封信件都要亲自审阅，但这件事却让塞西尔感到十分气馁，因为他一直认为，女人不该插手这些属于枢密院的工作。当他发现一名外国使节的急件没有先让他这个国务大臣过目，而是直接送到伊丽莎白女王手中，他越发感到恼怒；随后女王又不经意地透露，她已经直接与送信的人讨论其中事宜后，塞西尔更加恼火。于是，塞西尔找来那位可怜的信差训话，告诉他，信差没有权力直接将信件送给女王陛下，因为"这么重要的事情，不是女性的智慧能处理的"。

年纪轻轻的女王，从一开始就建立了一连串的日常例行公事。她总是早起，除了天气极差的日子之外，她每天都会到宫廷的花园里快走。然后在寝宫吃为她准备好的早餐，她也会在这里处理日常政务，传唤大臣，让大臣行跪拜礼后再呈上需要御笔签名的信件与文件。接着她会主持枢密院会议。到了中午再回到寝宫中吃午餐，她很少在大众面前进食。下午的时间，她会在谒见室接见外国使节与其他访客，常常都要站好几个小时，并且用拉丁文交谈。通常她会不顾时间上的限制，让自己沉浸在舞蹈的世界中：在谒见室中随意跳六支轻快的双人舞，对她来说是司空见惯。当然，这样的活动也对她善变的情绪有正面帮助。

晚间则有许多国家级的晚宴或皇室余兴节目要参加。伊丽莎白女王喜欢各式各样的音乐，也欢迎各种表演进驻皇室宫殿。有时候她自己也会演奏鲁特琴和小键琴。稍晚，用过晚餐后，她会与臣子玩些纸牌游戏，在上床就寝前，她通常还会再花一个小时左右批阅公文，但晚上的时间就算她需要参事的建议，也不会随意召来塞西尔或其他臣子。她常常在夜半时刻做出决定，却又在清晨改变心意。可以想见，她这样的行径必定让智囊团感到焦躁不已。

* * *

十二月十四日这天，玛丽女王正式在西敏寺下葬，而在新任女王的指示下，她的安魂弥撒则以传统天主教仪式进行。至此，伊丽莎白女王仍未正式提及宗教议题，但大家对她的宗教倾向似乎都心知肚明。在玛丽女王下葬的这一天，斐利公爵写了一封语气阴郁的信给菲利普国王：

> 这个国家掌握在一群毛头小子、异教徒与叛国者手里。长者与天主教徒极度不满，但却不敢说话。对我来说，女王陛下比她姐姐恐怖多了，她下达旨意的方式，简直可以媲美她的父亲。看来我们失去了这个国家、躯体和灵魂。

斐利公爵开始觉得任务希望渺然。珍贵的英国—西班牙联盟可能触礁，他甚至还没有机会觐见女王。他根本不知道，该怎么影响伊丽莎白女王择偶的条件，同时，宫里的传言也让他紧张不已。"大家都认为她绝不可能嫁给外邦人士，也没人知道她喜欢谁，因此每天都会有人建议她尽快大婚。"然而伊丽莎白女王已经发现让各界持续揣测的乐趣与益处，她俨然成为这个游戏的高手。斐利公爵害怕的是伊丽莎白女王和枢密院官员都不会考虑"陛下的求婚"。他唯一的希望就只能设法说服部分枢密院官员，若女王下嫁英国人，可能不利于英国。如果他能见到女王，他就能从"与她谈谈对陛下的观感开始，消除她嫁给英国人的想法，这样她才不会连那个不可能下嫁臣子的姐姐都比不上"。英国国内没有人配得上她，这是毋庸置疑的，欧洲大陆有这么多王子等着她的青睐，也可以保护她不受苏格兰玛丽女王的威胁，如果她随便嫁个贵族就实在太糟糕了。

30

　　但菲利普国王也还没正式提亲，斐利公爵只要想到菲利普国王可能不提亲，便日复一日感到焦虑。于是他便更加大胆地施压："若要她对陛下倾心，请下达指令给我，让我继续执行计划，要不便放弃计划，转而与奥地利的费迪南大公（Archduke Ferdinand）合作，因为我认为其他的婚配人选，恐怕也不能让她点头答应。"他又苦涩地表示："说不定哪天我们就会听到她结婚的消息，我想我大概会是英国国土上最后一个知道的人。"

＊　＊　＊

　　一五五八年的圣诞节，伊丽莎白女王终于暗示了未来宗教政策的走向。通常在圣诞节的早上，坎特伯雷大主教都会在女王的私人礼拜堂举行弥撒，但因为前任的波尔主教与玛丽女王同日逝世，当时英国大主教的职位陷入真空。许多在玛丽女王在位期间任职过的天主教主教们，都让有新教倾向的伊丽莎白女王难以信任，而在最高阶主教缺席时有权代理职务的约克大主教尼古拉斯·赫司，却声明自己绝对不会为有异教倾向的女王加冕。因此当时便由卡莱尔大主教欧文·奥格尔索普（Owen Oglethorpe）来到怀特霍尔宫，与女王一起进行圣诞弥撒。在弥撒仪式之前，伊丽莎白女王向他下达指示，要他略过举扬圣体的步骤——因为对天主教徒来说，这是弥撒中最神圣的仪式，但新教徒却否定圣餐变体的奇迹。然而欧文·奥格尔索普大主教却决定仪式必须依据他的信念正常进行。当他朗诵福音书时，大主教开始在教众面前举起面包与酒，伊丽莎白女王大声下令要他停止，此举让出席弥撒的人士纷感讶异。但欧文·奥格尔索普大主教仅蹙眉表示不满，便继续弥撒仪式，而伊丽莎白女王则在盛怒下，起身离开了礼拜堂，决心不看这个冒犯了她的仪式。

31

两天后，她颁布一项声明，裁定部分弥撒仪式可用英文取代拉丁文，并指示在新公告出来之前严禁任何讲道会。她希望透过这个强制令可以吓阻两边的宗教狂热分子，不要再有言语上的角力，也希望能平息动荡。在加冕仪式完成后，国会预定于一月份开会，届时宗教议题将有定夺。

那一年的圣诞假期十二天非常丰富又开心。罗伯特·达德利负责皇室的娱乐节目，包括舞会、宴会和化装舞会等。十二夜显现节当日的一个活动，其内容充满明确的反教权主义，曼多瓦公爵政府代表伊尔·施凡诺亚（Il Schifanoya），为此感到惊愕不已，于是提笔向主人回报：

> 公爵阁下理应听说了女王陛下在显现节这天看了一出闹剧的消息，以及晚餐过后那装模作样的仪式，他们让乌鸦穿着枢机主教的衣服，驴子扮成了大主教，狼则变成了男修道院院长。我会保持缄默，也不会恣意记录下皇室的轻蔑与不寻常的放荡。

依循传统，在圣诞假期的第十二夜要交换礼物，就在这天晚上，伊丽莎白女王首度穿上了全新而且昂贵的丝质长袜。她非常喜欢这双长袜，同时矢言再也不穿一般布料的袜子了。

斐利公爵之前沮丧的口气，让菲利普国王决定采取行动。一五五九年一月十日，菲利普国王通知大使斐利公爵："我已决心将其他相抵触的考虑摆在一旁，也已决定牺牲个人，将婚配大事献给上帝，迎娶英国女王。"因此，当斐利公爵终于有机会私下觐见女王时，他便以菲利普国王之名，正式向伊丽莎白女王求婚。

32

但菲利普国王显得心不甘情不愿："相信我"，他私下向他人吐露，"若非要服侍神，我绝不想这么做。要不是清楚了解，如此一来便能得到这个王国好献给神、服侍神，否则我是绝对不会这么做的。"除了维系英国—西班牙联盟"对基督教信仰有莫大帮助"之外，他觉得自己"像个被诅咒的人，等待着命运的判决"。然而，身为西班牙、葡萄牙、欧洲低地国家与新大陆许多地方的统治者，他仿佛认定自己是欧洲天主教之王，觉得自己别无选择，必须拯救英国落入异教的命运。他不想透过暴力手段达成目的，或请罗马教皇将英国革出教门，而是寻求外交手段；但背后的真相其实是在经历与法国多年的战争后，他的财政枯竭，早已没有立场兴起宗教争端，但为了商业利益，他又需要与英国保持友好关系。只要伊丽莎白女王答应求婚，同时像这么多年来一样，愿意维持忠贞的天主教徒身份，让英国"坚持、确保"罗马信仰，这么一来，菲利普国王就愿意帮助她取回加莱港。

然而在一月十日嘱咐斐利公爵求婚后，他认为这么做"会有许多困难"。他是西班牙王室的领导人，不可能常常待在英国境内，这件事当年让玛丽女王十分不满。加上伊丽莎白疑似有异教倾向，他已经可以预见，苏格兰的玛丽女王，会针对继位问题更进一步施压，然而西班牙与法国间的战争，似乎永无止境。他与英国王室的联姻，可能无法像前一任女王那么顺利。他娶伊丽莎白女王，只是为了服侍上帝，只是为了让她愿意发誓弃绝新教信仰，公开宣布自己是天主教徒，同时向教皇请求前罪之赦免。但为了达成这样的结果，伊丽莎白女王必须宣告自己与英国皆受到菲利普国王的救赎，才能免去永远的诅咒，"这样就可以证明，我娶她都是为了服侍上帝"。

但在菲利普国王意料之外的，是英国人对女王再度与西班牙王室联姻的态度。一五五四年，当英国政府宣布当时的菲利普王子与玛丽女王订婚时，许多英国民众纷纷起而抗之，不少人也认定玛丽女王之过，都是受到菲利普国王影响，尽管事实上他曾竭尽所能，阻挡玛丽女王对救赎灵魂的过度狂热，他深深了解此举对她——和他的声誉影响很大。对伊丽莎白女王来说，此时嫁给西班牙国王，不但会让她失去民心，可能也会失去王位。

最后一个问题的影响似乎微乎其微：罗马教廷严禁男性迎娶亡妻的姐妹，然而菲利普亲王深具信心，认为教皇一定能够理解，并给予特许状同意两人的婚配。

国王陛下终于求婚了，这让斐利公爵松了一口气，而且十分开心。他自信满满地认为，伊丽莎白女王一定能感受到他们赐予她的荣耀——一个小岛的领导者要嫁给欧洲大国的国王了。他似乎已经忘记，在伊丽莎白女王正式登基前曾透露过，玛丽女王之所以失去民心，就是因为嫁给了外邦的王子。他希望伊丽莎白女王能够珍惜，了解这绝对是良缘一桩。

他的第一步就是私下觐见女王，这件事得以最细腻的手段处理。但目前看来没有这样的机会，因为伊丽莎白女王正忙着计划她的加冕大典。

她希望挑一个适合的日子，来进行这个仪式——这件事是罗伯特·达德利的建议——她也向精通天文的约翰·迪伊博士探询一番，他告诉女王只要在一月十五日进行加冕，就能确保她的治理之路荣耀又昌盛。时间确定了，罗伯特·达德利便负责安排事宜，同时开始与伦敦市长讨论铺张壮丽的典礼与欢迎仪式。由伦敦市来主办，这可是女王赐予的莫大荣耀。伊丽莎

33

白女王坚持，她的加冕典礼与相关庆典要极尽可能地豪华，这样才能抹去那些曾质疑她合法地位与继承正统性的人心中的疑虑。光彩又威严地出现在众人面前，在那个年代非常重要，当时的人认为豪奢的表象就等于伟大与崇高，因此女王此举是希望透过加冕典礼，来作为一种政治语言。

在十二月底时，准备工作大有进展，人们"夜以继日，每日无休"地赶工。用安特卫普进口的丝、天鹅绒与绸缎制成了金银华服，让英国财政部花了将近四千英镑，还要制作制服、帘子、海报和参与游行与嘉勉仪式者的服装。小号手和传令官都得到新的粗呢大衣，甚至连宫中的弄臣威尔·桑莫斯（Will Somers），和许多次要官员，包括洗衣女琼·希尔顿（Joan Hilton）、鱼商威廉·杜塞（William Toothe）都有新衣可穿。皇室裁缝师修改了玛丽女王加冕典礼所穿的礼袍，又瘦又高的妹妹才穿得下，同时下令，女王一抵达伦敦港时，就得有各种红色的丝袍可挑选。西敏寺安排了更多座位，伦敦的街道上则到处都是凯旋拱门。一般民众家中门窗纷纷挂上织锦与挂毯，女王游行队伍将经过的街道则铺满了全新的石砾。为了制作一张从西敏寺到国会大厦的地毯，特地购买了七百码蓝色的布。每个细节都设想周到，甚至连"女王在加冕典礼的抹油仪式过后要用来擦拭"的棉花都有。伊丽莎白女王加冕仪式总花费高达一万六千七百四十一英镑。

只是，在圣诞假期中伊丽莎白女王与欧文·奥格尔索普大主教发生了冲突后，就没有任何一位主教愿意帮她进行加冕。约克大主教尼古拉斯·赫司更不客气地向女王表明，既然她不愿意见证举扬圣体，那她就是不折不扣的异教徒，他自然不能帮她加冕了。其他的主教也多是天主教徒，都听令于赫司大主教，最后只剩下欧文·奥格尔索普大主教——在经过多方劝说后——终于受到劝服愿意主持仪式。

　　最后，一切都计划好了。在一五五九年一月十二日星期四这天，女王陛下从怀特霍尔宫登上了她的船，沿着泰晤士河抵达了伦敦塔，依据传统，英国君主登基之前，都必须在这里过一夜。"在市长与市府参事、各界同业公会的船只护卫下，女王的船装点着一缕神秘"。一名威尼斯特使表示，这一幕让他想起威尼斯的耶稣升天节，威尼斯总督象征性地与海成婚。

　　来到伦敦塔后，首相正式地欢迎她，接着她在"乐团甜美又神圣的演奏下，由美丽又伟大的乐音"引入皇室居所。隔天，她封几名人士为巴斯骑士，接着在星期六的早上，离开了伦敦塔，正式踏上前往伦敦进行加冕仪式之路。

2 上帝啊！请让我们的女王快点嫁人吧！

　　在加冕大典前一天的早晨，伊丽莎白女王盛装穿着一袭以二十三码金绢与银绢织成的长袍，旁边点缀着貂皮，上面还有金色拉花蕾丝的装饰——这是她指定的四种加冕装扮之一，她的头上则戴着一顶金色帽子以及公主的皇冠。窗外雪花片片飘落，天空十分阴郁，女王的随行人员中，臣子们也纷纷穿上绸缎与天鹅绒制的华贵衣裳，戴上耀眼的珠宝。游行队伍逐渐成形，上千位达官显要骑着马，而女王则走向等着她的马儿，马儿身上也披着白色绸缎，旁边以金色缎子装饰，并由两位非常帅气的马夫牵着。

　　在上马之前，女王大声祷告："全能永生的上帝，我要献上满心的感谢，感谢你的怜悯，才让我能拥有今日的喜悦。你对我的好与怜悯，就如狮子穴中的但以理般，获得你的救赎逃出狮穴，远离狮爪的折磨。即便我感到不知所措，仍将扛起汝之交付。"这是非常贴切的祷告，因为伦敦塔中的狮子刚好出现，开始吼叫、咆哮，周围的人们则给予热情的掌声。

　　再度重申自己的坚定信仰，全能的神才是带给她王权荣耀的关键，接着伊丽莎白女王走向她的坐骑，在八层绸缎制的坐垫上坐稳，在头顶上象征阶级的顶篷遮蔽下，展现出"君临天下"的气势，浩浩荡荡地出发了，伦敦街头拉着四英里长的人龙激动地欢迎着她。女王的登基仪式成为一种政治宣传，盼望能帮伊丽莎白女王与人民打好关系，同时宣告新时代的来临。

在女王坐骑旁边的则是御前护卫——士绅卫队，他们身上 36
的制服由深红色的缎子制成，身上象征性地带着金色战斧。在
女王的游行队伍中，也有许多男仆，穿着深红色天鹅绒无袖紧
身短上衣，上面装饰着金银纽扣，用红白相间的线，绣上象征
都铎王朝的玫瑰与缩写"ER"字样。在女王通过一片鲜红的
号角手之前，可以看到女王身后的是骑士统领罗伯特·达德
利，带领着女王的驯马，后面跟着三十九位侍女，这些侍女全
都身着深红色天鹅绒长礼服，还有金色袖子。枢密院成员也在
游行的行列中，穿上绸缎制的闪亮长袍，展现英勇的姿态。

伦敦市也非常用心，伦敦市长与市府参事投入了大笔金
钱，在游行队伍会经过的五个路段上，布置了"华丽游行、
豪奢表演与相关装置"，汹涌的人潮都将见证这一切，其中甚
至有许多民众彻夜露宿街头，就只为一睹女王风采。在木栏、
各色垂帘与绣帷后的，是伦敦同业公会派出的许多代表，他
们慎重地穿上镶有毛皮边的礼服，以及各行业的制服。伦敦
是新教的大本营，而为女王登基举办的壮丽场面，皆特意结
合了玛丽女王年代民不聊生的记忆，这些已然过去，人民可
以从继位的伊丽莎白女王身上，找到更多希望。其中的一个
主轴，就在于建立真正的宗教概念，当伊丽莎白女王听到这
里时，忍不住睁大眼睛双手举向天，仿佛祈祷一般，不断地
重复："阿门"。

伦敦街头的庆祝活动就从芬乔奇街展开，一个孩子将在喧
闹的民众面前吟诵欢迎诗。女王要求群众安静，"并迅速变换
脸上表情展现极大的专注力仔细聆听，仿佛这孩子的话语让她

深受感动"。

第一个盛大欢迎的活动，也就是"玫瑰庆典"，就在慈爱教堂街的三层式舞台上演，由剧团演员出演都铎王朝中的要角，象征着统一与和谐。在三层台的最底层出现的是——二十五年来首次——亨利八世与安妮·博林同台的场景，最高层则是伊丽莎白女王本人。

在康希尔的一处喷泉旁，由一名孩童代表女王，登高坐在统治者大位上，旁边则有四美德的象征，其中一美德则是"虔诚信仰"，将迷信与愚昧等罪恶踩在脚底下。

戚普塞街因为号角声而显得嘈杂，伦敦合唱团则在为庆祝女王登基而装饰华美的艾琳诺十字碑旁，静静等待着。依照惯例，市政记录员要在此献上装在深红色钱包中的一千个金币（相当于六百六十六英镑）。她优雅地收下，并开口说：

37　　　　　感谢市长阁下、诸兄弟与各位民众。有鉴于各位的请求，我定会继续作为一位淑女和女王，请各位放心吧，我会与历代的君王一样以良善对待人民。让诸位了解，为了国家的安全与宁静，如果有需要，我一定花费所有心血在所不辞。愿神恩降临你们。

她的演说引起群众一阵赞叹与欢乐，纷纷为女王的发言陷入"一阵狂喜"。

小康城的庆祝活动，主题则为"时间"。女王仔细打量了表演内容，才若有所思地说："是时间！时间让我走到这个方向。"这个表演描绘了两个乡村场景，一个逐渐蓬勃富有，另一个则逐渐凋零。接着一个代表"真理"的角色，在时间的酝酿下，于两者之间崛起，并且收到一本来自天堂的英文《圣经》。一个孩子用美丽的诗歌解说，《圣经》教导我们如何将残破的国家变成兴旺的帝国。"真理"将《圣经》献给了女王，女王亲吻了《圣经》，接着紧紧抱在心窝，伦敦展现出的温暖，让她感谢不已，同时"承诺从此以后将当个勤奋的读经者"。

在圣彼得大教堂外，圣保罗中学的一名学者用拉丁文发表了一段演说，赞扬伊丽莎白女王的智能、学习力与各项美德。女王通过拉得关与舰队街时，伴随着背景音乐，欣赏了最后一段表演，这是有关女先知底波拉"预言并重建了以色列"的故事，神派她前来领导他的子民四十年。在剧中，底波拉身穿国会礼袍坐在王位上，并向社会的三大阶级咨询，了解如何成为良善的政府。女王在这里收到一首诗，提醒她底波拉如何在错误之中重建真理。

伊丽莎白女王对这个表演展现极大的兴趣，甚感欢心，同时也不断对臣子表达感谢之意，为她得到的欢迎之声真心地感动。群众爆出欢呼声时，她也对群众挥手致意，并"一直露出欣喜的表情"，"愿神拯救他们！"在游行的路上，她更数度展现她的人道关怀精神，停下坐骑，以"最温柔和善的语言"向平民诉说，也收下民众馈赠的小礼，包括穷苦的妇女致赠的小花束。在前往西敏寺行经舰队街时，她保留了坐骑旁一位妇女递上的一枝迷迭香。部分外国观察家认为，她和臣子太过亲近，也超过了一位君主为保持威严该有的端庄礼仪，但伊丽莎白女王太了解人民了。她知道人们对她的亲民风格产生共鸣，如果这样能赢得民心，保持民心之所向，她还是会继续循着自己的直觉前进。她的父亲就有这样的风范，有一个人似乎看出

38　了其中的相似之处，直接大喊："记得老亨利八世吗?"伊丽莎白女王似乎给了他一个微笑。

　　"你们放心吧，我会成为良善的君主。我不求个人的荣华富贵与平安，那不是我们共同追求的目标。"她向人民如此宣誓，人们也深深相信她。一名长者转身即去，只是为了不让她看见他感动的泪水。"我敢说那是喜悦的泪水。"她悄悄告诉身边的人。

　　来到圣殿酒馆，为了女王登基仪式，特地安上了两尊与伦敦神话有关的雕像——那就是巨人歌革玛各（Gogmagog the Albion）和战士柯里纽斯（Corineus the Briton）——伦敦市政府用它们正式向伊丽莎白女王道别，并且由一名孩童朗诵一首诗："再会了，伟大的女王!"十天后，出版商李察托希，推出了一本小册子，里面详细记载女王登基日的一切，后来这本小册子成了女王登基日抢手的纪念品，甚至让出版商三度印刷。

　　在这漫长又成功的一天过后，伊丽莎白女王终于来到西敏寺，夜里终得安寝。

＊　＊　＊

　　一月十五日星期日——伊丽莎白女王的加冕日——天气冰冷严寒，地面上覆盖薄薄的一层雪。女王出现在西敏寺大厅，穿着加冕的长袍，外面罩上以丝线刺绣和貂皮装饰的斗篷，脚上则有精致的金银长袜，头戴以威尼斯的金子与珍珠装饰的深红色天鹅绒帽。在横笛、鼓、手风琴与伦敦各教堂钟声带来的欢庆气氛下，女王从西敏寺大厅沿着蓝色地毯，以及英国东南五港口的男爵们手持的顶篷走进了西敏寺；在她身后跟着的是诺福克公爵夫人，轻轻提着女王的裙摆。只要伊丽莎白女王行经的地方，后面就会涌上人潮，每个人都想留下些什么作纪念，因此跟在女王身后的公爵夫人几乎是踉踉跄跄地前进。

数百支火把与蜡烛照亮了整座西敏寺，让墙上垂挂的织锦散发光辉，这些织锦是依据拉斐尔（Raphael）的设计，由亨利八世委托制作。伊丽莎白女王的加冕仪式有其重要性，这不只是因为仪式中采用壮丽的音乐，同时也是在奥格尔索普大主教坚持下，英国最后一次以中世纪的拉丁礼仪进行加冕，不过其中有部分仪式——包括使徒书与福音书——都以英文朗诵。加冕仪式就在奥格尔索普大主教的主持，与西敏寺修院最后一任院长约翰·费肯汉（Dr. Feckenham）的协助下进行。在弥撒的过程中，进行到举扬圣体仪式时，女王仍拒绝在场，她撤到圣爱德华堂内的靠背长椅，并以帘子遮蔽直到举扬圣体仪式结束，这样的举动受到新教臣民的喝彩。尽管她被视为"纯正古老的天主教信仰捍卫者"，但她的加冕誓词却来自威廉·塞西尔手中的那本英文《圣经》。　39

英国贵族几乎全体出席在西敏寺的加冕典礼，当臣子们对女王表达欢迎之意时，群众爆出热烈的叫喊声，教堂中的管风琴、喇叭与钟声大作，展现仿佛世界末日般的气势。在接下来的冗长仪式中，伊丽莎白女王一度先行离席更衣，接着在涂油仪式过后再现身时，身穿深红色天鹅绒，头上则戴着金丝。她以这样的穿着准备登基，同时在喇叭的伴奏下，在右手无名指上佩戴象征许配给人民的戒指。接着就是加冕典礼的最高潮——加冕仪式，首先戴上圣爱德华王冠，接着再戴上重达七磅、象征英国王权的帝冠。

在加冕仪式结束后，伊丽莎白女王穿戴完整的王权穿着，并戴上小一点的王冠——可能是一五三三年时，制作给安妮·博林的那一顶——手执象征君权的球顶令牌，沿着来时路一路往回走，她一边微笑着，一边对着夹道欢迎的热情群众大声问好。"我认为，"曼图亚大使嗤之以鼻地说，"她超出了贵族该有的严肃与端庄。"

随之而来的，是在西敏寺大厅举办的传统豪华晚宴，这项习俗在一八二一年乔治四世登基时取消了。这场晚宴从下午三点，一直到隔天凌晨一点才结束，在晚宴中，按照惯例，女王之护卫者爱德华·戴默克爵士（Sir Edward Dymoke）全副武装进入西敏寺大厅，捍卫女王不让任何人挑战她。这时的伊丽莎白女王高高在上地坐着，头顶上则有象征王者地位的天篷，同时身上又换了一套礼服，这次是一套紫色天鹅绒服。音乐不停歇，女王的表舅威廉·霍华德勋爵（Lord William Howard）及萨赛克斯伯爵（Earl of Sussex）不断行屈膝礼，并将各种美味的餐点送到她面前。席间贵族都获得特许可以戴着他们的冠冕，只有在女王起身敬酒祝他们身体安康，感谢他们对女王的服务时，才需要暂时摘下。

到了一月十六日，因为"女王陛下感到特别劳累"而且得了重感冒，因此将当日原定计划中的马上比武大会延期，镇日留在寝宫中休息与处理政务。接下来几天，女王登基庆祝透过宴会、化装舞会和一连串的比武大会持续下去，罗伯特·达德利在参赛者中表现十分杰出。这些活动都办得十分有条理，让人感受到英国富有与权威的形象，因此外国观察家对于伊丽莎白女王的登基大典与随之而来的庆典一致感到印象深刻。伊丽莎白女王穿着加冕时的长袍，由人绘制了一张以脸部为主的肖像画，然而这幅画现今已不存在，不过这幅画却曾被用在她的第一个国玺及早期的许多文件上；后来有人在一六〇〇年左右复刻了这一幅画，一度存放在华威城堡，现在则在英国国家肖像艺廊展出。

* * *

现在终于坐稳了王位，伊丽莎白女王将注意力转向她的议会即将针对国家要务进行的首次辩论。在这个会议中，主要可能有两项议题：最受争议的宗教议题和最棘手的女王的婚姻问题。对多数人来说，最想知道的不是她会不会结婚，而是她会嫁给谁。和女王婚配关系最大的，是都铎王朝继承问题，这个问题已经纷扰政界长达四十年之久；没有人知道，万一伊丽莎白女王早逝，该由谁来继任王位。

在政治议题上，许多人开始期盼英法间能取得和平，由此斩断那些想要支持亲法的苏格兰女王玛丽·斯图亚特（Mary Stuart）让法国军队留驻苏格兰的念头。从一月十六日起，苏格兰女王玛丽与她的丈夫开始自称为英格兰的国王与皇后，事已至此，英法之间的和平更显重要。更重要的是，英国必须维持与西班牙间的友情，借以保护两大强权间贸易频繁往来的利益，还可能制衡法国的野心。显然对伊丽莎白女王来说，要透过外交关系赢得这场战役，就只能策动两个敌国——法国与西班牙——形成互相制衡的关系。

财政赤字更是不得不重视的大问题。伊丽莎白女王每年赚进二十五万英镑，这笔钱要用来支持皇室与政府运作，还要负担姐姐玛丽女王留下的二十六万六千英镑债务。物价不断上涨，但伊丽莎白女王却身体力行最严苛的开销限制，加上贩卖皇室部分的土地来过日子。因此在她任内，每年的花费从未超过三十万英镑。

女王的感冒与恶劣的天气，导致许多国会议员延后抵达伦敦，议会日程已延宕了两天。一五五九年一月二十五日，伊丽莎白女王穿着加冕典礼的礼袍现身，在四十六位议员的陪同下，国会总算正式开议。斐利公爵通知菲利普国王，表示："天主教徒非常担心英国国会即将做出的决议，而伊丽莎白女王本身的行为已经透露了可能的结果。在为议会开议而前往上议院前，女王当着所有修士的面与西敏寺修院院长会面，这些修士全都手持点燃的细蜡烛，这是传统天主教信仰的一环，但新教徒却视如敝屣。"

41　　"把那些蜡烛给我拿走！"女王勃然大怒厉声说道。"我受够这些东西了！"她正在一个神圣的地方，这些话语让修院院长感到心惊。此时女王的心情极差，踩着重重的脚步，走向西敏寺中高坛上的王座，直到已故的爱德华六世的导师理查德·寇克斯博士（Dr. Richard Cox）的布道中，用谩骂的口吻指控他们参与烧死新教徒的恶行，女王的情绪才稍稍平复。他大声怒斥，神拔擢他的仆人伊丽莎白成为尊贵的女王，让她来结束玛丽女王复兴的天主教信仰，他要女王打倒圣徒形象，净化教会中盲目崇拜的习气，并解散玛丽女王重建的所有宗教组织。寇克斯怒吼了整整一个半小时，女王向来最讨厌冗长的演说，开始越来越烦躁恼怒，一旁的臣子们则胆战心惊冷汗直流。

在国会登上那放着金丝椅垫的王位后，伊丽莎白女王便清楚表明绝不容许任何下议院放肆的举动，许多人原以为女性当政可能较为柔软容易操弄。

玛丽女王当年登基后通过的第一项法案，就是宣告自己的合法身份，毕竟父亲亨利八世下令宣告与她母亲的婚姻不合法。伊丽莎白女王也面临相同的情景：她在一五三六年被认定为私生子，在继承的法令上长年受到"驱逐与排斥"。她的私生子丑名从未被撤销，亨利八世仅在一五四四年的继承法中，将伊丽莎白的继承顺序排在爱德华与玛丽之后。因此，伊丽莎白女王的合法地位备受质疑，于是关于是否该针对自己的合法性采取进一步手段，她向尼古拉斯·培根爵士讨教。尼古拉斯·培根爵士的建议是谋定而后动，她也接纳了这个意见，但身为私生子的污点及这件事对王位的威胁，直到她离世的那一天都仍是个敏感议题。

伊丽莎白女王的继位人选则是另一个敏感议题。都铎王朝并不是多子多孙的家族，若伊丽莎白女王膝下无子而逝，可能就会面临王位后继无人的窘境。一五四四年的继承法与亨利八世的遗诏中提到，在伊丽莎白女王之后，王位可传给亨利八世的妹妹萨福克公爵夫人玛莉·都铎（Mary, Duchess of Suffolk）。玛莉·都铎有两个女儿，法兰赛丝（Frances）与伊莲娜·布兰登（Eleanor Brandon）。年龄较长的法兰赛丝也生下了三个女儿，其中一个就是噩运连连的英国"九日女王"简·格雷，另外两个女儿则是凯瑟琳·格雷小姐（Lady Katherine Grey）与玛莉·格雷小姐（Lady Mary Grey），在一五五九年时，她们分别为十九岁与十四岁。

她们两个都是新教徒，只是伊丽莎白女王打从心底讨厌她们，尤其是凯瑟琳——"女王连正眼都无法瞧她一眼"。在都铎王朝中，她似乎看来最有嫌疑，这不是没有原因的，一五五九年时，传闻菲利普国王认定凯瑟琳·格雷小姐是继承英国王位最有希望的人选，于是策划绑架她，让她成为哈布斯堡王朝下一任继承人即颓废的唐卡罗王子的妻子。对于伊丽莎白女王的厌恶，凯瑟琳小姐心知肚明，于是一五五九年三月，她向西

42

班牙大使表明，她的阿姨并不希望自己接下王位。不过伊丽莎白女王对驼背矮小的玛莉·格雷小姐也没什么好感。伊丽莎白女王对格雷姐妹的憎恶受到许多人的支持，甚至还有人说她们的父亲支持诺森伯兰公爵的叛国计划，才是导致她们无缘继位的主因。

在萨福克公爵家族血脉中，紧接在格雷姐妹之后，下一顺位的是伊莲娜·布兰登唯一的女儿玛格丽特（Margaret），她嫁给了后来成为德比伯爵的亨利·史坦利（Henry Stanley）。玛丽女王在位期间，部分人士认定玛格丽特将可望成为王位的接班人，因为他们认为玛格丽特与其他格雷家族的人不一样，并没有参与一五五三年诺森伯兰公爵的叛变。尽管玛格丽特对接下王位没有任何兴趣，伊丽莎白女王依然坚持让她常常到宫中走走，"因为她是我们的血亲"，同时也有一点监管她的意味。可怜的玛格丽特讨厌宫廷生活，也讨厌自己的家庭生活，更讨厌那和她时有龃龉的丈夫，因而从不知内心快乐与平静的滋味。

其实萨福克郡的几位可能接班人，身上都背负着私生子的可疑污点，因为萨福克公爵与前两次婚姻结束的过程疑点重重，使得萨福克公爵夫人玛丽·都铎与萨福克公爵的婚姻合法性也堪虑。

另一位可能的新教人选，就是亨丁顿伯爵三世亨利·哈斯汀（Henry Hastings，3rd Earl of Huntingdon），他是爱德华三世的后裔。他和玛格丽特一样，对问鼎英格兰一点兴趣都没有，然而伊丽莎白女王偶尔会（他后来这样告诉姐夫罗伯特·达德利）"私下偷捏他太太一把"，警告他们野心不要太大。他根本一点野心也没有，甚至尽量避免"展露自己的长才，忠诚地服侍女王"。

亨利八世的继承法通过后便与苏格兰兴战，当时他的目标是让儿子爱德华迎娶甥孙女苏格兰女王玛丽·斯图亚特，将英格兰与苏格兰一统于英国麾下。苏格兰民众则用暴力加以反抗，因此在决定接班人选时，亨利八世跳过嫁给了苏格兰王詹姆士四世（James IV of Scotland）的姐姐玛格丽特·都铎，也就是玛丽·斯图亚特的祖母。因此，尽管许多天主教徒主张苏格兰女王玛丽·斯图亚特才是英格兰的合法女王，或至少比伊丽莎白女王还更有继位的正当性，但在英国法令的规定下，她却无权问鼎王位。许多人也认为，不在英国出生的外国人，的确应该自动被摒除在王位继承权之外，因为根据英国法令，这样的人也没有资格继承英国的财产。然而也有人辩称王位的继承应该不在此限。

被亨利八世的继承法跳过的，还有玛格丽特·道格拉斯小 43
姐（Lady Margaret Douglas），她是玛格丽特·都铎梅开二度与安格斯侯爵（the Earl of Angus）所生的女儿，玛格丽特·道格拉斯小姐则嫁给了莱诺克斯伯爵马修·史都华（Matthew Stewart, Earl of Lennox）并诞下两子，这一点对她非常有利。只是她父母的婚姻关系存在着合法性问题，这代表多数人都不看好她继承王位的可能性。然而玛格丽特·道格拉斯小姐却有着强盛的野心，这不是为了她自己，而是为了她的大儿子，出生在英格兰的达恩里勋爵亨利（Henry, Lord Darnley）。光是这一点，就让许多人觉得，他比身为外国人的苏格兰女王玛丽·斯图亚特更有继承的权利。

到了一五六一年，苏格兰大使告诉伊丽莎白女王，除了玛丽·斯图亚特之外，"其他对王位有野心的人都没有资格，也不值得一统英国"，但女王不置可否。事实上接班人选的问题，对伊丽莎白女王来说是一种禁忌。从一开始她便清楚表达自己十分厌恶必须指定接班人的举措。对于被指定为王位继承人后，成为各种阴谋与反抗的焦点，女王是再清楚不过了，而且就算不成为王位继承人，她的人身安全受到的威胁也够多了。她曾表示，如果让其中一位接班人得知继位消息，她一定会在"一个月内再度回到伦敦塔去蹲苦牢"。

因此，最好的方法，就是她得要结婚生孩子，针对这一点，斐利公爵已经准备好了。伊丽莎白女王实在太过忙碌，因此斐利公爵只在一月份某日她从寝宫出来时见过她一面。女王尽管感冒了，与斐利公爵交谈时，仍显得"十分开心"，至于斐利公爵小心翼翼提出的问题，她表示她的婚姻问题会在国会中正式讨论。因此，斐利公爵决定稍加等待试试水温，再为菲利普国王求婚。

在二月四日星期六这天，英国下议院起草一份请愿书上呈给女王，要求女王尽快结婚以保护王室血脉的延续。两天后，国会派了一位代表，将请愿书送到怀特霍尔宫，交到女王手里。

请愿书中，议员们提醒伊丽莎白女王，"为了她和她的王国着想，她应该找个配偶，才能帮她分担政务上的重担，这些都是男人该做的"，下议院议长托马斯·贾格雷佛（Sir Thomas Gargrave）屈膝跪在女王面前直率地向女王表示国君寿命有时尽，但全体人民福祉的影响无穷远。万一她始终保持"不婚与处女之身"，绝对会与公众意见"互相抵触"。

听到他的一席话，对于这么敏感的议题，他却采取如此大胆的态度，女王感到震惊，但她很快恢复镇定，仁慈地应道：

"在如此令人感到不悦的议题上，讨我欢心显然是你与全国人民的好意"。她再度重申，尽管欧洲各国拥有重权的国王纷纷前来求婚，但她依然坚持独身，而且她认定自己早已有丈夫与孩子了。她亮出手上的王者之戒，同时表示："我已经嫁人了，我嫁给了英格兰王国。"而后来她也曾多次这么表示。至于孩子，"那就是你们每一个人，所有的英国男子，对我来说都是孩子，都是亲人。"对于议长还没提出任何人选，她衷心地感到感谢，"这对尊贵的公主来说，是不合适的，对身为臣子的你来说也是不智的。"

伊丽莎白女王继续向下议院表明，她会继续走在神指定的道路上。她向来不倾向接受婚姻，但也并非完全排斥。如果有一天她真的结婚了，也绝不会做出任何损害公众利益的事情，而且她绝对会选择"会和她一样小心翼翼保护王权"的丈夫。只是"如果我不将心思放在婚姻，万能的神会更欢心"。

至于继位的问题，女王允诺"绝不会让王位没有继承人"，但继承人是谁，她并没有进一步说明。只要她维持单身，她继续表示，她非常确定"神会给我们指引，你们不需要担心继承人的问题，比起我生下的孩子，这个人对全体国民可能更有贡献，毕竟最适合的婚配人选，过一段时间可能就销声匿迹了"。她认为自己的孩子可能"在成长的过程出差错，变成没规矩的孩子"。她其实是在暗示，她亲生的孩子，有一天可能密谋推翻她，毕竟她只是一个女人，届时政坛上德高望重的大老们大概也不会阻止这件事的发生，因为她可能会面临各界要她让位给儿子的压力。到了一五六一年，她向苏格兰大使透露，她认为"一国之君绝对不可能喜欢有继承权的那个孩子"，甚至举出许多实例证明许多王者与继承人之间常有争吵与冲突。尽管历史记载，她曾成为一百多名孩子的教母，但也没有证据显示伊丽莎白女王特别喜欢孩子。在多方考虑之下，她继续说，她个人宁愿将继位之事留待天命来决定，她坚信在神的旨意帮助之下"适合领导的继位者"总会浮出台面。

最后她宣布："对我来说，这样已经足够。盖棺定论时，我希望身为统治了一段时间的女王，活着是个处子，死了也还是个处子。"而"童贞女王"的封号就此而起，伊丽莎白女王也尽可能地利用这个封号，让她在随后的几年成为令人崇拜的人物。

女王的演说稿，在二月十日这天于下议院正式宣读。对于伊丽莎白女王的反应，国会议员自然大感吃惊与恐惧：如果她不结婚，自然也不会有亲生的继位者来对抗她安全上的威胁，而英国王位继承的问题，自然也不会有答案了。平定宗教之争原本是意料中的事，然而现在可能也有危险，更不要提她身旁那些新教臣子的性命了。在当时，拒绝婚姻的女子被视为违反自然，多数的男性都认定，他们的女主子只是在表现女性天生的害羞内向，等她知道婚姻的重要性就会清醒了。从那之后，威廉·塞西尔开始不断祈祷"神啊，请赐给女王陛下一个丈夫和一个儿子，让我们的后代可以有个男性来领导他们"。他也常常用他的期盼来提醒伊丽莎白女王，神一定会"协助女王陛下找到孩子的父亲"。对威廉·塞西尔来说，这个女人当家的政府脱离了自然正轨；他多么渴望看到男性主政，只有伊丽莎白女王结婚并被传宗接代的烦琐事务绑住，他的愿望才有可能实现。这样她的丈夫便能以她之名行执政之实。

但事实上，就像一名枢密院成员说的一样，尽管伊丽莎白女王毫无疑问地"绝对是英国身价最高的女人"，她却对婚姻之事一点也不动心。不过在政治上，她保持独身也有好处。她姐姐带给人民伤痛的经验，让下嫁外国君王成为一件冒险的事。嫁给这样的丈夫，也许可以保护英国不受外侮，但也可能掏空英国财政以支持其国家的战事。他也可能将英国视为其国家的附属，而且——如果他自己就是一国之君——他一定长年无法待在英国国内。更重要的是，英国民众具有海岛民族的特性，时而对外国人有无理的仇视与恐惧，对当年玛丽女王下嫁西班牙，他们的敌意很强，甚至暴力相对；因此要他们接受女王再度与外国君主结褵，是绝对不可能的事。

当然，伊丽莎白女王随时可以选择嫁给某一位臣子，这也是多数的英国臣民对她的期望。"英国全体臣民都认为，随便选个乡巴佬，都比陌生人好。"罗杰·阿谢姆曾如此写道。而伊尔·施凡诺亚的报告中亦曾提到，每个人"都同意她应该要选择英国人比较好"。持反对意见的只有威廉·塞西尔、阿伦德尔伯爵和伊丽莎白女王的表亲诺福克公爵，他们早已预见女王与他国君主成亲将带来更大益处。

然而，女王并不想下嫁给臣子，她认为这么一来，可能会引起国内与宫廷内危险的对立情形，导致像玫瑰战争时的派系之争，造成的紧张与冲突可能导致内战，毕竟不到十年前，苏格兰才发生了类似的事件。更重要的是，要贬低自己贵族的血缘身份嫁给一介平民，这让伊丽莎白女王犹豫再三。

最重要的是，从童年时期开始，她一再地受到各种拘束，她不想失去得来不易的自由。十六世纪时的丈夫们——就算是入赘于执政的女王——都专横得令人难以想象，社会也认为男人才是一家之主。做老婆的必须柔顺与服从，遵从婚姻的誓约。女人当政在那个年代算是新颖的概念，且普遍被视为难以

46

接受的状况：尽管她受到神的指示来领导人民，但仍得对丈夫百依百顺。在婚姻议题上，玛丽女王做出了难得的让步，但每当她不愿听从菲利普国王的建议与要求时，她的丈夫就会表示愤慨。在这种状况下的婚姻自然不和谐，而伊丽莎白女王绝对比她姐姐独立许多，她杰出的智能与对皇室血统的骄傲，让她难以屈就任何男人。她天生就是独立的统治者，而且也不想让任何人干扰她的特权。如果她结婚了，她的独立与特权将受到极大的威胁。

私底下的她倾向维持独身主义。一五五九年时，她曾告诉一位德国大使"她觉得独身生活非常愉快，而且她也非常习惯维持独身，甚至宁愿进入女修道院生活，就算受到压力，也要誓死保护自己独身的地位"。女王也亲口告诉英国驻外使节，表示她宁愿"在街上乞讨但维持单身，也不要当个被迫结婚的女王"。又有一次，她表示自己非常认真看待婚姻大事，这对她来说是件严肃的事，因此她不想和别人一样凑合着踏入婚姻。一次她在国会上表示："如果我是个提着桶子的挤奶女工，我的私生活根本就不会有人闻问，所以我并不想放弃单身生活，勉强下嫁给他国王者。"她似乎将婚姻视为欲求不满者的避风港：一五七六年时，她向英国国会表示，她对婚姻没有敌意，当然她也不会"用错误的态度去评断，那些迫不得已进入婚姻，而无法享受另一种生活的人"。她早已下定决心，不为人类肉欲的弱点所动。

许多作家不断地猜测，伊丽莎白女王对婚姻反感的背后，可能有更根深蒂固的原因。罗伯特·达德利后来告诉一位法国大使，从八岁起，女王陛下就宣告自己绝不踏入婚姻的决心。亨利八世的第五任妻子凯瑟琳·霍华德因通奸遭到处死时，伊丽莎白女王才八岁，这件事可能让她意识到父亲用类似的手法处死母亲的痛苦记忆。到了她十五岁那一年，在她青少年时期第一个唤起她的情欲的男人——托马斯·西摩将军——也成了阶下囚。这些事件可能造成她心中的阴影，将婚姻与死亡画上等号。一五六一年，她自己向一位苏格兰大使表示，她青少年时期的某些经验让她无法将婚姻等闲视之，也不认为结婚是安全的事情。她将这样的情绪，怪罪在父亲与姑姑们的婚姻问题上："有些人的婚姻遭质疑不合法，有些人则被视为私生子，甚至有些人依照自己的喜好态度反复。婚姻的确存在许多疑虑，因此害怕争端的我对婚姻敬而远之。"除此之外，姐姐玛丽女王悲惨的夫妻关系，与其他友人失败的婚姻经验，更加强了女王对拒绝婚姻的念头。在那奉父母之命成婚的年代，许多上流社会的人士婚姻都不甚幸福，有些人甚至与妻子离婚，其中伍斯特伯爵（Earl of Worcester）、德比伯爵（Earl of Derby）和士鲁斯柏立伯爵（Earl of Shrewsbury）都是很好的例子。这些人私底下都是伊丽莎白女王的婚姻顾问，他们坚持——尽管婚姻不成功——依然能维持和谐。

47

伊丽莎白女王推拖婚姻大事可能还有一个原因，那就是害怕生产。十六世纪时，妇女怀孕其实是危险的事情，当时生产的死亡率居高不下：伊丽莎白女王的两位继母，简·西摩与凯瑟琳·帕尔，以及伊丽莎白女王的祖母约克的伊丽莎白（Elizabeth of York），都因分娩导致的高烧而死。玛丽女王则因两度精神性假妊娠而成为众人的笑柄。许多年轻的新娘们，像是已故诺福克公爵夫人，很快地结婚、怀孕，却在婚后不到一年内死于生产过程。伊丽莎白女王的御医胡克医师（Dr. Huick）曾经警告她，生产对她来说可能并不容易，这件事也让她惊吓不已。因此多年来，伊丽莎白女王即使曾认真考虑婚姻，最后都还是紧急刹了车。没错，政治上的因素的确值得她这么做，但内心对生产的惧怕，可能才是最重要的原因。

当然也有人认为伊丽莎白女王不愿结婚是因为知道自己不孕，在伊丽莎白女王在位时期，这样的谣言甚嚣尘上。但相关事证十分矛盾。在外交上，她的生育能力自然引起各种紧张又谨慎的揣测与探询，因为她缺乏结婚的意愿，流言自然如影随形。在一五五九年斐利公爵的报告中写着："若我的眼线没有欺瞒，我也相信他们没有，基于他们最近给我的明确事实，我已经确定她无法生育。"到了一五六一年时，接手斐利公爵的大使又写道："许多医生已经证实了普遍的看法，这个女人并不健康，而且已经可以确定她绝对不孕。"但他也听到其他恶劣的传闻："许多人都说她已经有了（孩子），但针对这一点，我并没有看到任何征兆，当然我自己也不相信。"威尼斯大使曾通知威尼斯公爵伊丽莎白女王不孕的消息，他表示自己得到了与她相关的部分消息，只是"不敢写出来"。

此后，外国特使们的第一要务就是追求这脆弱的真相，以保护其君主与王朝的利益。女王寝宫的侍女常常受到许多人谨慎的探询，而西班牙方面则定期贿赂女王专属的洗衣妇，希望她透露女王陛下的经期是否正常。女王的洗衣妇则透露，伊丽莎白女王的女性功能和一般妇女一样正常，自此菲利普国王便时常进行外交协商，希望伊丽莎白女王能结婚生子。如果有其他合理的理由让他相信女王不孕的话，他绝对不会这么做。

伊丽莎白女王本身也助长了流言。她曾一度神秘地告诉萨赛克斯伯爵，"对她来说，她对婚姻的厌恶感与日俱增，但个中原因她坚决不说，就算她有双胞胎姐妹，她也不愿意吐露。"而一五六六年时，法国大使的侄子好奇地向女王的其中一位御医询问女王生育能力的问题。他告诉御医，女王陛下过去曾一度表示自己从医生处得知自己无法生育，他想要知道这是不是真的，因为如果这是真的，那他绝对不能让法国王室的任何一个人与伊丽莎白女王成亲。御医则郑重表示，女王陛下简直是在胡言乱语，女王有时就是会突发奇想。如果女王陛下真的要结婚，他可以拍胸脯保证，她绝对可以生十个孩子，或更多，"在大英王国之中，没有人比我更了解女王陛下的体质。"

　　到了一五七九年，也就是伊丽莎白女王四十岁中期，威廉·塞西尔仔细地讯问了女王的医师、洗衣妇与侍女，以了解女王是否还有生育的希望，在他的私人回忆录中记载着："依据她的身体状况，身高方面并没有过矮，也没有过胖，没有患病，生殖系统方面也没有非自然的状况出现，但相反地，依据最了解她身体健康的医生判定，及对女王身体状况的侍女们的说辞，只能断定'女王还是非常有生育的可能性'。"这个调查行动的起因，也出自担心女王在如此大的年纪怀孕，将有可能危及生命。这份报告并未公之于世，也未在宫廷内公布，但塞西尔似乎对调查结果相当满意。

　　然而日子一年年过去，女王依然膝下无子，因此许多人相信，她从来就不孕。而多年后，苏格兰女王玛丽·斯图亚特宣称哈维克的贝丝小姐（Bess of Hardwick）告诉她伊丽莎白女王"和一般的女人不一样"，但因为苏格兰女王玛丽·斯图亚特曾与贝丝小姐发生争执，希望在伊丽莎白女王面前将她丑化成三姑六婆，因此她的造谣生事定是别有用心，我们不应该太看重她的指控。较可信的消息来源应是伊丽莎白的教子约翰·

哈林顿爵士（Sir John Harington），他在一五九〇年代时发表了一些观点，成为普遍性的看法，当时他写下："她的内心深处厌恶婚姻，而且（就和许多人想的一样）她的身体微恙，并不适合婚姻生活。"伊丽莎白的确可能向哈林顿爵士吐露内心深处对性的厌恶——尽管这在当时人尽皆知——但对于伊丽莎白女王身体的状况，却完全是他的片面之词。事实上在少女情怀之时，伊丽莎白女王总是认为自己的婚姻应该十分美满。

直到伊丽莎白女王死后，剧作家本·琼森（Ben Jonson）——绝对不是钦佩她的人——在觥筹交错间告诉一名苏格兰友人，霍松丹的威廉·左蒙德（William Drummond of Hawthornden），"伊丽莎白女王身上多了一层膜，尽管她多方尝试，但依然不能解决。"但他的消息来源并不确定，他很可能只是散播谣言，也可能只是在酒精的作用下胡言乱语罢了。

许多现代作家质疑流言背后有其可信度，伊丽莎白女王的处女膜可能不正常地肥厚，要不就是有痉挛的症状，导致性交的过程痛苦难耐。近来，作家麦可·布罗克（Michael Bloch）曾提出新的说法，认为伊丽莎白女王和温莎公爵夫人（the Duchess of Windsor）一样患了睾脂酮不敏症候群（Androgen Insensitivity Sybdrome）。罹患此症者出生时身上带有男性的 XY 染色体，但因为身体无法正常制造男性荷尔蒙，因而出现女性性征。患者没有卵巢，只有畸形的子宫与狭窄的阴道。当然这样的患者自然无法生育，而且某些人甚至无法性交。患者成人以后身高较高、有男子特质、四肢修长而且声音尖锐，但有时候这样的患者也会非常有女人味。麦可·布罗克指称伊丽莎白女王可能也罹患了这个病症。但除非有人认真思考本·琼森疑点重重的论点，不然根本没有证据支持这个说法，也没有其他类似的理论佐证了。

伊丽莎白女王登基伊始，托马斯·查伦纳爵士（Sir Thomas Challoner）曾向她提出警告："对一位女性统治者来说，维持外在的谨言慎行绝对不算太过分。"换句话说，她的行为必须极尽谨慎之能事。但不久之后，她私生活混乱的各种流言便如影随形，尤其是各天主教国家的国君们时不时辱骂她——程度所及，大概就如同她的母亲一般——说她是个花痴。有人说她拒绝婚姻是为了拥有更多爱人满足欲求。不幸的是，伊丽莎白女王从来就不隐藏自己对性事的兴趣，在谈及性事时也常展现兴致勃勃的样子。再加上她向来喜欢帅气、强壮、聪明的男人，以及她喜欢调情与偶有的失控举动都是人尽皆知，导致许多人认为流言有其真实性，而伊丽莎白女王也绝非她所创造的"童贞女王"形象。

也有不少传言表示她私下生了孩子，但她的生活暴露在公众的眼光之下，她到底要怎么背着人们生下孩子，这一点却没人能解释。哈维克的贝丝小姐妒忌心很重，她最喜欢的事，就是向苏格兰女王玛丽·斯图亚特回报任何她听到有关伊丽莎白女王的龌龊传闻，例如伊丽莎白女王常常和莱斯特伯爵上床，或是她逼迫克里斯多福·海登爵士（Sir Christopher Hatton）与她做爱。苏格兰女王玛丽·斯图亚特则冲动地将这些故事全都以信件书写的方式传达给她的一位表亲，蓄意陷贝丝小姐于不义。幸运的是，塞西尔拦截了这些信件，确保女王永远不会看到这些内容。后来贝丝小姐向枢密院方面承认，这些故事都是她捏造的，海登爵士也向约翰·哈林顿爵士发誓，"自己打从心底深处强烈厌恶这样的指控，他绝对和女王陛下没有任何肉体关系"。

至于海外，许多天主教作家，包括英国耶稣会信徒尼古拉斯·桑德斯（Nicholas Sanders）、罗伯·帕森斯（Robert Parsons）和枢机主教威廉·亚伦（Cardinal William Allen），都成为伊丽莎白女王的放荡形象背后粗鄙又不真实的流言的帮凶。

在英国，如同我们所知，因为担心无知的人民信以为真更加深谣言的流传，因此只要恶意散布有关女王的流言都会受到政府的惩罚。一五九八年时，多塞特郡的爱德华·弗朗西斯就因为要说服一名叫作伊丽莎白·贝莉的女子与他同居，说了一些禁忌的话而遭到审判，他说："在英格兰最适合这么做，在贵族中就有三个私生子，而她自己出身也很卑贱。"

晚年时期，曾在伦敦塔中虐囚，英国恶名昭彰的虐待狂理查德·塔克里夫（Richard Topclyffe）吹嘘自己摸过伊丽莎白女王的胸部，也看过她的大腿。尽管他应该只是幻想，但我们知道，在伊丽莎白女王晚年时，似乎很喜欢在法国大使面前暴露她的胸部。

然而伊丽莎白女王是个淑女，也是个很棒的女政治家，不可能屈服于不正常的性关系。她是个非常骄傲、自视甚高的女人，非常重视自己崇高的地位，对于资产非常关注，她不太可能为了肉体的欢愉而赔上自己的名声，或危及执政地位。在那个年代，并没有有效的避孕方法，非婚怀孕可能毁坏她得来不易的一切。她能轻易地隐藏对某些男性的爱意与景仰，显示她对于和这些男人谈恋爱不屑一顾。但这些传闻始终未经证实。一五六一年，传闻沸沸扬扬之际，瑞典首相尼尔斯·盖德斯登（Nils Guilderstern）为主子埃里克王（King Erik）求婚。在宫廷中贴身观察过伊丽莎白女王后，尼尔斯·盖德斯登在报告中写道："她没有任何举止是不合乎礼仪的，我看到许多贞洁、纯洁与端庄稳重的象征；因此我能用性命担保她绝对贞洁无瑕。"

后来几年，许多国家的大使也都有相同的感受。大部分的 51 使节都理解到这些流言大概都是"出自于妒忌与恶意"。一五七一年时，法国大使费奈隆（Fénelon）向法国王太后表示，伊丽莎白女王是"贞洁的好女人"，同时还强调只要体验过英国宫廷生活的人，就绝对不会相信此等流言，因为女王的生活周遭总有"无数的眼光"，这些人对她都是敬畏有加，在这环境下也杜绝她任何不正派行为的可能。

另一位法国大使麦可·卡斯泰尔诺（Michel de Castelnau），与伊丽莎白女王相识已有四分之一个世纪，他表示："如果有人毫无根据却想要以混乱的男女关系来指控她，我可以保证这些都是外国使节的恶意攻击，以击退其他国家想与英国联手的企图。"多数的西班牙使者对英国女王都怀着敌意，只有一位例外，他就是席尔瓦（de Silva）。他承认自己从未找到有关伊丽莎白女王私生活淫乱的证据。伊丽莎白女王本人则曾告诉他："我不会钻牛角尖。每天有上千人看着我的一言一行，诽谤不会永远困住我。"对伊丽莎白女王的臣子们来说，她的贞洁无疑神圣不可侵犯。几年后，最高法院首席法官弗朗西斯·培根（Francis Bacon）形容女王"行为合乎道德规范，就如她一心想要的表现一样"，他的感受也得到其他了解女王的人的认同，包括威廉·塞西尔和连任几届国务大臣的弗朗西斯·沃尔辛厄姆爵士（Sir Francis Walsingham）。

女王刻意表现出的贞洁形象非常重要，这不是她个人的选择，而是国家政策使然。在许多方面，她因此付出不少代价，也被迫终生面对孤独、情感剥夺与禁欲。她的行为的确达到她认为必需的美德，但有时可看出她沉重的压力。她有时会逗弄爱人并给予部分自由——她绝对是个多情种子——但行为绝不超出分际。性事本身在某些方面很可能让她感到恐惧，她内心深处无法将自己交付给某个男人。就算这是真的，也无法改变一个事实，那就是比起作为一个结婚的统治者，身为一个童贞女王让她更感强大。为了维持她的力量，她不仅需要童贞女王这个封号，更必须将这个角色内化。这也代表无论她个人的感受如何，不正当的性关系将永远与她沾不上边。

当时许多人相信，现在也依然如此，伊丽莎白女王享受追求与调情，她在性事上更是不道德，但事实上她的生活循规蹈矩——几乎从不落单，（就像她自己所说的）"身旁永远有寝宫侍女与有贵族血统的侍女在侧"，她们甚至住在女王房间——她非常看重自己与自己的名誉："若英格兰的女王成为男人的玩物，那成何体统。""我的生活就摊在阳光下，有这么多人看着我。"听到国外关于她的部分传言后，她曾如此说道："我不知道，关于我，怎么会有这么难听的传言出现。"更重要的是，她当然知道某些女王——更甚至是某些后妃——都疑似挑战了道德的界线，这对她来说都是很残酷的一课。更甚者，她维持高高在上的形象之际，也严格控制自己的人际关系，这些都是她心之所向。

当伊丽莎白女王表达独身的意愿时，很少有人把她的话当真。英国国会与枢密院依然认为为女王寻夫指日可待，而外国使节则不断为其主子求婚，希望能打动她的芳心。伊丽莎白女王对这些游戏非常起劲。毕竟她最爱的就是男人的注意与调情，陶醉在受到追求的欢愉之中。这部分她表现得好极了，让很多人以为她早已改变维持独身的决心，只要时间到了，她一定会选择步入婚姻。这个观点因为伊丽莎白女王喜欢谈论可能到来的婚礼，或是表示"自己也是个人，对人类的情感并非无感，如果是为了国家的幸福，或其他重要原因，她也可能因此改变心意"而逐渐受到采信。一名臣子说，她变得"对求婚的提议贪婪不已"。在国力羸弱又贫穷时，有欧洲的领导人争相向她求婚，盼望得到英国的友谊，对她有绝对的益处。这些人都认为自己有成功的机会，因此也就不会轻易兴战或引起纷争。

伊丽莎白女王的婚事，成为英国政坛的重要议题与政策方向，也引发长达二十五年的臆测，一路上的曲折导致女王陛下的智囊们数不清的困扰，大多数的臣子们都对她固执的行为感到困扰不已。少数人，像是塞西尔，则清楚知道她说到就会做到，就像她多次的表述一样，她没有结婚的意愿。

* * *

从一五五九年二月继位的那天开始，便有使者提出婚姻请求，她被迫经历长达二十五年的谎言生活。斐利公爵后来总算得以私下觐见，并向伊丽莎白女王提出菲利普国王的求婚。面对菲利普国王给予的荣耀，女王竟一点也不知珍惜，这让斐利公爵大感困窘，当女王以委婉的态度表达自己维持独身的意愿时，斐利公爵更感不解。不出所料，西班牙大使斐利公爵果然表示，如果伊丽莎白女王拒绝结婚生子以延续英格兰王位的继承权，法国国王将起而抗之，另立苏格兰女王玛丽·斯图亚特为王。

这简直就是火上浇油，让女王怒气攻心，于是她开始将怒气"发泄"在法王亨利二世（King Henry II）、法国王储和他的儿媳妇苏格兰女王玛丽·斯图亚特以及法国人和苏格兰人的

53

身上。她的怒火实在太猛烈，经过一段时间的暴怒与跳脚之后，她全身瘫软地倒回王位上，然后告诉斐利公爵自己需要时间思考菲利普国王的求婚。

几天后，她恢复了理智，但仍指出这段婚姻的许多缺点。菲利普国王若迎娶小姨子，会让伊丽莎白女王与菲利普国王本身都陷入姻亲结婚的禁忌中；虽然教皇应该不太可能拒绝菲利普国王的特许请求，但这在英格兰境内将造成争议，因为亨利八世不也曾谨慎地询问教皇是否能特许他迎娶兄弟的遗孀吗？最后英国法院宣布这桩婚姻无效，因此若伊丽莎白女王与姐姐的鳏夫成亲，婚姻的合法性可能也会出现争议。伊丽莎白女王援引希伯来《圣经》中的《利未记》来向斐利公爵表达自己的立场，她说她不想接受罗马教皇的教令，因为那与神的旨意相违背。因此，她继续说，她无法在不污蔑对父亲的记忆之下，嫁给姐姐的鳏夫。

然而，仍有一线希望。她承诺会在英国国会与枢密院商讨此事，同时让斐利公爵回报菲利普国王，若有一天她决心步入婚姻，菲利普国王将是她的第一人选。

接下来一个月的思考时间，斐利公爵顿觉更有希望。但伊丽莎白女王的顾问们听到求婚消息后，对于女王竟然考虑接受求婚，全都感到惊骇不已，同时热烈地讨论要如何劝阻她打消念头。她向臣子们表示，自己绝不会做出违背英国利益的事情："我是父亲与母亲身上纯正英国血统的后裔，绝不是西班牙人，我和我的姐姐不一样。"她如是说。然而直截了当地拒绝菲利普国王，不能算是考虑周到的策略，因为英国依然需要与西班牙友好，尤其是在英法还未取得和平之前。因此在这之前，斐利公爵还是能幻想得到更好的答案。

3 鸡毛蒜皮的争端

　　从伊丽莎白女王青少年时期开始，便因接受剑桥改革运动分子的教导，而深受其信仰与教条的影响，但尽管她在这样的环境中成长，而且信仰新教，她自己本身却不具改革思想；她喜欢的只有唱诗班那传统的宗教仪式、辉煌的赞美诗与圣歌，同时神学作品对智能带来的满足感，也让她深受吸引。她非常了解神学，她在一五六六年向国会宣达："直到我登基前，我都在钻研神学。"再者，在那人们可能因信仰而遭到焚烧的年代，她却有着相当开明的见解。"耶稣基督只有一个，"她向一位法国大使迈斯公爵安德烈·赫洛特－加龙省（André Hurault, Sieur de Maisse）表示，"其他的问题都无关紧要。"

　　她与姐姐玛丽女王不同，她并非宗教狂热分子，无论天主教或新教，她都讨厌他人对宗教盲信的狂热，她也没什么时间去听主们的意见或鄙视那些强硬派的新教神学家彼此称呼对方"基督信仰的兄弟们"。她也不会让主教的职位空闲下来，以维持王国的岁收。

　　对她来说，针对神学研究与神性的争辩，根本毫无意义。一五九〇年时，她曾在国会的演说中这样表示："有很多人对神的态度十分鲁莽，过于探究他赐予的福，仿佛是精明的律师在探究证据般。若我无法确定自己走的正是神指引的道路，神定将阻止我继续存在与领导诸位。"在登基后不久，她偷偷告诉斐利公爵，她的信仰与天主教徒"其实没有什么差别"，"因为她也相信在圣餐礼中得见上帝圣体，而且她只对弥撒中的三四项仪式持有异议"。但她说这句话时，英国急需西班牙的支持。她也非常懂得如何诋毁旧有信仰，一五七七年时，她曾在一封写给德国新教徒的信中提及"黑暗又肮脏的天主教会"。

55 当她听闻西班牙菲利普国王在西属尼德兰迫害新教徒时，她写了一封措辞强硬的信询问他，如果臣民自己决定走向恶魔之道，为什么他要干涉那么多。此举震惊了菲利普国王的一位大使，因为他曾私自轻率地表示，伊丽莎白女王希望自己能受到被英国人称为教皇的罗马主教的救赎。在后来的任期中，伊丽莎白女王因为喜欢神学辩论的感觉，而拒绝让疑似为无神论者的华德·莱礼爵士接受调查。

因为这些态度，许多人便指控她毫无信仰。一名西班牙大使夸德拉（de Quadra）观察道："新教徒让她感到不舒服，另一边，天主教的教义也是，因此许多人开始质疑她可能为无神论者。"但她时时阅读《圣经》，而她生命告终时则说："在我执政前，已将最后的审判放在心上，因为最终我也要接受更高审判。"对圣餐变体的观点，在这段有点蹩脚的诗句中算是表达了出来，而这段诗句最先则是收录在一六四三年理查德·贝克（Richard Baker）的编年史中：

基督真理字字珠玑

他将面包配给

他的每一言每一句

都是我信奉与谨记的真理

她同时也相信神圣的天命在背后操弄，导引、眷顾着她与她的王国。一五八〇年代，英国面临西班牙的强大威胁时，伊丽莎白女王向法国大使费奈隆表示："我想最糟的状况就是，神仍未决定英国是否该终止其命运，但至少神也还没赐予他人权力，让那些野心勃勃的男人来终结英国的气数。"

布道会——是新教教会日常早会中最主要的一环——是她最恐惧的事情之一，牧师每每超过一小时的长篇大论，总让她头痛不已。对于在讲道坛上想要跟她说教的人，她更是缺乏耐心，每天她都坐在皇家专属小房间的格子窗旁，窗户或开或关但看女王心情。"照稿演讲，司祭先生！照稿演讲！"有时她会大吼大叫，或是会向布道的人传达讯息，警告他们打消念头，别讲述容易引起女王反感的主题。一五六五年时，圣保罗大教堂司祭诺威尔（Dr. Norwell），抨击了一份写给女王的天主教小册子，同时对偶像崇拜——耶稣受难像——一事口出狂言，而伊丽莎白女王一向坚持要将耶稣受难像收藏在皇室礼拜堂中。

"不要说这个！"女王怒气冲冲地打断他，但司祭先生却故意忽视她。"别再说了！"女王再度大声斥责。"这和你要讲的主题无关，而且这根本是陈腔滥调。"

56

另一位讲道者约翰·艾尔墨主教（Bishop Aylmer），反对"将遗体装饰得太过精致"，女王也强烈地要求他换个布道主题。"也许，"女王的教子约翰·哈林顿爵士对此表示："主教显然很不了解女王的个性，要不然他绝对不会选这个主题。"

一五九六年时，伊丽莎白女王年届六十三岁，这在都铎王朝时期被视为大厄年的开始，许多人都无法活过那个年纪，坎特伯雷大主教告诉陆德主教："女王陛下年轻时对才智与雄辩的迷恋已然不再，可以打动她的心的一般布道，让她感到最开心。"陆德主教因而选择布道的主题:"神教导我们如何计算时间,让我们的心有智慧能依靠。"接着他继续提及许多重要神圣的数字,包括"3"代表三位一体,"7"代表安息日,而"7"乘以"9"就是大厄年,六十三岁。此时,女王开始皱起了眉头。陆德主教慌了手脚赶快转向启示数字"666","他能以此证明教皇反对基督"。当他结束布道演说时,伊丽莎白女王倾身探出皇室专属的小房间,恶狠狠地叫他不要乱打如意算盘。"现在我知道了,"她甚至说,"最棒的神职人员都不是最聪明的人。"

"伊丽莎白女王,"英王詹姆士一世时期任格洛斯特主教的葛菲·古曼(Godfrey Goodman,Bishop of Gloucester)回忆道,坚持着"她宁愿自己与神沟通,也不想听别人谈论神的事情。除了四旬期外,她很少听布道会"。来到宫廷中进行布道演讲的人,都收到指示将演说时间缩到最短,布道题目也得从主教认可的主题中选出。约翰·哈林顿爵士就记得,伊丽莎白女王可以在布道会中神游四方。她曾经在一位神职人员说了一些可能冒犯她的话后,还向他道祝贺,显然她是完全没有专心聆听。

但伊丽莎白女王对布道会的厌恶,还有更有力的原因:布道会让男人有机会大放厥词,在当时的宗教气氛之下,这些话只会带来争端,导致社会不安。有一群极端主义的新教徒,后来被称为清教徒,女王打从心底不喜欢他们,原因不只是他们对宗教的狂热,还包括他们坚持要由牧师进行布道。对于女王反对清教主义,多数的臣子都额手称庆,尤其是在一五八五年时,伊丽莎白女王撤销了一个反对周日举办任何体育会和娱乐活动的清教法案。女王认为在每周唯一休息的一天,她的子民有权用任何他们喜欢的方式度过，不用受扫兴的人或事物干扰。她也拒绝同意一项——也是来自清教徒的——建议，将异端邪说、通奸行为和亵渎上帝都立为犯罪项目。她认为这些是道德，非法律范畴。 57

她对清教徒的抵抗，最有名的事件可能是在艺术领域。许多城市尤其是伦敦的清教权威人士，都非常讨厌博物馆，同时煞费苦心地想要禁止民众观赏戏剧，因为这些都会占去人们上教堂的时间。但女王站在戏剧爱好者那一边：因为她也讨厌布道会。一五七五年，当女王发现，在柯芬特里，著名的四大《圣经》连环剧遭到清教当权者禁止演出，她随即下令恢复。伦敦的清教徒则开始抱怨，市区中爱上戏院的人就是每年夏天导致黑死病传染和大流行的病源。一五八三年时，伦敦市政当局关闭了萨里岸边的剧院，但伊丽莎白女王回敬一招，组织了自己的剧团，也就是著名的女王剧团。最后市政当局只好让步，但到了一五九七年时，市政当局终于成功说服枢密院同意关闭剧院，他们的理由是，这些剧院是反政府思想酝酿的温床。伊丽莎白女王听闻此事感到十分气愤，枢密院只好仓促地撤回成令。后来直到伊丽莎白女王逝世前，都不再有其他反剧院的行动出现。

伊丽莎白女王特别讨厌已婚神职人员，尤其是主教与大主教。她一次又一次地拒绝承认其妻子的存在，而且她多次以不礼貌的态度对待马修·帕克大主教（Archbishop Matthew Parker）的妻子，让大受惊吓的主教"连听闻女王名讳都胆战心惊"。一五六一年时，他写信告诉塞西尔："女王陛下对神职人员的婚姻，依然抱持鄙夷的态度，若非我当时十分坚强（他自认如此），可能会完全公开地遭受责难与禁止。"伊丽莎白女王要求那年纪约在七十到九十岁的伊利主教（Bishop of Ely）上枢密院解释自己为什么续弦娶了年轻女子。他的解释是，他再婚只是为了避免受到诱惑犯了通奸罪，但这样的答案也无法说服女王，而许多臣民也抱持与她相同的看法。

玛丽女王当年废除了父亲亨利八世的国王至高权法案，随后当伊丽莎白女王继位时，英国基本上依然是个在教皇管辖下的天主教国家。但多数人都认为，最高权威法案应该会透过国会恢复，就像许多人期待新教的宗教地位可能会有所改变。自从伊丽莎白女王继位后，就针对重要的宗教议题做出许多暗示，而这些暗示让许多人相信，英国将会再度脱离天主教会。至于伊丽莎白女王的考虑，则在于英国的教会只能有一个领导人，这个人一定要是国家领导人。她自认受到神性的召唤，"要为神的荣耀，让英国王权底下的人民得到宗教上统一的秩序，建立新的教会和国家的稳定"。

她最主要的考虑，在于希望大众的礼拜仪式都能遵照正确的方式，并且使用英文，而且她也坚持——主要是因为对更严格的新教臣子感到反感——维持部分天主教仪式。在她专属的小礼拜堂中，她留有蜡烛与耶稣受难像等物品，坚持神职人员戴着帽子、穿着斗篷式长袍与斜襟衣；不过她摒弃了许多更复杂的仪式与习俗，这些都贬抑了天主教，包括相信神迹、特赦权，以及对圣母玛利亚的尊敬。因为讨厌强烈气味，因此她憎恶教堂中的焚香，并且下达禁令。然而清教徒依然时常抱怨她对宗教的态度。

尽管对圣徒的礼拜背离新教理念，但伊丽莎白女王鼓励民众对圣乔治（St. George）的膜拜，当时圣乔治被视为英国的国家象征，同时也是嘉德勋位的守护神。女王也没有禁止濯足仪式，女性宫廷画家利瓦伊娜·提尔林克（Levina Teerlinc）一幅精细的微型画，就记录下女王在登基之初便参与了濯足仪式。伊丽莎白女王也恢复了触摸皮肤肿瘤患者的传统，也就是所谓的"国王的触摸"（the King's Evil）。在中世纪时，这个仪式她的先祖们已经执行了有三世纪之久。她非常看重自己在这个仪式中几近神秘的地位，下定决心将手放在患者身上的患部，希望能达到治疗的效用。她严格限制自己上礼拜堂的次数，大约是每周日一次，以及在四旬大斋期，每次上教堂她一定穿黑色的衣服。

尽管在她的任期中，严重压迫了天主教，但伊丽莎白女王其实一点也不讨厌天主教，她甚至欢迎拒绝服从她的贵族进入宫廷，有时还会到他们家中拜访；她也会雇用天主教徒，包括作曲家威廉·伯德都住在宫廷中。若天主教徒展现对她的忠诚，必定会让她欣喜不已，这样的场景当然也时常出现。一次出巡时，一名男子上前大喊："女王万岁！心怀邪念者蒙羞！"女王只是转身朝着也在场的西班牙使者，告诉他："这个好人定是旧宗教神职人员。"又有一次，在她一五六四年拜访剑桥大学时，看到一群大学生演出了奚落天主教弥撒的一出假面剧；其中一个角色打扮得像条狗，出场时还将圣体衔在口中，伊丽莎白女王见此起身拂袖而去，"并用强烈的言语响应"。后来许多清教徒总是费尽心机地指控她站在天主教徒那一边，对新教的忠诚度不如这些清教徒。

其实伊丽莎白女王任内对天主教压迫的恶名，都是来自政治上的需求，而非宗教狂热的问题，在后面的章节将有更详尽的剖析。遭到处决的教士，几乎都是犯下了违反国家利益，可能严重侵害国家的情事。当年玛丽女王曾在三年内下令焚烧三

59

百多位新教徒；在伊丽莎白女王的年代，遭到处决的天主教徒远低于这个数字，在伊丽莎白女王长达四十五年的任期中，仅仅只有四位再洗礼派教徒被处以火刑。和多数的臣民一样，伊丽莎白女王对西班牙宗教法庭大举对异教徒施以火刑的消息感到惊惧和烦恶。当时她的考虑在于，一个人的良心在于个人。根据弗朗西斯·培根爵士所述，女王笃信的箴言为"人的良知无法强迫"，而她"也不想无谓地探究他人对旧宗教的情感"。"女王陛下，"他如此写道，"一点也不想窥探他人的内心与任何秘密思想"。她想要的只有臣民的忠诚度、国家，以及对她执政之下的主要宗教达到外表的顺从。

* * *

国会的议事程序，现在准备要通过许多法令的初版了。一五五九年二月九日这一天，恢复英国国教中国王至高权的一项法案，进入了下议院的议事堂，但这项法案在许多方面都有缺失，经过了多次辩论后，法案仍然流产。

在罗马方面，于二月十六日这天，教皇保罗四世（Pope Paul IV）公布了一份教皇诏书，宣告若有支持异端教义之情事，便可能遭废除王位的命运。此令一出，合理化了天主教强权国家圣战出兵英格兰，也让英国对法国可能企图以苏格兰女王玛丽·斯图亚特进逼王位的恐惧更甚，同时也测试了伊丽莎白女王麾下天主教臣民的忠诚度。

当时，伊丽莎白女王坚持中间路线。新教信仰成为英国既定的宗教，同时她打着谨慎、和解与温和的旗帜。为了不冒犯欧洲的天主教盟国，他们必须行事小心，当然也绝对不能采取激进手段。当新教主教们拒绝明定神职人员必须独身，在教堂中摆上有耶稣像的十字架、一般十字架和蜡烛时，女王本身也不得不让步妥协。至于温和的路线，碰上天主教的主教因反对新观念而被送往伦敦塔时，也再度打了折扣。此时，全国信仰陷入了一片混乱，天主教与新仪式同时存在于教会中。

部分主教与议员开始质疑，女人怎么能成为英国国教最高首领，圣保罗便曾提及女性绝对不可能成为使徒、牧师、导师或传教士。最后伊丽莎白女王同意以最高总督称号取而代之。三月十八日这天，英国下议院通过了国王至高权修正法案。隔一周，伊丽莎白女王下达命令，明确规定此后的圣餐礼，应该以爱德华六世时生效的公祷书为准。

60

＊　＊　＊

同时，伊丽莎白女王也一直在思考，该如何响应菲利普国王的提亲。她已经向斐利公爵推诿了一个月，告诉他"应该不想得到不想要的答案吧？"但斐利公爵一开始的乐观开始逐日退却，他已经发现女王身边的新教顾问们，都尽可能地劝阻女王不要接受菲利普国王的求婚。

不过在伊丽莎白女王眼下，还有菲利普国王的竞争敌手，只是斐利公爵不知道罢了。二月二十日这天赫尔芬斯坦伯爵（Count von Helfenstein）从奥地利来访，他是菲利普国王的叔叔神圣罗马帝国皇帝费迪南德一世（Ferdinand I）派来的使者。伯爵的任务表面上是要为伊丽莎白女王继位一事道贺，但骨子里却是为了查探她是否有资格成为神圣罗马帝国皇帝的两个儿子其中一位的妻子。

二月二十五日这天，伊丽莎白女王以非常亲切的态度接见了赫尔芬斯坦伯爵，他很快就为伊丽莎白女王的魅力迷倒。因此在给主公的信中，他心醉神迷地谈起了伊丽莎白女王的精明、威严、智能和"其他英勇事迹"。不久后，他便与女王及她的臣子们提起了奥地利的两位大公，费迪南德二世（Ferdinand II）与查尔斯（Charles）。"当我提及皇帝陛下两位儿子的年龄、品行与天赋时，在场的所有人，无一不竖起耳朵，用崇拜的态度并安静下来仔细聆听，好像想从我身上了解得更仔细详尽一般。他们可能认为，您的其中一位儿子，很快将成为女王陛下的配偶，能够管她，也统治整个英国。"伊丽莎白女王尖锐地问赫尔芬斯坦伯爵，是否有事情想要私下报告，但他却含糊带过。英国的臣子们也许并不知道菲利普国王提亲的事，这件事当时还是个秘密，而他还是正式提了亲，但他下令，除非事情有了眉目，不然不要有进一步的动作。

神圣罗马帝国的君主，只要求赫尔芬斯坦伯爵一定要回报一件事情，那就是伊丽莎白女王的宗教信仰。年龄较长的大公费迪南德是非常虔诚的天主教徒，就算弟弟查尔斯对宗教的热诚度较低，他也绝对没有任何异教倾向。赫尔芬斯坦伯爵仔细观察了伊丽莎白女王，且小心翼翼地向她的臣子探询，接着向主公回报："就我的观察，我并没有发现任何与传统天主教信仰脱轨的行为，因此若英国出现天主教君主，所有宗教上的疑虑便可望透过君令轻松解决。"然而他并没有完全被宫廷外表展现的宗教气氛说服，因为伊丽莎白女王在宗教议题上的态度，实在是"高深莫测"。"她似乎一方面保护着天主教信仰，但同时又没有完全谴责，或于外在表现出拒绝宗教改革的倾向。"因此他决定再等一阵子观察是否会有新的迹象。

61

到了三月十四日，当英国的宗教问题即将稳定，同时英法的和平协议也将拍板定案时，伊丽莎白女王私下召见了斐利公爵，同时表达自己"身为异教徒，无法与菲利普国王陛下成婚"。最重要的是，她也完全不想结婚。她希望英国与西班牙间的友邦关系，能和缔结姻亲带来一样的益处。当斐利公爵询问她如何做此决定时，她开始变得"心烦意乱且激动异常"，最后斐利公爵只好不断保证，无论是他自己还是菲利普国王，都没有将她视为异端。他也告诉伊丽莎白女王，他们都不敢相信她会批准国会辩论的法案。

伊丽莎白女王则声明，自己是新教徒，没有任何事情能改变她的观点。

"我的主公也不会为世界上任何国家改变自己的宗教信仰。"斐利公爵则高傲地回答。

"那他当然也不会为了一个女人这么做了。"伊丽莎白女王随即反驳。

斐利公爵也私底下揣测，伊丽莎白女王拒绝菲利普国王背后真正的原因。他一直不断地明察暗访，最后终于得到结论，于是他向主公回报："她无法传宗接代。"在斐利公爵的信件中曾提及神秘的事项，关于菲利普国王没有娶伊丽莎白女王"背后的秘辛"，可能就是来自斐利公爵的揣测。如果这是真的，菲利普国王确实知道伊丽莎白女王无法生育，他为什么要不断地为伊丽莎白女王寻找哈布斯堡王朝中适合的人选，并且一再提及王位继承人一事呢？也许太过依赖立场时常偏颇的大使报告并不是件聪明的事情，许多大使的报告都以宫廷八卦为主。

当菲利普国王知道伊丽莎白女王的决定后，感到大大地松了一口气，但他还是提笔写信表达遗憾，表示虽然他非常希望能与伊丽莎白女王成亲，但"良好的邦谊自然也能达到同样的效果"。

然而，西班牙与法国间也正朝和平之路前进，三月都还没有结束，菲利普国王便急匆匆地宣布将与亨利二世的女儿华洛亚公主伊莉萨白成婚。当伊丽莎白女王听到这个消息，她欣然接受了这件事，她发出了"一声近似笑声的叹息"。她掩饰了与菲利普国王无法成亲的原因，归咎于她没有给个答案，甚至假装愠怒，因为菲利普国王并没有准备好，给她三四个月的时间考虑；她宣布菲利普国王对她的爱，绝对不如斐利公爵所要她相信的那么深刻。而大使斐利公爵则本能地感觉到，伊丽莎白女王是在嘲笑菲利普国王。她保留了面子，菲利普国王订婚的消息让她十分开心，这代表他会维持与英国的邦谊。接着斐利公爵很快地向她保证，他的主公生怕伊莉萨白女王觉得受到轻蔑而焦虑不已，因此就算西班牙与法国建立邦谊，他仍将会"继续作为一个好的兄长，对于她的疑虑给予大量关注，将她的事当成自己的事情来看待"。同时，"未来在她的婚姻大事上也会给予协助"。

62

自此，伊丽莎白女王与斐利公爵的关系便陷入紧张，这可能都是因为她变幻莫测，戏弄或误导他的倾向和喜欢玩外交游戏所致。"简言之，"他绝望地执笔写信给菲利普国王，"我只能向国王陛下回报，这个国家在经历三十年您所知悉的统治现况后，落到恶魔的女儿手中，她是这块土地上最大的恶棍与异端。"斐利公爵于三月收到召唤他回国的消息，感到十分轻松。接替他职位的，将是处世经验老到的一位牧师，拉奎拉主教夸德拉（Alvaro de Quadra），是年三月三十日，主教抵达伦敦，而斐利公爵则继续以大使之名在英国待到五月。

然而菲利普仍然坚信，伊丽莎白女王与英国，自当回归天主教怀抱，最好可以嫁入哈布斯堡王朝。他已经了解神圣罗马帝国的居心，于是决心撮合伊丽莎白女王与其中一位大公。

四月十一日，他给了斐利公爵一张联络便条，条列出两国联姻的益处，并指示斐利公爵向伊丽莎白女王提出此紧急请求。他表示两位大公都没有自己的公国，因此都能够自由地前往英国并永久居住。两个人都非常适合协助她承担政府运作的责重大任，同时英国还能与哈布斯堡王朝维持良好联系，还有其强权在背后撑腰。因此与哈布斯堡王朝联姻，无论在欧洲或英国臣民眼中，都将能提升她的威望，再也没有人敢起而对抗她。当然这一切的代价，就是要伊丽莎白女王改信天主教，并且放弃自由。

* * *

到了四月初，在菲利普国王与华洛亚公主伊莉萨白大婚后，随着《卡托坎布雷斯和约》的签署，英法与西法之间确定走入和平。根据和约内容，加莱港未来八年将属法国，伊丽莎白女王认为，在那之后，甚至更快就可能夺回加莱港，毕竟这是她的梦想之一，她也以此不断地欺骗自己。政治上，她的根基已更稳固，也更有信心能向欧洲其他国家宣布，英国是一个新教国家。

复活节时，伊丽莎白女王与上议院全体议员研商新法，最后终于与恪守教规的改革人士达成共识。伊丽莎白女王将享有英国国教最高总督称号，仪式统一法则则以一五五二年爱德华六世时生效的公祷书为准。弥撒在法律上失效，所有仪式都需以英文进行。圣餐变体遭到否决；领受圣餐者"只要在心中有信念，便可领受（耶稣的）福音"。教堂中的装饰品与祭袍将由女王决定。只要超过十六岁的臣民，每周日都必须上教堂，否则将罚锾十二便士。而这些罚锾自然主要是来自不愿服从的天主教徒，否则他们可能会受到骚扰。事实上，在英国部分地区，许多人因为参与弥撒而遭受相当大的骚扰。

四月二十三日，伊丽莎白女王从忙碌的协商行程中抽出空档，与潘布鲁克伯爵（Earl of Pembroke）在布莱尔附近的河畔宅邸贝纳德城堡共进大餐，

> 餐后女王登上小船航行在泰晤士河上；数百艘船只与拖船经过她的身边，数千人蜂拥而至，来到河岸边争睹女王陛下的风采，女王一路航行，伴随着号角声响起、鼓声响彻云霄、笛子的声音清脆、鸣枪声不绝，爆竹直冲天际，一直到夜间十点女王返回宫中歇息为止。因为这样，女王向人民展现出了不受拘束的优越感，人民自然觉得女王可亲，也接受了女王。

一五五九年四月二十九日，至高权及统一权法案终于通过，五月八日也得到伊丽莎白女王的批准，新教也成为英国官方钦定的宗教，当时建立的一连串仪式一直到今天还在使用。

天主教徒与加尔文教徒都希望法令在很多方面能更进一步，他们就能大加挞伐，但女王决心走中间路线，而她的许多臣子也都如此希望。虽然这项法令触犯了少数激进派和直言不讳的人，一五五九年圣公会的新法却非常成功，给那充满宗教暴力变迁与争辩的时代，带来了一条温和稳定的路线。对伊丽莎白女王来说，这就仿佛在宗教上找到一条实事求是的道路。

新成立的英国国教会正积极寻找精神领袖：从前一年十一月便呈现权位真空状态的坎特伯雷圣座。伊丽莎白女王希望由马修·帕克（Matthew Parker）担任她的大主教，但帕克却不愿意接下此职务。帕克算是早期的改革派人士，曾是安妮·博

64

林的教堂牧师，他认为已故的安妮·博林将女儿性灵的安康交付给他。在亨利八世和爱德华六世的年代，马修·帕克的地位逐渐累积，成为剑桥大学副座，然而到了玛丽女王的年代，他却因为结婚而被免去牧师职务。塞西尔对帕克寄予厚望，他打从心底认定帕克有带领新教会的能力。他非常坚定、具有外交手腕，而且也有温和路线的观点。也因为这样，伊丽莎白女王决定无视帕克结婚一事，赋予大主教职位。

但帕克却忧心忡忡。"我宁愿坐牢也不想接下这个职务。"他如此表示，但伊丽莎白女王与塞西尔却十分坚持。而帕克却一直到一五五九年八月才服从命令。

＊　＊　＊

此时，斐利公爵早已认定伊丽莎白女王是要下地狱的，但为了竭尽所能地拯救她与她的臣子们受到永久的诅咒毁灭，他和哈布斯堡王朝使者赫尔芬斯坦伯爵一起，希望可以促成伊丽莎白女王与哈布斯堡王朝其中一位大公的姻缘。哈布斯堡君主才刚派人将大儿子费迪南德的画像送抵伦敦使馆，斐利公爵则全力展开这一计划，决心让菲利普国王成为安排这项婚事的大恩人。

大使求见女王，希望谈论这个问题，但女王却轻巧地推拖，让大使恼怒不已。到了四月十八日，他在报告中写下："老实说，我无法告知国王陛下这个女人想做些什么，而最了解她的人，了解得都没有比我多。"

此时，神圣罗马帝国君主知悉伊丽莎白女王拒绝菲利普二世的求婚，也了解了她的异端倾向，已然决定收手，不再促成伊丽莎白女王与那虚伪又顽固的费迪南德大公成婚，而伊丽莎白女王则私底下批评费迪南德大公"还是为自己的家人祈祷就好"。神圣罗马帝国君主转而计划撮合伊丽莎白女王与他的次子查尔斯，同时表示他最适合作英国女王的丈夫。不过这之中自然也还有些风险存在，君主费迪南德一世交代赫尔芬斯坦伯爵，若非为了政治利益考虑，他绝对不会同意让查尔斯不朽的灵魂受到一点威胁。只是他们都低估了伊丽莎白女王对执行圣公会法令的决心，当时费迪南德一世信心满满地认为，伊丽莎白女王只要嫁给了查尔斯大公，一定就能改信天主教。

另外，因为报告的欺瞒，英国外交人员以为查尔斯大公的信仰并不非常虔诚，因而太过自信，天真地以为他只要结了婚，便会改信新教。"他和菲利普国王不同，对我们来说选他总比菲利普国王好。"

65　　五月份时，神圣罗马帝国皇帝费迪南德一世派出的第二名使者，开斯帕·布鲁纳男爵（Baron Caspar Breuner）终于来到英国。五月二十六日，他正式抵达，并马上寻求西班牙大使的协助。夸德拉认定这位男爵"并非世界上最狡猾的人"。两天后，夸德拉陪着他一起首度觐见女王，当时他们发现女王正在谒见室中看舞蹈表演。"经过一番暗自祈祷后"，布鲁纳为查尔斯大公求了婚。

伊丽莎白女王面无表情。她只是静静地感谢费迪南德一世认为她配得上他的其中一个儿子，但她也提醒布鲁纳，虽然她的臣子们不断要求她成婚，"那却从不是她的心之所向，她也从来没想过嫁给这世界上的任何一个人"，就算未来她有可能改变心意，"毕竟她也是人，对人的情感与冲动并非无感"。布鲁纳的希望破灭了，只好告诉查尔斯大公必须悉心等待，但他也补充表示，看过了英国的宫殿与英国女王的收藏后，他很确定这个女人是个"很值得的祸水"。

　　夸德拉也找了个机会与塞西尔讨论奥地利方面的婚姻计划，却发现就连国务大臣都对此意兴阑珊。大使只好求见女王并采取孤注一掷的做法，他暗示伊丽莎白女王，查尔斯大公会考虑离开天主教会。伊丽莎白女王脑中似乎闪过动摇的念头，但"随即又开始顾左右而言他，表示自己宁愿当修女也不愿结婚，这和谁都没有关系，当然也是为了画面好看"。她如此告诉夸德拉，她听说查尔斯大公的头不合比例地大，而她并不想冒险嫁给有残疾的丈夫。本来夸德拉想要针对这个部分澄清，但"浪费了这么多话语后"她宣布，除非是"嫁给她看过也说过话，而且觉得值得的男人"，要不然绝对不婚。

　　这一点，她狡猾地要求查尔斯来到英国接受检验，便问夸德拉是否认为查尔斯大公会答应。夸德拉表示查尔斯大公为了爱可能奔走天涯，但他无法确定费迪南德一世愿不愿意同意儿子出行。当然，他比较倾向拒绝，因为倘若将来伊丽莎白女王拒绝了查尔斯大公，这会是个公开的羞辱。在欧洲皇室拘束、规矩繁多的状况下，伊丽莎白女王的要求，可以说是非常特殊。

　　"我不知道她是不是在开玩笑，这也不是没有可能。"夸德拉告诉菲利普国王，"但我相信她愿意深入详谈安排这个行程。"费迪南德一世当然拒绝了这个提议，毕竟这是件有失尊严又与欧洲宫廷习性相悖的做法。而查尔斯大公本身也认为，除非与伊丽莎白女王的婚期确定，否则他并不想前往英国。

　　布鲁纳在完成任务后，退出火线等待回应。五月二十九日，奥地利方面的求婚提交枢密院资深成员决议，伊丽莎白女王则矢言留意他们的建议，唯一的先决条件就是"她必须要先看过并认识这个要成为她丈夫的男人"，才能决定要不要答应。然而在之后与布鲁纳的会面中，她都保持坚定不移的态度，坚持自己现在绝不结婚。只有无所不能的上天可能在未来改变她的心意。她希望神圣罗马帝国君主费迪南德一世能尊重她的诚实。

布鲁纳绝望之余，表示此举可能因此触发主公的怒气，毕竟当初赫尔芬斯坦伯爵受到热情对待，但伊丽莎白女王只说费迪南德一世实在太过急躁，因此她会亲自写信过去好好解释，而布鲁纳也可以尽情地待在英国。男爵将此视为一种鼓励，因此在接下来的两次会面中，他不断设法想要说服伊丽莎白女王告诉他，有没有什么办法能"促成这段良缘"。如果没有，他会尽快回到维也纳。伊丽莎白女王因此勃然大怒，表示虽然自己礼貌上要他留下来，但他也该表现出该有的样子。接下来几天，伊丽莎白女王都非常注意开斯帕·布鲁纳男爵，施展她惊人的谄媚与魅力。但她完全闭口不谈大公的求婚，同时也宣布自己已经发誓，绝不嫁给没见过的人，"当然也绝不相信宫廷画家的画笔"。她清楚记得，当菲利普国王第一次见到玛丽女王时，深深地诅咒了宫廷画家与西班牙使者；而她，伊丽莎白一世，绝对不会让神圣罗马帝国的大公有机会这样诅咒。

布鲁纳最大的忧虑，在于担心伊丽莎白女王接受别人的求婚。瑞典埃里克王子在玛丽女王时期便向她求婚了，但因为犯了一个丢脸的错误，要求女王在登基之前一定要给这桩婚姻一个答案，四月初他再度发动追求攻势。伊丽莎白女王以王者傲慢的态度，坚持要埃里克王子在她登基后再度求婚，因此他不得不这么做，甚至送来美丽的绣帷与貂皮作为礼物。五月六日，布鲁纳担心地写下："瑞典方面带来年轻国王的画像，据此展示给女王看，听说女王给予高度评价。"和哈布斯堡大公不一样，埃里克王子常常写信向伊丽莎白女王表达强烈爱意，女王也开心不已。但女王非常坦白地表示，只有埃里克王子离开他的国家她才愿意嫁给他，毕竟她绝对不可能离开她的国家。但对两人来说，都不可能放弃自己的国家，五月份，瑞典特使已经在英国逗留太久，成了英国宫廷中的笑柄，伊丽莎白女王便拒绝了埃里克王子。后来便再也没有埃里克王子的音讯了。

67

让布鲁纳更加担忧的，是萨克森与阿道弗斯公爵（Duke of Saxony and Adolphus）、荷斯坦公爵（Duke of Holstein），都同时派遣使者来英国向女王求婚；面对这些追求者，女王都尽量以和缓的态度，在协商过程中礼貌地回绝。

当然也有英国国内的其他追求者，希望获得她的青睐。五月份，两位追求者浮出台面。

第一位追求者，在姐姐玛丽女王在位期间，早就对她表示过爱意——这也让她感到欢欣不已，那就是第十二代阿伦德尔伯爵亨利·菲查伦（Henry Fitzalan），当时他年纪约四十七岁，他是位鳏夫，有一个女儿，他长相不好看，没有壮硕的体格，也没什么礼貌，无法帮他加分。他是一个"轻浮古怪的人，没什么能力，又笨又粗俗"，自以为配得上女王，实在是太有自信了。他只是有钱——住在由女王出租给他，亨利八世位于萨里的无双宫——他的家族血脉可以追溯到诺曼征服战争时期，但财富与家族背景都无法弥补他粗野又愚笨的事实。伊丽莎白女王也未认真搭理他的追求；女王只把他当成小丑，但她将这样的情绪隐藏得很好，用对待其他追求者的态度对待他。

其他的追求女王的人选都是温文尔雅的外交人员，威廉·彼格林爵士（Sir William Pickering）年纪比阿伦德尔伯爵亨利·菲查伦小了五岁，这年五月，他刚结束外交派驻工作返国。前一年十二月起，宫中便有八卦流言指出他与伊丽莎白女王过从甚密。彼格林爵士是亨利七世时期宫内司法官之子，他曾是剑桥大学大师约翰·契克（John Cheke）门下弟子，亨利八世时期，他的声望越来越高。他一直都是忠心耿耿的皇室支持者，在玛丽女王统治期间，他一直保持与伊丽莎白公主的友好关系，只是在一五五四年时，他因为遭到指控涉入好友托马斯·怀俄特爵士（Sir Thomas Wyatt）的谋反计划，因而被迫出逃。后来他再度受到玛丽女王的重用，派驻意大利与法国宫廷进行外交任务。伊丽莎白女王登基时，他因为身染重病而无法返国，他在耶稣升天日一抵达英国时，马上就受到女王私下召见——这可是莫大的荣幸——两人会面的时间长达四五个小时。宫中出现流言认为女王可能下嫁威廉·彼格林爵士，许多人更指出，在伊丽莎白女王的廷臣中，大概只有他配得上女王。隔天，女王又花了五小时的时间与他促膝长谈，并将他安顿在格林尼治宫的房间中。这是女王面对老朋友，表达经过这么多年很高兴重逢的方法。

彼格林"身材高挑又帅气"，充满男子气概，相貌堂堂，尽管许多女人都无法抵挡他的魅力，他却从未有过婚姻。曾有八卦传闻指出他有一位私生女，他为这个继承人取名为赫丝特（Hester）。他曾买下前基督教会房地产，并在伦敦的圣安德鲁丘拥有一间豪宅，里面有一间庞大的图书馆，让女王又羡又妒。尽管非系出名门，他在宫廷与伦敦各地依然十分受欢迎，他私心希望他的个人魅力，能吸引女王与他成婚。他在同侪之中，自然是最有看头的人选，他也深信，女王非常有可能接纳他成为配偶。

彼格林始终未从女王处得到更多的鼓励，而女王也似乎从未认真考虑嫁给彼格林，但是议会议员与廷臣们却开始努力想获得威廉·彼格林爵士的青睐。突然间如此受到看中让彼格林冲昏了头。他开始大洒银弹，为未来成为国王的生活做准备：为了增添自己的光彩，他砸下大钱买了许多奢华的衣物，常常观看娱乐节目，就算没有客人也要大鱼大肉，上菜的同时也要有音乐伴奏——仿佛自己真是皇室成员。而他这样的行为更激起许多人的兴奋之情，伦敦的赌博业者甚至开出二十五比一百的赔率，赌他将成为未来的英国国王。尽管如此，彼格林在公开场合依然坚持女王绝对不会嫁人，但这可能只是用得体的外表来掩饰他私底下的希冀与野心。斐利公爵在最后一次派驻英国的任务中评论道："这件事如果并不重要，也并不可悲，那这些人可能是疯了。"

　　为了不想出局，阿伦德尔伯爵也开始在宫廷里说大话，送给伊丽莎白女王的侍女价值达六百英镑的昂贵珠宝，希望侍女们在女主人面前帮他说点好话。尽管阿伦德尔伯爵常常这么做，但就连紧张兮兮的布鲁纳男爵看在眼里都认为他威胁不了查尔斯大公的机会。阿伦德尔伯爵只是"怀抱着不可能的希冀"而已。

　　当然，部分上了年纪的贵族人士十分讨厌彼格林的装腔作势，而只要有任何贬低彼格林的机会，都会让阿伦德尔伯爵高兴不已。有一天，威廉·彼格林爵士正要大摇大摆地穿过女王寝宫的密室，前往皇家礼拜堂时，阿伦德尔伯爵挡住了他的去路，同时表明彼格林的阶级太低，不应该出现在那里：他只不过是一届小小骑士，最多只能到谒见室。彼格林表示自己知道得可多了，就像他知道阿伦德尔伯爵是个"厚颜无耻又粗鲁的无赖"。因此阿伦德尔伯爵表示要决斗以分胜负，但彼格林拒绝应战，同时指出阿伦德尔伯爵的能力不及。在这之后，盛怒中的阿伦德尔伯爵便断言，若伊丽莎白女王与彼格林结婚，他就要卖掉所有的财产移居海外。

　　一五五九年的春天，全国上下都专注在阿伦德尔伯爵与威廉·彼格林爵士的身上。但第三位追求者悄悄地浮上了台面，相较之下，这个人更有希望赢得女王芳心，而且他说不定就是女王曾经爱慕的对象。

　　这个人就是罗伯特·达德利。

4　潇洒甜美的罗宾

　　伊丽莎白女王对罗伯特·达德利感情的相关证据出现在一五五九年四月十八日斐利公爵写给菲利普国王的急件中。他在信中写道：

> 　　这是我在英国的最后几天。罗伯特·达德利十分讨女王欢心，几乎到了为所欲为的地步。甚至有传言指出女王陛下日日夜夜都到他房里报到。这样的传言四处流传到很夸张的地步，甚至有人说达德利夫人的乳房生了病，伊丽莎白女王正在等她去世好嫁给罗伯特·达德利。我向国王陛下保证，这件事已经到了非常紧急的地步，让我不得不考虑是否该以陛下之名，要求见罗伯特·达德利，向他表达陛下的协助与善意，并与他达成协议。

　　最重要的是，让罗伯特·达德利看见英格兰与西班牙持续友好背后的优点。

　　其他人当然也发现了伊丽莎白女王与骑士统领之间不寻常的关系，八卦流言很快传进了欧洲皇室的耳中。于菲利普二世时期派驻哈布斯堡宫廷的威尼斯大使保罗·提埃波罗（Paolo Tiepolo），曾向道奇宫与元老院回报："从很多层面来说，罗伯特·达德利对许多人而言，都是非常俊俏的年轻男子，女王当然也无法抵挡他的魅力与对她的爱意，许多人都相信，只要罗伯特·达德利的夫人——毕竟她已经病了一段时间——过世了，女王很快就会接纳他成为她的丈夫。"

五月十日，伊尔·施凡诺亚大使观察到，"罗伯特·达德利十分受到女王陛下的喜爱，和女王陛下也很亲密。这次我要报告的是许多人的看法，但我很怕我的信件无法送达，或是您无法看到，为此我要暂时保持缄默，也不要乱说话。"显然伊丽莎白女王与罗伯特·达德利之间的情愫，已经引燃最下流的传闻火花，但这也不令人意外，毕竟罗伯特·达德利已婚。许多人出言中伤，表示伊丽莎白女王特别偏爱罗伯特·达德利，而最看不起他们的则是威廉·塞西尔，因为罗伯特·达德利严重威胁了他的权力。然而，女王已经开始与罗伯特·达德利商讨国家大事，甚至还有不少证据指出，他在先前的宗教法规背后，支持女王对抗各级主教。在女王执政的前几年，拔擢了超过二十七位神职人员，这显然和罗伯特·达德利脱不了关系。

当然，斐利公爵仍抱着一丝希望，盼望哈布斯堡王朝能与英国联姻成功，但他也承认，与伊丽莎白女王协商不是件容易的事，因为女王陛下的想法变幻莫测。"就我而言，我认为她永远没办法决定，到底什么对她最好。有时候她似乎愿意嫁（给大公）了，说话的态度，就像个等待白马王子的女孩，但又有人传说她爱上了罗伯特·达德利，永远也不会让他离开她。"斐利公爵认为，罗伯特·达德利对哈布斯堡王朝联姻协商造成的威胁，比阿伦·德尔伯爵亨利菲查伦和威廉·彼格林爵士都还要大。不过这两人到现在都还没出局，伊丽莎白女王时不时与他们打情骂俏；她甚至安排在达德利远行到温莎打猎的期间，马上与彼格林会面。

因为达德利的职务需求，天天都能见到女王，两人之间的情愫也颇有机会悄悄滋长。他们两人都很喜欢打猎，因此常一同骑马外出。他温文儒雅、才智过人、魅力十足又很迷人，是很棒的配偶人选。在他的陪伴之下，伊丽莎白女王才能得到片刻喘息，他和女王拥有心灵相通的顽皮幽默感，因此非常懂得逗女王开心。同时他也非常懂得如何在开玩笑的同时，不让女王感觉受到冒犯，后来他的一位朋友表示，达德利曾说过自己对女王的了解"胜过世界上其他男人"。

当女王和他在一起时，完全不需要过于谨慎，也不用隐瞒自己对他的心意。言谈间，女王常常提起他，总是不愿错过任何称赞他的机会，包括他担任骑士统领的天分、马上比武大会与宫廷余兴节目的条理。女王会在公开场合，与他大跳活泼轻快的双人舞，"在佛罗伦萨舞曲后，以极度华美的姿态凌空跃起"，震慑所有的观众。

女王一向非常重视民众的观感，但她却不太在意他们的想法。然而她多次针对那猥琐的流言——比如"罗伯特·达德利与女王关系不单纯"——毫无根据可言，因为她身边二十四小时都有侍女与宫女陪伴着。宫廷规矩规定她不能独处，因此她很难有机会在不被他人发现的状况下，和达德利发生性关 72 系。少数发展到如此极端的流言指控，都是来自心怀不轨的外国使节，他们认为拥抱异端的女王，什么事都做得出来。但就算是天罗地网布下眼线的夸德拉大使，都找不到任何两人之间不轨的证据，因而拒绝相信这些传闻。

四月二十三日，是女王登基后的第一个圣乔治日，伊丽莎白将嘉德勋位颁赠给达德利，让他与皇室三位资深成员齐头并进，这三位皇室成员分别是达德利最主要的对手诺福克公爵（Duke of Norfolk）、北安普敦侯爵（Marquess of Northampton）与拉特兰伯爵（Earl of Rutland）。此举让气氛败坏，因为这三位贵族成员多年来透过为国服务证明了自己许多能力，而达德利则是暴发户兼卖国贼的子孙。他能匹配这个荣耀的唯一原因，就是长相好看与绝佳的马术。

在那不久之后，伊丽莎白女王又赐给他被称为"首府豪宅"的邱园农舍、肯特郡的诺尔公园、约克夏郡与莱斯特郡的土地，也首度赐予他许多金钱。

不久，他便开始在宫廷里分发相关的配给给他越来越多的支持者。尽管他本身在政府中并未扮演任何政治上的角色，女王依然常常向他请益。"在女王的私人密室中，"一名对手写道，"在女王陛下身边的，几乎都是他称为手下的人；剩下的都会遭到他的否决，没有他的允许，无法越雷池一步。"伊丽莎白女王容忍着这样的状况，但却从未允许达德利忘记主仆关系；并没有任何证据显示，女王让达德利的建议，凌驾于其他部长级人物做的决定之上。尽管如此，宫廷中的许多人士，依然对他的动机感到疑虑，对他与女王过于友好的关系感到怨妒不已。诺福克公爵怒骂他为暴发户，许多年纪较长的贵族人士也都同意。许多人认为达德利是个利己主义的人，假装爱慕女王完全都是认为有利可图。

但伊丽莎白女王与达德利彼此爱慕的状况，却是不容置疑。他们的爱抵挡了许多风暴，直到死亡降临。我们不能忘记达德利的信件中的真情流露，他的举止传递出的温暖，以及他对女王幸福真心的关心。面对他人，他通常表现出高傲保守的态度，但在女王的身边，两人却是情投意合。达德利一向喜欢美女，也很享受与女王之间的关系。当然，他对女王的感情，并不全然是无私的；而女王对他多少也有利用的成分。女王显然受到他外表的吸引，因为她"常以外表来决定感情因素"。

女王崇拜他的勇敢、冒险精神与壮硕健美的体格。而驯服一个如此俊美的男人，让他成为囊中物，也让女王难以抗拒。对她来说，他就是完美的男人形象，他的存在振奋了她的精神；于是她宣布，每天与达德利见面，是重要的例行公事。在许多信件中，他自称为她的"眼睛"，这是她为他取的昵称，他也将这个概念融合到他的签名中，出现两个圆圈上面有两条线。

对伊丽莎白女王来说，在所有的追求者中，罗伯特·达德利有一项无可取代的优势——他无法跟她结婚。只要跟他在一起，伊丽莎白女王就可以尽情享受恋爱不婚的好处。达德利夫人艾咪安全地住在乡间——她很少来到伦敦，而丈夫罗伯特·达德利的工作让他能常常回家探望她——女王可以享受拥有男伴的好处，又不用誓言步入婚姻，牺牲自己的自由，也不用献出自己的身体。身为单身女性，她可以自在地控制这段恋情的发展，若成为他人的妻子，她就只能服从丈夫的意志。当然，她也因此能保护自己好不容易维持的形象——童贞女王。

没有人知道在这个阶段，罗伯特·达德利是否抱着一线希望，有一天自己能迎娶伊丽莎白女王。若大使提供的情报正确，他的妻子的确患了乳房方面的疾病，他便能预见自己再度成为自由之身，有资格成为女王配偶的一日——这对一个野心勃勃的男人来说，是难以抗拒的诱惑。但目前为止，这种互相取暖的关系似乎足矣，只要享受这种关系的好处，他若想要当下的荣景延续下去，就得更努力一点。失去了女王的宠爱，他将成为如豺狼虎豹的贵族们的俎边肉，人人都在等着他失宠。

布鲁纳男爵认为伊丽莎白女王对罗伯特·达德利的感情非常重要，同时认定自己有义务将此事回报给神圣罗马帝国君主。费迪南德一世十分担心会让自己的孩子娶一个有道德瑕疵的太太，于是便向大使下令，流言蜚语已经传到维也纳，必须找到事情的真相。布鲁纳男爵派出一位特务，慎重地去找伊丽莎白女王的侍女，侍女不情不愿地承认，她们的女主人"的确明显展现出对（达德利）的爱意，甚至已经超出她的形象与威严该有的程度"，但同时也声明，女王绝对"从未忘记保护自己的贞操"。

但不久后，一个难堪的意外正等着布鲁纳男爵。六月五日，在威廉·塞西尔与罗杰·阿谢姆的协助下，女王起草了一封委婉的信给神圣罗马帝国君主，拒绝了查尔斯大公的追求。她认同这场政治婚姻必然能提升她在欧洲人眼中的地位，同时也感谢费迪南德一世如此关照她，但她解释："当我针对婚姻问题扪心自问，仔细倾听内心深处的声音时，我发现我并不想放弃独居与独身生活，因此我愿意等待神的指示，以决定自己何去何从。"

隔天，在温莎举办一场辉煌的仪式，达德利正式就职成为嘉德勋爵士。几乎就在此时，夸德拉大使向菲利普国王与其他人回报，伊丽莎白女王给了达德利一万两千英镑花用；但其实，这笔钱只是要用来为皇室马厩添购爱尔兰马匹。

女王对布鲁纳男爵的态度，也让他感到费解：她回绝了查尔斯大公的追求，但她还是对布鲁纳男爵很好。"尽管女王有点奇怪，但她还是愿意跟我对话。"他这样向费迪南德一世回报，同时也开始暗自希望，女王拒绝查尔斯大公一事还能有转圜余地。六月十日时，大使正徜徉在泰晤士河上，享受夏夜晚风，一艘上面载着财务大臣的皇室驳船漂了过来。女王出来透透气，她邀请布鲁纳男爵登上财务大臣的驳船；两艘驳船并进航行时，她开始为男爵演奏鲁特琴。

布鲁纳男爵陶醉不已，女王甚至邀请他隔天共进早餐——这可是难得一见的殊荣。那天晚上，他再度成为女王驳船上的嘉宾，这艘豪华驳船由八位船夫划桨，船舱中则以深红色的缎子装饰内部。船舱内吊挂着皇室徽章盾牌，驳船的地板上处处是鲜花。女王在金色的软垫上或坐或卧。这晚她的心情轻松愉快，"很健谈、很愉快"，甚至让布鲁纳男爵试着掌舵。不久后，她竟然"主动谈起了查尔斯大公"，也问了很多问题，让布鲁纳男爵认为她可能愿意接受大公成为她的伴侣。但对于结婚前一定要先见过面的要求，女王方面依然没有动摇。当布鲁纳男爵提出许多说法反对此事时，女王仍不听劝，当布鲁纳男爵想要确定女王对查尔斯大公的感觉时，女王以暴怒来逃避回答。但在那个当下，因为女王之前释放出的友谊与善意，让布鲁纳男爵平心静气地告诉女王，神圣罗马帝国君主永远不会停止与她协商婚姻大事。

* * *

不久后，女王的宫廷前往位于格林尼治泰晤士河滨的美丽宫殿，这是伊丽莎白出生的地方。七月二日，伦敦市政府在温莎大公园进行一连串军事演习，女王陛下则从一处守卫台远眺观赏，也就是现在的格林尼治皇后宅邸所在地。七月十一日，达德利主办的马上比武大会正式敲锣，同时也举办了大型野餐活动，光是供餐的大帐篷就有好多个，都是用"上好的支柱撑着顶上的白桦木，帐篷中还装饰着各式各样的鲜花，仿佛是个有玫瑰、紫罗兰、薰衣草、金盏花，并点缀着各式香料植物的花园"。英国皇室的夏日娱乐，包括了达德利为了取悦女王而办的化装舞会，而且大家都知道，他和女王几乎天天外出骑马——至此她已经开始荒废国政，就只为了与达德利在一起。

75

女王在格林尼治度假时，法国方面传来亨利二世逝世的消息，他在一次马上长枪比武大会中受到致命重伤。这个消息让英国宫廷一片愕然，尽管亨利二世始终企图想要让儿媳妇苏格兰女王玛丽·斯图亚特坐上英国王位，但他是一个实际的人，绝对不会想要透过武力强取豪夺，破坏《卡托坎布雷斯和约》带来的和平。他的儿子弗朗西斯二世在七月十日便宣告登基。相较之下，他是一个懦弱又年轻的领导者，几乎完全受到他那邪恶的母亲王太后凯瑟琳·梅迪奇（Catherine de' Medici）及王后那有权有势的舅舅洛兰红衣主教吉斯公爵（Duke of Guise）摆布，他们都是坚定的天主教徒，也是法国的统治者。伊丽莎白女王最要小心面对的，就是吉斯公爵与王太后，他们对伊丽莎白女王充满怨妒之意。除此之外，尽管玛丽·斯图亚特的母亲玛丽·吉斯（Mary of Guise）因为信仰旧宗教的关系，在苏格兰并不受欢迎，却仍扮演苏格兰摄政王的角色，而时值苏格兰在极端加尔文主义派分子约翰·诺克斯（John Knox）的带领下，经历一连串极端的改革，最后走向一条严酷苦行的新教道路，在欧洲各地都难以一见。

英国政府方面忧心，尽管签署了同盟协议，法国和苏格兰仍会采取双面夹击的方式，攻击英国。而虽然法国与苏格兰近来关系陷入泥沼，当前情势恐怕对英国也不利。法国军队持续驻扎在苏格兰，若他们在苏格兰占了上风，可能就会考虑从英国北部大举推进。然而，伊丽莎白女王的智囊们没有预料到的，是法国接下来竟会遭到天主教徒与胡格诺教徒（法国新教）间的内战撕裂，让法国毫无余裕也没有足够资源向英国兴战。苏格兰方面也不想伸出援手，因为许多苏格兰人都同情胡格诺教派，也不相信在法国主政的天主教。在此当下，伊丽莎白女王陷入不利的情势中，有充分的理由重新思考婚姻大事。若她能给予法国迎头痛击，让他们处于更大的劣势，她一定愿意去做，因此当她听到弗朗西斯二世大吹牛皮，表示自己将成为英国国王时，她站出来大声表示："我要嫁给一个会让法国国王头痛的人物，让他遭遇前所未有的挑战。"她心目中的最佳人选，对法国来说芒刺在背，那就是艾伦侯爵詹姆斯·汉米尔顿（James Hamilton，Earl of Arran）。最早从一五四三年起，亨利八世就曾指定将当时的伊丽莎白公主许配给他。在苏格兰女王玛丽·斯图亚特怀孕生子前，艾伦侯爵都是苏格兰王位的继承人，而苏格兰的新教贵族们，都希望可以让他与伊丽莎白公主成婚，因为他们两人都是"神之信仰最重要的支持者"，政治上，两人成婚也能促进英格兰与苏格兰的关系。

艾伦侯爵当然很愿意按照这个计划走。直到最近，因为玛丽·斯图亚特担心他觊觎王位，他在逃离法国后，始终流亡瑞士。七月初开始，伊丽莎白女王开始协助他逃亡，她派出苏格兰事务专家兼特务托马斯·伦道夫（Thomas Randolph），并指示将艾伦侯爵伪装成商人偷渡进英国国境。很快，许多人就开始私下臆测，艾伦侯爵可能身在英格兰，夸德拉大使则天天在等待女王与艾伦侯爵订婚的消息，他早就看穿"这个人绝对不只是英国宫廷贵宾而已"。事实上，伊丽莎白女王故意操弄她喜欢艾伦侯爵的消息，只是要作为对付法国的武器，而艾伦侯爵一直到八月底才抵达伦敦。

让事情更复杂的是，瑞典的埃里克王子一直在等待伊丽莎白女王的回答，甚至派人表示要亲自前来求爱。长相俊美——又信仰新教——的埃里克王子，在外交圈中被普遍认为是伊丽莎白女王与哈布斯堡王朝或艾伦侯爵联姻的一大劲敌："这个

76

男人唤醒英国内部的警觉性。"伦道夫表示："他唤醒了沉睡中的我们，让我们咬紧牙关。"

但伊丽莎白女王内心深处真正想要也需要的，是哈布斯堡王朝君主与菲利普国王能保护英国不受法国侵略，在获得塞西尔的支持后，伊丽莎白女王蓄意重启与哈布斯堡王朝的联姻协商，然后一再推拖直到她高兴为止。

*　　*　　*

在此同时，伊丽莎白女王一整个夏天都兴致高昂。每年夏天，若非黑死病猖獗，英国皇室的惯例，就是前往王国各地巡视，住在各地的豪宅中贴近人民，也让人民能够贴近君主。君主出巡不只是为了度假，也是为了处理好公共关系，赢得民众对皇室的喜爱。伊丽莎白女王就如我们所知的非常喜欢出巡。一五五九年七月十七日，是她首度出巡，她的目的地包括埃尔特姆宫、达特福德、科巴姆与无双宫，阿伦德尔伯爵在这里为她举办了整整五天的娱乐节目，他依然幻想自己有机会抱得美人归。其中一场以女王之名举办的晚宴，直到凌晨三点才结束。另一场化装舞会后的晚宴，则有"鼓队、笛手和各式各样的音乐助兴，直到午夜才慢慢散去"。八月十日，伊丽莎白女王离开无双宫，准备前往汉普顿宫时，阿伦德尔公爵送了她一对包装精美的银盘。许多人下注赌女王几周内就会宣布与阿伦德尔公爵订婚，但最后这些人还是输了。

女王出巡的过程，让她和达德利的感情与日俱增，他们之间的亲密变得越来越明显，当然两人之间暧昧的传闻，也传得更为热烈。如果达德利之前曾成为众矢之的，现在更可以说是英国的全民公敌。各种妒忌与怨恨全都聚集在他身上，他的对手认定他什么坏事都做得出来，人格下流，刻意援引他家族的背叛史，希望达到政治目的，他们意有所指地表示这是诺森伯兰家族的竞赛，"看谁的阴谋比较厉害"，准备要迈向执政英国之路。这些流言中伤众所周知、非常普遍，甚至在达德利触怒女王的短暂时期中，伊丽莎白女王也曾提醒他，别忘了他的祖先"三代人都是卖国贼"。

在达德利背后，威廉·塞西尔也表达了怨妒、不信任与恐惧感。他怨恨达德利控制了女王，不相信他有能力给予女王政治上的建言，又害怕他与女王的关系会走向什么方向。达德利是已婚男子，他与伊丽莎白女王之间的情感，可能引发最负面的揣测。若他的妻子真的死于传说中的疾病，女王又嫁给了他——塞西尔就只能说再见了。无论如何，英国王位与社会福祉都会受到威胁。塞西尔光是想到达德利坐大的情景都感到难以忍受。宫廷之中已然出现派系之争，有人支持也有人反对，但这可不是件好事。为了捍卫自己的未来，捍卫伊丽莎白女王，也捍卫英国王位的延续，塞西尔开始积极协助促成与哈布斯堡王朝的联姻。

平心而论，尽管威廉·塞西尔有许多优点，他对女王的忠诚度也没有任何疑点，但罗伯特·达德利却有制造敌人的天分。他的态度高傲，从不隐瞒野心，还是个虚伪的双面人——但却不至于在"朋友"背后中伤他们——因而让人倒尽胃口。令多数的臣子们最生气的，在于现在想要谒见女王，首先都得恳求罗伯特大人，而罗伯特则可能——而且他也真的会——要求报偿。他为人并不光明正大，总是偷偷在背后搞鬼，让女王所有的婚姻协商破局。为了破坏协商，他会光明正大地在女王面前破坏对手的名声，或是表示联姻之后对英格兰不见得有意义，而加以阻挠。许多人都看穿了他的把戏，这些人的推断相当正确——达德利一切的手段，都是为了自己的利益。若伊丽莎白女王成婚，他的权势将不复存在。

78　　伊丽莎白女王对"潇洒甜美的罗宾"（她在亲密书信中如此称呼他）的情感和宠爱之深，我们可以从女王的态度得知：女王向来相当在意子民们对她的观感，但对于他们对她所宠爱的达德利所表现出的憎恶，却全然视若无睹。但她也没有提升达德利在宫廷中受欢迎的程度——她太珍惜自己的声望，她根本不想与任何人分享。事实上，她非常享受被达德利依赖的感觉，这种依赖，某种程度就代表了他的忠贞度。

有一个人对罗伯特·达德利并不迷恋，但却为伊丽莎白女王的名声感到担忧，此人就是前家庭教师凯瑟琳·艾希莉，她曾经因为遭控协助与煽动女主人和西摩将军的秘密恋情，而身陷囹圄，她对于现况的忧心，自然也不难理解。那年八月，艾希莉太太扛下重任向女王抗议，她慎重地下跪"乞求女王以神之名早点结婚，结束这些肮脏的流言，她向女王陛下表示女王与骑士统领之间的行为引起许多邪恶的传闻"。

女王对此大为反感，立即反驳，表示自己只是对达德利亲切一点，"他正直的个性与举动，才让我对他如此亲切"。这已经超出"谁敢反对我们的友情"的范畴了，"毕竟她的身旁总是有寝宫侍女陪伴，她们二十四小时监视着她与骑士统领间是否有不名誉之事"。然而她也大胆表示"若她铁了心肠要做这种不名誉的事，或甚至觉得这种事很有趣——若非神届时还能容忍她——她也不知道谁胆敢阻止她；但她相信神不会容忍有这样的一天"。

艾希莉太太回答女王，表示流言蜚语让女王的名声大受伤害，同时透露自己非常担心这件事可能会在女王的臣子间造成分歧，甚至激起内战。伊丽莎白女王并不想搭理这样的说法。她对艾希莉太太提出劝说的勇气大加赞赏，但依然坚持，若非权衡过各项利弊，绝不会轻易结婚。

若是这样，艾希莉太太回道，女王陛下是否该与达德利保持距离呢？伊丽莎白女王回答时似乎有点动了气，她反驳表示自己必须常常见达德利，因为"在这世界上，她必须面对许多苦痛与磨难，这是她唯一的乐趣"。

不知是艾希莉太太或是谁将女王这一席话转述给布鲁纳男爵听，他认定伊丽莎白女王说的是实话。尽管这些话语处处受到转述，两人的绯闻热潮依然没有退却。布鲁纳男爵深信，这都是因为罗伯特·达德利一直出现在女王左右——毕竟他有个太太，"他的太太是个优秀的女人，什么都给他最好的"，但他却很少回去探望太太。

在奥格斯堡的哈布斯堡君主，也听到了破坏伊丽莎白女王 79
名声的最新传闻，同时也下达命令要求布鲁纳男爵用最谨慎和最严厉的态度，去了解传闻背后有几分真实。八月六日，布鲁纳男爵在回信中写道：

> 我雇用了一个密探，弗朗西斯·伯斯（Francis Borth），他与女王寝宫的所有侍女都非常熟稔，也认识女王身边所有的人，以及所有陪伴女王长大的人。他们全都对神发誓，女王陛下绝对没有忘记贞操的重要。然而他们也指出一个很重要的现象，那就是女王陛下对罗伯特·达德利表现出的喜爱，似乎胜于她自己的名声与威严。

没错，对曾经向布鲁纳表示自己对工作苦恼不已，根本没有时间思考感情生活的人来说，她似乎并未尽力消除自己正与达德利恋爱中或坠入爱河的印象。

＊　＊　＊

当月稍晚，瑞典埃里克王子准备航向英国，盼望能得到女王的心，却在半路上遭到北海风暴击退。伊丽莎白女王旋即宣布，这就是上帝保护她的证据，然而埃里克王子并没有那么容易退却。不久后，他再度出海，但又碰上另一场风暴，船舰受到严重毁损，让他不得不憔悴地返家，但却因此更坚决。为了安慰自己，他用拉丁文写了好几封情书给伊丽莎白女王，信中写着，尽管"命运之神如钢铁般冷酷，如战神般无情"，让他无法穿越海上风暴来到她的身边，但他一定尽快在第一时间内飞越所有的艰难到她身旁，因为"她最深情的埃里克"早已"心系着对她永恒的爱"。尽管他在信中表示要马上见面，但他却很快派出弟弟来到英格兰，希望他的求婚可以得到"好的答案"。

八月二十八日，艾伦侯爵詹姆斯·汉米尔顿秘密抵达伦敦，偷渡进塞西尔位于西敏区的宅邸，寄宿在那里。隔天他在汉普顿宫秘密谒见女王，两天后便在托马斯·伦道夫的护送下，离开英格兰前往苏格兰。他们的计划是让艾伦侯爵领导新教反叛军，对抗摄政王太后政权，转移苏格兰与法国的注意力，让他们不要将野心与焦点放在英国身上；与伊丽莎白女王联姻的说法，至此几乎全断了线，显然女王对艾伦侯爵一点也不感兴趣。艾伦侯爵的故事最后以悲剧收场：他几乎陷入疯狂，无法享受本来就属于他的权力与威望。

看来想要得到女王的心，在外国势力之中最有希望的，莫过于查尔斯大公了。

* * *

八月底时，伊丽莎白女王移驾到温莎城堡，整日在温莎大公园中骑马奔驰与打猎，而达德利则随侍在侧。夜间，他们会一同坐在窗边谈笑风生，弹奏音乐唱着歌——一把达德利送给伊丽莎白女王的吉特琴，现正收藏在大英博物馆中。他们似乎完全不理会，这么公开地展现情谊，可能带来流言蜚语的杀伤力，宫中的流言盛传他们两人可能相爱，也可能是床伴。甚至一度有传闻指出女王怀了达德利的孩子，但时间还是证明了流言纯属子虚乌有。塞西尔用宫中的各种流言警告过伊丽莎白女王，同时要求女王更谨慎，但却只得到她的一笑置之。

依据现在的情势，阿伦德尔伯爵和彼格林爵士，在与女王的爱情游戏中，显然已经出局了，但这两人偶尔仍会就彼此的领先地位争吵。突然杀出的程咬金罗伯特·达德利，让他们相形失色，在挫败中黯然退场。不过，在这不久前，彼格林爵士曾警告夸德拉大使，"他很确定（女王）自始至终都会维持处子之身"。彼格林爵士继续过着自己的生活，维持独身，健康每况愈下，直到一五七五年。

身旁总有一群男人围绕着，让伊丽莎白女王感到十分享受。那年秋天，一度有十几位外国使节长驻宫中，盼能透过两国联姻创造外交邦谊。进展如何？塞西尔酸溜溜地表示："只有天晓得，我不知道。"对于女王善变的情绪，夸德拉大使也感到费解：有时她装作对哈布斯堡王朝联姻之事完全冷漠，但隔天又仿佛快要成为定局般，认真与我讨论。夸德拉大使在恼怒中写下这封信给斐利公爵："阁下一定知道，要和这个女人相处是多么'美好'的事情，我觉得这个女人一定是由成千上万的恶魔组成的，尽管她总是说自己想要当个修女，整日在单人小室中祷告。然而她的生活却是一片虚假与浮华。"

到了九月初，达德利的姐姐，同时也是伊丽莎白女王最宠爱的寝宫侍女玛莉·西得尼小姐（Lady Mary Sidney）暗访夸德拉大使，并告诉大使，该是重新展开哈布斯堡王朝大公追求的时候了。她要夸德拉大使将女王陛下表面的拒绝摆在一边，"女王就和一般的女孩一样，除非用开玩笑的方式强迫她接受，不然绝不会点头同意"。但接下来几天，要说服伊丽莎白女王就容易多了。枢密院也会要求她答应——因为枢密院成员也受够了她的推托与谎言。夸德拉大使大可放心，若此事不真实，玛莉小姐绝不敢捏造；事实上，她的行动都是受到女王的指示。伊丽莎白女王绝不可能自行谈论婚姻大事，但她盼望查尔斯大公造访英国的心，绝对不假。

夸德拉大使感到难以置信，因而向达德利查证，达德利拍胸脯保证自己的姐姐绝无说谎。事实上，他自己也想报答菲利普国王，因为一五五四年他锒铛入狱，被关在伦敦塔时，菲利普国王释放了他。伊丽莎白女王的财务大臣托马斯·派瑞，也证实了玛莉小姐的说法，表示女王"深信现阶段婚姻的必要性"。

夸德拉大使能够理解这一点：他非常明白法国对英国造成的威胁，玛莉小姐又告诉他八月份时阿伦德尔伯爵在无双宫密谋毒害伊丽莎白女王与达德利一事，甚至表示担心女主人的安危。事实上，根本没有这起阴谋事件；这都是女王陛下凭空捏造的，想要对夸德拉大使开个玩笑。玛莉·西得尼小姐夜访夸德拉大使，也是女王在背后教唆，希望可以策动夸德拉大使重启哈布斯堡王朝联姻协商大门，因伊丽莎白女王觉得她无法在公开场合与夸德拉大使谈这个话题。

九月十日，正当女王要前往温莎时，布鲁纳男爵在听到夸德拉大使简报后，搭乘驳船前往汉普顿宫。原本满心期待能受到殷勤的招待，却发现女王完全不想接见他，因而恼火不已。但三天后，伊丽莎白女王来到怀特霍尔宫时，夸德拉发现女王的态度和顺多了，只是她依然大声反驳，表示自己并不想嫁给查尔斯大公，或其他外国王子；她只愿意嫁给她见过的人。查尔斯大公不来英国也好，因为横竖她都无法逼迫自己走入婚姻嫁给他。

"真是浪费唇舌。"夸德拉大使不禁抱怨。既然无法避免，女王陛下首先得先决定自己愿意嫁人，然后邀请查尔斯大公来英国拜访她；他已经向她保证，无论如何她都不需要勉强步入婚姻。哈布斯堡王朝君主此刻也愿意配合——他实在太盼望两国能顺利联姻——希望事情能顺利发展，这样若伊丽莎白女王拒绝了他，查尔斯大公也不至于尽失颜面。伊丽莎白女王依然犹豫不决，很长一段时间绝口不提这档事。

"我该直话直说，告诉你实话吗？"她问。"如果哈布斯堡王朝君主这么希望我成为他的儿媳妇，就应该二话不说，直接派他的儿子来到英国，同时免去如此多的保护。我的肚量没有那么小，要让君主牺牲尊严来迎合我。"

夸德拉大使便回报："就她所说的话和她说话的态度，我知道这件事的结局并不为难，为难的是过程。"有一件事是确定的：伊丽莎白女王完全地拒绝邀请查尔斯大公前来英国——毕竟无论是女王或一般仕女，请求任何人来当她的丈夫，这样的行为都不妥当；她宁愿千刀万剐而死。哈布斯堡王朝君主必须采取主动。夸德拉大使向女王保证，此事并不困难。很快，女王便改变态度，表示自己很愿意接待查尔斯大公。女王询问

82

查尔斯大公会说的语言，并且用"和以往谈论自己结婚意愿低落时大相径庭的态度"跟夸德拉大使说话。夸德拉大使深信自己赢了这一仗。

但当大使问到查尔斯大公应该公开来访还是私下来访时，伊丽莎白女王变得十分惊慌，并要大使不要再苦苦相逼。查尔斯大公只要做他觉得妥当的事情就可以了——女王并不想涉入太多，而且他必须明白，女王并没有主动邀请他。女王不断重申此举并非允诺要嫁给查尔斯大公；事实上，她根本还没有决定到底要不要结婚。夸德拉大使认定女王这样的行为"只是维持矜持。我不认为玛莉·西得尼小姐和罗伯特·达德利有错，而且达德利甚至说，他从没想过女王会如此认真。"

这些事情很快在宫中传了开来，很快便有流言指出伊丽莎白女王将在圣诞节与查尔斯大公成婚，但夸德拉大使出奇地冷静："她是个女人，活泼顽强的女人，我们必须考虑感情因素。"对他来说，查尔斯大公应马上参访英国：只要见到大公本人，女王就很难拒绝他的魅力。而且她可能也会考虑不敢冒犯哈布斯堡王朝君主而就范。十月二日，夸德拉大使写信给费迪南德一世，催促他不要再拖延派儿子来英国的时间。

* * *

是年秋天，在怀特霍尔宫，罗伯特·达德利抱怨自己居住的房间离河道太近太潮湿。女王便将一楼自己房间隔壁的套房给了他，此举让各界的闲言闲语更上一层楼。"人们对于这件事感到羞耻不已。"夸德拉大使对此战栗不已，但他和多数人一样，在没有证据之前便下了定论。

夸德拉大使表示，尽管罗伯特·达德利的敌人很多，但

"诺福克公爵四世却是他的劲敌"。汤玛士·霍华德认为，达德利长伴左右，便是女王婚姻协商永远无法成功的原因，同时也公开批评伊丽莎白女王"轻浮又不懂国政"，更进一步警告达德利，若不尽快弃绝"他的虚伪与放肆，可能会不得好死"。 83

汤玛士·霍华德是诗人萨里伯爵亨利·霍华德之子，也是诺福克公爵三世老汤玛士·霍华德的孙子；而这位老汤玛士·霍华德公爵则是女王的祖父辈的亲戚，他们家族自然也与那罪不可赦的诺森伯兰家族为敌。老汤玛士·霍华德公爵的孙子是英国显要的贵族，是当时贵族中唯一的公爵，从出生那天起，他就准备享有女王的恩惠与任命，也将担任女王身边的顾问。但达德利总是从中阻挠，他就永远无法如愿。更糟糕的是，宫中的流言蜚语指出，女王总有一天会嫁给达德利。"公爵与其他贵族根本无法忍受眼睁睁地看着达德利称王。"夸德拉大使下此定论。尽管达德利已婚，夸德拉大使还是无法摒除这样的念头，也许有一天，达德利将恢复自由之身，下一步就是迎娶伊丽莎白女王——这也是诺福克公爵四世与其他贵族最害怕的一件事。

十月初，"谦恭有礼又高贵"的芬兰公爵约翰（John, Duke of Finland）抵达英国，他是瑞典埃里克王子的弟弟兼特使，他造访英国的目的，就是希望可以谈定英国伊丽莎白女王与他那昏庸的哥哥的婚事。伊丽莎白女王之前一再表示自己不喜欢埃里克王子，但这似乎也阻挠不了他的决心。虽然瑞典这个国家并不富裕，但埃里克王子却信仰新教，他一直心存幻想，认为伊丽莎白女王会因此嫁给他。

宫廷礼节使得伊丽莎白女王不得不殷勤接待他国君主的弟

弟，于是她派遣达德利到克切斯特接待约翰公爵，没想到约翰公爵竟将此事误认为任务成功的象征，英国皇室的臣子们只好透过各种外交手腕，让他认清事实。在那之后，他显然对英国的风俗感到印象深刻，当然还有英国女王，因为女王对他展现了友谊与爱护，对这个文质彬彬的年轻人大为赞赏；不久，便出现各种传闻，指女王可能不嫁给哥哥埃里克王子，而嫁给约翰公爵。达德利对约翰公爵非常和蔼可亲——十月十九日，甚至以约翰公爵之名，举办了宫廷晚宴——但他肯定不欢迎约翰公爵踏上英国土地。

约翰公爵带来的礼物，极尽浮夸与豪华之能事，但他的礼物中却藏着许多伪币。他的许多行为，都让布鲁纳男爵感到仿如芒刺在背，不得不迫使女王绞尽脑汁让两人不要见面。但当下的情势让女王满意极了，女王玩弄两面游戏的手法，显然十分熟稔。她略施小惠，仿佛就要做出承诺，又在最后一刻收手，让挂心此事的人既困惑又无奈。而就在他们准备放弃之时，她又再度表现出渴慕之情。这个游戏必须要能精准敏锐地掌握时机，这是女王最爱的游戏。她仿佛在追求者面前垂钓着一丝希望，但同时又维持着女性魅力、自由、不允诺的神秘，同时与多位王子维持友好关系，让他们抱着一线想象。

84

"这里简直就是求爱者度假中心，还有许多爱情纷争要处理"，这年秋天，塞西尔写了这样一封信给尼古拉斯·瑟洛摩顿爵士。他又这样告诉拉尔夫·赛德勒爵士："我宁愿看到女王陛下选择其中一人，其他人则光荣地战败。"除了查尔斯大公与瑞典埃里克王子之外，又来了一个丹麦王，他的使者在宫中装模作样地穿上深红色天鹅绒紧身上衣，上面绣上一颗被箭刺穿的爱心，"展现丹麦王对英国女王的爱意"。但对于丹麦王的追求，没有人认真以对，而持续追求女王的萨克森公爵与荷尔斯泰因公爵（the dukes of Saxony and Holstein），也都受到相同对待。在夸德拉大使的记录中显示："女王陛下漂浮在这些散漫又轻浮的想象中。"在这十到十二位等待女王芳心的追求者派出的使者中，只有奥地利与瑞典使者，较有达成任务的希望。"这两个人献殷勤的态度令人叹为观止"。不久，他们完全无视于伊丽莎白女王的阻止，开始彼此辱骂，甚至准备大动干戈。此事让伊丽莎白女王感到警醒，严格禁止两人同时进入宫廷，"以避免两人在女王面前厮杀"。

夸德拉大使生怕伊丽莎白女王接受埃里克王子而放弃查尔斯大公，但哈布斯堡王朝联姻协商最大的威胁，其实距离女王更近。索尔兹伯里主教约翰·叶威（John Jewel，Bishop of Salisbury）表示，女王可能会表现出想要与他国联姻的模样，但事实上，她希望"与国内的人成婚"。

十一月初，法国大使安托万·诺阿耶（Antoine de Noailles）颇有兴味地看着这样的画面，女王身边两大追求者的使者，夸德拉主教与约翰公爵左右夹击，女王则泰然自若地坐在怀特霍尔宫的长廊上，看着她传闻中的爱人达德利与她的表哥亨斯顿勋爵在竞技场上与各个追求者决战。达德利表现得很好，而亨斯顿勋爵则发现，伊丽莎白女王对此兴趣盎然。

布鲁纳男爵感到十分沮丧。多亏了达德利，看来女王根本不想嫁给查尔斯大公了。布鲁纳男爵于是伤心地告诉女王，自己没有待在英国的意义了。这件事触怒了伊丽莎白女王，她显得"镇日心烦乖戾，说话没好气"。她知道，若布鲁纳拂袖而去，达德利将成为罪人。"大体而言可以说，"布鲁纳男爵写道，"女王不婚都是他的错。"夸德拉大使也不断抱怨，达德利"根本就在破坏我们的好事"。女王身边的亲信，此刻却成了过街老鼠，布鲁纳男爵甚至表示："他到现在都没遭到暗杀，还真是令人惊讶。"许多宫廷之人强烈谴责达德利对女王的影响，同时也十分担忧，伊丽莎白女王会为了他错过一段好姻缘。

85

十一月时，诺福克公爵杠上了罗伯特·达德利，警告他自己将会竭尽所能促成女王与哈布斯堡王朝联姻。

"建议女王嫁给外国王室的人，便不是好国民，也不是忠臣。"达德利傲慢地反驳，尽管有阿伦德尔伯爵与其他贵族的支持，此话依然让诺福克公爵暴怒得跳脚。

夸德拉大使告诉伊丽莎白女王，查尔斯大公可能已经出发了，因为她开出的条件都已经达成，她只好回答自己还不打算结婚，但等到她看到查尔斯大公，说不定会改变心意。

夸德拉主教生气地表示，是她要求查尔斯大公前来相会，而女王只是轻描淡写地表示，自己只是想要见见追求者，彼此互相了解一下，以免未来哪天她真的想要结婚。夸德拉大使内心充满愠怒，接着说了玛莉·西得尼小姐跟他说的话。伊丽莎白女王则表示，内宫许多侍女都常常这样说，她们的出发点都是善意，但自己绝无指示要她们这么做。很快夸德拉大使就知道自己被耍了，并且准备要撤销他努力斡旋已久并期待美好结局的联姻协商。"我不想假装了解女王陛下"，他写道，"对于她，我已经放弃任何希望。"

他也必须面对伊丽莎白女王可能嫁给罗伯特·达德利的问题，他坚信就算不采信坊间传闻，两人依然是门不当户不对，这是"一位时常提供我可信情报的人"告诉我的事情，同时在十一月十三日，夸德拉大主教也将此事回报给菲利普国王，那就是达德利"正密谋毒杀妻子。显然女王对我们与瑞典方面所做的事情，以及未来对于婚姻协商可能采取的态度，都是想让达德利的对手与英国全国上下猜测不已，直到他们完成刺杀达德利夫人的恐怖任务"。但若此传闻为真，达德利谋害妻子的手段，实在可以说是短视近利，毕竟矛头很快会指向他，接着女王会因为害怕牵涉其中，而永远无法嫁给他。但显然夸德拉大使认定两人都有犯罪的动机，他预言两人若胆敢结为连理，地位的崩解便近在眼前。

流言自然不只局限于英国。长驻在菲利普国王于布鲁塞尔行宫的大使托马斯·查伦纳爵士（Sir Thomas Challoner），在听闻女主人遭到"如此恶劣的中伤"后，感到震惊不已，因此便提笔写信警告塞西尔，但却没有提到任何细节，毕竟写下这样的文字实在是大不韪。托马斯·查伦纳爵士强调，他知道流言为假，但仍要请求女王面对男性时行事更谨慎，并尽早成婚，若女王膝下无子，我们又有什么希望呢？ 86

到了十一月二十四日，伊丽莎白女王指派达德利为温莎古堡的总督与总管。他已经提拔了不少友人与支持者，成为宫廷要角，同时也成为新教最大的拥护者。以此而论，他自然对西班牙抱持敌对态度，而倾向法国那一方。对他来说，英国政府理应成为新教革命的领导者，同时也该放弃与菲利普国王的邦谊。虽然在一五五九年一月份时，他曾被推举为英国国会议员，但在枢密院中却毫无地位，许多人讨厌他对高层政治干涉太多。根据夸德拉大使形容，甚至有人在背后抱怨，表示不想再被女人统治了。

然而，许多英国人面对这个可能成为统治者的男人，纷纷开始大献殷勤，视达德利为领袖及激进派宗教改革先驱，许多虔诚的教义都以他为本。他对宗教的忠诚不容置疑："尊贵全能的神就是我的准则。"他曾写下如此词句，"自幼接触宗教后，我从未改变心意……自小，我就在神的襁褓中成长。"

在达德利身边形成了一个小团体。塞西尔在一份私人备忘录中记录下这个小团体的成员，其中也包括了罗伯特·达德利的妹夫亨利·西得尼爵士（Sir Henry Sidney）、他的兄弟安布洛斯·达德利（Ambrose Dudley）及詹姆士·克洛斯特爵士（Sir James Croft）——这些人都是玛丽女王时期伊丽莎白公主的支持者——以及达德利夫人的哥哥约翰·艾柏雅德（John Appleyard）。在达德利的势力坐大后，塞西尔开始感到自己在宫中地位一日不如一日。他开始小心翼翼地对待达德利，对他友好亲切。背后他则转而与诺福克公爵交好，他是女王的宠臣最大的敌人，进而成为反达德利派领导人物。

当然一些难看的意外插曲也不会少。一名外交使节就质疑英国是否穷到无法雇用杀手，让达德利一刀毙命，而且在这个时期，似乎真的也有人密谋要除掉他，其中有两人——威廉·朱瑞爵士（Sir William Drury）是一名士兵，他的兄弟德鲁（Dru）是位宫廷官——还因此沦落到伦敦塔好几个月，他们的罪名是杀人未遂。这些指控背后的真实程度无法考究，因为后来是由达德利本人将他们保释出狱。十二月时，诺福克公爵公开指摘达德利干扰国家机要，导致两个男人发生严重龃龉。达德利直接向女王诉苦，一周之内，诺福克公爵遭到贬谪，前往英格兰北部与苏格兰边境担任中将一职。这可不是个闲缺，当月，伊丽莎白女王违反与玛丽·吉斯签订的条约，派遣英国舰队协助苏格兰的新教头子对抗苏格兰王太后以及应她召唤而前往助阵的法国军队。

＊　　＊　　＊

圣诞节的脚步渐渐近了，伊丽莎白女王与皇室沉浸在轮番的舞会、晚宴、化装舞会与狩猎派对中，伊丽莎白女王完全无视坊间败坏她名誉的传言。

幸好查尔斯大公还没出发前往英国，因为夸德拉大使和布鲁纳男爵已经知道，伊丽莎白女王完全不想嫁入哈布斯堡王朝了，而且他们心中也已有定论，认定女王只是在利用他们"与其他各国为求婚而前来的特使"；他们猜测伊丽莎白女王让他们雾里看花真正的心态，就只是为了牵制法国的侵略，同时要让她的臣子们以为她认真思考婚姻大事。"只要我们在这里，她就可以推诿各界要求她结婚的声浪，用各国王宫贵族的追求作为分身乏术的借口，对她的王权有其帮助。"

十二月时，布鲁纳男爵任务失败离开了英国。这一刻，他对伊丽莎白女王的了解，并没有比一开始多，布鲁纳男爵将她易变的性格归咎于青少年时期的经验，"有时她的身份不合法，有时候又逆转。她在宫廷中长大，然后又被放逐，在登基之前甚至还有被俘下狱的经验。得到王位后，她就仿佛得到一笔大遗产的乡下人"，变得非常骄傲自大，认为自己任何奇怪的念头都该得到满足。"但她错了，若她嫁给了罗伯特·达德利，她一定会引来许多敌意，可能某天晚上就寝前仍是英国女王，隔天就只是个伊丽莎白小姐而已。"

然而伊丽莎白女王似乎也算计到这一点。一五六〇年一月时，夸德拉大使回报，伊丽莎白女王的臣子们，对于女王可能下嫁达德利十分反感；他认为英国的臣子们可能会"设法拨乱反正。英国上下没有任何一个人，不将他视为女王身边的祸因，因此愤慨地要求女王三思"。现在几乎所有的人都认定

"女王不会嫁给别人，只会跟达德利在一起"。

是年三月，传闻达德利试图终止他的婚姻。夸德拉主教听到达德利吹嘘自己"再过个一年地位一定就不同了。他的触角越来越广，每天都在各项事务上扮演更出色的角色。每天他都觉得自己能得到更多，现在则有传闻指出他将与妻子离婚"。尽管如此，这些传闻依然是空穴来风，达德利最终并没有终止其婚姻关系。

88

* * *

新年刚过不久，奥地利使者赫尔芬斯坦伯爵重返英国，希望可以重启哈布斯堡王朝联姻协商。哈布斯堡王朝的诸侯，波希米亚王与巴伐利亚公爵，皆派来使者呼吁伊丽莎白女王重新考虑，同时也建议查尔斯大公跑一趟英国，亲自追求英国女王，然而伊丽莎白女王对婚事漠不关心的模样，触怒了哈布斯堡王朝君主，他坚持若伊丽莎白女王不预先表态，就绝对不会让查尔斯大公动身前往英国。协商陷入僵局，时间来到二月份，两国联姻协商明显破裂。二月十九日，夸德拉大使断言女王的策略将招致大祸，因为失去哈布斯堡王朝的支持与邦谊，"不仅法国将会摒弃她，她的人民也会，她终将陷入无助之中"。

二月份时，伊丽莎白女王抛弃了另一位外国的追求者，那就是刚接下父亲王位的埃里克王子。伊丽莎白女王在二月二十五日写信给埃里克王，表示虽然自己无法怀疑"您对英国的诚意与热爱，但非常抱歉，我们无法用与殿下同样热切的情感回报"。她宣称自己"从未对任何人有过如此热切的情感"，同时请求埃里克王"好好控制自己的情感，不要让它超出了友谊的界线"。她坚称："若神指引我步入婚姻，我也不该选择一个总是会缺席的丈夫，无论这个丈夫是多么有权势、有身价的王者。而我也总是这样回答殿下的弟弟，我心中从未怀有嫁作人妇的想法，而是想要保持独身，希望殿下不要再浪费时间等待我的响应。"信末的附笔，伊丽莎白女王恳求埃里克王打消造访英国的念头，"在这段追求之中，殿下除了期待之外，无法得到任何响应，我也非常担心您如此浩瀚的爱，可能会变成一种负担，这对我们来说都会是一种难以承受之痛"。

一开始，埃里克王无法接受伊丽莎白女王的拒绝，经过几周后，伊丽莎白女王的态度依然没有软化，埃里克王只好不情不愿地将约翰公爵召唤回国。

而英国国内则开始出现质疑的声音，罗伯特·达德利的成功之路，将会就此一帆风顺吗？

5 恶意的指控

一五六〇年二月，诺福克公爵与苏格兰新教头子们和解，为了避免苏格兰王太后玛丽·吉斯引法军占领苏格兰，只要苏格兰女王愿意待在法国，伊丽莎白女王就愿意保护苏格兰的安全。不久后，伊丽莎白女王派遣英国舰队封锁福斯湾，避免来自法国的援军与苏格兰摄政王太后会合。玛丽·吉斯于是出手报复，双方在利思引发激烈冲突，最后英军被击退，折损不少兵力。

伊丽莎白女王当时并不受法国人欢迎，这一点当然不令人意外，四月份时，英国驻法大使尼古拉斯·瑟洛摩顿爵士写信向女王提出警告，表示"可能进行会危害社会的恐怖手段"，玛丽·吉斯阴谋策动一名叫史戴方诺（Stephano）的意大利人，企图毒杀伊丽莎白女王，史戴方诺"是个留着一脸乱胡的魁梧男性"。塞西尔随即起草一份备忘录，要求宫廷上下"对女王的起居饮食加倍留意"，希望可以帮助伊丽莎白女王躲过遭毒杀的危机。"请勿接受陌生人致赠的香水、香水手套或食物。"备忘录中写着这样的句子。

女王面对法国与苏格兰的威胁时的那股勇气，让夸德拉大使印象深刻。他看过伊丽莎白女王与伦敦骑警们骑着她的那不勒斯名马，他发现女王展现出了"非凡的勇气与豪气干云的英姿"。就在此时，罗马教皇庇护四世（Pope Pius IV）写信给伊丽莎白女王，嘱咐她尽快回到天主教廷的怀抱，但女王下令教廷使者到了布鲁塞尔便不得再前进。对于梵蒂冈方面的呼唤，她终其一生都采取装聋作哑的策略。

六月十一日，玛丽·吉斯因水肿逝世，法国方面随即表示追求和平意图。伊丽莎白女王决定派遣威廉·塞西尔到苏格兰去进行协商，希望与苏格兰和法国谈定有利于英国的三方协议。瑟洛摩顿爵士听闻女王的决定后，开始感到焦虑：没有塞西尔在旁敦促，女王可能会草率行事。"谁有这个能力又愿意在女王的决策过程中，很快地站出来反对或质疑呢？谁又能很快地解决悬而不决的窘况？"伊丽莎白女王的决策过程之缓慢是出了名的。"谁能够快速决策？"

塞西尔本人也不想离开宫廷。他怀疑是达德利要女王派遣他到苏格兰去，以免他坏事，他也坚信只要自己一离开，达德利将取代他在宫中的顾问位置。他偷偷告诉瑟洛摩顿爵士："派遣我前往苏格兰的举措非常奇怪，也引发诸多争议。我一定是遭到出卖，才会被女王派遣出使。"但另外，此行让他得以远离他早已厌倦的宫廷中伤与阴谋的戏码，好好喘一口气。然而在前往爱丁堡时，他仍不禁心情沉重，因为他已经看到自己不在宫廷的日子，有一个人将慢慢挖空他的权力，而这个人也会将英国推向快速毁灭之途，这个男人的名字，与许多流言蜚语永远分不开。

一五六〇年六月，在艾赛克斯有个女修道院院长，布伦特伍德的安妮·道（Annie Dowe of Brentwood），最喜欢和密友们肆无忌惮地大谈来自伦敦的有关伊丽莎白女王和达德利的八卦。她听说达德利送给女王陛下一件红色衬裙。

其中一位朋友也听过这个消息，马上回嘴表示："你真以为是件衬裙吗？不，他给她的是个孩子哪！我拍胸脯保证。"

安妮·道快乐地将这个宝贵的八卦散布到邻村去。

"亲爱的罗伯特·达德利和女王玩出了火花，"她意有所指地说，"他可是她孩子的父亲哪！"

吓坏了的村民则应道："为什么？她没有孩子啊！"

"没错，她没有，"安妮·道说，"那孩子正在成形呀！"

这些八卦消息被上呈地方政府，安妮·道也因此遭到逮捕定罪，是年八月沦落下狱。当地地方法官坚持此案必须在密室中审判，以免她编造的故事误传到大众耳里。但官方的动作实在太慢了：八卦消息早已散布到艾赛克斯以外的地方，就算事情过了十年，还是有人认定伊丽莎白女王与达德利有孩子。有一个叫作亨利·霍金斯（Henry Hawkins）的人，就因为制造了"亲爱的罗伯特·达德利与女王陛下有五个孩子，而且都由产婆接生"的流言，而遭到刑罚。此时，英国政府逐渐失去耐心，这么多年来，许多制造谣言的人都因为谣言中伤女王而遭到割耳之刑，或面对与安妮·道一样的命运。

可是，就算用这么残酷的刑罚，也无法停止流言蜚语，各国大使——尤其是西班牙大使——在伊丽莎白女王继位后的这个时期来到英国宫廷中，听到这些私生子的宫廷秘辛，纷纷相信这些传言。一名年轻人于一五八○年代出现在西班牙，宣称自己是伊丽莎白女王与达德利之子；夸张的是，菲利普国王甚至想要确认消息正确性，后来证实这是诈骗一桩。但许多人都愿意相信这些流言，直到今天，尽管许多证据都反对这些传闻的真实性，依然有人深信不疑。

91

* * *

一五六○年七月二日，英格兰与苏格兰因为签署了《爱丁堡条约》，战争总算结束——对塞西尔来说，是经过几周来迂回曲折的讨价还价后，总算在外交上得到的一大胜利。在条约的规范下，法国同意退出苏格兰，将苏格兰的国家管理之责交还给苏格兰议会，英格兰与法国都不准干涉。以玛丽女王之名，法方派出的代表承诺她将不再与伊丽莎白女王争夺王位，也不会与英格兰争相部署兵力。最后，法国在条约中也同意承认伊丽莎白女王为英国女王。看来，事情至此，和平总算露出一线曙光，战争威胁之云雾也消散了。更重要的是，在欧洲各国的眼中，伊丽莎白女王更添威严。塞西尔对于自己的成就感到颇为满意。

然而伊丽莎白女王却不这么想。在送往爱丁堡的连续几封信中，对于塞西尔没能确保夺回加莱港，也没有要求法国偿付英国在苏格兰对抗法军的战争费用，女王严加斥责。原本洋洋得意的塞西尔，瞬间黯淡了下来；他认定女王的诸多抱怨，都是达德利在背后搞鬼，只有达德利才会让他遭到中伤。这件事背后可能有其真实性，也有可能是伊丽莎白女王对塞西尔出使的任务抱持负面观感，但这一点随即证明是错误的。

* * *

事实上，伊丽莎白女王正享受着一生中最光辉的夏天。从战争的威胁中解放后，她让自己在达德利的陪伴下，享受一段狂欢的时光，无视每天积压下的政务。到了七月底，她决定离开格林尼治下乡出访，沿着泰晤士河的南岸缓慢地旅行，并住在泰晤士河沿岸的许多豪华宅邸。身为骑士统领的达德利显然也在，但在他的任期结束后，据传他仍待在女王身边很长一段时间。他们几乎天天外出骑马打猎，伊丽莎白女王总是骑上最有生气的马匹，到了晚间他们会一起跳舞、享受音乐。尽管之前女王曾在达德利面前和其他男人打情骂俏，但现在她全心全意地对待他，就算被指为荡妇或淫妇也无惧。小道消息指出，

他们镇日关在私室中独处，一名臣子出言劝诫："全英国上下
92 人人无不拉起嗓子骂道，这家伙简直就是为了虚荣毁了国家
啊！"

一名西班牙驻安特卫普特使曾回报，英国宫廷上许多臣子
对"看到有人得到这么多宠爱，但女王却完全没有结婚念头"
表示反感不已。

对于女王"完全没有结婚的念头"，塞西尔感到十分忧
心：与女王婚姻相关的问题，以及王位的继位人选，永远都是
他心头的大事，就算是在爱丁堡，他也不断写信表达自己内心
的期待："神定会为您的心指引方向，为了子嗣找到一位父
亲，您的孩子将为世代子孙祝福。"许多臣子深信伊丽莎白女
王接受了塞西尔的建议，但同时也强烈反对女王的选择。

到了七月底，远离政务将近两个月后，塞西尔终于返回宫
中，本来他预期会得到君主的热烈欢迎。但除了其他议员们的
温暖道贺外，伊丽莎白女王的态度却是出奇地冷酷疏离，达德
利则是违反他自己公开宣称的原则，大权在握，企图获取夸德
拉大使的友谊与支持，以便得到西班牙撑腰，让他能抗衡塞西
尔的影响力——这一切女王都看在眼里，同时默许。女王甚至
宣布要征召一名能力与她的"文书官"相当的"剑客"。

塞西尔的心沉到谷底，他明白自己离开太久了。于是他做
出定论，在他出使期间，女王与她的宠臣间的关系，已经有了
最基础的改变。无论怎么想都触动了他的警觉性，但女王对他
的态度却没有多大的改变。对他在爱丁堡的贡献，女王完全没
有表示任何谢意，甚至直接表明就算塞西尔为了她盘缠散尽，
她也不会支付塞西尔出使的费用。接下来，每当他想要与女王
讨论政务时，就会听到女王身边的人说她与达德利在骑马。这

些现象在暗示着，只要达德利终止婚姻，女王便可能会下嫁达德利。

有关达德利会离婚——或甚至更糟的揣测——仍甚嚣尘上。一名皇室持火炬手欣然散布他亲眼所见的事实，一天晚间女王前往邱园拜访达德利回宫后，便心花怒放地告诉身旁的侍者关于达德利值得嘉许之处，同时宣布她将赐予达德利更多荣耀。此事引得流言四起，各界开始猜测达德利可望得到公爵爵位，或是等到他成为自由之身，女王便将与他成婚。这一切都回报上呈枢密院，也让塞西尔忧心忡忡。他无法预测伊丽莎白女王与达德利的感情到底到了哪个地步，但他早已发现女王不顾一切地毁坏自己的形象，造成宫廷危机。

枢密院成员间针对此事进行辩论，对于女王之前未能嫁给一位身价极高的追求者，感到深深惋惜。有些人说这是因为她不喜欢男人；另外则有人认为她想要借由婚姻来与欧洲邻国协商；但多数人认为与他国联姻根本没用，因为欧洲各国皇室心中早有定夺，他们认为女王会嫁给达德利。情势变得十分紧急，夸德拉大使甚至认为宫廷内会有一场叛变，因而表示："他们的要求是不想再由女人做主，哪天早上醒来，这个女人可能会发现，自己和男人都进了监狱。"

塞西尔认定自己的政治生涯告终，他开始变得极度沮丧，一个月内便认真考虑提出辞呈，他在一封信中暗示了贝德福德伯爵（Earl of Bedford）。他想要从巴黎召回尼古拉斯·瑟洛摩顿爵士来取代他国务大臣的位置，因此去信表示："你必须赶紧回国。我不敢写下我想说的话。希望神能让女王陛下了解她自己需要些什么。"换句话说，就是与他国联姻的婚姻关系。

国务大臣塞西尔加油添醋地，用女王与宠臣之间的故事来娱乐瑟洛摩顿爵士与其他英国驻外使节，暗示他们若可以向女王表达他国政府的不满，或许稍有帮助让女王能停下脚步思考。

八月三十日，英国皇室的脚步移往温莎。前一周，苏格兰国会废除了罗马天主教廷的权利，并且立法规定若在苏格兰进行弥撒仪式，将处死罪。然而在英国，伊丽莎白女王则以法律手段，将新教教会中的加尔文教派立为官方宗教。苏格兰贵族们则开始希望促成艾伦侯爵与伊丽莎白女王的婚事，更加巩固苏格兰与英格兰之间的关系，而无视于伊丽莎白女王对此婚事毫无兴趣。苏格兰方面下定决心"誓死"也要达成任务，但在双方展开协商之前，却发生了一件事情，让英国许多事务几乎全面停摆。

* * *

罗伯特·达德利从未拥有自己与太太的私有住宅。他就住在邱园，这是女王赐予的宅邸，但伊丽莎白女王清楚表明，任何有关艾咪·达德利的一切，她都讨厌，而且总是突然召唤她的宠臣，所以艾咪从未到过邱园。因此她大部分的时间，都住在亲戚或朋友家。

达德利与他的太太虽已结褵超过八年，但他们却很少见面。女王坚持他必须住在宫廷中，因此他很少回家。历史上有记录艾咪曾造访宫廷，但显然她的出现并不受欢迎。在那个年代，臣子的妻子们单独住在乡下，而丈夫则住在宫廷中的状况并非罕见，妻子随之住在宫廷中，也是不无可能，但这样花费惊人，而女王又不鼓励臣子们这么做。她喜欢宫里的男性都绕着她打转，而不是以妻子为中心。

一五五八年到一五五九年的冬天，艾咪·达德利都住在林肯郡与柏立圣艾蒙的朋友家。春天来临时，她前往伦敦南部的坎伯韦尔，拜访她母亲的亲人们，而他们都是苏格兰人。在那之后，她似乎主要都住在阿宾登附近的丹契沃斯一带威廉·海德（William Hyde）的家，这个遗址至今仍在，但当年艾咪居住时的模样已不复见。达德利送礼物过去，礼物的样式全都详细记载在他的账簿中：一顶风帽、金纽扣、些许香料、鹿肉、缝纫用丝绸、许多针织品、一副眼镜和襞襟用的荷兰亚麻布。她向来不要求这些物质上的回馈，但达德利却认为这样就可以满足她。他偶尔会去找她，但到了一五六〇年时，他的造访简直就是偶然。

从历史上的记录，很难推断两人之间的关系到底如何。他们两人膝下无子，从文献上也找不到艾咪曾怀孕的证据。和所有同阶级的女性一样，丈夫不在时，她总是悉心打点他的一切，包括土地与农田等。她一定听说了丈夫与女王之间的八卦传闻，但我们无法知道她受到多少影响。

在一五六〇年的仲夏之前，艾咪再度动身，原因不明，这次她搬到库姆纳宫，房东则是达德利家族之前的管家安东尼·佛斯特（Anthony Forster），他也是达德利家族当时的账房与阿宾登地区议员，这幢房子属于威廉·欧文（William Owen），他是前宫廷御医乔治·欧文之子，经历过亨利八世、爱德华六世与玛丽女王的年代。欧文先生至今仍住在公寓中。

现已找不到原址的库姆纳宫，当时就位于连接牛津与阿宾登的要道上，靠近大村庄，是个中古世纪的小屋，于十四世纪时用灰石砌成，它一度曾是宗教基础的一部分，是阿宾登修道院院长夏日的居所，也曾是许多修士的静养地，还曾是某栋建筑杂草丛生的四角中庭房舍之一。部分文献记载，库姆纳宫是单层楼式的建筑，但至少有三名房客住在大厅楼上，因此它应该还有上层。坐落在美丽的院落中，库姆纳宫修缮得十分好，这一切都要感谢佛斯特先生的改建，居住起来也非常舒适，他后来买下了这幢房子，他死后则葬在附近的教堂中。

艾咪付钱请了许多佣人，身旁还有侍女普戈太太（Mrs. Pirgo），也称普托太太（Mrs. Pirto）或品托太太（Mrs. Pinto）服侍，以及一个朋友欧丁赛尔太太（Mrs. Odingsells），她是威廉·海德那守寡的姐姐，也是之前艾咪住在丹契沃斯时的旅馆老板。当他们在库姆纳宫中安顿好后，这个宅邸显得相当拥挤，住在这里的除了佛斯特夫妇之外（他们是泰晤士威廉公爵的外甥，在玛丽女王在位期间，都与当时的伊丽莎白公主维持友好关系），还有威廉·欧文那垂垂老矣的母亲欧文太太。艾咪与欧丁赛尔太太住在西翼房中，也就是大厅的正上方，及欧文老太太的隔壁，佛斯特夫妇则和欧文老太太一样，也有独立的起居空间。佛斯特家、海德家和欧文家长年与达德利家族交好，彼此联姻，当然也都是地方上的要人，达德利太太当然也是。安东尼·佛斯特原是个友善的房东，是个有教养又开过眼界的人，他喜欢音乐、很会唱歌，而且弹得一手小键琴。

斐利公爵和夸德拉大使曾多次在不同时期指出，有流言传说艾咪·达德利"乳房有疾患"，而且可能已经到了晚期。这个传闻可能是真的，但我们唯一能掌握她的健康状况，就是在一五六〇年九月时，她显得情绪非常低落。这种忧伤的情绪，可能是因为听闻丈夫正在等她离世，以娶女王为妻，但也有可能是因为知道自己不久人世而哀伤。

艾咪情绪忧伤的证据来自两处，第一个是女佣的证词，但这个证据来得较晚，第二个则是来自知名度不高的手册——

《莱斯特协会公报》。一五八四年，一位未具名的天主教作家，对达德利发动非常狠毒的攻讦，也是十六世纪时达德利名誉受损以及所有跟随着他的污名最主要的消息来源——而消息往往是错误百出。到了现代，这些文献早已被当代学者列为拒绝往来户。《莱斯特协会公报》针对一五六〇年九月发生的事情大加渲染，当然对于其中的信息，我们必须谨慎处理。但其中部分讯息可能是真的，包括它宣称佛斯特家与库姆纳宫的其他住户看到达德利太太"伤心又沉重"都显得十分担忧，因此提笔写信给一位贝利大夫，他是女王在牛津大学的医学教授，请他开立处方给达德利太太。贝利大夫断然拒绝：他也听到了流言，并且"认为一个好太太不需要吃药，而且（他之后曾表示）他怀疑且忧虑这些人会以他的处方之名下毒谋害达德利夫人，那他就成了这些罪人的代罪羔羊"。一五八四年，《莱斯特协会公报》发行后，随即声名狼藉，贝利大夫当时仍在世，且以精湛医术闻名，但他并未对报道加以否认。此举显示此报道可能为真，若真是如此，这个现象等于证实了女王与达德利的八卦散布的有多么广——还有多少人信以为真。

96

九月六日星期五，西班牙大使夸德拉主教抵达温莎古堡。十一日时，他写信给菲利普国王的姐妹帕尔玛公爵夫人（Duchess of Parma），报告一桩周末发生的事件，但他并未在信中详细提及事情发生的日期；但从他对此事的报告中，还是可以找出一点蛛丝马迹。

七日星期六这天是伊丽莎白女王的二十七岁生日，夸德拉大使想要替主子献上祝贺之意，但她有更重要的事情要讨论。"在狩猎结束的返程中，伊丽莎白女王告诉我，达德利的太太死了，或是快死了，然后要我什么都不准说。"女王陛下没有多透漏些什么，夸德拉大使可能认定，艾咪即将死于长年来传闻中的乳癌。在那样的情形之下，这样的推断合情合理，伊丽莎白女王不让夸德拉大使多嘴也很自然。

周日，在这场会面之后，威廉·塞西尔抛掉平常的小心翼翼，向夸德拉大使吐露心事。他向天主教西班牙的大使吐露的事情不仅不寻常，而且有其重要性，随后很快就不证自明。

夸德拉主教写道：

> 就在我与女王的那番谈话后，我遇见了英国宫廷国务大臣塞西尔，我知道他近来失宠了。另外我则发现罗伯特·达德利正力图取代他的位子。我毫无困难地将话题引导到此议题上，在我多次保证对他即将告诉我的事情守口如瓶后，他告诉我，女王近来的行为，让他兴起退出政坛的念头。女王不是个好船长，他说，看到眼前有暴风，却不愿靠岸，对他来说，女王与罗伯特·达德利走得太近，可能引发的灾难显而易见。罗伯特·达德利自命为国家要务统领，也是女王的人，这对王权是极大伤害，而且甚至想要与女王成婚，为了健康与安全着想，女王在宫中绝对不敢提及此事。

塞西尔这一席话背后的含意并不清楚，这段时间，伊丽莎白女王天天出外骑马寻欢——她生日这天，达德利表示女王每天从早到晚都与他在外狩猎——但塞西尔指的可能是女王镇日单独与达德利相处，可能让自己置身险境中。

全国上下都会容忍这桩婚事，但他说他不吃这一套。

因此他决定告老还乡，只是他认为自己可能走不成了，最后只能沦落到伦敦塔中蹲苦窑。他哀求我，看在神的恩典上，帮忙告诫女王，说服她完全抛弃自己正在做的事情，记得自己亏欠自己与臣民的一切。

至于罗伯特·达德利，他说了两次，觉得他上天堂还比较好一点。他告诉我，女王根本不在乎什么欧洲王子。她根本不觉得需要他国的奥援。她负债累累，却丝毫不去思考该如何走出泥淖，她在伦敦的信用早已破产。

这一席话显然夸大其词，但塞西尔希望能让夸德拉大使了解，伊丽莎白女王如何为了宠臣自毁前程及她的王国。

最后，他提到他们考虑要杀害达德利夫人。"他们不断放出风声表示她生病了"——到了这个地步，夸德拉大使是否想起女王前一天说的话呢？——"其实她根本没有生病，她健康得很，只是得小心被人下毒。他深信，神绝对不会允许人们犯下这样的罪，也不会让这样的阴谋得逞。"

也许塞西尔只是在煽动夸德拉大使，但他也有可能蓄意在大使那想象力丰富的心里营造某种想法：女王——他服侍多年，未来也将持续以忠诚和热情听任差遣的女主子——与她的爱人正策划一场谋杀。塞西尔非常清楚，他的一字一句都将被大使忠实呈报，并且在欧洲各国政府间流传；消息也将很快传回女王与达德利的耳中。若塞西尔真的担心伊丽莎白女王的声誉，就会知道这件事是毁灭女王的一记重击。但这件事中的危险与塞西尔一改往常小心翼翼的态度，却让夸德拉大使显得心烦意乱。事实上，塞西尔只是不择手段，想要用各种方式劝女王清醒一点。这一刻，不仅是他的政治生涯，就连英国的未来与新教的稳定都开始动摇。

塞西尔非常明白，若艾咪·达德利真的遭到谋刺，她的丈夫将恢复自由之身；他也知道这样会造成民众强烈反弹，让罗伯特·达德利终生不得娶女王为妻，届时就算他并没有这么做，但多数人依然会认定他是弑妻凶手。塞西尔这么大胆的举动，就是为了避免达德利与女王成婚。最讽刺的是，弑妻原本能让宠臣达德利恢复自由之身，步入皇室婚姻中，但现在却成了他达成目的最大的绊脚石。

夸德拉大使在震惊中听完了国务大臣的话后，认定没有不相信他的理由，并试着与女王谈论此议题，尽管女王至今从未采纳过他的意见。但就在他谒见女王之前，发生了更重要的事情。

*   *   *

传统上称作"圣母集市"的活动，于九月八日星期天正式在阿宾登展开，艾咪·达德利让所有的仆人都去放松一下。不知为何，她非常坚持仆人们该去市集逛逛，尽管有些人认为，周日不该是逛市集的时候，但她却坚持要仆人们遵从她的命令。尽管如此，欧丁赛尔太太却冥顽不灵，表示自己绝对不会去那种要和许多下人与粗人摩肩接踵的地方。对此艾咪感到愤怒不已，但欧丁赛尔太太只说，若她去逛了市集，库姆纳宫便空无一人，没有人能和艾咪一起吃饭了。艾咪生气地反驳，表示反正欧丁赛尔太太并非她的仆人，她想怎样就怎样；无论如何，欧文老太太可以和她一起吃饭。事情至此，欧丁赛尔太太便回房，而艾咪的其他仆人则前往阿宾登的市集。

上午十一点左右，艾咪与欧文老太太的午餐时间到了。库姆纳宫并非空无一人，因为除了欧丁赛尔太太外，佛斯特太太当时也在，这两位太太的仆人们也都还在。但库姆纳宫相当安静，每个人都留在自己的房里。

当天，当艾咪的仆人游览结束返回库姆纳宫时，看到了令人震惊又困惑的一幕，艾咪·达德利的尸体冷冰冰地躺在房间通往大厅的石梯尽头，脖子整个扭断。后来《莱斯特协会公报》表示她的帽子与服装依然完整，丝毫不紊乱，但这项指控并没有任何当时的记录支持佐证。同一位作者则指出，艾咪的遗体应该是在"另一个阶梯"才对，例如中间有平台的阶梯，就和当时的其他证据相符合。

他们马上派遣一名叫鲍尔斯（Bowes）的男仆前往温莎古堡通知达德利。隔天早上，仿佛巧合般，他在路上遇到达德利家的重要干事托马斯·布朗特（Thomas Blount），当时他正朝着反方向前进。布朗特之墓至今仍在基德明斯特基督教会。他是达德利的远亲，有时会帮达德利夫妇传递口信；那天早上，达德利派他从温莎古堡去库姆纳宫跑腿。

鲍尔斯告诉他主母"摔下楼梯"不幸已死的消息时，他并没有回头，反而决定继续朝库姆纳宫前进，没有加快脚步，甚至还在阿宾登的一家旅馆过了一夜。他的确可能前往库姆纳宫，但他后来告诉主子，他只是想去看看"在那个乡间流传了哪些消息"。　　　　　　　　　　　　　　　99

晚餐时间，他与一位房东说上了话，假装自己是要前往格洛斯特的旅人，不经意地询问"当地的传闻"。除了不到一英里外发生的"不幸的意外"之外，这位房东也不敢说些什么。布朗特表示，艾咪家的人应该有更详细的内幕，但房东却表示这些人也不知道，因为艾咪死时，这些人全都在圣母集市中闲逛，"家里一个人也没有"。他知道艾咪下令要求这些人去逛市集，"她想要自己在家静一静"。

布朗特觉得事有蹊跷，但他态度十分保留，同时又想要询问房东的观点，于是他问："民众的看法是什么？"

"有些人不愿说，有些人的想法邪恶。"房东语带保留。"至于我自己，我认为这是个不幸（意外），因为这件事竟然发生在最正直的乡绅家中：他的正直，消弭了许多人的邪恶思想。"布朗特这下明白，其他人的态度可能并不这么宽容。

鲍尔斯总算在九月九日星期一的清晨抵达宫中，却发现达德利与女王在一起，于是将消息告知两人。根据夸德拉大使的记录，当时伊丽莎白女王非常惊愕，甚至一度无语。

达德利对于妻子之死显得十分困惑。从鲍尔斯之处听闻布朗特已经在库姆纳宫，当天晚上，他紧急加派一名信使，带一封信给布朗特，指示他详查妻子死亡的内幕。

"布朗特表哥，"他写着，"这个不幸来得如此巨大，如此突然，在得到你的详细报告前，我仍会感到费解，未来会有多少邪恶的念头降临我的身上，这世界还会有多少的恶意指向我，让我无法喘息。我知道这个恐怖的世界将以各种邪恶的说法来指控我，让我怎么也洗不清，但这件事背后一定有一个真相，我请求你，就如同你一直以来对我的爱护般，帮助我，给我片刻安宁，现在我只能信任你，信任你会用尽各种方法为我找到真相，毕竟我无法信任任何人了。"他想要深入调查艾咪之死背后的真相，而且希望调查工作"由最谨慎、最实在的人来进行，至少能就他们的知识，必须要能够彻查到底，同时依着他们的正直，能够认真诚实地进行调查工作。竟然有人能犯下这么恐怖的罪行，我的心中感到无限悲凄，因此我一定要透过这样的调查手段，向全世界证明我的清白。"

此时，达德利派遣另一位信使前往诺福克郡，向妻子的亲友们宣布死讯。艾咪的哥哥约翰·艾柏雅德以最快的速度抵达库姆纳宫，展开他自己的调查行动。

＊　＊　＊

九月十一日星期二，夸德拉大使在向帕尔玛公爵夫人回报的信件中，附笔写上伊丽莎白女王已经下令，将达德利夫人的死讯公之于世，官方对死因的说法为意外致死。女王接着用意大利文向大使透露，艾咪摔断了脖子，同时强调："一定是摔下楼梯造成的。"

臣子们对此事的反应，女王早已了然于心，因此她在第一时间下令验尸调查，同时也猜测到达德利将身陷风暴，她马上与这起意外切割，坚持要达德利离宫回去住在邱园宅邸，在那里等待验尸官的判决。

罗伯特·达德利对于这一切感到极为震惊，也对自己的未来忧虑不堪。他和多数人一样，认为艾咪是遭人谋杀，尽管对妻子之死并没有表现出太多惋惜之情，他依然非常积极地调查背后的死因，这不单单只是因为他想要将犯人绳之以法，他还希望可以还身为主嫌的自己一个清白，排除任何共谋关系。因此他不断坚持要进行最精密的调查，他知道，证明自己无罪唯一的方式，就是找到真凶。

但空想总是比实际成果容易。九月十日，托马斯·布朗特抵达库姆纳宫，却发现等着他的不仅有主公的信，还有准备调查死亡现场的验尸官与陪审员。布朗特告知达德利最迫切的希望，要他们不择手段彻查到底。他回报主公达德利，表示承审法官"尽管是个乡下人，但在我见过的人之中，算是聪明有能力。我对他们的调查行动有信心，就算有任何缺失，也能表现完美，和他们的聪明才智一样。我听说调查小组中，有人与安东尼·佛斯特为敌。因为他们的智慧，上天让他们产生歧异"。坊间则早已出现传闻，指佛斯特是达德利的共谋。

接着，布朗特与住在库姆纳宫的人士，讨论这场悲剧。但他唯一能向达德利回报的，就是这些人说的都和稍早前房东说的一样，宣称女主公"非常坚持要她的仆人们都去逛市集，借口想要留下的人都会引发她的怒火"。于是他又重述了一次达德利夫人与欧丁赛尔太太之间的争吵，显然，仆人们也认为，艾咪当天的行径不太像她自己。布朗特写道："主公，尽管我才来到这里不久，但听到她的各种行径，让我不得不认定她是一个心智怪异的女人。"

布朗特特别侦讯了艾咪的侍女普戈太太，"她似乎非常爱护女主公"，而且当询问普戈太太对此事件的看法，是意外或谋杀时，她表示打从心底认为是意外，绝对不是遭到谋杀或自杀。达德利夫人品行优良，是个贞洁的妇人，每天都会潜心祷告，普戈太太常常听到她不顾一切地向上帝祈祷。"但我想，她心中可能还是有邪念。"换句话说，她也有可能自杀。

"不，亲爱的布朗特先生，"普戈太太赶紧说，"请别这样评断我的话语；如果你一定要如此猜测的话，我很抱歉自己透漏了这么多。这起事件的始末，已然超出人的评断能力了。"在那个年代，自杀被视为道德上的罪，将受到永恒的诅咒：绝对是绝望到了尽头，才有勇气做的事情。布朗特似乎觉得，普戈太太并未否认艾咪自戕的可能性，但对于她向他透漏了这一点，却感到十分懊悔。而布朗特本身显然也认为不能排除自杀的可能性，因此他在写给达德利的信件中断言，达德利应该转忧为喜，因为他是无辜的，相关调查很快就会证实这一点，

"那些怀抱恶意的人很快就会散去"。

验尸官正在进行调查工作时，女王减少在公众面前露面的机会，大多时间都关在房中，隐藏她的焦虑不让臣子们看见。几次出现时，她都显得苍白又激动。

至于在邱园这边，达德利也焦虑得发愁，为即将揭晓的调查结果，感到激动又无助，宫中流言漫天，他的政敌则擅自揣测定论，坐看达德利发愁。达德利发现日日赋闲在家也是一种折磨，因为他有幸得以见客，可以听闻到各种传言，其中一位访客是他的裁缝师，来为他定做丧服。他最害怕的，不是永远成为弑妻案最大的嫌疑犯，尽管这已经是够严重的后果，他最怕的是女王再也不愿意见到他。和已婚男子小小暧昧是一回事，但与臭名昭彰的弑妻凶手牵扯不清，又是另一回事了。

布朗特的信在十二日送交到达德利手上，此时威廉·塞西尔竟也意外来访，自从宠臣达德利被踢出宫的那一天起，女王对塞西尔的态度便恢复了：此时宫廷陷入了危机，女王自然必须向最睿智又值得信赖的国务大臣征求意见与支持。塞西尔掩饰胜利的快乐，既然来到了达德利家，他表示自己的目的，是要向达德利阁下表达最诚挚的哀恸，此行大多数的时间，他都喃喃说着一些那个年代的风俗与礼仪规范下的陈腔滥调。

达德利为塞西尔的挂心所感动，并对他的支持感激不已，于是他赶紧提笔写信，感谢政敌表现出的宽容，并且要求塞西尔帮忙向女王询问是否能让他回宫：

> 感谢阁下来到寒舍，阁下展现出的友情，我将没齿难忘。当然希望阁下能再度大驾光临，但我更希望能与您一

102

起在宫中共事。我只能奢求您给我点建议，觉得我该怎么做最好。若您有疑虑，我请求您，帮我了解我何时能（离开邱园）回到宫中，我将感激不尽。对于我的态度突然大转变，我感到抱歉，但我已经回到邱园一段时日，梦中想起过去，那多么遥远啊！与我心之所向距离多么遥远！请你帮我求得我的自由，脱离此等束缚。请勿忘我，就算无法见面，我也会记得您的恩惠，不会令阁下失望。

同一时间，达德利回信给托马斯·布朗特，要求他提供最新消息："除非我得到你的消息，知道事情的真相，不然我无法平静。"接着他写信给验尸官的陪同人员，要求他们尽其所能地详查，不要惧怕也不要偏颇。

九月十三日，布朗特捎来令人振奋的消息，调查人员找不到"推测为加害的理由。若我的判断是对的，我认为事件应该稍息了"。此时，布朗特显然认定"此事件是不幸的意外，再没有别的原因"。正在等待判决的达德利因而提笔写信给陪审团主席史密斯先生，想要了解一点官方调查的进度。但史密斯先生却含糊其辞。

在这段时间，达德利先生收到了妻舅亨丁顿伯爵寄来的慰问信，上面写着："透过信件，听闻了您妻子的不幸。尽管如此，但这不啻是一件好事，让一个痛苦的人变得开怀，从有限的生命升华为不死之身，从惴惴不安的生命中，总算得以安宁，只要敬爱着神，他将会为我们选择最好的道路。"这些都是对痛失亲属者常用的话语，也不难看出，艾咪的家人对于她死亡的消息，抱持着一种从痛苦中解脱的态度。

达德利受到的折磨，并没有笼罩他太久：几天后，验尸官宣布艾咪的死因为意外身故——我们并不知道正确的判决用语，因为这起调查的所有文件都已不复存在。一名顾问表示，女王方面认为这份判决不容置疑，至于塞西尔与其他臣子，包括罗伯特·达德利的妻舅、亨利·西得尼爵士看法也一致。

但对达德利本人来说，这样还不够。他希望调查结果能找到杀害艾咪的凶手，还他清白。他认为此事件可能还有让人另作他想的空间，因而十分忧虑，于是他提名第二位陪审员进入陪审团名单，让调查行动持续进行。然而女王明显地宽心许多，她认为一次调查行动便已足够，尤其是验尸官早已宣告达德利与此意外完全无关。女王毫不犹豫地将达德利召回温莎古堡，恢复了对他完全的宠爱，同时清楚表明，对她来说此事件已经落幕。但为了表达尊重，她要求宫廷上下为艾咪·达德利致哀一个月。

然而，其他人对于达德利是否无罪，就不是这么肯定了。大多数的人都对他妻子之死感到震惊不已，但少数人却不太意外——毕竟流言纷飞。多数人都认为，呈在法官面前的证据，并不足以证明女王的宠臣无罪，意外事件"背后真正的真相"正等待世人去解开。九月十七日，一位大名鼎鼎的清教部长托马斯·列佛（Thomas Lever），他是柯芬特里教区牧师，也是舍伯尔尼医院院长，写信给地方议会，通知他们"在英国的这个地方"，到处充满了"对达德利夫人之死，严重又危险的臆测与怨言，请务必要进行最彻底的调查，找出背后的真相"。

尽管达德利厚葬了夫人，民众的观感依然持续。许多人认为达德利夫人的遗体，是以迅雷不及掩耳的速度被埋葬在库姆纳宫附近的教区，但因为教堂资料遗失，已经找不到证据。九月二十二日，艾咪的遗体静静躺在牛津的格洛斯特学院，就在那里，就在那天，她在牛津的圣玛丽教堂下葬。女王派了好友诺利斯小姐代表她出席。达德利并未参加太太的丧礼，因为当时英国的惯例，规定追思的人必须与死者同一性别。一五八四年时的《莱斯特协会公报》，指称丧礼中的牧师在演说中提及"这名女子遭到谋刺身亡，令人惋惜"，然而现代留存的资料中，并没有提及这一点。到了二十世纪，有人寻得艾咪·达德利的棺木，将其掘出，开棺验尸，但却只看到一堆灰尘。

在达德利夫人死亡到丧礼前的那段令人忧虑的日子里，夸德拉大使发现，想要得到进一步的消息难上加难。宫中的臣子都不愿与他说话，他只能听到一些毁灭性的流言和古怪离奇的臆测，因此他与当时许多人一样，心中笃定认为女王与这起谋杀脱不了关系。"可以确定的是，这起案件背后必充满耻辱与丑恶。英国接下来可能因此发生革命。英国女王将沦落到伦敦塔中，而亨丁顿伯爵将可望坐上王位，他也是个异端分子，背后有法国的团体支持他。"显然，若伊丽莎白女王此时下嫁达德利，将会让自己陷入莫大的灾难之中。至于达德利，在艾咪死前就已经有流言蜚语指称他会谋杀妻子；可想而知，多数人都无法接受她是意外身亡的答案。

* * *

艾咪·达德利究竟是怎么死的？

她的死因是颈椎被扭断，这一点毋庸置疑。她被人发现死在楼梯底下，最容易的推论，就是因为她摔落楼梯而被夺走性命，达德利的支持者则断定，这是上天的决定。但在当时就有人表示，艾咪摔倒的那个阶梯实在太短浅，不可能造成致命的伤势，因而许多人揣测，一定是有人怀着恶意，蓄意将她的脖子扭断，然后将她的遗体置放在楼梯底下，让这起死亡事件看来像是一场意外。就如同我们所见，她的丈夫是主嫌。[2]

《莱斯特协会公报》公开指控达德利为杀人凶手，断言他肯定是买凶杀人，并指称一位叫作里查·佛尼（Richard Verney）的人就是凶手。里查·佛尼是欧文老太太的外甥，过去曾是达德利的男侍，对达德利忠心耿耿。《莱斯特协会公报》断言，里查·佛尼在达德利的"命令"下，在（九月八日）当天都与她（艾咪）独处，另外还有一个人命令家中所有仆人都到两英里外的市场去。但这个推断是错误的，因为命令仆人们离开的人是艾咪，而且他们是去参加市集。尽管如此，这位无名作者依然主张佛尼与那个和他同伙的男子，"绝对知道艾咪是怎么死的"。这可以说是便宜行事，当时佛尼因为"对着我熟识的一位受人尊敬的人"胡言乱语一些邪恶的事情而早已经葬身伦敦，另外那位神秘的共犯，则是因为其他罪行而入狱，最后因为企图"公开"艾咪之死背后的真相，而在狱中惨遭杀害。

如此一来，几乎难以确定事件的细节，因为各项事证都模糊不清。九月八日那天，佛尼的行动与行踪也难以追溯。当年，能将佛尼与达德利名字相连的记录，要回溯到前一年四月，达德利派人去找佛尼，但佛尼无法过去，因而提笔写信解释并道歉。他在信中提及："未来有机会为您效力，或是您有任何盼咐，我将会竭尽所能，全力为您达成使命。"太过深究这些文字背后的意义，是非常不明智的。

当然，佛尼的阿姨欧文老太太，也有可能秘密参与了这场谋杀；当天只有她与艾咪一起用餐，她也可能是艾咪生前最后一个见过她的人。艾咪命令仆人们去市集时，也许早就已经与欧文老太太约好午餐了。欧文老太太是不是想方设法说服她让

105

两人独处呢？艾咪对于欧文老太太在家，却没有因此生气这一点，可能是关键。

当时的艾咪显然急躁着要摆脱所有的仆人。她是不是有秘密访客呢？这个访客是不是丈夫派来要讨论婚姻失效的问题呢？当年英国盛传两人婚姻走到这个地步，以及考虑到谣言可能造成的伤害，罗伯特·达德利自然也会坚持要艾咪私下接见访客，也许还有谨慎的欧文老太太在旁见证或陪伴。抑或是有人误导艾咪，让她以为有访客前来，但背后其实是一桩精心设计的阴谋？另外，我们也预期得到，她在如此忧郁的情绪下，加上可能缠身的疾病，她非常渴望平静与安宁，她只是想在没有仆人干扰的情形下，向某个热心的朋友吐露这样的忧虑。

当然我们也要将欧丁赛尔太太的行为纳入考虑，她坚持顽固地不想去逛市集，简直令艾咪苦恼不已。她是否与伤害艾咪的人连成一气，或甚至与欧文老太太联手呢？毕竟我们对这两个女人不甚了解，她们是否可能协助共谋完成谋杀呢？欧丁赛尔太太是否负责让佛尼进门，同时欧文太太忙着让艾咪留在餐桌上，又或许一边玩着西洋双陆棋？（据传这是她死前最后玩的游戏）这些问题只是揣测与理论，也都找不到答案。

若艾咪是先遭到杀害，接着才被摆放到楼梯底下，这又是怎么办到的呢？库姆纳宫在解散修道院时期改建为一位男子的宅邸时，进行了许多修建工程，许多门都被封闭起来。在艾咪死后不久，曾出现这样的传闻，认为她被人说动——至于是谁，没有人清楚——住在一间在床头后方有秘密通道的房间。传闻中，杀害她的凶手就是从这个秘密通道来到房里。但也有可能是在她与欧文老太太用餐时，杀手便来到她的面前。

艾咪逝世一段时间后，安东尼·佛斯特因为贴心服侍罗伯特·达德利，因而分别在十五个郡获得土地，佛斯特甚至买下了库姆纳宫进行改建。无论是过去或现在，都有不少人相信，佛斯特是达德利谋杀妻子的共犯，这些就是他的报酬，但除此之外，并没有别的证据。一五七二年佛斯特死时，达德利从他的后人手上买回这间房子，而这桩买卖也在佛斯特的遗嘱中提及。为什么达德利想要买下拥有这么多黯淡回忆的库姆纳宫，没有人清楚。

许多人，像是布朗特，都将艾咪之死归咎于自杀。她一直有忧郁倾向，而且她的女仆说，死前艾咪的情绪已经到了最极端。长期遭到达德利的忽视，加上达德利与女王公开出双入对，可能都与她的忧郁有关，但也有可能是艾咪的乳癌已经发展到最末期，终日面对无尽的痛苦，也为她带来情绪上的创伤。因此，她自杀的假说的确有一定的可信度，也解释了当日她为何匆匆将仆人赶出屋外。

当时没有人认为艾咪是自然死亡，但从一九五六年以后，依恩·艾尔德教授（Professor Ian Aird）提出了一个新的理论后，许多现代的历史学家便开始相信这一点。艾尔德教授认为，艾咪罹患乳癌的可能性非常高；"她的乳房患了病"这样的说法，于一五五九年四月份，第一次由夸德拉大使提及。这个疾病在逐渐发展之下，因为癌症的侵蚀而突破原本的肿瘤范围，顺着血液沉积在骨头上，因而会让百分之五十五的患者骨质变得脆弱，尤其是脊椎会变得非常易碎。因此，若艾咪的乳癌已经来到末期，只是走下楼梯稍微使一点力，就有可能不经意地造成脊椎断裂。但就算这个推论是正确的，却也无法解释，死亡当天艾咪不寻常的举动。另外一个更罕为人知的现代推论，也是一样，这个理论认为她罹患主动脉瘤，心脏附近的大动脉不正常扩大，导致胸部疼痛肿大与心理失常——包括忧郁症与突发的愤怒，主因是大脑血流不稳定所致。突然轻微增加的压力，也可能造成动脉瘤破裂，让患者瞬间死亡。就艾咪的案例而言，因此而摔倒，也有可能让她跌断了脖子。

无论是否自然死亡，艾咪·达德利之死显然便宜了许多人，但最讽刺的是，得利的并不是大多数人认为的既得利益者。大多数人认定，她的丈夫为了与女王双宿双飞而杀了她，这一点他的确有动机。但就连他这么迟钝的人，都没有笨到以为自己逃得过制裁，若她真的罹患癌症濒临死亡，他只要袖手旁观便可。在她死亡的前一天，伊丽莎白女王恰好告诉夸德拉大使，达德利夫人死了，或是快死了。若伊丽莎白女王涉入此阴谋中，在她确定受害者已死前，她显然不太可能提前让受害者曝光，甚至也不可能提到她——毕竟女王是如此聪明睿智。但若是达德利告知女王两人见不得光的日子即将告终，女王主动谈及此事的行为就显得合理了。女王与达德利在接到消息时的反应显得十分震惊，而且感到困惑，同时两人也都尽可能地要求艾咪之死经过彻底通盘的调查。

达德利最主要的目的，是希望能洗脱罪名，针对的是人们的闲言闲语，这一点不难理解，而且事实证明，他非常清楚此事件可能带来的后果；此外他也知道，若没有一个合理的解答，将会带来什么样的灾祸。他的妻子自然死亡，对他最有利，许多事证也显示，达德利夫人离死亡也不远了。因此达德利显然不会甘冒如此大的风险杀害她，或让她的遗体成为谜团的风暴中心。

女王并没有插手调查过程，但可以理解的是，她可能在判决出炉后开始想展开损害控制，毕竟调查结果并未阻止可畏的人言，甚至因为她与达德利关系匪浅，而开始用想象判她的罪。现在达德利已恢复自由身，若女王真的曾想过要嫁给他，此刻她也无法在步入婚姻的同时，保有她的王位。许多臣子们都知道，目前为止她一直是婚姻的逃兵，他们认为达德利夫人之死，对她并非好事，毕竟罗伯特·达德利可能开始认真追求她，就算她爱着他，可能也不想这么快就放弃自由之身。这场僵局可能造成冲突，原本女王享受来自各国追求者相争求爱，当碰上了她心仪的对象时，这场爱情游戏可能就无法进展得一样顺利。

实情是，根本没有任何实质的证据，能够指证女王与达德利涉入达德利夫人死亡案。但除了麻烦与不名誉之外，他们什么也没得到，一片认定他有罪的声浪，让达德利痛苦得发狂，直到死亡那一天。

108

*　　*　　*

但有一个人因艾咪·达得利之死而得利，那就是威廉·塞西尔。达德利夫人死亡的消息一出，他随即恢复往昔地位，而对手达德利则遭到宫廷的放逐，当他前往邱园拜访达德利时，他早就胜券在握，风水轮流转，现在他居上风。在这样的状况下，当然也就能表现出宽大为怀的精神。

在一五六〇年的权力斗争中，塞西尔有最强的动机置艾咪·达德利于死地。他是个聪明人，知道若艾咪·达德利如一般人所料死得离奇，质疑的矛头将无情冷酷地射向她的丈夫——而这个目的自然也达到了。塞西尔当然也知道，伊丽莎白女王的内心是如此保守，绝对不可能为了一个名声有污点的男人，甘冒赔上民心与王位的风险。

一五六〇年九月，塞西尔看见达德利逐渐得势，自己的未来却逐渐崩解；他不仅害怕经过多年的努力及对都铎王朝的忠诚后，自己却仍失去优势；同时也忧心英国的未来与圣公会新法。若女王与达德利结发，她在位的时间恐怕成为难以挽回的颓势，最终甚至可能导致她遭废位；或更糟的，让外国势力介入，以天主教徒玛丽·斯图亚特取代她。塞西尔早已警告过伊丽莎白女王，她正一头栽入灾难之中，但女王丝毫不听劝，让他为她担心不已，担心她可能下嫁达德利，破坏塞西尔如此努力才得到的成就。因此，威廉·塞西尔可能因此决心走向一条不幸的道路，逼迫女王停下脚步深思，也就不令人惊讶了。

塞西尔非常实际，也爱管闲事。最有可能的状况是，当他听闻达德利与女王漏了口风，表示艾咪病得非常重时，便决定尽快采取行动：让人们以为艾咪遭到谋杀，是非常重要的事情。塞西尔并非心狠手辣，也许他认为艾咪本就因疾病的痛苦而濒临死亡边缘，而缩短她受苦的时间也算是一种怜悯。因此在决定计划后，他便在九月八日早上告诉夸德拉大使，伊丽莎白女王与达德利说的不是事实：艾咪·达德利其实好得不得了。他知道，接下来他说的话会传遍欧洲，他透露达德利密谋弑妻，于是在事发之前，便埋下了怀疑的种子。他请求夸德拉主教劝阻伊丽莎白女王嫁给达德利的想法，但此后当然不需要这么做，而夸德拉大使也没有这样的机会。

109　　若库姆纳宫中有同谋，对塞西尔来说就更轻而易举了——也许是欧文老太太，也许是欧丁赛尔太太——随便托词，在八日中午将艾咪留在家中。既然她的健康情形不佳，塞西尔雇用来的杀手，不消多少时间就能扭断她的脖子，将尸体置于楼梯底下。塞西尔不常寻求暴力手段，但他也许认为这个方法带来的益处，可能不仅是公平而已。

当然，以上理论都没有直接证据能佐证，但实情就是，塞西尔的确有动机谋杀艾咪，而且在艾咪死后，得利最多的就是他。然而他是个爱国人士，致力于服务国家，他想必认为英国与女王才是最大的既得利益者。

6 无耻肮脏的传闻

关于达德利疑似弑妻的传闻迅速蔓延开来，传到全国各地的教士耳中，宗教人士"反复散布流言，几乎要危及女王的尊严与对女王的忠诚"。

很快，欧洲方面也出现耳语。十月六日，尼古拉斯·瑟洛摩顿爵士从巴黎致信给塞西尔，要求要了解艾咪·达德利"离奇的死亡事件"。其实在法国宫廷中，这件丑闻早已传了开来，法国方面甚至下了极度不堪的定论，在写给北安普敦侯爵的信件中瑟洛摩顿爵士透露：

> 这一刻我希望我死去，便不用听闻关于女王这些下流不名誉的丑闻，让法国的贵族们喜不自胜，认为自己总算成功地贬低了英国国格——不让欧洲继续传述女王等人的事情，那会让我头发倒竖、怒火中烧。有人耻笑我们，有人威胁我们，也有人辱骂诋毁女王。甚至也有人说："这是什么样的宗教，让一个臣子弑妻，君主不仅不追究，甚至还想嫁给他？"若无法消弭这些谣言中伤，或证实传闻为真，英国国格将从此被践踏在地，各国兴战，最终推翻女王与英国王朝可能势在必行。

尼古拉斯·瑟洛摩顿爵士表示，女王的传闻让他的心在淌血，因此为了英国的安全、尊严及女王的名誉，他祈祷女王千万不要忘记这一切，贸然下嫁达德利——英国其他的驻外使节也有同样的心声。

托马斯·伦道夫则从爱丁堡来信，表示自己"心中无限难受，从未感到如此巨大的悲伤"。十月底，对法国宫廷贵族的毒舌感到厌烦的瑟洛摩顿爵士，认为时机恰当，应该告诉塞西尔，法国王室普遍认定艾咪·达德利是遭到丈夫杀害；玛丽·斯图亚特则恶毒地表示："看来英国女王即将嫁给帮她养马的下人，这个人为了娶她还杀了妻子！"因为知道大多数的人都认定伊丽莎白女王是这起谋杀案的共犯，因此瑟洛摩顿爵士强调"停止艾咪·达德利死亡案的调查，对女王的尊严有多深远的意义"，同时提醒塞西尔："谣言已经让我们快要成为笑柄和憎恨的对象，这件事对我们百害而无一利；若这种情形真的发生，神与宗教，我们国家的基础将不再受到尊重，女王与国家的声誉将遭到败坏、谴责与忽视，国破家亡，成为列强的嘴边肉。"

欧洲各地对此事的谴责声浪纷然四起，许多人甚至认为达德利已私下与女王成亲。德国的新教君主更是惶恐，过去他们将英国视为盟邦，但现在伊丽莎白女王却不顾一切地走向自我毁灭之路。

夸德拉大使向瑟洛摩顿爵士表明："阁下的女主人伊丽莎白女王是个自重的女人，却不太尊重王权，现在也将不再有人建议她摆脱此愚行。"没有人敢要求她放弃达德利。尽管女王知道各界对两人的流言蜚语，但除了愤慨外却采取无视的态度，尤其在瑟洛摩顿爵士派遣秘书罗伯特·琼斯（Robert Jones），要求议会想办法对法国方面的流言采取行动，同时希望可以劝阻女王下嫁达德利时，更为明显。

看在琼斯眼里，他认为女王看起来"一点也不沉重，也不认为这是重大事件。但罗伯特·达德利发生了这件事，她的确甚感困惑"。她告诉琼斯此行无意义，但他却不顾一切地持续尝试说服女王下嫁达德利有多愚蠢，而只惹得女王暴怒并表示："这我已经听过了！"当他再度向女王提及达德利家族与诺森伯兰家族七年前试图另立简·格雷为王的阴谋时，伊丽莎白女王却嘲笑他。绝望之余，他只好透露法国王室对女王与达德利的看法，但女王却轻描淡写地表示："此事已经过审理，显然传闻内容与事实不符。"当妻子死亡时，达德利人在宫中，他的手下也全都"没有试图进入他妻子的住所；事情已经发生了，请不要影响我的臣子与我的尊严"。

伊丽莎白女王所说的"试图"被许多人视为一种证明，认定她也不相信调查结果为意外死亡，或甚至更糟的是，可能是她说溜了嘴，达德利夫人之死，她可能知情。但也有可能是听到琼斯回报的法国宫廷传言后，在未经思考之下脱口而出的响应，只是假设艾咪之死可能是人为。再者，女王提及"他妻子的住所"，此事可能不尽正确，但当时她怒火中烧，说话时可能并未拘泥细节。

但流言似乎永不止息。传闻直指女王早已私下许配给达德利，或甚至大胆揣测她已珠胎暗结。时间早已证明这些流言的虚假，但艾咪·达德利之死仍继续遭到夸张渲染，最后甚至成为乡野传奇。在十六世纪末时，达德利的政敌多次试图搬出这件丑闻，每次的细节都被形容得更丑恶。就连伊丽莎白女王的继位者上任后，伦敦的一出戏剧中都提及此事，台词写着："要一个女人闭嘴最好的方法，就是扭断她的脖子；政治人物就是这样做的。"几世纪后，在华特·史考特（Sir Walter Scott）的虚构小说《凯尼尔沃思古堡》中，艾咪·达德利之死的谣言几乎完全被神化，作者将艾咪死亡的时间定在一五七

112

五年伊丽莎白女王走访凯尼尔沃思古堡时，然后以最扭曲的阴谋诡计来描写这个事件。直到今天，乡野间都还流传着有人要神职人员到库姆纳宫中，为一个水池驱魔，据说那个水池被艾咪·达德利可怜的鬼魂纠缠。

* * *

是年十月，英国宫廷结束了追悼仪式，有关女王是否将与达德利成婚的流言四起。"对这些人来说，作最坏的打算才是明智之举。"夸德拉大使这样告诉帕尔玛公爵夫人。只有萨赛克斯伯爵鼓吹支持这段婚姻；虽然他非常憎恨达德利，但他十分忧心王位继承问题，他认为对女王来说，随便找个丈夫，都比没有丈夫来得好。然而并没有其他人支持这样的观点。

流言蜚语之外，若女王决心让达德利做她的配偶，那就是将自己隔离在欧洲的婚姻场域之外，断绝自己透过婚姻关系，为英国带来政治经济利益的机会；就算走到这一步，要重新考虑与查尔斯大公或艾伦侯爵大婚，让自己远离达德利，也不算太晚。最重要的是，对她来说，婚姻是她手上最大的王牌，透过这个手段，她可以让欧洲各国的贵族对英国亲善友好，平衡欧洲势力。

达德利究竟适不适合做个丈夫，也有其疑问；在他妻子去世之前，他便已处处不受欢迎，若女王下嫁臣子——这件事可能会在宫廷中引起心结与派系内斗，甚至引发内战，让大众对宠臣的负面观感更严重——就世界的观点而言，她等于是在贬低贵族的身份。

113

在一五五四年丈夫遭到斩首后，女王的表亲萨福克公爵夫人嫁给了管家亚德利安·史卓克斯（Adrian Stokes），最后却蒙羞，地位尽失。伊丽莎白女王非常在意自己至高无上的王权，她认为自己的地位崇高，绝对不愿贬低自己。尽管爱达德利至深，她也知道达德利的地位没有资格成为自己的伴侣。

最重要的是，若嫁给达德利，她会招致不少危险，并违背她过去厌恶婚姻的宣言。维持独身，她便能掌控全局，在这段感情上占上风；一旦结了婚，两人之间的角色关系将对调，就算她是一国之君，伊丽莎白女王依然将失去独立地位视为畏途。除此之外，若她不嫁给达德利，就可以证明传闻所言不真，让自己远离丑闻风暴。

对个人来说，从丑闻事件爆发以来，伊丽莎白女王对达德利的感情丝毫不变。当他重返宫廷时，两人之间仿佛从未发生任何事情，流言八卦丝毫也不能让两人动摇，罗伯特·达德利就和往常一样骄傲有自信。死因调查正式还他清白后，他已经成为自由之身，他认为自己追求女王没有丝毫不妥。他的行为让关于两人将结婚的传言不减，在此同时，另一派的揣测出现了，有人认为女王即将宣布接受异国婚姻。伊丽莎白女王最喜欢成为他人讨论的焦点，针对这两项传闻，她一如往常地不置可否，令人难以捉摸。

塞西尔的信心与日俱增，他认为没有什么好担心的。过去几周来，伊丽莎白女王情感上的挣扎，他都看在眼里，但他知道政治上的判断，对女王来说比以往更要紧，尽管她并不想缺少达德利的陪伴，但她已经不可能嫁给达德利了。塞西尔非常清楚，任何对达德利意有所指的批评，都不受女王欢迎，因此他很聪明地不用过多的建议来增加女王的负担，而是给她更多时间去思考各种选择。

他也去信提醒瑟洛摩顿爵士，停止向女王施压，因为他早已发现诸侯多次向女王表明，罗伯特·达德利并非适合的

伴侣人选，但却只是让女王勃然大怒，让她更加决心宠爱并
保护他。凯瑟琳·艾希莉的丈夫最近的一席话贬低了达德
利，伊丽莎白女王则在一怒之下将他赶出宫廷，随之而来的
是艾希莉太太只好向达德利哭诉，并说服他帮忙向女王求
情，让丈夫回宫。

伊丽莎白女王的确感到心碎，但她意识到自己对王权的责
任与义务，于是在进行决策时，她的理智依然凌驾于情感之
上。但要做出决定也并不太困难：达德利身为已婚男子，比起
恢复自由后，对伊丽莎白女王的吸引力更多，威胁更少。在瑟
洛摩顿爵士与其他臣子们为未来忧心的同时，她的心中已悄然
做出决定。

到了十月十五日，塞西尔向夸德拉大使透露，女王已经向
他表明绝对不会嫁给达德利。十一月时，女王宣布将拔擢达德
利晋升贵族地位；其实达德利一直纠缠着女王要求提拔，女王
才不情不愿地答应。于是便开始起草英王制诰，直至授予爵位
那一天，根据罗伯特·琼斯的说法，女王做了一件震惊四座的
事情，也让达德利惊吓不已，女王拿起一把剑"将圣旨划成
碎片"，表明因为达德利家族三代以来都是叛国贼，因此上议
院中再也不能容忍达德利家族的人存在。这显然不是冲动而做
做样子，而是女王精心策划，要向全世界——以及达德利——
宣告，伊丽莎白女王非常在意民众观感，想要掌握自己的命
运，因此下定决心绝不嫁给达德利。

达德利怒视着女王，哀求她不要在众臣面前辱骂他。女王
却只是拍拍他的脸颊，揶揄地表示："不，不，熊与粗木的后
代不会这么快被抛弃。"女王这一席话，意指达德利的父亲与
兄长在担任华威伯爵时的徽章图案。女王这一大动作很快地传

114

了开来，臣子们看见达德利的挫败一片欢欣鼓舞。达德利的部分朋友与支持者，试图要说服女王抛下一切顾忌嫁给他，但她却"啐了一口"，表示自己绝不可能嫁给臣子。当这些说客们反对，并提议女王可拔擢达德利为王时，她的回答是："不，若我答应你们，便是不智之事。"她曾暗示将在主显节时立达德利为莱斯特伯爵，但随后马上改变心意，同时决定此事现在不宜。

从此之后，在每次的爱情游戏之中，伊丽莎白女王便不曾再让个人情感破坏自己的理性。她再清楚不过，无论何时，只要她放弃了身为女王的道德与权威，就会失去尊重与威信，甚至失去王位。至此雨过天晴，十一月都还没过，罗伯特·琼斯就发现相关传闻已几乎要消失殆尽。达德利依然在女王身边，两人有实无名，但伊丽莎白女王已然掌控全局。她拥有达德利的陪伴、忠诚与他的鼓舞。让人不得不认为，其实她想要的从来就不超过这个界限。

* * *

然而，此时，另一个宫廷丑闻正悄悄成形。尽管伊丽莎白女王很不想承认，但在亨利八世的继承法中，凯瑟琳·格雷小姐竟是伊丽莎白女王身后的继任人选。

凯瑟琳小姐是格雷三姐妹中最漂亮的一个，现已年届二十岁。女王向来就不喜欢她，甚至将她和姐姐玛莉·格雷小姐，从寝宫侍女贬为谒见室侍女；无论凯瑟琳小姐如何抗议都无效。她是个野心十足的年轻女性，赢得连续几任西班牙大使的支持，期盼透过她能让天主教在英国复兴。尽管凯瑟琳小姐成长过程中受到新教的熏陶，但在玛丽女王执政的过程，她发现信仰天主教有机可乘，随后在伊丽莎白女王继位后，斐利公爵暗中策划让凯瑟琳小姐嫁给菲利普国王的儿子唐卡罗王子（Don Carlos），接着引发政变，让凯瑟琳小姐成为英国女王，这样就可以将英国纳入西班牙版图中。由此也不难理解，伊丽莎白女王为何将这个远房亲戚视为一种威胁。

在离开英国之前，斐利公爵嘱咐凯瑟琳小姐千万不能嫁人，要一直保持单身，直到斐利公爵为她与欧洲皇室缔结姻缘。然而在一五五九年初，凯瑟琳小姐与母亲一同前往密德塞克斯的汉沃斯，在索美塞得公爵夫人（Duchess of Somerset）家中做客，公爵夫人是爱德华六世时期的护国公遗孀，而凯瑟琳小姐就在此行中与公爵夫人的大儿子赫特福德伯爵爱德华·西摩（Edward Seymour, Earl of Hertford）相遇相恋。萨福克公爵夫人看在眼里，提议两人成婚；当时她已经在密谋，让其中一个女儿坐上王位，恢复家族荣耀的光景，她认为年轻的赫特福德伯爵，可以让人们忆起他的父亲，因而受到欢迎。凯瑟琳小姐一时被热恋冲昏了头，于是便开心地接受了母亲的安排。

但两人想要成亲，眼前却横亘着一个难以跨越的障碍：由女王对待继位顺序离她最近的人态度看来，她是不太可能答应这门亲事。在一五三六年亨利八世通过的继承法中，规定凡有皇室血统的人，若在成婚前未得到统治者的同意便属通敌叛国。因此萨福克公爵夫人决定向女王请愿，然而她还来不及这么做，便不幸在一五五九年十一月因病离世。凯瑟琳小姐实在太害怕女王，根本不敢接近她，更遑论提及此事；西班牙方面野心勃勃地想要利用她的阴谋，也已传到伊丽莎白女王的耳中，凯瑟琳小姐行事更需谨慎。

但塞西尔却意外发现她与赫特福德伯爵之间的事，认为让两人成婚可以破坏西班牙的阴谋。于是他准备伸出援手帮他们一把。

随之而来的却是更多毁灭性又无依据的传言，说凯瑟琳小姐将要嫁给艾伦侯爵，让英格兰与苏格兰王权就此结合。事情至此，伊丽莎白女王因为害怕将表妹推入敌人手中，决心不能一直排挤她，因而恢复她原本的职位，继续作寝宫侍女，同时压抑各种情绪，设法对她和蔼可亲——"才能让她闭嘴。"夸德拉大使讽刺地说。"女王甚至考虑要收养她"，夸德拉大使着重表示，凯瑟琳小姐现在可以说是女王陛下的"女儿"了。夸德拉主教也听到了部分传言，将凯瑟琳小姐的名字，与另一位危险的追求者连在一起，那位追求者就是亨丁顿伯爵。

凯瑟琳小姐对这些体面的婚姻关系，一点兴趣也没有；她时常躲过女王的监视，私下与赫特福德伯爵见面。他的妹妹珍恩·西摩小姐（Lady Jane Seymour）也是伊丽莎白女王的未婚女官之一，她对于哥哥有机会迎娶王位未来的继承人，感到兴奋不已，因而成了两人之间的中间人，夜夜陪着凯瑟琳小姐到西敏区肯侬路爱人的家中。当赫特福德伯爵来到怀特霍尔宫时，珍恩·西摩小姐则设法让两人独处，让出自己在侍女寝室的狭小房间。也就是在这里，赫特福德伯爵秘密向凯瑟琳小姐求了婚。"我爱你，也爱你的提议。"她回答，"我愿意嫁给你。"

一五六〇年十一月底至十二月初的某个早晨，女王远在肯特郡艾森打猎，这对小情侣抓住了这个机会。凯瑟琳小姐借口牙痛离开了皇室舞会，凯瑟琳小姐与珍恩小姐一同沿着泰晤士河来到肯侬路，这一天赫特福德伯爵也为了凯瑟琳小姐的到来，而支开所有的仆人。珍恩小姐安排了一位神父到家中进行结婚仪式，但神父却没有出现。珍恩小姐毕竟交游广阔，顺利找到另一位据说是天主教的神父，她自己则当唯一的见证人，结婚仪式就这样开始了。神父离开后，珍恩小姐"赶他们入洞房"，让这对新婚的恋人独处了两小时，接着才回来与凯瑟琳小姐一同返回怀特霍尔宫。一回到宫中，她们就与宫廷人士一同用晚膳，没有人料到她们到哪去了。

*　*　*

是年十一月，法国国王弗朗西斯二世的耳朵患了严重的感染。经过几周的苟延残喘，他于十二月六日逝世，接着由十岁的弟弟查理九世（Charles IX）即位。然而实权却落入新的摄政王手中，她就是王太后凯瑟琳·梅迪奇，吉斯家族随即陷入弱势中。

苏格兰女王玛丽·斯图亚特守寡之时只有十八岁，她的未来悬而未决。年轻丈夫之死让她悲痛不已，但经过一段恰当的服丧时间后，没有人会质疑她再嫁的决定。同时，她也必须统治一个国家，而且没多久，王太后便开始妒忌玛丽·斯图亚特的地位与影响力，不断催促她尽快返回苏格兰。玛丽身为吉斯家族的人，让许多人争相想成为她的丈夫，但凯瑟琳·梅迪奇却全数否决，因为她知道玛丽·斯图亚特婚后将继续留在法国国内。

在英国方面，伊丽莎白女王的表亲，莱诺克斯伯爵夫人玛格丽特·道格拉斯小姐（Margaret Douglas, Countess of Lennox），听说了弗朗西斯二世死亡的消息，马上想到要推荐自己的儿子达恩里勋爵亨利·史都华（Henry Stewart, Lord Darnley）成为苏格兰女王未来伴侣的候选人。在未告知伊丽莎白女王的情形下，她要儿子前往法国表达追求之意，但这对

117

玛丽·斯图亚特来说还太早了，她还没调适好心情接受新的丈夫。更严重的是，伊丽莎白女王发现了莱诺克斯伯爵夫人的诡计，当达恩里勋爵回到家中，女王立即下令将两人软禁在伦敦家中。

伊丽莎白女王自然对法国统治者轮替的事情感到戒慎恐惧。弗朗西斯二世与玛丽·斯图亚特总是不愿正式批准《爱丁堡条约》，而且一直在使用英国军徽，英法两国关系至此更陷僵局；但随后情势逐渐明朗，法国新政权显然没有兴趣也没有资源造成伊丽莎白女王的烦恼。

这一年十二月，伊丽莎白女王的皇室主管会计，垂垂老矣的托马斯·派瑞爵士也逃不过死神之手。他同时也兼任宫廷监察官的肥缺，达德利垂涎此职务已久，但一五六一年一月份，伊丽莎白女王经过审慎思考后，决定将此重责大任交给威廉·塞西尔。接着在三月份，贝德福德伯爵因此表示："各界惯于谈论与某人相关的事件，看来已然落幕，偶尔传言会再起，但时冷时热。"

达德利显然已经开始感到自己受到冷落。塞西尔告诉瑟洛摩顿爵士："无论何种传闻与舆论，我都已确定罗伯特·达德利此刻的恐惧多于希望，这也是女王对他的态度。"但达德利并没有放弃迎娶伊丽莎白女王的希望，他公开地招募自己的追随者。他知道女王最在意的，是西班牙方面对最近一起丑闻的反应，但他也知道菲利普二世知道伊丽莎白女王有下嫁臣子的可能，而菲利普国王自然会想要与这位臣子友好，才能在英国更加推广天主教信仰。因此，达德利大胆决定寻求菲利普国王支持他与女王的婚姻。伊丽莎白女王可能同意这个计划，甚至在背后指挥，她的动机有很多：她知道若天主教强权国家误以为她私心想要在英国推广旧宗教，就不会再煽动要将她逐出教会。

一月时，达德利派遣妻舅亨利·西得尼爵士向夸德拉大使表达他的立场，若他顺利与女王成婚，英国便将恢复天主教信仰，达德利"从那之后也愿意如下属般，听任（菲利普国王的）差遣"。西得尼爵士向夸德拉大使透露，伊丽莎白女王对"塞西尔的专横"已感厌烦，且非常积极想要"解决宗教分歧"；他也强调"女王多么想要这一桩婚姻"，并强调若菲利普国王尽可能地说服她，重新思考嫁给达德利的可能性，等于是帮了大忙。这对一个早已自视为新教信仰胜利者的男人来说，真是一个奇怪的立场，但达德利野心至上，他并未停下脚步仔细思考：若他的诡计被拆穿，将造成什么样的局面。

尽管夸德拉大使一向认定达德利的丑闻让他不适合成为女王的伴侣，但他却从未想过，若两人成婚，英国主政的新教精英们将会在宫廷中掀起派系斗争巨浪，英国政府便不会将钳制天主教的政策放在优先地位。尽管如此，对于亨利·西得尼爵士揭露这令人吃惊的真相，他却抱持着怀疑的态度。

"针对此事之所闻，我完全不敢向国王陛下提及一丝一毫，女王或达德利也并未允诺让我执笔，"他拘谨地表示，"我无法猜测女王陛下的心意，尽管我的主公总是努力想要帮忙，他的建议却一向不受到采纳。"

亨利·西得尼爵士此时也不得不承认，但仍然辩称若夸德拉大使"对达德利夫人之死的真相感到确定"，他不知道为何夸德拉主教不愿将达德利的允诺回报给菲利普国王，既然女王与达德利"陷入热恋中，结婚就是最终目标了"。夸德拉大使指出，尽管达德利已从弑妻丑闻中得到清白，但许多人依然不相信他无罪。西得尼爵士也同意此事为两人成婚最大的阻碍，但同时也强调，他确信艾咪·达德利之死绝对是意外——"他非常仔细地调查死因，也清楚明白社会大众抱持着相反的意见。"

亨利·西得尼爵士继续点出，若缺乏菲利普国王的支持，不仅伊丽莎白女王与达德利的婚姻将难以达成，英国对天主教的禁令也将无松绑的可能性。只要能够得到菲利普国王的支持，"此事将全面翻盘，女王与达德利将即刻全力投入天主教复兴的运动中"。

虽然夸德拉大使认为西得尼爵士是诚实的人，但他却无法忘怀，在查尔斯大公的联姻协商中，玛莉·西得尼小姐在伊丽莎白女王的默许下欺骗了他，因此他心存芥蒂，认为这次的事情背后一定又有阴谋。但在二月十三日时，西得尼爵士带着达德利前来，与夸德拉大使私下一会，女王的宠臣达德利亲自证实了西得尼爵士所说的一切。在这次会面后，夸德拉大使便深信不疑，于是在接下来给菲利普国王的回报中提及，要是达德利娶了女王，对天主教绝对有利。

菲利普国王也十分赞同这个计划，但他并不相信伊丽莎白女王，于是坚持要夸德拉大使在进行下一步之前，得先得到"女王亲笔签名以证实"。夸德拉大使正式谒见女王，但当他表明，对于女王考虑下嫁达德利一事感到十分开心时，女王却支吾其词。

"经过几番遁辞后，女王表示要坦诚以对，因此告诉了我她心底的秘密，她说自己并非圣人，也无法否认自己对罗伯特·达德利的感情，毕竟他拥有许多优点，虽然知道自己的婚姻大事重要性与日俱增，但女王从未想过要嫁给达德利或任何人，但为了迎合英国观点，她一定得嫁个英国人。"

"菲利普国王怎么看呢？"她问，眼里闪烁着光芒，"若我嫁给了自己的侍从呢？"

"无论您选择什么对象，主公都将为您找到归宿而开心，毕竟这对贵国非常重要"，夸德拉大使向女王保证。"我非常确定，菲利普国王陛下听闻达德利阁下有此荣幸，将会非常高兴，我知道菲利普国王对他一向关照，对他也十分尊重。"夸德拉大使补充说明，当时的伊丽莎白女王"在以她身份地位所允许的程度内，表现出十分欢喜的样子。"

然而塞西尔对此事的发展，就一点也不开心了。三月份时，他向夸德拉大使要一份菲利普国王支持女王与达德利成婚的信。他解释道，女王并不想做出任何事情影响臣子的善意，可能会用这封信作为借口召开国会，将此作为提案。塞西尔知道，国会方面没有讨论余地，一定会拒绝菲利普国王提出的任何人选。夸德拉大使也明白，于是他转而疑心此事是要败坏天主教名声的陷阱。到了四月中旬，他的猜疑显然得到了证实，他遭人指控涉入一起天主教对付女王的阴谋；几位拒绝服从的主要人物都遭到逮捕。欧洲各国四处流传着，只要伊丽莎白女王愿意承认罗马教皇的地位高于英国教会，菲利普国王便将支持她与达德利成婚。此事引起一阵喧闹自然也不令人意外，但其实当时只有极少数的证据，能证实此阴谋的存在。最有可能的状况是，此事为塞西尔凭空捏造以中伤达德利，避免他迎娶女王。

接下来几周，塞西尔成功地在宫廷中引发反天主教浪潮。达德利很快就发现，若他与夸德拉主教接触的事情曝光，他可能将要面对丧失地位的窘况。他知道自己的阴谋已经被发现，

120

要西班牙方面正式支持他与女王成婚已经不可能。

尽管伊丽莎白女王向夸德拉大使保证，她并不认为大使涉入天主教谋叛事件，但塞西尔却持续用计为难夸德拉主教。就连夸德拉大使的秘书也被买通来监视他，夸德拉大使的信件都遭到拦截、阅读，访客则遭到跟踪与监视，同时也遭到指控，表示他在致西班牙的信件中有毁谤意图。

在沮丧中，达德利只好向友人讨教该如何是好，甚至有人建议他离开英国，到外国避居。但当女王在格林尼治宫中的房间隔壁赐给了达德利一间房时，他的情绪又大为振奋，激起了他——不幸的是，还有其他人——遐想的空间，认为她此举是要让两人能私下享受亲密时光。对达德利来说，一五六一年的夏天，就算没有西班牙的帮助，依然是成功晋身为女王伴侣的好时机。到了五月份，他已经全然放弃与天主教方面的斡旋，自此之后，他便维持新教忠诚派的形象，甚至夸张地自吹自擂："放眼整个英国境内，没有任何一个人能比我还要努力推动真正的宗教信仰。"

事实上，这一切并不如表面看来那么简单，借由操弄宗教狂热与爱国情操，达德利希望能就此表明自己是适合女王的伴侣，同时还要证明自己的影响力和塞西尔不相上下。某种程度上他的确做到了：尽管艾咪·达德利之死没有被遗忘，但从这个时期之后，人们已经不再只将他视为女王的宠臣，如塞西尔一辈的政治人物都开始认为，与达德利保持友好关系对自己有利。然而塞西尔从未停止对伊丽莎白女王可能有一天会改变心意而决定下嫁达德利的恐惧，他总是被迫祭出狡猾手段以破坏达德利的企图。

至于伊丽莎白女王方面，则让达德利——和所有人——费

疑猜。六月份的一个夜晚，夸德拉大使是皇家驳船上的座上
宾，女王出席了泰晤士河上一场华丽的水上庆典。"女王、罗
伯特·达德利与我单独在船中，两人便开始笑闹，她对这种嬉
闹的喜爱胜过了政治。他们的玩笑非常夸张，达德利甚至告诉
她，只要她愿意，我就是在场的神职人员，可以为两人证婚，
女王似乎一点也不恼火，她只说不知道我懂的英文够不够
多。"尊贵的主教可一点也笑不出来，让两人嘲弄了一阵后，
他冷冷地向女王表示，她应该要远离专横的塞西尔与其他顾
问，重新恢复天主教信仰。若她能这么做，就能尽快嫁给达德
利，因为在菲利普国王的支持下，绝对无人胆敢反对两国联　121
手。伊丽莎白女王并不愿失去菲利普国王发出的善意，只好装
作对他的提议兴致勃勃。

　　那年夏天，多数的观察家都认为，女王对达德利的爱已然
"到达最高点"。尽管有消息传出，瑞典埃里克王准备动身前
往英国，继续追求伊丽莎白女王，但多数人都认定，认真追求
伊丽莎白女王的人，其实只有一个。而女王在看到埃里克王的
全新画像后，特别为了刺激达德利而表示，若埃里克王真如画
像显示得这般英俊，绝对没有任何一个女人拒绝得了他。

　　对达德利的爱感到如此安心，伊丽莎白女王甚至会口出残
忍讥讽。几年后，查理九世派遣大使前来告诉伊丽莎白女王与
达德利，他认为两人应尽速成婚，同时希望可以见见达德利，
伊丽莎白女王却反驳："派新郎去见这么伟大的国王，简直是
太不尊重了。"接着她微笑着说："我简直离不开罗伯特啊，
他就像我的爱犬，无论他出现在哪里，人们都会认为女王驾
到。"

　　就算达德利对女王这样的对待感到厌烦，他也未曾表现出

来，多年来他也未曾考虑再娶。伊丽莎白女王大施恩惠，让达德利一直在她身边守候——一五六一年十月份，她赐给达德利一年一千英镑的抚恤金——包括有利可图的职务、特权，让他虽非官员却握有政治实权，证明女王对他的宠爱及希望。

＊　＊　＊

一五六一年三月，在赫特福德伯爵前往法国执行外交任务时，凯瑟琳·格雷小姐发现自己有孕。三月二十三日，她的好友兼共犯珍恩·西摩小姐去世，死时芳龄二十，死因可能为结核病。伊丽莎白女王下令，在西敏寺厚葬珍恩·西摩小姐，但她死后便留下凯瑟琳·格雷小姐独自吞下仓促成婚留下的苦果。

她匆忙地去信给丈夫："我就快要有孩子了。请你尽速返家决定我们两人该何去何从。"同时她还得强装笑颜，每天继续在宫中处理琐事，并暗自祈祷不会有人发现异状。

但到了七月份，这份希冀很快破灭。当月女王预备前往东英吉利出巡，凯瑟琳则被选中要随侍在侧。当一行人抵达伊普斯维奇时，凯瑟琳对于宫中女总管异样的眼光，感到极度苦恼，因此于夜间擅自到达德利的房中求见，她知道唯有达德利能让女王从盛怒中缓和下来。她跪在达德利的床边啜泣着，将一切和盘托出，哀求达德利帮助她。达德利知道凯瑟琳·格雷小姐所说的一切，对英国王位继承将造成灾难性的影响，于是要她离开。在万念俱灰之下，凯瑟琳只好转向另一位家族老友桑特罗夫人伊丽莎白·卡文蒂希（Elizabeth Cavendish, Lady Saintlow）的房间，她从玛丽女王执政的年代起，便是伊丽莎白公主的宫女，后来她声名远播，成为大名鼎鼎的哈维克的贝丝（Bess of Hardwick）。然而凯瑟琳却只得到贝丝小姐盛怒下的言辞攻击，贝丝小姐怒指她愚蠢，并且拒绝涉入此事，以免引起女王不满。

隔天早上，达德利向女王报告她的姨甥女所犯下的滔天大罪，在那之后，凯瑟琳小姐便成为皇室的耻辱。伊丽莎白女王认为，凯瑟琳小姐除了让英国王位继承陷入危机外，还因为软弱而屈服于内心的情感，因此就王位继承问题而言，她绝非适合的人选，而她也认定两人暗通款曲等于是对英国王权的谋叛，只是并没有证据能证实这一点。塞西尔则认定，凯瑟琳小姐腹中那不合法的孩子，就是上帝反对格雷家族入主英国王位的象征。

八月份，宫廷人士返回怀特霍尔宫时，凯瑟琳小姐成了伦敦塔的阶下囚，而赫特福德伯爵则被召回，他承认了与凯瑟琳腹中胎儿的关系，接着便与太太一同沦为囚犯，两人被囚禁在不同的牢房中。两人遭到禁见。在九月二十四日这一天，凯瑟琳小姐生下了一个儿子，艾德华·西摩。在王位继承顺序中突然出现一名男性候选人，让女王对这对夫妻更感愤慨，担心凯瑟琳小姐生下了一个儿子会让她成为人民心中更适合的女王人选。为了让这个婴儿无法与她争夺王位，伊丽莎白女王下令由坎特伯雷大主教主持一个调查行动，了解两人婚姻的合法性。

调查小组用严厉的态度分别审问了两位囚犯，甚至要求两人提供"那无耻的谈话"及各项证据，以证明两人并非"假结婚"，但当然都没有。唯一的证人已经死亡，而帮他们证婚的神父又不知去向。赫特福德伯爵为了遗产问题，而指凯瑟琳为妻，但她早已失去财产继承权。一五六二年，在历经几个月的调查后，调查小组宣布两人婚姻无效，因此两人所出为非婚生子女，同时因为两人"奸淫和不正当的私下婚配"，这对违法夫妻被判牢狱之灾，此举自然也合了女王的意。幸运的是，女王并未要求完全依照法律将两人以叛国罪处置。

然而凯瑟琳·格雷小姐使皇室蒙羞，意味着继伊丽莎白女王之后，她要接下王位的可能性已成云烟，这个事件也让女王更加相信，绝不能提前公布继位者。是年九月，她向苏格兰大使莱星顿的威廉·梅特兰（William Maitland of Lethington）表示，他认为臣子们"总是要求我在生前就要立下接班人"并不合理。

123　　只是，还是有不少人对凯瑟琳小姐感到怜惜；他们认为她与赫特福德伯爵的婚姻有效，同时觉得英国政府对两人的处置"太过严苛"。他们的支持者认为，若女王完成了身为统治者的义务，结了婚生了孩子，那么用法律来惩罚这对年轻夫妇就显得多余了。

7 争议之源

苏格兰女王玛丽·斯图亚特从一五五八年起，便认定自己 是英国王位的合法继承人；事实上她最主要的目的，就是接下英国王位能带来的利益，因此她始终拒绝核准《爱丁堡条约》，这份条约完全断绝她在伊丽莎白女王之后，"英国王权第二顺位"的可能性。她也拒绝承认伊丽莎白为英国女王，甚至将英国军徽用在她的部队上。因为这些因素，一五六一年的夏天，伊丽莎白女王拒绝在玛丽·斯图亚特过境英国返回苏格兰时，给予安全通行权。女王后来随即改变心意，但到了八月十九日，玛丽·斯图亚特已经从法国搭船出发抵达爱丁堡的利思港。玛丽·斯图亚特回到睽违二十多年的王国，在许多方面都让伊丽莎白女王烦躁不已。除了因为她的表亲在欧洲天主教派的眼中是比伊丽莎白女王更适合的女王人选，而对伊丽莎白的王朝带来实质的威胁外，国境之北还有宗教冲突的阴影潜伏着：玛丽·斯图亚特告诉罗马教皇，她想要在苏格兰王国内重建天主教信仰。

对个人而言，伊丽莎白女王将玛丽·斯图亚特视为对手：她比伊丽莎白女王年轻，据说也较为貌美；而玛丽·斯图亚特的寡妇身份，代表英国女王不再是欧洲贵族追求的唯一对象。欧洲各国都认定玛丽·斯图亚特一定会再婚，因此她的择偶对表姑伊丽莎白女王来说，也是一大担忧，她担心欧洲的天主教强权进驻邻国。最重要的是，一个觊觎英国王位的天主教徒，距离如此近，让伊丽莎白女王感到芒刺在背。这些事情，加上两位女性执政者之间的角力，在接下来的四分之一个世纪内，一直都是英格兰与苏格兰之间关系的焦点。

＊　＊　＊

125　　出生于一五四二年，玛丽·斯图亚特在出生一周内就继承了父亲詹姆士五世遗留下的王位，为了逃避亨利八世"强行逼迫"她成为儿媳妇，也就是成为后来的爱德华六世的妻子，年仅五岁的她就被送往法国，和亨利二世的孩子一起接受教育，也因此与王储弗朗西斯（Dauphin Francis）订了婚。童年的时光，她都在豪奢稳定的环境中成长，和表姑伊丽莎白公主的成长过程大相径庭。

　　玛丽·斯图亚特受的教育，在许多方面都走传统路线。她深受礼赞天主教信仰的影响，并且接受一名身家良好的女性应该要有的才艺教育与可取的知识。和伊丽莎白女王不同的是，她并不爱炫耀学识，反而喜欢弗朗索瓦·拉伯雷（Rabelais）的讽刺文学，或法国文艺复兴诗人皮耶·龙萨（Ronsard）那温文儒雅的诗句，以及拉丁与希腊沉重的文学作品。她从小就学会用法文说写，如母语般流利，但她对意大利文、西班牙文和拉丁文只有一知半解的程度，虽然听得懂，但却无法书写。当她返回苏格兰时，她只记得简单的苏格兰文，只能与尼古拉斯·瑟洛摩顿爵士及约翰·诺克斯礼貌性地寒暄，但她仍非常努力地在语言能力上精进。尽管亨利二世想把玛丽·斯图亚特栽培成法国、苏格兰与英国未来的女王，但他一直认为让玛丽·斯图亚特学英文不太恰当，因此一直到她成年后才开始正式接触英文。

　　返回苏格兰国境中的苏格兰女王玛丽·斯图亚特，从各方面看来都是美丽优雅的法国女子，会吟诵时髦的十四行诗，也懂得精美的针线活与刺绣，而她的部分作品甚至流传至今，她的字体也非常好看。她总是精心打扮，喜欢音乐、跳舞、芭蕾舞与舞会，同时精通马术。

因为在法国宫廷成长的经验，她相当世故精明。她对男人很有吸引力，这一点毋庸置疑，就连个性阴郁乖张的约翰·诺克斯都形容她"迷倒众生，令人销魂"。尽管玛丽·斯图亚特的名声很好，但她那天生的浪漫与冲动，使她无论多么纯洁，总是勾引着男性，也因为她对人性的判断力不佳，后来都导致许多严重苦果：有些人得寸进尺，其他人则带给她深深的伤痛。更重要的是，尽管她非常懂得运用自身魅力，就连最正直的男人也无法抵挡，但提到统治国家时，她却认定另一半只能扮演她配偶的角色。苏格兰驻英大使莱星顿的威廉·梅特兰，便曾告诉托马斯·伦道夫，在玛丽·斯图亚特身上看不到伊丽莎白女王拥有的成熟判断力与政治经验。

在那个人类平均身高都比现在矮小的时代，身高六尺的玛丽·斯图亚特算是相当修长。她的体型纤细，皮肤白皙，拥有栗色的卷发与棕色的眼睛。在她偏东方风味的脸孔上，却有过长的鼻子，这都是父亲的遗传。举止仪态高雅尊贵，她已经决定要成为最亲民的统治者。她对朋友大方忠诚，因此下属们都很欣赏她。

玛丽·斯图亚特是不屈不挠的女性，十分坚持自己的信念，也有捍卫信念的勇气，但在政治这门艺术上，她却缺乏实战经验。她常任由情绪摆布，易受到心情变化的影响，而且也从不隐藏自己的感受。情势发展良好时，她快乐得雀跃不已，但挫折与压力却容易让她陷入忧郁的悲伤中，一名英国大使不得不以"病态疯狂的女人"字眼来形容她。他人不客气的态度就能让她濒临崩溃边缘，她甚至还有多次因紧张压力而多日卧病在床的记录——这对许多当代人来说，都是非常怪异的行为。与伊丽莎白女王不同的是，玛丽·斯图亚特并不喜欢健康的体能活动，因此常常生病，而她的病因常是体侧不明疼痛。但这些疾病可能都是情绪歇斯底里造成的结果。

对玛丽来说，经历了在法国宫廷中精致豪奢的生活，苏格兰王国为她带来不少文化冲击。苏格兰位处欧洲偏远地区，与文艺复兴带来的文明影响完全沾不上边。苏格兰气候冷冽，住在原始城堡与塔形城堡的贵族们皆未经开化、充满暴力倾向。这里的宗教充满加尔文主义，尽管臣子们热烈欢迎她返国，但不久，她便因公开在礼拜堂中聆听的弥撒仪式中充满"偶像崇拜"，而遭到约翰·诺克斯告诫。约翰·诺克斯的训斥让玛丽·斯图亚特因愤怒而哭泣，但他十分担心新任女王会想要反宗教改革；然而主政派的新教人士早已准备好要容忍她的天主教倾向，毕竟在他们的眼中，伊丽莎白女王与艾伦侯爵未能成婚，无法一统英格兰与苏格兰，让他们仿如受到冷落。说起玛丽·斯图亚特，她其实一点儿也不了解苏格兰人民，也不知道经过与她的母亲玛丽·吉斯对抗后，人民有多么怨恨与法国有关的一切。在多数人眼中，她其实是个外国人。

然而她愿意让步，她很快宣布臣民在礼拜仪式中可享自由。此举安抚了苏格兰国会缙绅们，迅速地，她便在这些政治人物中号召了一批支持者。

在统治苏格兰的前几年，玛丽·斯图亚特的主要顾问，是她同父异母的哥哥詹姆士·斯图亚特（James Stuart），一五六二年她正式册封哥哥为莫雷伯爵（Earl of Moray）。莫雷伯爵是国王詹姆士五世众多的私生子之一，后因进入主圣会并于一五六〇年主导苏格兰宗教改革而崛起。除此之外，莫雷伯爵甚至主动以苏格兰女王之名对抗约翰·诺克斯，并坚持女王可以在自己的小礼拜堂中聆听弥撒，而他也因此得到了玛丽的信任。此后玛丽·斯图亚特一直到再婚前，都以莫雷伯爵的建议来统治苏格兰。

127

* * *

伊丽莎白女王对玛丽·斯图亚特有着矛盾情结：一方面将玛丽·斯图亚特视为危险的对手，另一方面又因为两人都是女性执政者，还有表亲关系，而认为两人十分相似。因此，伊丽莎白女王宣布，若玛丽·斯图亚特放弃争夺英国王位，伊丽莎白女王就愿意与之交好。虽然塞西尔对此大表反对，但伊丽莎白女王依然坚持要与苏格兰女王一会，她认为两人面对面，就可以一起解决英国王位继承这个令人苦恼的问题，以及《爱丁堡条约》中可能存在的误解。

不久后，玛丽·斯图亚特也有了相同的想法。她有许多怨恨伊丽莎白女王的理由，毕竟伊丽莎白女王在自己的王国中，一手建立了新教霸权，但玛丽·斯图亚特知道，若自己与伊丽莎白女王建立彼此之间的友好关系，绝对有利无害。她始终不愿核准《爱丁堡条约》，主要是因为害怕若放弃英国军徽的使用权，可能会损害自己未来超越伊丽莎白女王的机会。莫雷伯爵与苏格兰领主们，一直希望她能与表姑伊丽莎白女王达成共识：只要玛丽·斯图亚特放弃争夺英格兰王位，伊丽莎白女王便可能将她预立为王位接班人作为回报。当有人将此事呈报伊丽莎白女王时，她一如往常地闪避回答，塞西尔私下则为伊丽莎白女王身后可能再有女性执政者感到万分恐惧。

玛丽·斯图亚特派遣大使威廉·梅特兰到英格兰表达友善

的问候，并询问伊丽莎白女王是否有改变《爱丁堡条约》内容的计划。经过一番热情欢迎，威廉·梅特兰完全不浪费任何时间，马上将玛丽·斯图亚特是否能成为英国下一任女王事宜搬上台面。而伊丽莎白女王明显露出失望神色。

"我原期待着贵国女王有其他要事，"伊丽莎白女王说，"这些花言巧语我听多了。""不，"她继续表示，她"并不想讨论有关王位继承问题"。

"我死了以后，谁最有合法性，就由谁来继承王位，"她当场宣布，"若贵国女王恰好符合这个条件，绝对不会让她失望；若他人有更高的合法性，要我伤害这样的合法性，一点也不合理。"虽然她勉强承认自己并不知道有谁比玛丽·斯图亚特更适合，但她还是不想公开自己的意图，这样可能会危害自己的安全，毕竟"人们膜拜的是旭日东升，而非夕阳西下"。她并不反对立玛丽·斯图亚特为王位接班人，只是亨利八世的继承法可能会妨碍她这么做，且无论玛丽·斯图亚特提出什么样的主张，都得经过国会讨论。"毕竟我是嫁给了这个王国，当我宣誓时，便已无法改变国家法律。"伊丽莎白女王如此提醒威廉·梅特兰。女王继续表示，最好是让苏格兰当个友善的邻居，这样就可以赢得英国民心；他们就更有可能将她视为合法的王位继承人。

尽管如此，此事依然危机四伏。

"也许我会喜欢我的裹尸布，但自古以来，统治者怎么可能关照将继位的孩子呢？"伊丽莎白女王如此断言，"我姐姐在位期间，我对这种事情的体会可多了，有多少人渴望让我掌权？又有多少人忙着想要陷害我？身为一个统治者，身系家国希望，永远都寝食难安。若让各国知道未来谁将接下我的王位，我就永远不得安宁了。"

从玛丽·斯图亚特的观点来看，这个答案无法满足她；尽管如此，对于她的要求来说，伊丽莎白女王已经摆出最友善又合理的态度，这也为两位女王开启了更多真诚交心的机会。

九月十七日，伊丽莎白女王再度去信给苏格兰女王玛丽·斯图亚特，要求她核准《爱丁堡条约》，但威廉·梅特兰在第二次谒见伊丽莎白女王时，态度显得更为强硬，他对伊丽莎白女王提出警告，若玛丽·斯图亚特无法成为英国王位的继承人，可能会采取强制行动。他提醒伊丽莎白女王："尽管女王陛下认定自己的地位合法，但欧洲各国显然不是这么想。"梅特兰大使如此赤裸裸的要求，仿佛想要从她身上强行得到她愿意重新考虑并更改《爱丁堡条约》的保证，显然这让女王感到不安。塞西尔自然也对此感到不悦，毕竟《爱丁堡条约》是他的心血。而正因为苏格兰女王的天主教信仰与对英国王位的觊觎，塞西尔一点也不信任玛丽·斯图亚特，他也曾坦率地直接向伊丽莎白女王挑明这一点，伊丽莎白女王旋即对于自己透露太多口风感到后悔不已。

到了十二月份，她不断要求，希望与玛丽·斯图亚特尽快一会，以讨论彼此之间的分歧，她再度执笔写信给玛丽·斯图亚特，亲自提议两人相见。玛丽·斯图亚特以热情的态度响应，表达自己对于与"最亲爱的姐妹"当面相见，感到欢欣期待，并且不断向托马斯·伦道夫询问有关伊丽莎白女王的问题，包括"她的健康情形、活动状况、饮食习惯与各式各样的问题"。看着表姑的画像，她表示"希望两人其中一人是男性，这样就可以通过联姻一统两国。"

"我想只要她们两人更熟稔以后，女王便可以就宗教问题，跟她（玛丽·斯图亚特）进行更多讨论。"梅特兰大使充满希望地告诉塞西尔。但他并没有说出他最担心的事，玛丽·斯图亚特的才智并不及伊丽莎白女王，这一点也是玛丽·斯图亚特的智囊们最大的顾虑。但要让两人见面，并非一夕之间便可成行，在接下来数月的书信往返与外交协商下，两国的女王都越来越等不及，她们非常期待能够见面。

129　　梅特兰大使写信给塞西尔道："我国女王醉心于欢欣的情绪中，一直期待着能够与她表姑会面，完全不需要任何劝说，但她的意念实在太坚决，顾问们都不敢提出建议。"苏格兰与英格兰的贵族们，对于提供资金让玛丽·斯图亚特正式出访英国，皆激烈反对，伊丽莎白女王的智囊们也用法国政界反玛丽·吉斯的声浪来警告她，显然法方也反对玛丽·斯图亚特此行。但伊丽莎白女王并不听从，对她来说，和玛丽·斯图亚特相见可以得到的好处很多，这份希望早已超越冒犯法国的风险。

伊丽莎白女王如此渴望会见小表亲，背后其实也有令人得以信服的个人因素。伊丽莎白女王是个极度自负的人，她非常好奇地想要知道，玛丽·斯图亚特是否如传闻中的那么貌美，而且她非常希望答案是否定的。对于玛丽·斯图亚特那使欧洲男性倾倒追求的名声在外，伊丽莎白女王很是嫉妒，她无法忍受玛丽·斯图亚特的争宠。当一名德国籍大使告诉她，据传玛丽·斯图亚特是个非常美丽的女人时，伊丽莎白女王立即回嘴表示不相信，因为"她绝对比苏格兰女王还要优越"。

* * *

在英国方面，伊丽莎白女王顺利度过了达德利丑闻的灾难，继续维持声望。一五六一年九月八日，当她准备入住伦敦的圣詹姆士宫时，约有一万人来到现场想要亲眼看看女王，"这些人都非常高兴，也非常喜欢她"。

那一年的秋天，瑞典埃里克王再度提出要求，盼能与伊丽莎白女王共结连理。尽管那一段时间伊丽莎白女王积极鼓励他，但根据夸德拉大使表示，女王这么做的目的，只是为了避免埃里克王将目标转向苏格兰女王玛丽·斯图亚特。但要不了多久，就连这个勇敢无畏至今不渝的追求者，也对她失去了兴趣，放弃了追求。七年后芬兰约翰公爵罢免埃里克王，并在一五七七年谋杀了他。

达德利的命运依然在走下坡。一五六一年十一月时，有人看到伊丽莎白女王乔装打扮，从后门溜出怀特霍尔，去看他的射箭比赛。十二月二十六日，伊丽莎白女王让他的兄弟安布洛斯·达德利恢复华威伯爵（Earldom of Warwick）的地位，这是过去达德利的父亲与已故兄长的爵位。此外，女王还赐予华威城堡与英国中部的大片土地，而十二月二十二日时，达德利成为伦敦律师学院中的内殿律师学院成员，并在一场土地纠纷中提供证据。五天后，他在律师学院的大厅主持了一场壮观的集会，这一切都只为了一件事，让女王得以嫁给达德利。

达德利本人则时常希望丑闻能有雨过天晴的一天，但萨克森公爵派出的大使曾向主公转告，伊丽莎白女王向他透露："从未想过与达德利结婚，但她对他的喜爱，比起其他人更甚，因为在她姐姐在位期间，所有的人将她孤立时，达德利对她的友善与注意力却从未减过一丝一毫，甚至还卖掉自己的财产，在经济上援助她。她只是认为，针对他的信赖与持续的关怀，自己应该涌泉以报。"

但达德利要的不只这些。一五六二年一月，他再度寻求夸

130

德拉大使的帮助，要求菲利普国王写封推荐信支持他追求伊丽莎白女王。这次他并未再用假装自己要改信天主教的手段来欺骗西班牙方面，只是暗示法国方面提出一份丰厚的贿赂，希望他运用自己在女王面前的影响力。但夸德拉大使才不想被骗第二次。他只是圆滑地表示，女王陛下知道菲利普国王非常希望看到她出嫁，同时女王也知道，菲利普国王对达德利有很高的期待。因此要请主公写一封推荐信，绝对是无意义之举。在夸德拉大使的眼中，两人成婚最大的绊脚石其实是女王在婚姻议题上捉摸不定的心意；但若达德利希望的话，大使愿意再与女王谈谈这个话题。

达德利的确这么希望，于是不久之后，夸德拉主教便向女王询问，在婚姻议题上她是否已经下定决心。

"我与初生之日一样，在婚姻关系上孑然一身。"她告诉他，同时强调，自己已经决心不接受任何素未谋面的追求者，这也代表她非常清楚，自己可能只能嫁给英国人了，"也就是说，她认为找不到比罗伯特·达德利更适合自己的人了"。她继续表示，自己最希望的就是接到友善的他国国王来信，像是菲利普国王，建议她嫁给达德利，这样她的臣子们才不会指责，她是为了自己的私欲而选择达德利。这一点，她表示，也是达德利所希望的。

毫不令人意外的是，夸德拉大使对她的动机感到十分怀疑，并且"以一种开玩笑的方式"回避了她的问题，还建议她不要犹豫太久，应该赶紧满足达德利的要求，而且他知道菲利普国王将因此感到欣喜。事实上，夸德拉大使与菲利普国王都知道，伊丽莎白女王一旦下嫁达德利，将会牺牲地位与名望，动摇她的王权，甚至让天主教有机会在英国复辟——就像现在英国以北的苏格兰一样。

就在此时，伊丽莎白女王将当年他父亲的许多封地，全都归还给达德利，让他能够维持自己的地位。当年稍晚，女王授予他一份利益丰厚的执照，让他可以免税出口毛料。此举再度引起新一波的流言，认为女王将嫁给他。但到了六月时，伦敦出现传闻，指称女王与达德利在友人潘布鲁克伯爵（Earl of Pembroke）于伦敦的住处贝纳德城堡秘密结婚。女王觉得这样的传闻非常有趣，同时以取笑夸德拉大使为乐，告诉他寝宫侍女们都在询问，现在他是否该像亲吻女王一样亲吻达德利的手。而达德利本人则公开表示，伊丽莎白女王已经应允要嫁给他，"只是不在今年"。

英国国会指控夸德拉大使为散布谣言的始作俑者，但他否认这样的行为，仅表示自己因为无法告诉大家女王已婚的讯息，甚感抱歉。

* * *

一五六二年春天，莱诺克斯伯爵夫人与儿子达恩里勋爵，终于脱离在伦敦家中遭软禁的惨况，再度成为女王跟前的红人。但莱诺克斯伯爵夫人是个野心勃勃的女人，不久之后，她又开始积极做媒，想撮合达恩里勋爵与玛丽·斯图亚特，借此融合两股问鼎英国王位的势力。然而这样的可能性早已触动伊丽莎白女王的敏感神经，只是这次莱诺克斯伯爵夫人实在太过火了，她的计划暗示着要推翻女王。计划很快便曝了光，而她那疑似叛国的计划，让她遭到逮捕成为伦敦塔中的囚犯。

到了五月，经过数月的协商触礁，玛丽·斯图亚特再度派遣威廉·梅特兰大使前往英国，要他带上口信，希望促成英方尽快邀请她进行外交访问。伊丽莎白女王告诉梅特兰大使，她绝对不会让任何事情延宕与玛丽·斯图亚特的会面，心情大好的玛丽·斯图亚特于是去信给吉斯公爵："我猜你想象得到，当世界看到我们俩——英国女王与我——相处得如此融洽，会有多么震惊！"

不幸的是，法国爆发了一场天主教与胡格诺教派之间的冲突，尼古拉斯·瑟洛摩顿爵士与罗伯特·达德利便呼吁伊丽莎白女王全力支持遭受到胁迫的胡格诺教派人士，之后这些人也许就能协助她夺回加莱港以实现她内心最渴望的一个梦想。瑟洛摩顿爵士提醒她，与天主教忠仆玛丽·斯图亚特见面，或是与吉斯公爵的任何关联，在此时都不合时宜。

玛丽·斯图亚特发现计划可能有变时，明显感到不悦，但伊丽莎白女王丝毫不想卷入他国内战的纠纷中，便毅然决定继续与玛丽·斯图亚特的会面计划，理由是两人会面可带来极大利益。然而枢密院在最终要通过两国元首外交访问计划时，强烈建议她不要在当时与玛丽·斯图亚特见面，因为这样一来，会加强各界对她与吉斯家族联手的观感，为理应受她救助的法国新教徒带来更多劫难。但是，除非瑟洛摩顿爵士强烈建议她另寻他法，否则，她宣布自己将"维持原案"与玛丽·斯图亚特见面，事情就这样决定了。

玛丽·斯图亚特出访的准备工作已然展开，但却遇上这个季节罕见的潮湿天气，让道路难以通行，导致出访行程受阻。事情也出现不令人意外的发展，有人——亨利·西得尼爵士——语带抱怨悲叹，捎了一封紧急信函给瑟洛摩顿爵士，表示只有他能说服女王放弃这灾难性的决定，要求瑟洛摩顿爵士好好运用他说服女王的能力。但在瑟洛摩顿爵士回应这封信前，六月二十五日，法国的宗教冲突就以不稳定的和平现况作结，两国女王的会面再无阻碍。

两周后，伊丽莎白女王与威廉·梅特兰大使为玛丽·斯图亚特出访之事进行计划的最后讨论，两位女王将在约克或任何一个英国北方城市会面，以苏格兰女王方便为主，时间则定在八月二十日到九月二十日之间，接着梅特兰大使则回到北方，向玛丽·斯图亚特确定细节。在约克这边，市政单位已经买进大量存粮以供两国统治者之用，并且着手计划一连串的活动，两国的贵族们也开始定制新装，但同时也对此开销大感不满。

六天后，瑟洛摩顿爵士发出紧急讯息通知英国政府方面，尽管凯瑟琳·梅迪奇努力维持和平，但法国内战再度开打。这次，伊丽莎白女王知道，她绝不能再让胡格诺教领袖孔德王子（the Prince de Condé）与加斯帕德·科利尼将军（Admiral de Coligny）孤军奋战或对法国的事态坐视不管。对于玛丽·斯图亚特公开鼓舞天主教派人士推翻胡格诺教派，伊丽莎白女王感到十分不悦。七月十五日，她不情不愿地派出亨利·西得尼爵士前往苏格兰，通知苏格兰女王玛丽·斯图亚特，她的英国行可能要暂缓一年。玛丽·斯图亚特对此次会面充满期待，暂缓出访的影响就是让她整日瑟缩在床上哭泣，直到亨利·西得尼爵士告诉她伊丽莎白女王跟她一样失望透顶才重新振作。

玛丽·斯图亚特与伊丽莎白女王最大的不同点，在于她决心再嫁，并且倾向嫁给位高权重的天主教国家统治者，足以胁迫伊丽莎白女王重新权衡《爱丁堡条约》，并将条约内容改为对玛丽·斯图亚特有利。伊丽莎白女王对她的意图心知肚明，而这些意图着实也对伊丽莎白女王造成严重的威胁，因为苏格兰女王的吸引力不仅可能动摇她现在的地位，还可能影响未来英国王位的继承问题。若玛丽·斯图亚特嫁给了西班牙王朝、奥地利王朝或法国王室的某位王子，天主教的势力威胁就可能延伸到伊丽莎白女王自家的门户。而她最大的梦魇，就是苏格兰将被利用以作为他国侵略英国的跳板。

伊丽莎白女王因此决定，要运用自己微妙的说服力量来影响玛丽·斯图亚特，让她选择一个威胁性较低的丈夫，最好由伊丽莎白女王来为她做选择。她甚至向梅特兰大使建议，让玛丽·斯图亚特嫁入英国贵族之家，但他断然拒绝这样的提议，表示女主公绝对不会考虑任何可能削弱她名望的配偶。

事实上，玛丽·斯图亚特心目中的理想人选是菲利普二世未来的继承人唐卡罗王子（Prince Don Carlos），她从法国宫廷的传言中得知，唐卡罗王子是个勇敢的豪侠；但事实上，他是个残酷成性的性变态，还患有癫痫症。她对查理九世毫无兴趣——他年纪实在太轻，她也不喜欢奥地利的查尔斯大公——他实在太穷了！

伊丽莎白女王自然不乐见玛丽·斯图亚特嫁入天主教西班牙王朝，因此郑重警告玛丽·斯图亚特，若她真的接受西班牙方面的追求，伊丽莎白女王此后将成为她永远的敌人。"权衡你的每一步"，这是伊丽莎白女王的忠告；若玛丽·斯图亚特选择英国方面认可的丈夫，伊丽莎白女王将成为她永远的朋友。

* * *

两个月后，伊丽莎白女王签署一项条约，矢言协助胡格诺教派，为了回报英国，胡格诺教派人士须拱手让出纽海芬（后更名为勒阿弗尔）给英国，以担保英国重掌加莱港的可能性，这是英国希望从敌人手中夺回的权力。

　　伊丽莎白女王的爱国情操，因重掌加莱港的希望而熊熊燃烧。一五六二年十月份，她下令召集六千名精兵，并指派指挥官为华威伯爵安布洛斯·达德利，将派遣他们起程前往纽海芬与迪耶普，以支持当地的胡格诺教派人士。

　　然而她都还没有机会下令指挥士兵们前往法国，伊丽莎白女王便罹患重病，生命几乎危在旦夕。

8 后继无人

　　在伊丽莎白女王执政前期，天花异常猖獗，一五六〇年代初期甚至演变为大流行，仿佛要淘汰掉"老弱妇孺"一般：贝德福德伯爵夫人与数百位贵族都相继患病。天花是种令人畏惧的疾病，除了威胁病患的生命外，病后痊愈的人外貌通常也都大受影响。托马斯·伦道夫便形容天花的早期症状为"头部剧痛，胃肠不适与剧烈咳嗽"。

　　一五六二年十月十日，伊丽莎白女王开始感受到身体不适，当时她正在汉普顿宫中。她与当时许多人一样，认为泡个热水澡，然后到户外走走就会好；但结果她反而感冒了。几个小时内，她便因高烧只能卧病在床。

　　伯考特医师（Dr. Burcot）是颇受敬重但脾气暴躁的德国医师，他被召入宫中医治伊丽莎白女王。他诊断为天花，但伊丽莎白女王身上连一颗疹子都没有，女王认为他不学无术，因而将他赶走。发疹情形被视为是天花大爆发的前兆，但却一点也没有，经过一天多的时间，女王高烧的情形加剧。十月十六日时，她已经病得非常严重了，首先是无力说话，接着更渐渐陷入无意识之中，这个状况维持了将近二十四个小时。宫廷御医担心女王的末日将届，紧急从伦敦召来了塞西尔。

　　隔天晚上，危机蛰伏，伊丽莎白女王恍恍惚惚地在意识边缘弥留，英国枢密院紧急仓促地召开集会，对于继位问题悬而未决，枢密院成员们都感到恐慌不已。若伊丽莎白女王如多数人所想般在此时离世，谁能接下英国王位呢？根据夸德拉大使的回报，接下来几天，枢密院与顾问们进行紧急磋商，政界意见分歧：激进派的新教人士赏识凯瑟琳·格雷小姐，温和派的新教团体则支持与女王血源甚远的亨丁顿伯爵。剩下的人则希望由大法官来裁决。没有任何人提及苏格兰女王玛丽·斯图亚特的名字。但毕竟政界并没有任何共识，也暗示着未来将出现分歧与厄运。

就在英国皇室准备着手进行女王追思仪式的同时，亨斯顿勋爵说服了顽强抵抗的伯考特医师——有人说他说服的筹码是一把尖锐的短刃——再度为女王进行治疗。他依据阿拉伯人最先采用，也是英国中世纪医师加德斯登的约翰（John of Gaddesden）建议的治疗方法，将女王包裹在红色法兰绒中，再让她睡在火炉旁的草褥上，接着服下一剂医师的特效药。两小时后，伊丽莎白女王奇迹般地恢复意识，甚至能开口说话。

宫廷顾问们忧心忡忡地聚集在她的病榻旁。此时她已经意识到自己病重，"死神紧紧地扼住了我，使我动弹不得，"随后她向国会代表表示，接着，她最忧心的部分，就转移到死后该如何维持政府运作。濒死之际，她只能将一切寄托在她最相信的人身上，她下令宫廷顾问们指派罗伯特·达德利作英国护国公，每年可得两万英镑的丰厚薪资。她也要求让达德利的贴身随从，就连睡眠时间都在达德利房中的坦沃斯（Tamworth），得到每年五百英镑的退休金。过去直到现在，许多人都认为，女王此举是为了封口，坦沃斯可能就是两人每次幽会时的看门狗，然而伊丽莎白女王认为能扭转定论，宣称"尽管她一直深爱着罗伯特·达德利，但有神作为见证，两人之间绝无见不得人的举动"。她当时显然认定自己即将面对最终审判，针对

135

此事肯定不会说谎。

尽管宫廷顾问们对于她的命令感到愤怒，"但他们答应了她的任何要求"，因为她大限将至，没有人想要与她争论，让她感到为难，但夸德拉大使表示："她的愿望不可能成真"。指定达德利为护国公只会引起政坛的权力斗争。

不久之后，伯考特医师带着一些药来到伊丽莎白女王的寝宫，就在此时，伊丽莎白女王一边呻吟着，一边发现第一波天花发疹出现在手上。

"天降瘟疫！"伯考特医师告诉充满威严的病患。"哪一个比较好？手上长了疹子，还是要长在脸上，或甚至长在致命的心窝？"他告诉焦虑不已的宫廷顾问们，出疹是个好现象，代表最糟的状况已经过去了。脓包很快会干燥，接着形成痂皮然后褪去。

从那之后，枢密院与多数臣民皆深深地松了一口气，伊丽莎白女王的健康情形大有进展——托马斯·伦道夫留下她仅卧床六天的记录——但死神之手曾那么接近，心怀感激的臣子们甚至发行硬币来纪念女王康复。对女王的生命与死神擦肩而过，"盲目的怒火与激烈的憎恨"如排山倒海而来，这样的气氛在和平稳定的政府与王位延续的不确定间一触即发，甚至有引发内战之势。恐惧让枢密院成员与国会议员们决心迫使女王尽早结婚，为国家生下一个继承人，不再犹豫，也不要再有冗长无结果的追求关系与外交协商。

在她缠绵病榻期间，伊丽莎白女王坚持只让她最宠爱的侍女贴近身边，没有人比她的好友，亨利·西得尼爵士的妻子与达德利的妹妹玛莉·西得尼小姐更全心全意地照顾她。女王身上天花留下的麻子最终褪去时，玛莉·西得尼小姐却得了天花，而且留下十分丑陋的疤痕，以至于她从此未再于宫廷内现身。玛莉·西得尼小姐生病期间亨利·西得尼爵士都在国外，后来他写下："当我前往纽海芬时，我留下她孑然一身，她是个美丽的淑女，至少在我眼中是最美的，当我总算回国，我发现天花侮辱了她的美貌，这都是因为她不断地照顾女王陛下。而现在她只能被孤独囚禁。"

伊丽莎白女王为玛莉·西得尼小姐的悲剧感到遗憾不已，于是与她仍维持友好关系，她偶尔会在肯特郡的彭斯赫斯特庄园私下与她见面，这是西得尼家族乡间的住所。女王也会在非常罕见的情形下，说动玛莉·西得尼小姐前往皇宫，玛莉·西得尼小姐会一直躲在房里，而女王则放下所有皇室的惯例与礼仪，到她房里找她。

至于差点成为英国统治者的达德利，在十月二十日这天，伊丽莎白女王才刚赐予他每年一千英镑的退休金，同时终于将他拔擢为枢密院成员；为了维持和平，女王也将同样的荣耀赐给他的对手诺福克公爵。尽管两人之间的敌对关系一如往常地紧张，但现在在公开场合上，两人都表现出"亲密的样子"。至于达德利，为了证明自己是个忠诚又勤奋的枢密院士，他终其一生都比他人还要勤于参与院会。

到了十月二十五日，伊丽莎白女王总算恢复处理日常政务，然而对于国会将对她提出的部分要求，她也了然于心：国内的气氛与枢密院的态度，让她无法忽视大众的呼声。因此她只好设法推迟国会开会的时间，但他的顾问们一点儿也不想忍受她的拖延政策。十一月时，她与之前曾追求她的阿伦德尔伯爵亨利·菲查伦发生了火爆冲突，她也因此愤怒泪流，他坚持己见，并坚持王位继承权一事攸关全国利益，因此贵族们有权

137　干涉。当月稍晚，伊丽莎白女王需要国会通过一笔预算，因此在毫无选择的情形下只好召开国会。

＊　＊　＊

　　当伊丽莎白女王第二任的国会于一五六二年一月十二日召开时，国会议员们早已决心就此解决英国王位继承的棘手问题。在国会开议的仪式中，圣保罗大教堂司祭长亚利山德·诺瓦（Alexander Nowell, Dean of St. Paul's），在达德利的命令下首先提及此事，指控女王不婚。

　　"就如玛丽女王的婚姻对英格兰造成的灾难一般，现在伊丽莎白女王的婚姻问题，也造成一样大的灾难。若您的父母也有相同的想法，何来有您？"他这样问女王，"呜呼！我等从何而来？"此后，伊丽莎白女王对他再也没好气。

　　但上下议院的议员们却一面倒地支持诺瓦，并且随即决定上下议院联手，要以委婉语气的请愿书上呈给女王陛下，呼吁她尽快成婚，或指定继位者，"让宫廷顾问们将担惊受怕，或让臣民感受到无尽的欢喜"。塞西尔非公开地支持这份请愿书——"这个问题太过深入，是我无法触及的范围"，他记录下这样的心情，"但神给了一个恰到好处的时机！"

　　两份请愿书的用字遣词皆谦卑，以伊丽莎白女王卧病期间对臣子们造成的恐慌为题，提醒她若未立继承人便离世将可能造成问题：

　　　　恐怖的内战、他国统治者的无情干涉，国内还可能有各派系野心勃勃的臣子叛乱暴动，贵族世家惨遭毒手，生灵涂炭，城镇遭到烧杀掳掠，人民拥有的一切包括生命与财产都会受到影响，公民权利遭到剥夺，叛国与各种灾祸将接踵而至。

　　臣等忧心国内异教派系，那异议不断且心怀不轨的天主教徒。自诺曼人征服英国后，大英帝国就不曾出现后继无以为定的景况。请女王陛下三思，若得后代子孙，将可带来安稳、确定与愉快的生活，也足以消弭各种阻碍与疑虑。

　　伊丽莎白女王总是认定，她的婚姻大事和英国王位继承问题与臣子们无关，是她的私人问题，但她无法失去国会的支持，因此只好诉诸模糊焦点与拖延战术。在一月二十八日的晚膳过后，女王在怀特霍尔宫回廊中接见了下议院代表。下议院议长单膝下跪呈上了下议院请愿书，女王"以感谢的心情"接下请愿书，接着发表了"一场完美的演说"，在演说中，女王允诺议长与议员们，自己对继位人选问题的关心与外界一致，尤其自大病初愈以来更甚之。并借由透露自己自病愈以来，继位问题便萦绕心头不去，赢得臣子的怜悯。"我最重视的不只是自己的安危，当然还有你们。"

　　她告诉臣子们自己非常努力，扛起难忍的重大责任。臣子们要求她指定一位继位者，但在经过审慎商议之前，她无法着手进行如此重要的问题，于是她宁愿考虑选择正确的接班人。若她的选择引发内战，臣子们都有失去性命的危险，"但我却更可能赔上性命与灵魂，"她说自己的任何行为都得为神负责。

　　为接班一事请愿并非臣子们的职责，女王如此劝说，但她能辨明出自爱与忠诚的人与那些挑拨离间的人之间的差异。她不想听到臣子们谈论她的身后事，毕竟她知道，自己一直都是

138

个生死有命的凡人。她答应臣子们会多方采纳意见，给臣子们一个交代。

"因此我向诸位保证，"她以此作结，"在我死后，你们将可能经历许多继任者，但再也不会有向我如此天生自然的国母了。"

两天后，她又接见了带着上议院请愿书的代表，请愿书中同样敦促女王尽快成婚："只要您愿意大婚，找一位适合与之成婚的人选，尽快成婚。"就算她选了罗伯特·达德利，他们也认为，选他总比不结婚好。若她拒绝婚姻，他们便只能请求她指定继位者，"毕竟统治者一死，法律随之衰败"。上议院的议员们都希望能尽快阻绝玛丽·斯图亚特的野心："身为天生的英国人"，他们并不希望"在异邦统治者下俯首称臣"，而玛丽·斯图亚特"是个陌生人，依据英国法律，并没有接任英国王位之权"。曾经历都铎王朝四个统治者的拉尔夫·赛德勒爵士（Sir Ralph Sadler）就表示，若玛丽·斯图亚特统治英国，"就连路上的石板都会起而抗之"。

女王脸上明显表现出不悦，并告诉上议院代表，她已经答应过下议院代表，而且她已经发现"许多穷忙的人，脑袋中不断运转着不切实际的想法与无谓的判断"，但她期盼在如此重大的议题上，上议院有比强迫她更好的想法。要她结婚并非不可："臣子们在她脸上看到的纹路并非皱纹，而是天花的遗毒，尽管她年纪大了点，神依然能如同圣依撒伯尔般，赐予她一个后裔，而议员们对于自己的提议最好深思熟虑，因为若她宣布了接班人，英格兰可能面临流血命运。"

一开始，上下两院被她展现的感激之情与雄辩的话术所蒙蔽，并没有发现这是伊丽莎白女王再度拖延的诡计；他们深深相信，女王定会逐步解决婚姻与继位问题，但事实上，她所说的话根本没有任何效力。随之而来的，是国会停止讨论继位问题，一直到二月十二日，下议院逐渐失去耐性，再度写信给女王，提醒女王上下议院都在等待她的答案。但伊丽莎白女王只是在争取时间，直到国会投票通过她的补助案。

此时，国会已然将焦点转向其他议题，如通过法案保护一五五九年的圣公会法案。这些法案从各种面向延伸了英王最高权威，并对向罗马教皇致敬与反对英国国教的人士予以惩罚。到了二月，宗教会议通过恢复亨利八世订定的圣公会三十九条信条（取代爱德华六世的四十二条信条），将英国国教的基本教义奉为圭臬：最后在一五七一年由英国国会通过。

是年四月十日，英国国会进行了休会典礼，得到了补助后的女王出席了休会典礼，并给了国玺大臣尼古拉斯·培根爵士一封亲笔信，里面是她针对上下议院的请愿回复的答案。因臣子们冒失的举动而愤怒不已，伊丽莎白女王先前拟了两份手稿，里面表示上下议院上呈给她的是"两大册文章"，但后来她怒气渐消，于是改掉了这些文字。最后她的亲笔信是这样的：

> 既然我已起誓并做出决定，若在座有人质疑我不想透过政治交易去过婚姻生活的决心（例如我的独身主义），就请他们停止这样的异议，你们必须相信那是错误的想法。那是我认为对喜欢独处的女人最好的选择，但我心里也忖度这定不符他国贵族的标准。但若我改变自己的喜好迎合诸位，我就不可能有这样的心思了。我仅盼此生能在

宁静中"安然逝去"，若无法得到诸位一丝的保证，就算我身后也是无法安宁。

就是这样了。英国国会就在伊丽莎白女王形容为"没有回答的答案"中休会了，这对议员们精心起草的请愿书来说，是十分不满意的答案。

* * *

拒绝了玛丽·斯图亚特成为伊丽莎白女王的接班人，英国上议院议员们，等于是暗中支持凯瑟琳·格雷小姐作为下一任英国女王。她支持者众多。凯瑟琳小姐与赫特福德郡勋爵自一五六一年八月起便一直在伦敦塔中，但他们并没有受到任何不好的对待。凯瑟琳小姐的牢房中悬吊着华美的帘幕与绣帷，她生活舒适，房里甚至还有土耳其地毯，她可以睡在坚固的床上，使用柔软的羽毛床垫。她的每一餐都是在牢房中由人伺候，而且她还养了一只宠物狗做伴。这一切的安排，女王全都知情，而且也都经过女王同意，但女王不知道看守凯瑟琳小姐的狱卒为了怜悯她和她的丈夫，让这对年轻的恋人时时见面，甚至在夜里还同睡在那张羽毛床上。

140

一五六二年秋天凯瑟琳小姐再度怀孕，在一五六三年二月生下了第二个儿子托马斯。这件事当然逃不过伊丽莎白女王的法眼，女王怒火中烧，于是下令无论如何，不准凯瑟琳·格雷小姐和赫特福德郡勋爵再见面。两人从此再也无缘相见，凯瑟琳小姐则将生命中的黄金年代，都用来为失去的爱哭泣。

赫特福德郡勋爵则被送交皇室法庭审理，他因"恣意摘取伊丽莎白皇室的处子血脉"被判有罪，甚至"一犯再犯"而加重其刑。他被判赔一万五千英镑，后下调为三千英镑。至于爱德华·华纳爵士（Sir Edward Warner），伦敦塔那位让这对小情人不时见面的好心副官，则遭到了解雇。

夏日时分，伦敦塔中出现了黑死病疫情，女王将这对年轻夫妇送往乡间，并派人严加看守，分别软禁在不同处。至此事态已然明了，伊丽莎白女王显然是将凯瑟琳·格雷小姐视为王位继承人，然是年稍后，传言凯瑟琳·格雷小姐密谋让两子合法化，消息一出，女王再度将姨甥女关回伦敦塔中，唯恐她成为叛乱者的目标。两人血缘相近，凯瑟琳小姐又育有两子，对伊丽莎白女王的王权造成非常大的威胁。此后凯瑟琳小姐便一直被囚禁在伦敦塔中，只能偶尔离开，短暂地在守卫陪同下返回萨福克郡，到克菲尔德宅邸副官的家中。赫特福德郡勋爵屡次可怜地要求能与她见面，却总是遭到断然拒绝。

凯瑟琳·格雷小姐一五六八年在克菲尔德宅中死于肺结核。女王出资为她在索尔兹伯里大教堂举办丧礼，从此对赫特福德郡勋爵不再抱着怨恨，并让他离开了伦敦塔。赫特福德郡勋爵之后至少再婚两次，而且非常长寿。至于他与凯瑟琳小姐所出的两个儿子，后来都由塞西尔负起教养之责，甚至与自己的孩子一同养育了一段时间。

* * *

一五六三年二月，玛丽·斯图亚特也闹出了丑闻，自从返回苏格兰后，她对法国便起了思乡情怀，她雇用了一位年轻的法国人作为秘书，皮埃尔·德·沙特拉尔（Pierre de Chastelard）。玛丽·斯图亚特非常不智地展现了对这段畸恋的热爱，这个小伙子随即展开行动响应女主公的热情，苏格兰贵族们早已妒忌他的影响力，后又在玛丽·斯图亚特的床上发现了他，这严重地

141

影响了她的名誉。皮埃尔·德·沙特拉尔随即遭到逮捕，于二月二十二日被处以极刑。

＊　　＊　　＊

伊丽莎白女王从天花病情中康复后，华威公爵安布洛斯·达德利带领的精兵终于出发前往法国，成功夺下了纽海芬。然而在一五六三年三月，胡格诺教派领袖落网，加上吉斯公爵遭到谋杀后，凯瑟琳·梅迪奇总算结束了这次宗教冲突。这批英国精兵显然成了冗员，但伊丽莎白女王依然拨款给他们，希望可以顺利夺回加莱港，并要求他们继续待在法国直到达成任务。只是法国恢复平静后，天主教与新教便联手转向对抗英国入侵者，致使纽海芬遭到封锁。英国的这支精兵中，竟然又出现严重黑死病疫情，严重削弱战力。过了几个月，围城态势不减，眼看夺回加莱港的希望更是渺茫。

就在此时，苏格兰女王玛丽·斯图亚特却固执地要支持她那"亲爱的姐妹、温柔的表姑与朋友"，她抗拒了吉斯派系拉拢她的所有诱惑。十一月二日这一天，玛丽·斯图亚特写信给伊丽莎白女王，表达对听闻表姑康复感到松了一口气，同时表示："你那美丽的脸庞将依然完美无瑕。"玛丽·斯图亚特依然积极想见伊丽莎白女王，甚至更渴望表姑将她立为英国王位继承人。伊丽莎白女王也执笔写了一封文情并茂的信，表达对吉斯公爵之死的遗憾，在英国国会休会到四月后，伊丽莎白女王下令羁押约翰·黑尔斯（John Hales），这名律师写了一本册子嘲弄玛丽·斯图亚特对英国王位的觊觎，公开支持凯瑟琳·格雷小姐，并将册子广为流传。伊丽莎白女王也暂时解除尼古拉斯·培根爵士的圣职。

苏格兰大使威廉·梅特兰依然努力在为玛丽·斯图亚特争

取成为预立继承人一事，然而伊丽莎白女王再清楚不过王位继承权是棘手的问题。王位继承权不是她能用来册封他人的礼物，这是攸关英国法纪的权利，而且就如同我们所见，竞争者间谁呼声最高也时有争议。若要英国国会接受苏格兰女王玛丽·斯图亚特为伊丽莎白女王的继承人，首先玛丽·斯图亚特就必须先表现出关心英国利益的态度，但她的婚姻关系到目前为止对此毫无帮助。伊丽莎白女王不住地向塞西尔抱怨，针对玛丽·斯图亚特与英国王位继承权的问题，她仿佛"身在迷宫中"，根本不知道该选哪条路好，但塞西尔也无法安抚她。伊丽莎白女王非常清楚，玛丽·斯图亚特的天主教倾向，致使塞西尔完全无法信任她，然而塞西尔曾警告过她，若将这个表亲完全从继承权上除名，最后两国只能走向战争这条路。塞西尔最不受欢迎的建议，就是要伊丽莎白女王尽快成婚。

142

　　由于对那残酷的性格完全不知情，玛丽·斯图亚特依然希望能与唐卡罗王子缔结姻亲，英国方面则将此举视为与英国利益不符。伊丽莎白女王最大的期望，就是让玛丽·斯图亚特嫁给忠贞不贰的英国子民，大约就在此时，她首度提出让罗伯特·达德利与苏格兰女王结婚的念头。一开始，这似乎是要报复他煽动国会向她施压，要她尽速结婚的手段。但随后她开始发现这件事情的重要，于是认真以对。

　　这件事并不如想象中荒谬。若要说在北部的邻邦促进英国利益，达德利是伊丽莎白女王唯一能信任的人；达德利近年来迅速掌权，获得如贵族般的地位，这一切都要感谢伊丽莎白女王，而且就算他对女王并非出于爱情，也不可能忘记这个他曾动心过的女人。达德利渴望成为统治者，而且特别喜欢红头发的女人；只要玛丽·斯图亚特嫁给了他，就等于是在欧洲的婚姻市场上出局，外国势力介入苏格兰政治的可能性也就退去大半。英格兰与苏格兰的邦谊便可更进一步。达德利身为新教徒，加尔文教派自然愿意接受他，他们自然就能好好观察苏格兰天主教派的一举一动。唯一的坏处，当然就是伊丽莎白女王得要放弃达德利，但眼下看来，她似乎已经准备好终生独身，虽然与达德利断绝关系并不容易，但只要坚信这样对她和英国都好，就比较容易说服自己。更重要的是，王室联姻协商需要一段时间，不下数年也要好几个月。

对于两国间的关系，大多数人的观点都与伊丽莎白女王不同。只有塞西尔明了让玛丽·斯图亚特与达德利成婚能带来的益处。对塞西尔个人而言，他巴不得达德利离得越远越好，因此非常支持这个计划。在一五六三年的春天，伊丽莎白女王首度向梅特兰大使提及此事，在一次单独会晤的过程中，女王突然脱口而出，表示想要提出一个人选与他的女主公成婚，"此人天生风度翩翩，若她允诺下嫁，绝对会发现此人胜过任何欧洲诸侯"，尴尬不已的梅特兰大使已然猜到这个人选，他想要把它当作贵族间的笑语，一笑置之。然而，他随即发现女王的态度非常认真，于是结结巴巴地表示"这是伊丽莎白女王对女主公的赏识，才会愿意做出如此珍贵的赠予，然而他非常明白，女主公绝对不希望，将表姑身边带来如此欢喜与慰藉的人抢走"。但要劝退伊丽莎白女王并不容易。女王表示，很不幸，华威伯爵并不像他的弟弟如此俊帅，否则定让苏格兰女王玛丽·斯图亚特与安布洛斯成婚，而自己则成为罗伯特·达德利的太太。梅特兰大使则表示，女王陛下还是可以下嫁达德利，"等到女王陛下蒙主宠召时，便可将英国王位与亲王留给苏格兰女王继承；这样一来罗伯特·达德利便能让其中一人，或甚至两人都生下继位者。"

塞西尔也将达德利捧上了天，他写信给梅特兰大使表示："罗伯特·达德利出身贵族世家，不受任何出身尊贵者时有的诱惑所蒙蔽，性格优良，身家丰厚与王子可拟，此说仅出于尊敬，而非要冒犯任何贵族，但他绝对比任何贵族更好。罗伯特·达德利非常尊敬（塞西尔在这里写了一个'喜爱'的字眼，但后来又划掉）女王，因此女王认为除此殊荣，实在没有什么能再册封馈赠给他了。"梅特兰大使则私下认为，伊丽莎白女王强行推荐被她抛弃的爱人——还只是个平民——给苏格兰女王，这简直就是侮辱，尤其是各界普遍认为他背负着卖国贼与弑妻凶手的罪名，梅特兰大使回到苏格兰后，完全没有向玛丽·斯图亚特提及伊丽莎白女王的提议。但他将此事告诉夸德拉大使，夸德拉大使则将之转述给菲利普国王，不久，这个消息迅速传遍了苏格兰与法国。大多数人都将这件事视为笑话，没有人相信伊丽莎白女王是认真的。

然而伊丽莎白女王决心继续朝此方向前进，若达成目标，她也能原谅莱诺克斯伯爵夫人了。一五六三年春天，伊丽莎白女王下令释放莱诺克斯伯爵夫人，唯一的条件，是要夫人答应永远不再密谋让儿子与玛丽·斯图亚特成婚。而且六月份时，伊丽莎白女王写信给苏格兰女王玛丽·斯图亚特，要求解除莱诺克斯伯爵之前被剥夺财产和公民权利的命令，让他能返回苏格兰家乡。

达德利的权力声望依然在顶峰。六月时，伊丽莎白女王将华威郡的凯尼尔沃思城堡册封给他，这是一个庞大的中世纪堡垒，十四世纪时，高特的约翰（John of Gaunt）将它改造为华丽的宫殿。诺森伯兰公爵曾短暂拥有这座堡垒，达德利多年来一直盼望能将它要回来。现在，他自己在乡间也有宅邸，就在哥哥安布洛斯的封地华威城堡南边五里处，得手后，罗伯特·达德利不浪费丁点时间，随即着手进行精美的计划，重新修缮整顿凯尼尔沃思城堡，以便用来为女王找乐子。整顿计划很长，还要再过十年凯尼尔沃思城堡才能接待女王，但它即将成为伊丽莎白女王麾下最华美的一座宫殿。

尽管达德利享受着少数人才有的豪奢生活，他依然花费无度。他的骄傲，让他时时想要炫耀女王赐予的荣华富贵，让那些对他的权力垂涎不已的人，全都围绕在他的身边。结果，与他合作的人与跟随他的人便增加了，让他形成了自己的小团体。对于不欢迎自己与不支持自己的人，达德利总是能敏感察觉，他总以迅雷不及掩耳的速度报复那些不报答恩赐的支持者，但对那些忠心耿耿的仆人则坚定不移又大方。

*　*　*

华威伯爵安布洛斯·达德利依然在纽海芬，努力在资源不足，部队又疫病丛生战斗力锐减的情形下与法国对抗。七月份，伊丽莎白女王同意，在别无选择的情形下，他只能将纽海芬拱手让给法国，但在英法双方协商的过程中，他的腿却遭到敌人以一记毛瑟枪击中。七月底，在面子尽失的状况下英军撤离法国。华威伯爵总算回到英国，但他的腿永远无法复原，终生都得拄着拐杖行走。罗伯特·达德利特地南下普兹茅斯迎接他的哥哥，但女王却派了信差警告他，返国士兵身上带着黑死病疫情，可能传染给他。达德利违抗了女王的命令，当他见到因疼痛而卧床的哥哥安布洛斯时，伊丽莎白女王大为震怒，要求他不准回宫，以免带回传染病。

当时伊丽莎白女王的情绪极差：对于法国之役及痛失纽海

芬的耻辱感到愤怒不已。看来重夺加莱港是无望了，更糟糕的是，英国内部出现认为女性领导者无能的声浪。夸德拉大使此时回报，表示许多人士指控女王应负全责，同时不断呐喊："上帝垂怜，给英国一个王吧！"

　　伊丽莎白女王十分担忧，返国的士兵会将疫病带回英国。是年夏季，英国果然大规模爆发疫病，光是伦敦每周就会夺走三千多条人命，在英国首都近郊的乡间，后来则总共有两万余人丧生。被死神带走的人之中，包括了夸德拉大使，他在八月份逝世，然而一直到死前，他仍不断地为伊丽莎白女王带来许多困扰。他那极度偏颇的报告，让英国与西班牙之间的外交关系每况愈下。

＊　＊　＊

　　在这一个月，伊丽莎白女王派遣托马斯·伦道夫回到苏格兰，并指示要他说服玛丽·斯图亚特，让表姑伊丽莎白女王为她择偶。伊丽莎白要他告诉玛丽·斯图亚特，若她同意"就婚姻大事满足英国方面的要求"，那么伊丽莎白女王将成为她的慈母，甚至愿意"进一步赐予她成为下一任英国女王的地位与权力，有了伊丽莎白女王的助力，对她绝对有益"。至于谁将作为她的丈夫，伊丽莎白女王要托马斯·伦道夫先以"本国内一位贵族出身人士，甚至可说是玛丽·斯图亚特绝对猜不透的人选"来转达。

　　玛丽·斯图亚特显然一头雾水，并要求托马斯·伦道夫明说。在英国的贵族之中，她的"好姐妹"到底认为谁最适合她呢？伦道夫非常明了伊丽莎白女王的意图，暗自祈祷不用自己向她揭晓这个对象，他向塞西尔表示，以玛丽·斯图亚特的"皇室眼光"来说，要她如此降格"屈从下嫁给地位如此低的人",简直太荒谬了。幸运的是,伊丽莎白女王仍在玩时间游戏,只是想要吊吊玛丽·斯图亚特的胃口,并阻止她接受其他国家的求婚,让她接下来几个月内都挂心此事。因此当伦道夫返回英国后,玛丽·斯图亚特依然不明就里。

到了一五六三年的秋天,唐卡罗王子生了一场重病,玛丽·斯图亚特嫁入西班牙皇室的希望显然落空了。对苏格兰女王来说,找到适合的人选作夫婿是最重要的事,这一切都是为了政治与王朝利益考虑——她和伊丽莎白女王一样,膝下仍无子嗣,而且她也不适合独身生活。托马斯·伦道夫将这一切归因于她罹患忧郁症、常为情绪挫折不断哭泣,及欲求不满。

唐卡罗王子的病,对伊丽莎白女王来说更是一大助力,毕竟她竭尽所能地在幕后操控,希望可以延后玛丽·斯图亚特与他成婚的时间,以便另寻更"安全"的配偶人选。

就在此时,伊丽莎白女王想起自己对国会的承诺,便试图想要重启与哈布斯堡王朝查尔斯大公的婚姻协商。一开始,这样的想法似乎渺然无望,因为尽管英方表示两国联姻"前途光明,伊丽莎白女王嫁妆肯定丰厚且尊贵",哈布斯堡王朝君主依然对伊丽莎白女王的动机感到疑心,而且他并未忘记伊丽莎白女王之前拒绝过他的儿子,对伊丽莎白女王与达德利之间的绯闻也时有所闻。在英国王室所有的宫殿中,达德利的房间都在女王隔壁;在所有宫廷的娱乐活动中,达德利都扮演男主人的角色;他过着王者般的生活,权势富贵享用不尽。

尽管眼前困难重重,伊丽莎白女王依然盼望查尔斯大公能重新追求她,因为她身为一个女人,要她主动提出追求是绝对不可能的。塞西尔因此写信给一名在德国的密探,要他接近符腾堡公爵(Duke of Wurttemberg),再由符腾堡公爵写信给哈布斯堡王朝君主。费迪南德一世因而同意重启协商，但依然显得小心翼翼。塞西尔当然也是清楚地向查尔斯大公表示一定要慢慢来，因为女王至今仍不忘独身的念头。尽管她知道，若要与他国联姻，查尔斯大公会是她最好的选择，但她对此事依然采取忽冷忽热的态度。

　　一五六四年一月，符腾堡公爵以哈布斯堡王朝君主之名，派出一名特使阿赫斯佛鲁斯·亚林格（Ahasverus Allinga）前往都铎王朝，以了解伊丽莎白女王对婚姻的真实想法。亚林格特使在只有塞西尔与两名侍女陪同下，与伊丽莎白女王见面。亚林格特使与国务大臣塞西尔不断鼓吹两国联姻的价值与利益，女王却要他们省省力气，"她绝不会受到任何威逼利诱影响，坚定不移，因为她内心早已认定，若此生要结婚，她也要以女王身份成婚，而非以伊丽莎白之名嫁人。"她表示，之前的联姻协商会失败，哈布斯堡王朝君主必须负极大责任：他的行为就像个老婆婆一样，不让儿子到英国来见她。她依然坚持，永远不会接受素未谋面的追求者，查尔斯大公也必须主动再度展开追求，因为让女方主动"将使她蒙羞"。她同时也强调，自己内心早已认定，宁愿当个独身的乞丐婆子，也胜过当个结婚的女王。

　　亚林格事后告诉塞西尔，没有必要继续进行联姻协商，这并不令人意外，然而塞西尔却十分坚定地表示，女王与亚林格谈话后表现出极大的欢喜，他与女王两人相识已久，他知道女王没有理由不接受这段婚姻。亚林格便带着诸多不满与满腹茫然返国。

＊　＊　＊

　　一五六四年三月，伊丽莎白女王显然不想再让玛丽·斯图

146

亚特继续揣测她的英国追求者是谁。于是向托马斯·伦道夫指示，在与苏格兰女王协商时，可省略"模棱两可的字眼"，但到了玛丽·斯图亚特跟前，当要转达她的追求者身份时，托马斯·伦道夫依然多有回避，玛丽·斯图亚特便直截了当地问："现在，伦道夫先生，你的女主公认真地想要我嫁给罗伯特·达德利吗？"

伦道夫畏畏缩缩地承认了。"看来我表现出如此大的耐心，让女王陛下十分开心吧？"然而她对伊丽莎白女王的提议感到惊讶，同时也有点恼怒，但她依然维持表面上的友善。她决心主宰自己的命运，对于一个前夫是法国国王，自己本身又是一国之君的女人来说，她显然认为达德利不够格。她傲慢地问伦道夫，伊丽莎白女王曾经答应"把我当作姐妹或女儿看待。你觉得她要我嫁给一个卑微的臣子，有顾及我的面子吗？"伦道夫则回答英国找不到这么好的人，这段婚姻也将为她的王国带来益处。玛丽·斯图亚特仅表示，自己要私下思考这件事的可能性。

若伴随这桩婚姻而来，伊丽莎白女王许诺愿将她预立为英国王位继承人，玛丽·斯图亚特可能对嫁给达德利意愿更高。事实上正相反，她认为伊丽莎白女王耍了她。尽管伊丽莎白女王展现出认真的态度，但玛丽·斯图亚特压根不认为伊丽莎白女王舍得与达德利分离——许多人也抱持着与她相同的看法。

不只玛丽·斯图亚特对这桩婚事兴致索然，达德利也是，对于要离开英国前往一个他心目中的蛮荒之地，他感到异常恐慌，想到要离开伊丽莎白女王更是让他神伤，毕竟他心中对于迎娶伊丽莎白女王还抱着一丝希望。然而伊丽莎白女王坚持要他配合，在毫无选择的状态下，他只能默默服从。

于是伊丽莎白女王希望可以重启与玛丽·斯图亚特见面的计划，并提议两人于是年夏天会晤。然而，玛丽·斯图亚特此时却不想与表姑面对面了，因为她正私下设法重新开始与唐卡罗王子结婚的协商，所以她不想表现出赞成与罗伯特·达德利结婚的样子，以免给西班牙方面错误的观感。玛丽·斯图亚特于是拒绝了伊丽莎白女王的邀约，让伊丽莎白女王自觉被冒犯，也让英格兰与苏格兰的关系在那个夏天降到冰点。

*　*　*

到了四月十一日，英法之间签署了《特鲁瓦条约》，让双方的敌对关系正式落幕，英国夺回加莱港的希望正式落空。

六月份时，西班牙国王菲利普二世派遣新的大使唐迪亚哥（Don Diego）前往英国，这位大使对促进英国与西班牙关系多有贡献。就在这个月，哈布斯堡王朝君主费迪南德一世逝世，哈布斯堡王朝于是由他的长子继位，称为马克西米连二世。这件事导致伊丽莎白女王与查尔斯大公的婚姻协商暂时陷入僵局，尽管新任君主希望弟弟"千万不能像上次一样，被对方牵着鼻子走"，但新任君主对两国联姻显得比父亲还要积极。

八月五日，伊丽莎白女王上任以来最大的发展，那就是访问剑桥，而且还待了五天之久。穿着显眼的黑色天鹅绒礼服搭配玫瑰装饰，头上戴着珠光宝气的帽子，上面装饰着一根羽毛，后面还有装饰着珍珠宝石的长纱，伊丽莎白女王在号角的伴奏与大批随行人员的陪衬下，走进了剑桥市。身为剑桥校长的塞西尔自然带领着诸位学者出面迎接，单膝下跪喊着"女王陛下万万岁！"

此行，一如她事前的要求，女王享受正式仪式的光荣与许多余兴节目，以及"各式各样的研究活动"，这些多数出自达德利的心思，在塞西尔的要求下，达德利甚至担任了典礼官。伊丽莎白女王对剑桥大学国王学院礼拜堂的壮丽，感到印象深刻——"全国最好的一座礼拜堂"——当然还有唱诗班。她

148 几乎访遍了所有学院，包括她父亲成立的三一学院与曾祖母玛格丽·特波福夫人创立的圣约翰学院。她参与了许多课程，看了拉丁戏剧演出，听了演讲，发表演说并参与辩论，她收到许多书、手套与糖果（蜜饯）作为礼物，只要有机会便与学者们——当然以拉丁文为主——尽情谈话。她可以用拉丁文发表优雅的演说，对拉丁文的掌握度极高：在一次演说中，她允诺建立新的学院——但这个承诺最后未能在剑桥实现，而是在牛津实现了，一五七一年，伊丽莎白女王正式成立了牛津大学耶稣学院。

当某位演说者公开赞扬她的贞节时，伊丽莎白女王深受感动，并表示："愿神祝福你的心，直到最后。"但当这位演说者赞扬她的其他特质时，女王却撇开了头，咬着嘴唇与手指，展现出不寻常的尴尬模样。

八月十日，比计划中晚了一天，女王才"开开心心地结束"剑桥访问之行，她表示"若还有够多的啤酒与麦芽酒能供应给宫廷人士享用的话"，她还想再待更久。

* * *

在这次访问行程结束后，伦敦地区开始出现流言指女王将嫁给查尔斯大公，且准备在维也纳成立使馆，并且向马克西米连二世致意哀悼他的父丧，但事实上却是要定下这门亲事。其实这又是伊丽莎白女王狡猾的拖延政策而已。

她还是希望可以让达德利与玛丽·斯图亚特成婚，但当年九月，终于获得允许返回苏格兰的莱诺克斯公爵，却向伦道夫

提出警告，这件事不可能成功："达德利既非古老高尚的贵族世家后裔，且他的血缘还有瑕疵。恐怕苏格兰方面不可能接受他。"若英方持续强硬施压，苏格兰方面说不定会接受他的儿子达恩里勋爵亨利·史都华。

在伊丽莎白女王的命令下，塞西尔继续针对此事施压，为两人成婚的合理性写了十六页长的信件给伦道夫，并坚称只要嫁给了达德利，玛丽·斯图亚特定能得到英国王位继承权，而且绝对会得到国会的许可。然而玛丽·斯图亚特想要更明确的答案，她认为英国王位本来就属于她，但现在却得答应其中的附加条件，这也让玛丽·斯图亚特感到愤怒不已。

当然她也十分忧心，她不愿接受达德利一事，恐将成为两国关系的绊脚石，因此到了九月份，为了强调自己的善意，她派出一位经验丰富的学者，彬彬有礼、风度翩翩、学养程度又好的詹姆士·梅尔维尔爵士（Sir James Melville）前往英国。几年后，在梅尔维尔爵士的回忆录中，鲜活地提到这次与随后几次的出使经验，这些记录对历史学家来说尽管不是最可靠的资料来源，但依然弥足珍贵。

在接到玛丽·斯图亚特近期来信中语气最唐突的一封后，伊丽莎白女王随即召来梅尔维尔爵士大肆抱怨。伊丽莎白女王收起了情绪，将她盛怒之下回的信给梅尔维尔爵士过目，她告诉梅尔维尔爵士，自己决定不寄出这封信是因为觉得这封信措辞太温和。梅尔维尔爵士后来总算说服她玛丽·斯图亚特没有冒犯的意思，伊丽莎白女王才开心地将两封信都撕掉。 149

梅尔维尔爵士的机智与完美，在与伊丽莎白女王首度的谈话中尽显无遗，在他待在宫中的九天里面，女王去哪里都要求他随行，和他不断嬉闹，博取他的赞美。他长年待在法国、意大利与德国宫廷，这使他的语言能力极强，也让伊丽莎白女王如棋逢敌手般展现她语言专家的长才。女王也为了吸引他的目光特别打扮，这天穿着英式服装，隔天可能就是法国风格，第三天可能又变身成意大利女子。女王还问他哪一种他最欣赏，"我说是意大利风的装扮，这让她开心不已，因为她最喜欢和意大利女性一样，戴着有网纱的帽子展现她的金发。其实她的发色比金黄再偏红一点，但她的卷发看来十分自然"。

她也询问梅尔维尔爵士：什么样的发色在他的国家最受欢迎。她的发色与梅尔维尔爵士的女主公相比又如何？两人之间谁最美？梅尔维尔爵士当下随即明了，英格兰与苏格兰两国之间未来的邦谊，但看他如何回答，因此他技巧性地回答，并装作自然地表示："两人最大的缺点就是都太美了"。当伊丽莎白女王坚持要他回答时，他则称伊丽莎白女王是英格兰最美的女王，而玛丽·斯图亚特则是苏格兰最美的女王。对于这个答案，伊丽莎白女王并不满意，于是她淘气地坚持要他做出选择。于是梅尔维尔爵士非常精明地回答："两人都是彼此国家贵族中最美的女子，女王陛下（肤色）较白，而我们的女王也很可爱。"

"我们俩谁比较高？"伊丽莎白女王停顿了一下又问。

梅尔维尔爵士表示玛丽·斯图亚特比较高。

"那她太高了，"女王回答，"因为我不高也不矮。"

"接着她问我（玛丽·斯图亚特）做什么样的运动。我告诉她，当我为了出使英国从苏格兰出发时，女王正从高地打猎返回宫廷；若在繁杂的政务之外还有闲暇，她就会看些好书，

了解许多国家的历史，有时会弹弹鲁特琴与小键琴。接着
（伊丽莎白女王）便要问我她演奏得好不好。"

"以女王的地位来说，算是好的了。"梅尔维尔爵士回道。

当晚，为了向梅尔维尔爵士展现自己的音乐天分，伊丽莎
白女王便精心安排，由表哥亨斯顿勋爵装作不经意地，带着梅
尔维尔爵士穿过回廊经过一个小房间，而女王则独自在房中弹
着小键琴。亨斯顿勋爵演得非常逼真，梅尔维尔爵士当然不
是个傻子，但当他称赞女王的弹奏技巧时，她装作不知道梅
尔维尔爵士在场，于是上前"装作要用左手打我"，并称
"她弹奏小键琴是为了排遣忧郁，因此总是独自弹奏，从未
在男人面前表演。"她责怪梅尔维尔爵士进入这个房间不回
避，同时问他为何在此。他用殷勤的话语准备欠身离开，他
说："听见如此动人的音乐，令人销魂，不知为何地将我引
来此房间。"女王满意极了，于是坐在一块软垫上，梅尔维
尔爵士跪在她身旁时，"她亲手递给我一块软垫，要我放在
膝下，我一开始拒绝了，但她坚持要我接受"。当女王再问
道，她与玛丽·斯图亚特两人谁的音乐素养高时，他只好勉
强承认是伊丽莎白女王。

为了取悦女王，他延后起程离开的时间，在英国宫廷多待
了一晚，就为了看女王跳舞。不出所料，伊丽莎白女王果然问
他，玛丽·斯图亚特的舞是否跳得跟她一样好。"她跳得没这
么高，也没有这么威风。"当然，这是个奉承的答案。

九月二十八日是梅尔维尔爵士出使任务的最后一天，在圣
詹姆士宫的谒见室中，伊丽莎白女王总算将罗伯特·达德利拔
擢册封为贵族，当时梅尔维尔爵士与其他大使皆在场。为了让
苏格兰女王玛丽·斯图亚特"更看得起他"，他在许多地方显

150

要与宫廷臣子面前被封为登比男爵与莱斯特伯爵（Baron of Denbigh and Earl of Leicester）。这是个隆重的仪式，身为新任伯爵，新的格言就是"效忠与忠诚"，要表现出最严肃与庄严的那一面。当罗伯特·达德利跪在地上行礼，由女王亲手在他的领子与貂毛披风上授予伯爵勋章时，梅尔维尔爵士目睹伊丽莎白女王微笑着搔搔他的脖子，他因此大感震惊。尽管女王多次重申，自己仅将达德利当作"兄弟与好友"，这样的行为与此简直大相径庭。

典礼仪式结束后，伊丽莎白女王与梅尔维尔爵士说上话，问他："您喜欢我的新臣子吗？"梅尔维尔爵士知道，玛丽·斯图亚特与达德利成婚的想法在苏格兰非常不受欢迎，于是他便不置可否，女王便指向在典礼中担任捧剑官的年轻的达恩里勋爵，"但您却比较喜欢那边那个小伙子！"

他厌恶地看了那个毫无男子气概的小伙子一眼，梅尔维尔爵士表示："任何一个有血有肉的女人，都不会想要选择那样的男人，他比较像个女人，不像个男人，他看起来十分好色、无须，像个娘们儿。"

伊丽莎白女王绞尽脑汁想要向梅尔维尔爵士证明，她是真心想要撮合莱斯特伯爵与苏格兰女王，因此邀请他在莱斯特伯爵与塞西尔的陪同下进入她的寝宫，让他见识她的珍宝。她从一个小橱柜中拿出苏格兰女王的画像，并热切地给了她一个吻。梅尔维尔爵士发现柜中还有一个东西，用纸妥善保存，上面还有女王亲笔题字，写着"爵爷的画像"，此时梅尔维尔爵士运用了各种说服的技巧，才终于说动伊丽莎白女王，将她用纸妥善保存的莱斯特伯爵画像拿出来。梅尔维尔爵士于是表示，这是献给苏格兰女王最好的礼物，伊丽莎白女王却拒绝送出这份礼物，因为她只有这一幅达德利的画像。

"但女王陛下拥有他本人呀！"梅尔维尔爵士打趣地说，但他内心早已明白，伊丽莎白女王对于提出莱斯特伯爵作为玛丽·斯图亚特的大婚人选已经开始后悔。他当然也不惊讶，因为他早已发现，伊丽莎白女王与莱斯特伯爵根本"不可分割"。

在赐予他"如网球般大的红宝石后"，她再也不会给他任何宝物了。若苏格兰女王玛丽·斯图亚特答应她的建议，伊丽莎白女王表示"她将一步一步地得到她所希冀的一切"。与此同时，伊丽莎白女王愿意送一个美丽的钻石给她。

梅尔维尔爵士与伊丽莎白女王的谈话，并非仅止于诙谐有趣。一次在讨论玛丽·斯图亚特的婚姻大事时，伊丽莎白女王告诉他"自己已然决心，至死都要维持童贞女王的节操，除了表亲苏格兰女王不顺从外，没有什么能迫使她改变心意"。敏锐的梅尔维尔爵士随即惋惜地答道："女王陛下，您不需要告诉我这些。我了解您的心意。您知道若自己结婚了，顶多就是英国的王后，但现在您既是女王又是王后。您根本无法忍受他人凌驾于您之上。"

梅尔维尔爵士终于有机会与莱斯特伯爵私下谈话，伯爵告诉梅尔维尔爵士，自己连替苏格兰女王擦鞋都不配。他也据实以告，表示自己对玛丽·斯图亚特一点兴趣也没有，并将这个计划背后的主谋推给了塞西尔——"他的秘密政敌"——只是想把他踢得越远越好。

在出使期间，梅尔维尔爵士与宫廷许多人谈话，在西班牙使馆中，他发现其中的人士对女王怀着敌意，于是针对伊丽莎白女王得出了自己的结论。当他返回苏格兰时，他的调查结果指出英国女王并不是个老实坦白的人，而是异常伪善，这一切只让玛丽·斯图亚特更加起疑，对英格兰与苏格兰关系一点帮助也没有。他此行出使带来唯一的正面影响，就是双方同意，英格兰与苏格兰的专员可以在贝维克会面，讨论达德利与玛丽·斯图亚特大婚事宜。伊丽莎白女王向梅尔维尔爵士表示，"若玛丽·斯图亚特真想结婚，除了莱斯特伯爵，没有第二人选，因为她自己已然决定一生独活，因此她希望表亲苏格兰女王可以嫁给他，他才是最适合的人。这样也能解决她心中的恐惧与疑虑，生怕在死前可能遭人谋朝篡位，因为她非常清楚，莱斯特伯爵如此值得喜爱与信赖，在伊丽莎白女王在世期间，他绝对不会同意，也绝不容许这样的事情发生。"

梅尔维尔爵士表面上虚应故事，在此同时，他转往西班牙大使馆，想让玛丽·斯图亚特与唐卡罗王子婚姻协商继续进行，却徒劳无功。玛丽·斯图亚特对这门亲事只好死了心，但她想要先确定希望已然成空，才愿意寻找新的夫婿人选。实情是唐卡罗王子现在的心理状态实在太不稳定，显然无法与任何人结婚。

尽管从未认真考虑过要嫁给罗伯特·达德利，但玛丽·斯图亚特却发现自己开始审慎思考，是否有可能嫁给年轻的达恩里勋爵。就如同莱诺克斯伯爵家族所说，这桩婚姻绝对有利可图：将两股问鼎英国王位的势力联合在一起，也可以将天主教倾向的莱诺克斯家族纳入旗下——玛丽·斯图亚特认为，莱诺克斯家族的势力比表面来得大——争夺王位才有希望。只是，还有一个问题：达恩里勋爵依然在英国，他和他的母亲都住在宫中，女王拒绝让他们陪同莱诺克斯伯爵前往苏格兰；而且身为臣子，伊丽莎白女王是否会答应他离宫，也还是个问题。

在与西班牙联姻的希望落空后，梅尔维尔爵士再度在玛丽·斯图亚特的指示下，会见莱诺克斯伯爵夫人，讨论苏格兰女王与达恩里勋爵成婚的可能性。她热情地欢迎梅尔维尔爵士的到来，并致赠一份礼物要他转交给玛丽·斯图亚特、莫雷伯爵与梅特兰大使，"因为她依然深深希望，在与苏格兰女王的婚姻之中，她的儿子能比莱斯特伯爵有更进一步的机会"。

伊丽莎白女王是如此敏锐，早已察觉到端倪。于是对先前写给玛丽·斯图亚特的信件内容，她感到懊悔不已，于是要求莱诺克斯伯爵恢复原职，甚至去信给玛丽·斯图亚特，希望能说服她不让莱诺克斯伯爵进入，但玛丽·斯图亚特并非出尔反尔的人。

十一月份，当英国与苏格兰专员在贝维克碰面时，两国关系陷入前所未有的紧张。玛丽·斯图亚特同父异母的哥哥莫雷伯爵，要求伊丽莎白女王清楚说明，若玛丽·斯图亚特接受莱斯特伯爵为丈夫，能得到什么益处，但英国方面却始终无法给予清楚答案，他们只是不断重申，玛丽·斯图亚特若想坐上英国王位，接受这段婚姻是唯一的方法。怒气瞬间迸发，苏格兰方面感觉受辱，愤而离开了谈判桌。

接下来一个月，莫雷伯爵与梅特兰大使皆去信给塞西尔，表示除非伊丽莎白女王允诺将王位传给玛丽·斯图亚特，否则苏格兰丝毫不考虑这桩亲事。让各界惊讶不已的是，伊丽莎白女王不为所动。她认为到了这一步，玛丽·斯图亚特永远不可能接受莱斯特伯爵了，她也非常清楚，玛丽·斯图亚特抱着嫁给达恩里勋爵的希冀，为此玛丽·斯图亚特也得来求助伊丽莎白女王，因为达恩里勋爵是她的臣子。在认定玛丽·斯图亚特定会有事相求之下，伊丽莎白女王认为，就算表亲拒绝了她提出的夫婿人选，她也不算输了面子。塞西尔也算到了这一点，于是建议让达恩里勋爵前往苏格兰拜见父亲，来吊吊苏格兰女王的胃口，莱斯特伯爵闻言大声赞好。玛丽·斯图亚特本人则表示，莱斯特伯爵甚至去信警告，伊丽莎白女王在两人亲事的背后，其实算计的是要吓阻其他危险的追求者。至于伊丽莎白女王本人，对这个计划的热情则开始消退，她也采取与塞西尔同样的观点，开始相信让玛丽·斯图亚特与达恩里勋爵成婚，对英国的威胁总比让玛丽嫁给有权有势的天主教国家贵族来得小，毕竟经过最近的仔细观察后，伊丽莎白女王早已发现，达恩里勋爵在政治上无足轻重，丝毫无害。但为了策略上的理由，她还是不能让达恩里勋爵去苏格兰。

153

　　莱斯特伯爵最近刚被女王指派做牛津大学校长，已正式恢复对女王的追求，过去几个月来，他绞尽脑汁表现出自己的未来属于她，只有他对她最好。而他也总算得到新任西班牙大使唐迪亚哥的支持，来对抗女王撮合他与玛丽·斯图亚特的企图，同时也不断地鼓吹，让达恩里勋爵正式追求苏格兰女王。此时，他深深相信，伊丽莎白女王设计这次的计划，让他与玛丽·斯图亚特配对，都是为了测试他对她的忠诚；而他认定，自己已证明了忠贞不贰，没有顺水推舟。

　　十二月时，因为一场肠胃炎，女王再度重病，英国王位继承问题再度浮上台面。幸运的是，她非常迅速地恢复了健康，但就如同塞西尔对瑟洛摩顿爵士所说的，"这段时间她给我们的只有深深恐惧"。英国内部再次对她的婚姻问题开始施压，塞西尔甚至转而求神，他在祷词中表示："若有适当人选出现，能驯服这个女人，他愿言听计从"。若不能实现，他告诉瑟洛摩顿爵士："我只能告诉你，事情如此紧急，我根本活不下去了。"

索尔兹伯里主教约翰·叶威则写下许多人的心声："我们如此渺小，连未来的统治者都无法知晓！神啊，我深信，为了国家的安全福祉，您定能保伊丽莎白女王安康！"

9　威胁王权的利害关系

　　在一五六五年初的几个月，塞西尔似乎看到伊丽莎白女王认真考虑与外国联姻的端倪。除了重新对女王展开追求的查尔斯大公外，凯瑟琳·梅迪奇也派遣特使保罗·德·富瓦（Paul de Foix）前来求亲，希望能让伊丽莎白女王与查理九世成亲。法国王太后不计代价地想要阻止英国与哈布斯堡王朝势力的联合。伊丽莎白女王私下对此兴趣缺缺：她已经三十一岁了，但查理九世才十四岁，她告诉西班牙大使唐迪亚哥，她一点也不喜欢让世人在礼堂外嘲笑她"老牛吃嫩草"。英国驻巴黎大使托马斯·史密斯爵士（Sir Thomas Smith）告诉她，这个年轻的国王可能会长得很高，但膝盖与各处关节都有疙瘩，而且腿部比例失衡。他说话短而仓促，个性反复无常，而且有冲动性格。更重要的是，他一个英文字也不会。就连女王的弄臣都恳求她不能嫁，因为这个人"就算不是个婴儿也还是个儿童"。

　　伊丽莎白女王告诉德·富瓦特使，她觉得自己太老，恐怕无法嫁给他的主公。她宁愿死，也不愿像姐姐一样被年轻的丈夫鄙视、抛弃。毕竟两人之间年龄差距极大，世人可能会嘲弄查理九世嫁给了妈妈吧！

　　德·富瓦特使感觉受到屈辱，便暗示此事到此为止，然而伊丽莎白女王依然希望维持与法国的邦谊，避免法国再度与苏格兰交好联手。同时，她也希望暗示哈布斯堡王朝，想要追求她的人不只有他们。于是她着手展开不变的把戏，在若有似无的承诺与希望中牵绊她的追求者。她公开的行为，就是突然大发雷霆，指控法国国王根本没把她放在心上，竟然准备要突然收手不再追求。她希望将重点导向两国联姻的难处，这样法国方面就能理解，她为什么不一次说清楚。

接着，她去信给在巴黎的托马斯·史密斯爵士，要求他老实地评论查理九世这个人。在他的回信中表示，他认为查理九世适合当她的丈夫，因为他"是十分听话的年纪，但又十分聪明。我愿意支持查理九世，也认为女王陛下会喜欢他"。

伊丽莎白女王向德·富瓦特使表示，她必须与英国贵族们稍事商量，但多数的贵族都公开反对这桩婚姻，似乎只有莱斯特伯爵支持。只要有事情能够转移女王的注意力，较为合适的哈布斯堡王朝联姻就会失焦。塞西尔则不表态，但他并不认为伊丽莎白女王真的对查理九世有兴趣。枢密院多数成员都对此大表反对，尤其是萨赛克斯伯爵，他表示要小心查理九世的"法国习性"，在法国"和漂亮的女子交好"，这样一来"对英国王室延续香火一点帮助也没有"。

德·富瓦特使对于英国方面密室会谈的一切浑然不知，当女王盛赞查理九世超乎常人的早熟时，他以为成功在望。接下来五个月，伊丽莎白女王就享受着被追求的乐趣，同意交换两人的画像，甚至讨论起查理九世秘密访英计划。在母亲的指导之下，查理九世正式宣布自己爱上英国女王，并乖乖表现出热烈追求之意。但在这段时间，伊丽莎白女王一方面抗拒德·富瓦特使为得到确定的答案而不断地施压，同时一方面私下考虑起与查尔斯大公成婚的可能性。

就在此时，莱斯特伯爵始终热衷于支持英法联姻，塞西尔与哈布斯堡的特使们则料中了他的心思，此举只是在掩饰他背

155

后的野心。显然他正以行动延缓女王做出决定的速度，以阻止她嫁给任何一个除了他以外的男人。

＊　＊　＊

一五六五年二月份，托马斯·伦道夫已经整整花了一年半的时间，孜孜不倦地努力，希望能让女王安排玛丽·斯图亚特与莱斯特伯爵成婚的计划成功，而且也逐渐感觉到，玛丽·斯图亚特总算开始接受这个想法：她曾暗示若条件够吸引人，她说不定真会接受新任的莱斯特伯爵。伦道夫随即欢天喜地地写信给女主公，向她报告这个好消息。

接着他尝到了挫败的苦涩，塞西尔回信给他，表示女王已改变心意，同时也在苏格兰女王玛丽·斯图亚特与莱诺克斯伯爵夫人的要求下，决定答应让达恩里勋爵亨利·史都华前往苏格兰，表面上则以家族事由为借口放行。伊丽莎白女王不是傻瓜，对于他想前往苏格兰的原因，清楚得很；尤其后来，许多人都相信，伊丽莎白女王对达恩里勋爵的了解多过玛丽·斯图亚特，让达恩里勋爵离开，是基于她相信若给玛丽·斯图亚特够多的饵，总有一天她会上钩。

在达恩里勋爵抵达苏格兰的前三天，据传幽灵战士们在深夜的爱丁堡街头起了冲突，许多迷信的人深信这暗示着恶事即将发生。玛丽·斯图亚特一点也不相信这些传言，二月十三日，当达恩里勋爵抵达爱丁堡时，她给予温暖的欢迎。

她马上对他深深着迷；詹姆士·梅尔维尔爵士表示，玛丽·斯图亚特努力地控制她的情感，但她很快就陷入情网，无法与达恩里勋爵稍离。现年十九岁，比玛丽·斯图亚特小三岁的达恩里勋爵的体格非常有魅力，他是个卷发又礼数周到的年轻人，而且还很有成就；他写的信非常优雅，有精湛的鲁特琴技，对运动也十分在行。玛丽·斯图亚特认定他是"世上最有吸引力，也是拥有最佳身材比例的修长的男子"。但她还不知道，在那温文儒雅的外表下，达恩里勋爵其实是个被宠坏的、莽撞的、放纵的、性格不稳定的、具有攻击性的而且非常笨拙的人。对达恩里勋爵的怦然心动让她蒙蔽了双眼，玛丽·斯图亚特决定将国家与社会公益的考虑摆在一边，对苏格兰贵族们的反对声浪及小心为上的建议，也全都充耳不闻。

玛丽·斯图亚特并未表明她对达恩里勋爵的情感，是年二月却两度写信给伊丽莎白女王，表示希望可以确定继位事宜。三月十五日，伦道夫送交伊丽莎白女王的回应，信中写着，若她的好表亲玛丽·斯图亚特同意嫁给莱斯特伯爵，伊丽莎白女王将会给予莱斯特伯爵各种荣耀，同时也会私下运作完成玛丽·斯图亚特的心愿。但她并不愿意正式面对玛丽·斯图亚特的要求，也不愿意在她自己结婚或正式确定终其一生独身前，公开此决定——她近期内就会决定其中一个答案。得到这样的答案后，玛丽·斯图亚特"尽情地哭了个痛快"，表示"伊丽莎白女王此话十分邪恶，并指控伊丽莎白女王伤害了她"，浪费她的时间。

此时，玛丽·斯图亚特已然深深爱上达恩里勋爵。当他因风疹重病时，玛丽·斯图亚特害怕他死亡，简直像发狂了似的，而且一点也不隐藏她的感受。她甚至不顾可能感染的风险去探望他，甚至亲自照顾他。当他总算康复，她已经确定自己要嫁给他了。根据伦道夫表示，她的心意非常明显，但她的宫廷顾问则持保留态度。"许多人都祝福他，但也有许多人怀疑他，内心深处思量着，除了平凡有礼的年轻人外，到底什么对苏格兰最好。"莫雷伯爵与支持者则作了最坏的打算，认为达恩里勋爵的天主教信仰，可能导致"他们的威权与王朝遭到推翻而覆灭"。

＊　＊　＊

女王的爱情也在英国引起各界的担忧。一日清晨，莱斯特伯爵带着西班牙大使唐迪亚哥在温莎大公园中骑行，回程时经过女王寝宫旁的一条小路。莱斯特伯爵忽然动了戏弄的念头，便开始大呼小叫，宣布莱斯特伯爵驾到；女王竟出现在窗边，唐迪亚哥诧异地看到，女王穿着十分透明的睡袍，而且完全不在意自己的衣着随便，便与莱斯特伯爵打招呼。宫里上上下下都知道，每天早上女王着装时，莱斯特伯爵都会到女王寝宫一会儿，每当莱斯特伯爵将连衣裙递给她时，都会得到女王的一个吻——连衣裙可是那个年代的女性贴身衣物。

因为这些传言，让莱斯特伯爵与诺福克公爵的不和更甚。当年三月，在怀特霍尔宫的网球场上，丑陋的意外发生了，两位爵爷当时正在女王面前比赛网球。达德利伯爵"觉得很热，流了很多汗，于是从女王手中接过手帕擦脸"。在他如此不敬的举动震慑之下，诺福克公爵大发脾气，指称莱斯特伯爵"太过无礼，矢言用球拍痛揍他的脸"。若非女王在旁惊声尖叫要他住手，他可能真会这么做。后来受到女王怒气波及的是诺福克公爵，而不是莱斯特伯爵，而此事对两人关系一点帮助也没有。

同一个月内，莱斯特伯爵继续追求女王，安排葛雷法学院一个剧团到宫中，在女王面前表演。这场余兴节目，由莱斯特伯爵罗伯特·达德利主办的晚宴开始，接着，唐迪亚哥的报告中写道：

那是一场马上长枪比武竞赛。参赛者为艾赛克斯伯爵、萨赛克斯伯爵与亨斯顿勋爵。这场竞赛结束后，所有人穿过女王房间，来到一个准备了一出英文喜剧的地方。剧情是有关婚姻的问题，是女神朱诺与黛安娜之间的对话，朱诺象征着婚姻，黛安娜则是禁欲。丘比特的判决则支持婚姻派。女王转向我说："这完全是在挑衅我。"

唐迪亚哥大使觉得这一切"非常戏剧化……在看完了戏剧表演后，便是萨梯化装舞会，当中有一位希腊神话中嗜酒好色的森林之神，他与女性跳舞，在那之后，进来了一排十二人，总共十排的男性，他们稍早之前都参与了马上长枪比武竞赛，他们全都配着武器，向女士们邀舞"。

* * *

四月十五日，伦道夫的报告中表示，玛丽·斯图亚特与达恩里勋爵不只是看对眼了，有传言指出，玛丽·斯图亚特准备要"摒弃其他机会"嫁给达恩里勋爵。莫雷伯爵的派系团结起来对抗入侵者，而玛丽·斯图亚特则受到达恩里勋爵与她的意大利籍秘书戴·维里奇欧（David Rizzio）煽动，对莫雷伯爵的派系感到愤怒不已，脱口而出大骂同父异母的哥哥"根本是想谋权篡位"。两人之间完全决裂，并造成日后的严重影响。

到了四月十八日，威廉·梅特兰大使抵达伦敦，他告知伊丽莎白女王玛丽·斯图亚特已然决定要与达恩里勋爵大婚。伊丽莎白女王对此"奇怪而且不太可行的求婚"表示惊讶，并对达恩里勋爵违抗命令感到愤怒不已——身为伊丽莎白女王的表亲与臣子，必须在女王的许可之下才得以结婚。五月一日，伊丽莎白女王透过英国枢密院去函警告玛丽·斯图亚特，若她

158

真与达恩里勋爵成婚，"不但不适合、毫无利益可言，且将对两国与两国领导者间的友好关系造成威胁"。若玛丽·斯图亚特不愿遵守，伊丽莎白女王将可能"直接在英国国内挑选一位贵族作为王储"。在塞西尔的带领下，枢密院多数成员都签署了这份文件；值得注意的是，莱斯特伯爵就是例外。许多英国枢密院成员都认为女王的愤怒只是做做样子，因为他们都认定伊丽莎白女王是玛丽·斯图亚特踏入这场灾难性婚姻幕后的黑手。尽管如此，英国政府方面依然认定，玛丽·斯图亚特选择达恩里勋爵作为配偶，就是为了巩固英国王位的继承权，但她这么做，对伊丽莎白女王造成史无前例的巨大威胁；更重要的是，英国天主教徒对事情的发展感到欢欣不已。

尼古拉斯·瑟洛摩顿爵士旋即朝北出发，要捉拿达恩里勋爵回英国，同时也要警告玛丽·斯图亚特，两人的结合"将对两国共同友好关系不利"。瑟洛摩顿爵士奉女王之命，要"尽可能地阻止或拖延这桩婚姻"；显然在她眼里，从不认为达恩里勋爵真的会背叛她。五月十五日，瑟洛摩顿爵士总算抵达苏格兰王宫，并亲眼见证玛丽·斯图亚特真如传闻般"被热烈的爱迷了心窍，早已失去领导人该有的理智"。他感到十分忧心，于是呼吁她要冷静，却仿如对牛弹琴。伦道夫记录道："她实在太痴狂，甚至有些人以为她被施了巫术。把羞耻完全抛诸脑后。"

随后，尼古拉斯·瑟洛摩顿爵士正式觐见苏格兰女王，并表示伊丽莎白女王的反对。为了维持皇室贵族的优雅，玛丽·斯图亚特要他回报伊丽莎白女王，"她要为自己的婚姻做决定。她再也不要活在只有是与否的世界中。"瑟洛摩顿爵士感受到她猛烈语气背后的警告意味，于是写信提醒塞西尔。

　　伊丽莎白女王此刻总算明白，玛丽·斯图亚特这辈子都不会接受莱斯特伯爵作为配偶，为了挽回面子，她只好告诉唐迪亚哥大使，罗伯特·达德利也并不同意这桩婚姻，至于大众则普遍认为，其实是伊丽莎白女王无法放弃他。反观莱斯特伯爵罗伯特·达德利这一边，现在伊丽莎白女王已经放弃了计划，于是他再度公开表现出追求女王的企图心。因为许多贵族与臣子都很担心女王将无子嗣，也因此使他得到比过去更多的支持。

　　六月初，唐迪亚哥大使的报告中表示，莱斯特伯爵认为胜利就在指间："女王似乎也赞成这桩婚姻，而法国大使也认为她会以贫穷之类的原因，回绝查尔斯大公的追求，让自己远离这个泥淖。"唐迪亚哥大使也向枢密院中的重要成员萨赛克斯伯爵表示，他认为伊丽莎白女王可能终身不婚，就算她真的愿意结婚，也不可能要莱斯特伯爵之外的人。萨赛克斯伯爵非常讨厌莱斯特伯爵，对莱斯特伯爵与女王结婚的说法嗤之以鼻。"除了查尔斯大公之外，也没有什么人选配得上她了。"萨赛克斯伯爵断然表示。

　　就连塞西尔似乎都接受了所谓的宿命论，比起五年前，现在的他对于自己的地位更了然于心，他要自己做好准备，接受达德利作女王的配偶，尽管——在他日后的回忆录中曾记载——这段婚姻对王国毫无利益可言。就个人而言，塞西尔越来越喜欢这个难伺候的女主子，他担心莱斯特伯爵会是个不友善又善妒的丈夫。但显然没有人会反对，莱斯特伯爵现在与诺福克公爵、萨赛克斯伯爵及塞西尔本人齐名，共同成为英国政坛影响力最大的四巨头。

　　在这四人之中诺福克公爵的势力最小。尽管他是英国独一

159

无二的公爵，也是最高尚的贵族，但却尝尽苦涩、受尽挫折，认为自己的天分全付诸流水。一五六五年的夏天，他开始向萨赛克斯伯爵靠拢，因为两人同样对莱斯特伯爵反感。

萨赛克斯伯爵汤马斯·瑞克里夫（Thomas Ratcliffe）的母亲来自霍华德家族，因而与女王的血缘沾上边。出生于一五二五年的他选择走上军事道路，最近刚结束九年爱尔兰中尉役期，这份工作并不轻松，但他却非常积极，有时也十分残忍，只是成就却不如预期。莱斯特伯爵的妻舅亨利·西得尼爵士则是他的手下，但亨利·西得尼爵士并不看好萨赛克斯伯爵的能力，据此，莱斯特伯爵得以对抗萨赛克斯伯爵。这显然有点不公，毕竟萨赛克斯伯爵度过了非常严酷的考验，牺牲了他的健康与精神，他后来因过于羸弱而不得不要求女王将他召回。

萨赛克斯伯爵发现有机可乘，应当组织一个反莱斯特伯爵的团体，而诺福克公爵也愿意参加。他们的秘密成员还有亨斯顿勋爵以及女王的舅舅霍华德勋爵。但很快，莱斯特公爵便召集了一堆支持者，组成了与其相抗衡的团体，夏季来临时，两个派系阵营皆公开持武在宫中与城里昂首阔步。

* * *

160 同时，瑟洛摩顿爵士要求达恩里勋爵与莱诺克斯伯爵，立即与他一同返英，"两人并未谨守职责，身为女王陛下的臣子，在并未考虑女王利益的情形下，企图做出傲慢又放肆的举动"。但他并不知道，事已至此，许多苏格兰贵族也开始支持两人成婚，同时也并未察觉，伊丽莎白女王对莫雷伯爵要求支持的声音十分冷淡；女王表示，若莫雷伯爵的目的只是要给予玛丽·斯图亚特建议，她便乐意支持。身为姐妹执政者，她不能支持反抗力量来对抗另一个神圣的女王。达恩里勋爵拒绝听从伊丽莎白女王的命令——"对自己现在身处的地方十分满意，也有意持续待在这里"——瑟洛摩顿爵士也早已发觉，此刻要改变玛丽·斯图亚特的心意，为时已晚：于是在五月二十一日这天，他通知伊丽莎白女王："苏格兰女王对达恩里勋爵已经超越一切，态势看来无法挽回。"但他仍成功获得玛丽·斯图亚特的承诺，表示她愿意等三个月再行最后决定。

至此，伦道夫与许多人士早已看穿达恩里勋爵，他一天一天地变得更加傲慢，也开始滥用权势，仗势欺人，这样的态度令人担忧，针对玛丽·斯图亚特一头栽进爱情漩涡，还想仓促成婚，特使表达了忧虑，也说出许多人的心情。他的结论是：女王一定被施了法；"她对达恩里勋爵的爱恋让她性情大变，甚至让她的名誉遭到质疑，地位受到威胁，国家也即将分崩离析。我也预见苏格兰与他国的友好关系即将化为乌有，对国家的伤害将接踵而来。"

针对达恩里勋爵的任何批评，苏格兰女王玛丽·斯图亚特都不想听，哀伤的伦道夫嗟叹道："自达恩里勋爵踏上苏格兰国土，便带来无数灾难。女王的未来如何，与达恩里勋爵婚后，她将有什么样的人生，就留给他人去想吧！"对于苏格兰女王"令人摇头叹息的可怜景况"，他感到非常同情，看到她的巨大转变，变得几乎令人无法辨认，他说："女王陛下舍弃了一切，她的智慧聪颖不再，她的美丽不如以往，她那令人振奋与鼓励的特质，我已经再也认不得。"

* * *

伊丽莎白女王很少让情感战胜理智，尤其是在婚姻议题上，但有时她也会感受到被逼婚或做决定的压力，大得受不了。一五六五年五月，面临法国方面施压，要伊丽莎白女王即刻决定是否接受查理九世的求婚，以及臣子们殷殷期盼的压力，她在枢密院会议时崩溃痛哭，直指莱斯特伯爵、塞西尔与瑟洛摩顿爵士，要以逼婚的方式摧毁她。她溃堤的情绪让三个男人很是震惊，他们只好尽力安抚她，同时发誓绝不再逼迫她做违反意志的决定，并保证对她忠心耿耿。

六月底，她知道已经无法再拖延下去，伊丽莎白女王正式以对方太年轻为理由，拒绝了查理九世的追求。她告诉德·富瓦特使，对她来说，一个可以让她生下子嗣的丈夫才有用。她强调，她不想让丈夫篡夺权力，控制英国财政、陆军与海军，因为这就是丈夫的主要功能。

由于忧心莱斯特伯爵会乘胜追击，塞西尔、诺福克公爵和萨赛克斯伯爵，动用各种资源希望能促成与哈布斯堡的婚事。马克西米连二世的特使亚当·瑞科维奇（Adam Zwetkovich）于五月份抵达英国，表面上是为了回赠已故君主的勋章，实则为观察伊丽莎白女王是否真心想与查尔斯大公成婚；再一次的拒绝就太羞耻了。他也想借机谨慎观察，有关伊丽莎白女王与莱斯特公爵间的传闻真假；若两人之间清白，便有望重启婚姻协商。

现任的哈布斯堡君主，希望能确定英国这次的诚意，诺福克公爵要求莱斯特伯爵支持这桩婚事，放弃追求女王的念头。毕竟，当下伊丽莎白女王看来对这个计划兴致高昂，尽管不情愿，但莱斯特伯爵只能别无选择地顺从，却发现自己被指派为谈判员之一，要与瑟洛摩顿爵士一起前去与亚当·瑞科维奇协商。若女王最后真与查尔斯大公成婚，莱斯特伯爵将失去所有特权、影响力与女王的偏袒，只能盼望对手的垂怜。法国方面，既然无法透过姻亲关系与英国联手对抗共同敌人西班牙，自然也插手反对英国与哈布斯堡王朝联姻，并且也开始竭尽所能地希望可以说服伊丽莎白女王嫁给莱斯特伯爵。但让莱斯特伯爵生气的是，尽管外界难以看穿女王真正的心思，但女王表现出的态度似乎偏向嫁给查尔斯大公。

莱斯特伯爵感到十分沮丧，因而向唐迪亚哥透露，他觉得伊丽莎白女王绝不可能嫁给他，"因为她心意已决，要嫁给有权有势的贵族，无论如何也不会选择自己的臣子"。然而唐迪亚哥大使十分欣赏莱斯特伯爵，他抱持着十分乐观的态度，并向菲利普二世回报，表示"罗伯特·达德利的追求还未结束"。但他的主公却下令，要他与奥地利特使合作，让哈布斯堡王朝联姻协商有个快乐的结局，但在此同时还要协助莱斯特伯爵往目标前进，"努力帮助他，若有一天他真的能与女王大婚，让他依然保持对西班牙的友好关系"。

瑞科维奇特使因宫廷传闻而大受鼓舞。当他见到伊丽莎白女王时，他向女王表示查尔斯大公"迫不及待地想要见她"。但她却言辞闪烁，甚至说了一句这样的话，泼了他一头冷水："我从未向任何人保证不嫁给莱斯特伯爵。"瑞科维奇特使却告诉她，罗伯特·达德利是她与查尔斯大公婚姻协商中间"最重要的发起人，也是最友善的倡议者"。

"我会选择独身，"她宣布，"英国女王的使命，并未强迫我一定要为英国利益而嫁。"

随后，她似乎突然又对联姻一事有了兴趣，她突然提起有关她与达德利之间的恶意谣传的这个奇怪的话题："哈布斯堡王朝会发现，我的举止一向合乎礼节。"然而瑞科维奇特使希望能有更确切的证据，于是"煞费苦心地展开调查关于女王陛下的正直与节操之行动"。当他发现找不到任何一丝有关女王关系杂乱的证据时，他感到十分震撼，于是下了一个定论，有关伊丽莎白女王的种种传闻"分明是妒忌、恶意与仇视下的产物"。至于莱斯特伯爵，也只是"尊贵的女王以真诚、纯洁和最高尚的爱戴来疼惜他，将他视为兄弟"。

经过两次觐见后，瑞科维奇特使始终不明白，对这么棒的婚姻提议，她的态度怎能如此百变无常。"她以聪颖的态度婉拒，对此事一直反复无常，使得她连最深处的心思也糊涂了，因此外界对她的意图，也就有了各种版本的解释。"但她也可能是用点心机，希望让奥地利方面提出更好的条件，到了夏天，伊丽莎白女王对联姻一事，似乎变得更加积极。

瑞科维奇特使发现这一点后，松了一口气，并开始猜想，女王是否会暗中派人前往维也纳一探查尔斯大公的真面目，因此便写信给哈布斯堡王朝君主，提醒他要随时让查尔斯大公保持在最佳状态，并"骑上最好的骏马"才能让英国方面耳目一新。然而伊丽莎白女王并不承认；她依然坚持，要先与追求者见过面，才能决定要不要接受对方，同时表示，她不相信别人的眼光。

"我已强调过上千次，"她暴躁地表示，"我依然没有改变心意，而且永远不会改变。"她又问查尔斯大公是否能秘密出访英国，她表示自己不想让对方认为是宫廷画师与使节们在搞鬼，就像菲利普国王看到玛丽女王的第一眼一样。然而哈布斯堡王朝君主却认为这个提议在欧洲贵族中"根本就是天方夜谭，也毫无先例可循"，同时坚持若要查尔斯大公前往英国，就必须要"以适当得体的礼仪相待"，而且两人之间的婚姻协商，必须达到令人满意的约束程度。接着，便出现了有关查尔斯大公的随从费用由谁支付的问题，伊丽莎白女王这边表示，那是哈布斯堡王朝君主的责任，而马克西米连二世则坚持要伊丽莎白女王负责。

随后，女王便开始用宗教难题来捣乱，她坚持自己不该嫁给不同信仰的人，因为两个想法不同的人，无法平和地共处在一个屋檐下，同时指出若两人在宗教上有歧见，对英国王权可能造成严重后果，若查尔斯大公维持天主教信仰，势必走上这条绝路。瑞科维奇特使提醒她，她一直都知道查尔斯大公信仰旧宗教，但伊丽莎白女王却辩驳，表示她一直以为查尔斯大公的信仰不深，因此随时都愿意改变想法。但在听说查尔斯大公不愿改变信仰，同时萨赛克斯伯爵提议让查尔斯大公陪伴女王参与圣公会仪式，然后再私下听弥撒后，女王便准备要放弃联姻计划。然而哈布斯堡王朝君主对这一点十分顽固，坚持要求让他的弟弟与奥地利派出的随从们公开听弥撒。这对伊丽莎白女王来说仿佛诅咒一般，因为她非常清楚，英国臣民们绝对无法接受，联姻协商仿佛打了死结，但是双方都仍希望能找到妥协的办法。

163

* * *

一五六五年七月二十九日清晨，尽管已答应了瑟洛摩顿爵士，但苏格兰女王玛丽·斯图亚特，依然在爱丁堡的荷里路德宫嫁给了达恩里勋爵。在这场天主教的盛大婚礼过后，新郎很快露出了真面目——他是个耳根子软又放荡的恶霸，他的傲慢触怒了许多苏格兰贵族。根据伦道夫的报告："许多人都开始担心，在这些人环伺之下，他的小命可能活不长了。"达恩里勋爵希望自己能正式册封为亲王，但莫雷伯爵却成功地拦阻这件事，而他在法国、西班牙与梵蒂冈的认同下，也只能忍受自己"亨利王"的虚名。

　　身为天主教徒，多数的苏格兰贵族都不相信他，而且很快就发现，他根本不适合担纲任何政治上的重责大任。他们忍受他唯一的原因，是因为他可能还有点用处。此时，莫雷伯爵在女王的丈夫跟前十分不受欢迎，内战看来一触即发。

　　听闻玛丽·斯图亚特成婚一事，伊丽莎白女王大为光火，认定她的表亲不信守承诺，破坏国家宗教体制，同时强烈呼吁她尽快与莫雷伯爵达成和平协议，但"性格刚烈的"玛丽·斯图亚特才不愿意。她打算在无人干涉的情形下统治苏格兰，重建天主教信仰，并矢言将苏格兰的反叛领主们"逼到天涯海角"。她自然也无法容忍英国方面的干涉。

　　为了报复，伊丽莎白女王再度将莱诺克斯伯爵送入伦敦塔，并驰援莫雷伯爵，然而她并不想引发战争，因此她只拨小额款项给莫雷伯爵。八月五日，伊丽莎白女王再度呼吁玛丽·斯图亚特尽快与同父异母的哥哥和解，但玛丽·斯图亚特竟在隔天就宣布他为违法之徒，随后狂妄地向伊丽莎白女王表示："女王陛下希望她的好姐妹别再管闲事了。"接着，她以瑟洛摩顿爵士拒绝接受达恩里勋爵以亲王名义发给的安全通行权一事为由，逮捕了瑟洛摩顿爵士。事情至此，伊丽莎白女王怒火中烧，当然她也有愤怒的理由。身为女主公，她有权将臣子达恩里勋爵召回英国，但达恩里勋爵却违抗了她的命令。她认定玛丽·斯图亚特在背后撑腰，要达恩里勋爵违背伊丽莎白女王的命令，玛丽·斯图亚特压根儿不想与伊丽莎白女王讨论婚姻大事；于是她所幸在表姑未同意的情形下嫁给了达恩里勋爵。伊丽莎白女王与玛丽·斯图亚特之间从此开始交恶也不令人意外了。从此，她对表侄女的厌恶与仇视便表现得更加明显。而她的第一步，就是从帮助莫雷伯爵开始。

164

＊　＊　＊

是年八月，都铎王朝的另一个危机正悄悄成形。尽管姐姐成为皇室污点，但玛莉·格雷小姐——宫廷人士总嘲弄地称她为"驼子玛莉"——依然在宫中，担任伊丽莎白女王的寝宫侍女，女王想要就近看管她。玛莉·格雷小姐现年已二十五岁了，而且没有美貌或才智可言，以那个年代的婚姻标准来说，她的年纪也太大了；当然，伊丽莎白女王也不太可能允许她结婚。

难以寻找能与自己匹配的人，地位卑微的玛莉·格雷小姐爱上了女王陛下的脚夫刘易舍姆区的托马斯·齐斯（Thomas Keyes of Lewisham），这个男人的年龄是她的两倍，而且因为体型关系，被称为全伦敦最大的人。一天晚上九点，在怀特霍尔宫水门旁，脚夫齐斯所住的小屋中，两人在神父的见证下秘密结婚了，而这位神父的身份从未曝光。几周后，玛莉·格雷小姐承认自己有辱女王门风，让女王发了好大一场脾气。女王将脚夫齐斯交付舰队街监狱判坐牢三年，随后在答应永远不与妻子见面的条件下，他才顺利出狱。女王不择手段地设法让这段婚姻被判无效，但伦敦主教格林达尔拒绝合作，让女王苦恼不已。

玛莉·格雷小姐则被送往白金汉郡切克斯——也就是现在英国首相居住的地方——并在威廉·霍特里的看管下接受软禁。经过一段时间，她又辗转被送往萨福克公爵遗孀凯瑟琳·魏勒比在格林尼治的家，公爵夫人待她不薄，并对塞西尔表示："玛莉·格雷小姐为自己的错误感到羞耻，甚至常常都吃不下。我怕她会因为懊悔而死，给她一点安慰不为过。"虽然大受打击，但玛莉·格雷小姐仍大胆抗命，在每一封信件的

最后署名"玛莉·齐斯"。她也为自己的顽固付出了代价：一
五七一年，她的丈夫死后，女王拒绝让她披上丧服。然而，在
丈夫死后，女王偶尔会批准她回宫，只是玛莉·格雷小姐的身
体遭到悲伤的折磨，鲜少能享受女王给予的权利。

　　事实上，两人的婚事对女王一点影响也没有：齐斯没有贵
族血缘，也没有政治野心。玛莉·格雷小姐从未觊觎过王位。
165　两人也都未涉及任何叛国行动。如此严苛的惩罚，显示女王对
于英国王位继承问题非常敏感。

　　在女王前任家庭女教师凯瑟琳·艾希莉去世带来的冲击
下，玛莉·格雷小姐不诚实的举动为伊丽莎白女王带来的苦恼
心情，变得更巨大。从小凯瑟琳·艾希莉带着她长大，取代了
她那无缘的母亲，她年少时的那些黑暗日子，都是凯瑟琳·艾
希莉陪她度过。后来斯罗普郡的阿格连比老师（Mistress
Eglionby of Shropshire）取代了凯瑟琳·艾希莉，然而对伊丽莎
白女王来说，她的人生从此不同了。她失去了一位挚友，失去
了一位真正爱她的人，失去了一位敢在需要时指责她的人。

　　玛莉·格雷小姐的背叛与艾希莉老师之死，这两件令人沮
丧的事情让女王心情大坏，在塞西尔的记录下，当年八月
"女王似乎感到很受莱斯特伯爵冒犯"。而且原因十分明显，
达德利竟胆敢与伊丽莎白女王的一位表亲兼知己眉来眼去，这
个对象就是美丽的红发女孩莱蒂丝·诺利斯，四年前她曾与赫
里福德子爵（Viscount Hereford）成婚，而且"她也一直是宫
廷中最美丽的女孩之一"。她的父亲是弗朗西斯·诺利斯爵
士，母亲则为凯瑟琳·凯利（Katherine Carey），而凯瑟琳·
凯利的母亲玛莉·博林，则是伊丽莎白女王的母亲安妮·博林
的妹妹。部分人士认为，瑟洛摩顿爵士刻意让莱斯特伯爵陷入

一段暧昧情事，目的就是要了解伊丽莎白女王是否有嫁给他的想法。若没有，瑟洛摩顿爵士希望能拉拢莱斯特伯爵，一起促成英国与哈布斯堡王朝的联姻。

若此传闻为真，瑟洛摩顿爵士此举显然得到反效果，为了报复，妒火熊熊燃烧的伊丽莎白女王开始对莱斯特伯爵的朋友汤马斯·希尼治爵士（Thomas Heneage）刻意展现出好感。希尼治爵士从一五六〇年起，一直担任枢密院传令官，而且是安全的已婚身份。"这个年轻人的机智与风度令人愉悦"，而他那"与生俱来的优雅生活态度与和蔼可亲的谈吐，仿佛出生贵族之家"。在学术与政治上，他并不是省油的灯，超凡的天分为他赢得在皇室财务管理室的重要职位，后来甚至进一步成为皇室管家。

女王对希尼治爵士的注意，让莱斯特伯爵气愤难平，两人也因此发生几次冲突。随后，莱斯特伯爵要求女王答应，让他"和其他人一样可以回家生活"，这等于是火上浇油。女王拒绝回答这个问题，还因此愠怒了三天。接着女王派他前往当时正发生流血冲突的温莎，莱斯特伯爵因而指称女王一代新人换旧人，伊丽莎白女王则用同样一句话予以反击，并表示为自己浪费在他身上的时间感到懊悔——"及其他好臣子们！"塞西尔向一名友人透露："女王怒火中烧，用非常讽刺的语气，责骂他关于希尼治爵士的事情及他和子爵夫人的暧昧情事。"

而莱斯特伯爵用霸道的态度对待女王的一名仆人，也让女王愤怒不已，于是女王公然在宫廷上对着莱斯特伯爵大吼："该死的畜生，我总希望你好，但我的宠信似乎不足以断绝他人的干涉。若你想在此称王，我会让你知道你的下场。这个国

166

家女人当家，不是男人。"写了伊丽莎白年代宫廷回忆录的罗柏·依顿爵士（Sir Robert Naunton），也记下了这次的意外事件，"让莱斯特伯爵非常沮丧的是，他那惺惺作态的谦逊，反而成了最佳美德"。

由于受到了相当大的警告，莱斯特伯爵接下来几天都将自己关在房中，而希尼治爵士则被悄悄送出宫。后来，在违反心意的状态下，塞西尔与萨赛克斯伯爵苦劝女王与莱斯特公爵和好。伊丽莎白女王将他召至跟前，两人对泣，言归于好。

然而对莱斯特公爵来说，这是人生中一个年代的结束。他与女王的关系有了改变：初恋那种使人心醉的热情已灭，他认为女王最终会嫁给他的那种笃定，也烟消云散。今后他仍会爱着她，但那会是一份更深沉的爱，更无私的爱，就像结褵多年的丈夫对太太的爱一般；更重要的是，这一份爱，让他能在别处寻找在女王身上得不到的那份满足。

达德利对莱蒂丝的暧昧之情很快就燃烧殆尽，随后希尼治爵士则返回温莎：女王永远拒绝不了男性的爱慕，此后女王一直对他展现相当的偏宠。一直到她的热情冷却变回友情，莱斯特伯爵与希尼治爵士才恢复友谊。

那年夏天，用帅气的外表掳获女王心的不只有希尼治爵士。第十代欧蒙德伯爵兼爱尔兰财政大臣，也是女王远房表亲的托马斯·巴特勒（Thomas Butler）来宫中做客，女王开始注意到他。被人称为"黑汤姆"（Black Tom）的他年纪与女王相仿，曾在她父王的朝廷接受栽培，因此她本来有机会与他更为熟识。他很有魅力、令人称羡，接下来一整年几乎都长伴女王左右。但莱斯特公爵知道两人没什么，当约克大主教大胆告诫女王不应与欧蒙德伯爵走得太近时——女王那都铎家族的脾气爆发了——而莱斯特伯爵则站在她这一边。

住在温莎的时间，女王多数都在骑马打猎。西班牙大使唐迪亚哥发现，她实在太热衷了，却"让所有人都累翻了，对侍女与臣子们的表现，她感到十分丢脸。但对他们来说，疲惫胜过了愉悦"。

在温莎期间，一天，伊丽莎白女王、唐迪亚哥及一名意大利特使在公园中漫步，唐迪亚哥大使对女王不断要求查尔斯大公亲自访英感到厌倦，于是小小嘲弄了她一下，问她有没有在他的房间或哈布斯堡王朝特使的房间里看到没见过的人，她是否满意？

女王大吃一惊——陷入恐慌。在无语之中，她慌乱地看着唐迪亚哥身后意大利特使的表情，特使进出的笑声令她困窘。伊丽莎白女王随即会意这是个笑话，于是冷静下来，表示若查尔斯大公愿意放下尊严，用这样的方式来访也不错。

"偷偷告诉你们，有蛮多欧洲贵族，都用这种方式来跟我见过面。"她神秘地透露这件事。

在玛莉·格雷小姐事件过后，对女王来说，确立王储一事变得更为重要。八月十四日，瑞科维奇特使受召，带着伊丽莎白女王给哈布斯堡王朝君主的一封信返国，信中提及"高贵的答案"。瑞科维奇特使十分有信心，此事将有正面结果，而塞西尔也告诉自己："感谢老天，女王陛下总算愿意面对婚姻了。"在写给驻扎在巴黎的托马斯·史密斯爵士的信中，他表示："许多人都认为查尔斯大公将会访英——若他真的成行，并且与我方在宗教议题上达成共识，让他与女王陛下都能接受——这件事应能成功。"

当得知西班牙的菲利普国王以查尔斯大公不该迎娶异教徒

167

为由，正用尽各种方法阻挡两国的婚姻协商时，他感到愤怒异常。唐迪亚哥却认为，伊丽莎白女王根本一点也不想嫁给查尔斯大公，而且坚持"若伊丽莎白女王真要结婚，对象也一定是莱斯特伯爵"。

菲利普国王则已然下定决心要成为英国重返天主教阵营的桥梁，但要完成这神圣的使命，现在还不是时候。菲利普国王认为，苏格兰女王玛丽·斯图亚特就是"英国宗教信仰重建的唯一门路；其他的方法都不通"。但这并不代表他主张推翻伊丽莎白女王，毕竟这个方法实在太危险。他认为最好的方法，就是让玛丽·斯图亚特耐心等待，直到英国王位确定传到她手上的那一天。

＊　＊　＊

莫雷伯爵与他的叛党们此时已退到格拉斯哥，但无论去到哪，玛丽·斯图亚特都领着军队步步进逼。十月六日，叛党逃往英国，盼能得到伊丽莎白女王的捐助。接见莫雷伯爵时，伊丽莎白女王身着黑色服装，让他一直跪着不起身，并公开斥责他反叛神圣的王权："我们不会收留任何违抗王权的臣子，因为我们知道，全能的神将因此惩罚我们，为我们的王国降下灾祸。"至于援金，一毛也没有，但莫雷伯爵可以待在英国境内作流亡分子。在历史上著名的"大追捕"行动中，玛丽·斯图亚特派出军队，到苏格兰以外的地方搜捕叛党，和平反战的伊丽莎白女王，完全没有帮助莫雷伯爵，从而让玛丽·斯图亚特轻易获得胜利。

但胜利的喜悦却十分空虚。难以驾驭的苏格兰领主们变得更难以控制，达恩里勋爵时常醉醺醺的，苏格兰臣子们则如此形容他，"冥顽不灵、高傲自大又堕落"，甚至会在爱丁堡街头与人起争执。伦道夫则形容这个人"厚颜无耻、横行霸道，总认为别人不够尊敬他"。玛丽·斯图亚特对他的痴迷已成过去，年纪轻轻的两人之间起了不少不愉快的"冲突"（争执）。之前玛丽·斯图亚特总仰赖威廉·梅特兰大使的建议，现在则总向她的意大利籍秘书戴维·里奇欧倾诉。"戴维爵爷"是宫廷中其他臣子对他轻蔑的称呼，他来自皮埃蒙特，一五六一年时随着萨瓦大使一行人，来到苏格兰宫廷。玛丽·斯图亚特认为他低沉的嗓音很有磁性，于是说服他留在苏格兰宫廷中，参加四重唱。玛丽·斯图亚特将他立为法国秘书后，他也与达恩里勋爵有了好交情。一五六五年六月时，根据伦道夫的记载，里奇欧秘书俨然成为"无所不能的人"。

里奇欧秘书的影响力日增，玛丽·斯图亚特女王也更加宠爱他，让达恩里勋爵对这傲慢自负的意大利鬼子的怨恨也越来越多。除此之外，想要得到玛丽·斯图亚特的宠信与恩赐的人，也都必须先贿赂里奇欧秘书才能见她一面。若他是个伟大的贵族人士，这一切就较为合理，但他不是，因此他很快成为众人敌意、嘲弄与愤怒的对象。婚姻失败，又受到活泼的里奇欧秘书吸引，苏格兰女王玛丽·斯图亚特因而未能察觉她那不妥当的偏袒造成的问题日渐滋长。

流亡境外的新教领袖们则将情势算计得很清楚，同时决定返回苏格兰境内，盼望能打倒里奇欧势力——若他们够幸运的话，当然还要除掉达恩里勋爵。他们在苏格兰境内有个帮手梅特兰，他也十分妒忌这个意大利鬼子，竟能在女王面前取代他的地位，甚至他们也赢得了达恩里勋爵的友情，他有个不同的妒忌理由：他认为自己的太太与里奇欧秘书有染，而反叛军领袖们也乐于灌输他这样的想法。而达恩里勋爵本人内心的愤恨也异常痛苦，他认为自己并没有得到法理上应得的权力，而且玛丽·斯图亚特也不愿与他讨论政务。

十二月时，苏格兰女王玛丽·斯图亚特宣布有孕。然而她的婚姻显然有名无实，因为两人之间都尽可能地闪避彼此。在玛丽·斯图亚特费心处理政事时，达恩里勋爵多数的乐趣都来自打猎。若她感到寂寞，需要人逗她开心时，总是由里奇欧秘书陪伴在她身边。

10　令人悲痛的肮脏事

一五六五年十一月份，莱斯特伯爵与诺福克公爵间的
"大冲突"，达到史无前例的高点。两边派系人马开始穿上专
属制服，莱斯特伯爵的支持者皆穿紫色，而诺福克公爵与萨赛
克斯伯爵阵营则以黄色为主。这些派系中的新血，都倾向诉诸
暴力与叫嚣来解决分歧，两边阵营的紧张情势一度危急，让萨
赛克斯伯爵向女王投诉他的太太有生命危险。

伊丽莎白女王非常清楚，自己对莱斯特伯爵的偏袒，就是
这些麻烦事的问题根源，然而莱斯特伯爵甚至吹嘘自己是个
"有女王陛下撑腰，便什么也不用倚靠的男人"，让事情更加
恶化。女王曾在谒见室中公开警告他，要他不要表现得与女王
太过亲近，招致妒忌，盼能化解纷争。

这次她亲自担任这些派系之间的协调者，坚持要双方放下
争执。亨利·西得尼爵士从爱尔兰写信给莱斯特伯爵："听说
您最近做出极大退让。"但他却同时煽风点火："也许您与对
方能装作表面和谐，但在确定之前别轻易相信，因为这样的信
任通常都会带来背叛。"宫廷中许多人也有相同的看法，在双
方谦恭有礼的虚假外表下嗅到火药味。

是月，德·富瓦大使发现，莱斯特伯爵依然疯狂追求女
王，而莱斯特伯爵的对手们也感觉与他假装友好非常容易。诺
福克公爵却是唯一的例外。

十二月初，诺福克公爵觐见女王，他趁这次机会大大鼓吹
婚姻的好处，以及稳定继位问题带来的利益。他向伊丽莎白女

王表示，英国宫廷中多数有权的臣子都希望她嫁给查尔斯大公。若有人支持女王与莱斯特伯爵成婚，也是因为他们认为这是女王心之所向，"绝不是因为他们认为这段婚姻能为英国带来任何利益，或对女王的尊严有任何帮助"。伊丽莎白女王一直以礼貌的态度聆听诺福克公爵的说法，但却拒绝说出任何确定的答案，接着她答应了诺福克公爵退下的请求，这次的会面才结束。

很快，在那之后，诺福克公爵去找莱斯特伯爵，并警告他别忘记自己前一年夏天允诺过放弃对女王的追求。莱斯特伯爵非常克制地不与他发生龃龉，诺福克公爵接着带着自己为王权与国家争一口气的骄傲返家。

这一年的圣诞节，莱斯特伯爵信心满满地，再一次请求女王嫁给他。女王一如往常地回以模棱两可的话，故意要他等到二月份的圣烛节才有答案，但接下来几天，女王似乎非常认真地思考他的求婚。宫廷中流言满天飞，而莱斯特伯爵则大大利用了他成为亲王的可能性，在这段时间内树立了更多敌人。德·富瓦大使则私下向唐迪亚哥大使发誓，"女王在新年之夜一定与莱斯特伯爵上床了"，但唐迪亚哥大使并未完全采信他的说法，认定这是他居心叵测想要践踏女王的贞操，破坏女王与哈布斯堡王朝联姻的机会。

在主显节时，因为希尼治爵士被选为"第十二夜国王"，整夜都将由他来主持宫廷宴席，因此莱斯特伯爵与他爆发了新一轮的冲突。在进行一个益智游戏的时候，希尼治爵士逼迫莱斯特伯爵问女王，心里最难消除的是什么？——是妒忌还是恶意搬弄是非的人散播的邪恶想法。

"罗伯特·达德利伯爵因为不便拒绝，只好服从。女王礼貌性地表示两者都很难消除，但对她个人来说，妒忌更是难以抹去的情绪。"莱斯特伯爵以为这句话是冲着他来的，女王故意暗示莱斯特伯爵对她不忠，于是莱斯特伯爵给了希尼治爵士一个口信，表示因为他无理的举动，将"用棍棒来惩戒他"。希尼治爵士于是反驳："这样的惩戒一点也不公平，若罗伯特·达德利伯爵冒犯了他，将会尝到他的剑有多利。但罗伯特·达德利伯爵却只回答，希尼治爵士不是他的对手，因此他会把惩戒的时间，延后到他认为适当的时机。"法国大使表示，希尼治爵士向女王告了状，让女王对莱斯特伯爵感到气恼不已，甚至向他发飙，"若因为她的宠爱，让他变得如此傲慢无礼，他应该尽快改正态度，否则女王能提拔他也能贬谪他"。"陷入忧愁"的莱斯特伯爵，接下来几天都关在房里足不出户，他这样的举动达成了预期的效果，让女王的怒气很快就变成了原谅。很快，威尼斯方面就出现了相关传闻，指出伊丽莎白女王想册封他为公爵，并嫁给他。圣烛节来了又走，女王这边却杳无音讯，很快大家就明白，伊丽莎白女王只是又使了她最著名的一招——拖延战术。

171

诺福克公爵依然决心要将莱斯特伯爵斗倒。表面上，两人都尽心尽力地想要维持友好，但两人彼此之间的憎意依然十分明显。因此当法国国王出于对嘉德勋章的感谢，准备要授予伊丽莎白女王的两位臣子圣米迦勒勋章殊荣，并且人选由她决定时，她提名了莱斯特伯爵与诺福克公爵，典礼时间就定在一月二十四日。

诺福克公爵怨恨莱斯特伯爵得到的一切荣耀，于是拒绝参加，经过女王多方说服才让他答应出席。典礼当天，诺福克公爵与莱斯特伯爵穿上了白色与黄褐色的天鹅绒礼袍，装饰着金色与银色蕾丝绲边，两人先在怀特霍尔宫的"大议事厅"等待，接着才前往进行授勋仪式的礼拜堂。在两人礼貌周到的外表下，憎恨的情绪已到达沸点。女王对此授勋仪式也意兴阑珊。在法国方面将这个勋章赠予达恩里勋爵后，女王便发现圣米迦勒勋章如此浮滥地发给了太多人，也降低了圣米迦勒勋章本身的价值。

典礼过后不久，诺福克公爵从塞西尔处听闻女王的宠臣完全忽视自己的诺言，依然持续追求行动，诺福克公爵于是去找莱斯特伯爵，坚持要他放弃任何一丁点儿想要娶女王的意图。除此之外，更重要的是，他必须支持哈布斯堡王朝的联姻计划。莱斯特伯爵同意尽可能地帮忙，但前提是不能让伊丽莎白女王觉得自己不喜欢她，这样她可能会"发女人脾气，毁灭他"。他非常信守承诺，真的跑到女王跟前，要求女王为了自己也为了国家着想赶快结婚，当然也可以阻止别人继续诬赖他阻挡女王的婚姻之路。

不久之后，伊丽莎白女王在一次与唐迪亚哥大使在怀特霍尔宫的私人花园散步时，因为莱斯特伯爵无私地要伊丽莎白女王为了英国尽快结婚而向大使出言盛赞。事实上，阻挡女王婚姻之路的，并不是她对莱斯特伯爵的私情，而是哈布斯堡王朝君主不答应她的条件。一月份，当马克西米连二世要求她放松条件时，她依然紧守底线，表示若自己嫁给一个不同信仰的男人，将会造成"千千万万个麻烦事"。

莱斯特伯爵真正的感受随后也浮出台面，当伊丽莎白女王沉醉在与欧蒙德伯爵的调情之中时，莱斯特伯爵生气了。他与女王吵了一架，什么目的也没达成，愤而离宫。诺福克公爵也离开了，一直在乡间待到九月。

莱斯特伯爵受够了。他厌倦了冲突与诡计，同时对于自己　172
因女王不婚而遭到的指控感到郁闷。人们以为他大大地影响了
女王的决定，但其实根本不是。他成为政府运作失当的代罪羔
羊，但政府运作成功时的归劳都归功于女王，与他无关。在他
离宫的那段时间，塞西尔与瑟洛摩顿爵士，为他提供国家与宫
廷内许多情报，他向塞西尔透露自己对于女王能好好结婚，一
点也不抱希望；瑟洛摩顿爵士则建议他远离宫廷，以免成为众
矢之的。他的确没有回宫的打算，对女王的脾气及女王要他演
出的累人的追求戏码也都倒尽了胃口。

* * *

一五六六年二月，达恩里勋爵听闻里奇欧总待在玛丽·斯
图亚特房中，和她进行"秘密活动"，而且还可能是她腹中那
未出世的孩子的父亲（这个传闻到了十七世纪初期依然广为
流传），再也受不了太太背叛自己的所有传言；同时他也不想
再忍受作个无实权的国王。于是他向身边的人清楚表明，自己
除了得到执政王权之外，什么也不要，若有人能协助他成功达
成目标，他就会竭尽所能地协助苏格兰新教。对于那些肆无忌
惮的苏格兰领主们而言，他们一致地讨厌里奇欧秘书的影响
力，希望他和达恩里勋爵远离苏格兰政治圈，而这个提议正好
让达恩里勋爵如同待宰的羔羊。看来年老体衰的拉斯文勋爵帕
特里克（Patrick, Lord Ruthven）与摩顿伯爵（Earl of Morton）
是主要共谋，但许多证据强烈显示他们只是挂名，来掩护背后
流亡的莫雷伯爵与反叛军的行动，而后者正暗中蛰伏，希望能
重新站上权力的浪头。

这些共谋的人决定在苏格兰女王的面前刺杀里奇欧：他们
知道玛丽·斯图亚特已经怀孕六个月，从而希望能因而伤害她

与未出世的孩子，让她变得无生育能力。在领主们表面上的支持下，达恩里勋爵便开始妄想自己被立为亲王，或者万一玛丽·斯图亚特死于生产过程，他就能成为摄政王，甚至取而代之坐上王位。无论玛丽·斯图亚特未来命运如何，他都认为自己将在苏格兰称王，就算她身心健全地在政变中存活下来，胎儿也未受伤害，叛党们表示，可以随达恩里勋爵高兴，将玛丽·斯图亚特囚禁在史特林城堡中。

但达恩里勋爵的同党们有其他的计划。他们想在时机确定的时候，演一出戏给玛丽·斯图亚特看，让她以为达恩里勋爵独自策划谋杀里奇欧的计划，而且还试图想要伤害她，以煽动玛丽·斯图亚特判他叛国罪——最终将处以极刑。这一石二鸟之计，将为他们一次除掉两个不受欢迎的眼中钉。

173　　托马斯·伦道夫在苏格兰宫廷中听到消息，于是在二月十三日通知了莱斯特伯爵：

> 我非常确定，现在的苏格兰女王对这场婚姻感到后悔莫及，她彻头彻尾地痛恨她的丈夫。我也知道，若宫廷中的谋反计划真的进行顺利，在女王丈夫的同意下，戴维·里奇欧十天内便会人头落地。更多令人悲痛的肮脏事，不断传进我耳里——甚至还有对付苏格兰女王本人的计划。

莱斯特伯爵并不想如实回报。尽管如此，塞西尔与英国枢密院也已经发现这个谋刺计划，也猜测出苏格兰女王将遭受的伤害。但一直到叛党行动之后，伊丽莎白女王才知道：三月六日，伦道夫便要求塞西尔通知女王谋反计划，但他的信件并未及时送达伦敦。

叛党们原定于三月十二日进行谋刺计划，但因担心伦道夫背叛他们，因而提前三天行动，以免伊丽莎白女王插手阻拦。一五六六年三月九日，拉斯文勋爵带着一批持械男子进入荷里路德宫，这时怀孕六个月的苏格兰女王玛丽·斯图亚特与阿盖尔小姐和里奇欧正在用膳，里奇欧虽身在女王面前，却并未依照礼俗脱下帽子。突然间达恩里勋爵、手持武器的拉斯文勋爵和一群人闯入房里，将女王推向一边，抓住了意大利籍的秘书里奇欧，里奇欧随即大喊："侍卫！侍卫！快救我，我的夫人！"同时一手抓住了玛丽·斯图亚特的裙摆。持械男子将他拉开，接着他被拖进隔壁房间，被以残忍野蛮的手段谋杀了，死时身上有五十六处刀伤。玛丽·斯图亚特被人强行压制以免她前去营救，后来她表示其中一名叛党，拿着上膛的手枪对着她隆起的肚子。当她询问达恩里勋爵为何做出"如此缺德的肮脏事"时，他破口回骂表示"这两个多月来，她陪伴戴维的时间比陪他还多"。

在震惊之中，苏格兰女王玛丽·斯图亚特被幽禁在房中，但接下来的两天内，她设法说服了她那不太聪明的丈夫，这群叛党接下来要谋杀的目标就是他。达恩里勋爵被吓得惊慌失措，背叛了所有参与谋刺计划的叛党人士，玛丽·斯图亚特随即明了，这场反叛行动真正的目标是她。三月十一日子夜，苏格兰女王夫妇从后方的阶梯悄悄离开，穿过仆人们的住处逃离了皇宫，跨上马，飞也似的在夜里穿梭了二十五英里，终于抵达敦巴。

苏格兰女王在敦巴决定为里奇欧之死复仇，于是召集了八千人的军队反攻爱丁堡，终于在三月十八日重新夺回首都控制权。然而叛党们早已逃离爱丁堡，并且热血沸腾地准备报复达

174

恩里勋爵的背信弃义。不久之后，玛丽·斯图亚特便发现达恩里勋爵涉入里奇欧之死的程度甚深，夫妻两人之间的短暂的和解至此戛然而止。两人的感情至此破裂，玛丽·斯图亚特将达恩里勋爵排除在所有政务之外。尽管他仍住在宫中，但总被视为一个乖戾愠怒又危险的麻烦人物，而且持续受到监管，以免他又涉入任何阴谋中。

当玛丽·斯图亚特从敦巴寄出一封充满情绪与画面的信件，通知伊丽莎白女王里奇欧之死与达恩里勋爵涉案的情事时，伊丽莎白女王对玛丽·斯图亚特遭受的一切磨难，感到十分惊恐。伊丽莎白女王将玛丽·斯图亚特的一幅缩小画像挂在腰间，召见了唐迪亚哥大使，花了整整一个小时与他讨论这件邪恶的事情，她告诉唐迪亚哥大使："若我是玛丽·斯图亚特，我一定会拿起丈夫手中的那把剑刺向他。"她随即想起自己谈论此事的对象是唐迪亚哥大使，于是很快地加上一句，自己绝对不会这样对待查尔斯大公。

返回爱丁堡后，玛丽·斯图亚特发现莫雷伯爵表示愿意协助她。她在危险中的表现让莫雷伯爵大为激赏，莫雷伯爵花了一番工夫说服她，自己站在她那一边。她让莫雷伯爵重回议事厅堂，在她怀孕后期，莫雷伯爵渐渐地成为苏格兰实际上的统治者，也让自己能与伊丽莎白女王匹配。苏格兰贵族们不想再与达恩里勋爵啰唆，毫不掩饰他们对他的轻视。

苏格兰发生的恐怖事件，让伊丽莎白女王为玛丽·斯图亚特感到十分忧心，于是要她放下双方歧异，因此有一段时间，两位女王间的关系大有进展。两位表亲再度鱼雁往返了一段时间，伊丽莎白女王扮演较年长、较有智慧的姐姐角色，提供许多宝贵意见，同时也为玛丽·斯图亚特祈祷，希望她生产时经历短暂痛苦获得甜美果实。"我，"她表示，"也'怀着'极大的期待，盼望听到好消息。"玛丽·斯图亚特充满感激之情，于是献给伊丽莎白女王一个最大的荣耀，询问她是否愿意当孩子的教母。

玛丽·斯图亚特对这位"最亲爱的姐妹"如此努力促成她的愿望十分感激，英国王位继承问题的紧张情势，似乎也减缓不少。在玛丽·斯图亚特的眼里，查尔斯大公是最适合表姑的配偶人选，于是热切地为联姻计划背书。

＊　＊　＊

伊丽莎白女王与莱斯特伯爵的冷战只维持了两星期：一如往常，女王无法忍受没有他的生活，到了三月底，因为"讨厌"他不在的日子，女王派了一位侍女桃乐丝太太，前去告诉他："你那轻率的举动影响了她，女王陛下因你长时间不在而变得苛刻。"四月一日，莱斯特伯爵便重返宫廷，在伊丽莎白女王表示再也不让他离开自己身边后，两人再度和好。

塞西尔暗自说服自己，要让女王对宠臣的感情顺其自然，他努力调整心情，接受女王可能嫁给莱斯特伯爵的结果，但他自然对这样的发展不太满意，不只是他的个人因素，还因为他深深相信，两人成婚无法为英国带来任何益处。四月份时，他着手制作了一张图表，将莱斯特伯爵与查尔斯大公做比较，在每一个评比的项目中，莱斯特伯爵几乎都输：他出身平凡家庭，在"财富、受人敬重的程度与权力"上，他样样都无法为这段婚姻加分；他与前妻并未生子，他可能也无法生育。这可能是"一段充满色欲的婚姻"，这样的婚姻始于放荡将终于伤痛。查尔斯大公"受人尊崇"，而莱斯特伯爵则"受许多人唾弃，还因前妻之死蒙羞"。若他娶了伊丽莎白女王，"世人

175

将认为有关伊丽莎白女王与莱斯特伯爵之间的流言蜚语都是真的"。

就如以往在信件中的坚决般，塞西尔总认为这些流言是错误的；他也深信，时间一久，伊丽莎白女王将会接受与哈布斯堡王朝的联姻，他总是在心中祈祷，神会将她的心导向这个方向，否则她统治之下的英国将充满麻烦、不平静。

然而莱斯特伯爵并未在宫中待太久。他与女王之间依然冷淡，传闻甚至指出，女王打算免去他骑士统领之职责。到了四月底，女王让莱斯特伯爵前往诺福克郡的庄园，但莱斯特伯爵这次的离开，并未获得女王的善意对待，女王写了一些尖酸刻薄的责难，但相关证据至今已荡然无存。震惊不已的莱斯特伯爵转而告诉瑟洛摩顿爵士：

> 我收到了你（的信件）和另一封向来能带给我极大安慰的信，但现在我也不知道该如何区分这些音讯。若能在我身上找到任何起因，便是我活该，我愿面对更糟的惩罚，然而没有任何人能坚持像我一样离错误如此遥远，我非常清楚，自己绝无犯错：我从未刻意冒犯。人总会犯错；我只希望那唯一最重要的人能原谅——是的，遗忘——我。若长久以来的服侍与多年的表现，仍不能证明坚定不移的忠诚，我又该如何相信过去的这些宠信，一时的错误就毁去了过去建立的一切吗？

176　　他实在太过沮丧，甚至表示："我现在只想蜷缩在一个被遗忘的洞穴角落，或可以长眠的坟墓中。"

女王再一次将他召回宫中，他不耐烦地回去，但女王想与他和解，不久后，他又再度回到最受宠的位置。

　　五月份，伊丽莎白女王总算同意，派遣塞西尔的妻舅汤玛士·丹奈特（Thomas Dannett）前去奥格斯堡与哈布斯堡王朝君主斡旋，女王表示若哈布斯堡王朝君主同意让查尔斯大公访英，他与女王之间的婚姻协商，就再也没有任何阻挠。然而马克西米连二世依然执著于宗教问题，于是原本计划赠予其嘉德勋章的伊丽莎白女王，决定在对方态度软化前延后赠予计划。

　　丹奈特特使也在维也纳见到查尔斯大公本人，并向女王回报大公本人殷勤有礼、友善可亲、变通不守旧、博学多闻、十分得人心，也非常喜欢户外运动；曾得过天花而幸存，但天花并未减损他的帅气。"身为一个男人"，他显得"十分俊俏，长相好看，体格健美，腰围小，胸围宽阔；尽管穿着全副服装，依然看得出大腿与小腿比例完美"。尽管"有一点伛偻"，他骑马时依然挺拔。唯一的缺点是对宗教信仰虔诚，可能永远也不会改变自己的信仰。丹奈特特使希望女王对查尔斯大公私下参与弥撒仪式"睁一只眼闭一只眼"，但女王却固执地拒绝了。丹奈特特使一直在奥地利待到八月，徒劳地等待女王改变心意，但他却只等到女王要一张画像的要求。

＊　＊　＊

　　六月十九日，在戒备森严的爱丁堡城堡中，苏格兰女王玛丽·斯图亚特经过漫长又痛苦的生产过程，终于产下一个健康的男婴詹姆士，也大幅增加了她继承英国王位的可能性。从此她对英国王位的企图，不再只是为了自己，还为了她的儿子。

　　数十年后，詹姆士·梅尔维尔爵士的回忆录引用了一个来源不明的故事，指出伊丽莎白女王对詹姆士出世的反应。对于当时的她，梅尔维尔爵士表示："展现出极大的欢乐之情，在晚膳后开心跳舞。"六月二十三日，当塞西尔悄悄地告诉她这个消息，"听闻消息后，她悲怆地跌坐，猛然对着侍女们大喊，苏格兰女王已经是个男孩的妈了，而她却只是个不会下蛋的母鸡"。但梅尔维尔爵士并未亲眼见证此事，仅表示自己是听闻宫廷中的朋友转述，但当时他却未记录下来，现代也未有当时留存下来的相关证据以资证明。而梅尔维尔爵士向玛丽·斯图亚特转述伊丽莎白女王的反应时，仅表示王子的诞生"让女王陛下感激不已"。事实上，在梅尔维尔爵士抵达之前，塞西尔便已先行告知女王此消息，而唐迪亚哥大使则称："女王对于新生儿的诞生显得相当高兴。"

伊丽莎白女王确定告诉梅尔维尔爵士的，是她"已经决定要（在王储问题上）满足苏格兰女王，于此，她相信是她这个好姐妹应得的，因此她打从心底，希望这个问题能以此方法决定"。詹姆士王子的诞生，伊丽莎白女王强调，一定可以"刺激议员们"在下次的议会开议时解决这个问题。玛丽·斯图亚特闻此自然欢欣不已，信心满满地期待正式被立为伊丽莎白女王的王储。根据梅尔维尔爵士的记载，莱斯特伯爵、潘布鲁克伯爵、诺福克公爵和许多朝臣，都支持由玛丽·斯图亚特继承伊丽莎白女王的王位。

塞西尔知道玛丽·斯图亚特正利用她的权力，使尽绝招要让伊丽莎白女王言听计从。他派出的一名间谍，在那年夏天时回报，透露玛丽·斯图亚特曾向宫廷顾问表示，她想要得到英国天主教贵族的支持，在英国诸郡建立权力基础，尤其是旧宗教信仰根深蒂固的英国北部。"她计划要在爱尔兰兴战，让英国因此忙得不可开交；然后她要备一支精兵，由她挥师英国；进入英国的那一天，就是她准备登基为女王的一天。"塞西尔对这一类报告的真实性，一向抱持着质疑的态度，他老早知道玛丽·斯图亚特与英国天主教徒间的联系，而且他派出的密探也表示，这些人都听任她的差遣。只是他认定玛丽·斯图亚特主要的目标是继位，而非篡位。听闻此消息，伊丽莎白女王迅即派遣亨利·奇里格鲁爵士（Sir Henry Killigrew）前去警告玛丽·斯图亚特，千万不要为了强行取得继位资格，煽动支持她的英国臣民。

但在当下，玛丽·斯图亚特还有更重要的事情要处理，其中最重要的，就是在苏格兰建立稳定的政府。她的丈夫也是一大问题。玛丽·斯图亚特与达恩里勋爵间的关系已降到冰点。他们极少一同进餐，也不再同床共枕，尽可能地避免两人共处。八月时，贝福德伯爵向枢密院回报，"根据回报，有关女王对他的批评，实在不符合女性的端庄与女王的尊贵。"

达恩里勋爵出言恐吓，表示自己要搬到国外定居，这对玛丽·斯图亚特来说，是非常不堪的责难，她十分恐惧这件事。到了十月份，梅特兰大使已经发现，玛丽·斯图亚特对于与他共度一生的想法已然绝望。

＊　＊　＊

八月，丹奈特特使沮丧地自维也纳返英，哈布斯堡王朝联姻协商似乎已然走入死棋状态，伊丽莎白女王则大费周章地向哈布斯堡王朝君主表示，这一切都与莱斯特伯爵毫无关系，"因为英国宫廷上下，没有任何一个人像他一样，对这个联姻计划如此倾心着迷，也没有任何一个人像他一样，努力要我们也有一致的目标"。

到了秋天，伊丽莎白女王决定派萨赛克斯伯爵前去维也纳，表面上将嘉德勋章献给哈布斯堡王朝君主，事实上却是要说服对方答应她的要求。此时，她已开始抱怨"查尔斯大公的聘金"太少，相关议题与其他事项的争议，让萨赛克斯伯爵延后好几个月才离开英国。马克西米连二世则提醒伊丽莎白女王，"应该是未来的太太要送给丈夫嫁妆及结婚礼物才对"。伊丽莎白女王的行为，证实了他的疑虑，使他认定伊丽莎白女王"认为只要在某方面和某些角度上使出拖延政策，便可以得到好处"。

178

伊丽莎白女王于八月份离开格林尼治开始了一年一度的出巡，途经北安普敦郡，前往曾为灰衣修士兄弟会的斯坦福时，女王并没有到附近的塞西尔家做客，因为他的女儿正患天花。接着女王抵达牛津郡，住在古老的伍德斯托克宫中，也就是在玛丽女王在位期间她曾被软禁的地方。在这里她走出随从队伍与许多学者见面，他们出城来护送女王进入牛津城，市长、市府参事与各级学者也表达诚挚的欢迎，甚至还有人大喊："女王万岁！"

她以拉丁文向他们致谢，接着以希腊文发表皇室演说，接着在《感恩赞》的乐声中参加了基督教会礼拜式。然后热热闹闹地在大学城中进行巡视，公开演说，参与辩论，聆听布道、课堂授课与戏剧等活动。伊丽莎白女王最喜欢的，是由理查德·爱德华兹（Richard Edwards）撰写，现已失传的骑士的故事《派拉蒙和阿色提》（*Palamon and Arcite*），但这次演出发生了舞台倒塌的悲剧，导致三人丧生，超过五人受伤。伊丽莎白女王赶紧派出她的御医前往救治伤者，并且下令接下来的表演都延后到隔日，她还于是日亲自感谢理查德·爱德华兹带来的愉快体验。

在圣约翰学院，日后以天主教的烈士而闻名的艾蒙·坎庇恩院长（Master Edmund Campion）告诉女王："无论您做什么，想些什么，女王陛下的身边总如有神助。"伊丽莎白女王笑了起来，并转向莱斯特伯爵，表示这指的就是他。莱斯特伯爵身为学校校长，为女王此行做东，而走访剑桥大学之行，则是另一位校长塞西尔做东。

在她离开前最后一次露面时，伊丽莎白女王用拉丁文演说了自己撰写的讲稿，同时疾呼她希望学习风气滋长，这个说法广受好评。当女王离开牛津时，学生与学校人员跟着她的队伍走到城外两英里处。其中一人安东尼·伍德忆道："她那和蔼、友善又高贵的举止，在学者们的心中留下深刻印象，让他们争相效法。"

伊丽莎白女王此次出巡，原计划前往莱斯特伯爵的凯尼尔沃思城堡一访，但宫廷流言却称两人即将宣布订婚，伊丽莎白女王因而警觉气氛不对，于是决定取消访问行程。然而莱斯特伯爵仍要说服她改变心意，她便真的前往凯尼尔沃思城堡了，莱斯特伯爵费心改造的全新城堡也让她印象十分深刻。

179

* * *

这一年秋天，因皇室经费短缺，伊丽莎白女王不得不召开国会，但让她恼火的是，此时的国会开议只让议员们对继位问题旧事重提，而到了这个节骨眼，继位问题已然成为女王与大众之间的敏感议题。近来英国国内突然出现许多书册，为凯瑟琳与玛莉·格雷姐妹继位背书，而一名国会议员莫利纽克斯先生（Mr. Molyneux）竟大胆建议，再度采用之前上书女王的请愿书。在场的枢密院成员匆忙阻止他，但下议院坚持马上解决这件事情，并着手准备召集上下议院再度向女王请愿。

有人事先告知了伊丽莎白女王，于是她下令要塞西尔向国会表示："只要有贵族愿意，她便点头嫁。"但此时"触碰继位问题的底线，对女王来说是非常危险的事情，此时仍不宜作相关讨论"。然而上下议院仍坚持到底，尤其是下议院大胆地拒绝通过王室特别津贴，除非女王先解决王位继承相关问题。

王室的女主人对此感到愤怒异常，并且告诉唐迪亚哥大使，她绝不会让国会插手此事。为了人民的福祉，她一定要得到王室特别津贴，国会应以慷慨殷勤的态度投下赞成票。唐迪亚哥大使则认为，若伊丽莎白女王真想结婚，一定不会出现这些恼怒情绪。女王却回答，她非常清楚这回事，一周内便会写信给哈布斯堡王朝君主，"明示自己倾向接受这段联姻"。唐迪亚哥大使知道伊丽莎白女王又在虚张声势，毕竟马克西米连二世并未放松他的条件，而数月来，两国间的协商也早已步入僵局，但他一句话也没说。

十月二十一日，上议院一名代表在谒见室等待女王，盼能提醒她重视王朝的未来，同时也要求她尽快决定继位人选。伊丽莎白女王原本不想接见他们，但却遭到莱斯特伯爵劝服，女王对于上议院被下议院说动支持下议院的危险举动，感到怒不可遏，并且提醒他们，在她父亲在位的年代，下议院可不敢如此造反。至于上议院若想恣意而为，那她也一样。

三天后，上议院果然照着女王的指示去做，与下议院站在同一阵线。女王暴怒不已，对诺福克公爵用了非常强烈的字眼，对着他咆哮，指他简直没比叛国贼好到哪去。潘布鲁克伯爵试图为诺福克公爵开脱，她却说他听起来像个爱吹牛的士兵。莱斯特伯爵是下一个遭殃的。她哭着表示，就算全世界背弃她，她依然认为他不会这么做。

"我愿死在你的手上。"他许下誓言。

"那和这件事有什么关系？"她大声反驳。

然后轮到了北安普敦侯爵。

"在你来兜着圈子跟我谈婚姻大事前，"她警告他，"你最好先想好，你那令人愤慨的离婚事件与新婚妻子有什么好理由！"说完后，女王拂袖离开了会议室去找唐迪亚哥大使，现在他已经是她最好的朋友了。根据他的记载，伊丽莎白女王最气的是莱斯特伯爵，并且针对这忘恩负义的家伙，征询唐迪亚哥大使的意见，毕竟她过去对莱斯特伯爵如此宠信，这一刻她感到自尊受伤。于是她下定决心抛弃他，让查尔斯大公能顺利访英。随后莱斯特伯爵与潘布鲁克伯爵则因发现自己被排除在谒见室之外，感到十分气愤。女王则不断抱怨，所有的贵族"都在与她作对"。

她对顽固强硬的下议院议员，应也说了类似的话，下议院团结一气，决心在女王同意他们的要求前，拒绝参加任何政府运作相关事宜。伊丽莎白女王气愤难平地向唐迪亚哥大使表示："不知道这些恶魔想怎样！"

"妥协让步有损女王陛下的尊严。"他如此提议。

但这件事无法如以往般善了，伊丽莎白女王心知肚明。因此她将上下两院的三十位代表召进怀特霍尔宫，但她想要亲自透过这个场合说明，因而拒绝两院议长陪同。她几乎完全没控制脾气，开宗明义直指"下议院这些放肆的人"根本是在"策划谋反"，并将她反对公布继位人选的所有理由再度演述一遍，同时因为上议院在如此愚蠢的议题上支持下议院，女王也出言大加讽刺。

180

难道我并非生于这个王国内吗？难道我的父母不是吗？我的家国不就在这里吗？我招惹了谁？我又让谁吃了亏？自从上任后，我统治的功绩如何？只有妒忌折磨我。我不需要说太多，我的所作所为不证自明。我早已允诺会结婚，为了个人的名誉，我也绝不会破坏君主公开许下的承诺。因此我再度重申，只要时机适当，我一定会尽快成婚，当然我也希望自己能有孩子，不然我绝不结婚。

对于继位问题，她继续阐述：

181

在你们之中，从未有过任何一人与我一样，尝过身为备位君主的滋味，或是被自己的姐妹仇视的滋味——我始终感谢上苍让我活到现在！在今日的下议院中，有许多人在我姐姐在位时，曾恶意将我纳入他们谋反计划的一部分。若非我高贵的情操，他们无赖的行为早该公之于世。我绝不容许继位者再面临那样的压力。

继位问题并不简单，"对英国与我都充满了危险。统治者总尊崇达观的人，但我要的是如天使般虔诚的人，就算成为备位君主，也绝不想篡位"。

她坚定地责备议员们的莽撞：应将继位问题，留待她——国家的统治者、"诸位的统治者与领袖"来决定，"以下犯上是极端荒谬的事情"。她只想要说，当她确定不会危及自己时，便是确立王储的最佳时机。

至于这些反抗她的臣子们，她希望这次事件的煽动者能及时悔悟，并公开承认自己的错误。

至于我自己，我重视的并非生死问题，毕竟人都会死，尽管我是个女人，但我与我的父亲有一样的勇气，承担起王者的责任。我是你们最神圣的女王。我绝不会因为任何暴力胁迫而做任何事情。感谢上苍赋予我这些能力，就算我离开了这个王国，也能在任何基督教国家生存下来。

女王这番激烈的发言也许暂且让上议院的态度和缓下来，然下议院却不为所动。当塞西尔在下议院宣读经由他修改的女王演说时，只得到一片静默。三天后，有更多人要求向女王请愿。到了此时，伊丽莎白女王已经受够了下议院的反抗，在十一月九日这天，在女王的命令下，弗朗西斯·诺利斯爵士"宣布女王陛下向议会下达命令，禁止各级议员再兴争议，并接受女王陛下对婚姻的承诺"。

此举引发骚动：国会议员们对伊丽莎白女王高压的态度感到不满，并将女王的行径视为"对议员惯常的法理自由"的侵害，对于议员们试图侵犯她的特权，女王则感到愤怒不已。是年十一月十一日，伊丽莎白女王召见下议院议长，并要求他对下议院议员施压，"他收到女王陛下的特别命令，禁止再针对此事进行相关讨论"。

然而下议院议员们铁了心肠不愿服从。是月底，伊丽莎白女王便知道自己被议员们控制了，他们依然未通过她急需的款项，既然她依然不愿配合，显然议员们也不会听话。她可以选择放弃她非常需要的款项，进而解散国会，也可以选择妥协。这场纷争从原本的继位问题争议，已然转变为王权与国会之间的特权之争，而女王并不想针对这敏感议题与国

182

会一决高下。于是她聪明地停止反抗，勉强让国会成员自由讨论继位问题，才终于获得她急需的款项三分之一。下议院对此感到狂喜又欣慰，甚至因而同意在不讨论继位问题的基础上，马上通过皇室特别补助款法案。然而国会议员却在法案前言，试图加上女王体现结婚的承诺，女王寒着脸看着呈在她面前等待批准的草案，在周围潦草地涂写："我不知道为什么个人对王国的未来走向，会成为补助款项草案的前言；我也不能理解，在我未许可的状况下，为何有人敢如此大胆无畏，无视我的话！"

随后前言中的条款被慎重地移除了，留在草案中的，只剩下一段简短的话，提及国会诚心希望未来继位问题能尽快解决。此事当然也使玛丽·斯图亚特的希望破灭，她一直期待英国国会能批准她的继承权。

一五六七年一月二日，伊丽莎白女王解散了早已学乖的国会，讽刺地告诉国会议员们："小心将领导者的耐心消耗殆尽，因为我已经耐心尽失！请将我的惩戒谨记在心，避免更痛苦的打击，也请让我安慰你们沮丧的灵魂。至少我对你们是史上罕见的和善领导者。"

伊丽莎白女王表现得仿佛自己赢了一城，但塞西尔却指出她根本是个输家，他给了女王一份备忘录，上面列举出女王身为领导者并未达成的所有责任："继位问题悬而不决，婚姻问题无解，危机接踵而来，整个王朝世代迷失方向。"

* * *

一五六六年十一月，玛丽·斯图亚特与许多宫廷顾问讨论摆脱达恩里勋爵的方法，但却成效不彰。两人的婚姻无法宣告无效，因为那会导致儿子詹姆士的合法性堪虑。部分贵族则希望她以叛国罪之名逮捕达恩里勋爵，但她对此却十分犹豫，因为各国使节已抵达苏格兰，准备参加詹姆士王子的受洗大典。如此奢华的天主教圣典，也是苏格兰的最后一次，十二月十七日在史特林城堡正式举办。伊丽莎白女王成为詹姆士王子的教母，并派出贝福德伯爵代表参加，他带来伊丽莎白女王的礼物，一枚纯金的洗礼盘，上面有精致的雕刻再涂上精美的涂瓷釉。但这个洗礼盘做得太小了，伊丽莎白女王觉得应该道歉，于是解释自己不知道小詹姆士竟然长得这么大。至于怒气腾腾的达恩里勋爵，出于怨恨，并未参加儿子的受洗大典。

受洗大典之后，贝福德伯爵带上女主公的另一个口信，那是个令人欢喜的消息，伊丽莎白女王已然允诺扫除任何阻挡玛丽·斯图亚特继位的法令，希望换得玛丽·斯图亚特许下在伊丽莎白在世期间绝不图谋篡位的承诺。　　183

玛丽·斯图亚特此时则开始仰赖玻斯威尔侯爵詹姆士·赫本（James Hepburn, Earl of Bothwell），他在敦巴的城堡是玛丽·斯图亚特在里奇欧秘书遭谋杀时的避难所。他也在敦巴城堡召集了自己的支持者与女王的支持者，一同返回爱丁堡取得胜利。曾有当时人形容玻斯威尔侯爵为"鲁莽危险的年轻小伙子"，但他在短暂旅居法国时学得有教养的态度，则掩饰了他那无情无耻的性格。他是个新教徒，最近刚与善良正直的珍·高登小姐结婚。但珍·高登小姐无法助他登上王位，从此称王的妄想，就成了他追求苏格兰女王背后最大的动力。

玻斯威尔侯爵如此受到女王青睐，自然也招致同侪妒忌，贝福德伯爵则记述道："他的影响力之大，就连戴维·里奇欧都未受到如此深的厌恶。"

十二月二十四日，达恩里勋爵离开了苏格兰宫廷，去格拉斯哥找他的父亲莱诺克斯伯爵马修·史都华，而玛丽·斯图亚特则正式原谅了杀害里奇欧的嫌犯。显然她正在努力寻求摆脱丈夫的方法，是月，她也在克雷格米勒城堡一次贵族会议中，向梅特兰大使如此透露。

"女王陛下，请让我们来解决此事，如此一来您的恩典必不受辱，并受国会支持。"他真诚地表示。

"没有什么事能污染我的名誉与良知。"女王坚持着。然而在那次会议中，玻斯威尔侯爵与其他贵族，首度试图谋杀达恩里勋爵，但历史上并未留下证据证明玛丽·斯图亚特知情，或同意此事。

冬日来临，达恩里勋爵生病了。皇室消息指出他得了天花，但历史证据看来比较像是梅毒。无论他生了什么病，那都让他衰弱不已，不得不卧床。

但玛丽·斯图亚特与伊丽莎白女王之间的关系，正在走上坡。"我们总希望能以理想的公正性，来带给您好印象，因此得到您珍贵的友谊。"一月份，苏格兰女王写了这样一句话给她的表姑。但两国间脆弱的友好关系，很快便陷入无法挽回的崩毁中。

* * *

一月二十日，因为担心丈夫在苏格兰西部造反，玛丽·斯图亚特无奈地前往格拉斯哥找她的丈夫，说服他一同返回爱丁堡。她的态度是如此热切，并且允诺只要他身体好起来，她将以妻子的身份待在他身边。在苏格兰首都，玻斯威尔侯爵正等着迎接王室男女主人，并带领他们前往玛丽·斯图亚特的行宫柯克欧菲尔德，达恩里勋爵决定在此住下，不愿前往玛丽·斯图亚特提议的克雷格米勒城堡。柯克欧菲尔德最著名的就是清新的空气，位于城墙外一处山丘上，可远眺牛门街，周围则是美丽的花园。现今的爱丁堡大学评议会厅就是达恩里勋爵当年居住的受禄牧师之屋。楼下则有一个女王的房间，女王常前往探望，甚至在他生病痛苦时会在屋里陪他。

这一年一月，玻斯威尔侯爵与摩顿伯爵见面，再度着手策划谋杀达恩里勋爵计划，但这两位爵爷随后都否认涉入此案。玻斯威尔侯爵詹姆士·赫本也与亲人讨论谋刺达恩里勋爵的事。尽管没有证据显示玛丽·斯图亚特知情，然而当时的许多人都认定，当初她就是在玻斯威尔侯爵的建议下，将达恩里勋爵接回爱丁堡。

在达恩里勋爵返回爱丁堡的第一夜，玛丽·斯图亚特与他促膝长谈、玩牌，装作一个乖巧的好太太。达恩里勋爵的父亲莱诺克斯伯爵马修·史都华后来表示，当他前往爱丁堡拜访儿子时，发现儿子变得十分悲惨，急需他人的陪伴与安慰，且仅能从赞美诗中得到慰藉。

二月八日，玛丽·斯图亚特终于宣布愿意核准《爱丁堡条约》，隔天苏格兰特使便出访英格兰。当晚，玛丽·斯图亚特原想在柯克欧菲尔德陪伴达恩里勋爵，但随后又想起，自己答应要参加在荷里路德宫的一场结婚化装舞会。她温柔地与丈夫道再见，在他手里放了一枚戒指作为爱的证明，借着在火把的照明与随从浩浩荡荡地离开了柯克欧菲尔德。

11 危险人物

一五六七年二月十日凌晨两点，爱丁堡市区传出了猛烈的爆炸声响，许多人仓皇来到柯克欧菲尔德宫，却只看到无情的火焰将柯克欧菲尔德宫烧成灰烬，而在果园中则找到身上仅着睡袍的达恩里勋爵与他的随从泰勒的尸体。两人颈上的痕迹显示皆系被勒死：两人显然并非因爆炸而死，爆炸可能只是为了摧毁谋杀的相关证据。许多人认为，达恩里勋爵可能感到不对劲，与仆人一同离家察看，结果在外头遭到攻击。一名年老的邻人曾听到他呼喊："兄弟，可怜我吧！以怜悯所有人的神之名！"在爆炸声响过后，第一个跑到街上的人是威廉·布雷艾德队长，他是玻斯威尔侯爵的人，随后他遭到逮捕，但他发誓自己只是在附近与朋友把酒言欢。

苏格兰女王当晚也被爆炸声惊醒，当她听闻达恩里勋爵死亡的消息，表示感到震惊与恐惧，并矢言以最快的速度揪出杀夫凶手加以严惩。她同时也认定这个凶手的目的，也是杀害她：若她未前往荷里路德宫参加婚礼，便可能惨遭不测，于是她一点时间也不浪费，随即着手撰写信件给各国皇室，宣布自己"奇迹般"死里逃生。

达恩里勋爵毫无疑问是遭到谋杀：许多人都有陷害他的动机，他的死也让许多人有机可乘。其中最主要的就是女王，她早已不爱达恩里勋爵，而且想方设法要亲自除掉他。她也认为达恩里勋爵有不良企图，最近她甚至向詹姆斯·毕腾大主教（Archbishop James Beaton）抱怨，丈夫企图绑架儿子统治国家。

玻斯威尔侯爵也想害死达恩里勋爵，这样他才有机会迎娶女王，统治苏格兰。他是一个"夸大自负的人，有着难以想象的骄傲、凶恶与虚荣，为了自己的野心，什么事都做得出来"。这是当时的一位人士对他的形容。 **186**

还有其他苏格兰贵族，也都十分厌恶达恩里勋爵，在里奇欧死后，这些贵族人士总认定达恩里勋爵背叛了他们。对疑犯的推论，甚至衍生到对苏格兰有非分之想的外国贵族：包括天主教领导者菲利普二世、查理九世与罗马教皇，他们都不希望看到达恩里勋爵的丑闻糟蹋了天主教的风气。相反，伊丽莎白女王则急切地想要在苏格兰扩展新教优势，尽管有莫雷伯爵主导，但达恩里勋爵依然是个障碍。

但对苏格兰与欧洲各地的贵族来说，多数人都认为证据指向玻斯威尔侯爵，而且很快就牵连到玛丽·斯图亚特。

二月二十四日，伊丽莎白女王即将收到来自苏格兰卧底的回报，指出达恩里勋爵之死的背后，比起官方公布的说法有更邪恶的动机，于是伊丽莎白女王从怀特霍尔宫非常紧急地写信给玛丽·斯图亚特。取代以往信件"亲爱的姐妹"的开头，她写道：

女士：

听闻你的前夫遭到令人毛骨悚然又恶劣的手段残杀，让我连耳朵都竖直了，我的心也在颤抖，他是我们共同的表亲，让我难过得几乎无法提笔写下此信；但我仍无法隐藏，自己对你的怜悯多于他的事实。我希望能协助我那信仰虔诚的表侄女与挚友，因此我得叮咛你保持你的傲气，千万不要如多数人说的一样，动手报复那些对你坏的人。我必须规劝你，给你忠告，我请求你将我的话放在心上，未来碰上了任何困境，你便将不致恐惧。我热切地写下此信，并非质疑你，而是出于情感所趋。

法国王太后凯瑟琳·梅迪奇则向她周遭的人表示，玛丽·斯图亚特能摆脱那傻子，简直就是天降的福气，但同时提醒她的前儿媳，若她不尽快找出凶手并加以严惩，法方将视它为污点，并成为她的敌人。

玛丽·斯图亚特积极想要摆脱与此案的关联，下令展开调查，但目击证人具结书都在可疑的情形下节录，甚至有人受到刑求。若同父异母的妹妹遭到推翻，莫雷伯爵便有可能坐上苏格兰王位，他负责统筹这些文件，因此这些证据全都不足采信。玛丽·斯图亚特可能是因为当时健康情形不佳因而变得优柔寡断，在达恩里勋爵死后几周内，也不愿主动对抗那个出现在爱丁堡的匿名公告中被指控为杀人凶主嫌的玻斯威尔侯爵。

达恩里勋爵的父母则陷入极度的痛苦中，不只因为儿子之死，还因为女王对于将罪犯绳之以法，似乎兴致缺缺。伊丽莎白女王将忧郁的莱诺克斯伯爵夫人从伦敦塔中释放出来，并将她交由理查德·萨克维尔爵士（Sir Richard Sackville）照料。唐迪亚哥大使则透露，莱诺克斯伯爵夫人一口咬定，玛丽·斯图亚特"某种程度上一定插手此事"，这都是为了"替她那个意大利秘书报仇"。莱诺克斯伯爵则成功地对玛丽·斯图亚特施压，私下起诉玻斯威尔侯爵谋杀达恩里勋爵，但在一次开庭中证人们因受到恐惧都不愿出席，最后玻斯威尔侯爵在四月十二日遭到无罪释放。

四月二十四日，再度从病中康复的玛丽·斯图亚特，前往史特林探望儿子后返回爱丁堡。玻斯威尔侯爵莽撞又不顾两人的声誉地——但也有可能是在玛丽·斯图亚特同意与事前知情的状态下，因为她拒绝其他人的援救——绑架了她，并将她带往敦巴，并"蹂躏"了她，以此确保玛丽·斯图亚特无法拒绝与他结婚的请求。

在绑架案过后不久，英国的格雷男爵（Lord Grey）带着口讯来访，要告诉苏格兰女王，对于她无法将杀夫凶手正法，反而展现出支持的意味，伊丽莎白女王感到"十分困惑"，"仿佛就如坊间传言般涉入此般罪行"。玛丽·斯图亚特当时被软禁，自然没有接到这个口信。当伊丽莎白女王听闻玛丽·斯图亚特委身于玻斯威尔侯爵时，感到惊愕万分。

六月三日，苏格兰教会因玻斯威尔侯爵与妻子的一名侍女通奸，因而将他逐出教会，同时也宣布他的妻子可合理离婚。此举也让玻斯威尔侯爵得以迎娶玛丽·斯图亚特。五月十五日，两人在荷里路德宫以新教仪式成婚。在那之后，玛丽·斯图亚特曾声称自己别无选择，但许多人认为她行为堕落，因而断定她与玻斯威尔侯爵联手谋害了达恩里勋爵。

伊丽莎白女王对玛丽·斯图亚特的举止深感遗憾，这次与她在艾咪·达德利疑遭谋害时的处理态度大相径庭，在一封写给玛丽·斯图亚特的信件中，她劝道："女士，我们的友情以成功来维系，但逆境乃真正友谊之试金石，因此我必须说这些话。"她知道玛丽斯图亚特再婚的消息，于是说：

坦白告诉你，我们感到非常遗憾：你怎么会做出如此错误的选择，在如此仓促之下嫁给一个臣子，他除了各种恶名昭彰的缺点外，公众也将你前夫之死怪罪于他，尽管我们知道他侵犯了你，但我们都知道这是他的错。而且你嫁给他是件危险的事，毕竟他还有个合法的妻子，但你们两人却没有合法的子嗣！

188

你可以无视我们的看法，但我们深感抱歉，无法抱着更好的想法。我们将诚挚地致力于运用各种力量，将任何与贵国臣子为敌的凶手绳之以法，无论你与他之间有多亲密，接下来你都应该小心你的儿子詹姆士王子，保护他就是保护你自己与你的王国。

伊丽莎白女王向伦道夫表示，她"非常不欣赏苏格兰女王的作为，因为实在是太厌恶，因而为她感到羞耻"。而且伊丽莎白女王不支持这段婚姻，还有其他的原因。伦道夫一直以来总不断提醒伊丽莎白女王，"相较起任何人，玻斯威尔侯爵绝对是英国永恒的敌人"。伊丽莎白女王忧心，若满足了他的野心，他可能会煽动玛丽·斯图亚特与英国作对。贝福德伯爵也因此下达指示，"安抚"所有"痛恨玻斯威尔侯爵坐大"的苏格兰贵族。

婚礼两天后，玛丽·斯图亚特已经开始后悔自己的愚蠢，而事实也证明，玻斯威尔侯爵是个不良丈夫，对一些无聊的琐事常感不满，并对其他贵族的势力表现出嫉妒之意。法国大使看出她的忧伤，也听到她寻死的念头；她甚至有一度还想拿刀自残。但是他发现除了心理上的忧伤之外，玛丽·斯图亚特其实抵挡不了玻斯威尔侯爵身体上的诱惑。

苏格兰贵族们无法容忍这段婚姻。好不容易才摆脱了里奇欧秘书与达恩里勋爵，他们根本无法忍受野心勃勃又莽撞无礼的玻斯威尔侯爵来做苏格兰王，于是他们很快便准备要以武力对抗他。冲突于六月十五日发生在卡伯里山。这次起义鲜有溅血，那一天的冲突过后，玛丽·斯图亚特遭到贵族软禁，而玻斯威尔侯爵则逃回敦巴，随后再由奥克尼岛出境逃往丹麦。贵族们向女王保证，他们并不想伤害她，但她随即便发现，自己如同被囚困的重刑犯。

因此她在受到轻视的状况下，哭着回到爱丁堡，而她的臣子们对她的看法则是毫无保留。当她进入拥挤的街道时，人们辱骂她为淫妇、杀夫凶手，甚至有人大喊："烧了这个贱货！杀了她！淹死她！"

"我要吊死这些人！折磨这些人！"她哭着说，但她的羞辱如此直接。街头更张贴了公告，将人鱼的形象——象征着妓女——加诸她身上，只要有机会便挑衅她。而她的王朝显然已经告终。

在遭到革除王权的两天后，玛丽·斯图亚特被关入位于金罗斯利文湖中岛上的一个城堡中。除了身上的衣服，她一无所有，在她被囚禁后几周内，她便流产失去了一对双胞胎，而且大失血，使得她不得不卧床休息很长一段时间。同时，玛丽·斯图亚特底下的贵族们，正用尽心机激起民众对她的反对声浪，并想方设法要处置她。

伊丽莎白女王听闻此事，对于臣子囚禁女王背后象征的意义感到忧心不已。无论玛丽·斯图亚特做了些什么——伊丽莎白女王对她的行为也深感遗憾，但她个人一点也不怜悯玛丽·斯图亚特——但玛丽·斯图亚特依然是神圣的君主，无论是"本质上或法律上"，人们都必须对她忠诚、服从，而苏格兰贵族对她的态度，已经开了一个危险的先例。一个女王遭到

189

迫害而放弃王权，这是完全无法想象的事情。更令人警醒的是，在英国也出现了许多为推翻玛丽·斯图亚特喝彩的歌谣。因此让伊丽莎白女王下定决心，要尽可能地努力救援玛丽·斯图亚特。

* * *

六月二十日，玻斯威尔侯爵的一位随从遭到逮捕，并被迫将后来被称为"首饰盒密函"的信件交给了摩顿伯爵。"首饰盒密函"是玛丽·斯图亚特与玻斯威尔侯爵两人鱼雁往返的数封密函，若能鉴定真伪，便能指控女王为杀人帮凶。贵族们则向玛丽·斯图亚特表示，她只能选择接受审判，且"首饰盒密函"定会成为重点证物，或是选择退位，要不然就是与玻斯威尔侯爵离婚。她拒绝接受这些选择，根据她的政敌们转述，她只希望能够搭上小船，与玻斯威尔侯爵一起出行，看看命运将他们带往何处。此时罗马教皇听闻她近来的行为，也在七月二日拒绝未来与她的任何关联。

七月初，伊丽莎白女王再度派遣瑟洛摩顿爵士前往苏格兰，希望能协助玛丽·斯图亚特与贵族达成协定，英方坚持由玛丽·斯图亚特复位。在完成任务后，他同时要求苏格兰方面找出谋杀达恩里勋爵的真凶，并将其绳之以法。最重要的是，他也确定了詹姆士王子的安危，毕竟他对伊丽莎白女王来说，也有王权上的重要性；若有必要，瑟洛摩顿爵士可以将詹姆士王子带回英国，由伊丽莎白女王保护他。瑟洛摩顿爵士曾告诉莱斯特伯爵"这是我政治生涯中最危险的一次出使任务"，他慢慢地朝北走，但随后却被皇室贵族赶上，以女王之名下令要他尽快赶路。

苏格兰的民众受到约翰·诺克斯的煽动，出现反玛丽·斯图亚特情结，同时苏格兰国内对于瑟洛摩顿爵士的干预也十分反感。他们禁止瑟洛摩顿爵士接近玛丽·斯图亚特，苏格兰贵族们甚至表示，若伊丽莎白女王不愿相助，便要处决玛丽·斯图亚特，并与英国断交向法国示好。瑟洛摩顿爵士唯一能做的，就是写一封信给玛丽·斯图亚特，建议她与玻斯威尔侯爵离婚。事情已经到了如此绝境，玛丽·斯图亚特依然拒绝。

190

　　苏格兰贵族不同意让詹姆士王子前往英国，现在他们决定要让玛丽·斯图亚特退位，由她的儿子继位。因为小产而使身体羸弱，她根本无力抵抗；然而在七月二十四日，当她被要求签署放弃王位的同意书时，她拒绝了，并要求召开苏格兰国会。林赛男爵（Lord Lindsay）威胁她若不从将割开她的颈项，她才屈从。五天后，她那还在襁褓中的儿子，便在新教仪式中，于史特林加冕成为詹姆士六世。加冕日那一天，利文湖也有疯狂庆祝的活动，而负责看守玛丽·斯图亚特的守卫们，则极尽所能地侮辱她。

　　七月二十七日，怒不可遏的伊丽莎白女王对瑟洛摩顿爵士下达指令，要他向苏格兰方面表达："他们在《圣经》中找到什么样的正当理由，可以推翻自己的君主？在基督教王权中，他们又找到什么样的法律，记载臣子可以逮捕自己的君主，软禁君主，甚至还想审判君主？在任何法规中都找不到这样的规定。"若玛丽·斯图亚特是遭到胁迫下位，伊丽莎白女王威胁道："我们一定会直接采取行动，对付他们，向他们的王权展开报复，为后世子孙立下典范。"

　　瑟洛摩顿爵士认为（他也曾向莱斯特伯爵表示），若有人试图营救玛丽·斯图亚特，都只会造成她惨遭杀害的命运，但同时也不会有人怀疑，若伊丽莎白女王并未以如此激烈的话语响应苏格兰贵族们对待玛丽·斯图亚特的方式，苏格兰贵族们可能早已将玛丽·斯图亚特处斩。能让玛丽·斯图亚特知道伊丽莎白女王积极为了她的安危着想，瑟洛摩顿爵士感到十分感激，"我想那可怜的女士一定知道"。然而对那些原为英国新教同盟的人士来说，因为伊丽莎白女王的干涉，现在双方关系降至冰点，大战一触即发。

尽管有引发战争的危险，伊丽莎白女王在只有莱斯特伯爵的支持下，依然决定要在此事件上取得胜利，因而无视瑟洛摩顿爵士与塞西尔的请求与警告，这两人希望能与莫雷伯爵保持友善关系，同时对于伊丽莎白女王仿佛着魔般想要使苏格兰顺从的想法，感到警觉不已。对于要求释放玛丽·斯图亚特一事感到不满，伊丽莎白女王决心尽可能地破坏莫雷伯爵建立稳定政府的努力。为了冷落莫雷伯爵，伊丽莎白女王故意召回瑟洛摩顿爵士，以展现自己不认同莫雷伯爵王权的态度。这不仅仅是个策略，但瑟洛摩顿爵士一直努力向伊丽莎白女王解释，莫雷伯爵其实早已手握大权，而大多数的苏格兰人都不希望令王权蒙羞的玛丽·斯图亚特复辟。莫雷伯爵对伊丽莎白女王很反感，也不把她当回事，他如此告诉塞西尔："尽管贵国女王陛下、你的女主公似乎公开地表达对现况的不满，但我一点也不怀疑，在她心里其实很喜欢现在的状况。"

191　　然而在八月十一日时，伊丽莎白女王因"颈部扭伤造成的疼痛"而大感脾气暴躁，向塞西尔说了"十分具有攻击性的话语"，严厉地斥责他与其他议员们，竟然想不到任何方法，可以协助她为苏格兰女王遭到囚禁一事进行报复，更无法将她救出。塞西尔说了些模棱两可的话后，伊丽莎白女王便开始大吼大叫，表示要对苏格兰宣战，要塞西尔去警告莫雷伯爵，若他与其他苏格兰贵族们继续囚禁玛丽·斯图亚特，或胆敢威胁她的生命与安危，伊丽莎白女王将以身为统治者之名，用最强烈的手段进行报复。当塞西尔试图为莫雷伯爵辩护时，伊丽莎白女王勃然大怒地表示，若有人能包容邻国统治者遭到非法手段推翻，显然对于自己国家的在位者也不抱着尽忠职守的心意。然而塞西尔不为所动，只提醒她若向苏格兰方面威胁宣战，对方可能会故意处决玛丽·斯图亚特。

一周后，英国国务大臣塞西尔十分确定女主公并不真想与邻国开战，阴郁地表示女王的所作所为，有损他过去七八年来好不容易与苏格兰建立的邦谊。尽管她不再表示要兴战，却仍不断谴责莫雷伯爵。塞西尔对她的想法了然于心，他知道女王并不希望让人们认为她对表亲玛丽·斯图亚特抱持着偏见，而且她也为自己担心，害怕臣子胆大妄为以苏格兰事件为师来反抗她。到了八月二十二日，当莫雷伯爵被选为摄政议会议长时，伊丽莎白女王拒绝承认他的正当地位，也不愿承认詹姆士六世为新任苏格兰王。一直到十月份她才冷静下来，直面苏格兰情势已无法挽回的事实。

* * *

六月份，伊丽莎白女王派遣萨赛克斯伯爵前往维也纳的哈布斯堡王朝，将嘉德勋章的殊荣献给马克西米连二世，并一探查尔斯大公的真面目。他送回的报告十分有帮助：查尔斯大公身材修长，留着红棕色的头发与胡髭，"脸部比例均匀，和蔼可亲，肤色也非常健康；他的表情与言语都使人感到愉快，谦恭有礼却仍保有其应有的尊贵；身材比例好，没有畸形或瑕疵；双脚都很干净，比例极佳，有着能和身高匹配的粗细程度"。而且"整个人没有什么让人感到不悦之处"。他能流利地使用四种语言，德文则是他的母语，他在哈布斯堡王朝非常受人崇敬，据说非常聪颖、心胸宽阔又勇敢。深谙打猎之道、骑术、纵鹰猎捕与各种户外活动，萨赛克斯伯爵甚至大赞他的马术。他非常聪明，教育程度极高，而且非常富有，生活在"尊荣与尊贵之中"。

192　　　两国联姻协商成功唯一的绊脚石就是宗教问题了，就算是为了取悦伊丽莎白女王，查尔斯大公也不愿改信。只是哈布斯堡王朝君主已经准备让步：只要伊丽莎白女王的态度软化，让他弟弟除了公开陪伴她参加圣公会礼拜外，可以私下参与弥撒仪式，如此一来，查尔斯大公就绝不会做出任何破坏英国国教的事情，同时也愿意马上迎娶伊丽莎白女王。到了十月，萨赛克斯伯爵写信给伊丽莎白女王，呼吁她接受这个条件，同时私下寄给塞西尔一个纸条："各界的看法是，若女王陛下在他的宗教争议上不愿满足他，那就代表她绝对不想接受这件事。"

　　因为此事的高度争议性，伊丽莎白女王转向枢密院寻求意见。塞西尔与诺福克公爵都倾向接受对方的妥协，但莱斯特伯爵认为女王成婚将毁了他的一切，而北安普敦侯爵、潘布鲁克伯爵与弗朗西斯·诺利斯爵士均反对。尽管知道不能再拖太久，必须给查尔斯大公一个答案，但伊丽莎白女王依然无法下定决心，几周来，枢密院中的反对派一直抗争，想让女王接受他们的观点。至于在维也纳方面，让萨赛克斯伯爵感到愤怒不已的，就是莱斯特伯爵用尽心机——"完全不讨人喜欢"——破坏联姻计划，包括策动积极派的新教神职人员强烈反对，不让信仰天主教的查尔斯大公接近圣坛。

　　最终莱斯特伯爵获得了胜利。十二月十四日这天，伊丽莎白女王亲自结束了长达八年的联姻协商，写信给萨赛克斯伯爵，表示让查尔斯大公私下进行他的宗教仪式，完全违背了她的道德观及宗教统一的政策。就算她个人答应了，英国国会也不一定会愿意，在没有国会的背书下，她绝不会一意孤行。塞西尔、诺福克公爵与萨赛克斯伯爵的希望也到此告终，而他们将令人失望的结果全都怪罪到莱斯特伯爵身上，同时也预见"伊丽莎白女王终身不婚可能带来的损害"。哈布斯堡王朝君主也感到"震惊不已"，同时拒绝伊丽莎白女王对查尔斯大公访英讨论宗教事宜的要求——她也已经料到他会拒绝——沮丧的萨赛克斯伯爵则交出嘉德勋章，展开了返家的长途旅程。

　　做出了这样的决定，可说是伊丽莎白女王十分睿智的举动，这一决定让英国不致陷入宗教纷争，降低了造反的可能性与内战。她绝对没有忘记，当她的姐姐要嫁给西班牙的菲利普国王时，英国民众是如何群情激愤地反对，同时她也非常清楚，过去十年来，民众对宗教的态度变得更坚定。她希望臣子们能清楚知道，她绝对不会做出任何违反他们的爱与忠诚的事，也绝不会让国家法律遭到破坏，就算是她的丈夫也不行。

　　与哈布斯堡王朝联姻协商破局，恰好碰上英国与西班牙间关系降至低点，起因是直言不讳的格洛斯特主教约翰·曼（John Man, Bishop of Gloucester）说出了不恰当的话；当时伊丽莎白女王派他担任西班牙大使，他抵达西班牙后便公开诋毁天主教信仰与罗马教皇，同时警告女主公伊丽莎白女王"避开黑暗的力量"。伊丽莎白女王紧急将他召回后，在菲利普国王的坚持下，一五六八年春天后，她便没有再派使者前往西班牙宫廷了。唐迪亚哥大使也在同一时间被召回，由仇视英国的德·斯佩斯（Don Guerau de Spes）取而代之。

　　尼德兰方面也发生严重的冲突，过去数十年来，菲利普国

193

王的许多臣子，尤其在北部地区几省，纷纷改信宗教改革后的新信仰，对独裁专横的统治者菲利普国王的不满情绪逐渐上升。天主教会遭到亵渎，哈布斯堡王朝的许多官员纷纷受到攻击。在受到法治与秩序崩解的威胁之下，菲利普国王派出所向披靡的亚尔瓦公爵（Duke of Alva）领着五万精兵，前往镇压反叛军。但任务执行的效率极差，西班牙军队就这样驻扎在布鲁塞尔不动，几乎就在伊丽莎白女王管辖区的大门口，为英国带来极大的威胁。

伊丽莎白女王自然是倾向新教反叛军那一边，其领袖奥兰治亲王"沉默者威廉"（William the Silent, Prince of Orange）逃亡到德意志，但因为西班牙驻军离英国实在太近，伊丽莎白女王始终不敢响应他们的求助。英国国内出现恐慌情绪，许多人认为亚尔瓦公爵很快就会接获命令入侵英国，然而菲利普国王依然盼望伊丽莎白女王改信天主教的希冀并不是秘密，若他决定强行逼迫，也不是不可能。伊丽莎白女王因此紧急下令加强英国海军边防——这是她面对西班牙大军唯一的保护。

* * *

一五六八年三月，在莫雷伯爵与塞西尔定期通信之下，英国与苏格兰之间的关系缓和不少，伊丽莎白女王于是向莫雷伯爵建议，由她出面向囚禁了玻斯威尔侯爵的丹麦王请求，将囚犯释回苏格兰，接受达恩里勋爵谋杀案的审判。

长久以来，伊丽莎白女王一直垂涎着玛丽·斯图亚特的珠宝，尤其是其中有一条以六条项圈串成的大珍珠项链。于是在接下来的一个月中，伊丽莎白女王委托莫雷伯爵出面，并以超出法国王太后凯瑟琳·梅迪奇所开的价钱，用一万两千埃居[3]购得这一批珠宝收藏。五月一日，珍珠项链抵达英国，伊丽莎白女王掩饰不住兴奋之情，向莱斯特伯爵与潘布鲁克伯爵炫耀。这串珍珠项链后来于许多伊丽莎白女王的宫廷画像中都可见到。 194

五月二日，玛丽·斯图亚特逃离了利文湖。苏格兰地主的弟弟乔治·道格拉斯（George Douglas），"幻想与玛丽·斯图亚特坠入爱河"，在五月节庆典的掩护下，安排一位仆人偷取了地主的钥匙，并为囚犯玛丽·斯图亚特伪装，仓促地送上在岸边等候的船只。接着道格拉斯护送玛丽·斯图亚特前往汉弥尔顿宫，与几名苏格兰贵族及六千名反叛军会合。当伊丽莎白女王听闻此事，亲手写了一封信恭喜玛丽·斯图亚特，并提供协助与支持。

但事情并不顺利，五月十三日，玛丽·斯图亚特的反叛军，在雷克塞德遭到莫雷伯爵的精兵击退，仓皇中，她知道什么都没了，只好从战场上逃离。她花了三天三夜的时间轻骑往南逃，甚至剪掉头发避免被认出来，仅靠着牛奶与燕麦过活。五月十六日，她终于穿越索尔韦湾逃出苏格兰，来到卡门伯兰沃京顿，希望能得到英国的庇护，并宣布由伊丽莎白女王来保护她的安危。怀着苦涩的报复情绪，她急需一支军队驰援，让她永远战胜敌人。

英国政府方面却不知道该如何处置她，面对这个不受欢迎的访客，他们只好先将她软禁在卡莱尔，等待伦敦方面的指示。她的到来，为英国政府未来二十年的运作，造成了进退两难的僵局。

伊丽莎白女王坚持，玛丽·斯图亚特应随即重新登基为王。但塞西尔认为协助一个多年来遭到臣子算计反叛的女王，是一件愚蠢的事情。无论如何，玛丽·斯图亚特都是英国的敌人，政治上也并非无害，应随即将玛丽·斯图亚特送回苏格兰。但伊丽莎白女王反驳，表示这样做等于是将玛丽·斯图亚特推入绝境——她绝对做不出这样的事情。

到底要怎么处置玛丽·斯图亚特，是一个棘手的问题，伊丽莎白女王能做的每一个选择背后都有危机。她最不想做的事情，就是以玛丽·斯图亚特之名与苏格兰开战，她觉得最有利的状况，就是协助玛丽·斯图亚特与苏格兰贵族之间和解，这样对英国最有利。若将玛丽·斯图亚特送往法国或西班牙，更是一件愚蠢至极的事情，但若伊丽莎白女王让她在英国自由活动，她将可能成为英国境内天主教反抗势力的灵魂人物。伊丽莎白女王非常清楚，无论在英国境内或国外，有一批信仰旧宗教的人认为玛丽·斯图亚特比她还要适合统治英国，尤其是在倾向天主教信仰的英国北部，玛丽·斯图亚特在这里深耕多年，得到不少支持，这些人因为她逃到英国来而不禁欢欣鼓舞。见过她的人都为她的美貌与魅力痴迷，当然还有她那说服人心的力量。因此，英国方面不需要太多想象，也知道她早已成为复仇与篡位的原动力，而英国方面始终忧心，菲利普国王可能从尼德兰调兵遣将来到英国支持玛丽·斯图亚特。

最终伊丽莎白女王决定，不将玛丽·斯图亚特关入大牢，但以"上宾"之名将她有尊严地软禁，并严加看守。"我们的女王陷入进退维谷的境地"，马修·帕克大主教如此表示。伊丽莎白女王派遣弗朗西斯·诺利斯爵士前往卡莱尔迎接玛丽·斯图亚特，并设法控制她。他表示还不能把玛丽·斯图亚特带到女王跟前，"因为有关她犯下谋杀罪的传闻尚未澄清"：在玛丽·斯图亚特未正式摆脱谋杀达恩里勋爵的污名前，未婚身份的伊丽莎白女王不能见她，也不能在宫廷里迎接她。听闻此事，玛丽·斯图亚特不禁哭了。

伊丽莎白女王曾提出承认玛丽·斯图亚特为苏格兰女王的意见，同时以君主的对等地位迎接她的看法，但这样的说法很快就被枢密院推翻，枢密院方面无法理解她为什么考虑要以一个从未放弃谋夺英国王位的天主教女王来作为邻国君主，取代对英国友好的新教领袖。伊丽莎白女王写信给玛丽·斯图亚特，向她解释这个决定："若你觉得无法见我是一件奇怪的事，请你记得，在你恢复清白以前，接见你对我来说是一件不合适的事情。但只要你能够恢复尊严与清白，我以神之名向你发誓，我要做的第一件事（见你），绝对能让我感到欣喜不已。"法国使者冷淡地看着这一切，认为只要让这两个女王见面，两人一定会在一周内因妒忌而作对。他认为伊丽莎白女王根本不希望玛丽·斯图亚特接近她。

听闻玛丽·斯图亚特连更换的衣裳都没有，伊丽莎白女王表示要提供一些生活必需品给她，于是要诺利斯爵士顺便带上一箱衣物。但诺利斯爵士却觉得很没面子，因为里面装着的是"两件破损的直筒连衣裙，两条黑色天鹅绒裙衫，两双鞋子，此外什么也没有了"。为了掩饰自己的尴尬，他只好告诉玛丽·斯图亚特，"女王陛下的侍女搞错了，送成给侍女用的东西"。事实上，伊丽莎白女王亲自挑选了这些东西，故意暗示玛丽·斯图亚特，她现在只能仰赖英国的救济；随后诺利斯爵士并未回信表达玛丽·斯图亚特的感激之意，而伊丽莎白女王甚至还写信给表侄女，问她喜不喜欢她帮她选的衣服。

对于伊丽莎白女王的"冷处理"，玛丽·斯图亚特在六月十三日生气地回信：

女士，若你认定我为了保命才来到这里，请将心中这样的念头抹去，我来到这里是为了证明我的清白，也希望你能助我一臂之力，以惩戒那些中伤我的人；我不会与他们平起平坐，我是来到你的面前指控这些人。感谢上帝，我非常确定自己的清白无辜，你将我监禁于此，简直是大错特错，而这不也正是鼓励我那些背信弃义的敌人，继续坚决地走在错误的道路上吗？我不会也不愿承认他们的污蔑，然而在你面前，以朋友的身份，我非常乐意证明自己的清白，但我绝不要透过我的臣子们进行辩驳。

* * *

除非伊丽莎白女王愿意接见她，否则她当然也无法自我辩护，于是在挫折的情绪之中，她从暴怒转为偶然爆发的哭泣，在哭泣中，她则不断抱怨自己受到"邪恶的对待"。枢密院对此并不感到意外，六月二十日，枢密院方面支持伊丽莎白女王拒绝接见玛丽·斯图亚特的决定，表示女王不能"让玛丽·斯图亚特在未受审的情形下离开"。当然，英国法院没有审判他国君主的制度，因此伊丽莎白女王下令进行政治调查——"以证明玛丽·斯图亚特的清白"，事实上这就如同刑事法庭一般，只是不以刑事法庭为名。主要的目的，是为了厘清在达恩里勋爵谋杀案中，玛丽·斯图亚特是否涉案，同时也要了解她是否够格恢复女王地位。六位英国侯爵被钦点为调查小组组员以检视相关证据。女王宣布亲自担任玛丽·斯图亚特与苏格兰臣子之间的仲裁。

在一封致玛丽·斯图亚特要求她声明自己清白的信件中，伊丽莎白女王写上："噢，女士！这世上再也没有人比我想知道调查结果，或比我更加渴望听到调查结果还你清白与尊严。"只要能确定玛丽·斯图亚特的清白，她一定会——她允诺——随即在宫廷中接见她。

但目前为止，玛丽·斯图亚特总算顿悟，充其量她也不过是表姑的阶下囚。当他人告知她调查结果悬而未决时，她气愤地表示，身为一国之君，只有神能审判她："我已经知道这一切是如何陷害我。在我与我的女王好姐妹之间，有太多敌人，他们协助那些叛乱分子，设法将我与我的好姐妹分开。"在这里面其实有相当程度的事实，但玛丽·斯图亚特坚信，展开调查是伊丽莎白女王帮助她重回王座的方法；更重要的是，因为伊丽莎白女王告诉玛丽·斯图亚特，调查工作是为了了解莫雷伯爵对王权的行事与态度，同时承诺，若调查结果并非对莫雷伯爵与他的同党不利，绝不会轻易进行审判。

六月二十日，英国枢密院明确地建议伊丽莎白女王反对任何有助于玛丽·斯图亚特东山再起的举措。她却不愿听从：她已经答应过玛丽·斯图亚特，也会信守承诺。臣子不能恣意反对王权。但她背负着沉重的压力，于是在一封信中，她向玛丽·斯图亚特请求："请站在我的立场想一想，不要总是以你自己为中心。"

七月份，玛丽·斯图亚特被送往约克郡的博尔顿城堡，这 197 也将是她未来的居所。博尔顿城堡距离苏格兰与伦敦距离都够远，不会引起太大的安全疑虑。玛丽·斯图亚特在博尔顿城堡中过着女王般的生活，甚至还能享受打猎的乐趣，但她身边依然有重兵看守，弗朗西斯·诺利斯爵士就是"东道主"。失去自由让她暴怒，随之而来的眼泪与脾气则让诺利斯爵士难以招架。

此时，苏格兰出现团结的"女王党"，其中两名成员，哈里斯勋爵（Lord Herries）与罗斯郡主教（Bishop of Ross）干脆直接前往英国，为玛丽·斯图亚特的案子辩护。"若玛丽·斯图亚特在我这个亲爱的表姑与好友的审理之下得到赦免，"伊丽莎白女王告诉哈里斯勋爵，"我会派人联络反叛她的人士，了解他们推翻女王的原因。看看他们是否说得出充分理由，但我想不可能，这样一来，我就能协助玛丽·斯图亚特重新登基，但条件是她必须放弃对英国王位的觊觎，断绝与法国结盟，取消苏格兰的弥撒仪式。"这些条件非常严苛，然而伊丽莎白女王承诺的一切十分明确，玛丽·斯图亚特则身在绝境中。七月二十八日，她同意"以感谢的心情向伊丽莎白女王陛下和盘托出"。但她并不知道，各界都认为她为了自己不该随便发言。而且她也不知道，九月二十日时，伊丽莎白女王再三向莫雷伯爵保证，她并非要助玛丽·斯图亚特东山再起，尽管相关报告显示了相反的迹象。在这样的大前提之下，她同意参加了。

十月四日，此案正式在约克开庭审理。伊丽莎白女王向调查小组专员下达指令，若条件对英国有利，就要助玛丽·斯图亚特复位。但让她最感心烦的，就是除了了解莫雷伯爵主要的企图就是不让玛丽·斯图亚特返回苏格兰外，漫天无尽的阴谋论与延期，却一事无成。因为莫雷伯爵无法如他最初所保证的，可以证明玛丽·斯图亚特秘密参与了谋杀案来制造"严厉的指控"，因此在伊丽莎白女王的怒气与女王再三保证"若证据够有说服力，将不会再就玛丽·斯图亚特复位一事施压"的刺激下，他终于拿出了"首饰盒密函"存在的秘密。他的目的，在这个紧要关头，就是要用首饰盒密函来对付玛丽·斯图亚特——事实上，这就是玛丽·斯图亚特案中，指控她最主要的证物了。但接下来就出现一个问题，而这个问题至今已被问过无数遍：这些证据是假造的吗？

　　首饰盒密函于一五八四年失踪，现已不存在，但却有九件复制品出现在不同的数据库中。原始的信函有八封，据传是玛丽·斯图亚特与玻斯威尔侯爵两人鱼雁往返的信件、十二首法文十四行诗翻译，以及没有日期却答应嫁给玻斯威尔侯爵的承诺。这些信件都放置在一个约长三十厘米的银盒中，上面还篆刻着"F"字样，代表法国国王弗朗西斯二世，可能就是现在于苏格兰莱诺克斯罗浮宅邸展出的那个银盒。摩顿伯爵表示，这个首饰盒在爱丁堡佩特罗一处宅邸中被人发现，此后有关这些信件的真伪，引发无数冲突与矛盾。有些人认为，尽管这些信件为真，但苏格兰贵族却刻意在其中增添了罪恶的一面。也有人表示，这是其他侍女写给玻斯威尔侯爵的情书。但这些推论都并未用来为玛丽·斯图亚特辩护。当莫雷伯爵在庭上提出这些充满争议的文件时，他坚持这些信件是玛丽·斯图亚特的亲笔字迹。尽管玛丽·斯图亚特对此否认，而她想要亲眼看看信件的要求也不被允许。许多现代的历史学家因此认定，首饰盒密函是假造的，背后的目的就是要将她定罪。但若这些信件为真，那就是玛丽·斯图亚特谋杀达恩里勋爵的铁证。

198

　　诺福克公爵亲眼看过这些信件，他毫不怀疑背后执笔的人是谁；事实上，信件内容实在让他太过惊愕，他还因而写信给伊丽莎白女王，表示"玛丽·斯图亚特与玻斯威尔侯爵之间的爱情十分放纵，她非常厌恶与痛恨那被她谋杀的丈夫，痛恨的程度，到了连对神最虔诚的好人也会憎恶的地步"。鳏居已久的诺福克公爵在一次打猎出游时，对于威廉·梅丹德建议他可考虑娶玛丽·斯图亚特，也甚感震惊，尤其是因为他身为委员会主席的关系，必须宁死不屈。诺利斯爵士则认为结婚可能是控制玛丽·斯图亚特的好方法，但在法国大使与塞西尔的密探警告下，伊丽莎白女王却不这么认为，同时责令诺福克公爵提起这个话题。

"我怎么会想娶一个这么奇怪的女人，这样一个恶名昭彰的荡妇与杀夫凶手？"他反驳。

> 我喜欢睡得安稳。在女王陛下的恩惠下，我认为自己就和她一样，是自己的地盘上英国诺里奇的好贵族，只是她是在苏格兰。我知道她总是觊觎女王陛下的王冠，我知道自己若与她成婚，女王陛下肯定会指控我图谋您的王冠与项上人头。

至此，伊丽莎白女王的态度显得和缓许多，再也没有人提到有关婚姻的问题。然而在诺福克公爵的心中，却已悄悄种下一颗野心的种子。

当伊丽莎白女王拿到首饰盒密函副本时，她表示自己坚信这些信件是真的，并表示"信件内容提到许多不堪入耳，且非常容易便能将玛丽·斯图亚特定罪的事证"。然而调查委员会缺乏进度，加上诺福克公爵忠诚度堪虑，伊丽莎白女王一怒之下终止调查，移往西敏区由莱斯特伯爵、塞西尔与其他枢密院成员进行——这些人多数与玛丽·斯图亚特没有私交——作为新的调查委员。在此同时，塞西尔呼吁将玛丽·斯图亚特移往位于以新教为主的英国中部地区戒备更森严的特伯利城堡，但伊丽莎白女王却犹豫不决，她希望保有玛丽·斯图亚特依然是英国皇室上宾而非得以重兵戒备的囚犯的形象。尽管塞西尔说得有道理，但就连莱斯特伯爵也无法说服她。

虽然接受了英文祈祷经，但玛丽·斯图亚特依然维持虔诚天主教徒的身份，而且——为了驱散她近来的不幸——她甚至告诉菲利普国王，愿意为宗教舍身。新任西班牙大使德·斯佩斯与他的主公都十分担心玛丽·斯图亚特的安危，于是在十一月九日决定采取行动，联络了玛丽·斯图亚特在英国的支持者。然而他们却高估了她的支持者。在未来几年内，许多天主教强权国家也不断犯下同样的错误，德·斯佩斯意图推翻伊丽莎白女王好让玛丽·斯图亚特坐上英国王位，他相信安排玛丽·斯图亚特逃亡或起义反抗伊丽莎白女王将是易如反掌的事。

显然从踏上英国国土的那一刻起，玛丽·斯图亚特便已在盘算如何打倒伊丽莎白女王。她向诺利斯爵士表示自己并不想惹更多麻烦，但通过审查与检察她的通信，枢密院与莫雷伯爵都怀疑她并未说实话。九月份时，她曾向西班牙王后表示，只要有菲利普国王的协助，她一定可以将英国"变成我们的王权势力范围"；但当时菲利普国王对她的行为过于震惊，无法仔细考虑介入。大约是在此时，了解玛丽·斯图亚特反抗她绝不会手软后，伊丽莎白女王才确定地向莫雷伯爵保证，审判结果将会以首饰盒密函的内容为主，以作为宣布玛丽·斯图亚特是否有罪的基准。

当西敏厅于十一月二十五日进行审判时，伊丽莎白女王本人正在汉普顿宫中。隔天，莫雷伯爵以谋杀达恩里勋爵之名起诉了玻斯威尔侯爵，而玛丽·斯图亚特则是因事先知情而有罪。而支持玛丽·斯图亚特的委员会成员则要求，针对此控诉让她亲自答辩。十二月四日，伊丽莎白女王同意此举合理，但同时表示"为了让她更称心"，莫雷伯爵应先提出他手上的证据。接着尽管玛丽·斯图亚特一直强烈地坚持首饰盒密函为假造的，同时宣称要模仿她的字迹非常容易，但伊丽莎白女王拒绝玛丽·斯图亚特提出任何证据为自己辩护。而且也不同意让玛丽·斯图亚特看这些信件。伊丽莎白女王宣称，若要玛丽·

200 斯图亚特提供证据，简直就是亵渎了她，但事实上，她是不希望她那美丽有吸引力的表侄女有机会公开宣称自己无辜，借以赢得人心，否则就难以将首饰盒密函当作有利证据。

十二月六日，代表玛丽·斯图亚特的委员们退出调查委员会。看来就连他们都无法完全确定女主公是无辜的。到了十二月七日，莫雷伯爵再度指控玛丽·斯图亚特为杀人犯，也是首饰盒密函的作者，为了达到轰动的效果，委员会成员接下来几天都在用玛丽·斯图亚特的真迹，进行笔迹比对。玛丽·斯图亚特则不断哀求要看这些首饰盒密函，但她的请求一直被拒。伊丽莎白女王多次表示，她得以正式以信件方式，为那些针对她而来的指控答辩，但她始终拒绝，并要求伊丽莎白女王先承诺，调查结果无论如何都要以无罪作结。这件事，毫无疑问，当然不可能。

英国方面的调查委员会与枢密院，无条件一致认定首饰盒密函是真迹，主要的论点，在于内容包含许多"除了玛丽·斯图亚特本人外，鲜少有人能杜撰出来的重要信息，且信件中讨论到除了她与玻斯威尔侯爵之外，别人都不知道的谈话内容"。至于要如何处置玛丽·斯图亚特，委员会成员意见便陷入分歧。伊丽莎白女王最不希望的就是让她的表亲沦为杀人凶手，但她认为玛丽·斯图亚特有必要面对遭废位的事实，在英

国隐姓埋名安静度过余生，于是要求诺利斯爵士去说服玛丽·
斯图亚特。另一个选择，就是让玛丽·斯图亚特与詹姆士六世
一起共同统治苏格兰，而莫雷伯爵则担任摄政王。这样一来，
玛丽·斯图亚特依然是苏格兰名义上的女王，只是必须永远住
在英国，而莫雷伯爵则以她之名行统治之实。

十二月十四日，伊丽莎白女王召集了枢密院与各级贵族到
汉普顿宫，聆听调查委员会宣读公报，同时一同检视首饰盒密
函。对于能了解调查行动的详细情况，贵族们纷纷向伊丽莎白
女王表达感激之意，"他们认为这起案件十分重大，他们打从
内心认为只有女王陛下的地位能够仲裁"。玛丽·斯图亚特犯
罪的事实如此显而易见，伊丽莎白女王绝不能在宫中接见她。
但若她没有提出反驳，也不能直接宣判她有罪，更何况除了在
伊丽莎白女王面前外，她坚持拒绝辩护——当然也一样不
可能。

一周后，伊丽莎白女王依然因首饰盒密函带来的冲击感到
心烦不已，除此之外，她以前的导师罗杰·阿谢姆也去世了，
随后她派出委员会成员，向玛丽·斯图亚特详细报告调查结
果，并带上一封伊丽莎白女王的信，通知她："身为一个国家
的统治者，也是你最亲近的表亲，对于发现你的罪行，我们感
到由衷的抱歉与沮丧。"同时给予玛丽·斯图亚特最后一个答 201
辩的机会，但玛丽·斯图亚特却没有回应。

由于英国民众对玛丽·斯图亚特的反弹实在太强烈，以致
伊丽莎白女王无法宣布她无罪，当然她也不希望曾为一国女王
的玛丽·斯图亚特面对审判的公断，于是在一五六九年一月，
调查委员会公布了唯一可能的判决结果——那就是没有任何事
证对玛丽·斯图亚特不利。但玛丽·斯图亚特则拒绝承认任何

司法调查判决结果。

　　然而伊丽莎白女王依然不敢还她自由：她的威胁性实在太大，就算被俘下狱，伊丽莎白女王都能隐约感觉到，英国境内的天主教徒已然开始将玛丽·斯图亚特当作他们的意见领袖。至于对玛丽·斯图亚特本人来说，此刻她对英国女王头衔的兴趣，俨然胜过了恢复苏格兰女王地位。

　　"苏格兰女王，"塞西尔提醒伊丽莎白女王，"现在是，而且也一直都是，威胁您的地位最危险的人物。"

12 徒然的叫嚣

在一五六八与一五六九年间的冬天，诺福克公爵叛意越来 越浓，尤其在萨赛克斯伯爵离开后，他似乎再也没有阻碍，萨赛克斯伯爵被指派为英国北郡议会主席，不得不听命于曾追求伊丽莎白女王的阿伦德尔伯爵亨利·菲查伦。加上几位英国北部的天主教贵族人士，包括诺森伯兰伯爵与德比伯爵，都希望包括塞西尔与莱斯特伯爵等这一群强硬派的异教徒能够被逐出枢密院，这些人近来已逐渐走向极端新教主义，成为俗称的清教徒。

十一月时，因为塞西尔的策划，英国成功地从西班牙船舰上偷取了八万五千英镑——这是菲利普国王向热那亚的银行家商借，用来支付亚尔瓦公爵麾下士兵的钱——以救助贫困的南安普敦，使得英国与西班牙间的关系更趋恶化。一五六九年一月，伊丽莎白女王不但没有将钱还给西班牙，在缺乏资金的状况下，她无礼地表示要将这笔钱没收充公，并表示她会将钱直接还给热那亚的银行家。有一段时间，各界都十分忧心，菲利普国王一气之下将以此意外作为借口向英国宣战，但诺福克公爵与阿伦德尔伯爵，则在西班牙大使德·斯佩斯的支持下，尽可能地让塞西尔背负英国与西班牙交恶的责任，希望能尽快打倒塞西尔，让他沦落成伦敦塔的囚犯。

几周内，因为得知塞西尔仍然想方设法要阻止他与女王结婚——虽然这么多年过去了，这个指望早已变成不实际的妄想——莱斯特伯爵就成了这项阴谋的共犯。尽管诺福克公爵与阿伦德尔伯爵十分厌恶他，但仍无法拒绝他的支持，因此有一段时间，这三个男人间的关系相当和平。

然而，菲利普国王不但没有向英国开战，反而只是下令要驻扎在尼德兰的军队羁押英国船只与财产。他认为在与英国正式开战前，让荷兰方面的臣子再度归顺才是主要任务。

203　　一五六九年一月份，玛丽·斯图亚特终于移监特伯利城堡。这是一个位于英国斯塔福德郡一处残破不堪又阴森的城堡，玛丽·斯图亚特对此自然是非常不情愿。在接下来十五年间，这份工资过低又负荷过重的严密看守职务便都是交由第六代士鲁斯柏立侯爵乔治·塔伯特（George Talbot, Sixth Earl of Shrewsbury）来执行。他的夫人就是可怕的伊丽莎白·卡文蒂希，也就是历史上鼎鼎大名的"哈维克的贝丝小姐"。尽管贝丝小姐多次与伊丽莎白女王起冲突，伊丽莎白女王依然相信士鲁斯柏立侯爵。玛丽·斯图亚特与这两人相处愉快，甚至亲手制作礼物给贝丝小姐，并以她"那有说服力的语调、考虑周到的脑袋、不屈服的勇气与开阔的心胸"将恪守清规的士鲁斯柏立侯爵迷得神魂颠倒。英国枢密院于是警告他"千万别让她控制了他，甚至协助她逃亡"。塞西尔对玛丽·斯图亚特的诡计特别戒慎恐惧，他打从心底认定"就算这对夫妇在来到她身边前非常厌恶她，只要她靠着绝对的机智与甜言蜜语，就有可能扳回一城"。

伊丽莎白女王本人对玛丽·斯图亚特没有什么耐性，只能以女王身份面对她。她对玛丽·斯图亚特的人格评价极低，当女王发现法国大使认为"苏格兰女王的语调与外貌肯定有其非凡之处，才能让她的敌人都为她辩护"，她感到十分不悦。

而在士鲁斯柏立侯爵的照顾下，玛丽·斯图亚特得以在他

于英国中部的各处居所轮流居住：特伯利、温菲德、查兹华斯
与谢菲尔德城堡。一五六九年，士鲁斯柏立侯爵承认自己无法
抵挡玛丽·斯图亚特的魅力，将他对玛丽·斯图亚特的印象留
下给后世子孙："她除了是一个好人外，事实上和我们的女王
无法相比，两人同样都有十分诱人的优雅仪态，但她有悦耳的
苏格兰口音，在温暖动人的特质下，包装着洞悉人心的智慧。
也许有些人会在名望的驱使下为她解围，而一起获得荣耀的氛
围可能会扰乱他的心，为她冒险。"他非常清楚，玛丽·斯图
亚特"能如何影响人心。她留着一头黑发，但诺利斯爵士却
说她的发色多变"。

受到英国与西班牙关系恶化的消息鼓舞，这一年的一月，
玛丽·斯图亚特与德·斯佩斯大使联络，表示放弃苏格兰王位
简直就是要她的命，同时允诺"若你的主公能助我一臂之力，
三个月内我定能成为英国女王，全国各地都将响起弥撒曲。"
德·斯佩斯大使一五一十地转述了玛丽·斯图亚特的话，同时
请求菲利普国王在尼德兰海域下达英国船只禁运令，只是这个
海域的贸易利益之大，此政策从推出之际便注定要失败。

紧接着，在瑟洛摩顿爵士的推动与莱斯特伯爵的支持
下，让玛丽·斯图亚特与诺福克公爵结婚，婚后随即让玛
丽·斯图亚特复辟为苏格兰女王的策略再度浮上台面。唯一
的条件是，玛丽·斯图亚特必须同意保留苏格兰的新教信
仰，并与英国交好。只要玛丽·斯图亚特与诺福克公爵成
婚，也就能说服伊丽莎白女王将玛丽·斯图亚特预立为王
储，继位问题就此解决；而玛丽·斯图亚特也将不再是天主
教反抗军的焦点人物，同时英国与西班牙间的邦谊也可望恢
复。但塞西尔是这个计划最大的绊脚石，这也是诺福克郡公

204

爵与阿伦德尔伯爵组成的派系希望能逼他离开的原因。目前为止，他们对付塞西尔的阴谋计划，已经得到许多英国北郡贵族与西班牙大使德·斯佩斯的支持，但无论如何，德·斯佩斯大使一直都是个祸根。

显然，让玛丽·斯图亚特与诺福克公爵成婚的计划并未得到伊丽莎白女王的首肯，尽管此计划的细节曾透过贵族联署的一封信与玛丽·斯图亚特沟通过。另外还有莱斯特伯爵，他肯定知道自己正走在一条危险的不归路上。但历史证据显示，对诺福克公爵怀疑已久的伊丽莎白女王，显然猜到了他们的计谋，但她决定在表态支持或谴责之前先静观其变。

到了二月，一位佛罗伦萨银行家罗伯特·理达费（Robert Ridolfi）来找德·斯佩斯大使。事实上是诺福克公爵与阿伦德尔伯爵派遣他前来当说客，盼望西班牙方面能支持这个计划。理达费告诉西班牙大使德·斯佩斯，他们希望在适当的时机下，重新建立英国的天主教政府。显然他们希望能得到亚尔瓦公爵军力的支持，但当他们发现这仅是奢望后，便渐渐了解赶走塞西尔的计划难以成功。

这个计划一片灰暗的前景，让他们陷入绝望之中。于是在圣灰日这一天，正当女王在晚餐时间于谒见室接见他们时，莱斯特伯爵大胆地告诉伊丽莎白女王，因为国务大臣的领导技巧不佳，因此多数的臣子都为国家事务感到忧心不已，再这样下去，若非英国面临危机，就是塞西尔可能得人头落地。对此，伊丽莎白女王爆发了一阵怒气，禁止莱斯特伯爵再说出任何反对塞西尔的话，同时明确表示，无论如何都无法改变塞西尔在她心中忠心耿耿的形象。

当时也在场的诺福克公爵跟着加入争论。他向女王表示，许多贵族对塞西尔都抱持着与莱斯特伯爵一样的看法。此刻，伊丽莎白女王的情绪坏到极点，大吼着要他闭嘴。但当诺福克公爵在女王面前向北安普敦侯爵表示："当莱斯特伯爵支持并赞同国务大臣的意见时，女王多么宠信他呀；但现在他抱持着正确的信念，反对国务大臣的意见时，女王对他根本没好气，甚至还想把他打入大牢。不，不！他并不孤单！"伊丽莎白女王对此却保持缄默。

这件事使莱斯特伯爵感到焦躁异常，于是他威胁诺福克公爵，要将他反对塞西尔的阴谋告诉女王。但此时的塞西尔已经猜到这些人的密谋，也知道自己的未来与生命都将受到威胁，于是开始友善地对待诺福克公爵，小心翼翼地不要引发诺福克公爵与他同党的怒火。同时，塞西尔也开始着手进行拉拢莱斯特伯爵的计划，而莱斯特伯爵也很快地警告他要小心。国务大臣有伊丽莎白女王在背后撑腰，情势发展至此，这些密谋反对他的人也了解到，塞西尔所向披靡。 205

* * *

到了四月，玛丽·斯图亚特发现，她在苏格兰的支持者，并未与莫雷伯爵达成和解，因而感到气愤难平。在重度忧郁之中，她完全没有食欲并常常哭泣。而伊丽莎白女王则十分盼望表侄女这个麻烦人物尽快离开她的国家；同时也一直抱着与苏格兰方面协商遣返玛丽·斯图亚特的希望，但得先确定她返回苏格兰后的安危，才能送她回去。莫雷伯爵强烈反对伊丽莎白女王对玛丽·斯图亚特的安排，这一点也并未让玛丽·斯图亚特感到好过。无论如何她依然不屈不挠。

然而，玛丽·斯图亚特发现了一个逃脱的方法。诺福克公爵一开始反对娶一个叛国贼的想法，随着时间的流逝，针对此事他开始更进一步地思考：对他来说，若她与玻斯威尔侯爵的婚姻无效，苏格兰女王与忠心耿耿的英国贵族结婚，是非常合理的安排；当玛丽·斯图亚特复位后，他便能在苏格兰捍卫伊丽莎白女王的利益。除此之外，当然，他自己也能得到加冕的机会。于是在一五六九年五月，玛丽·斯图亚特透过罗斯郡主教得知正式求婚的消息，让她感到喜不自胜，原本伊丽莎白女王理应反对这个计划，但到了六月份，玛丽·斯图亚特已经开始与诺福克公爵通信，这代表他已展开了追求。玛丽·斯图亚特在信末写上"对你充满信心的玛丽"，而且身为前苏格兰女王，玛丽·斯图亚特还送"我亲爱的诺福克"一个亲手缝制的坐垫，上面绣着一把亮晃晃的刀切断一个据说是代表伊丽莎白女王的绿葡萄藤。两人对于浪漫爱情都不感兴趣：这只是将两股野心势力结合的过程。

由于诺福克公爵知道伊丽莎白女王认为他觊觎苏格兰国王的地位，甚至会反噬图谋她的英国王位，因而可能会反对这桩婚事，诺福克公爵于六月份开始游说他的旧敌塞西尔，希望能得到他的支持。但塞西尔对玛丽·斯图亚特的怀疑甚深，不断提醒诺福克公爵，要摆脱这个泥沼唯一的方法，就是向伊丽莎白女王坦承错误。莱斯特伯爵则担心自己涉入此案，他向塞西尔表示——虽然塞西尔可能想起之前这群人反对他的阴谋——自己并未背叛他的信任。在确定他们能说服伊丽莎白女王这事对她有利之前，没有任何一位谋反同党愿意向女王透露这个婚姻计划。

诺福克公爵实在太畏惧伊丽莎白女王的怒气，因而不敢轻易听从塞西尔的建议，但依然有人向女王透露此事，因此到了七月底时，诺福克公爵向玛丽·斯图亚特求婚一事在宫廷中已人尽皆知。事实上，枢密院多数成员都支持这个计划。伊丽莎白女王则在侍女们的谈笑间，听闻了这桩计划，但她忧心两人将联手对付她，因而持反对意见。于是在八月一日，与诺福克公爵在里士满宫花园见面时，伊丽莎白女王给了他一个坦白从宽的机会。女王问刚从伦敦来的他，有没有什么特别的消息。诺福克公爵可能猜到女王意有所指，因而表示什么也没有。

"没有？"女王装作非常惊讶地又问了一次。"你从伦敦来，结果连个婚礼的消息都不知道？"柯林·登小姐不经意地现身，还带着花束献给女王，却意外拯救了诺福克公爵，让他不用回答女王的问题。他抓住这个机会，赶紧溜到莱斯特伯爵的房间去。当莱斯特伯爵从金斯顿狩猎回来时，诺福克公爵赶紧问他认为自己该怎么做，莱斯特伯爵则答应，若时机许可，将为他在女王面前说情。

八月初，当莫雷伯爵向伊丽莎白女王清楚表明，他与其他苏格兰贵族，都不会接受玛丽·斯图亚特复辟时，支持这段婚姻的人都大感不满。这个消息也让伊丽莎白女王愤怒不已，于是她矢言继续为玛丽·斯图亚特复位一事努力。只是，看来唯一的方法就是诉诸武力，但莫雷伯爵知道，伊丽莎白女王一定尽可能地避免走到这一步。

八月五日，英国皇室每年夏天的例行出巡，来到了欧丹兹，到了八月十一日，则来到吉尔福德附近的洛斯黎公园，也是威廉·摩尔爵士的领地。现在，当年女王出巡时所住的房间，依然存在。隔天早上，伊丽莎白女王坐在前门的阶梯上，听着摩尔爵士的孩子们漫不经心地边演奏着鲁特琴边歌唱时，莱斯特伯爵跪在女王身边，谈起了诺福克公爵的事。伊丽莎白女王允诺，几天内将与公爵好好讨论。

　　两天后在法纳姆，伊丽莎白女王邀请诺福克公爵与她私下餐叙——这是难得的殊荣——但席间女王给了他多次机会坦白，他却依然没有勇气坦承自己已向玛丽·斯图亚特求婚一事。晚餐结束后，诺福克公爵忆道：“她故意刺了我一下，她说希望我每天晚上都能睡得安稳。”——故意引述他前一年夏天所说的话。“女王陛下的话让我感到不安，但我认为当时的时间与地点，不太适合麻烦她。”尽管如此，伊丽莎白女王依然给他许多机会坦白从宽，但他一直都没有抓住机会。他已决心朝向结婚之路前进，并向一名友人透露：“在失去这段婚姻之前，他可能会先失去性命。”

＊　＊　＊

　　六月，亚尔瓦公爵以菲利普国王之名清楚地向德·斯佩斯大使表示，西班牙不会与英国开战，要他不准涉入任何反叛伊丽莎白女王或其政府的阴谋中，尽量保持中立。

207

　　但德·斯佩斯大使是个无可救药的祸头。八月八日，亚尔瓦公爵便向菲利普国王抱怨，德·斯佩斯大使完全不听从其命令，他已与英国北郡的叛乱权贵连成一气，企图营救玛丽·斯图亚特并将她立为英国女王，同时也不断鼓励诺福克公爵与玛丽·斯图亚特结婚。

　　出巡中的英国皇室气氛陷入一片紧张。伊丽莎白女王闻到叛变的味道，怒气一触即发，玛丽·斯图亚特可能也有份，让她更加生气，于是向法国大使费奈隆抱怨，她在表侄女面前尽力扮演慈母的角色，玛丽·斯图亚特却以涉嫌策动叛变来回报她。“对待一个不想善待母亲的人，不如就配给她一个邪恶的后母吧！”然而法国大使却表示，不相信台面下有不祥的事情在运作着，但伊丽莎白女王只是摇摇头。

"我已经知道这些制造麻烦的人是谁，"她宣布，"而且有些人的项上人头要小心了。"

九月初，皇室出巡来到汉普郡南安普敦伯爵位于蒂奇菲尔德的领地，女王陛下已经陷入一种狂怒的情绪中，她怒气冲冲地对着塞西尔与莱斯特伯爵大声斥责，并指控他们随着玛丽·斯图亚特起舞，意图谋反。莱斯特伯爵逃上床假装生病。到了九月六日，他哀求女王来探望他，当女王坐在他的床边时，他将诺福克公爵依然妄想迎娶玛丽·斯图亚特一事据实以告。

伊丽莎白女王则说，若这两人真的结婚，婚后四个月内，她可能很快就要回到伦敦塔去蹲苦牢。莱斯特伯爵悲惨地哀求女王，原谅他之前涉入此项阴谋，解释当时他误以为自己这样做对女王最好。女王当真以为他病重，在忧心他的健康情形之下，便发自内心地原谅了他。

至于诺福克公爵，又是另一回事了。当天下午，伊丽莎白女王召见他到宫中的长廊，发了一顿脾气，对他的不忠诚加以训斥，同时要他为自己的忠贞发誓，"再也不与苏格兰人胡来"。诺福克公爵打着哆嗦，试图以轻松的态度解释自己的计划，他表示自己"并没有非常看重玛丽·斯图亚特"，而且并不非常重视与她结婚这件事。但伊丽莎白女王却不为所动，将她的厌恶表现得非常直接，而诺福克公爵也发现，宫中所有人都疏远他，包括莱斯特伯爵。九月十六日，诺福克公爵不告而别返回伦敦，并赌气似地继续追求玛丽·斯图亚特，他认为此刻已然无法在不失颜面的状态下抽身。伊丽莎白女王深感事有蹊跷，于是从桑迪斯勋爵位于贝辛斯托克拜恩一带的宅邸送出了召集令，命令诺福克公爵回宫。此时，塞西尔则安排人持续监视德·斯佩斯大使，他的信件往来也都必须受到检查；为了谨慎起见，他同时也命令全国各地忠诚的臣子们，为各种紧急状况做好准备。

208

九月二十三日，伊丽莎白女王总算返回温莎堡，于是也发现诺福克公爵虽宣称自己吃了治疗疟疾的泻剂，因此当天无法外出，但事实上却忽视她的召令，甚至跑到他所属领地的诺福克郡的肯宁霍尔。伊丽莎白女王随即有所警觉，认定他的意图就是要在他的领地上激起反抗她的势力，因此在九月二十五日这天，伊丽莎白女王对他下达了一个至高无上的命令，要求他即刻回到温莎。但又一次地，诺福克公爵实在太过畏惧而不敢听话照做，尽管玛丽·斯图亚特曾在一封信中要求他不要害怕，要勇敢面对她的表姑。

* * *

最巧的是，就在同一时间，英国北部也正在酝酿另一个推翻女王的行动，主要来自当地的长期斗争，与皇室长期以来对当地的干涉，因此当地贵族想要重建旧宗教作为当地主要的信仰，他们痛恨塞西尔与其他信仰新教的枢密院成员，而且，最重要的是，他们对于女王不愿指定苏格兰女王为王储感到十分气愤。一开始，诺福克公爵并未涉入此阴谋中，但西班牙大使却相当活跃地煽动这些反抗活动。

在英国其他地方，多数的天主教徒都对伊丽莎白女王忠心耿耿，但过去数十年来，英国北部人士一直没有完全接受宗教上的改变，因此这些英国北部的权贵们，如虔诚的天主教徒——诺森伯兰伯爵（Northumberland）与威斯特摩兰伯爵（Westmorland），便开始秘密召集大批士绅阶级人士，以户外活动为名大批聚集。他们真正的目的是要起义对抗，而计划内容则是要杀光英国北部所有皇室官员，营救他们从春天起就开始不断联络的玛丽·斯图亚特。但有部分人士，只想驱逐伊丽莎白女王身边那些"坏心肠的顾问"，也有些人想要罢黜伊丽莎白女王，拱玛丽·斯图亚特为王。法国国王也涉入此阴谋，他允诺提供反抗军援助，而佛罗伦萨银行家罗伯特·理达费则在背后金援。自伊丽莎白女王上任以来，这次的反抗事件无疑造成了最危险的威胁。此时，英国十一年来的和平，似乎就要以暴力画下句点。

塞西尔与伊丽莎白女王几乎在第一时间就已感觉到，"精心深耕的北部"天主教贵族正准备要造反对付她。他们最担心的，就是诺福克公爵从东部起义，加入反叛军势力，而且毫无疑问地，他也同时在精心策划这件事。根据威廉·康登表示："宫廷中人心惶惶、充满恐惧，唯恐诺福克公爵加入反叛行列，于是他们决定，若他真这么做，就要置苏格兰女王于死地。"

但随即发现诺福克公爵在英国东部的支持度极低。更何况因为他实在病得太重、太沮丧，因而没有费心召集支持者。此刻他最关心的事，就是要试着控制损害，因此他写信给女王，哀求女王原谅他，并为他无法前去温莎侍候女王道歉。他继续表示，他知道自己是个"有嫌疑的人"，但他担心自己会被送往伦敦塔——"对一个忠诚的人来说，这是很大的惊恐"。

伊丽莎白女王则刻薄地表示，她并不会罗织任何罪名给他，一切都是他自己应得的罪；同时发出另外两份诏书，坚持就算重病，也要诺福克伯爵尽速回宫，如果有必要就躺在

209

担架上。塞西尔与其他枢密院成员也写信呼吁他听从女王的命令。

最后，诺福克公爵停止反抗。对于北部的谋反计划他早就知情，但忧心遭到牵连，他派了一位信差前往威斯特摩兰郡，要求对方取消起义行动："我被召回宫中，若您不愿意，我的小命可能就不保了。"

十月三日，在前往温莎的途中，诺福克公爵遭到逮捕。塞西尔向他再三保证，若他愿意向伊丽莎白女王和盘托出，女王绝对不会对他太过严苛，但十天后，他最害怕的事情成真，他被送往伦敦塔。伊丽莎白女王的怒气直可燎原，她决定让他饱受折磨，以报复他几个月来为她带来的焦虑与担忧。同一时间，瑟洛摩顿爵士也疑因涉入阴谋中而受到质疑，被囚禁在他位于萨里卡效尔顿的农舍中；阿伦德尔伯爵与潘布鲁克伯爵也同样遭到软禁。潘布鲁克伯爵很快便获释，但来年便死亡，而阿伦德尔伯爵则在无双宫中接受严密看守，一直到来年三月，才在莱斯特伯爵的协助下获释。

十月十六日，塞西尔提醒伊丽莎白女王，英国王位最大的威胁来自玛丽·斯图亚特，并以以下的话语来提醒她身负重任。

> 您身边总有一定程度的危机。若您愿结婚，危机将减轻许多；若您拒绝婚姻，将更增危险。若钳制玛丽·斯图亚特，无论在英国或在苏格兰，都能降低威胁；若让她自由，则威胁蛰伏。若她真涉入丈夫的谋杀案中，她的危险性便大大降低；但若忽略其重要性，谋杀案的伤痕将加剧，更添危机。

伊丽莎白女王在枢密院中公开表示，她希望以叛国罪起诉诺福克公爵，但塞西尔并不认为诺福克公爵的行为"称得上是反叛，因此我大胆请求女王陛下，只要要求调查出事情真相，而不要以叛国罪名相待"。事实上，诺福克公爵是否意图叛国，相关证据少得可怜，自然也不足以起诉他。

女王显然气昏了头，出言威胁表示若英国法律不足以处斩诺福克公爵，她定会动用私权力来处置他。她过于气愤以致昏厥，枢密院成员只好赶紧拿来醋与烧过的羽毛。 **210**

一如往常地，当她的怒气过后，她便知道塞西尔是对的：以法律以外的手段处置诺福克公爵，便可称为暴政，就是这么简单明了，但她并不是个暴君。最后她只好勉强承认，诺福克公爵不一定有叛国意图，并同意将他关在伦敦塔中反省一段时间。此时，塞西尔则建议伊丽莎白女王将诺福克公爵迎娶玛丽·斯图亚特的想法转为寻找另一个更适合的对象。

十月二十六日，伊丽莎白女王送了一封长达八页的信给英国驻法国代表亨利·诺里斯爵士（Sir Henry Norris），信中详述了近来发生的事件，让亨利·诺里斯爵士与查理九世和凯瑟琳·梅迪奇沟通。伊丽莎白女王坚决主张："对我们而言，（玛丽·斯图亚特的）性命因这些束缚而受到救赎，自她突然造访本国，便受到各级贵族尊荣礼遇、款待与侍候，我们以英国惯有的怜悯，帮助她度过这些苦恼的事，我们不计前嫌，但她却以各种方法冒犯我们，她的部分行径已然天下皆知。"关于达恩里勋爵谋杀案调查，"这些状况则让人质疑她是否有罪"。伊丽莎白女王现在希望自己没有下达调查命令。她其实还没有"全然决定要协助玛丽·斯图亚特复辟"，接着自从在约克展开调查以后，她就发现了这些"混乱、不高尚又危险的小动作"。

伊丽莎白女王认为，她的表亲不断用"连串的信件、眼泪与口信"对她疲劳轰炸，承诺"除了我们之外，再没有任何人能帮她，而来到我们国家后，除了我们的建议外，她什么也不要"。但相反，她背着伊丽莎白女王密谋下嫁诺福克公爵。与玛丽·斯图亚特的支持者所称完全相反，伊丽莎白女王"从未想过"要指定玛丽·斯图亚特为她的王储。伊丽莎白女王感到"相当遗憾，甚至可以说，有点羞耻，竟然被玛丽·斯图亚特如此利用，而我们竟还如此想方设法地拯救她的性命"。诺里斯爵士也强调，玛丽·斯图亚特对于在英国居住条件的抱怨，完全不正确。

* * *

十一月份，在听闻诺福克公爵的命运并得到西班牙允诺的援助下，英国北部的贵族们动员起他们的反抗力量，集结两千五百人开始往南移动，攻陷了杜伦大教堂，继续往最终目标特伯利城堡前进，也就是玛丽·斯图亚特被囚禁的地方——"她被各界视为这些纷扰背后的动机"。伊丽莎白女王也这么认为，同时首度认真思考枢密院成员建议处斩玛丽·斯图亚特的要求。她同时也同意让枢密院着手草拟死刑执行令，以备万一发现表亲果真涉入反叛行动，或反叛行动可能会成功时使用。

在英国北部其他地方，也同时发生几起零星的起义事件。十一月二十五日，在伊丽莎白女王的命令下，玛丽·斯图亚特被带往信奉新教为主的中部柯芬特里，亨丁顿伯爵则被指派前往支持生病的士鲁斯柏立伯爵，接手看守玛丽·斯图亚特的任务。港埠全面关闭，民兵部队全都进入警戒状态。温莎则为围城做好准备。

反叛军在确定前往柯芬特里营救玛丽·斯图亚特无望后，反叛贵族们失去了信心，因为解救玛丽·斯图亚特一直都是反叛计划的核心。十二月二十日，起义正式宣告失败，反叛军成员四处窜逃，以避开皇室两万八千援军的报复，在伊丽莎白女王的指示下，援军听从萨赛克斯伯爵的号令北上。萨赛克斯伯爵追捕诺森伯兰伯爵与威斯特摩兰伯爵等反叛军领袖到苏格兰边境，直到他们逃入苏格兰境内。"这些害群之马已经逃入他国的羽翼之下"，塞西尔在圣诞节当天如此评论。

在面对叛军起义的过程中，伊丽莎白女王向全世界展现了冷静无畏的态度，与潘布鲁克伯爵一起待在温莎，潘布鲁克伯爵已重新获得女王的信任，在外国势力入侵时，他被指派为贴身保护女王的人，而莱斯特伯爵则提供她精神上的支持。女王的表哥亨斯顿勋爵也被派往英国北部，以武力强力支持萨赛克斯伯爵。在反叛军撤退，王室危机过后，莱斯特伯爵则回到凯尼尔沃思过圣诞节。

在"北方叛变事件"中，最令人担心的一点，可能就是菲利普国王竟同意给予叛军援助，也显示他对伊丽莎白女王变得十分不友善。他同时也指示亚尔瓦公爵送给玛丽·斯图亚特一万元现金。于是在塞西尔的敦促下，伊丽莎白女王向臣民展现任何反叛她统治的行为都将受到最严厉的惩罚的决心。"无论天涯海角，都要让这些反叛人士无所遁形，"伊丽莎白女王命令萨赛克斯伯爵，"别饶过任何一个反叛分子。我们没有多余的心力去饶恕他们。"

萨赛克斯伯爵一点时间也不浪费，追捕到反叛军余党杀鸡儆猴。这次都铎王朝的报复手段异常野蛮，每个村庄都逃不过至少有一人遭到处斩的命运，"被送上断头台的尸体就吊在原处直到碎裂"。到了一五七〇年二月四日，有六百到七百五十位平民被绞死，两百位士绅阶级人士被剥夺地位与利益，这些人的财产权归其他忠诚派的贵族；但只有少数人接受极刑处分，而那些协助反叛计划的人竟能活命，伊丽莎白女王感到十分不公平。

212　　　诺福克公爵被嘉德勋章除名，温莎古堡内也不再展示他的成就，并且依照惯例将他丢入护城河。诺福克公爵从牢房里写信给女王："现在我知道接近苏格兰女王，造成女王陛下多大的不悦，但我绝对没有其他非分之想。"

至于反叛行动背后的首领威斯特摩兰伯爵，则与诺森伯兰公爵夫人一同流亡法兰德斯，而伊丽莎白女王则认为，应对涉入反叛行动的诺森伯兰公爵夫人施以火刑。至于诺森伯兰伯爵四处躲藏，避开追捕长达数月，但在一五七〇年八月时仍被苏格兰人逮捕，交还给英方发落，并在约克遭受极刑处置。处决玛丽·斯图亚特的计划被悄悄遗忘了。

但另一场反叛冲突的再起，与北方叛变事件结束的速度几乎一样快，这次的首领是势力强大的达克列勋爵（Lord Dacre），他不满自己在英国北方的领地势力受到影响。亨斯顿勋爵则在一周内以惊人的实力将他镇压下来，随后女王诚挚地祝贺他大获全胜："我很想知道，我的哈利，"（女王写道）"究竟是大获全胜让我感到欢喜，还是因为神指派了你为我获得胜利，我向你保证，为了英国的利益，第一件事已让我心满意足，但在我心深处，第二件事让我更满意。爱你的表妹，伊丽莎白 R. 。"

此事大大地巩固了伊丽莎白女王的地位，一五七〇年一月二十三日，更令人高兴的事情，就是她在伦敦成立了皇家交易所，由托玛斯·葛莱兴爵士（Sir Thomas Gresham）建立，作为伦敦市商贾与银行家的贸易中心。英国历史学家约翰·斯托（John Stow）记载："伊丽莎白女王陛下在贵族们的陪同下，从她居住的索美塞得宅邸前往斯庄特，接着从圣殿酒馆穿过舰队街、戚普塞街，再进入市中心，接着从交易所的北面穿越针线街，抵达托玛斯·葛莱兴爵士所在的主教门街晚餐。晚餐过后，女王陛下便从康希尔出来，从交易所的南面进入，在她仔细参观了交易所的每个部分后，便在报信人与号角声中宣布其为皇家交易所。"

* * *

就在同一天，因对手忧心他企图坐大为王，苏格兰摄政王莫雷伯爵在琳璃斯哥被刺杀。当伊丽莎白女王听闻此暴行，便将自己关在房间里，仔细思量英国边境以北的邻国可能发生的政治风暴。在威廉·梅特兰的运作下形成派系致力于玛丽·斯图亚特复辟一事后，苏格兰的确陷入混乱。消息传进英国，玛丽·斯图亚特狂喜不已，并试图与儿子詹姆士六世联系，但伊丽莎白女王知道多数的苏格兰人并不希望女王复位，因而先声 213 夺人，阻止她的妄想。

只是法国与西班牙国王都希望能抓住这个机会，让玛丽·斯图亚特重掌苏格兰王权。但因玛丽·斯图亚特参与了最近几起阴谋与叛变，因此若非在极度严格的条件下，伊丽莎白女王绝不考虑这一点，而其中一个重要条件，就是玛丽·斯图亚特一直不愿核准的《爱丁堡条约》。

苏格兰女王持续带来的麻烦，在一五七〇年二月二十五日这天显得更加严重，罗马教皇庇护五世受到过时旧闻的北方叛变事件所启发，冲动地公布了一份教皇诏书——"教籍逐出令"，将伊丽莎白女王开除教籍，称她为"英格兰的伪女王，邪恶的魔鬼"。教籍逐出令免去她统治英国的职务，赦免所有忠诚拥戴她的天主教徒的罪，同时将诏令延伸到持续拥护她的人。罗马教皇此举刺激伊丽莎白女王的许多臣子与各国贵族起而抗之，这些反抗行动被称为圣战，同时也鼓励了玛丽·斯图亚特的支持者在伊丽莎白女王的地盘上作乱。其造成最大的灾难，就是破坏了伊丽莎白女王麾下天主教臣子对她的忠诚度，让这些人都成为可能的反叛分子，每个人都有嫌疑。从此之后，这些人必须在痛苦挣扎中做出忠诚度的抉择，因为道德良知已经不再是折中办法。

此事也造成英国新教徒的态度转为强硬，他们变得更加爱国，甚至更加拥护爱戴伊丽莎白女王。他们被激化的忠诚度，让他们更坚决要处决玛丽·斯图亚特，并以更严厉的法令对付天主教徒。教皇诏书最终的目的，就是要将英国的天主教议题从宗教问题提升到政治层次，但也因为这样，失去了诏书真正的目的性。多数英国人选择忽视它；一名男子前往圣保罗大教堂的院子，将这份诏书钉在伦敦主教的住所前，他随即遭到逮捕、刑求并处决。英国北部可能是这份诏书唯一受欢迎之处，然而天主教势力也受到打压。

欧洲天主教的主要势力，西班牙与法国国王都在犹疑着是否该入侵英国。相反，菲利普二世与查理九世都气愤地谴责罗马教皇之举，认为他并未事先与他们讨论，实在太过急躁。伊丽莎白女王则大胆宣誓，绝不让天主教的船舰进入英国任何港湾，否则她将受到轻视。以新教信仰为主的伦敦民众，对女王的感受产生共鸣，认定这个教皇诏书不过是"制造噪音的只字词组，徒然叫嚣罢了"。

伊丽莎白女王的想法是，让宗教与王权以平等关系在政治上成为一体，同时也认定若有任何事情影响了这个政治体，身为统治者的女王便有责任在政治的基础上进行处理。在教皇诏令发布后，她的对策就是将天主教方面的任何阴谋视为叛变或违反国家利益之罪，而非仅以异端视之。受到谴责惩罚的天主教徒并非宗教烈士，而是出卖国家的叛国贼。

214

大体上，伊丽莎白女王个人从未对天主教徒表现出厌恶感。只要他们表面归顺，女王并不在意他们内心真正的信仰为何。只有在内心的信仰转为阴谋时，她才会祭出法律手段。

大约在这个时期，塞西尔开始组织间谍网络，希望能及早发现企图谋反的人，毕竟还是有少数英国天主教徒，愿意宣誓效忠罗马教皇，以及为他们心目中认定的真女王舍生取义。这些人认定玛丽·斯图亚特才是"女王"，伊丽莎白女王则是"篡位者"，并将推翻伊丽莎白女王视为他们的天职。

四月底，伊丽莎白女王接获枢密院方面的警告，若她强行让玛丽·斯图亚特回到苏格兰复辟，她可能也无法在自己的王国中安稳过活；但受到法国方面威胁，若她不信守承诺，恐怕将导致战争，伊丽莎白女王因而拒绝听取枢密院意见。不久后，伊丽莎白女王提出一份严苛的条件给玛丽·斯图亚特，要她先答应这些条件，才愿意考虑协助她复位。条件不仅包括要玛丽·斯图亚特核准《爱丁堡条约》，还要她将儿子詹姆士送到英国作人质，以确保她不会兴风作浪。塞西尔提醒伊丽莎白女王，她这样等于是让自己人陷入危险，但却引发女王一阵暴怒的眼泪与脾气，国务大臣塞西尔只好让步。当尼古拉斯·培根爵士坚持地指出，考虑释放玛丽·斯图亚特简直就是神经错乱时，他也得到女王同样的暴怒响应。但这些哭闹的戏码，其实只是为了演给法国大使看罢了。

整个夏天，为了对法国使出怀柔政策，伊丽莎白女王都主张为玛丽·斯图亚特复位而努力，但事实上，她只是再度使出拖延的老招数，让玛丽·斯图亚特继续受到她的监管。没有人猜得到她对此事真正的感受。当莱斯特伯爵提议，协助玛丽·斯图亚特在有限的权力下复位时，伊丽莎白女王指责他太支持苏格兰女王，导致他一气之下再度离宫。但这次的事件很快又成过眼云烟，几天内他便再度回宫与女王和好。

女王暴躁易怒的脾气，因腿部疑似罹患了静脉曲张性溃疡而变得更严重。她的病情一直没有好转，导致她疼痛不堪，但她依然坚持要出巡。但她的臣子们也不得不忍受她不断生气，以及喜怒无常的脾气。

六月份时，为了显示自己的诚恳，玛丽·斯图亚特送给伊丽莎白女王一个书桌，上面的锁，刻着玛丽·斯图亚特遭挟持前两位女王那几年常用的密码。伊丽莎白女王用手指拨弄着那个锁，一边叹着气："希望神能让一切，回到我们两人制定这个密码时的模样。"直到十月，玛丽·斯图亚特才答应了伊丽莎白女王的条件。

七月十二日，伊丽莎白女王最赞同的人选，莱诺克斯伯爵成为苏格兰摄政王，一直要到孙子成年后才交还王位。新任摄政王马上就以共谋串通谋杀达恩里勋爵处斩了天主教汉米尔顿大主教。此举也在苏格兰的贵族派系间造成更严重的紧张关系。与此同时，伊丽莎白女王继续将莱诺克斯伯爵夫人挟持在英国宫廷中作为人质，以维持莱诺克斯伯爵的忠诚。

八月初，塞西尔与莱斯特伯爵终于成功说服伊丽莎白女王，多数人都认为诺福克公爵冒犯王权的举动只是被耍了，没有恶意，将他从伦敦塔中释放出来——毕竟牢中已爆发黑死病疫情——改为软禁，并且要他发誓再也不会与苏格兰女王有任何交集。诺福克公爵答应了，接着才得以返回他位于伦敦的宅邸——史密斯菲尔德附近的查特豪斯。

* * *

玛丽·斯图亚特继续住在英国以及近来王权的阴谋与不平静，让伊丽莎白女王应该成婚并尽快生下自己的子嗣一事，变得更加迫切。新教王储的诞生，长远来看将能抵消玛丽·斯图亚特问鼎英国王位的势力，尤其是个男孩更好。面对外国势力的入侵与国内的反叛者，没有孩子的伊丽莎白女王只能独自对抗这一切，毫无招架之力，遭到暗杀的恐惧也如影随形。若她膝下无子而死，玛丽·斯图亚特夺位的势力将长驱直入，伊丽莎白女王所做的一切努力都将付诸东流。

因此在八月份时，尽管她一如往常地"厌恶婚姻"，伊丽莎白女王依然派遣特使前往哈布斯堡王朝，盼能让英国与哈布斯堡联姻的计划复活。查尔斯大公依然单身，但他清楚表示自己对伊丽莎白女王兴趣全失，而女王则假装对他的拒绝愤怒不已。不久后，他便娶了一位巴伐利亚公主，转而疯狂迫害异教徒，直到他于一五九〇年逝世。

到了九月，出现新的追求者求婚，这次是查理九世的弟弟兼王储，现年十九岁的安茹公爵亨利（Henry, Duke of Anjou）。查理九世与凯瑟琳·梅迪奇都希望透过两国联姻计划能够让英法两国携手，面对西班牙共组坚强的同盟。对于与法国之间冗长的协商过程，能为她带来的政治利益和渴望已久的邦谊，伊丽莎白女王感到十分有兴趣，塞西尔也开始评估两国同盟能带来哪些价值，并针对法国方面认真的程度提出试探性的建议。为此，他派出凶恶的新教徒弗朗西斯·沃尔辛厄姆爵士（Sir Francis Walsingham）前往巴黎，作为伊丽莎白女王的婚姻特使。

216　　　沃尔辛厄姆爵士已近四十岁；曾就读于剑桥大学、葛雷法学院与帕多瓦大学，而后成为国会议员；最后来到塞西尔门下，在宫中谋得一职，接着担任塞西尔的秘密特务一员。因为他黝黑的肤色与黑色服装，伊丽莎白女王昵称沃尔辛厄姆爵士为她的"摩尔人"。尽管她十分中意他，偶尔也会前往沃尔辛厄姆爵士位于萨里巴恩厄姆斯的家中做客，但女王总是认为他配不上她的聪慧。沃尔辛厄姆爵士是个严肃、有纪律又有教养的人，拥有极强的信念与令人畏惧的能力，因为宗教信仰的关系，他与莱斯特伯爵十分要好。除了英文之外，他会说四种语言，是外交官中的佼佼者，对国际政治非常拿手。身为清教徒，他对西班牙与苏格兰女王抱持着相当程度的厌恶与不信任。伊丽莎白女王知道这是一个可以完全信任的人，就算他不赞同也一定会贯彻她的命令。但对于他人生中对宗教的使命，女王却抱持着保留的态度，因为他完全投入所有精力、金钱，甚至到最后——赔上了健康。

宗教问题依然是婚姻协商过程中最大的绊脚石。伊丽莎白女王依然与过去一样，坚持丈夫需遵守英国法律，而受到宗教操控的安茹公爵则坚持自己绝不会背弃信仰。而伊丽莎白女王本人可能对这桩婚配感到强烈厌恶，因为安茹公爵与双性杂交的恶习无人不知无人不晓。此时他已是恶名昭彰的花花公子，但他也喜欢男人，后来更毫不掩饰地成为异性装扮癖，穿着女装华服，化着精致的妆出现在宫廷舞会上。一名威尼斯特使曾记载："他完全受到感官享受的支配，身上搽着香水与精油。带着双环戒，耳朵上还有垂挂的耳环。"尽管安茹公爵的母亲凯瑟琳·梅迪奇非常支持这段联姻，希望能让儿子坐上王座，但安茹公爵本人对此却淡如水。怀着清教主义的沃尔辛厄姆爵士自然也不赞成。

十一月时，伊丽莎白女王派遣莱斯特伯爵召唤法国大使费奈隆前来觐见。伊丽莎白女王刻意打扮，装作腼腆的仕女，表示对自己维持单身如此之久，感到十分后悔。费奈隆大使表示可以协助改变现况，且若他能谈成伊丽莎白女王与安茹公爵的婚事，将是非常大的荣耀。伊丽莎白女王断言三十七岁的自己，结婚已太晚，尽管如此，她依然努力表现出渴望婚姻的模样。她也提到安茹公爵比自己年轻很多，但当莱斯特公爵妙语如珠地表示："对你来说真是太好了！"女王纵声大笑。

不久，费奈隆大使决定试探一下莱斯特伯爵对此计划的态度，并对他竟然大加支持感到惊讶。由于得到莱斯特伯爵的保证，加上伊丽莎白女王表现出渴望的模样，费奈隆大使便告知王太后凯瑟琳·梅迪奇，时机成熟可以正式求婚。

217

* * *

十一年来和平稳定的政府，加上罗马教皇的挑衅，让伊丽莎白女王在人民的心目中建立了有能力、有智慧又尊贵的统治者形象。一五七〇年十一月，人民首度表现出对女王的感激，在她的登基纪念日这一天，全国人民以公休一天来庆祝。前一年的这一天，只有全国教堂以钟声庆祝，但这一年的这一天，英国民众决定以"超越罗马教皇制定的任何假日"来庆祝。一五七六年十一月十七日，这一天正式成为英国教会的重要节日，以示对童贞女王的尊敬，女王也被誉为英国的朱迪丝与德博拉[4]，甚至超越了早已被禁止的对圣母玛利亚的崇拜。当然部分清教徒也十分担心，伊丽莎白女王已经成为另一个盲目崇拜的偶像。

在伊丽莎白女王的登基纪念日，人民便以对王权的感恩祈祷来颂扬他们被女王从天主教之中解救出来。布道会、洪亮的教堂钟声，各地都举办了庆祝活动，还有怀特霍尔宫著名的登基纪念日马上长枪比武竞赛。由女王亲自撰写，包含当日相关仪式内容的特别祈祷书也付梓成书，甚至也出现了许多民谣歌曲。英国各地的女王子民，都特别饮一杯酒敬祝女王身体健康、国运昌隆，甚至大开宴席、施放烟火、生起营火，而海上的皇室船舰也都"大鸣礼炮"致敬。

威廉·康登便叙述，"为了证明对女王的热爱"，女王的子民一直到她任期结束时，仍持续庆祝"神圣的十七日"。在一五八八年，英国打败西班牙无敌舰队后，庆典甚至延续到十一月十九日，也就是圣伊丽莎白日。这些庆祝仪式并未随着她离世而消失，她的继位者鼓励英国民众继续这些仪式，以强调英国的伟大，于是庆祝伊丽莎白女王的登基纪念日的传统，便一直维持到十八世纪左右。

怀特霍尔宫的马上长枪比武竞赛，通常都由女王本人在旁观赏，这是那个"黄金年代"中最辉煌的时光。马上长枪比武竞赛一直由女王的护卫亨利·李爵士（Sir Henry Lee）主持，直到他于一五九〇年退休后，才由卡门伯兰伯爵乔治·克里佛（George Clifford, Earl of Cumberland）接替。而出席的观众约有一万两千多人，给予宫廷中的年轻人一些机会展现他们英勇的骑士精神，以拓展名气。这些活动的盛况空前，参赛者总以最精致、最有创意的服装现身，而主题则通常以神话为主。当伊丽莎白女王与侍女一起坐在最顶层楼座，居高临下看着骑士比武场时，每一位参赛者也都会献上礼物给女王，这个地方也就是当今的英国伦敦皇家骑兵卫队的阅兵场。 218

　　而伊丽莎白女王则好装扮为正义女神阿斯特赖亚、月亮女神、"海之女神"或女猎神黛安娜、史诗《仙后》（*The Faerie Queen*，1596）中的女猎神妙月，或是较晚期的仙后葛罗莉安娜。在扮演这些超自然角色中，伊丽莎白女王接受骑士们的敬意与忠诚。她的护卫们穿上她最喜爱的装扮——尼古拉斯·希利亚德便曾手绘一幅克里佛全副武装，并在帽上装饰着女王手套的模样——在马上长枪比武竞赛中，以女王之名抵御所有的挑战者，在比武大会结束后，所有参赛者手中装饰着具有象征性细腻纹章的盾牌，将被放置在怀特霍尔宫的盾之长廊中。如此，象征着英格兰最后荣光的骑士精神，在伊丽莎白女王与臣子们努力之下以此方式发扬光大。

13 仙后葛罗莉安娜

"在旁观者眼中，带着王冠君临天下的荣耀，比起在位者实际感受到的乐趣还多"，伊丽莎白女王有这么一句名言。与此同时，她却着迷又谨慎地保护着身为统治者的特权："处理问题，我有权自由心证，除了神以外，我的任何行为不需要向任何人交代。"因为神，她深深相信，才让她通过如此多的考验仍能生存至今，还坐上王位，她也相信因为神对她的偏爱，才让她得以统治世人。一五七六年时，她向国会方面表示："经过这么多年的统治带来的那些偶然的特殊利益，我都将它们归功于上帝。十七年来，在我的引导之下，上帝的羽翼赐给你们繁荣，保护你们，让你们成功，我从不怀疑同样一双稳定的手，将继续引领你们更臻完美。"

身为"上帝创造之物"，神指定的女王，她的冠冕神圣不可侵犯，伊丽莎白女王相信，她自己就能完全掌握教会与治国难解的问题。"一国之君，"她表示，"能以高贵的智慧处理世事，这是一般平民学不来的。"若她感觉有人对王权的觊觎超过那神圣特权的界线，便会以最快速度加以斥责。"她是一个不容置疑又至高无上的统治者，"宫廷史家罗柏·侬顿如此记载。"她仿佛人间天神。"诺斯勋爵如此断言："若要说有完美的血肉之躯，那肯定是女王陛下。"

对伊丽莎白女王来说，最重要的事情，莫过于在臣子的爱戴下治理国家。她骄傲地表示，自己与所有人一样"只是平凡的英国人"，并不断对人民强调自己就像是个母亲，最重视的就

是"人民的安宁与平静"。"她如同献身于民，一切都为民着
想。"一名西班牙使节发现，伊丽莎白女王总是将人民的利益放
在心上，她的直觉总是能告诉她，到底什么对人民最好。她对
公平正义非常顽固，但对"平凡的人"从不"摆架子"，每天
都愿意收受请愿书，并全心支持平民权益。华德·莱礼爵士向
詹姆士一世表示："伊丽莎白女王总把平民的感受，摆在最伟大
的参事的权威之上。她是最卑微又最伟大的王者，总是愿意倾
听人民的声音。"当今的许多资料中，依然能看见伊丽莎白女王
对臣子的尊重，她最常说的话就是："谢谢你，我的好部下。"

伊丽莎白女王的教子约翰·哈林顿爵士，透露了一件小
事，不难看出女王面对臣子的智慧：

> 她的心总像是夏日清晨从西面吹来的微风：让身旁的
> 人感到清新芬芳。她的演说总能赢得人心，面对她的领
> 导，她的臣子们总是展现出爱戴；而她总是说，在这个国
> 家里，她必须仰赖由对她的敬爱中衍生出的服从，来带领
> 国家。借此她也将自己的智慧展现无遗：无论是失去了女
> 王对他们的信心，或是展现出对领导者的爱与服从，有哪
> 个上位者会说这是臣民的自由选择，而非遭到胁迫？她当
> 然展现出极大气魄，才能在毫不拘束之下赢得人民的服
> 从。而且在人民丧失信心时，她也不畏做出改变，展现出
> 乃父之风。

在个人王权的年代，最重要的是，统治者若能越常现身越
好。而伊丽莎白女王的能见度总是很高，每年总会四处视察，
常常沿着伦敦街道骑马出巡，或搭上她的专属驳船航行在泰晤

士河上。

她也认为透过一连串沉着的演说，为臣子解释她的决策非常重要。许多演说内容都由她自己亲手撰写、印制成册并正式宣告。她是天生的演说家与演员，能在"毫无准备的状况下，以出色、精炼又恰当的措辞"演说。她非常懂得掌控观众，让所有人都折服。"相较于命令，统治者的承诺更该铭刻于听众的心中"，她向国会如此说明。晚年她的写作与公开演说风格变得更加华丽、矫揉造作且夸张，跟随时下盛行的尤弗伊斯（Euphues）体，这是小说家约翰·黎里（John Lyly）在最早的英国文学小说《尤弗伊斯：才智之剖析》中发明的文体，而伊丽莎白女王也是这个文体的代表之一。

221　　很少有人知道伊丽莎白女王待人处事多么微妙。"我看过她假装微笑，仿佛喜爱身边的每一个人，"约翰·哈林顿爵士仍记得："让每个人向她吐露内心最深处的想法；但她偶尔会突然私下思考这些事情，记下每个人的意见，若有机会便与他们私下沟通，甚至会针对他们一个多月前说的话当面反驳。她这些可怜的猎物，从不知道眼前等着他们的是可怕的陷阱啊！"

她不愧为亨利八世的女儿：她要求他人即刻顺从并尊重她，而且无论怎么做"都以父亲为楷模"。"帝王的尊严，"她断言，"是人们顺服的关键。"她常喜欢谈起父亲亨利八世，甚至部分演说还以父亲的演说为本。她也喜欢提醒枢密院成员们，相较之下，她的父亲比她严苛得多。当臣子们冒失地挑战她的观点时，她便会大发雷霆，表示："若我非女儿身，而是个汉子，诸位可就不敢如此放肆了！"一五九三年，她在国会上表达自己对亨利八世的情义："他是一个我从小就尊敬的人，面对他，我总深感自己的不足。"不过她依然承认自己的领导风格，比起父亲亨利八世"较为温和稳健"且仁慈。

相对于伊丽莎白女王杰出的才智，在政治与治国上她出人意料地认真。她十分精明、务实、极度认真，从不害怕踏出妥协的一步。面对叛乱与战争时，她也能展现出无比的勇气。她派驻在爱尔兰的代表，也是个粗野海盗的约翰・佩洛特－加龙省爵士（Sir John Perrot），曾如此形容她："看哪！她可要怕这些西班牙鬼子怕得尿裤子了！"但他随后不得不收回自己的话，并改口表示："她有坚强无比的心，无愧于她的出身。"

伊丽莎白女王最重视的，就是在英国建立稳定有秩序的政府。她仿佛有种天生的本能，能直觉地感应什么对国家最好，她最大的要务就是维持法规、建立教会、避免战争，同时还要精减开支。她向她亲自挑选出来的法官们表示，他们应该"宣誓效忠于真相，而非效忠女王"。她爱好和平，常常主动调解他国战争与纷争。因此也不难理解，为何苏格兰王詹姆士六世如此形容她："她在执政上的智慧与得体，超越了罗马皇帝奥古斯都以后的所有君主。"

"史上从未有过如伊丽莎白女王般有智慧的女性。"塞西尔称颂道，"她能说能懂各种语言，充分了解社会阶级、处理方式与各国国君，她对英国的了解更是一绝，甚至没有任何一位宫廷参事能告诉她任何她不知道的事情。"

* * *

尽管如此，在伊丽莎白女王执政时期的社会中，对女性元首依然有着根深蒂固、以偏概全的观念。姐姐玛丽女王带来不愉快的经验，似乎让大众更加确定女性天生就不适合执政。一五五八年，在《反女性统治怪物的第一响号角》（*First Blast of the Trumpet against the Monstrous Regiment of Women*）书中，约翰·诺克斯（John Knox）写着："我相信上帝曾给予当代的某些人启示，女人治国，在男人之上承担帝国兴衰之责，毕竟是比魔鬼还可怕。"女人，他又强调，天性懦弱、意志薄弱、没有耐心、软弱又愚蠢，是恶魔之门，永远贪得无厌。瑞士改革派人士约翰·加尔文（John Calvin）则认为，女性执政的政府"背离了自然的本质与真理，就如奴役般不可饶恕"。

一名法国特使要求在他觐见女王时，枢密院成员皆须在场，表现出了男性歧视女性的典型特质，等于是暗指他特地前来讨论的国家大事，超出了女性所能理解的范围。女王陛下则怒气冲冲地回道："大使先生恐怕忘记了他自己的身份，认为我们没有能力在没有枢密院的情形下响应他的问题。这也许是法国的惯例，毕竟法国国王年纪尚轻，但本国政治现况比法国好多了。"

伊丽莎白女王并非早期的女性主义者；她颇能接受那个年代的教条，认为女人受到极大限制，表示自己是一个"想要有清醒的判断力，也想保留死后名声的女人"。"我的执政经验，"她在执政晚年时曾这样告诉法国国王亨利四世（Henry IV of France），"让我变得如此顽强，以至于我相信自己对于身为执政者该有的特质并不无知。"

"就算我不如母狮般明智，"她总喜欢这么说，"我也是狮子之后，继承了许多狮子的特质。"她的支持者却总喜欢强调，伊丽莎白女王继位后，便符合了古先知默林的预言："皇室将出现童贞女王统治国家，她的令牌一挥能及荷兰海岸，伟大的卡斯提亚听闻她的名号也会丧胆。"这个"伟大的卡斯提亚"指的当然就是西班牙的菲利普国王，卡斯提亚就位于西班牙。

为了弥补"性别上的弱点",伊丽莎白女王将这些转化为能量,让她得以在以男人为主的世界中生存。她利用女性的特质来掌控手下的男人,让他们保护她。她精于调情撒娇,让臣子们对她忠心不二,而且在臣子们彼此争宠之中,宫廷中的权力才得到了平衡。身为一国之君,她的地位高于一般人,她建立了这项常规。她曾向威尼斯大使主张:"我的性别无法削弱我的声威。"

她的策略非常成功,身为女性执政者,她克服了性别歧视的问题,她的臣民甚至将她视为英国史上最成功的统治者之一。她可以说是最受人民爱戴的国君之一。

身为一名女性,在本身的传奇性上,反而成为伊丽莎白女王的优势,因为在臣子、作家与诗人们的骑士精神下,她可以展现出寓言或神话中的形象。她是"被选中的玫瑰",在她的身边,由倾慕崇拜之情衍生出的狂热油然而生,而她也被置于将近神一般的地位。到了统治的晚期,国会的一份法案曾这样形容女王:"神圣女王陛下"。英国作曲家约翰·道兰德(John Dowland)曾写过一首歌,名为《伊丽莎白圣母颂》(*Vivat Eliza for an Ave Maria*),毫不保留地展现在后宗教改革时期由对女王的崇敬完全代替在人民心中的女神形象。

伊丽莎白女王则将贞操德行视为最高指导原则,推动了童贞女王的形象与膜拜风气,她等于是献身给国家与人民。她将早年与圣母玛利亚连在一起的纯洁形象,变成了自己的象征与代名词:玫瑰、月亮、貂与凤凰。她也与亨利七世(Henry VII)一样,最喜欢称自己为阿瑟王后裔,有关阿瑟王的传奇,一直都是伊丽莎白一世年代露天历史剧最爱的题材。

不过，最致力于推广伊丽莎白女王崇拜的，就是诗人与剧作家了。在一五九六年出版的史诗《仙后》中，埃德蒙·斯宾塞（Edmond Spenser）将伊丽莎白女王比喻为"仙后葛罗莉安娜"与"女猎神妙月"。威廉·莎士比亚、本·琼森与华德·莱礼爵士，则称伊丽莎白女王为海之女神辛西亚或女猎神黛安娜，"贞洁又美丽"。而其他的诗人则以神圣的处女、第一个来到人间的女性潘多拉、欧莉安娜公主或"英格兰的正义女神阿斯特赖亚，白色国度的艳阳"来颂扬伊丽莎白女王，英国国教会则视她为新的朱蒂丝或德博拉。伊丽莎白女王在位期间，诗作、歌曲、民谣与牧歌几乎都颂扬着她，并向神祈祷能保护她远离敌人，以及以她的美德和贞洁来称赞她。像她这样的统治者，能抓住人民的心，在英国史上几乎前无古人后无来者。

* * *

除了激励臣子之外，她亲近的参事们常常发现，伊丽莎白女王也很容易暴怒。身为一个深懂微妙的因循之道的女性统治者，她熟于拖延与假装之道，对于无法马上解决的问题，她通常以搁置处理。她的臣子们，缺乏她的敏锐度，也不懂她的动机，常常被她的行为逼得发狂，因为她不是一个轻易露出心思的人，但他们仍不得不让步，因为从长远来看，比起仓促决定，拖延时间能让她为国家做出更好的决定。只要状况许可，她都会玩时间游戏。

"这让我厌倦人生。"一五七四年，因为伊丽莎白女王显得特别不随和，另一位国务大臣托马斯·史密斯爵士便如此表示。"逝去的时间不会重返，失去优势，却仍得承担风险，问题也没有解决。我无法得到女王的许可，许可也完全没有进展，但日子一天又一天、一小时又一小时过去了，（要继续）延宕到下一秒，到中午，到明天。"而塞西尔则有一次发怒，表示："女王陛下一直不给一个坚决的答案，让我烦躁难安。"

年纪越来越大后，伊丽莎白女王在签署文件时更是犹豫。国务大臣们还得因此"说些故事或演讲来娱乐她，让她因此感到愉悦"，才能让她的思绪暂时脱离政务。

女王的其中一个座右铭，非常适合她，那就是"眼观八方，紧闭嘴巴"，她与父亲一样，都有自己的主张。"说起她的心思，这我只能语带保留，因为无论是女人或女王的身份，她的心皆深不可测。"臣子杜德利·吉格斯（Dudley Digges）曾如此记载。她很早就知道，摊牌绝不是件聪明的事。哈林顿爵士仍记得："在国家大事上，她身边最聪明的人与最好的参事，对她的想法常感疑惑，只因她很少透露她的看法。"从公主时期一直到贵为女王，她似乎从不知安全感为何物：她身边永远有毒药或刺客的尖刀等着她，敌人一再地找机会摧毁她。她知道自己永远不可能在床上安然离世。

若有需要，伊丽莎白女王也能展现坚决与强悍的一面，在历史上已知的两次事件中，她毫不畏惧地下令刑求违法者。尽管刑求并不合法，但伊丽莎白女王认为，为了国家安全利益，这是必要的手段；这两次的事件中，遭到刑求的人都参与危害女王性命的阴谋。就连伦敦塔中的狱卒都知道，若自己做出越权的事情，女王的怒火可能烧得他们体无完肤。她最讨厌死刑，因此只要能符合公平正义，她便会尽可能对遭判极刑的重大罪犯赦免缓刑。根据塞西尔表示，她是个"非常具有怜悯心的女人"。她总是非常关心案件的审判，若有需要也会出手干涉。

从许多方面来说，她都是保守派人士，非常尊重中世纪基督教世界阶级制度的旧观念，也非常珍惜"地位、优越感与身份"等这些传统观点。弗朗西斯·培根爵士透过观察发现"女王陛下爱好和平，她的爱好从未改变"。伊丽莎白女王的一名书记，曾提醒接任者"避免成为新风俗惯例的发起人或爱好者"。

枢密院成员们常常为她出乎意料的行为感到气恼。尽管她平易近人又亲切，却也十分重视自己的尊贵地位，若有人表面上吝于展现对她的尊重，或在她面前未展现出应有的谦逊，灾难就会降临到这些人头上。英国皇室礼仪中规定与女王说话的人必须行屈膝礼，除非女王同意否则不得起身。若女王站着，没有人能坐着，晚年她同意让年老跛腿的塞西尔在她跟前坐在担架上时，显然是非常大的恩赐。

吝啬是她最常遭受的批评。事实上，她从姐姐手上继承负债累累的国家之初，便已下定决心，不仅要完全清偿债务，还要节省开支。虽然收紧银根的经济政策往往不受欢迎，但在许多欧洲国家纷纷走向破产之际，这却得以维持英国偿付的能力。在每年仅略微超过三十万英镑的小额收支之下，她支撑起自己、宫廷与政府的全面开销。为了在预算内完成任务，伊丽莎白女王展现出遗传自祖父亨利七世的精打细算之风，在她在位期间，总是能以有限的资源完成许多重要事项。

然而在个人的装扮上，她花钱绝不手软，因为在那个人王权的年代，华丽与浮夸在视觉上等于是权力的象征。"身为统治者，就仿佛高人一等俯瞰世界。"伊丽莎白女王表示。因此宫廷仪式、摆设与娱乐活动的开销，绝对省不得，伊丽莎白女王的衣柜也是，这些都是王权的象征，必须展现给外国使节与宫廷宾客们看。这仿佛是都铎王朝传承下来的习惯，维持光彩夺目的门面，不只让人印象深刻，更让所有走访宫廷的人咋舌。

在这些盛典与仪式中，伊丽莎白女王偶尔也会表现出平凡的一面，就像在册封达德利为莱斯特伯爵时，轻轻地搔了搔他脖子的动作。她非常平易近人，而且也不轻易向惯例风俗低头。她打断庄严的演说与布道会的事情，也是时有所闻：她甚至会命令啰唆得让她失去耐性的演说者闭嘴。但对于她尊敬喜欢的演讲，她也不吝于赞赏，一次下议院新任的议长进行了十分具有说服力的公开演说后，伊丽莎白女王便激动得用手圈住了对方的颈项。她告诉身边的侍女自己感到非常抱歉，"毕竟两人并不熟识"。

* * *

十六世纪时的王权，在民间依然有着神秘的形象，伊丽莎白一世则全心全意地推动这样的形象。自十三世纪以来，便有透过御触治疗国王的邪恶（King's Evil）的风俗，君王用手触摸淋巴结结核患者，据称有治疗奇效。无论在怀特霍尔宫中还是在出巡的路上，伊丽莎白女王时常"勇敢且从不作恶"地"触摸身上有疮或溃疡"的患者，她真心诚意地认为自己这么做是件好事。

226

每年在复活节前，她总会穿上围裙，臂上放着一条毛巾，主持皇家濯足一事，模仿最后的晚餐中的耶稣形象，为贫穷可怜的妇女洗脚（当然，她的施赈吏已经先帮这些妇女洗过一遍了），再赐给她们许多布匹、鱼、面包、起司与酒。依据传统，这些毛巾与围裙，以及君主的袍子都要赠予受惠者，但伊丽莎白女王并不希望这些穷人为了她的衣服打架，于是创了一个新风俗的先例，将濯足礼布施钱装在红色皮包中赠予这些人。

* * *

说起治理国家，伊丽莎白女王受参事与议员们的激赏，而这些人都是依据忠诚度、诚实度与能力，由她亲自挑选出来，并拥有绝佳的洞察力。尽管她曾向一名大使表示："我们没有枢密院不行，对国家事务来说，最危险的莫过于自负。"但在听过所有枢密院参事的意见后，则是由她来做出最后的重大决定，尤其在外交事务上，她有最独到的见解。她并不认为自己一定要参考参事们的意见，甚至常常对他们大吼大叫；更有甚者，要是有参事与她意见不合，她便会暂时禁止他们踏入宫中。许多参事为了提出意见，都必须有受到轻微处罚的心理准备。

女王一点也不在意让大臣们感到不便，她认为大臣必须和她一样认真工作、有效率，致力于履行国家职责。若他们办不到，她会坚持了解原因；她能洞察一切，是个严格的女主公。一次亨斯顿勋爵离开他的公职太久，伊丽莎白女王便对他的儿子发飙："畜生！若要浪费我们的时间，干脆任他自生自灭，找人来替他的职好了，我们才不想浪费自己的时间。"

哈林顿爵士则记得她总是要塞西尔陪着她交谈到深夜，

在他离去后再召来一位臣子，偶尔测试身边的人对她的情感。每个人都会私下展现机智。若有人在她面前伪装掩饰，或不采纳她的意见，她绝不善罢甘休，有时惩罚也是不可免的。

经过这些深夜咨商后，在第二天破晓前，女王就已准备好继续处理国政。她似乎不需要太多睡眠，说她是工作狂绝不夸张，甚至可以说是恰如其分的形容。哈林顿爵士证实有一次她甚至一边写信，一边下达命令，同时还可以听取简报，并下达简单明了的指示。 227

每天她都会与臣子们接力进行私下咨询，读信与公文，写信或向他人下达命令，了解账目并听取他人的请愿。她将信件、备忘录与手札都挂在腰间的"大型随身囊"中或寝宫中，若不需要了就丢掉。因为知道枢密院参事会在她面前隐瞒意见，因此她很少参与日常的枢密院会——尽管她非常懂得与他们的辩论之道。她宁愿在背后对事务严加管束。在她刚继任的时候，塞西尔非常努力阻止她涉入过多政务，因为他认为这不是女人家的事，但几年过去了，他变得十分尊敬她、相信她，认定她是他的统治者，认同她是一个聪颖有智慧的女性。

在日常事务上，伊丽莎白女王将决定权委派给枢密院，但当决策正确时，她会居功；若策略造成问题时，枢密院参事便得一肩扛下责任。根据哈林顿爵士记载，塞西尔"总在处理失当时流下眼泪，因为他知道最困难的不是弥补错误，而是安抚女主公的情绪"。她的坏脾气无人不知：甚至会甩国务大臣耳光，将拖鞋丢到沃尔辛厄姆爵士脸上，或是殴打惹她生气的人，有一次在一怒之下，她从枢密院会上断然拂袖而去，她回到了寝宫中看书，一直到冷静下来才停止，而每一次的情绪爆发，她都这样处理。她也从不害怕承认自己的错误，而且总是以最快的速度进行调整。莱斯特伯爵是这样形容她的："感谢老天，她的批评不像其他君主如暴风般的脾气，但对期盼越高的人，她的批评有时甚至越不留余地。"

"当她微笑，"哈林顿爵士曾如此抒发心情，"仿佛温暖的太阳，人人都想沉浸其中，但当乌云瞬间聚集时，震耳欲聋的雷声可能出其不意地劈向任何人。"一名曾亲眼见证她大发雷霆的法国大使透露："我看到她对着任何一个人发泄怒气，我只想瞬间躲到加尔各答去，她的怒气如同死亡般带来恐惧感。"一五五九年，身为年轻的女王，伊丽莎白愤怒地训斥两名仆人，他们表示将把这种恐惧的情绪"带到坟墓里去"。一位臣子大胆上前一跪，为两人向女王求情"请求恢复他们男仆的身份，但让他大感惊奇的是，无论如何也无法安慰两人的心灵"。

塞西尔身为女王身边最亲近的参事，很早就知道如何判断她的情绪，也知道要如何度过她的情绪风暴。她身边的仆人们记录道："有时候都必须忍受她暴怒之下的口出恶言，就如同我多年来的经验般。"三十多年来，塞西尔一直都是她的主要参事，也是她在枢密院中最棒的温和派力量。"欧洲没有任何一位君主，"她有一次曾表示，"拥有像塞西尔这么好的参事。"

伊丽莎白女王喜欢旧派的特权阶级，也喜欢所谓的士绅阶级，也就是"新贵族"，这些人的好运来自他们的财富，而伊丽莎白女王则以能力来决定枢密院成员人选，当然还有他们的教养。她认为这些服务国家的人必须有最高素质。她身边多数的臣子们，在某种程度上都彼此有亲戚关系，当然也因此为伊丽莎白女王的宫廷中带来和谐的家庭气氛。尽管罗柏·侬顿曾指称，她就是宫廷派系内讧的罪魁祸首，但"西得尼文件"（the Sidney Papers）则表示，她"懂得运用智慧制衡各大势力"。

然而比起枢密院，英国国会就显得更难掌握，因为国会的层级更低。女王认为，身为一国之君，她的权力完全凌驾于国会之上，但下议院中的清教徒却常常反对许多议案，而上下两院也常常嫉妒彼此的权力与特权，总是想方设法要拓展自己的权力。女王与国会的冲突因此难以避免，就如同我们所见，伊丽莎白女王偶尔也有不得不认输的时候。只要可以，她都会尽量避开国会。在她执政的四十五年间，国会仅开议过十次，总共工时约为一百四十周——根本不到三年。女王仅在国会开议前与休会前，穿着她的长袍，带着王冠，坐着驳船或骑马而来参与仪式；在这些特别的日子里，她会亲手撰写演讲稿。若上下议院议员想要与她沟通，就必须派遣代表前往她当时所居住的宫殿。在议院代表上前下跪后，她会从王位起身优雅地鞠躬或行屈膝礼回应。传令员会负责为她带来议事辩论的消息，而塞西尔则负责向上下两院传达她的期许。

"宣布召开国会是我的权力，"伊丽莎白女王一次曾如此提醒两院议长，"解散国会，或进行决策也一样是我的权力；不同意国会的决议也是我的权力。"部分事情，包括继位与她的婚姻，就是她认为不适合由国会讨论的问题，但国会方面的想法总是相反。

在外交政策上，欧洲在法国与西班牙这一类天主教强权主导下，伊丽莎白女王的政策以保持英国国家的稳定与繁荣为主。靠着就连参事都不见得能理解的迂回曲折的外交政策，她成功地达成了目标。战争会威胁大英王国的稳定与她的财政，因此对她来说仿佛诅咒。她与菲利普二世的态度大相径庭，她完全不想建立自己的帝国，因此在一五九三年，她向国会宣告：

　　这件事对我来说如此简单自然，那就是这么多年的统

229　　治下来，我并没有任何拓展疆界、扩大领土的想法；尽管我有多次的机会。我心已决，绝不入侵任何邻国疆土，也不夺取他国王权。能治理我自己的国家，以君主之名执政，足矣。

* * *

伊丽莎白女王的性格复杂。她是个十分认真的知识分子，时间许可下，每天都会花上三小时读历史书（"我想像我这种不是教授的人，很少能和我一样爱看书了。"一次她向国会如此夸耀），一直到她晚年死前，都会将翻译塔西佗（Tacitus）、波爱修斯（Boethius）、普鲁塔克（Plutarch）、贺拉斯（Horace）与西塞罗（Cicero）的作品作为娱乐，她甚至也能吐出"流畅又拗口的诅咒"，就和那个年代多数好人家的仕女一样。一次塞西尔迅速而神秘地带走一位清教徒富勒先生（Mr. Fuller）上呈给女王的一本书，书中提及"仁慈的女王陛下"不时"在邪神、公众之前，最令人悲伤的是常在神与耶稣存在之处，在许多神的荣耀降临之所，圣人、宗教与禁忌之处"口出诅咒，"在女王陛下邪恶的示范下，多数的臣子也常常口出诅咒，甚至说亵渎的话，这简直是让神的名誉扫地"。伊丽莎白女王要求看那本书，但在一名侍女的默许之下，那本书很幸运地"不见了"。

与母亲安妮·博林一样，伊丽莎白女王非常喜欢俏皮话，真实的笑话及"以机智胜过最机智的人"。对于喜剧演员理查德·塔莱登（Richard Tarleton）与女侏儒滑稽的动作，总是能引发她激动大笑。但她有完美的餐桌礼仪，吃喝的动作都十分优雅，最喜欢的饮料是啤酒。

　　她本人也非常机智。当一名法国大使向她抱怨，自己等了六天才等到觐见女王的机会时，她俏皮地答道："就像世界的运转是六天一样，这是神定下的规则。神的力量，是有弱点的人无法比拟的。"

　　她那毋庸置疑的性吸引力与自信，总是让男人趋之若鹜，而一名臣子曾表示，伊丽莎白女王的"情感并非镌刻在硬石上，而是精致地雕塑在纯白的蜡里"。时间一年一年地过去，她以越来越激烈的手段，想要追回逝去的青春，而宫廷里那些具有骑士风范的臣子们，则不断向她保证，她是宫里最美丽的女子，她那极度的虚荣心，让她全然相信这些谎言。"她是一个让时间也惊艳的女子。"华德莱礼爵士曾如此感叹。

　　她最大的兴趣就是骑术，这是她最常见的活动，此外还有打猎与跳舞。有一幅画详细地描绘出她在彭斯赫斯特庄园与一名疑似为莱斯特伯爵的男子共舞；两人正在表演拉沃尔塔舞，这是一种极富争议的舞蹈，男伴会将女伴高高举起转圈，而女伴的腿则甩在外头，因此受到许多神职人员的谴责，认为这种舞蹈是造成放荡甚至谋杀的原因。一些比较不具争议性的舞蹈，则需要更高难度的技巧与优雅的态度，尤其是女王钟爱的双人舞，舞者先轻快地踏五步，接着凌空飞跃而起，接着双脚要同时落地。而伊丽莎白女王则坚持融合更多更复杂的舞步，这也有效地避免了舞技较差的臣子参与这种舞蹈。年纪渐长后，在宫廷舞蹈的场合中，她多半扮演观众的角色，但她的标准依然高得吓人。一名法国大使记述："当她身边的侍女跳舞时，可以看见她的头、手、脚皆随着节奏轻点。若侍女们跳得不受她好评，便会受到她的责难，她无疑精通此道。"

　　伊丽莎白女王最喜欢的桌上游戏是纸牌与西洋棋。她也十分喜爱戏剧、马上长枪比武和残忍的斗熊游戏，在泰晤士河南岸的派瑞斯花园，就有一个她的养熊场。

钻研哲学则是她多年不变的喜好。一五九三年，在听闻法王亨利四世改信天主教的消息后，伊丽莎白女王大感心烦，于是花了二十六个小时将波爱修著作《哲学的慰藉》（*Consolations of Philosophy*）翻译成英文，借以平复愤怒的情绪。她是一个"好学孜孜不倦"的人，她毕生对于学问总抱持着高昂的兴趣，而她的语言天分也从未消退。"说错拉丁文带给我的恐惧，比惹怒了西班牙、法国、苏格兰国王，加上整个吉斯家族与他们的盟国还要可怕。"她曾如此说道。一次她曾自吹自擂，表示自己"一点也不害怕西班牙国王，因为他一直到十二岁，连自己语言的字母都还学不好"。

伊丽莎白女王非常重视教育大计，致力于催生伊顿公学与西敏中学。她热切希望中上阶级人士都能有文化涵养，因此创办了文法学校，延续了英王爱德华六世草创的教育基业。此外，她还创立了牛津耶稣学院。

另外，她对音乐也十分热情。除了鲁特琴与小键琴技巧高超外，伊丽莎白女王甚至会"为芭蕾舞音乐和一般乐曲谱曲，进而演奏且随之起舞"。她大方资助当代音乐大师汤马士·泰利斯（Thomas Tallis）与威廉·拜尔德（William Byrd），两人皆对她的歌唱音质赞誉有加。她演奏过的小键琴，上面还有博林家族家徽，目前依然珍藏在维多利亚与艾伯特博物馆中。

伊丽莎白女王对著名占星家暨巫师约翰·迪伊的资助护持着他，让他远离行恶魔仪式的罪名与迫害。一五六四年，约翰·迪伊曾写道：伊丽莎白女王"以她那超乎常人、慷慨大肚的智慧，给我慰藉并鼓励我，让我继续哲学与数学上的研究。"她偶尔会前往莫特莱克拜访他——一五七五年，他记录下："女王陛下与她那伟大的枢密院，以及许多贵族人士，都来参观我的图书馆。"她甚至在宫中给约翰·迪伊备了个房间，但他并不想中断研究，因而婉拒了。

令伊丽莎白女王着迷的，不只是约翰·迪伊的科学与神秘学研究，还有他预知未来的能力；生在那迷信的年代，她对这些预言都认真以对。一五七七年，约翰·迪伊预测出"英国将建立无可匹敌的大帝国"，也就是这样的预言，启发了伊丽莎白女王，鼓励德瑞克爵士、莱礼爵士与吉尔伯特等探险家出航，发现新大陆，并试图在新大陆建立英国版图。许多事情她都会听取约翰·迪伊的意见：新的彗星、牙痛、科学疑问以及解梦。

受到感动时，伊丽莎白女王也有怜悯慈爱的一面。面对好友诺里斯小姐"生命中的噩耗"，在爱尔兰战争中失去了挚爱的儿子时，伊丽莎白女王如此通情达理地回应："别为了无用的事伤害自己，展现出好的模范以慰藉与你同样悲痛的人。自然天理的循环已然达成，人生谁无死，而他得到应有的光荣，让身为基督徒的明智判断安慰你那沉重的悲痛，人生本无欢乐，听天意而已。"两年后，诺里斯家又有两个儿子战死爱尔兰沙场，伊丽莎白女王再度写信安慰悲痛的诺里斯家双亲："我们与你们一起，只希望我们心中所有的安慰，都能在如此悲痛的意外中，聊慰两位的心。我们并不愿意动笔写下这些话语，唯恐将为你们带来更多伤痛，但我无法克制自己，尽管你们顺从神的旨意，却无法避免一再的打击。尽管我们的伤痛不亚于你们，但仍该作为楷模。"当伊丽莎白女王听闻亨丁顿伯爵的死讯，甚至将皇室全数移驾到怀特霍尔宫，只为了能好好地告诉亨丁顿伯爵遗孀这个坏消息。

231

* * *

在伊丽莎白女王长寿的人生中，她的体魄一直十分健壮，让她能尽情享受严峻的日常活动。她饮食有度，活得长寿，一直到生命的最后，都能维持身体机能，让政府运作得宜。她精力旺盛，甚至能惊人地站上好几个小时，让疲惫不堪的臣子与外国使者们都感到狼狈不堪。

她年轻时的神经问题，似乎来自压力、不安全感与悲惨的童年经验。她童年时期遭遇的创伤与惊吓，尤其是了解母亲命运的过程，可能对她的神经系统造成了永久性的伤害。她部分的神经问题，在继位之后自然减少了，后来在她更年期时才又复发。随后她常遭受焦虑、歇斯底里、躁症发作、强迫症与逐渐加重的忧郁症反复发作的影响。她厌恶噪音，无法忍受门窗紧闭与人群，这显示她有幽闭恐惧症。她偶有恐慌症发作的情形：一次在前往小礼拜堂的途中，"她突然无法克制地遭受恐惧折磨"，根据西班牙大使表示，她甚至必须接受搀扶才能回房。

这些病症显然主要是神经性的问题。她肩负的重任带来的压力与紧张，与总是活在生命安全受威胁的意识下，可能都会让意志不坚的人崩溃。许多当代人认为，她拒绝婚姻与生子带来的满足，便是违反了生命自然。塞西尔的观点则是，结婚生子对于治愈她的精神问题，可能有奇效。

在她那个年代的标准之下，伊丽莎白女王可说是个非常挑剔的女性，容易大惊小怪。她十分厌恶特定的气味，尤其是香水皮革，在一次某位臣子穿着香水皮革靴前去觐见女王时，她随即拒绝了他上呈的请愿书，皱起了鼻子，臣子只好嘲弄地说："喷！女王陛下，臭的是我的鞋子！"伊丽莎白女王的态度才和缓下来。对于他人的口臭，她的忍耐度就更低了。一次在接见一位法国特使后，她痛苦惊呼："老天爷啊！若这个人继续留下，我该如何是好？他走了一个小时后，我仍能闻到那股臭味！"特使后来得知女王陛下的话，随即羞愧地逃回法国。

伊丽莎白女王也讨厌厨房的腥臊污垢。最不幸的是，在汉普顿宫中，她的御用厨房就位于她的寝宫楼下，"女王陛下不只坐立难安，甚至影响了食欲"。用玫瑰水在空中喷洒，似乎也无法掩盖住那股气味，因此汉普顿宫在一五六七年不得不改建新的厨房。这个厨房便一直保存至今，成为宫廷中的下午茶室。

随着年纪增长，伊丽莎白女王开始有了头痛的烦恼，这可能是偏头痛、眼压高或风湿病造成的。"脚踝上有一个开放性的烂疮"于一五六九年七月首度曝光之后，她甚至有多次因而无法行走的记录：一五七〇年出巡时，她甚至不得不坐在担架上。虽然一五七一年时她的烂疮已经痊愈，但女王却留下了微跛的后遗症，而她对此事十分敏感。尽管如此，这却从未影响她每天早晨最喜欢的长途健行习惯。

尽管她的身体毛病多，但几乎都是慢性病，而非急症，她也多次展现不愿屈服的意志力。和父亲一样，她最讨厌生病，也不愿人们认为她生病了。一五七七年，她下令要莱斯特伯爵通知塞西尔，为她带来一些他居住的巴克斯顿的温泉水。但他将温泉水运抵宫中时，女王却不愿意服下，她认为"温泉水离开原始地便没有益处了"。但她不愿服用的原因，只是有人说——当然也是事实——她的"脚上生疮"，但她从未正面承认；事实上，她甚至为了莱斯特伯爵写信给塞西尔一事，斥责　233

了他一顿。

来年她遭受"极度严重"的牙痛，但她"并不认为，也从不认为"她的烂牙需要拔除，因此她的医生也不敢如此建议。她尝试了许多减缓症状的方法，但都徒劳无功。在枢密院多次的建议下，伊丽莎白女王依然不愿意"接受器械性的治疗"。英勇的伦敦主教约翰·艾尔墨向她表示，拔牙并不是件恐怖的事，并愿意在她面前，拔掉一颗蛀烂的牙。于是在一五七八年十二月，他接受了拔牙治疗，也因此，伊丽莎白女王在经历了九个月的折磨后，最后终于同意让医生为她施行拔牙手术。术后，任何有关牙齿的事情都成了禁忌话题，之后每当出现了蛀牙，她都只愿意忍痛，再也不愿意接受拔牙治疗，因为她听说菲利普国王在接受拔牙治疗后，从此只能吃流质食物。这个决定让她多年来断断续续地受牙痛、牙龈疾病之苦，最后甚至出现面部与颈部神经痛。当代的数据显示她的脸颊肿起，可能就是脓疮造成的结果。她越来越喜欢含糖食物、蛋奶冻与布丁，对牙痛的状况一点也没有帮助，但她仍成功地保住了部分牙齿，只是在她晚年时，一名外国观察家发现，她的牙齿"非常黄，而且极度不对称，还有不少缺牙"。

接近晚年，伊丽莎白女王也从不愿承认自己身体不适。一五九七年时，塞西尔曾发现"她的右手大拇指疼痛不堪，但却强忍着不让人知道，不论是不是痛风，都没人敢问，这使她签署（文件）时都疼痛难忍"。

她的医生是最顶尖的，在那个年代，多数医生犹豫不决又危险的治疗可能加速病患的死亡，但伊丽莎白女王没有时间找他们来，而且她也尽可能地避免与医生打照面。尽管她喜欢强迫生病的臣子依照她的调配吞下她认为有治疗奇效的"药草水果汤"，但当她生病时，要说服她吃药并不容易。偶尔会发现，伊丽莎白女王仿佛扮演慈母的角色，喂食这些普通又古老的方剂让友人吞服，甚至自吹自擂地表示，这些方剂能治愈全天下所有的病。伊丽莎白女王的独门配方，只剩一剂留存至今，是她亲自调配用来治疗有听力问题的诺斯勋爵的，"烤一小块豆粉糕，待它温度上升，剥成两半，两半各滴进三到四汤匙的苦杏仁油，接着睡前将两块豆粉糕固定在两耳上，贴得越紧越好，保持头部温暖"，但历史上并没有记录它的功效。

伊丽莎白女王极度反对当时流行的泻剂，因为她认为，吃了泻剂的人就有偷懒开小差的理由，于是禁止她的侍女们服用 泻剂。一五九七年，两位侍女并未服从她的命令，"偷吃了泻剂"，因而被罚三天不准入宫。

伊丽莎白女王不愿承认身体上的毛病，原因也是有迹可循。"在其他人的身上，生病是一件很不舒服的事情，而在统治者的身上就更严重了。"她认为这意味着，人们在某种程度上会认为她失控了；也代表她向人类的弱点低头，但我们已经知道，伊丽莎白女王总希望被视为超凡入圣。生病也代表年老，这也是她极度不想承认的一件事，而年老也威胁到童贞女王形象永恒青春的核心概念。

* * *

在都铎王朝年代，皇室的形象非常重要，比现代的皇室形象更为尊贵，辉煌的表象就是权力与伟大的同义词。都铎时期的君主最著名的就是光彩夺目的一面，相对于个人魅力可说是有过之而无不及。在他们公开演说的服装与那个年代君主所建造和居住的宫殿中，都能看出这样的表征。

伊丽莎白女王的衣柜，据传有超过三千件华服。随着她的各种服饰变得越来越浮夸、华美，她的衣着在其在世时便已成为传奇。神圣的新教处子，穿着朴素的黑白相间的服饰，在玛丽女王在位期间，成功为伊丽莎白女王加分；继位后，她的服饰风格大幅扭转，出现色彩缤纷、炫耀卖弄的形象。伊丽莎白女王在人像绘画中，总是身着蚕丝、天鹅绒、缎子、塔夫绸或金丝织成的衣裳，上面装饰着真正的宝石、无数的珍珠，并奢侈地以金银线镶饰，硬挺的襞襟与浆过的网纱制成的立领，则随着时间的推移越来越夸张。她最喜欢的颜色是黑、白与银，并以银色的半透明头纱作装饰。她的许多衣服上，都装饰着她自己的象征物，包括玫瑰、太阳、彩虹、巨兽、蜘蛛、麦穗、桑葚、红石榴与她最爱的花——三色堇。

有时候伊丽莎白女王的服装与其他服饰，则是臣子送给她的新年礼物；有些礼物她甚至一生都没穿过。这些衣服，与其他弃之可惜的服饰与鞋子，她都会送给侍女们。但部分友人与臣子赠予的礼物，她又显得十分珍惜：一五七五年，哈维克的贝丝小组在送了女王一件上面绣着各式各样的花与康乃馨的蓝色斗篷后，听闻宫中的朋友转述："女王陛下从未这么欣赏您送的礼物；斗篷的颜色与特殊的装饰，让这件衣服价值不菲，让女王因此用我从未听闻的好话大赞夫人您。"贝丝小姐因而感激涕零。

身为未婚女子，伊丽莎白女王非常喜欢穿低胸的衣服，这个习惯一直维持到老年，通常她都将头发在背后扎成发髻，但偶尔也会刻意将烫卷的头发放下。年纪渐增，头发渐白后，她甚至会戴上红色假发，这在宫中的侍女间蔚为风尚。她的许多衣服都是宫中裁缝师沃特·费雪（Walter Fish）量身定做的，亚当·布兰德（Adam Bland）则负责提供毛饰。

235

每天早上，寝宫侍女都要花两小时，才能帮女王着装完成。在至少四个宫殿中，女王都有提供流动自来水的专属厕所，除此之外，她还随时带着专用的浴缸，让她在每个宫殿中都泡澡，此外还有一年两次的药浴。显然，伊丽莎白女王比那个年代多数人都还要频繁地泡澡，一年至少会泡三次。她用金质牙签与象牙牙签来剔牙，并用擦牙布让牙齿光可鉴人。在那个时代，因为误信吃甜食能让呼吸气味变甜，她因而吃进大量糖分。

在华丽的衣裳下，她穿着细致的亚麻布，以保护无法洗涤的服装不受汗水的侵蚀。而这些衣服则分为许多不同的部分，包括三角胸衣、短外衣、袖套、衬裙与环状领，再透过绑结或扣子固定在鲸骨束腹上，最后再穿上随着流行增大的鲸骨环——一种坚硬环状的裙状物。伊丽莎白女王从小就习惯穿这样的衣物，但她偶尔会要求宫廷制鲸骨环师约翰·贝特（John Bate）帮她稍微修改一下，因为她的衬布常碰到与三个世纪后维多利亚时期的女性一样的问题。一五七九年西班牙大使门多萨曾表示，若伊丽莎白女王不将鲸骨环移到一边，让他可以"走近她身边，以免听不到声音"，两人就几乎无法好好沟通。但伊丽莎白女王的仪容看起来一点也不可笑：约翰·海华德爵士则形容，女王"带着莫大的尊荣，一举手一投足间都充满贵气"。

伊丽莎白女王的每一件衣服几乎都极尽可能地精致。家庭女教师凯瑟琳·艾希莉曾送她一条手帕，周围以金银丝线收边。在她初上任之时，伊丽莎白女王收到来自意大利的一双丝质袜作为贺礼，让她矢言此后再也不穿别的材质的袜子了。在位期间，她多数的袜子都由亨利·赫梅（Henry Herne）制作，或由寝宫侍女缝制而成。目前在哈德菲尔宅邸中，展出一双据称是伊丽莎白一世穿过的丝质袜、一顶草编的宽边帽及长指手套。伊丽莎白女王的制鞋工匠盖瑞·强斯顿，每周都会制作一双新鞋给女王穿。冬天时，伊丽莎白女王外出都会穿斗篷或披风，一六〇〇年时统计，她已有一百九十八件斗篷。

根据约翰·海华德爵士的观察，伊丽莎白女王的外貌"修长挺立；她的头发偏向淡金色，前额大而白皙，眼睛水灵有活力，但却有近视的嫌疑，她的山根较平，鼻子突起；脸部比例长，但加上些许的威严与谦逊后，仍拥有傲人的美丽"。

236　与那个年代多数的女性一样，伊丽莎白女王也会使用化妆品让外表更有魅力，用蛋白、蛋壳粉、明矾、硼砂、罂粟籽与水做的乳液，让皮肤更白皙，并用墨角兰或玫瑰水散发出芬芳气味。她会用碱液洗头，这是一种木头烧成灰烬后与水混合的液体，她会将这种液体与镜子一起放在梳妆台上的罐子里，并将梳子放在珠宝盒中。

着装完毕后，她会戴上大量的珠宝，让站在烛光之下的她闪闪发光，让身边的人都感到光彩夺目。一五九七年，法国大使发现她戴着"无数的珠宝，除了头上，还有她纤细的颈项、手臂与食指上，她的脖子与手腕上都戴着大量的珍珠，两手各戴一个手环，看来都价值不菲"。四年后，让意大利大使感到惊奇的是，伊丽莎白女王"穿着全白的衣裳，装饰着许多珍珠、刺绣与钻石，她能撑得住这些珠宝，让我感到十分讶异"。一名德国访客则表示，伊丽莎白女王穿戴的任何衣物"都镶着大大的钻石与其他珍贵宝石，而在她那裸露的胸前，则戴着一条长长的金银丝细装饰的披巾，上面还夹着一只看起来活生生、非常逼真的丑陋蜘蛛"。

　　伊丽莎白女王的珠宝收藏数量庞大，可以说是欧洲最棒的，而且她的收藏声名远播，就连罗马教皇都曾对它们痴心妄想。一五八七年，她已经拥有六百二十八件收藏品了。许多都是继承自父母的收藏：她拥有安妮·博林那著名的姓名字母坠饰，还有亨利八世留下的一个周围镶满红宝石的大蓝宝石，后来经过德国珠宝技师史匹尔曼大师（Master Spilman）重新镶嵌。多数的珠宝都是他人相赠的礼物，新年期间，或女王前往臣子家中拜访时，臣子们都会送女王价值不菲的小装饰物，或是价值连城的礼物，而此举后来也成了英国传统。克里斯多福·海登爵士曾送她许多套礼物，甚至有一套多达七件的珠宝。伊丽莎白女王拥有的部分珠宝，在西班牙宝藏船惨遭劫掠时遭盗取。但她还有更多的珠宝收藏，可能都来自身为金匠与微图画家的尼古拉斯·希利亚德所作。许多珠宝上面甚至铭刻着女王的一个座右铭——Semper Eaden（意指永恒不变）。

　　女王也拥有许多珠宝表，且都为十字架、花朵或坠饰的形状，还有许多镶着宝石的手镯、腰带、领饰、坠饰、耳环、臂镯、纽扣、香盒与扣链等。她拥有许多以珠宝镶饰把柄的鸵鸟羽毛扇，以及许多新奇的珠宝饰品，有些上面有象征意义的文字，有些则是暗藏巧妙的双关语，多数则刻着她的名字。她最爱的珠宝样式是船或动物的形状，她拥有的珍珠都象征着处女般的纯洁，全都是最上等的，甚至包括曾为苏格兰女王玛丽·斯图亚特所有的长珍珠串。她拥有的部分珍珠，现在镶嵌在大英帝国王冠上；其他的都遗失了。伊丽莎白女王的一个戒指上，绘有她与安妮·博林的画像，现在则收藏在切克斯。伊丽莎白女王也常将珠宝当作礼物送给身边的参事们——托马斯·赫内基爵士（Sir Thomas Heneage）就得到精美的舰队宝石，

237

这是一个奖章型的画像盒，由尼古拉斯·希利亚德设计，现在则存放在维多利亚与艾伯特博物馆——至于教子的儿子则得到有她侧影的玛瑙。女王的衣柜清册中，显示有许多件珠宝在出巡过程或其他地方"不小心遗失了"；这些多数都是黄金或钻石纽扣，或怪物外形的胸针。一五八四年，她就曾在温斯特遗忘一件珠宝。令人感伤的是，在她死后这些珠宝四散，只剩不到几件。"噢，这些珠宝！"一六二六年，一位英国国会议员嗟叹，"是伊丽莎白年代的骄傲与光荣！"

伊丽莎白女王拥有的较为夸张的服饰，主要都用在与国家相关的场合，包括宫廷庆典、女王现身、接待外国使者与描绘官方画像时。她的日常穿着则较为朴素——有一次她甚至"连续三天穿着同一件全黑的服装"，而每天早晨，她都喜欢穿着较宽松的衣服，周围装饰着羽毛。那些华美的服装与珠宝就是她的工作服，对外显示王权的象征，对于维持童贞女王的形象也非常重要。这是无人能及的高尚庄严，因此伊丽莎白女王的服装总是比他人还要更夸张。

当然，这样的行为也引发清教倾向人士的批评。一名主教便大胆地在宫廷的一次宣教中申斥女王浸淫在过分打扮自己的这种虚华中。之后，女王对他的冒失愤怒不已，向她的侍女们抱怨："若主教大人再继续讨论此事，就送他上天堂吧，但他别想有人陪伴，留下他的衣钵吧！"

* * *

伊丽莎白一世的画像，一直是许多重量级著作喜欢讨论的话题。尽管在继位后的几年间，她的画像需求量非常大，但根据塞西尔所说，她"非常不愿意被画出真面目"，因此画像与她的相似度不大。最早期的画像，都只画出女王戴着法式兜帽的半脸；现在留存下来的模板并不多了。在华威城堡正式举行的加冕大典的画像上，她也露出全部的脸，现在则收藏在英国国家肖像艺廊。这幅画在油画木板上的肖像，经过年轮分析，大约出自一六〇〇年，而且可能是利瓦伊娜·提尔林克（Levina Teerlinc）遗失的原作的复制品，利瓦伊娜·提尔林克是一位法兰德斯艺术家，她在伊丽莎白女王继位初期的几年，为女王画了许多幅肖像。提尔林克最著名的作品，就是绘制了伊丽莎白女王穿着加冕长袍的肖像，后于一六〇〇年左右由尼古拉斯·希利亚德重制。

　　到了一五六三年，伊丽莎白女王与塞西尔都开始担心，外界对她的形象有所误解：华德·莱礼爵士曾记载"一位学艺不精的画师所绘的伊丽莎白女王肖像，在她的命令下，被敲碎焚毁"。塞西尔提议制作相似度大的女王画像，让坊间的艺术家能复制得像一点，但伊丽莎白女王并不喜欢这个想法，因为她认为根本没有任何一位艺术家的技术够好，能画出最佳范本。一直到将近十年后，汉斯·艾沃斯（Hans Eworth）入宫成为宫廷画家，他那充满寓意的画风，让女王凌驾于司婚姻女神朱诺，司智慧、工艺、发明的女神米娜瓦与美丽的维纳斯女神之上。一五六〇年代的其他画像稀少，一五六七年时，萨赛克斯伯爵向荷兰摄政王表示，这些画像与它们真正的主角"无可比拟"。

　　一五七二年时，一位不知名的画家，终于绘制出日后成为所有伊丽莎白女王画像复制品的基准作品，那就是知名的达恩里肖像画（Darnley Protrait）。也就是在此时，伊丽莎白女王发现，她的金匠尼古拉斯·希利亚德，也是个极富天分的肖像画家与微图画家；伊丽莎白女王的凤凰肖像画与鹈鹕肖像画，也

238

都是他的绘画作品。伊丽莎白女王非常钦佩希利亚德的天分，并且正式称呼他为"女王的画匠"，甚至开心地花了数个小时，与他讨论"许多艺术范畴的问题"。至此，伊丽莎白女王已年届四十，对脸上的皱纹非常在意。在她的坚持之下，希利亚德必须负责绘制她的画像，而他则记得："在一个美丽花园的露天小径中，附近一棵树也没有，也没有任何遮阴。"伊丽莎白女王告诉他，"展现一个人的模样，不需要任何阴影，但一定要在自然光下"，最后他绘制出的肖像，并不具有君主的高贵尊严，而是穿着耀眼的衣服美化过后的形象。

此后，女王对于自己外在形象的呈现便显得十分在意，对于打扮与权威的呈现重于画像的真实性。在趋近晚年的画像中，伊丽莎白女王的面部依然是光滑、无老化痕迹、无表情变化的模样。这无疑给予她的臣子一种安慰，在充满不安的世界中，让臣子们认为女王陛下丝毫没有改变，对这些人来说，一般人性的规范似乎毫无作用。

在一五八〇年代，对于伊丽莎白女王绘像的需求激增。创作丰富的尼古拉斯·希利亚德手绘了许多伊丽莎白女王的微型图像，臣子则最爱佩戴在身上，至于另一位宫廷画师乔治·高尔（George Gower），则绘制较大幅的画像，其中最著名的就是无敌舰队肖像画，目前这幅画像还有许多不同版本。另一位受到女王宠信的画师则是约翰·贝慈（John Bettes）。这些画家绘制的肖像画，在刻意展现王权象征、服饰与地位之下，创造了一股特殊的英国服装画像风潮，而这股潮流一直维持到下一个世纪。

一五九二年，马库斯·加拉德（Marcus Gheeraerts）绘制的充满气势的迪奇里肖像画，是伊丽莎白女王大型的全身肖像留存至今的少数作品。画中的女王脚踏英国地图，而她脚下踩着的牛津郡的迪奇里公园，是她的支持者亨利·李爵士（Sir Henry Lee）的家乡，而这幅画像便是由他委托制作。这幅画中充满了象征的符码，其中还有很多未解，但却是伊丽莎白女王肖像画中的一个亮点。女王的脸部描绘得和其他肖像一样，这是绘制一个老妇人最谨慎的方法。

一直到伊丽莎白女王辞世前，小马库斯·加拉德（Marcus Gheeraerts the Younger）、威廉·席格（William Segar）与罗伯·比克（Robert Peake），一直维持着由希利亚德开启的传统风格。现在于多塞特郡舍伯尔尼城堡展出的一幅画中，画师比克将垂垂老矣的伊丽莎白女王描绘成一位年轻女子，坐在轿舆上，由臣子们推着前往布莱尔参加一场婚礼。在伊丽莎白女王死前六年，希利亚德依然为伊丽莎白女王绘制肖像画。他绘制的画像，有二十几幅流传到后世：这些肖像画现在被统称为"青春的假面"。至于在哈德菲尔宅邸中出自无名氏之手的彩虹肖像画，则出现于一六〇〇年左右，画中同样也充满各式各样的符码，将伊丽莎白女王描绘为届适婚年龄的美丽太阳女神。

因此，目前世上只有少数画像，呈现出伊丽莎白一世真正的面容。一五七五年时，意大利籍宫廷画师费德里哥·朱卡洛（Federico Zucczro）绘制了伊丽莎白女王与莱斯特伯爵的画像，令人失望的是，这幅画早已佚失；而他的初稿则透露出某种程度的真实性。一五九〇年代的奖章上，女王的面部绘像则呈现出松垮的下巴与脸颊，而且市面上流传着"让她气愤不已的"许多类似的绘像，因此一五九六年，在伊丽莎白女王的命令下，英国枢密院下令查封并销毁许多展现出她老态龙钟、羸弱不已与一脸病容的画像。英国王位继承问题悬而未决，政府不能冒险让臣民看见她年华老去的模样。伊丽莎白女王的一幅微型画，几乎可以确定是埃萨克·奥利佛（Isaac Oliver）活灵活现的作品，他试图描绘他所见到的伊丽莎白女王，但这幅画却始终未完成，现在则在维多利亚与艾伯特博物馆中展出。而那幅著名的忧郁的"伊丽莎白女王的年代与死亡"，则绘于她死后，几乎可以说是当今留存的作品中，最接近她真实样貌的一幅。伊丽莎白女王那满布皱纹的面容与小马库斯·加拉德的作品相距甚远。

总而言之，这个年代多数的伊丽莎白一世画像，其实都是经过修改的形象。历史上所有的画家都相当谄媚、愚忠，但在伊丽莎白女王年代，她的画像其实是刻意要展现出四十五年来完全不变的形象。只要比较维多利亚女王最初的照片与同一时期所谓的真实肖像画，就会知道肖像画与真实反映一切的相片差异有多大。而在伊丽莎白一世的年代，这样的差异，无疑发展到极致的境界。

14 鲜艳华丽、合乎礼仪 又富丽堂皇的宫廷

将全欧洲最壮丽的宫殿作为布景，伊丽莎白女王的宫廷大戏如火如荼地上演。多数的场景都位于泰晤士河沿岸，除了要有良好的排水系统外，这样一来女王便能轻易地靠着驳船移动。部分宫殿则通过女王专用的道路连接到伦敦，也就是所谓的英皇大道，包括切尔西、里士满与汉普顿宫，以及在泰晤士河南岸，从兰贝斯宫到格林尼治，再到艾尔萨之间的蜿蜒小路。

这些宫殿的数量并不少于女王的华服与女王生命中重要时刻的仪式，当然也是个人王权明显可见的象征。在这些宫殿中，有超过两千条亨利八世指定使用的绣帷，时至今日仅剩二十八条留在汉普顿宫中，还有更多是他的孩子所需，除此之外还有许多绘画与艺术品收藏。

都铎王朝常四处出巡：一次迁徙的人数可能高达一千五百多人，因此卫生设备便是最重要的需求。约翰·哈林顿爵士便曾抱怨："就算是在国内最优良、最高贵的宫殿中，尽管备有污水池、排水管、污水闸门，并让可怜的人们帮我们清扫、冲洗，但整个环境还是臭得让人厌恶不已！"伊丽莎白女王的马桶都有盖子，而侍女们则不断清理，但其他的仆人还必须服侍宫中的其他人，因此许多人喜欢到庭院中透透气或坐在墙边，也就不令人意外了。一直到一五九六年，约翰·哈林顿爵士才发明了马桶与厕所；一年内，伊丽莎白女王便在里士满宫装设

了一个。

另一个问题在于地方上的粮食供应有限，宫廷移居当地，为当地人的饮食带来许多限制。经过一段时间，宫廷就得移居别的宫殿，清空打扫原本居住的地方，也恢复当地粮食的贮存量。因此，伊丽莎白女王也不得不时常在各宫殿之间迁徙。她与许多较重的行李，只要可行，都会靠着驳船移动，宫廷中的其他人与较轻的物品则靠着陆运前进。

尽管各处宫殿既辉煌又华丽，但在女王的命令下，各处宫殿都紧抓开支。若皇室主管会计的花费超出每年皇室可运用的四万英镑预算，就大难临头了。女王的各处宫殿修缮费用主要来自地税。除了温莎城堡之外，伊丽莎白女王花费极少的费用在重建与扩建宫殿上——这一点与她的父亲非常不同。经费主要用在维护皇室宫殿的外观；而臣子们的薪水，则从亨利八世时期至今未变。

除了皇室宫殿之外，伊丽莎白女王也继承了六十座城堡与五十座宅邸，多数都卖或租给了臣子们，例如伦敦的查特豪斯宅邸、杜伦宅邸与贝纳德城堡。除了皇室出巡时可用的宅邸外，她也任由部分皇室建筑逐渐毁坏。斯庄特的索美塞得宅邸则常作为外国宾客居住之用，但在伊丽莎白女王任内，也曾在此居住了十四回。高特的约翰所留下的萨伏伊城堡，则被改建为医院，克勒肯维尔的圣约翰修道院则被改建为节庆典礼官办公室。伊丽莎白女王的衣橱则放置在圣安德鲁丘的皇室衣橱中。她主要居住的宫殿都是"交通方便的建筑"，也就是泰晤士河谷沿岸的宫殿。

西敏宫，英国皇室在伦敦的住所之一，也是十一世纪以来英国政府运作的主要机关，于一五一二年不幸遭到焚毁，只留

下部分高塔与烟囱。对面的怀特霍尔宫，是伊丽莎白女王最主
要的居所，她在此居住的时间比其他地方都长。怀特霍尔宫是
一个庞大又不规则的建筑，占地二十三公顷，宫中有两千间
房，尽管多数的房间都又小又窄，它却是欧洲最大的宫殿。它
原名约克宫殿，这个宫殿原为约克大主教在伦敦的居所，后于
一五二○年代由沃斯红衣主教献给了亨利八世。亨利八世扩建
了这座宫殿，将它变得尽善尽美。到了伊丽莎白女王的年代，
它最出名的就是充满中世纪风情而非文艺复兴风味的特殊装
潢。其中充满许多古意，活灵活现的壁饰来自十三世纪，而在
建造年代较近的枢密室中，有小霍尔班描绘都铎王朝的大型作
品：亨利七世与亨利八世肖像，以及他们的妻子们画像。一位
观察家曾表示："国王就站在那里，展现出崇高的权威感，栩
栩如生，让一旁的人为他的出现感到窘迫、自惭形秽。"而伊
丽莎白一世就喜欢站在这些画像前接见宾客，以强调自己是大
人物后裔的身份。

242

　金碧辉煌的怀特霍尔宫中宽敞的谒见室有非常典型的规则
可循：大厅随后是警卫厅，接着才能进入谒见室，最后才是由
黑棍侍卫看守的枢密室，这群侍卫会进行筛选，只有女王钦准
的人才能进入。女王几乎一整天都待在这里面；晚间她则透过
玩纸牌游戏或与亲信聊天，轻松一下。在谒见室之后的则是女
王的私人空间，也就是"内殿"，只有享有特权的人可以进
入：内殿包括了供女王紧急撤退的密室、寝室与许多小型的密
室。

　穿着得宜的人才有资格进入大厅、警卫厅与谒见室，也才
能看到女王正式工作的一面，或是她来回穿梭在皇室礼拜堂的
身影。当她不住在这些宫殿中时，宾客便得以在引导人员的陪

伴下参观这些房间，甚至可以进入女王寝室，但仍有不少人抱怨："所有的帷幕都被拆走了，白白的四面墙，其实也没什么好看。"当女王住在里面时，大厅尽管空间狭窄，仍会举办宴会、历史剧与戏剧演出，一五八一年时，伊丽莎白女王在布道堂隔壁新建了一座宴会厅，让臣子们能在露天空间下聆听布道。

伊丽莎白女王的寝室能遥望泰晤士河。一名德国宾客保罗·亨兹纳（Paul Hentzner），便于一五九八年发现女王的床"是由各种不同颜色的木头组成，被褥则由丝、天鹅绒、金、银与各种材质装饰"，主要的布料则是在印度染色的丝。此外还有放着丝质桌巾的餐桌，绑上坐垫的椅子，以及"两个制作精美的小橱柜"，用来收藏女王的墨宝。一个"用满满的珍珠装饰外表"的珠宝箱则装着女王的手环与耳环。隔壁则是一间有镀金天花板与"设备完善的厕所"的房间。亨兹纳大使也发现整个房间只有一个小窗户，又闷热又阴暗。女王的寝室则有一条秘密通道通往河岸的检查哨，伊丽莎白女王有时会在晚间来此登上她的驳船，沿着泰晤士河航行巡视或弹奏鲁特琴。

宫殿外则有一片果园与"一座最大、最高贵的花园"，园中有三十四座上了漆的巨柱，柱上则有传说中的怪物雕像，这些怪物浑身镀金，它们同时也有日晷的用途，以三十种不同的方式来辨识时间。女王非常注意花园的细节，并希望花园全年都是繁花盛开的景象，甚至到了冬天都还要充满丰富的色彩。当年怀特霍尔宫的骑士比武场，就位于现代的骑兵卫队阅兵场上，并且由一个回廊穿过霍班大门（延伸到伦敦市区的主要街道）再连接到宫殿中与皇室专用的顶层楼座，也可以再前

243

往大礼堂旁的养兔场，这些地方都戒备森严。除此之外，宫中也有网球场与斗鸡场。

温莎城堡也是伊丽莎白女王最喜欢的居住地之一，但因为温莎城堡冬天难以留住温度，因此女王最喜欢将它作为夏宫。她在此建了一个石造露台，沿着上庭院北侧延伸经过女王寝室窗户的下方，女王总在傍晚时分在这露台上呼吸新鲜空气，或于每日清晨踏着轻松的步伐"暖身"。在露台下方则有美丽的花园，"有许多小径与迷宫"。一五八三年时，伊丽莎白女王又建造了长达九十多英尺的室内回廊，让她在天气潮湿时也能运动；这个回廊现在则变身成为皇家图书馆，而伊丽莎白女王当时使用的壁炉依然留存至今，但都铎时代流行的低屋顶则于一八三二年进行置换。传闻中，伊丽莎白一世的鬼魂依然出没于此。她建造的其他设施——包括一座私人礼拜堂、一座桥、一个户外宴会亭——全都已经消失。一五六七年，她曾计划要在圣乔治礼拜堂中她父亲的墓穴上立一个价值不菲的墓碑，但最后却不了了之。

在温莎大公园中，伊丽莎白女王可以恣意享受打猎的乐趣，穿上各种华丽的服饰，远离多数的臣子。伊丽莎白女王向来不是个安静的女子，从不畏惧"亲手杀死"雄鹿，她善于使用十字弓，看见灰色猎犬撕扯着猎物，她也不退缩。她对动物的痛苦挣扎无动于衷：她曾放走一只雄鹿，但下令割下雄鹿的双耳作为战利品。晚年时期，伊丽莎白女王与侍女们，偶尔会在城堡东北边的特制看台上射击猎物，但只要体力允许，伊丽莎白女王还是喜欢与男性一起享受骑马驰骋的感觉。

伊丽莎白女王在温莎古堡的房间极其奢华。睡在一张装饰得十分华美的大床上，上面还垂着"各种奇妙的绣帷"，而她枕在头下的垫子"则是由女王陛下亲手缝制的珍贵软垫"。这里有流动水源的厕所,四面墙与天花板都是镜子。大厅则是戏剧、宴会与皇室礼拜堂儿童合唱团举办音乐会时最佳的布景。一五九八年参观了温莎古堡的保罗·亨兹纳,看到亨利八世与安妮·博林那张镶着金银的御用床架、法国特制的绣帷、独角兽角——其实可能是独角鲸的长牙等奇珍异宝装饰的房间。

格林尼治宫是伊丽莎白女王出生的地方,宫殿虽由三个庭院所环绕,然而它却比大多数其他的宫殿都还来得小;但其奢豪的程度不亚于其他宫殿与城堡,因此格林尼治宫主要用于国家的重要场合与接见外宾。外国使者会搭着驳船来此,在河岸边的检查哨,就会受到热烈欢迎。一五五九年七月,伊丽莎白女王即位后,首度以女王身份前往格林尼治宫时,就在此观赏海军于泰晤士河上的演习,同时在公园进行阅兵。当女王的船队出发去海外探险时,她也会在此向船队挥手道别。许多上面彩绘着都铎家徽的长凳"就摆放在花园中,让女王随时能歇歇腿"。宫殿里的多数的房间都能看见河景,谒见室中甚至有一面高达八英尺的玻璃窗。礼拜堂中的壁挂是金色的织花台布,还有一个镀金的壁龛让女王行圣餐礼之用。

经过一五六二年那场差点夺去性命的天花后,伊丽莎白女王有一段时间,远离了她父亲那位于萨里以红砖砌成的汉普顿宫,但在复活节与圣灵降临节,甚至偶尔在圣诞节时,她还是会"相当开心地使用这个空间",同时也会在汉普顿宫接见使节与他国贵族,并大肆铺张地献上娱乐节目,让他们在亨利八世的大厅那哥特式木拱脚屋顶下,观赏戏剧演出。在那个年代,与汉普顿宫同样声名远播的,就是克洛斯特格林宫的御座厅,被誉为天堂之厅(后于十七世纪与都铎王朝其他建筑一同拆毁），当女王不在的时候，"穿戴整齐的一般大众"就可以花钱进入参观。亨兹纳大使便曾记载说，"宫里的波斯地毯以真金、珍珠与珍贵宝石装饰，国王的宝座就更不用说了"，宝座上的软垫是咖啡色天鹅绒，镶上三颗珍贵的钻石、红宝石与蓝宝石。一张长达二十八英尺的桌子，上面覆盖着边缘镶着珍珠的天鹅绒桌巾，另一张桌子则用巴西木制成，上面嵌满了银饰。桌上放了一面镀金的镜子与黑檀木制的国际跳棋棋盘、一个象牙材质的西洋棋盘，以及七管象牙与金特制的长笛，吹奏长笛时能模仿各种动物的声音。除此之外还有西洋双陆棋盘及纯银制的骰子，以及各式各样令人惊讶不已的乐器。宾客也可以前往大厅北面参观兽角展示厅，皇室打猎大会过后，鹿角等战利品都存放在这里。

汉普顿宫，可以说是女王所有的宫殿中，装饰得最精致的一处。"所有的墙面都因金银装饰而显得闪闪发光，"亨兹纳大使曾在报告中这么写道，"许多大型的房间，都因为有完美的壁画、珍珠贝写字台与各种乐器，而显得光彩夺目，而女王陛下显然也十分欣赏这些装饰。"天花板有浮凸雕工、交错的横梁与金质垂饰，这些宫殿的木梁，多被镶嵌或上漆变成红色、黄色、蓝色与绿色，甚至还有立体画壁饰。尽管宫中的装饰如此华丽，伊丽莎白女王仍认为汉普顿宫是个令人不安、不健康的地方，因此汉普顿宫主要作为展示厅。

伊丽莎白女王最喜欢的是汉普顿宫的花园，并下令将由新 245大陆带来的烟草与马铃薯种植在园里。一五七〇年，她又扩建了亨利八世的马厩，多了两个谷仓与一座马车房。

从汉普顿宫往河的上游前进，在韦布里奇附近有座小而精美的欧特兰宫，是个"令人精神一振的打猎场"，而一五四〇年，亨利八世就在这里与凯瑟琳·霍华德举行婚礼，伊丽莎白女王一生至少有二十次因优良的打猎环境而走访欧特兰宫，而园中的大批乌鸦则让女王大感兴奋。但欧特兰宫至今已完全消失，取而代之的是许多民宅。

里士满宫是伊丽莎白女王的祖父亨利七世最爱的居所，这座宫殿建得高耸入云，但一直到伊丽莎白女王晚年时，她才开始懂得欣赏里士满宫的迷人之处，每年夏天在花园与果园最美丽的时候皆来此居住。里士满宫简直就像童话故事中的城堡，有许多爬满爬山虎与球根植物的塔楼，塔顶则有金银两色的风向仪；宫中的天花板为扇形穹顶，还有许多大型凸肚窗，最大的大厅长宽为一百乘以四十英尺，墙上则挂着描绘英王们英勇形象的肖像，宫中还有连串的回廊与凉廊穿过美丽的花园。建筑本身就充满美感，再加上各式各样的花草与两百多棵树，果园中则有不少蜜桃、苹果、梨子与布拉斯李子。

里士满宫一共有十八个厨房，维持宫中的食物供应。另一个吸引伊丽莎白女王的主要因素，就是祖父发明的铅锤测量系统，能汲取天然泉水到宫里。而里士满宫相当防风，伊丽莎白女王因而称里士满宫为"我老年时最温暖的巢穴"。

另一个相当精美的夏宫，"是伊丽莎白女王最喜欢的一座宫殿"，是萨里的无双宫，这是英王亨利八世于一五三〇年间，以文艺复兴时期的风格，仿效伟大的法国罗亚尔皇宫兴建的雄伟建筑。玛丽一世将它租赁给阿伦德尔伯爵后，尽管伊丽莎白女王是无双宫的常客，但直到一五九二年阿伦德尔伯爵逝世为止仍一直无法如愿取回它的使用权。在伊丽莎白女王造访无双宫时，天天都会到大公园里骑马打猎。当她在无双宫接见外宾时，房里都摆满了从附近的汉普顿宫中搬来的家具与挂饰。无双宫是一个非常小的宫殿，宫中并没有大厅，当女王移驾住在无双宫中时，甚至必须架设大量帐篷，才能容纳所有的宾客。尽管如此，皇室御用的房间依然十分华丽，宫中有一个很棒的图书馆，在宫内的天井中，有一个气势恢宏的白色大理石喷泉与一座钟塔。无双宫最著名的就是它那新奇的八角形高塔，墙面刷得粉白，与金色石膏的浮雕图案交错，在这如诗如画的地方，有许多经典的雕像，还可以发现最著名的一座塑像——树林里的月之女神。

246

伦敦的圣詹姆士宫则一度是玛丽女王的最爱，她甚至选在圣詹姆士宫中咽下最后一口气，但这里却不太受伊丽莎白女王欢迎，但每当怀特霍尔宫在进行清扫时，她就会把这里当作伦敦的政府总部。除了大门上还有伊丽莎白女王的盾形纹章外，这里的都铎王室礼拜堂仅留下些许痕迹，此外还有代表威尔士王子凯威莱德（the Welsh Prince Cadwaladr）的狮子雕像与红龙，都铎王朝采纳了这个标志。圣詹姆士宫有专属的公园与人工池塘萝萨蒙湖。

伊丽莎白女王非常厌恶伦敦塔。因为她的母亲和许多与她亲近的人，都在伦敦塔中悲惨地死去，而她本身也有来自一五五四年被囚禁其中的恐怖记忆。她也十分憎恶伦敦塔动物园中的噪声与臭味。因此除了加冕典礼前不得不前往伦敦塔之外，她再也没有去过伦敦塔中属于她的房间也就没什么稀奇的了。无论如何，在各宫殿中，属于女王的房间永远都是完美的状态，一五九八年，亨兹纳大使与另一位访客汤玛士·皮列特（Thomas Platter）透露，御用寝室都挂满以银饰与金银线缝制而成的绣帷，房中还有一张顶篷上以珍珠精致装饰的大床。同时房中还展示了一张椅子，这是为了年老垂矣的亨利八世特制的椅子，上面附有脚凳，还有伊丽莎白女王的不少华服及许多珍贵物品，都依然放置在这里。女王召开国会时所穿的袍子也放在伦敦塔中，每个月都要定时晾一下。她的服装都会定期洒上香粉去除霉味——光是一五八四年一整年内，女王的衣服就用了二十四磅重的香粉。

当王室移居怀特霍尔宫时，皇家珠宝就放置在伦敦塔中展示，但伊丽莎白年代的珠宝，不是被重新熔解，就是在奥利弗·克伦威尔（Oliver Cromwell）手下遗失，多数都未能留存至今。

充满古典中世纪风味的伍德斯托克宫，则是另一个伊丽莎白女王极力避免前往的宅邸，因为在玛丽女王执政的年代，她曾在此遭到软禁一年。只有偶尔在非常罕见的情况下，她才会在出巡时来到伍德斯托克宫过夜。

伊丽莎白女王的狩猎小屋依然保存在艾平森林中；曾有十分生动的传说指出，在大败西班牙无敌舰队后，伊丽莎白女王骑着一匹驯马，踏上这里的阶梯。这个狩猎小屋其实是亨利八世所建，作为打猎时瞭望的看台。伊丽莎白女王也曾以逐渐腐朽的埃尔特姆宫作为狩猎小屋。

即位后的伊丽莎白女王，对于她在受限的童年曾住过的地方敬而远之。哈德菲尔宅邸的橡树，就种在她听闻自己接下王位的房间窗外，茂密地开枝散叶一直到十九世纪，现在宫殿中的商店，依然可见这棵橡树的遗迹。伊丽莎白女王出巡时会住在哈德菲尔宅邸，但在她身故后，多数在欧德宫的住所都遭到毁弃，只有侧厅留存至今，但也有了大幅度的改变。亚诗里奇宫、纽荷尔宫、亨斯顿宅邸当时都已出租，而纽荷尔宫、亨斯顿宅邸则是租给了萨赛克斯伯爵。在继位后的首次出巡中，伊丽莎白女王曾到访恩菲尔德宫，但又很快地离开。但恩菲尔德宫中的一座火炉被保存了下来，目前仍在绅士之路的一幢民宅中，上头还有"E. R."的花押字样及拉丁铭文："人唯一的防备就是服侍神；其他事物都是虚幻。"伊丽莎白女王较常为恩菲尔德宫旁的艾尔辛格宫增添光彩，因此艾尔辛格宫保存良好；窗上依然挂着遮蔽用的帆布，女王寝宫中也安上有纹章的彩绘玻璃，同时保持火炉燃烧以避免湿气。一五九六年，伊丽莎白女王下令在雄鹿公园中"大设陷阱，晚餐后开始猎雄鹿"。但恩菲尔德的两处宫殿都未留下太多遗迹；亚诗里奇宫原址现在则为雅克比福地四十厅博物馆。

事实上，伊丽莎白女王居住过的宫殿，几乎没有几座能幸存至今。怀特霍尔宫于一六九八年被大火付之一炬。其他的宫殿在奥利弗·克伦威尔起义的年代也都没能留下，至于挺过那场苦难的几座宫殿则太过巨大，对于乔治王朝时期又嫌过时。里士满宫则在英联邦时期被摧毁殆尽，现在只剩下外面的门房。格林尼治宫、伦敦塔中的御用房间与无双宫，也都在十七世纪晚期惨遭破坏。残破不堪的伍德斯托克宫被拆毁，另建布伦海姆宫，而索美塞得宅邸则原地重建。纽荷尔宫的一处侧厅幸运地保存下来，但温莎古堡中的皇室专用房间则于十九世纪初大规模改建。时至今日，历史并未留下太多证据供后人瞻仰都铎王朝宫廷的绚丽。

* * *

宫廷并不只是政府运作重地，也是伊丽莎白女王展现庄严高贵姿态的舞台。宫殿也是英国文化的中心、艺术品的最佳艺廊，让外国使节眼睛一亮。熟谙财富的能见度对政治的重要性，因此伊丽莎白女王对宫廷的一切出手阔绰。宫廷在绘画、音乐、服饰与其他装饰艺术上的选择，自然而然地反映出女王的品位，也为许多郡主乡间宅邸的摆设创造新的趋势。

伊丽莎白女王与整个宫廷每年都有既定不变的行程。秋天，是新的法律年度，国会也正式开议，宫廷便会迁回怀特霍尔宫，伦敦市长与市府参事会穿上最好的毛皮制衣服，前往伦敦的城门迎接女王，一起穿越街道，沉浸在臣民的欢呼与喝彩中。十一月十七日是伊丽莎白女王的继位日，而她通常会在怀特霍尔宫或汉普顿宫度过圣诞节，接下来十二日的狂欢，便在第十二夜的主显节达到高潮，宫廷人士开始交换礼物，女王则在皇家礼拜堂接受臣子馈赠黄金、乳香与没药等物。至于圣诞节当天，伊丽莎白女王通常在祷告中度过。男性臣子们通常会待在宫中，等待狂欢活动展开，鲜少有人胆敢"冒着触怒女王的危险"偷溜出宫，回去陪家人。宫廷人士最主要的消遣娱乐，就是跳舞与普利麦罗之类的纸牌戏，就连平日小心谨慎的伊丽莎白女王，都可能小赌一把试试身手。还好她的牌运都相当不错，就连一向不喜欢她的作家本·琼森都曾表示——但也可能是一种恶意的表现——她一定是靠作弊才能如此幸运。当然也有戏剧演出——圣诞佳节，宫廷中最多可上演十一出戏剧，而忏悔节则有更多戏剧表演。

女王回到伦敦后，便常出现在大众面前，有时前往贵族家中用膳，参与婚礼，看人斗熊，有时则观赏军演或到河畔参加游乐会。她的专用驳船都固定停靠在泰晤士河畔萨里的派瑞斯花园。德国大使亨兹纳曾形容"这艘船有很棒的两个船舱，用玻璃窗户、挂画与镀金装饰得美轮美奂"。女王专属的船舱用金银两色软垫与缀有花瓣的深红色天鹅绒地毯，布置得贵气逼人。驳船通常由二十位划手操作，以轻快的速度前进。

248

新年伊始，伊丽莎白女王便会移驾欧特兰、格林尼治、无双宫或里士满宫，但到了春日时节，为了濯足节与复活节，还是会回到怀特霍尔宫。四月份，女王一行人则前往温莎，在圣乔治日参加嘉德勋章授勋仪式。到了夏季，伊丽莎白女王与英国宫廷便会出巡，最后在欧特兰、汉普顿宫、温莎古堡或无双宫度过初秋，最后才返回怀特霍尔宫。

而伊丽莎白女王的日常行程则富于变化。她表示自己"并不是早起的女子"，除非完整地梳妆打扮后，否则绝不会出现在别人面前，但她喜欢在早餐前，在她的私人花园中快走一圈。她很少衣着随便，但在一五七八年，士鲁斯柏立侯爵之子撞见她坐在窗台上，偷听他人的八卦话题："我看着她，眼睛睁得斗大；她表现出非常羞愧的样子，因为她还没准备好，甚至仍穿着睡衣。因此当天晚餐后，她准备要去散步时，用手指轻弹我的额头，并转头向宫务大臣说我早上看到她衣衫不整的样子，并表示自己感到羞愧不已。"

另一次，在盛装打扮后，伊丽莎白女王将头探出窗台，发现艾德华·戴尔爵士（Sir Edward Dyer）因无法求得宫中的职务而忧郁地待在花园中。伊丽莎白女王便以意大利文问他："你的脑袋空空，还能想些什么呢？" 249

"想着一个女人的承诺。"他意有所指地答道。

"愤怒能让愚蠢的男人也机智，但愤怒只会让人更贫穷。"伊丽莎白女王嘲讽地说，随即在莽撞的戴尔爵士有机会开口前，便抽身远离了窗台。

因为她常熬夜，于夜间工作，因此伊丽莎白女王通常起得十分晚。侍女会端上早餐——白面包、肉块浓汤、麦芽酒、啤酒或红酒——来到她的寝室，女王接着便一边工作一边玩耍，直到用餐时间，约为十一点，"伴随着音乐与歌唱，跳个六七支活泼的双人舞，是她清晨的固定活动之一。女王早晨的第一件事，就是投入自己的爱好之中，接着才专心于繁杂的内政大事、阅读信件、要求答复，思考哪些议题应召开枢密院会，并与各级大臣商讨事务。当她感到厌倦时，便会在没有仆人的陪伴下，召集几位有学识之人，在花园的树荫下或舒适的长廊中散散步，接着搭上马车，在众人的面前，前往附近的果园与田野走走，有时也会去打猎或放鹰行猎；这大概就是女王的一天，但她还是会花一些时间阅读并钻研学问。"经过一段时间于里士满宫对女王的观察后，一名宫廷人士埃德蒙·波亨（Edmund Bohun）透露。哈林顿爵士则记得："伊丽莎白女王习惯每天早上以阅读来纾解不平静的心绪。当心里的平静消失殆尽时，她总是遵照塞涅卡纳（Seneca）的名言，益处多多。"

午后，伊丽莎白女王有小寐片刻的习惯；她也时常在其他时间小睡一下。晚餐时间是下午五点，接着就是观看余兴节目，一直到晚上九点，接着到谒见室中进行晚安仪式，接着食品室会提供一些消夜小点。接着领宾员会宣布："夜间安寝！"英王更衣随从会清空谒见室，守夜人开始在宫殿周围巡逻。此刻，臣子们应该自动退下，但多数臣子都不会这么做。

女王赞助的许多音乐家与画家，都有得到嘉奖表扬的机会。伊丽莎白女王非常喜欢露天历史剧、假面剧与戏剧演出，许多民间剧作，包括威廉·莎士比亚与本·琼森的作品，都曾在宫里演出过，每一出戏剧演出的成本约为四百英镑。根据历史记载，在一五九七年，莎士比亚历史剧《亨利四世》之后，伊丽莎白女王便对吹牛骑士一角感到十分着迷，甚至要求莎士比亚写一出有关吹牛骑士的爱情故事。最后写出的作品，就是《温莎的风流娘们儿》，据传这是大文豪莎士比亚在两星期内仓促完成的作品，却让女王欣赏不已。另一出剧本《第十二夜》也是为了要一六〇一年在宫中演出而撰写的作品。

伊丽莎白女王十分热爱剧场，同时在清教徒的运作之下，积极努力保护剧场不受迫害。一五八三年，伊丽莎白成立了她专属的女王剧团，其中她最喜欢的一位演员，就是喜剧演员理查德·塔莱登（Richard Tarleton），他随便一个滑稽的动作，就能逗得女王笑到流泪。在一次表演中，伊丽莎白女王"得先命令这个小丑退场，以免她笑得喘不过气来"。

伊丽莎白女王也喜欢露天历史剧，有时甚至在谒见室中也会参与演出，不过她每次都演自己，且若要说服她加入跳舞的行列也并不困难，她总是毫不犹豫地加入。

每到了娱乐的时候，伊丽莎白女王总是相当大手笔：所有的仪式与宴会都十分铺张，以整齐有秩序又庄重的仪式，让宾客们印象十分深刻。一六〇一年，一名意大利特使便表示，再也不可能在任何地方"看到哪国皇室能比英国更井然有序"，且总是"鲜艳华丽、合乎礼仪又富丽堂皇"。

伊丽莎白女王是能见度非常高的统治者。每个星期天，她总是一贯地从皇家礼拜堂走向谒见室，一路上有许多人争睹她的风采，当女王迈着"高贵的"步伐经过时，人人都忍不住屈膝行礼；她常常停下脚步与部分人士交谈。舍伯里的赫伯特勋爵（Lord Herbert of Cherbury）依然记得，当年身为宫中年轻小伙子的自己，一次参与了这样的场合："女王陛下一看到我就停下脚步，口吐她常用的惊叹之词：'该死的！'她惊呼道：'这是谁呀？'在场的每个人都看着我，但没有一个人认

250

识我，直到女王（士绅）卫队队长詹姆士·克洛夫特爵士（Sir James Croft）发现女王停下脚步，于是掉过头来告诉她我的身份，说我娶了威廉·赫伯特爵士（Sir William Herbert）的女儿。女王陛下因此用充满兴味的眼神看着我，又惊叹地咒了一句，表示：'这么早婚还真可惜了！'随即将手递给我让我行了两次吻手礼，两次她都轻轻地拍了我的脸颊。"

另一名德国访客利奥波德·冯·维德（Leopold von Wedel），于一五八四年目睹了女王陛下的星期日游行，并详细地描述"伊丽莎白女王如何展现自己优雅的一面，以谦逊的风采接下无论是富者或贫者的请愿书。当她经过身边时，许多人都不禁跪下，她总是会说：'我由衷地感谢你。'接着是八响号角声，暗示晚餐时间的到来"。

维德也发现伊丽莎白女王那平易近人的态度。"她以非常友善温和的态度与人谈天、说着俏皮话，甚至用手指着皇家卫队队长华德·莱礼爵士的脸，说他的脸弄脏了。她甚至主动要用自己的手帕帮他擦拭干净，但莱礼爵士抢先了一步。"伊丽莎白女王也喜欢在回廊中，一边与臣子聊天，一边懒洋洋地斜倚在地上的软垫上。但与此同时，她也有极度威严的一面。汤玛士·皮列特就曾记录下这一刻，伊丽莎白女王与枢密院参事及随从们，一同走出谒见室，从窗户望向隔壁的回廊，注视着庭院中的人们，"每个人都不禁跪下，女王陛下则说：'愿神祝福我的子民。'所有人都不住地哭泣着：'天佑女王！'这些人会一直保持着跪姿，一直到女王陛下做出起身的手势，他们才会毕恭毕敬地起身。"

一五九八年时，亨兹纳大使与许多其他英国民众，获准进入参观女王晚餐精致的准备流程：在号角与铜鼓声中，卫士护送仆人将桌巾、盐罐与食物捧进谒见室，最前面则有传令官手持仪仗引导。所有的人员在进出谒见室时，都必须对着顶篷底下空荡荡的王位庄严地鞠躬三次。当侍女们负责铺设餐桌时，男仆们必须在一旁等待，一边摆上桌巾与食物。接着，穿着丝质白衣的首席女侍，与另一名手持试餐叉的女随员步入谒见室；后者会在餐桌与空荡荡的位子前优雅地跪拜三次，接着恭敬地走近餐桌，以"仿如女王亲临现场般的敬畏态度"用面包与盐擦拭餐盘。接着她会让所有的卫士"试吃"——尝遍每一盘食物，确保食物没有被下毒的疑虑，接下来更多首席女侍会进入谒见室，"以特别严肃的态度，将餐桌上的肉类抬起，捧进女王所在的内宫，穿过更多的私人房间，女王选择了她要的菜色后，其他的就分给宫中侍女们"。

伊丽莎白女王通常独自一人于寝室内用膳，她也有专门为她准备食物的专属厨房。只有某些特殊的时候，她才会来到谒见室，在众人面前用膳，大众则得以进入回廊中一睹女王风采。一五八四年圣诞节，维德大使享有这个殊荣，得以目睹女王用膳的模样，他发现女王用膳时，有年轻男子在旁伺候，他们必须跪着递上肉与饮料，在女王进餐的同时也必须一直跪着。威廉·霍华德勋爵、赫特福德伯爵与克里斯多福·海登爵士则站在她身后。她以非常平易近人的态度与他们交谈，但女王与他们交谈时，他们都一直跪着，一直保持这样的姿势，直到女王示意他们起身。在女王用餐的同时，皇家乐团持续"演奏悦耳动听的音乐"。会有四名仆人拿着银碗与毛巾上前，让女王洗手。

虽然女王每一餐的菜色选择从不低于二十样，但她通常吃得不多，较喜欢鸡肉与鹿肉等轻食，年龄渐长后，因为咀嚼困难，她开始会要求要浓汤或炖菜等食物。伊尔·施凡诺亚（Il Schifanoya）曾宣称，虽然女王的餐点中"有大块美味的连骨肉，她依然要求要有如意大利风格的优雅与洁净"。

252　　　伊丽莎白女王最爱的美食是浓郁的蛋糕、糖果、水果馅饼与油炸甜面包，结果导致她一口烂牙。她宣称自己一周吃两次鱼，也就是周五与周四（在她统治的年代，这两天被称为鱼大餐日，以促进渔业发展）；但事实上，因为这样每年会额外耗费六百四十六英镑的巨资，因此这两天的餐点都偷偷换成其他肉类，而且她与多数的臣子不同，她总是遵行各个斋戒日。

伊丽莎白女王爱吃的白面包，原料是黑斯登小麦，它是远近驰名的优良麦种。女王也喝淡啤酒，但她会避开较浓的麦酒。约翰·克莱普汉（John Clapham）曾写道："女王的饮食非常节制。她喝的啤酒中会加三分之一的水。她从未遵照定时用餐的准则，除非饿了否则不吃。"她将自己强健的体魄归功于"从不执著于饮食与睡眠定时定量，而是倾听身体的声音"。她也从不"以食为乐，贪图味觉享受"。

臣子们则在大厅用餐，宫廷中主要的职员们，会分散坐在各公务人员的桌次。女王寝宫的侍女们为身上的鲸骨环所累，椅子上根本没有足够的空间容纳所有的侍女，因此她们只好"蹲在地上匆促地用餐完毕"，大厅的地板上撒满了香草与青草，保持空气清新，遮掩脏污。

贵族与骑士皆有权带仆人进入宫中，因此宫廷厨房每日皆须准备上百人的免费餐点，依据每人阶级不同都有不同的菜单。宫中总是会剩下许多厨余，负责供应伙食的单位，也必须控制宫廷的支出，因此无力处理厨余问题。宫廷管理与组织相当没有效率：若女王夜半想要来点点心，这道命令会经过一连串的官员，导致最后送达时，菜都已经冷了，女王因而对食物多所抱怨。在温莎古堡中，所有的设备都相当古老，女王的膳食都在派斯克大街的公共厨房烹煮，再由仆人扛着穿梭半英里回到古堡中。到离世前，伊丽莎白女王终于受不了如此差劲的管理，因此"以十分尖酸刻薄的语气宣布自己要清理宫廷门户"，但在她的改革计划付诸实行之前"女王陛下便已蒙主宠召"了。

外国使节与宾客，常对于皇家礼拜堂合唱团的表现赞叹不已——由三十二位成年男性与十二位男童组成的合唱团——合唱的乐音似乎超越了平凡的人类。一名丹麦使者曾表示，格林尼治的神圣仪式，实在是"唱得太悦耳了，就算是有重听的人也会觉得动听不已"，另一名法国特使则认为："我曾到过法国、意大利与西班牙，却从未听过如此美妙的乐音。这个音乐会的绝美与悦耳，言语难以形容。"

伊丽莎白女王非常喜欢有音韵变化的教堂音乐，因而不顾清教徒试图将此音乐逐出教堂门的要求，也因此保存了一项流传至今的传统，在教堂中哼唱圣歌与赞美诗。女王也在宫廷中庇护了几位天主教歌手与乐手，其中一位便是威廉·拜尔德（William Byrd），保他不受被迫害的命运，甚至让拜尔德能以拉丁文谱曲。可想而知，尽管这件事并不影响他人权利，女王此举却让清教徒抱怨连连。每当谈起了音乐，伊丽莎白女王总愿意让步。但有一次她曾抱怨，著名的管风琴家克里斯多福·泰伊（Christopher Tye）弹奏时音准有问题，"他却托人告诉女王，是女王的耳朵有问题"。

伊丽莎白女王也会在伦敦皇家交易所举办免费音乐聆赏，

让穷人也能分享她对音乐的热爱。她自己也在宫中培养了三十位管弦乐手。

* * *

女王身边的维安滴水不漏。理论上，她身边会有十二位荣誉警卫官戒备，但事实上，贴身保护女王的，是亨利七世时期设立的国民警卫队侍卫，并固定由亨利八世创立的士绅卫队支援。士绅卫队队长包括克里斯多福·海登爵士与华德·莱礼爵士，他们最著名的就是修长的身材与俊美的面孔。尽管身边有大队人马保护，伊丽莎白女王的参事们依然担心，她的维安工作并不够严密，有人可能会突破重围威胁女王性命，毕竟在女王的任期内，的确发生过几次这样的危险。塞西尔对毒害的忧虑大过于暴力胁迫，因此他起草一份备忘录，提议"对女王的衣着与饮食保持相当程度的警戒"，并提醒女王不要乱碰可疑的香水、手套与食物等礼品。但伊丽莎白女王对自己的人身安全，抱持着轻松的态度，甚至喜欢冒点险，对人民的爱戴信心满满——也让忧心不已的大臣们十分不高兴。

英国宫廷十分庞大，每周都要花上数百英镑才能维持运作，因此伊丽莎白女王身边的侍从，比几位先王都来得更少；她的侍女们也是如此，寝宫中只有几位士绅、十位马夫，晚安仪式后也只有一位守夜人防守谒见室。伊丽莎白女王雇用了弄臣格林家族（the Greens）、鞑靼人伊波丽塔（Ippolita），也就是"我们亲爱的女侏儒"、意大利籍弄臣托玛席娜（Thomasina），以及意大利籍丑角摩纳可（Monarcho），莎士比亚曾在剧作《爱的徒劳》中提及他。寝宫中还有几位男仆，另外还雇用一位身着黑装的小男孩，他总是穿着黑色塔夫绸制的外套，而臀部上方则戴有金属丝装饰。

* * *

宫廷中有形形色色的人。伊丽莎白女王总是希望宫廷人士能遵守严格的礼节与礼仪规范，为全国各地的人民立下良好典范，大加推广骑士精神与绅士风范，在卡斯提里奥尼（Castiglione）的《宫臣》一书中便有相当好的示范。卡斯提里奥尼声称理想的廷臣应该是雍容大度、机智风趣又愿意冒险的人，会不断求精进。

童贞女王也盼望臣子们能维持高度的道德操守，绝不容忍关系混乱，因为她非常清楚，这样会影响她个人的形象。尽管如此，包括约翰·张伯伦（John Chamberlain）与约翰·欧贝瑞（John Aubrey）等评论家，都曾提及英国宫廷中的不道德行为依然占多数，包括"卖淫、骂脏话、说下流的话、冒犯神、跳舞、玩纸牌、饮酒闹事、酗酒烂醉、暴饮暴食、争吵等这一类的麻烦事"，对此，伊丽莎白女王麾下的清教徒众臣，也皆有所感。事实上，根据当代编年史家拉斐尔·霍林斯赫德（Raphael Holinshed）记载，不良行为"完全被排除在宫外，至少在女王陛下的门户之中，各级人员都非常努力，不良行为十分罕见，甚至不需要对违反规定的人强烈指责或严加矫正"。宫廷中的丑闻并不常见，但若真爆出了丑闻，便是个敏感议题。

伊丽莎白女王的臣子们认为，宫中最糟糕的一件事，就是每个人都疯狂竞争地位与晋升机会，此事当然也带来不少压力。与女王较亲近的臣子们，成为廷臣的核心人物便能得到许多报偿，包括得到宫廷与政府中的差事，被册封为骑士或贵族（十分罕见），垄断商品、年金、退休金、监护权与贷款等。许多奉承女王的人——尤其是莱斯特伯爵——死时仍欠女王大笔金钱，尽管她常宽大为怀地延长支借期限，却很少将他人的借贷一笔勾销。她也从不过度地赏赐特权与偏宠——她也不能这么做，因此她总是让宫廷人士不断猜测，抱着希冀。

为了争夺地位，宫中常会出现流言蜚语、背后中伤与争宠的情形，暴力情形仍十分罕见，女王下令除了作为装饰品外，禁止使用长剑，若有人私下决斗，将被罚砍去右手。尽管女王对破坏这些规定的人常睁一只眼闭一只眼，但聪明的臣子们都知道，斗争最好还是靠脑袋。最恰当的做法，就是热切焦急地在回廊中等待，希望有机会能在女王经过时，抓准时机与她交谈，甚至有幸被她"召入"内宫中，这样被女王注意到的机会就更大了。当然，就如哈林顿爵士所说，只靠"空话、恶意嘲笑、夜晚空想与白天摇尾乞怜"是不可能达成目标的。若他够幸运，就有可能靠着礼品或金钱等贿赂，得到有贵族血统的贵族成员青睐，进而成为他攀上高峰的快捷方式。显然不用怀疑，伊丽莎白时代的廷臣们，都已经准备好为得到女王注意而进行长期抗战，希望能达成哈林顿爵士所称的"野心关卡"。许多年轻的臣子们甚至随身携带地位的证明，只希望能表现得更突出；还有些人则穿着异国风的服饰。许多人为了在宫中留得一席之地而债台高筑。

宫中鲜少有人能达成与女王面对面谈话的梦想，但根据哈林顿爵士描述，那些成功的人，得到女王宠幸最佳的时机，是"在早餐餐具摆设好之前"。"在女王走出寝室之时，这些人应该大方地上前，单膝下跪，并说：'天佑女王，恳求女王向忠诚的仆人透露，何时是见女王陛下神圣面容的最佳时机。'"这一招与献上珠宝礼物一样，通常能达成预期中的效果，除非女王陛下情绪不佳。海登爵士某天觐见女王后，却慌张不安、

255

汗流浃背地出来，警告哈林顿爵士："若阁下今日欲告状，劝您放弃这个念头。时机不对。"若勉强女王承诺她不情愿的给予，就可能"让女王与任何人大起龃龉"。若女王获悉某人将上呈请愿书，便会随即驱走请愿人，并说出些令人倒胃口的话，像是："呸！你的靴子臭死了！"而女王同意某项要求，也并不代表她马上就会将承诺付诸实行：通常会有冗长不堪的等待接续而来，有时她也会就此遗忘了她的承诺。

一位"平庸的北部女性"听闻女王健忘的习性，便曾要求女王以书面承诺。

"为什么，难道我的承诺，并不是你想要的答复吗？"女王在一片愕然中反问，"并准备将她赶走"。

"哎呀！女王陛下！"这名女子直率地表示，"人们总是说，空口无凭比不上白纸黑字。"一般而言，女王对如此傲慢无礼的举动相当不感冒，但这次她却笑了，而这名女子也成功地得到女王的书面承诺。

许多人强烈谴责宫廷中肤浅的表面功夫，曾有名才子将这种现象形容为："光彩华丽的悲剧，充满恶意与鄙视"。华德·莱礼爵士曾写下此名言："宫廷的一切，就如朽木般闪耀发亮。"贪腐问题盛行，女王也无力阻止这样的趋势，更无法阻止唯利是图的人们。魏勒比勋爵（Lord Willoughby）可说是宫廷中唯一一位不同流合污的贵族人士，"他与贪腐者并非一丘之貉，他从不容忍宫廷中一丝一毫的奉承谄媚"。多数人皆都会同意，"真正诚实的人，绝对不太喜欢宫廷中的一切，聪明的人也不会在这个场域中逗留太久，唯有一个人例外，那就是这个国家的女主人"。

士绅阶级及以上的人士，都有入宫的机会，然而就像塞西

256　尔所说的一样，在宫中，一个没有朋友的人"就像是没有竿子的撑竿跳"。几乎所有的臣子之间都有血缘关系，或因姻亲与忠诚而结合，因此宫廷中的家族气氛十分明显。只不过，这样的气氛也无法避免部分人士的诡计，或宠臣之间的派系斗争。伊丽莎白女王在位期间，十分善于制衡派系维持和平；一直到她年老后，派系间才逐渐变得更难以控制。

　　有几位重要的臣子，是伊丽莎白女王的母系亲戚，尽管她十分照顾这些亲友，但除非这些人有重大贡献，否则她并不轻易拔擢他们或封爵。她一直不答应让表舅艾芬汉的威廉·霍华德勋爵晋升成为伯爵，因为这个表舅不够有钱，而表哥亨斯顿勋爵（Lord Hunsdon），则是在伊丽莎白女王册封他为威特夏伯爵（Earl of Wiltshire）之前，便已走上了人生的最后一段路。这个暴躁的老人拒绝了这项殊荣，并向女王表示："女王陛下，既然我在生时，你认为我不配得到这份荣耀，现在我要死了，我想自己就更没有资格得到这份奖赏。"但事实上，亨斯顿勋爵是个直言不讳的军人，在他漫长的一生中，一直受到伊丽莎白女王的宠信。博林家族的其他亲戚，在这个出色的表亲护航下，在各种不同领域逐渐繁荣了起来，他们包括诺利斯家族（the Knollyses）、萨克维尔家族（the Sackvilles）、霍华德家族（the Howards）、史塔福德家族（the Staffords）、富泰斯库家族（the Fortescues）与艾希莉家族（the Ashleys）。与伊丽莎白女王感情最好的是表妹凯瑟琳·凯利（Katherine Carey），她是亨斯顿勋爵的妹妹，也是弗朗西斯·诺利斯爵士的老婆。一五六九年凯瑟琳去世时，伊丽莎白女王简直悲痛欲绝。

　　伊丽莎白女王非常享受她与臣子间的特殊关系，臣子们彼此争相赞美女王：有些人甚至夸张到将房子重建成字母 E 型，等待女王走访参观。多数来到宫中的男性，都接受了女王的思维：他们是受过高水平教育、有涵养、游遍八方，且能说多国语言的人。与生俱来的财富，让他们自信满满，甚至愿意资助艺术家与学者。伊丽莎白女王要求他们要穿着体面，定下了服装标准规则，若臣子不服从，对前途可是一大不利。"我记得她对着马修爵士那有饰边的衣服啐了一口，还说这个蠢材连最后一丁点智慧都没了。"哈林顿爵士记录下这件事。"老天请原谅我如此嘲弄的口气！"

尽管伊丽莎白女王试图保存古老的社会阶级世袭制度，却造成了社会势利的风气，而在那多数人都讲话粗鄙的时代，臣子们却没有因为口音问题而遭到歧视。许多流传至今的信件，显示海登爵士总是将"ask"说成"axe"，相较于正常的"it"发音，莱斯特伯爵总是喜欢说"hit"，无法改掉那个"h"音的习惯，而莱礼爵士则有"明显的德文郡口音"。从女王书写的文字来看，她应该是操着一口优美的伦敦口音，说话时也会刻意拖长元音。

伊丽莎白女王若生在当今世上，可以说是个只与男性打交道的女人。尽管她也有部分女性朋友，但总体而言，她讨厌宫中出现其他女性，宁愿自己是宫廷中大批男性间唯一的焦点；因此，伊丽莎白女王的宫廷中，只有不到三十名女性，其多数都是伊丽莎白女王的随从。宫廷中并没有明文规定臣子不许携带家眷，但这样的举动并不受欢迎，臣子的夫人们也无法享用免费的食宿，而伊丽莎白女王也很少松绑这样的规定。

伊丽莎白女王与男性众臣之间的关系，反映出旧时代宫廷爱情游戏的概念，也就是这些追求者抱着无望的希冀，追求着

257

高不可攀的女主人，只能远观。许多臣子写给伊丽莎白女王的信件，看来都像情书：克里斯多福·海登爵士便非常典型："我的心、我的灵，与我的身、我的命，都将侍奉你视为天堂般美好，没有了你，生活简直比地狱更煎熬。"一五八一年，士鲁斯柏立勋爵请求女王让他进宫时，便如此写道："我将无视于健康情形、长途跋涉、时节，或任何与见女王一面相关的事，女王就是我最大的安慰，只要女王陛下开心，就是我与我的后代子孙最大的快乐，女王不在的每一个小时，都仿如一年般难熬。"女王六十三岁那一年，诺里斯勋爵因健康问题退休，他便表示："离开了女王陛下的身边，我内心深处的忧伤，远超过痛风对我的肢体造成的疼痛；女王陛下的眼神，比起世上的其他东西，能带给我心中最真诚的喜悦。"女王相当陶醉，也十分期待这等注意力。海登爵士便曾表示，她垂钓着的是男人的灵魂。

臣子们的这些举动，也不尽是出于谄媚与私利，毕竟伊丽莎白女王总让男人神魂颠倒。她总是能轻易地得到男性的注意力，让他们对自己的想法不断猜测、抱着希望。但有时她那难以预料的行为，也会令人受挫不已：一下挑逗、嬉戏又不正经，下一秒可能又变得跋扈刻薄——简言之，就是自负到了极点。但伊丽莎白女王是个相当有幽默感的人。当牛津伯爵在向女王弯腰行礼时，不慎放屁后，他感到羞愧不已，因此自我惩罚放逐了七年时间；当他回宫时，伊丽莎白女王诚挚地迎接他，并调皮地表示："伯爵阁下，我已经忘了那个屁。"

她为亲近的臣子取的小名，都是情感的象征：莱斯特伯爵是她的"眼睛"，海登爵士是她的"眼睑"，塞西尔是她的"灵魂"，沃尔辛厄姆爵士则是她的"小摩尔人"。但她绝不让任何人与她太过贴近。一五八二年，一位年轻小伙子，"大胆地越过了礼节的界线，踩上了王位前的那块地毯，甚至在女王坐在王位上时，靠在王位上的软垫上，当下女王并未对这个冒犯她的小子说些什么，只是大声斥责宫务大臣，为何允许这种行为"。

* * *

在伊丽莎白女王的寝宫中，她的身边永远伴随着七位寝宫侍女、六位首席女仆与四位侍从，当她出现在公众面前时，侍女与女仆们永远紧跟在她身边。她很少一人独处，这些女子们日日夜夜都跟在她身边。这些人员都按照时间轮值，资历最深的侍女们，会在女王的寝室等待，资历最浅的侍女们则在女王的房间陪伴她。其中一位侍女的工作，就是在女王必经之路上撒花瓣。首席女仆们则偶尔必须跑跑腿，在女王的餐桌前等待，为她撩裙摆，同时负责照顾女王的衣物与珠宝。这些侍女们只有上工才能领工资，除非有女王的命令，否则她们绝不能擅自离宫。糟糕的是，伊丽莎白女王对于侍女们的需求及家庭责任没什么同情心，因此时常拒绝让侍女们休息。若她要求友人前往相陪，可能完全没有期限。因此，可怜的凯瑟琳·凯利便死于宫中，死时丈夫未能在身边相陪，只因为伊丽莎白女王无法忍受她不在身边。

女王的侍女与女仆们，是从她的亲戚或臣子的家属中精挑细选来的。能侍奉女王的女子，通常能得到一段好姻缘，因此侍女的工作人人抢，而且也常要以大笔的金钱来确保家族中的女孩能成为侍女；甚至有一位父亲为此付了一千三百英镑。当女王侍女雷顿小姐准备退休时，马上有十二位女子提出申请，争抢她的职务。

258

　　与多数的男性臣子一样，女王的侍女们都有很高的教育程度且博学多闻，多数的侍女们，都读过《圣经》或拉丁与希腊文豪的翻译作品。侍女们的其中一份工作，就是要从女王那丰富的图书馆中，选出一本书，大声念给女主公听。而且在皇室所有的宫殿中，每间房都能看到书本的踪迹。一名观察家就发现："若有不明就里的人误闯英国宫廷，可能会以为自己来到了大学所设的公立学校，而不是皇室宫殿。"

　　伊丽莎白女王的侍女与女仆们，也必须要会女红、音乐、跳舞与骑术，这样她们才能与女主公一同分享她的兴趣，以此来娱乐女主公。部分侍女熟稔蒸馏香甜酒、药品或香水之道，有些甚至会做糖果与蜜饯。

　　伊丽莎白女王的要求极高，总毫不犹豫地批评他人的错误。迟到与马虎只会引来一阵严厉的申斥，她设下严格纪律，对于因触怒了她而吃了耳光或遭到鞭打的侍女，一点也不感到同情，就算只是小错也一样。她的怒气令人胆寒与畏惧，她也常"咒骂那些不懂规矩、目无尊长的村姑"，她的女仆们"因此常常哭泣，显得十分悲惨"。另外，她身边的许多女性，也是她最亲近的朋友，她对她们展现无私的情感。

　　一五九五年，当布丽姬·曼纳斯（Bridget Manners）加入服侍女王的行列，她的叔父给了她这些建议：

　　　　首先，最重要的，就是不要忘记天天向万能的天神祷告，用温顺、爱与服从，全心全意地投入伺候女王陛下的差事，对此，你一定要勤奋、守密与忠诚。基本上就是不要成为爱管闲事的人。成为侍女后尽量保持缄默，这是你的天职。你说的话、做的事，一定要尽量对大家都好，不能伤害任何人。若能遵循这些建议，对你绝对有好处。

伊丽莎白女王要求侍女们只能身穿黑或白或黑白相间的服饰，这样她自己身上鲜明的颜色与饰品，才能在众人之中跳脱出来。若有侍女胆敢穿着风采压过女王的衣服，就大难临头了，例如玛莉·霍华德小姐（Lady Mary Howard）有一套绝美至极的礼服，心生嫉妒的伊丽莎白女王，甚至没有经过衣服主人的同意，就私下拿来试穿，结果却发现衣服太短了。因此她告诉玛莉·霍华德小姐，这件衣服对她来说"太过细致了"，这个不幸的女孩只好将这件衣服收进衣柜深处，直到女王死后才重见光明。

宫廷有侍女们专用的马厩，而女仆们因为工资低廉得可怜，根本买不起自己的马，因此有权向皇室商借马匹。通常女王身边的侍女们，都会收到来访的显贵们致赠的礼物，伊丽莎白女王，也会将自己昂贵又美丽的服饰转赠给她们。

伊丽莎白女王身边的几位侍女都在历史上留下名号：像是曾为女王保姆与女教师的布兰琪·派瑞（Blanche Parry）——也是女王身边的侍女中做得最久的一位，还有凯瑟琳·艾希莉（Katherine Ashley）；伊莎贝拉·马坎（Isabella Markham），一五五四年，当伊丽莎白女王银铛入狱时，她就在狱中服侍女王，后来她嫁给了约翰·哈林顿爵士，她也是伊丽莎白女王那与父亲同名的教子之母；玛莉·瑞克里夫（Mary Radcliffe）服侍了伊丽莎白女王四十年，为了她的女主公，甚至拒绝了所有追求者；玛莉·西得尼小姐（Lady Mary Sidney），尽管身上留下天花的严重伤疤，依然与女王保持友好关系，直到一五八六年她死亡为止：她就是知名军人与诗人菲利普·西得尼（Sir

Philip Sidney）的母亲，她自己的学识也相当广泛。菲利普还有个名气很大的姐姐，也叫玛莉，她自己本身是位诗人，且根据诗人斯宾塞形容，在英国富人之中"以性别而言，她是个相当完美罕见的人"，一五七六年完婚后，十五岁的玛莉也成为一名女王寝宫侍女。一家三代都成为女王的首席女仆，在那个年代其实并非罕见。

260　　安·罗素（Anne Russell）是华威伯爵安布洛斯·达德利的老婆，在一五六五年，于怀特霍尔宫举办铺张的婚礼前，便有诗人写诗赞美她那纯净的优雅、才智天分与动人的嗓音。晚年的伊丽莎白女王，与北安普敦侯爵威廉·帕尔第三任妻子赫莲娜·厄斯多特（Helena Ulsdotter）相当亲近，她与女王相差了四十岁之多。赫莲娜多数时间都待在宫中，她在威廉·帕尔侯爵死后再婚时，伊丽莎白女王同意她维持侯爵夫人之名，并保留侯爵夫人的所有权利，并将位于萨里古老的辛恩皇室庄园赏赐给了她。

尽管在上任伊始，伊丽莎白女王便嘱咐身边的侍女"千万别与她讨论公事"，因为部分图谋不轨的臣子常会成功地贿赂宫女将请愿书转交给女主公，这通常是侍女们最有利可图的油水。"我们从不祭拜圣人，只要向女王身边的侍女祷告就行了，"一名臣子曾如此讥讽。莱礼爵士表示，这些侍女"简直就像女巫般，造成的损害不少，却没什么益处"。罗伯·西得尼爵士（Sir Robert Sidney）一次曾强迫史库达摩尔小姐（Lady Scudamore）帮他转交信件给女王，希望能谋得五港同盟总督一职。

"你知道信件内容吗？"女王问她。

"不，女王陛下。"史库达摩尔小姐答道。

"五港同盟已经够混乱了。"伊丽莎白女王边看信边咕哝着，甚至"不屑地呸了两三声!"。不久后，女王便将五港同盟总督一职赐给了罗伯·西得尼的对手柯本勋爵（Lord Cobham），而柯本勋爵的请愿书则由另一位侍女罗素太太（Mistress Russell）递交。

关于侍女们的爱情与性冒险，伊丽莎白女王的态度是许多作家书写的主题。尽管在年纪增长后，她对年轻人的忍耐度的确下降了，但她那恶名昭彰的反对态度，显然不只是同性相忌可以解释的。她不只是以父母的立场来管教这些未婚女子——最年轻的甚至只有十四岁——守护着她们的贞操，这些女孩的父母，也都希望这些孩子透过服侍女王能缔结更好的姻缘；人人皆知，被人强摘了贞操后的女子，在婚姻市场上毫无价值。若她的侍女在未获得她的许可之下，试图私订终身，伊丽莎白女王都会非常愤怒——几乎相当于用非常下流的手段违反了礼仪制度，毕竟为侍女们安排适切的婚配，是女王的责任。侍女名誉扫地引发的"丑闻与恶名"可能连带重创她的道德形象，因此她非常重视这一点。所以只要有人违反了规定，都会受到极严重的惩治。

如同我们先前所知道的，凯瑟琳·格雷小姐与玛莉·格雷小姐可怜的命运。在伊丽莎白女王晚年时，华德·莱礼爵士勾引并迎娶了伊丽莎白女王的一位侍女，因而遭到伊丽莎白女王愤怒的报复。女王的一名侍女玛莉·薛尔登（Mary Shelton）——也是她博林家族的表妹——秘密嫁给了詹姆士·史库达摩尔（James Scudamore）后，伊丽莎白女王的开明"显然只是说说而已"，玛莉因此断了一只手指；"从未有人为丈夫付出过如此巨大的代价"。后来伊丽莎白女王向玛莉道歉，并将她拔擢

261

为女王房的专属侍女。弗朗西斯·法瓦沙尔（Frances Vavasour）犯下了同样的罪，也招致类似的惩罚，而他的姐姐安则是个邋遢女人，于一五八一年时，在女眷室中偷偷生下了牛津伯爵（Earl of Oxford）的私生子，后又因爱人不愿娶她，而遭受到不能挽回的贬黜惩罚，但女王要求牛津伯爵交两千英镑以养育这个孩子，同时短暂地将他关入伦敦塔，并将他逐出宫外。

事实上，历史记录显示，伊丽莎白女王并不反对侍女们结婚，但规定她们只能选择被认可的对象。证据显示，她从未阻止侍女们缔结有益的姻缘，甚至还有十八位侍女成功嫁入英国的贵族之家。但在大好的机会来临之前，女王都希望侍女们能保持处子之身，就像她自己一样。哈林顿爵士就曾记录下这一段：伊丽莎白女王总爱问侍女们"想不想嫁人"，也会"规劝她身边的所有侍女维持处子之身；聪明的侍女们，因为了解女王的想法，都会对自己真正的心之所向三缄其口"。

若有侍女不想接受一段婚姻，伊丽莎白女王也会保护她。一五八三年，恐怖的沙皇伊凡（Tsar Ivan the Terrible）要求迎娶玛莉·哈斯汀小姐（Lady Mary Hastings），以巩固盎格鲁英国-俄罗斯联盟。对于可能被送往俄罗斯，想到那野蛮的风俗，玛莉·哈斯汀小姐吓坏了，伊丽莎白女王便拒绝接受这样的提议，但事情过了多年后，玛莉依然被人戏称为"俄罗斯女沙皇"。另一回，女王则"费尽唇舌"，希望能说动法兰西丝·霍华德小姐（Lady Frances Howard）不要嫁给赫特福德伯爵（Earl of Hertford），因为女王认为他并不是真的喜爱法兰西丝，或在意她的幸福。但面对一个被爱冲昏了头的女孩，女王"最后表示她无法阻挡他人的企盼"，最后证明女王是对的，两人的婚姻就如同那个年代许多贵族联姻般触礁了。

女王严格的态度，导致每当她的女仆们陷入爱的漩涡时，都害怕得不敢向女王承认此事——在满是男人的宫廷里，这种事屡见不鲜——于是常常被迫偷偷摸摸地展开地下情。一直到伊丽莎白女王离世前，女王对事情的容忍度越来越低，但对事务的掌握却越来越松散，涉入不正常爱情中的侍女也就越来越多了。因此，一五九〇年代可称为英国宫廷的丑闻年代。据传伊丽莎白·维侬（Elizabeth Vernon）怀了南安普敦伯爵（Earl of Southampton）的孩子，有人说她是遭到"暴力胁迫才有了身孕，但她并不怪罪这个不轨的行为，只说伯爵会好好处理这件事"。她说得没错，伯爵的确娶了她，及时在孩子出生前给了她一个合法地位。伊丽莎白女王感到十分生气，因而将南安普敦伯爵与新任妻子关进舰队街监狱长达两周。玛莉·费顿（Mary Fitton）曾作男性打扮，只为了溜出宫外见情夫，也因为未婚怀孕而惨遭下狱命运，同时被永远逐出宫外。一五九一年，莱斯特伯爵的私生子，只因为亲吻了卡文蒂希夫人（Mistress Cavendish），就遭到放逐的命运。

这些女孩们，自然有满腔的朝气，经过一整天端庄的行为，回到简朴的女眷室——位于阁楼底下，屋顶漏水且没有暖气的房间——后都会释放一下一整天的压抑。部分下人则睡在较低的层板后方，因此也没有任何隐私可言。理论上，侍女们都归侍女长管，但当年的侍女长，管理风格显然十分松散，因此侍女们的夜间嬉闹，常常惹恼睡在附近房间较年长的臣子们。

诺利斯爵士在宫中的住所，就在侍女们嬉戏玩闹的房间隔壁，尽管他多次警告，但夜间几乎仍不得安宁。最后，

262

一天晚上在侍女们的嬉闹声中，他终于按捺不住脾气，脱掉身上的睡衣，拿下鼻梁上的眼镜，放下手中阿雷蒂诺的书，走到他房间的边门，以非常严肃的眼神看着这些侍女。现在，就让读者们自己判断，这些可怜虫必须忍受多少煎熬，因为他对着她们，在房里来回踱步长达一个小时。

当然在全是女性的环境中，妒忌与争吵是不可能少的，虽然女王总是期盼，所有的争吵都能看在她的面子上修补好，但她还不至于成为争论的主角。她对侍女们总是非常和善，尤其对丧亲或家中出问题的侍女更是相当亲切。

* * *

在统治期间，伊丽莎白一世在英国境内出巡了二十五次，出巡的时间通常在七月到八月份伦敦黑死病疫情猖獗之时。对她而言，出巡就像是怡人的假期，从日常繁忙的公务中暂时抽身，也有机会可以与民众面对面，赢得人民的心。她走访了二十个不同的郡，多数的郡都在南部与西部，此外还有许多乡镇；到英国北部出巡的计划从未实现过，女王出巡中经过最北边的城市，是斯坦福郡。在每个郡接壤之处，都会有郡长与相关人员出来迎接，并在她停留的期间随侍在侧，而在每个乡镇中，镇长与市府参事都会穿上礼袍与礼服来迎接，并象征性地将钥匙递交给女王。无论她前往何处，教堂钟声总是伴随着她的抵达飘扬。

十六世纪时，旅行并不是件容易的事：多数的道路状况都不佳，许多所谓的道路其实都是因雨而泥泞不堪的车道而已。二轮马车或四轮马车都很容易被卡住，若是湿雨的天气——尽管雨势向来吓不倒伊丽莎白女王——每个人身上都会溅满泥点。就算天气好，宫廷人士一次也只能移动十到十二英里。伊丽莎白女王前往布里斯托时，面对的是"漫长又危险的旅程"，因为英国西部的道路相当不良，抵达布里斯托时，女王甚至感谢老天让她保全了性命。一五七三年，塞西尔曾记录下，女王"从肯特郡与萨赛克斯出发时，就遇上重重困难，路上竟有如此多的石头、低凹和比山峰区更糟糕的路况"。

女王的交通工具包括马骑、配上软垫的无顶马车，或一五六四年时首度从荷兰引进英国的无避震十二轮马车，外表是以镀金的钉子固定的红色皮革，只能乘载两人，而且一点也不舒适。因此大队人马还会再带上两个轿子以免发生意外，女王的侍女也可能需要。在伊丽莎白女王的身后，是五百多人的长队，以及一望无际、多达两千四百匹的马与四百到六百辆装载着衣物、珠宝、补给品、皇室财产、公文的马车，还会带着帐篷，若宫廷迁徙到空间不足的宅邸时，仆人便无法睡在室内。

在疲惫的旅程中，伊丽莎白女王从未表现出精神萎靡的样子，她也希望臣子们都能表现出一样的精神。多数臣子对于出巡带来的庞大经济负担，都感到十分厌恶——根据塞西尔统计约为每年两千英镑——因此他们努力说服女王放弃出巡计划，但伊丽莎白女王十分坚持，一直到生命终了前的最后一年。一六〇一年，臣子们开始不断抱怨又要展开出巡长征时，伊丽莎白女王要求"老者就留在宫内，年轻力壮的就跟着她出发"。

伊丽莎白女王认为，出巡反而能节省开支，毕竟维持宫廷运作的费用，都由臣子负担，尽管她非常小心，从不强迫无力负担费用的人，而财政部与酒宴室则力挺。但她的臣子们对于出巡随之而来的繁重准备工作与一片混乱，感到十分厌烦，其实这也是当今皇室出游准备工作的写照。副宫务大臣会在与女王协商后，负责规划路线，并直接与地方上的显要、镇长与可能的接待人员联络相关事宜。接着皇室探子与两名寝室守卫便要负责检查女王的房间。路线的规划完全依照安全而定。接着就是无止境的打包。

女王几乎从一上任起便开始出巡，一五六〇年代，甚至每两年就出巡一次。伊丽莎白女王宫廷的黄金年代约在一五七〇年代，出巡的规划简直成了一种精致艺术。一五八〇年代的出巡路线以安全为重，但到了一五九〇年代，伊丽莎白女王似乎想要证明自己依然与年轻时一样有活力，因而恢复了累人的出巡行程。

若说出巡增进了她受欢迎的程度，绝对是毫无疑问的。大批的政府官员与仆人出现，多彩多姿的服装打扮，伴随着整个皇室，带给一路上各地前来争相目睹女王真面目的人们一种亮丽的公开展现。贫穷的平民总是不禁下跪大喊着："天佑女王陛下！"人们受到鼓舞，得以上前与女王说话，甚至亲手递交请愿书，统治者的平易近人让每个人啧啧称奇。

以下是当时的记录报道：

> 在出巡的途中，亲近女王变得容易；许多民众、地方行政官员、乡绅与孩童都欢天喜地、毫不畏惧地等待女王现身。她会以开放的态度聆听民众痛苦的抱怨，以及伤者的诉苦。她会亲手接下并以最宽容大度的音调读出请愿书中粗鄙的内容，并不断向民众保证，她一定会特别注意这些事情；而且她一向能说到做到。对于平民无礼的举动，她从不生气，对于放肆不恭或不断骚扰的诉愿者，她也从不感冒犯。因此在她在位期间，没有什么事情比她的屈尊俯就与不可思议的温和态度更能赢得人心了。

一次，被逼急了的杭汀顿的班洛维斯律师，对女王的车队喝道："停车，好家伙！停下你的车，让我与女王说说话！"此时伊丽莎白女王竟笑得仿佛有人在呵痒一般，但她仍遵照礼节规范，优雅地先向他道谢，并伸出手让他行吻手礼。在出巡中突然被邀请进入临近的民宅，吃点东西提提神，对女王来说也不是新鲜事。

"她所到之处都受到民众的欢呼与喝彩。"一五六八年，曾有西班牙大使记录下出巡实况："她告诉我，这能让她心情大好，也让我窥见她受臣民爱戴的一面，以及她对这一切多么珍惜。有时她会下令要车队往人最多的地方去，在人群中高高站起，感谢人民。"

皇室走访乡镇与城市，总是能提振贸易与产业。当伊丽莎白女王要走访某地的消息传出时，当地人便会陷入疯狂准备之中：　265

> 消息一出，
> 孩童也不禁雀跃；
> 少的、老的、富的、穷的，
> 皆感染兴奋之情，
> 拍着手嘶吼着，
> "颂赞此时！
> 女王将至，
> 高贵地带着随从与权势。"

家家户户都在窗口挂起绣帷、染布或绿色树枝，有人准备演说，街道上的垃圾清空，有时甚至还重新铺路，人人争相购买镀银的杯子，作为献给女王的礼物。

一五六五年女王在柯芬特里收到的一个杯子中，发现装着价值一百英镑的金币作为礼物，她为此感动不已。

"这样的礼物真少见。"她说。

"只要女王陛下喜欢，"市长表示，"我们还有更多。"伊丽莎白女王询问他的言下之意。

"这是敬爱您的臣民的心意。"这是市长的回答。

"感谢你，市长先生，它的意义更深重。"女王附和着。

一五七九年在桑德维奇，女王对当地行政官员的妻子们，致上最大的赞美，这些妻子们献上一百六十道菜，于是在没有试吃员的状况下，女王浅尝了几道菜，并要求她们将其中几道菜送到她下榻的地方，让她稍晚可以享用。

在这些出巡的过程中，伊丽莎白女王至少在两百四十处地点过夜，部分时间住在自己的领地上，但她更常要求富有的臣子或当地显要款待她。"夏日，当她被在外的消遣娱乐逗得乐不可支，或巡视整个国家的领土时，贵族的家就是她的宫殿。"作家威廉·哈里森观察到这个现象。她总共到过一百五十户人家中做客。

女王下榻的地方"一定要让她感到轻松与喜欢，且不能太热或太吵"；而不重要的人士，就只能在有限的资源下搭伙，毕竟不是所有的宅邸都能容纳宫廷中的每个人。偶尔当女王抵达时间较晚时，接待的人就得为了蜡烛大伤荷包。宫廷出巡的人口众多，也会消耗不少食物。皇室的到访，可能维持几天时间，因此常让招待者的财务出状况：一五七七年，尼古拉斯·培根爵士便砸下五百七十七英镑，在圣奥尔本斯附近的高兰城招待了女王四天，而一五九一年时，女王在斯坦福的伯利

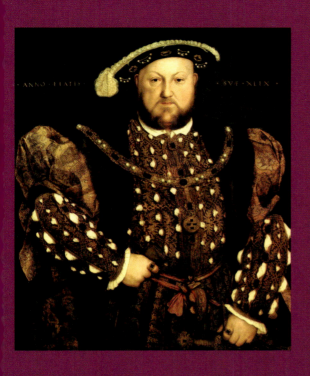

英王亨利八世

玛丽女王与伊丽莎白公主进入伦敦，1553 年

伊丽莎白一世，在登基大典上

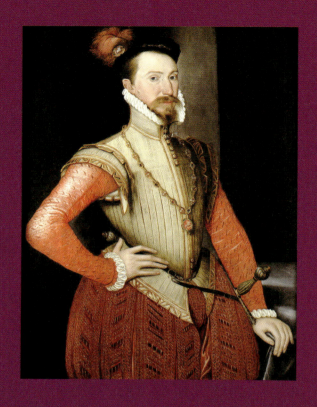

莱斯特伯爵罗伯特·达德利

伯利男爵威廉·塞西尔

玛丽·斯图亚特从法国归来，1561 年

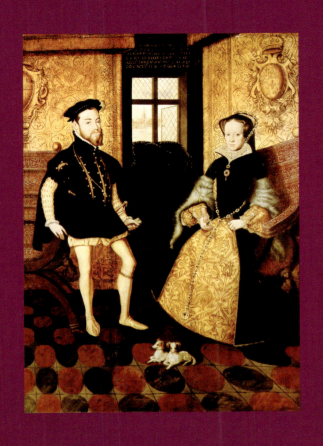

西班牙的菲利普二世和玛丽女王

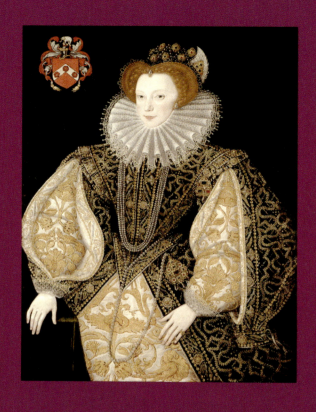

莱蒂丝·诺利斯，莱斯特伯爵夫人

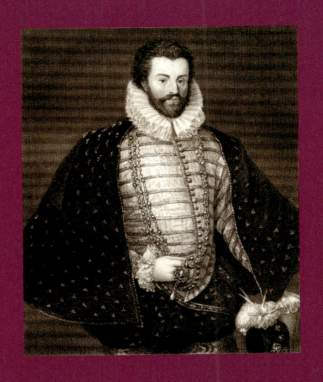

克里斯多福·海登爵士

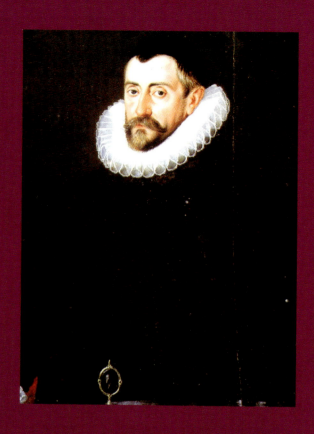

弗朗西斯·沃尔辛厄姆爵士

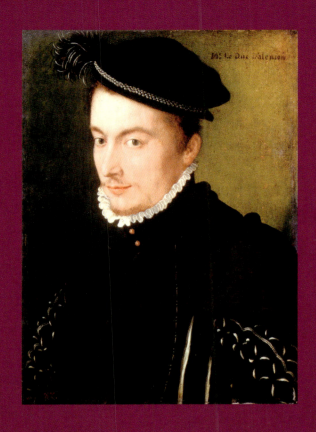

安茹公爵

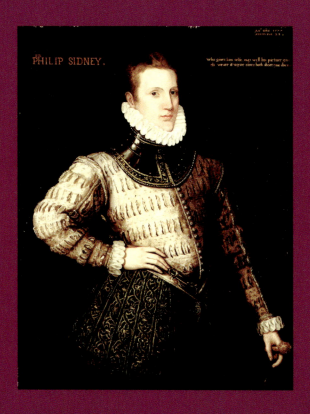

菲利普·西得尼爵士

华德·莱礼爵士

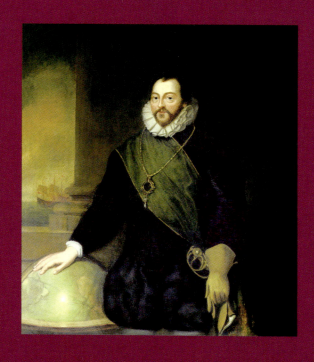

弗朗西斯·德瑞克爵士

伊丽莎白女王：无敌舰队肖像画

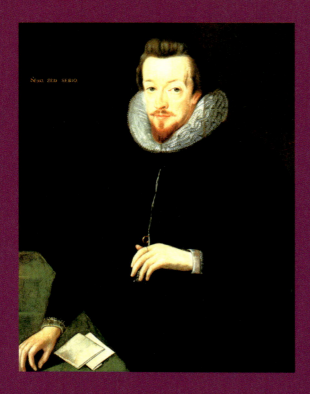

罗伯特·塞西尔

小艾赛克斯伯爵罗伯·德弗罗

英王詹姆士一世（苏格兰国王詹姆士六世）

伊丽莎白女王晚年

The Chariot drawne by four Horses upon which Chariot stood the Coffin couvered with purple Veluet and vpon that the representation. The Canapy borne by six Knights.

伊丽莎白一世葬礼队伍

宅邸待了十天，让塞西尔的财产瞬间缩水一千英镑。

一六〇〇年时，招待过女王两次的亨利·李爵士写信给塞西尔，表示自己听说"女王陛下扬言再度出巡"，而且可能"再来我家，尽管我感到十分荣幸"；然而"我的财产已不容许我如此挥霍"。同一年，林肯伯爵接获通知，女王正朝向他位于切尔西的家前进，他于是逃到乡间，当女王抵达时，整个宅邸大门深锁。此举自然触怒了女王，于是坚持隔一周要再访林肯与伯爵共餐。塞西尔与诺丁汉伯爵于是转告了林肯伯爵，并表示他们会安排一切，再将费用交由他处理，这让林肯伯爵惊骇不已。尽管如此，多数的臣子们，依然将女王到访视为莫大的殊荣，并竭诚欢迎女王做客的机会，甚至还有不少乡镇争相设法列入女王出巡的路线中。若女王因故无法前往，负责接待的人甚至还会有怨言。

在豪华的宅邸中为女王准备的余兴节目，通常都十分丰富多变。这些接待者纷纷提出新奇又别致的点子来吸引女王，彼此竞争。在萨里的贝丁顿公园，弗朗西斯·加露爵士（Sir Francis Carew）甚至刻意以帐篷遮住一棵樱桃树，延后它开花的时间，得到过季樱桃——象征着纯洁的童贞——以献给女王。另一名接待者则将管弦乐团隐藏在人工洞穴中。还有露天历史剧、游乐会、筵席、假面剧、戏剧、跳舞、杂技表演、烟火释放、活人画、歌唱、乡野娱乐及美妙的打猎体验。许多娱乐节目都有其寓意作为主题，为童贞女王喝彩。同样受到欢迎的，包括希腊罗马神话中的人神、美女与好色之徒，以及阿瑟王传奇中的角色，包括人鱼与精灵。许多戏剧与诗句，都来自当代最好的作家之手，像是乔治·盖斯柯恩（George Gascoigne）与约翰·黎里（John Lyly）。款待女王最出名的一次，发生在一五七五年的凯尼尔沃思，之后我们会再详细介绍，这是女王一生中接受过最华贵、印象最深刻——当然也是最贵的———一次招待了。

英国的许多贵族的宅邸空间都相当宽敞，最主要的目的，就是要在女王出巡时能款待她。其中包括塞西尔位于艾赛克斯特欧伯兹的宅邸，他在这里做东款待女王多达十三回。女王也为屋内的设计出点子，并要求屋内的女王专属寝室安上人工树，天花板上还要有天文钟。并且建造了五座回廊，即使天气不佳，女王也能在回廊中漫步，天气好时，则有四座花园可以选择。克里斯多福·海登爵士也在特欧伯兹的霍登比建造了豪华宅邸，进而成为英国国内继汉普顿宫之后第二大的建筑。毫无疑问，女王就是他建造这栋宅邸的原动力，这是献给女王的礼物。这些建筑耗费巨资，塞西尔甚至写信给海登爵士，表示："上天给我们的任务，就是要讨她欢心，就算倾家荡产，我们也要硬撑到底。"事实上，英国财政部支付了部分的建筑费用。但令人伤感的是，这两幢宅邸都在英国内战中遭到破坏，进而颓圮。

对负责接待女王的人来说，献上许多昂贵的稀世珍宝给女王，也是他们的义务，当然也就在庞大的经费上，再添一笔负担。一五九八年在邱园掌玺大臣艾格登爵士（Lord Keeper Egerton）于女王抵达他的宅邸之时，致赠一把珠宝扇与钻石垂饰，晚餐时再度奉上一把小键琴，而寝室中还有"一件华美的礼服与裙子"等着她。女王并不因此满足，甚至要求要玛瑙做的盐罐、汤匙与叉子，而艾格登爵士真在与女王道别时献上了这个礼物。东道主也得要致赠礼物给女王的随行人员，此外，尽管女王坚持臣子与仆人们的行为无懈可击，但事实上他们常有偷窃行为。无论如何，多数款待过女王的人，依然都十分珍惜这份回忆。

伊丽莎白女王出巡时，心情总是无忧无虑，享受度假的愉快，"任何事物都能轻易取悦她"且"也非常容易开心"，对于任何娱乐她的行为都表现出"极大的欣喜"，同时仍维持一贯的谦逊。在冗长不堪的欢迎致辞中，她也表现出极大耐性，绝不显露不耐烦的神色，就算是最微不足道的礼物，也能得到女王的衷心感谢。她常常口出称赞之词，当她顺道前往布里斯托的圣玛利红崖教堂参观时，便表示"这是全英国最精致、最好的教堂"。在塞西尔的协助下，她总是能在出巡前完成重要工作。她也常常改变她的出巡行程，对办理招待事宜的人造成相当大的不便，也因此引发不少民怨。一五八二年，伊丽莎白女王取消了莱科特之行，让诺利斯勋爵与勋爵夫人相当失望。幸运一点的名门仕族，总是能等到女王这个友善的宾客，但若奉上有酸味的啤酒给女王，可能还是会让女王不太开心，但她也不至于对他人招待过程中的不周口出恶言。

部分人担任东道主时，对于女王的出现则相当惊讶。就像塞西尔的秘书麦可·希克斯（Michael Hicks）就在多次练习后，准备了欢迎致辞，但当伊丽莎白女王抵达他家时，"女王陛下高贵的身影与庄严的相貌，让我瞬间太过震惊，连眼睛都睁不开，我一句话也说不出，什么也想不起来"。女王无法理解接待她的人怎会突然变得如此愚蠢，"但她依然庄重地表示，很高兴能来我家。我知道我的余生都会恨我自己。"希克斯悔恨地说。

为了让臣子们也能分享出巡的喜悦，伊丽莎白女王总会在返宫后将见闻撰文发行。这些小册子广受欢迎，而且，也一如预期地加深了童贞女王的传奇。

15　斧头的警告

一五七一年二月二十五日，伊丽莎白女王为了表扬塞西尔对王室的贡献，册封他为伯利男爵一世。女王身边亲近的参事团成员，包括伯利男爵、萨赛克斯伯爵、莱斯特伯爵与沃尔辛厄姆爵士。塞西尔向来精明狡猾又十分谨慎，莱斯特伯爵则冲动激进；莱斯特伯爵与沃尔辛厄姆爵士因为对新教的忠诚信仰，自然成为盟友，在同一个月，莱斯特伯爵的至交好友瑟洛摩顿爵士因肋膜炎去世后，两人的交情日深。

然而，当伯利男爵与萨赛克斯伯爵支持女王与安茹公爵成婚时，莱斯特伯爵假意支持，实则大加反对。宫中其他人士则确信，在罗马教皇的阻止之下，英国很可能面临被欧洲孤立的命运，因此十分需要与法国等欧洲强权建立邦谊。虽然法方强烈谴责伊丽莎白女王对玛丽·斯图亚特的处置方式，却忧心西班牙在尼德兰的驻军与英军，因此认为与英国联手形成防御联盟有其必要性。查理九世也迫切需要外援来对付逐渐坐大的吉斯家族势力，同时也盼望能吓阻伊丽莎白女王支持法国境内的胡格诺教徒。

莱斯特伯爵表示，伊丽莎白女王"迄今未曾如此倾向婚姻之路"，并且十分清楚英法联姻背后的价值，于是这一年二月，她派遣表哥巴克赫斯特勋爵（Lord Buckhurst）出使巴黎，表面上是要恭喜查理九世大婚，实际上她最主要的目的，是要秘密通知法方，伊丽莎白女王"感激地接受"求婚，也准备好与法方商讨结婚事宜。这个消息让查理九世大感振奋，他急迫地希望在吉斯家族拉拢他那性格不稳、野心勃勃又爱管闲事的弟弟之前，尽快将他送出国外。接下来，这吃力不讨好的亲事协商工作，就落在英国长驻巴黎的大使沃尔辛厄姆爵士头上。

"若她并未刻意欺瞒，"伯利男爵表示，"女王陛下对这桩婚事应该是认真的。"若婚事进行得顺利，"在各级臣子的心目中，英国王位继承这一难解又危险的问题，便能顺利埋葬——是全英国上下都在等待的一场葬礼。"

270

然而从协商之初，宗教问题就成了最大的障碍。伊丽莎白女王坚持要安茹公爵改入圣公会，但身为虔诚天主教徒的他，却受到罗马教廷大使与洛兰红衣主教影响，不愿为了国家的前途违反道德良知。

安茹公爵对这门亲事完全没兴趣，于是向母亲抱怨，若自己娶了这名闻遐迩的恶妇，恐怕将成为全欧洲的笑柄。忧心忡忡的法国王太后凯瑟琳·梅迪奇于是要求法国大使费奈隆在英国宫廷中仔细调查，以厘清传闻的真实性，费奈隆大使则回报表示，并未听到任何以兹证明的传闻，安茹公爵只好勉强答应婚事协商继续进行。当然，协商很快便陷入僵局。

* * *

同一年二月，摩顿伯爵（Earl of Morton）与詹姆士六世派出的几位代表抵达伦敦，他们清楚地表示，不希望伊丽莎白女王针对苏格兰女王玛丽·斯图亚特复位一事继续施压。其实自从罗马教皇发布了将伊丽莎白女王逐出教会的诏令后，伊丽莎白女王根本不想让邻国继续掌握在一个天主教的麻烦人物手中，因此早已对玛丽·斯图亚特复位一事失去了兴趣，然而对于詹姆士六世的无礼的举动，她依然感到不太高兴。

　　伊丽莎白女王不再伸出援手的事实，最后传进了玛丽·斯图亚特耳里，于是她向友人罗斯主教表示，"若从她手上得不到更多的援助，那就希望我那亲爱的表姑能谅解我"，她要向外国势力寻求援助。若阴谋计划能让她获得自由，甚或更进一步地夺取英国王位，那这就是她想要走的路。于是，她一步步地迈入伊丽莎白女王执政年代中最大的一起谋反事件中。

　　北方起义联盟瓦解后，便再没有人听闻当年担任罗马教皇双面谍的佛罗伦萨银行家罗伯特·理达费（Roberto Ridolfi）的下落，直到一五七一年，他主动联络玛丽·斯图亚特，表明自己愿意担任她在欧洲宫廷中的代表，在欧洲各地号召支持她的力量。他精心策划了一个谋反计划，要让欧洲的天主教势力入侵英国，推翻伊丽莎白政权，让玛丽·斯图亚特与诺福克公爵取而代之；菲利普国王与罗马教皇已经展现原则上支持的态度。

　　玛丽·斯图亚特在得到罗马教皇首肯后，欢天喜地地接受了这样的安排：这是她期待已久的梦想。她要理达费通知他的盟友，若他们入侵英国，定能得到英国国内许多影响力深远的贵族支持，并将自己专用的凭据提供给理达费，以向菲利普国王、罗马教皇与亚尔瓦公爵证明真实性。

　　玛丽·斯图亚特依然对诺福克公爵抱着希望。当他长期在伦敦塔中受苦时，玛丽·斯图亚特不断写信给他，灌输两人在时机允许时仍应成婚的想法："你曾许下承诺成为我的人，我也是你的。我认为英国女王与全英国上下的人，都会支持我们。你也答应过绝对不会离开我。"但诺福克公爵根本不认为伊丽莎白女王会支持这桩婚事，且在出狱之时，他便已向伊丽莎白女王发誓，"此生绝不再妄想与苏格兰女王结婚"。但他的命运就如在他之前与之后的许多男人一样，不断地受到玛丽·斯图亚特致命的诱惑。

一五七一年二月八日，玛丽·斯图亚特再度写信给诺福克公爵，并透露了理达费的计划，同时邀请他加入谋叛的行列。诺福克公爵完全不想蹚这趟浑水，这毕竟是重大的叛国罪，对自己十分危险。对于玛丽·斯图亚特要他改信天主教的坚持，他也觉得十分敏感。三月十日，玛丽·斯图亚特却成功地突破他的心结，在王位权势的吸引之下，诺福克公爵与理达费秘密碰面，并允诺协助玛丽·斯图亚特的叛变行动。但他拒绝签署一份向菲利普国王要求人力与物力支持的文件，而理达费擅自在文件上伪造了他的签名。

两周后，理达费离开英国前往罗马，罗马教皇欣喜地祝福他的大业成功。

四月份，伯利男爵在苏格兰的探子回报，取得了苏格兰女王与亚尔瓦公爵通信的证据。这个消息代表着大难临头，于是士鲁斯柏立侯爵便接获命令，严加看守玛丽·斯图亚特的一举一动。

接下来，他国政府也证实了英国的忧虑成真，在理达费前往罗马的途中，曾途经托斯卡纳大公（Grand Duke of Tuscany）的领地，大公写信警告伯利男爵，提醒他这位佛罗伦萨银行家图谋不轨，且可能与苏格兰女王有关。之后，士鲁斯柏立侯爵拷问玛丽·斯图亚特是否与他国势力有所牵连，但对于侯爵所说的一切，她都表示自己不知情。然而侯爵并未因此放松警戒，因为英国政府一直在等待她蠢蠢欲动时机，借此好好处理玛丽·斯图亚特的问题。

一五七一年五月，当英国国会再度开议，议程的首务就是要抢先一步发现天主教方面谋反的活动，并加强国家安全，因此国会快速地通过了三项法案。从那时起，若指伊丽莎白女王统治身份不合法，公开表述、撰写或指称伊丽莎白女王为异教徒、信仰不正统、主张分裂、专制或篡位的人，将被视为重度叛国罪。将教皇诏令携入英国国境者也以通敌叛国罪论处。十字架、玫瑰念珠与宗教相关的图像也都遭到全面禁止，同时下令逃亡海外的天主教徒立即返国，否则将丧失在英国国内的所有财产。

英国的天主教徒面临前所未有的困境。不仅无法执行自己信仰的宗教仪式，若不参加圣公会仪式，甚至还会遭到罚款。在谈论女王时也得小心翼翼，在教皇的封锁造成的政治气氛下，天主教徒因宗教信仰的关系，地位只比叛国贼好一点。许多天主教徒于是仰望期盼玛丽·斯图亚特来拯救他们，只是这股力量比菲利普国王、罗马教皇及玛丽·斯图亚特预期来得微弱。事实上，英国多数的天主教徒早已效忠伊丽莎白女王。

六月底，菲利普二世在马德里迎接理达费。此时他的谋反计划已然尘埃落定：亚尔瓦公爵将率领六千名西班牙精兵从尼德兰入侵英国，接着挥军占领伦敦。在此同时，诺福克公爵负责煽动英国的天主教徒起义推翻伊丽莎白政权，诺福克公爵需负责活捉伊丽莎白女王，进而谋杀或押解作为人质换取玛丽·斯图亚特的释放。获释后的玛丽·斯图亚特将坐上英国女王大位，接着与诺福克公爵大婚，不久便可同时统治英格兰与苏格兰，并在这两个国家重建天主教信仰。

但这个计划中有一个致命的弱点，其中最重要的就是理达费与多数的天主教人士一样，都高估了英国境内愿意以玛丽·斯图亚特之名起义的天主教徒人数——他认为至少会有三万九千人。且身为佛罗伦萨银行家的理达费，对英国政局与英国人根本一无所知，而理应对这两件事情十分了解的诺福克公爵，又太过盲目，被野心蒙蔽了双眼，以至于忽略了这个重点。

最后只剩下亚尔瓦公爵否决这个计划。亚尔瓦公爵十分看不起理达费，认为他只是个"多嘴的家伙"，并坚信入侵英国之举肯定会失败，且若入侵行动真失败了，将会对天主教信仰与玛丽·斯图亚特的理想造成不可逆的伤害，甚至可能害她丧命。于是他拒绝由他直接出兵入侵英国，他非常清楚，在没有他的援军之下，菲利普国王根本无法帮助苏格兰女王。整个夏天，许多谋反者皆来说服亚尔瓦公爵，希望他改变心意，但都未能成功。

* * *

莱斯特伯爵气势仍相当高。七月份时，法庭总算推翻一五五四年时他背负的叛国罪名，证明他的清白。未来若他的政敌再以叛国贼之名污辱他，将会是非常不明智的举动。尽管他比任何人都还要亲近女王，但在这份情感上，他也有了竞争对手。他的朋友托马斯·赫内基爵士（Sir Thomas Heneage）也享受着女王的宠信，除此之外，宫中也出现了另一位竞争对手——克里斯多福·海登爵士（Christopher Hatton）。

一五四〇年出生的海登爵士，是一位北安普敦郡乡绅之子，并在牛津大学与内殿法学会中受过教育。据传，伊丽莎白女王曾于一五六二年，在内殿法学会假面剧《郭博达克王》中看过他跳舞。在一五六四年，海登爵士受到拔擢成为她的四十卫士一员后，他那优雅的舞姿与骑士比武场上的技巧便掳获

273

了女王的心。此后，他迅速攀升为女王跟前的红人，得到许多土地与宫廷权力作为奖赏，并在一五六九年成为女王房的男仆，然后在一五七一年更成为北安普敦郡国会代表。到了一五七二年，女王再度指派他担任四十卫士长，成为女王的贴身保镖，因此他的工作与女王有了大量的交集。

到了一五七一年，他已然成为伊丽莎白女王的至交，甚至也有了专属的昵称。"莱斯特伯爵是她的'眼睛'，海登爵士是她的'眼睑'。到了更后期，女王甚至将他称呼为'我的羊肉'或'我的牧羊人'。"

海登爵士是个相当理想的臣子。根据宫廷史家罗柏·侬顿记载，海登爵士是个"修长且身材比例好的男子"，尼古拉斯·希利亚德称他为"英国境内最俊俏的人"。他的长相相当俊美，拥有一头黑发与一双黑眼，但他最吸引伊丽莎白女王之处，就是他那健壮身材散发的魅力与撼动人心的演说。每当他写信，就仿佛恋人絮语般，有时甚至会在信末加上个双关语："别了，我最亲爱的女孩。全心全意永远属于你，你最快乐的奴隶眼睑敬上。"

一次在两人两天未见之下，海登爵士便写信给女王：

> 比起与你分开一天，我再也不会以为选择死亡或地狱是个大错误。我失去了生命的意义。当我感到失落，就更觉离你遥远。服侍你的世界就像天堂，没有你的世界比地狱还难挨。愿神能让我多陪你一个小时。我的脑中充满千丝万缕。我感到十分惊奇。请等着我，我最亲爱的可爱的女孩。对你的热情淹没了我。言语再无法形容。爱我，而我也爱着你。永生永世。

海登爵士用花言巧语和各种稀世珍宝来奉承女王陛下，用他的双眼传达对女王的爱意。他穷其一生追求着女王，而他与其他追求者不同之处，在于他为女王保持独身，这一点让女王相当满意。不过，女王知不知道他用其他方法满足性需求，而且还有个私生女，就不得而知了。

莱斯特伯爵当然相当嫉妒海登爵士，甚至企图贬低他在女王眼中的地位。"当女王称赞海登爵士的舞姿时，莱斯特伯爵便会告诉女王，他会帮她找到更好的舞蹈大师，绝对能把海登爵士比下去。"

"呸！"女王轻蔑地哼了一声，毫不放在眼里。"我才不想管你有什么人。海登爵士是专家！"

随后，女王又对年轻潇洒的牛津伯爵爱德华·德·维尔（Edward de Vere, Earl of Oxford）倾心，也让莱斯特伯爵感到相当没有面子，牛津伯爵和海登爵士一样，透过精湛的马上长枪比武技巧掳获女王的心。性格随和的牛津伯爵受到相当程度的古典教育，舞艺精通还会弹小键琴，同时也是个超凡的马术专家——这些精湛的技术，也让他成为女王跟前的红人，当然，女王也相当欣赏他修长的身材与榛果色的眼珠。

人人都认定，牛津伯爵将成为英国宫廷中亮眼的新星，莱斯特伯爵的对手们则不断祈祷牛津伯爵能取代他的地位。当牛津伯爵在西敏寺迎娶伯利男爵的女儿安妮·塞西尔时，女王大方地出席参加，并封他一个昵称——她的"野猪"。但他很快就对年仅十五岁的新婚妻子失去了兴趣，厌倦了宫廷生活，于是将全副精力寄托在海外探险上。尽管女王"对他的个性、舞艺与他的英勇，给予较他人更多的喜爱"，他也完全无法打入女王身边的圈子，因为"世界上没有什么事情能吸引他融

274

入宫廷之中"。"若非他那变化无常的性格，他的地位定能迅速窜起。"一名当时的观察家表示。

* * *

直到一五七一年三月前，都只有女王最亲近的亲信们才知道法国方面求婚的消息。当月，女王向枢密院表示愿意嫁给安茹公爵时，枢密院方面显然感到又惊又喜。就如同伯利男爵所说的一样，这段联姻"绝对能让教皇的恶意阻挠烟消云散"。但先前婚姻协商触礁带来的阴影仍在，枢密院参事们乐观中仍带着保留，其中一名参事相当不明智地问安茹公爵做她的丈夫是否太年轻，大大地激怒了女王陛下。

不久后，凯瑟琳·梅迪奇派出一位特使古弋朵·卡瓦尔坎蒂（Guido Cavalcanti）前往英国宫廷，正式为安茹公爵提亲，他带了一幅比本人好看的画像与一连串的要求：英国方面必须同意安茹公爵实行天主教仪式；婚礼后的隔天，就须让公爵大人加冕成为英王；英国财政部终生每年付六万英镑给公爵大人作为薪资。伊丽莎白女王相当反对这些条件：她绝不同意安茹公爵加冕为英王，也不愿意付终生薪俸给他，同时在她勉强同意安茹公爵不需参与圣公会仪式后，她断然拒绝让安茹公爵参与弥撒仪式，就算是私底下也不行。

这年春夏两季，两人的婚姻协商理所当然进行得相当缓慢，更糟的是，有耳语传入伊丽莎白女王这一头，显示安茹公爵在友人的撑腰之下，不愿意继续婚姻相关事宜，同时在听闻伊丽莎白女王罹患了静脉曲张造成的溃疡后，甚至公开指称伊丽莎白女王是"瘸腿的老怪物"。针对儿子的无理举动，法国王太后凯瑟琳·梅迪奇正式道歉，但此事件过后的一段时间内，伊丽莎白女王对年华老去相当敏感，因而在法国大使费奈

275

隆面前忍痛跳舞。她意有所指地表示，自己希望亲王陛下不要抱怨自己被迫娶了个跛脚新娘。

但年龄差距的确造成她的担忧，她也时常向侍女们提及此事，但当柯本小姐提议在"年龄不平等"的前提下，不要再坚持走向这桩婚姻之路时，女王仿佛大受污辱，勃然大怒地表示："我俩之间仅差十岁！"柯本小姐便再也不敢忤逆她的意思了。

安茹公爵不情愿的态度惹恼了伊丽莎白女王，因此她为婚姻协商加上了更多难题，甚至一度提出返还加莱港作为协商成功的条件。伯利男爵警告沃尔辛厄姆爵士，女王似乎故意坚持许多法国绝不会答应的条件。在欧洲方面，许多外交圈人士也都感到相当困惑，西班牙方面则普遍认定，伊丽莎白女王绝不会真的成婚，她只是假装对这桩婚姻感兴趣以得到法国方面的支持。"她对嫁给安茹公爵的意愿，不会比我多！"斐利公爵断言。

六月七日，驻巴黎的威尼斯大使回报："许多法国宫廷人士都坚信婚姻协商将成。"然而安茹公爵依然坚持，绝对不为任何人改变信仰，到了七月份，沃尔辛厄姆爵士显得意志十分消沉。伯利男爵知道公众意见倾向支持这段联姻，于是说服伊丽莎白女王，至少同意让安茹公爵私下参与弥撒仪式，但她表示自己的道德观不容许任何天主教仪式出现在英国境内。她继续毫无诚意地表示，她不知道为什么安茹公爵在不伤害道德良知的前提下，无法加入英国圣公会。

伯利男爵于是对伊丽莎白女王的态度感到绝望。与法国贵族结婚，可能是保护她与英国对抗教皇与西班牙恶意唯一的方法，但她似乎正竭尽所能地破坏协商成果。但沃尔辛厄姆爵士与莱斯特伯爵却认为，安茹公爵只是假装对天主教热情，事实却不然，同时也认为，时间一长，法国方面就会让步，女王就占有绝对优势。莱斯特伯爵的背信弃义，让伯利男爵十分失望，认定莱斯特伯爵根本就是私心想与女王结婚。当然，他的确秘密向法方建议，针对弥撒仪式一事千万不要让步。

八月份时，法国王太后再度派出一位特使保罗·德·富瓦（Paul de Foix）前往伦敦，亲自向伯利男爵恳求，但伊丽莎白女王依然故我，不愿妥协。看来她又在玩那拖延战术的老把戏，不断拉长协商战线，却丝毫不想达成任何好结果。伯利男爵知道她的想法，于是在八月三十一日厌倦地向女王提议，表示自己愿意主动指示枢密院，寻找其他保护她的方法，只是"女王陛下究竟要如何解决眼前的危机，答案大概只有上帝知道"。

九月份时，德·富瓦特使灰心丧志地回到法国，最了解伊丽莎白女王的莱斯特伯爵也不得不断然告诉沃尔辛厄姆爵士："女王陛下的心中，对这段婚姻已不再抱任何希冀，毕竟我们已经尽力提出各种解决之道，但她却依然不断地提出难题。"当月，威尼斯驻巴黎大使回报，表示安茹公爵婚姻协商触礁，但是"英国与法国间的彼此了解，仍有可能形成稳固的联盟"。

* * *

得到理达费谋反事件相关情报后，伯利男爵便建议女王，今年不适合如往常般出巡，但女王不愿理会。甚至在八月二十四日时，前往诺福克公爵位于艾赛克斯沃顿的宅邸做客。

两天后，这时对多数的反叛者来说，理达费的谋反计划注定失败已经是再明显不过，锋头便转而对上诺福克公爵。一名臣子起了疑心，向政府回报诺福克公爵疑似以玛丽·斯图亚特之名，寄送金钱与信件到她于苏格兰的友人处。这件事大大地激怒了伊丽莎白女王，因此在九月三日，诺福克公爵就因重度叛国罪遭到逮捕，随后在九月七日深夜"被秘密带往伦敦塔中囚禁，毫无阻碍"。隔天英国探子就在诺福克公爵位于伦敦的家——查特豪斯宅邸的屋顶瓷砖下，找到一沓有玛丽·斯图亚特署名的信件。

在此同时，苏格兰方面传出消息，苏格兰摄政王莱诺克斯伯爵，于九月四日在史特林城堡遭到谋杀，这一切都是为了报复他吊死了汉米尔顿大主教。而这个位子将由女王自己的人选马尔伯爵（Earl of Mar）来取代，让伊丽莎白女王大大地松了一口气。

十月十一日，女王签署一份命令，要求相关人员对他的仆人们刑求，以得到更多相关证据，诺福克公爵总算吐露自己涉入的情节，尽管他一而再再而三地保证，自己从无陷害女王之意。因此负责讯问他的人员便认定，这一切都是因为"她对那女人愚蠢的感情"，才是背后最大的动机。没多久后，他便亲笔撰写了自己的认罪自白书。

十月二十四日，尽管有外交豁免权的保护，但玛丽·斯图亚特在英国遭到软禁后的正式代表罗斯主教，也被押进了伦敦塔中，在肢刑架严刑拷问的威胁下，他将知道的一切和盘托出，而他所透露的证据，也足以将玛丽·斯图亚特和诺福克公爵都抓来治罪。他强调，玛丽·斯图亚特并不适合做个太太，因为她毒害了第一任丈夫，参与谋杀第二任丈夫的阴谋团体，再嫁给了杀害丈夫的凶手，并希望对方在战争中死去。罗斯主教认为，玛丽·斯图亚特一定也对诺福克公爵图谋不轨。

"老天，这是一群什么样的人！"负责拷问罗斯主教的威

277

尔森先生不住地惊叫。"什么样的女王，什么样的使者啊！"

罗斯主教提供的证据，致使许多英国贵族，疑因涉嫌与诺福克公爵共谋而遭到逮捕，包括南安普敦伯爵、阿伦德尔伯爵、科巴姆勋爵与伦利勋爵。阿伦德尔伯爵用尽心机想要恢复清白，最后却是徒劳无功，余生都在成为皇室耻辱的阴云中度过。南安普敦伯爵则在伦敦塔中被关了一年多。西班牙大使则被英国驱逐出境，至于理达费，这起阴谋背后真正的主谋，则安全地潜逃出境，让伊丽莎白女王完全找不到他。

* * *

在发现理达费阴谋案后，伊丽莎白女王对玛丽·斯图亚特的态度，变得相当严峻，并下令进一步严加看守这个表亲。此时她已完全不再想协助玛丽·斯图亚特复位；相反，她已经了然于心，这一生再也不会放她自由。她坚信玛丽·斯图亚特会不惜代价换取自由，若有可能，甚至会强夺伊丽莎白女王的王位。在理想破灭之下，伊丽莎白女王下令要伯利男爵公布首饰盒密函，并且总算承认了詹姆士六世为苏格兰王的地位。

当阴谋案相关证据正式摊在玛丽·斯图亚特面前时，她只表示一切都是为了夺回苏格兰政权，其他人的非分之想"都是滔天大罪，漫天大谎"。她表示自己与理达费完全没有关联，对诺福克公爵也没什么好说的，他只是伊丽莎白女王的臣子，与她无关。

查理九世一直支持着玛丽·斯图亚特，此刻也决定放弃这个前兄嫂，让她自己面对未来的命运。"唉，这可怜的愚人，至死方休。他们定会夺她的命。这都是她的错，都是她太愚蠢。"查理九世说道。

在阴谋事件曝光后几周来，这是玛丽·斯图亚特最害怕的一件事。遭到王室罢黜的第一弹，就是英方下令，将她身边许多疑似涉案的人全数调离。对如此"严苛的手段"，玛丽·斯图亚特表现出义愤填膺的模样，但这却也帮不了她。

一段时间后，情势看来似乎能让她平安无事时，她鲁莽地写信给伊丽莎白女王，希望女王准许她离去。她的信件石沉大海，而玛丽·斯图亚特又再度提笔写信，以"无礼、暴躁、怒气冲冲又充满恶意的语气"表达自己的立场。伊丽莎白女王怒不可遏，于是告诉玛丽·斯图亚特，应该对于自己没有遭受更严重的处置，也没有弃她于危险之中心存感激。 278

* * *

理达费阴谋案水落石出，让伊丽莎白女王与英国政府警觉与法国建交，尤其是缔结姻亲关系，应当说是相当紧急的事件。伊丽莎白女王只好让步，并尽可能地让她与安茹公爵垂死的婚姻协商复生，于是她承诺，愿让安茹公爵私下进行弥撒仪式。"女王陛下从未如此渴望过婚姻"，伯利男爵写下如此字句。

沃尔辛厄姆爵士却提议不要重启协商大门，因为就算伊丽莎白女王答应"他的任何要求"，安茹公爵仍将"断然拒绝"两人成婚。夏都诺夫小姐（Mademoiselle de Chateauneuf）尽管传闻指出他可能会迎娶波兰公主，但他却完全不愿离开法国宫廷。若伊丽莎白女王坚持继续协商，沃尔辛厄姆爵士提出警告，她将可能面临遭公开拒绝的耻辱。

但伊丽莎白女王并不愿放弃，十二月份，在伯利男爵的支持下，派遣了托马斯·史密斯爵士前往巴黎测试水温；若下嫁安茹公爵无望，托马斯·史密斯爵士的任务就改为与法方缔结友好与互助条约，以打破两国向来敌对的情势。史密斯爵士坚信，与法方联姻是维护伊丽莎白女王未来安危的重要步骤，但他也知道，女王很快将在婚姻市场上失去优势：她年纪已经不轻了，三十八岁的她也不再美貌，还有掉发危机，甚至必须以假发片或全顶假发遮丑。"她之前的毛发有多茂盛，现在就有多秃。"史密斯爵士向伯利男爵表示。

大使先生很快就发现，尽管安茹公爵的母亲"热泪盈眶"地哀求他，他对伊丽莎白女王与英国王位已不再有任何兴趣。"亲王现在被更重要的事情所羁绊，并且他也坚持自己的信仰。"史密斯爵士冷漠地表示。对于他的行为，伊丽莎白女王自然感到愤怒不已，她沉痛地声明，既然寻找配偶的企图反而让她受到利用，她希望臣子们能理解她为何宁愿选择独身。

但两天后，凯瑟琳·梅迪奇发现，法国相当需要英国的友好，因此建议伊丽莎白女王另订一门亲事，于是推出小儿子阿朗松公爵赫其里斯－弗朗西斯（Hercules-Francis，Duke of Alençon）代替哥哥成为新郎。"若不透过联姻的方式，她无法建立如此坚定又长久的同盟或亲善关系"，而在宗教议题上，阿朗松公爵是个"较不细心谨慎的人"。

史密斯爵士随即理解这桩婚配能带来许多政治利益，并赞成凯瑟琳王太后的论点，若伊丽莎白女王"真想结婚，绝对找不到更适合她的对象了。阿朗松公爵这个人选，绝对比其他人好一万倍"。阿朗松公爵最著名的事迹，就是对胡格诺教徒的怜悯，而且也"不是那么顽固、鲁莽，不那么倾向天主教，而且并不像他哥哥般（如果可以的话，我会说）愚蠢又倔强得像头骡子。他较为温和、有弹性，是较好沟通的人"。而且他也永远无法坐上法王大位，因此移居英格兰的可能性大大提高。但史密斯爵士却表示，自己无法理解，为什么提及"繁衍后代"的问题时，法国宫廷中每个人都表示，阿朗松公爵"比别人更适合"，这件事只能留待伊丽莎白女王费心了。

尽管如此，阿朗松公爵年仅十七岁，不到伊丽莎白女王一半的年龄，且在童年经历两次天花的洗礼后，脸上留下了难看的疤痕。他一直都是个身子羸弱的孩子，与同龄的孩子相较起来体型瘦小。他的母亲骄傲地指着他脸上新长的胡须，表示这些胡须可以遮盖掉一些疤痕，同时指称"他精力相当充沛且健壮"。史密斯爵士认为那些麻子"并不影响他的男人味"。

当臣子们向伊丽莎白女王转告阿朗松公爵的求婚时，她以阿朗松公爵太年轻、体格太小而断然拒绝。当伯利男爵坚持，阿朗松公爵的身高与他一样高时，伊丽莎白女王愤然表示："我看是跟你孙子一样高吧！"沃尔辛厄姆爵士却抱持相当乐观的态度，认为在这次的婚姻协商中，宗教上的难题不会再是艰难的绊脚石了，因此建议女王陛下展开协商，女王因此答应了。她永远拒绝不了他人追求的滋味，并认为自己定能无限期地延长这个追逐游戏。

* * *

一五七二年的新年期间，莱斯特伯爵送给女王一个珠宝手环，中间则是小小的表面——史上第一个为人所知的手表。尽管这是个庆祝的季节，宫廷中的气氛依然紧绷。

一五七二年一月十六日，在西敏寺大厅，诺福克公爵在二十六位贵族组成的陪审团审讯下被定罪，同时被判犯下十三项重度叛国罪。这次的判决——就如过去都铎时期大部分的审判一样——资料都并未留存。士鲁斯柏立侯爵在旁聆讯，哭得仿佛像是要他亲手杀了诺福克公爵般。取出内脏与五马分尸是叛国贼的惩罚，但若叛国贼是贵族身份的话，政府给予最严重的惩罚就是斩首而已。

诺福克公爵再度回到伦敦塔中，日夜受到严密监控，他以写道别信与规劝信给孩子们来打发时间。针对他的请求，伊丽莎白女王大方地同意，让他的朋友伯利男爵做孩子们的看护人。当士鲁斯柏立侯爵将诺福克公爵遭到罢黜一事告知玛丽·斯图亚特时，她哭得十分可怜。

诺福克公爵定于一月二十一日执行死刑，但伊丽莎白女王却无法签署他的死刑执行令。这不只是因为他是英国最高等的贵族，普遍受到人民景仰；还因为他是女王的表亲，与她"有血缘上的亲近关系"。她延后了死刑执行的时程，拖了好几周。

"女王陛下就是心肠这么软的女子，"伯利男爵叹了一口气，"心软只为她带来伤害，从未有任何建树，但她却觉得，做伤害自己的事比较可爱。一定是神冥冥之中在保她性命啊！"

二月初，女王终于被劝服，愿意执行死刑令，但就在诺福克公爵执行死刑的前一天晚上，她紧急召来伯利男爵，苦恼不已地表示要废止执行命令；隔天特地来到伦敦塔丘观看诺福克公爵死刑的人们，只能看到另外两名男囚被吊死。

枢密院成员们都不能理解她的犹豫。"这是上帝的旨意，这是在帮助女王陛下。"伯利男爵不住地祈祷，亨斯顿勋爵则表示："这世界都知道女王非常明智，对于一个如此在意身份的人来说，也没有人能比她有更大的智慧，尤其是保命之道。

女王陛下更要当心的，就是生命操控在人民手上，因此得注意家国毁灭与宗教败亡。"

　　一直到一五七二年三月底，诺福克公爵的处决案依然搁置，因为女王罹患了非常严重的肠胃炎。她的医生为她的性命感到忧虑，莱斯特伯爵与伯利男爵则花了整整三天，日日夜夜焦虑地守在她的病榻旁，莱斯特伯爵代理了嘉德勋章颁赠仪式，而在这次的仪式中，获奖人包括了伯利男爵。这两人之间的对立已经不再紧绷：他们会因社交需要而拜访彼此，以友善的态度对待彼此，也建立了友好的工作关系。尽管在政治上两人时常意见相左，但两人都对女王、对国家、对新教信仰忠贞不贰。

　　伊丽莎白女王病愈后，对此病轻描淡写，只说自己是吃了不新鲜的鱼，但对枢密院来说，继承问题未解的忧虑再度成为焦点，因为他们知道，若女王此时辞世，英国将落入外国势力之中，然后以高压的态度推动天主教信仰。在这样的情形之下，他们只好说服伊丽莎白女王紧急召开国会，制订方案对抗玛丽·斯图亚特势力。 281

　　就在这一个月，年已八十多岁的温切斯特伯爵逝世。财务大臣的职位先是给了莱斯特伯爵，他以"相关经验与知识不足"为由婉拒了。接着女王将这个职务封给了伯利男爵，于是他终于可以松一口气，放下国务大臣这个吃重的工作。他的痛风问题越来越严重，四月份痛风严重发作时，就连女王都担心他的身体，还到他床前去关心他。

　　是月，伊丽莎白女王再度签署诺福克公爵的死刑执行令，然后又在最后一刻反悔。看来，最终诺福克公爵可能不需要面对极刑的那一刻。

英国民众对玛丽·斯图亚特的反感达到了高点，伊丽莎白女王多数的臣民都认同沃尔辛厄姆爵士的看法，认为："只要留这个邪恶的女人不死，女王陛下的王权就难以安定，女王身边的忠仆们也难保身家安全。"

一五七二年五月八日，英国国会开议，上下两院共同聆听玛丽·斯图亚特犯下的罪行报告，并立即指示将她处死。一名英国国会议员表示，听闻苏格兰女王谋杀达恩里勋爵的手法，并致使苏格兰陷入一片混乱后，他觉得寝食难安，并坚持要女王陛下"砍下她项上人头，省去这一切的纷扰"。另一名国会议员则指出："先前早已提醒过她，接下来就用斧头来警告她。"

上议院与下议院共同组成一个委员会，以决定玛丽·斯图亚特的命运。五月十九日，委员会成员想出了两种解决玛丽·斯图亚特问题的方法。英国方面可以叛国罪将她治罪，进而将她处斩，或者是可以透过立法的手段，将她排除在英国王位继承之外，并警告她，若再动伊丽莎白女王的歪脑筋，将会丢了性命。

国会方面一致倾向第一种选择，但女王却坚持第二种选择较为明智，他国统治者不须遵从英国法律，她的名誉并不允许她剥夺苏格兰女王的权力。且若采用第一种方法，国会便将维持整个夏天开议，造成财政沉重的负担，而且伦敦的夏天常有黑死病疫情。

英国上下两院完全不在乎：他们只想让玛丽·斯图亚特见血。"许多议员都为女王掬了一把泪"，就连主教会议都以许多"神圣的论点"来说服伊丽莎白女王同意夺去玛丽·斯图亚特的性命。主教们指出，若女王不愿处决这个弑夫凶手、叛国主谋，这个苏格兰的克莱天奈斯拖（Clytemnestra）[5]，就是违反了神的意志与自己的良知。也要女王千万不要认为"法律上威胁性的话语"就可以阻止玛丽·斯图亚特未来再动什 282么坏脑筋，也无法避免有二心的臣子们协助她。

为了得到他们想要的答案，国会起草一份请愿书上呈女王，这份请愿书名为"好臣子的呐喊与女王陛下的恻隐之心"。然而伊丽莎白女王早已下定决心，无法"将一只飞出笼中寻求自由，来到我羽翼之下的鸟儿杀死。我的荣誉与良知都不允许！"同时，她也不想激怒支持玛丽·斯图亚特的天主教人士，让他们持械报复。五月二十八日，她从上下两院代表手中接过请愿书，但在讲稿已不存在的一场演说中，女王以高明的演讲术拒绝了国会的请求，甚至让议员代表感谢女王对他们的好。只有认定玛丽·斯图亚特是个"恶名昭彰的贱人"的激进派国会议员彼得·文特沃斯（Peter Wentworth），被人听到私下嘀咕着不需要感谢女王。

五月二十六日，在被迫以较不激烈的手段对付玛丽·斯图亚特的情况下，英国国会撰写了一份法案，详细列出她所犯的罪，并剥夺她宣称对英国王位的所有权利。此后若有人胆敢宣称为继位者，或主张拥有继位权，便是违法英国法律。但当此令提交女王，准备进行御准时，女王却行使了否决权。看来她完全不想采取任何对付表侄女的策略，这让枢密院十分失望；他们派驻国外的探子笃定地回报，菲利普国王与罗马教皇也参与了这场阴谋，准备推翻她而巩固玛丽·斯图亚特的地位。

大约就在这个时期，伊丽莎白女王写了一首有关玛丽·斯图亚特的十四行诗，相当出名，随后在女王仍在世时，由乔治·帕特南（George Puttenham）收录在他的书《诗艺论》（*The Art of Poesie*）中出版。以下摘录这首十四行诗：

> 争议之源，播下了不和之种，
> 背离常轨，在和平之田中毫无所获。
> 漂离他国的船只，不得入港来；
> 本国不见容的陌生势力往他处去。
> 生锈久置的剑将重新磨亮，
> 削去寻求变化者的头颅，为胜利欢呼。

饶过了玛丽·斯图亚特，伊丽莎白女王便不得不拿诺福克公爵开刀。国会相当激动，盼望法令能付诸实现，因此在五月三十一日这天，伊丽莎白女王屈从于这股潮流，签署诺福克公爵死刑执行令。隔天，她罕见地踏入伦敦塔，确保这样的安排恰当且适切，但她并未见囚犯一面。

六月二日清晨七点，诺福克公爵在伦敦塔丘正式处斩，向围观的群众宣布他从未信奉罗马教皇，并承认将他斩首的判决是正义的。"人在这里丧命并非新鲜事，"他向群众表示，"从悲天悯人的女王上任后，我是第一个叛徒，愿上帝让我成为最后一个狂妄之徒。"身着高贵的黑色绸缎紧身上衣，他拒绝蒙眼，因而死得勇敢，据说他的头颅"一刀就被斩断"。他的遗体被埋在伦敦塔的锁链中的圣彼得教堂祭坛下，与几位表亲一起做伴，包括安妮·博林与凯瑟琳·霍华德。怀特霍尔宫的臣子们则表示，当天伊丽莎白女王显得郁郁寡欢。

283

16 不尽如人意的议题

一五七二年四月十九日，英国与法国确定签订《布卢瓦 条约》。条约中订定，两国将互相提供军事与海上援助，对抗共同敌人。他们的共同敌人，当然是包含西班牙与尼德兰境内信仰新教的地区，但伊丽莎白女王依然秘密援助后者，主要的目的是刺激菲利普国王与亚尔瓦公爵。这项条约的签订，意味着英国在欧洲再也不孤单，同时也等同于结束了法国对玛丽·斯图亚特的支援。因此英国王室在怀特霍尔宫举办了铺张豪华的晚宴，由莱斯特伯爵做东，他甚至自吹自擂地表示："这是我有记忆以来最盛大的一次了。"

这一年的春天，因为忧心玛丽·斯图亚特会向西班牙求援，凯瑟琳·梅迪奇再度与汤马斯·史密斯爵士协商两国联姻对邦谊的必要性。

"耶稣啊！"王太后叹了一口气："贵国女王难道看不出这么简单的道理，若她不婚，危险就永远存在？若她风光嫁入欧洲贵族世家，还有谁胆敢威胁她的安危？"

史密斯点头表示同意，并回答若伊丽莎白女王陛下有个孩子，"那这些胆敢前来挑战王权的麻烦人物，像是苏格兰女王或其他想要置她于死地的人，根本就没戏唱了"。

"为什么只要一个孩子？为什么不生个五六个？"凯瑟琳王太后忍不住问，毕竟她自己就生了十个。

"她若能生一个，就谢天谢地啦！"史密斯大使随即答道，言词间充满了情绪。

"才不呢！"王太后表示，"至少该生个两个男孩，以防其中一个死了，然后再生个三四个女孩与我们联姻，并与其他国家贵族成亲维持国力。"

"为什么？"史密斯大使微笑着，"您希望公爵殿下加紧脚步吗？"

凯瑟琳王太后笑着说："我当然非常希望。"她表示，"我认为在我有生之年至少会有三四个吧，这样我也不需要翻山越岭跨海去看女王陛下和他们了。"

六月时，法国王太后派遣一位特使蒙莫朗西伯爵（Duke of Montmorency）前往伦敦，并授予权力批准《布卢瓦条约》，且正式提出阿朗松公爵作为追求女王的人选。伊丽莎白女王是个相当亲切的女主人，盛情款待来访的大使，并致赠嘉德勋章给蒙莫朗西伯爵；但对于法国方面的求婚，她并没有多说什么，对阿朗松公爵的年纪与外表则持保留意见。蒙莫朗西伯爵离开时，伊丽莎白女王允诺会好好考虑联姻一事，并在一个月内给查理九世一个答案。

接着伊丽莎白女王要伯利男爵下达指示，请沃尔辛厄姆爵士针对阿朗松公爵提出完整报告。在沃尔辛厄姆爵士回报表示阿朗松公爵相当聪明、英勇，不像一般法国人那么轻浮，同时在宗教议题上"能轻易说服他相信真理就好"，让女王感到欢喜不已。他脸上那丑陋的疤痕闻名遐迩，但许多人都不断向伊丽莎白女王保证，绝对不如传言中可怕，"他脸上的缺陷并不严重，因为这些疤痕较厚，并不是又大又深的那种"。而他的胡须也遮盖掉部分的疤痕，但"他鼻子上的些许疤痕就较为讨厌"，尽管如此"我最后一次觐见他时，发现他一天一天变得更加俊美"。尽管如此，"他最大的缺点恐怕就是眼睛了。

285

除了脸上的天花疤痕外，他似乎得不到任何宠爱。当我将他的眼睛与女王陛下优雅的眼睛相比时，这两对眼睛恐怕永远无法有相似之处"。伯利男爵十分忧虑，于是开始相信费奈隆大使所言，表示他认识一位能治愈公爵脸上疤痕的医生。

接下来几周，伊丽莎白女王都在深切考虑此事，情绪反复无常，让她最放不下心的依然是阿朗松公爵的小小年纪。令她最忧虑的，则是这段荒谬的婚姻，会引来欧洲各界什么样的看法。在实际面上，她也在考虑，阿朗松公爵脸上的天花疤痕，是否可以作为谈判的条件，要求法方返还加莱港作为这门亲事的条件。

接着到了七月份，凯瑟琳·梅迪奇派出阿朗松公爵的好友穆尔亲王（Monsieur de la Mole）出使英国，希望能成功说服伊丽莎白女王接受阿朗松公爵的求婚。穆尔亲王是个俊帅又优雅的年轻人，法方希望用他那堂堂的风采来软化伊丽莎白女王的心。"看来王太后距离成功比我想象得还要近。"伯利男爵记录了他的观察。

伊丽莎白女王对穆尔亲王的魅力意兴阑珊，同时也并不相信凯瑟琳·梅迪奇，她认为法方只是想要引诱她加入对抗驻扎在尼德兰的亚尔瓦公爵的战争中，法国方面对于家门口就有强大的西班牙军队，感到与英国一样的紧张。查理九世期盼能让阿朗松公爵担任尼德兰摄政王，但这部分对英国来说也有其利益存在，由法国军队驻扎在尼德兰，对伊丽莎白女王来说，也无法舒缓紧绷的情势，毕竟，女王陛下认定比起西班牙驻军，瓦洛王朝并不稳定，也不值得相信。

一五七二年七月，伊丽莎白女王又有了度假心情，于是穿越泰晤士河谷与英国中部地区，展开一场出巡长征。在特欧伯兹接受伯利男爵的款待后，女王于二十五日抵达高兰城，国玺大臣尼古拉斯·培根爵士在赫特福德郡的宅邸新落成，于是他偕同担任学者工作的太太安库克，与两位学识极高的儿子安东尼与弗朗西斯，一同欢迎女王莅临。女王对于这座宅邸的豪阔气派，丝毫不感特别。

"阁下似乎将房子建得太小了。"女王说。

"不，女王陛下，"培根爵士回答，"是女王陛下让我大得连房子都容不下了。"

来到柯芬特里，书记告诉女王，当地民众"纷纷贪婪地想要一见女王陛下"。八月份时，她花了整整一周的时间待在华威，在公爵夫人的陪伴下，女王坐着无顶马车抵达，好让群众争睹女王风采。在华威的书记阿格良贝（Mr. Aglionby）支支吾吾地说完欢迎词后，伊丽莎白女王要他放松一下。

"请上前，亲爱的书记，"女王说，"有人告诉我，你不敢正眼瞧我，也不敢直言，但若我是你的话，我可能会比你更怕我自己。"

当地的男男女女在华威城堡的庭院里示范了乡间舞步，女王就从她的窗户欣赏；"女王陛下似乎心情相当好，相当开心"。一天在城堡中用晚膳的时间，她坚持要穆尔亲王陪坐在她身旁。接着他以激赏的心情，看着女王弹奏竖琴给所有的宾客听。他们私下交谈了几回，一天晚间，穆尔亲王甚至陪着女王，去看公爵与公爵夫人安排的灿烂烟火与模拟水上战斗，牛津伯爵也参与了这些活动，"女王看起来都相当愉悦"。

不幸的是，这些活动却因为爆竹与烟火点燃的火花，造成城里四栋民宅起火燃烧，附近还有一栋亨利·考伯先生的房舍遭到焚毁，而蒙上阴影。伊丽莎白女王亲自对他与他的妻子表达了遗憾，并在臣子之间发起了募捐，募得二十五英镑又六十三便士。

尽管穆尔亲王相当努力，伊丽莎白女王依然不愿意允诺接受阿朗松公爵的追求。她向费奈隆大使表达了疑虑，并坚持若不亲眼见见阿朗松公爵，就无法下决定。法国大使费奈隆则表示，法王与王太后相当愿意安排一个见面的机会，但唯一的条件是，她必须先答应成婚。她回答自己必须先与公爵见面，确定彼此相爱，才能给确定的答案。伯利男爵此时正遭受严重痛风之苦，只能坐着担车加入出巡的行列，他已经开始怀疑这场联姻可能无法实现了。

到了八月二十二日，伊丽莎白女王抵达了凯尼尔沃思，接受莱斯特伯爵的招待；当地举办了"相当高贵的运动赛事"。但到了九月三日这天，女王出外打猎，一名信差带着沃尔辛厄姆爵士从巴黎送来的信抵达，而这是一封让女王流泪的信，她取消接下来的所有娱乐节目，并将穆尔亲王送回法国去。一名长驻伦敦的西班牙探子通知亚尔瓦公爵，伊丽莎白女王将负责音乐与表演的艺人送走，再也没有舞蹈、滑稽剧，这些负责娱乐女王的人近来无所事事，因为英国皇室有不尽如人意的议题要思考。

* * *

一五七二年八月二十四日，法国发生的事件，几乎撕裂英法两国好不容易建立的邦谊。查理九世的妹妹法兰西公主玛格丽特，与信仰新教的纳瓦拉国王亨利（Henry of Navarre）大婚的这一天，心怀不轨的天主教吉斯派系，在凯瑟琳·梅迪奇的支持下，企图谋杀胡格诺教派首领加斯帕·德·科利尼将军（Admiral de Coligny），因为他逐渐获得国王的重视，使得王太后感到相当妒忌。这个计划最后虽然失败了，却在巴黎引发了一场暴动与惊慌。八月二十四日是圣巴托罗缪日前夕，在法王查理九世不情不愿的协助下，凯瑟琳·梅迪奇下令诛杀城中所有的胡格诺派教徒。天主教徒群起屠杀了所有被他们揪出的胡格诺派教徒，巴黎发生的这场血案导致三千到四千人丧生。接下来四天，同样的滥杀情形蔓延各省，让死亡人数攀升到一万人。

菲利普国王听闻此讯，竟私下在寝室中欢喜狂舞，玛丽·斯图亚特也彻夜未眠地庆祝，而罗马教皇则对一举歼灭这么多异教徒，表达满意。此事件后来被称为圣巴托罗缪惨案，震惊欧洲各地的新教徒，引发反法与反天主教情结。逃亡英国的胡格诺教徒带着许多伤痛悲惨的故事，街道上血流成河，河里则是望不尽的尸体。伯利男爵瞠目结舌说不出话来，而沃尔辛厄姆爵士在大屠杀的当下躲了起来，幸运地捡回一条命，但却受到严重惊吓。

尽管伊丽莎白女王十分气愤，并矢言找上法国王太后为大屠杀事件负责，但女王也知道，她根本无法为受害的胡格诺教徒复仇，她不能放弃英法联盟，这对她与英国的安危都相当重要。她能做的，只有表达深深的震惊与气愤，接着秘密援助武器给胡格诺教徒，并透过外交手段来保护他们。

到了九月五日，法国大使费奈隆要求觐见女王，当面向女王转达法国政府对大屠杀事件的解释，他指称这一切都是"意外"，伊丽莎白女王让他在牛津等了三天。最后他终于在伍德斯托克宫获准觐见女王，却发现伊丽莎白女王与宫廷上下全体人员都穿着最沉重的丧服，他走上前行吻手礼时，所有的人都静静地站着，以斥责的眼神看着他。伊丽莎白女王冷着一张脸，领着费奈隆大使到窗边，表示她希望查理九世愿意在世人的关注下，洗清自己的污名。费奈隆大使则说谎不眨眼地表示，当时查理九世发现新教徒试图谋反，杀害的对象是他与他的家人，因此他必须先声夺人，以避免遭到杀害。而迫害胡格诺教徒绝非国王陛下的意思，他也并未撤销宗教容忍的官方命令。

伊丽莎白女王直指如此的挑衅行为并不能作为暴力泛滥的借口。她同时表示，当自己看到大屠杀的消息时，忍不住哭泣。但查理九世身为一国之君也是个明理的人，因此她必须接受查理九世的解释，同时在费奈隆大使保证在主公的眼中没有什么比英法联盟更重要后，感到些许宽慰。她深深希望，接下来几周，查理九世能运用权力，弥补如此恐怖的溅血事件，这当然也是为了他自己的名誉，洗清自己在世人眼中的污点。

尽管阿朗松公爵与大屠杀毫无关系，甚至曾大声疾呼反对这起暴力行为，但伊丽莎白女王仍不愿再进行婚姻协商。

"我们怎么可能还认为国王陛下的弟弟，适合做我国亲王呢？如果夫妇之间存在着模拟两可的难题时，我们又要如何相信这两人之间的爱意会滋长、延续、衍生？"女王如此诘问沃尔辛厄姆爵士。因此，接下来的一段时间，两国协商戛然而止，但法国方面持续努力恢复协商。当法国王太后提出要求，希望让伊丽莎白女王与阿朗松公爵在第三国见面时，伊丽莎白女王随即宣布，除非查理九世未来对待胡格诺教派的手段令她满意。

十月份，查理九世派遣特使慕维席耶（Mauvissière）前往伦敦，请求伊丽莎白女王这个被逐出教会的人担任他新生女儿的教母，两国关系开始融冰。经过一段时间的拖延，尽管这个

女婴将受洗成为天主教徒，女王终究还是答应了。但她认为，
289 若由莱斯特伯爵这个著名的新教信奉者，代表她前往法国参与
施洗典礼，实在太过冒险，因而改派伍斯特伯爵（Earl of
Worcester）带着一个金盘前往祝贺，然而他的船在英吉利海峡
不幸遭海盗洗劫，金盘便消失无踪。

毫不意外，圣巴托罗缪惨案在伊丽莎白女王的臣民间激起
一阵要玛丽·斯图亚特项上人头来赔的呼声，他们认为玛丽·
斯图亚特肯定涉入这起天主教阴谋。然而，伊丽莎白女王并不
希望透过处决玛丽·斯图亚特的方式，激怒菲利普国王与罗马
教皇，因此在九月十日这天，在女王的指示下，枢密院参事们
秘密命令马尔伯爵，前去商讨玛丽·斯图亚特重返苏格兰事
宜，并由苏格兰方面以谋杀达恩里勋爵之名惩罚她，而这项惩
罚，无疑就是要夺去玛丽·斯图亚特的小命了。但马尔伯爵表
示，若处决时有英国士兵在场，他才愿意，但此举会让人将玛
丽·斯图亚特之死，联想到伊丽莎白女王身上，因此伊丽莎白
女王不得不放弃这个计划。

十月份，危机解除后，英国境内对于屠杀事件的反弹力道
已过。但就在这个月，马尔伯爵去世，而玛丽·斯图亚特的命
运也就有了改变，因为苏格兰摄政王改为摩顿伯爵，而他则是
玛丽·斯图亚特最大的敌人。

此时，伯利男爵试图想要重启英国、西班牙与低地国家间
自一五六九年以来便遭封港令限制的贸易，这一封港令对双方
都是一大伤害。尽管西班牙与英国双方依然在冷战中，作风务
实的亚尔瓦公爵已经看到，恢复贸易对各方都有好处，也能减
少国与国间的紧张关系，但菲利普国王始终不愿听信。

"陛下，有时候身为统治者，就必须去做自己并不愿意的

事情。"亚尔瓦公爵指出。但菲利普国王仍无法与英方交好，因此一直到一五七三年，两国的封港令才正式解除。

* * *

经过了十三年，伊丽莎白女王与莱斯特伯爵之间的感情，已不如过去那么热烈，但两人仍为传闻所扰。事实上，伊丽莎白女王与莱斯特伯爵之间仿如老夫老妻般，分享彼此的兴趣，提供对方感情寄托与支持。他们之间共同的热情与忠诚所在，在两人之间形成根深蒂固的联结，永远也无法撕裂，最后情势逐渐明朗，就连莱斯特伯爵都清楚明白，女王这一生都不会嫁给他。对他这样的男人来说，这是十分难以接受的一件事，毕竟他与同阶级的人一样，都非常渴望由自己的子嗣来继承他的财产与头衔。表面上，他扮演着忠贞不贰的追求者，和他一样的还包括海登爵士与牛津伯爵。

海登爵士总是以眼泪及怨怼，来表达自己的愤怒，而女王对牛津伯爵的偏宠，就让他嫉妒不已，因为近来他认定自己在女王心中，有比他人更高的情感价值。他在政坛上的对手们，宣称"就算女王真如传闻中那么贞洁又那么好，海登爵士在内宫中对女王的依赖也已超过了常理"，这样的说法自有其道理存在。 290

然而事情的发展，可能都不如他们两人的预期。一五七二年十月，海登爵士的一位朋友，诗人艾德华·戴尔（Edward Dyer）的来信，成为相当可靠的证据，表明两人似乎无话不谈。戴尔爵士写道："虽然一开始，女王陛下（相当礼貌地）征询你的意见，一直到她对你产生情愫前，她一直都相当忍耐你的粗鲁；现在先前的满足感褪去后，它对你的帮助可能不如伤害来得大。不要太过谴责女王陛下的弱点，而要喜悦地称赞这是她的天性，仿佛这一切就是她天生使然。"

后人对于戴尔爵士所指的一切多所推测。伊丽莎白女王最终是否抛弃一切的顾忌，交出了她相当自豪的贞操？或者她更出乎意料地在满足性需求的同时，巧妙地维持处子之身？后者较有可能。若海登爵士的身体勾引了她，在某种程度上，女王又委身于他，她显然相当后悔，更希望他依然仍将她视为童贞女王。据传海登爵士写了相当多柏拉图式的信件给女王，因而不支持这样的推论，但我们可以看见，两人之间的情感相当炽热。然而海登爵士随后曾向约翰·哈林顿爵士发誓，他与女王之间绝对清白。

到了年底，伊丽莎白女王迁往汉普顿宫过圣诞节与忏悔节；在主显节这天，莱斯特伯爵送给女王两个镶嵌着宝石的闪亮领饰。不久后，女王便与伯利男爵大吵一架，原因不明。莱斯特伯爵表示愿意为两人调解，刚好女王也有意和解。"我向你保证，女王陛下一如往常地赞同我的意见，"莱斯特伯爵的信件中写着，"我想，你们两人的情谊能够恢复。感谢老天，女王陛下的怒气并不像其他国君一般，就算她偶尔犀利，也是因为她相当看重我们。每个人都有报答她的义务，这是我们非做不可的义务。我们两个都属于这个层级，我亲眼见证你不输给任何人的坦率热诚。支持住，你绝对不会失败。"

一五七三年五月，士鲁斯柏立侯爵之子向父亲回报：

> 莱斯特伯爵对女王陛下相当深情，女王陛下也对他展现出一往情深的模样。近来，他比以往都更努力要取悦女王。现在宫中有两位姐妹都对他相当深情，但却希望渺茫：她们是谢菲尔德小姐与法兰西丝·霍华德。她们

（彼此争着谁是最爱他的人）陷入一场爱情战争中，伊丽莎白女王对她们的态度也不好，当然对莱斯特伯爵也没好气，甚至还派了眼线在他身边。

显然，莱斯特伯爵与谢菲尔德小姐德古莱丝（Douglas）的秘恋，就算不到几年，也有几个月的时间，但却紧守住这个秘密，就怕惹怒了女王。

谢菲尔德小姐年届二十五岁，长得十分标致。她就是近来逝世的霍华德勋爵威廉之女，他是女王的舅舅，也是枢密院参事，尽管谢尔菲德小姐年纪轻轻就已经嫁给了谢尔菲德勋爵，但一五六八年勋爵撒手人寰，留下德古莱丝这个年仅二十岁的遗孀。不久后，她随即升格为女王寝室侍女并搬入宫中，就在这之后不久，她便吸引了莱斯特伯爵的注意力。更有可能的状况是，莱斯特伯爵因为怨恨海登爵士对女王的影响，愤而展开这段恋情。

宫廷传言随后则说，这段畸恋可能从谢尔菲德勋爵在世时就开始，两人在莱斯特伯爵造访贝尔瓦尔城堡时就已有通奸的情事。也有人说谢菲尔德勋爵曾找到两人的通信，罪证确凿地证实了两人的奸情，但当他前往伦敦准备请求离婚时，莱斯特伯爵派人毒死了他。没有其他证据支持这个理论，但莱斯特伯爵常遭政敌指控对任何与他不和的人下毒，甚至包括了他的好友尼古拉斯·瑟洛摩顿爵士，因此这样的传闻可信度并不高。

后来德古莱丝的确成为莱斯特伯爵的情妇，并且开始要求婚姻关系，尽管莱斯特伯爵一再重申，他与女王之间的关系容不下他对别人的承诺。在一封写给不知名女士的信中（这个对象很可能就是德古莱丝）他解释了自己的立场，并给予对方两种选择：要不就继续当她的情妇，要不他会帮她找个适合的丈夫人选。不用说，这两种选择她都无法接受，尽管她一直都知道莱斯特伯爵对自己的情感："如你所知，我一直喜欢着你、爱着你。尽管我是个意志不坚的人，但在上帝面前，我并非没有道德良知，对朋友也该要坦诚，我特别选择了你，对我来说就是最珍贵的事，我如此在意，甚至可为了你抛弃我的政治地位。"

一五七三年春天，宫廷人士开始流传两人之间的八卦，谣言指出，在一五七一年到一五七二年间，德古莱丝疑似怀了莱斯特伯爵的孩子，并在达德利城堡中秘密产下一个孩子，这座城堡属于莱斯特伯爵的姐姐，而她则嫁给了莱斯特伯爵的表哥爱德华·达德利勋爵。他们的结晶是个女孩，在受洗之前就不幸死亡。后来德古莱丝坚决否认这样的传闻，但许多人依然深信不疑。

292　　事情至此，两人要隐瞒私通的秘密，似乎也不可能了，德古莱丝知道，若两人之间的细节遭到公布，她的一生名节就败裂了。因此她便更进一步地逼迫莱斯特伯爵尽快迎娶她，甚至威胁他若不照做，她将在女王面前抖出一切。伊丽莎白女王对两人的关系早已疑心，但她只知道，德古莱丝与她的一位姐妹法兰西丝（Frances）正因抢夺莱斯特伯爵形成对立状态。

五月份，莱斯特伯爵允诺与德古莱丝秘密结婚。两人的结婚典礼就在埃舍尔的一栋小屋中举办，当场至少有三名证人。新娘由莱斯特伯爵的一位朋友牵出场，并以潘布鲁克伯爵致赠给莱斯特伯爵的一枚钻石戒指作为信物。尽管两人婚姻的合法性随后遭到质疑，反对派人士引起了一股骚乱，但相关证据依然直指两人的婚姻充满合法性。

婚后，莱斯特伯爵的生活就奔波在两个女人之间，在宫中维持之前与伊丽莎白女王的情谊，而女王之前的质疑也似乎减轻了下来；当他不在宫中时，则秘密前往埃舍尔与莱斯特宅邸和德古莱丝一起生活。他非常清楚，他的敌人只要抓住机会就会趁机败坏他的名声，若此事走漏风声，他知道他们甚至会毁了他。因此当德古莱丝要求佣人们以公爵夫人的等级伺候她时，莱斯特伯爵严格禁止，以免漏了口风。

* * *

一五七三年七月，查理九世宣布，法国的胡格诺教派臣民在宗教上得以追随自由意志，看来法国的宗教纷争即将落幕。在这件事之后，法国方面再度向伊丽莎白女王提出与阿朗松公爵成婚的请求，法国王太后宣称，这项和平协议完全是为了伊丽莎白女王而定。但事实上是阿朗松公爵促请兄长尽速下令。

英国与西班牙之间的关系大有进展，查理九世与法国王太后十分担心伊丽莎白女王会抛弃英法联盟，因此提出无条件让阿朗松公爵前往英国的想法。但伊丽莎白女王的热情冷却后，变得十分倔强，坚持要阿朗松公爵答应就算被拒绝也不能生气的条件。因此接下来几个月，法国急切地想要得到答案，而伊丽莎白女王则玩起了拖延游戏的老招。

* * *

九月七日，伊丽莎白女王正式迈入四十岁，在都铎时期，这个年纪的女人无论是步入婚姻或成为人母都为时已晚。为了向女王祝寿，莱斯特伯爵送她一把白色羽毛扇，纯金的扇柄上刻着他的家徽——熊，以及象征女王的徽章——狮子。

这一年的十二月，已从法国被召回的沃尔辛厄姆爵士，取

293 代了伯利男爵，被任命为首席国务大臣。他的主要任务在于外国事务，在这个职务范围内，他将专心致力于将"蛇蝎女"苏格兰女王玛丽·斯图亚特绳之以法。他也会竭尽所能，循序渐进地建立有效又有力的情报网，得到全欧洲最棒的情报，让他可以有效地阻挡天主教的阴谋，保护女王不受伤害。

就在此时，伊丽莎白女王简直被热情的臣民奉为神祇，全民共同的目标就是保护女王。英国人民发现，女王是英国抵御列强唯一的堡垒，他们非常敬爱女王，因此当一名唐卡斯特平民竟敢诽谤女王时，当地武警介入，才阻止暴民将他五马分尸。

在枢密院中，沃尔辛厄姆爵士则有已被视为英国新教激进派领袖的莱斯特伯爵支持，但他常与女王起争执，因为女王强烈厌恶他那独裁的手段与固执己见的想法，但女王仍相当佩服他的机智，也十分尊重他的意见——尽管他的意见不见得受欢迎。他在女王面前从不畏惧表达心声，女王知道他总以她的利益为最高考虑，因此也给他许多批评的自由。

* * *

一五七四年三月，英法双方总算拟定，要让伊丽莎白女王与阿朗松公爵在多佛一带会面，但在两人有机会正式见面之前，阿朗松公爵便受到纳瓦拉国王亨利连累，疑似涉入一连串反抗哥哥的阴谋中，因而被软禁在圣杰曼。法国方面仍不断呼吁两人成婚，对此，伊丽莎白女王响应表示，若她期待自己的丈夫能恢复自由之身，应不算过分。

接着在一五七四年五月三十日，查理九世疑似因先天性梅毒身亡，这可能是瓦洛斯家族的遗传疾病。"阿朗松公爵也是同样血源，他可能逃过一劫吗？"女王表示。查理九世死后，弟弟安茹公爵从波兰被紧急召回继位，他登上法国王位成为亨利三世。他是一个易受神职人员支配的天主教狂热分子，也受到吉斯派系的掌控，英国方面开始出现担忧的声浪，生怕他会结束法国的宗教容忍政策，甚至斩断与伊丽莎白女王的联盟。

为了避免遭到孤立，英国随即向西班牙靠拢。七月份时，西班牙派出一位新任大使门多萨前往伦敦，受到女王礼遇，英国与西班牙的外交关系正式恢复。八月份时，《布里斯托条约》让英国与西班牙走向谨慎的和平之路。

就在此时，依照情势来看，亨利三世倾向于法国王太后设下的温和路线，让法国的新教大众松了一口气。但亨利三世与伊丽莎白女王之间的关系依然冷淡，同一年的稍后，伊丽莎白女王派遣了诺斯勋爵（Lord North）作为法国大使，但亨利三世相当无礼地对待他。当法国王太后让两位宫廷侏儒弄臣打扮得像伊丽莎白女王时，他也被迫在旁观看；凯瑟琳·梅迪奇接着还问刚取消软禁由她严加看管的阿朗松公爵，觉得自己的未婚妻长得如何。诺斯勋爵又气又窘，当愤怒不已的伊丽莎白女王直接表现出不悦时，凯瑟琳·梅迪奇又道歉了，编出诺斯勋爵法文不够好，无法理解法式幽默个中道理作为借口，表示法方完全没有污辱的意思。

不久后消息传到英国，阿朗松公爵逃离母亲的监视，在欧洲各地漫无目的地游荡，成为欧洲不怀好意的贵族眼中待宰的肥羊。伊丽莎白女王立即告诉凯瑟琳·梅迪奇，在这种情况之下，休想要她嫁给阿朗松公爵。

* * *

新任西班牙大使门多萨（Mendaza）与前任西班牙大使一样是个麻烦人物。一五七四年九月，他信心满满地回报，伊丽

294

莎白女王为莱斯特伯爵生下了一个女儿，他们将她"藏了起来，但她出生时有主教在旁见证"。

事实上，门多萨大使可能是被一个月前发生的另一则宫廷中的私生子八卦搞糊涂了，八月七日，谢菲尔德小姐德古莱丝生下了莱斯特伯爵的儿子罗伯，华威伯爵与亨利·李爵士都出席了洗礼仪式。尽管这个儿子的出世并不是秘密，伊丽莎白女王定也听闻此事，但历史上并无她表达不悦的记录。因为她打从心底认为，这个孩子是个私生子；若她知道这孩子的父母早已成婚，她的反应可能会更大。在这个状况之下，她大概认定世界上最好的男人也会禁不住诱惑的事实，尤其是她又拒这些男人于门外。莱斯特伯爵的处境艰难，他一直想要个儿子，现在尽管有了个儿子，他也不敢宣布那是他的继承人，他总是以"小儿"或"敝人犯的罪"来称呼罗伯。

＊　＊　＊

四月份，伊丽莎白女王调兵遣将前往爱丁堡，成功地击溃玛丽·斯图亚特的一群支持者，让他们无法控制爱丁堡城堡，同时也摧毁了玛丽·斯图亚特想要复位的希冀。但苏格兰女王一直住在英国一事对英国与西班牙近来的协议不利，一五七四年，伊丽莎白女王试着说服苏格兰新任摄政王摩顿伯爵，希望能让玛丽·斯图亚特返回苏格兰，以谋杀达恩里勋爵之名接受制裁。就连一直与玛丽·斯图亚特为敌的他都拒绝了，伊丽莎白女王只好继续让玛丽·斯图亚特当英格兰的俘虏。

此时，苏格兰已完全背弃了玛丽·斯图亚特，因此她转而继续打英国王位的坏主意。她自视为天主教信仰领袖，准备推翻异教徒伊丽莎白女王，重建真正的宗教。这是她生命的意义，是她至死方休的圣战。对于自己打的算盘，她完全不感到不安，

295

对现实也一点都不了解。"若非成为英国女王，否则我不离开我的牢笼。"她曾一度如此宣称，且表示自己相当认真。

士鲁斯柏立侯爵的看守工作相当严密，玛丽·斯图亚特根本逃不出他的手掌心，"除非她化身成一只跳蚤或老鼠"。但她能做的，就是在仆人与外界友人的协助之下，偷偷携出许多盖有她象征徽章的信件，暗中与教皇、菲利普国王及其他贵族秘密通信。这样一来，她不但能持续对抗表姑，还能保持对外界消息的灵通。她甚至从法国亡夫遗产的地租中存下一万两千英镑，以此支付给她的支持者，并付出些许贿赂金。一五七五年，当伊丽莎白听闻此事，随即将每周拨给玛丽·斯图亚特五十二英镑的津贴削减到三十英镑。

此时，玛丽·斯图亚特已经三十二岁，软禁的日子也过了六年。她每天的时间都在阅读、祷告、与侍女们聊天、写信、逗弄宠物与制作美丽的刺绣中度过。偶尔她也会送伊丽莎白女王一些小礼物、果酱或是假发。枢密院认为她居心叵测，忧心礼物中可能下毒，但伊丽莎白女王却无条件地接受。但这些礼物却无法软化她对玛丽·斯图亚特严苛的态度，因为沃尔辛厄姆爵士的探子们，又拦截到玛丽·斯图亚特的许多信件，让伊丽莎白女王了解玛丽·斯图亚特只是在等时机，伺机根除表姑。

* * *

一五七四年，伊丽莎白女王抓到证据，认定达恩里勋爵的母亲莱诺克斯伯爵夫人，与玛丽·斯图亚特沆瀣一气。伯爵夫人否认此事，但伊丽莎白女王一点也不相信，同时在发现伯爵夫人计划前往北方时，派人送上口信，命令她千万不要试图去探望儿媳妇。

莱诺克斯伯爵夫人，在小儿子查尔斯·史都华（Charles

Stewart）的陪伴下，只好住在查兹华斯附近的拉德福修道院，而士鲁斯柏立侯爵的太太哈维克的贝丝小姐也带着前一段婚姻生下的女儿伊丽莎白·卡文蒂希（Elizabeth Cavendish）来这里拜访她。在两位女性家长的默许下，这两个年轻人被许配在一起。接着查尔斯生了病，传统风俗需由伊丽莎白·卡文蒂希来照料他。两人的爱情开了花，接着在一个月内，两人就订了终身。

由于查尔斯是伊丽莎白女王的外甥也是臣子，新娘的人选自然得经过女王同意，当她发现两人私订终身时气得跳脚，将两人的母亲都召回伦敦，女王因两人的放肆，将她们押入大牢关了一段时间作为惩罚。

翌年，伊丽莎白·卡文蒂希生了一个女儿雅贝拉·史都华（Arbella Stewart）。外婆与奶奶都希望这是个儿子，以实践她们的野心。但天不从人愿，一五七六年，查尔斯就因肺结核身故，一五八二年，伊丽莎白·卡文蒂希也随他而去。但还有一个小雅贝拉，她由士鲁斯柏立侯爵夫人带着，在哈维克大宅长大，伊丽莎白女王看见一股威胁她王权的势力正在形成。

＊　＊　＊

然而小雅贝拉也不是唯一的威胁。从一五七四年开始，来自欧洲耶稣会那受过精良训练、极度忠贞，且充满军事化风格的天主教神职人员来到英国，开始秘密运作，试图建立旧宗教。这些神职人员多数来自法国杜埃的神学院，这是由天主教流亡分子，也就是后来的枢机主教威廉·亚伦于一五六八年建立的学校，菲利普国王与罗马教皇都是资助人。在这里，神职人员特别受到入侵英国的训练，不久后，在罗马、瓦拉多利与塞维尔也开设了类似的学校。

许多神职人员都相当虔诚，并将自己背负的任务，视为替英国境内遭受迫害天主教徒提供性灵上的安慰，并鼓励他们继续维持对信仰的忠诚。其他神职人员则不顾一切地设法破坏英国国教与国家。英国政府并未费神去分辨两者，皆将其视为叛国者，须施以极刑，要不了多久，"神学院学生"对英国人来说，就等于"谋反者"与"叛国者"的同义词。

到了一五八〇年，英国已经有约一百位神学院派教士。在他们的兴风作浪之下，英国开始出现天主教徒不服从的情形，这个趋势点醒了英国政府。即使到一五七〇年代中期，在教会神学院中有谈论到所谓的"对英国的企图"，也就是菲利普国王将入侵英国推翻"女魔头"伊丽莎白，以玛丽·斯图亚特取而代之，这也就是大多数神学院所致力的最终目标。但一如往常，这样的想法，并未将现实的政治情势纳入考虑，而这样的骚乱规模也已引起英国政府的正视，许多落网的神学派神职人员都遭到刑求，以供出他们的计划，并随之面临等同叛国者死刑的可怕下场。

在神学院派的骚乱、玛丽·斯图亚特的野心、图谋不轨的菲利普国王与罗马教皇、逐出教会的教皇诏令，以及自身没有继承人的多重胁迫之下，伊丽莎白女王感到十分不安定。唯一能保护王权的，就是她的政治技巧与毅力，再就是她的参事们的忠诚与能力。

17　豪奢享受

　　　一五七五年一月，尼德兰的几个新教公国因为感念伊丽莎白女王的支持，便要她接受荷兰女王与泽兰女王的权位。伊丽莎白女王私心并不喜欢荷兰新教徒，同时至今也仍反对他们的共和主义思想：她之所以帮助他们只是为了制衡亚尔瓦公爵的军队。尽管他人奉上王权大位是一件讨人喜欢又十分吸引人的事情，但女王再度发现自己当初无法对玛丽·斯图亚特动手的同一个原则问题：菲利普国王是位受圣礼涂油的君王，是世代传承的荷兰统治者，是被神指派在那里统治的一国之君。若伊丽莎白女王接受了这个王权，就等于是支持反叛军对抗他国的合法君主，而且还可能导致西班牙增派援军到荷兰。这是进退两难的僵局，她实在无法下定决心，最终还可能导致荷兰方面认为她说谎而感到不悦，更可能招致英国臣民难堪的批评。

　　不过，到了一五七五年时，伊丽莎白女王已清偿多数的债务，并透过与低地国家恢复贸易，使英国进入了经济繁荣的时代。英国与西班牙之间的关系更加友好，到了一五七五年四月，亨利三世结束了与英国关系紧张的一年，要求与英国重订《布卢瓦条约》，为此，伊丽莎白女王则赠予嘉德勋章回应。终于，沃尔辛厄姆爵士的探子们，总算在这个时期渗透进玛丽·斯图亚特的小圈子。这一段时间，英国的国际事务看来相当稳定。

* * *

　　到了一五七五年五月十七日，伊丽莎白女王麾下首位走容忍路线的坎特伯雷大主教马修·帕克逝世。在替代人选的议题上，经过多方考虑之后，伯利男爵犯下了政治生涯中最大的错误之一，提名了爱德蒙·格林多（Edmund Grindal）。结果，格林多竟是个心胸狭窄又严苛的清教徒，女王总是认为他的"预言"充满煽动性与破坏性。他的失误的影响并未立即出现，但接下来两年却是争议不断。

298

放弃徒劳地把难以安定的牛津伯爵强留在宫中，一五七五年，伊丽莎白女王给予相当大的祝福，让他远行海外。他首先前往意大利挥霍了他继承的大多数遗产。当他返回英国时，送给女王一双美丽的刺绣手套，但直到女王承诺他的太太绝不会留在宫中之前，他都不愿返回英国。经过适当的安排后，放荡不已的牛津伯爵才回到女王身边——以至于宫中很快出现他与女王相恋的传闻。随后几年，甚至出现——丝毫没有任何可信度——相关传闻，指约在那段期间出生的南安普敦伯爵，就是两人的私生子。

另一个女王的宠臣也兴起许多波澜。一五七五年春天，克里斯多福·海登爵士表示希望取得霍尔本的伊利寓所，这个宫殿原为伊利主教的伦敦居所，宫内还有一个美丽的花园。伊丽莎白女王要求海登爵士建一座美丽的乡间住宅来款待她，同时也用这个方法来羞辱伊利寓所原主伊利主教理查德·寇克斯（Richard Cox，Bishop of Ely），因为女王与他常就宗教议题起冲突。寇克斯犹豫不决，无法将伊利寓所租给海登爵士，这样的心情自然不难理解，他相当怨恨宫廷中的"豺狼虎豹"对教会财产的觊觎挪用，但女王却坚持要他这么做。女王因此甚至指示诺斯勋爵（Lord North），写了一封威胁信给伊利主教，表示若他不愿出租，就得面对枢密院调查是否有滥用教会土地的情势，若查证犯罪属实，他主教的职位就可能遭到罢黜，甚至连牧师之职都不保。寇克斯随即在女王的"仁慈"之下答应了，伊利寓所也就出租给了海登爵士。

一五七五年夏天，伊丽莎白女王踏上了史上最著名的出巡之路，也让凯尼尔沃思城堡的"豪奢享受"来到最高潮。负责招待女王的莱斯特伯爵，在女王住在当地的十天内，提供了女王上任以来最豪华、最昂贵的娱乐节目。许多目睹盛况的记述一直留存至今，最著名的就是作家乔治·盖斯柯恩（George Gascoigne）与莱斯特伯爵的礼官罗伯特·兰汉姆（Robert Laneham）所著的全部作品。

这是伊丽莎白女王第三次走访凯尼尔沃思城堡，七月九日星期六，女王正式抵达，莱斯特伯爵策马到七英里外的隆依钦登迎接她，接着便是一连串的招待。到了晚餐时间，甚至在一个昂贵的帐篷中用膳，这是特别为了女王搭建的。晚上八点，经过一整个下午的狩猎，以及在这炎热的夏日中，到处忙碌寻找适合女王口味的麦酒后，他护送女王到点满了上千支火把与蜡烛的城堡中。城门口吊桥的柱子上装饰着象征丰饶的水果与葡萄藤，寓意大地的富庶。有些柱子上则吊着乐器，其他的则装饰着武器，提醒着女王，莱斯特伯爵随时准备好为女王舍生取义。

299　　　当女王来到最外层的岗哨时，她忍不住望向了城里的湖，湖上仿佛出现一座"漂浮的岛，银色的外墙被火把点亮，绚烂不已，湖中女神与两个仙女等着女王莅临，她们以古代风俗向女王与城堡主人发表欢迎辞"，并将城堡与阿瑟王传说连在一起，再将城堡献给女王，在场人人都听到，女王也述说因此感受到这座城堡已经属于她的印象。

　　乐师们继续演奏着，到了城堡入口，出现了一位身穿白丝长袍的女预言家，当众吟诵着欢迎诗句，同时预言女王能享受长寿、和平与繁荣的光芒。接着，来了一位高大的牛津学者，身穿"大力士赫拉克勒斯"的装扮，表演了一段滑稽的舞步，再假装因为女王的随从们发出噪音与踩脚，感到羞愧不已。接着有人劝他将城堡的钥匙交给女王陛下。当女王在号角声中进入城堡外院时，有装扮成像阿瑟王武士们的卫士向她行礼，随从们簇拥着她前往新建的莱斯特建筑，去参观她的房间，透过那美丽的凸肚窗，可以听闻枪响礼炮，可以看见天空中绽放的美丽花火；这一阵喧闹连二十英里外都听得见。幸好专为这个场合雇用来的意大利烟火专家，最后被劝服，并没有按照原订计划，将活生生的猫狗射入空中。

　　自女王上次走访凯尼尔沃思城堡后，莱斯特伯爵又作了翻新与整修，现在，它已成为当代"最豪华的宅邸"了，经过修复后的凯尼尔沃思城堡，并不像伊丽莎白女王拥有的其他宅邸一样以文艺复兴风格为主，而是维持中世纪风格，保留十二世纪的建筑结构。兰汉姆记述："城堡中的每个房间都十分宽敞，光线充足，内部还有挑高设计，玻璃也闪闪发亮，到了夜间，蜡烛与火把也持续照耀。"湖上还有一个喷水池，池旁有一个赤裸的水中仙女塑像，兰汉姆认为"定睛久视便能燃起欲望"。城堡西边则有一望无尽的鹿公园与打猎场。莱斯特伯爵骄傲地写信向伯利男爵炫耀："我向你保证，女王陛下这一生绝对没有去过任何一个她更喜欢、更称赞的地方，就连她自己的宅邸也一样。"

　　据传，当女王向莱斯特伯爵表示，从房间窗户无法看到大花园时，莱斯特伯爵下令找来大批工人，一夜之间在女王房间的窗下建了一个一模一样的花园。隔天一早,当伊丽莎白女王向外望时,她又惊又喜地发现,窗外竟然出现了一座新的花园。这两座花园与伊丽莎白时期大部分的城堡一样,现已不复存在,只剩下一些残垣断壁,作为凯尼尔沃思城堡那辉煌过去的证明。

周日早上,伊丽莎白女王前往当地教会,这天晚餐过后,在高特的约翰家那气派的大厅中,女王享受了"各式各样美妙乐器演奏的音乐"与舞蹈表演。这个晚上还有第二场烟火表演,一直持续到午夜。

300

隔天天气十分炎热,伊丽莎白女王留在房中休息,直到向晚才出门打猎。四小时后,在一行人点着火把下返回城堡,一个"野人"吓了她一跳,结果那竟是乔治·盖斯柯恩,莱斯特伯爵派他撰写演讲词,并安排娱乐节目。这次,盖斯柯恩穿上了鲜绿色的戏服,上面还黏着常春藤的叶子,身旁还有另一位叫作"回音"的演员;他们两人开始了一段有音韵的对话,接着"野人"折断自己手中的树枝,拜倒在女王的权威之下。这时可怕的事情发生了,一段树枝飞弹出来,差点打到女王坐骑的头,让它吓得跳了起来。但伊丽莎白女王展现了骑术的专业,顺利让马儿冷静下来。

"没事!没事!"她喊着,而盖斯柯恩则一边发着抖一边松了一口气。

七月十二日周二,女王又再度出门打猎,两天后在凯尼尔沃思城堡内院看了斗熊,当场有十三只熊对上几只小型獒犬。这天晚上又有烟火表演,甚至还有湖面下的演出,甚至出现一名相当柔软的意大利杂技演员,根据兰汉姆的记载,他的脊椎仿佛鲁特琴弦般。

　　接下来两天，因为天气不好的关系，户外娱乐活动被迫中断，但到了七月十七日星期天，天气再度好转，在上完教堂后，伊丽莎白女王成为凯尼尔沃思城堡庭院中一场乡间婚礼的座上宾。粗野的新郎在之前的足球赛中断了一只脚，跛着脚，穿着父亲的黄褐色紧身上衣，在另外十六位男士的陪伴下入场，这些男士甚至试图要表演枪靶。紧接着就跳起了莫里斯舞，然后分送香料蛋糕与香料酒，接着在场人士都要敬新人一杯，祝他们健康快乐，但带头的人仿佛是这个村庄中最蠢的人。而年过三十的新娘出场时，又仿佛风华尽失，面貌丑陋，甚至散发难闻的味道，身边则有十二位伴娘。能在女王面前跳舞，让她骄傲至极，她装模作样，仿佛自己和伴娘们一样漂亮。舞蹈过后，宾客们都入座欣赏由柯芬特里一个剧团表演的露天历史剧。伊丽莎白女王觉得这天晚上的活动相当新奇，隔着窗户欣赏这一切，并下令两天后还要再看一次同一出历史剧表演。

　　这天晚上，她的出现让"美味的宴席"增光不少，餐桌上摆了一千多个玻璃器与银器，并由两百多人呈上三百多道料理。她只吃了一些食物，但却十分喜欢晚餐后的假面剧表演。

　　到了十八日星期一，她册封十八位男子成为骑士，其中包括了伯利男爵之子托马斯，并对九名患了淋巴结核的病患施行御触。没多久，天气再度变得炎热，女王不得不在房里待到晚间五点才出门打猎。当她打猎回来时，水上历史剧已经准备好演出了，一只十八英尺高的美人鱼与二十四英尺高的海豚塑像已经建好，里面有大队音乐家与一位代表神马阿瑞安的歌手。湖中女神再次出现，身边还有海神崔坦与坏骑士布鲁斯。

301

柯芬特里露天历史剧于周二再度上演，七月二十日星期三则是这场盛宴的最高潮——莱斯特伯爵下令要乔治·盖斯柯恩"不惜成本"举办的全副装扮的希腊神话假面剧。故事内容为两位女神即贞洁女猎神黛安娜与婚姻女神朱诺，一同说服仙女莎贝塔——几乎就是以女王的名字换音造词——追随她们的榜样。故事的结尾，朱诺提醒莎贝塔要小心黛安娜，并劝她找个理由和朱诺一样嫁人。故事背后的意义，就是要劝伊丽莎白女王跟进，本来故事的主轴中，剧团甚至想要发展到莎贝塔嫁给了谁。当时，当然没有人知道谢菲尔德小姐德古莱丝的存在，女王出巡时她并不在场，到了这个时候，莱斯特伯爵显然已经厌倦了她，并认为自己的婚姻并不合法。

但莱斯特伯爵的运气并不好，接下来这个周三竟然下雨，他试图要透过一出假面剧表达内心想法，但搭好的帐篷剧场却在三英里之外，因为女王一直待在室内，这个计划只好宣告失败。莱斯特伯爵感到失望不已：隔天伊丽莎白女王就要起程，因此他又命令盖斯柯恩在道别词中夹杂类似的话语。

十九日星期四，伊丽莎白女王离开了凯尼尔沃思城堡，宫廷人士纷纷表示，此生从未有过类似的经历。在女王驾着坐骑离开时，盖斯柯恩装扮成森林之神席尔威纳斯（Silvanus），从一片神圣的丛林中现身，先是慢慢地走着，接着跑到她的身边，慷慨激昂地朗读他仓促成文的诗句，将大雨形容成上帝的眼泪，为了她的离开掉泪，哀求她留下。当伊丽莎白女王停下马时，他哭得快要不能呼吸，女王甚至不用慢下脚步，仿佛他会追着女王二十英里好说完他的故事。于是女王策马离开了；盖斯柯恩当然追不上她，因此也无法听见他撰写的故事。

莱斯特伯爵与所有的家仆，都非常努力要让事情顺利进

行，女王这次来访可以说是相当成功，对宫廷人士或当地人来　302
说，都是毕生难忘的一段回忆，而莱斯特伯爵毕生也难以清偿
这笔随之而来的债务。但这场表演最主要的目的，就是要说服
女王嫁给他，尽管一切的准备却在最后被天气打败，他知道这
样的机会不会再来。因此这次在凯尼尔沃思接待女王后，莱斯
特伯爵便开始在他处寻求慰藉，这并非偶然。

离开了凯尼尔沃思，女王在莱斯特伯爵与他那天赋异禀的
年轻侄子菲利普·西得尼（Philip Sidney）的陪伴下，来到了
艾赛克斯伯爵（Earl of Essex）位于查特里的领地；艾赛克斯
伯爵远走爱尔兰，但女王的姨甥女伯爵夫人莱蒂丝·诺利斯
（Lettice Knollys），却代夫出面诚挚地迎接女王。莱蒂丝·诺
利斯曾到凯尼尔沃思城堡接受招待，尽管许多宫廷人士都猜
测，她与莱斯特伯爵已秘密发展出恋情，但女王却不以为意。

在这次出巡后，菲利普·西得尼顺利进入宫廷，很快成为
女王的掌旗手。尽管他是西班牙菲利普国王的教子，却在新教
的环境下长大，在牛津接受教育，之后又在欧洲各地旅行，遇
见许多政治家与学者，并以他渊博的学识、骑士精神及显而易
见的能力令他们折服。圣巴托罗缪惨案促使他请求各界组成新
教联盟以对抗天主教恶势力，针对这一点，他的舅舅莱斯特伯
爵倾全力支持。尽管伊丽莎白女王对西得尼的军事观点抱有疑
虑，一五七五年之后，她依然开始派遣他定期进行一些外交事务。

八月十三日，伊丽莎白女王抵达了伍斯特，此行最主要的
目的，就是提振当地萎靡的羊毛织品业。在当地市府参事的命
令之下，当地全体动员进行相关准备：城门漆成灰色，英国国
徽也安在上头，女王必经的皇家大道上所有的房子都必须彻底
清洗。

伊丽莎白女王无畏天空飘着细雨，依然骑着马进城，高雅地接受了统治者的金杯。尽管全身湿漉漉的，女王依然对欢迎赞美词表示欣喜，一直到致辞告一段落后，女王才要求随扈递上兜帽。接着她参观了大教堂，她的叔父威尔士王子阿瑟·都铎就葬在这里，同时也聆听了短号、低音喇叭与歌唱表演。在那之后，她便前往主教宫殿中的下榻处。周日，民众的欢呼声都已有些喑哑，她坐着无顶马车前往大教堂进行晨间礼拜，一路上不断地呼喊："谢谢你们！谢谢大家！"两天后，当她离开城里，到附近的薪饷官家做客时，当地士族乡绅甚至陪着她一直到交界处。到了说再见的时刻，所有人都下马来跪在泥地里，而伊丽莎白女王则举起手说："祝福你们，坐在马上，别下来了吧！"当晚回到伍斯特时，又是一个湿淋淋的下雨天，但女王依然英挺地坐在马背上，以"欢欣高雅的态度"向民众致意，与民众说话。

离开伍斯特后，伊丽莎白女王前往亨利·李爵士位于伍德斯托克的领地待了几天，在结束出巡前，看了一出描写爱国情操胜过男欢女爱的戏码。

＊　＊　＊

一五七五年底，莱斯特伯爵已经厌倦了谢尔菲德小姐德古莱丝·霍华德，并积极地追求女王的姨甥女，同为英国臣子的友人弗朗西斯·诺利斯爵士与凯瑟琳·凯利生下的女儿，同时也是艾赛克斯伯爵华特·德弗罗之妻莱蒂丝·诺利斯。一五六五年时，莱斯特伯爵与莱蒂丝曾有过短暂火花，若他们以为两人当时的恋情是秘密的话，那可就大错特错了。十二月份时，一份西班牙探子的报告写着："这段畸恋成为街头巷尾的话题，并没有任何理由阻止我公开记录下莱斯特伯爵与艾赛克斯伯爵之间的敌意与造成的结果，据说因为艾赛克斯伯爵长年待在爱尔兰，因此他的妻子所出的两个孩子，父亲都是莱斯特伯爵。由此可想见两人之间的不和。"

当时莱蒂丝已年届三十五岁，她在朗格利特的一幅画像绘于一五八五年，描绘出她那黑色杏眼与诱人的美貌。她二十岁时便嫁给了时任赫里福德伯爵的华特·德弗罗，后来几乎都住在查特里，尽管两人育有五个子女，两人的关系似乎不太和谐。

一五七三年，艾赛克斯伯爵领军征战爱尔兰，他的骁勇善战为他赢得相当大的名气。他于一五七五年十一月返英，要不了多久，他一定就听说了妻子与莱斯特伯爵的奸情。尽管传闻有许多部分——包括西班牙探子的回报，那是唯一一份声称莱蒂丝为莱斯特伯爵诞下两子的证据——可能都只是随便的揣测，但许多部分仍有其可信度。一个骑士勾引另一个骑士之妻，这显然大大地违反了骑士精神的宗旨，也可能就是因为这样，才使得艾赛克斯伯爵决定改变遗嘱内容，若他年纪轻轻就死，他希望孩子能在亨丁顿伯爵（Earl of Huntingdon）的看管下成长，那是他最有力的友人，也是莱斯特伯爵的妻舅。根据完全无法容忍艾赛克斯伯爵的亨利·西得尼爵士（Sir Henry Sidney）表示，艾赛克斯伯爵就此成为莱斯特伯爵残酷的对手。

一五七六年七月，艾赛克斯伯爵回到爱尔兰服役。他的婚姻失败，且因莱蒂丝的问题与莱斯特伯爵起了摩擦。两个月后，当他与其他人在都柏林城堡中为痢疾所苦时，他认定自己肯定是因为饮品中遭到"邪恶人士"下毒。但他与当时的其他人，都并未联想到莱斯特伯爵。九月二十二日，艾赛克斯伯爵身故，爱尔兰国王代表亨利·西得尼爵士随即下令进行验尸工作，但在他向枢密院的报告中指出，并未找到任何不轨的证据，仔细检查过艾赛克斯伯爵尸体的医师，也都并未找到非自然死亡的其他因素证据。

艾赛克斯伯爵的头衔，传给了年仅九岁的儿子。艾赛克斯伯爵自知将死之际，曾去信给女王，希望"女王陛下愿意当我孩子的教母"，尤其是他的儿子，现在只能完全依赖女王了。伊丽莎白女王马上取消这孩子继承的所有债务，并将他的监护权判给了从六岁起便已将他纳为家中一分子的伯利男爵。小小年纪的新任艾赛克斯伯爵，是年在伦敦的塞西尔宅邸见到女王。他的母亲莱蒂丝则返回父亲位于牛津一带的宅邸中，她所出的其他孩子，皆根据丈夫的遗愿，被送往亨丁顿伯爵与伯爵夫人在莱斯特郡艾什比德拉佐治的家中。

此时，伊丽莎白女王心中又想到一个男孩，那就是她十五岁的教子约翰·哈林顿。他的父母一直尽心尽力地服侍她：约翰·哈林顿爵士（Sir John Harington）曾经是她父亲亨利八世的臣子，后来甚至成为伊丽莎白女王与托马斯·西摩将军的中间人。一五五四年，在怀俄特爵士的叛变后，伊丽莎白女王被关进伦敦塔大牢，他与他的妻子伊莎贝拉·马坎（Isabella Markham），皆因疑似与当时的伊丽莎白公主同流合污而被迫下狱。伊丽莎白女王即位后，他们的忠诚有了回报：伊莎贝拉成为女王身边的女侍臣，一五六一年，女王甚至成为哈林顿大儿子的教母。

年纪轻轻的约翰·哈林顿爵士，是个聪颖、机智又有创造力的男孩，有着一本正经的幽默感，让伊丽莎白女王十分欣赏他。历史上留存着伊丽莎白女王写给他最早的一封信件来自一

五七六年，当时他还是伊顿公学的一名学童。显然女王认为他
开始对公共事务有了兴趣，信中附上她在国会议程结束时的一
份演讲稿，手稿中提及她情愿维持独身一事。她写着：

> 孩子，我请人改写了我拙劣的讲词给你看，毕竟年轻
> 人还没有资格踏入国会殿堂。闲暇之余请反复思量，每日
> 细读，直到你理解个中道理；也许在你的教母被人遗忘
> 后，于此，你或可持续开花结果。我会这么做，是因为你
> 的父亲已准备好，无论任何灾难降临，都会守护我们、爱
> 着我们。

不久后，哈林顿爵士便来到宫中，而他的信件与他的公开　305
写作，就成了后代了解女王晚年生活最丰富的信息来源。

* * *

过去几个月以来，伊丽莎白女王与格林多大主教的关系每
况愈下。一五七六年秋天，女王将他召到跟前，要求他废止所
有清教形式的仪式。格林多大主教本身就是个清教徒，无法违
背良心遵从命令，几周内便准备好以书信方式捍卫自己的信仰。

十二月份，他将信件交由莱斯特伯爵转呈给女王，而女王
则为此感到相当不悦。她将大主教逐出宫外，两人之间唯一的
沟通桥梁就是莱斯特伯爵。而相当同情大主教观点的莱斯特伯
爵，试图想要寻找一个妥协之道时，伊丽莎白女王与格林多大
主教都不愿意让步。至此协商陷入僵局，这个情势一直维持到
来年春天。

一五七七年五月，伊丽莎白女王最后一次询问格林多大主
教，是否愿意禁止教会中施行清教仪式。他断然拒绝，并哀求

着提醒女王陛下，她也是平凡之身，在最后审判时，也必须在上帝面前应答自己的行为。他宣布自己"宁愿触怒平凡人间的统治者，也不愿冒犯大宇宙的真理——上帝"。他持续抗命，伊丽莎白女王相当恼怒，因而将格林多大主教关入兰贝斯宫软禁，也因此有效地避免他以英国最高阶主教身份行使权力。同时也要求伯利男爵，以她之名向各级主教下令，禁绝各种清教礼拜仪式。

女王采取这样的做法，等于是宣告英国国教圣公会的最高统治者是她，而非大主教。尽管如此，枢密院参事们仍认为此举对格林多大主教相当不公，因此纷纷为他辩解，要求女王以较温和的手段对待他。若大主教依然冥顽不灵，女王怒火中烧地表示，绝对要卸除他主教的职位。这次都要归功于莱斯特伯爵与其他人的斡旋，格林多依然是坎特伯雷大主教，但女王再也不准他履行任何主教职权。因此接下来的五年，英国国教一直没有精神领袖，伊丽莎白女王便直接向各级主教下令。长远来看，女王这样的举动却反而害了自己，也让教会组织更加松散，同时进一步刺激了清教运动。

尽管克里斯多福·海登爵士的政敌们，都认为他唯一的能力就是跳舞与马上长枪比武，但伊丽莎白女王却认为他有能力，是个值得重用的人才。他也与女王一样蔑视清教主义，因此女王认为克里斯多福·海登爵士能支持她以对付格林多大主教的支持者，女王封他骑士名号，并于一五七年十一月十一日指派他成为枢密院一员。

306

＊　＊　＊

一五七六年二月，菲利普二世派遣一位特使尚皮尼（the Sieur de Champigny）以相当直率的态度询问伊丽莎白女王，未来是否会继续援助新教反叛军。在让特使等了两周后，伊丽莎白女王仍不愿正面答复，因此抱怨菲利普国王并未写信给她，让她感到十分受伤一事。她也提到，西班牙试图在低地国家建立绝对强势的统治，对她来说难以忍受；她敬爱的父亲也不会容忍，而她虽然是个女人，"但也知道如何看待此事"。尽管如此——她意味深长地笑笑——她个人相当欣赏菲利普国王。可怜的尚皮尼大使就在困惑与茫然中返国了。

伊丽莎白女王依然持续伪装自己愿意嫁给阿朗松公爵，这一切都是为了牵制菲利普国王的举动，但到了一五七六年春天，就连她都不得不表示计划胎死腹中。"没有什么能比这些求爱的事情，能为她在国际上招来更多恶名了。"恼怒的沃尔辛厄姆爵士表示。

此时，伊丽莎白女王也已经决定，拒绝尼德兰的王权提议。这年夏天，西班牙驻扎在当地的军队针对无给薪一事引发骚乱，他们的行为让荷兰天主教与新教联手，在奥兰治亲王威廉一世（William of Orange）的带领下对抗共同敌人。这一年稍晚，反叛军在根特决定选出自己的议会并为独立努力。菲利普国王对反抗军的行为感到十分生气，指派了一名新任摄政王，他同父异母的弟弟奥地利的堂·胡安（Don John of Austria），他是欧洲闻名遐迩的战士，最近在与土耳其人的勒班陀海战中，操纵兵力得宜获得大胜。

伊丽莎白女王表面上与菲利普国王保持友好关系，私底下仍金援反叛军，但莱斯特公爵疑似在女王不知情的状况下，表示要支持奥兰治亲王威廉一世，若有需要甚至愿意派遣英国兵力。同时，荷兰反叛军不断呼吁英国与尼德兰结合兵力，形成一股新教君力，以伊丽莎白女王作为首领。女王拒绝了这项提议，因为她不想耗掉过多的金钱支持这个计划。她已经给荷兰方面两万英镑，又贷款十万六千英镑给他们——这几乎是她一半的年收入。更重要的是，她担心若自己卷入这场战争中，就会赌上王位。

伊丽莎白女王于是自请成为荷兰与奥地利的堂·胡安的中间人，但一五七七年，荷兰方面拒绝了她，而倾向莱斯特伯爵提出的武力援助。同一年稍晚，当奥地利的堂·胡安提出相当不错的和平条件时，他们又写信给莱斯特伯爵，表示不需要他的协助了。这可能也是因为，莱斯特伯爵的军事历练不及二十年。此时他已年届四十四岁，"性格鲜明又常暴怒"，因生活衣食无虑而显得肥胖，而且也不再练习马上长枪比武。当他发现自己无缘成为新教军事强人进而在国际上获得名望时，他感到相当苦涩与失望。

"我好忧郁，"他写信给一位荷兰友人。"我几乎无颜以对亲王（奥兰治亲王威廉一世），他的期望几乎完全落空。"

一五七七年的头几个月，沃尔辛厄姆爵士布下的间谍们，发现了一起由奥地利的堂·胡安为主谋的天主教阴谋：在吉斯公爵的协助下，他们计划以一万兵力入侵英国，推翻伊丽莎白女王，恢复英国的天主教秩序。堂·胡安接着打算与玛丽·斯图亚特成亲，共同统治英格兰与苏格兰。沃尔辛厄姆爵士呼吁女王尽快对玛丽·斯图亚特动用严酷的手段，但伊丽莎白女王又一次拒绝了。但这一年，伊丽莎白女王为了感谢沃尔辛厄姆爵士对国家的贡献，将他册封为骑士。幸好尼德兰地区的事情就让堂·胡安有得忙了，因此入侵英国的计划一直未能付诸实行。

一五七七年五月，伊丽莎白女王再度造访高兰城。犹记得一五七二年，女王莅临他家中时的感言，国玺大臣培根爵士将住家扩建成两倍大，并额外增建一处托斯卡尼柱廊。改建的结果让女王啧啧称奇，而且相当欣赏美丽的花园和培根爵士"贵族"般的居住享受，"每一天用餐时，桌上都满满地点缀了各式各样的花花草草"。女王陛下在这里住了五天，在果园的宴会厅中野餐，或是享用由伦敦快递过来，由十二位主厨准备的美食。尽管有清教性格的国玺大臣培根爵士认为这种宫廷飨宴是种罪恶，他依然暂时将原则摆在一边，砸下二十英镑请人来为女王表演。女王这次造访总计让他花了五百七十七英镑。

高兰城与那个年代其他贵族的宫殿一样，早已不存在。一直到十八世纪末，它的遗迹都还在，包覆着常春藤的外墙也仍屹立不摇，但在那之后，它很快就被拆除了。

一五七七年夏天，黑死病的疫情特别泛滥，女王也被迫取消出巡行程。她只好待在格林尼治宫中，但仍有相关记录显示，她在萨里附近吉尔福德的洛斯利宅邸享受了愉快的两天。

六月份，健康情形早已大不如前的莱斯特伯爵，北行巴克斯顿做矿泉治疗。在路上，他前往好友士鲁斯柏立伯爵与伯爵夫人的家中做客。士鲁斯柏立伯爵夫人，也就是哈维克的贝丝小姐，出狱后又再度成为女王身边的红人，女王淘气地写了一封信，告诉他们莱斯特伯爵奇怪的饮食习惯。

"我想应该要告诉你们相关的饮食建议，才不会超出了要求的范围。"女王在信中写着，"每天在莱斯特伯爵的饮食中，须含有两盎司的肉类，供应饮食的分量时，千万不要忘记自己的身份，至于饮料的部分，可以用二十分之一品脱的红酒来舒缓他的胃，圣安妮圣水也是每日必需。庆典时节，必须符合一个人的身份地位，因此我们也希望你们增加他的饮食分量，在每日必需的两盎司肉类外，晚宴来一份鹬鹩带肩肉，晚餐则吃鹬鹩腿。"

历史并没有任何记录，显示哈维克的贝丝小姐是否遵照女王的嘱咐行事，但可以确定的是，当莱斯特伯爵来到查兹华斯会见苏格兰女王时，他们交谈的内容仅止于聊天打趣，但当玛丽·斯图亚特抱怨自己长期受到囚禁时，莱斯特伯爵则礼貌性地表达了同情之意。会后他将会面情形写在信中送达伯利男爵手中，因而让时任财政大臣的伯利男爵向女王请缨前往探视玛丽·斯图亚特。女王却大力反对，因为她听闻太多男人迷倒在这表侄女的美貌与魅力之中而做出傻事。

哈维克的贝丝小姐也让莱斯特伯爵探视她那刚出生的小孙女雅贝拉·史都华，希望莱斯特伯爵也能赞同雅贝拉比玛丽·斯图亚特更有资格继承王位，并说服伊丽莎白女王任命雅贝拉继位。雅贝拉等于是亨利七世的曾孙女，在英国的新教氛围中长大，人生中并没有谋反与丑闻的污点：从各方面来看，她都比苏格兰女王更有资格继位。在雅贝拉祖母的哀求之下，莱斯特伯爵认为这一点相当合理，同时也认为这件事对自己有利。现在他已经听天由命，知道自己一生都不可能成为亲王，但若他的后代能坐上英国王权大位，他也将有利可图。想到这里，他向贝丝小姐提议，让她的孙女与他的私生子成亲；而贝丝小姐眼见莱斯特伯爵庞大的影响力与在宫中的人脉，能为家族带来相当大的利益，因此欣然接受了。

* * *

伊丽莎白时期是大发现与地理扩增的年代。在伊丽莎白女王继位的前一个世纪里，西班牙在美洲与东印度群岛建立了广大的殖民地，葡萄牙则占据了大部分的非洲地区与现在的巴

西。新的贸易路线带来新的市场，也有了劫掠的新契机，当时 309
也有不少英国武装民船受不了探险与打劫的诱惑，展开了海上
冒险追寻财富、英国货物的新市场、对抗西班牙势力，并以女
王之名寻找新的殖民地。

这一类的亡命分子包括弗朗西斯·德瑞克（Francis
Drake），他是一位德文郡海洋探险家，在一五七二年五月二十
四日，从普利茅斯出发前往新大陆，他最主要的目的就是从西
班牙手上夺过主导权，毕竟之前西班牙曾攻击骚扰过他的船
舰。十五个月后，他从美国带回许多从西班牙船舰掠夺而来的
宝藏。这已经不是英国武装民船第一次掠夺西班牙的宝物了，
但却是量最大的一次。

德瑞克的战利品与精彩的探险故事，很快就传到女王的耳
中，一想到德瑞克劫掠的行为让菲利普国王气得跳脚的样子，
女王就开心不已，当然德瑞克英勇的行为也吸引了她。一夜之
间，他就变成了英国的名人、西班牙的恶人，西班牙人称他为
"艾尔德瑞克"——恶龙的意思。西班牙方面自然对伊丽莎白
女王提出抗议，但她却使出模棱两可的怀柔政策，表现出关心
的模样，但却任凭这种劫掠事件继续发生，并从中获益，这些
武装民船夺来的多数宝物都进了女王的宝库。

到了一五七七年底，弗朗西斯·德瑞克乘着船舰"鹈鹕
号"再度出发，展开了名留青史的一次世界探险。他主要的
目的，是要劫掠那些曾抢劫英国商船宝藏的西班牙武装民船而
非探险。这次的出航受到英国大众的关注，在正式出航前，沃
尔辛厄姆爵士安排德瑞克觐见女王。

"德瑞克！"女王热情地招呼他，"你让我可以报复西班牙
国王这个小偷带来的伤害。"德瑞克表示其中最有效的方法，

就是直接劫掠菲利普国王的船，以及西班牙在东印度群岛的殖民地，伊丽莎白女王满心欢喜地同意了。不过，在这艘船出港之前，都不要告诉伯利男爵这个消息，因为他总是主张不要再刺激西班牙。根据德瑞克表示，女王投资了一千马克（将近六百六十五英镑）；其他的支持者还包括莱斯特伯爵、沃尔辛厄姆爵士和海登爵士。

在德瑞克出发前，皇室派遣的信差带上女王亲送的礼物，一个刺绣的船长帽，并在致赠给德瑞克的丝质围巾上亲手绣上"愿神引领汝、保护汝到最终"。

* * *

另外，摩顿伯爵在苏格兰的摄政王生涯，于一五七八年三月戛然而止，苏格兰贵族策划了一场政变推翻了他，也让将近十二岁的詹姆士六世展开了正式执政的生涯。

310　　四月四日，玛丽·斯图亚特的丈夫玻斯威尔侯爵逝世，自一五六七年他逃离苏格兰后，就一直被关在丹麦的德拉索尔姆城堡地牢中，因陷入狂暴而被锁在一根柱子上。严酷的牢狱生活与害怕遭到极刑处决的恐惧如影随形，使他精神错乱，但玛丽·斯图亚特的支持者坚称，他最终口述了自白，还了玛丽·斯图亚特在达恩里勋爵谋杀案中的清白。依据他当时的心理状态，这是不可能的事情。现在在德拉索尔姆附近的法瑞维亚教堂中，还可以透过玻璃看到玻斯威尔侯爵的干尸。

18 狂热的求爱插曲

一五七八年一月，消息指出荷兰新教军队遭到奥地利的
堂·胡安迎头痛击，也让伊丽莎白女王有机会向莱斯特伯爵证
明，自己坚持不让英国涉入一场必输无疑的战争是对的。相
反，现在她想要透过自己的外交影响力，与菲利普二世一起找
到两边都能接受且有利于英国的解决方案。在英国武装民船对
菲利普国王的刺激与伊丽莎白女王对荷兰的支援下，英国与西
班牙的和平之路走得跌跌撞撞，许多人更开始担心，菲利普国
王会请罗马教皇进行封锁，将传说中的"对英国的企图"付
诸实践。

伊丽莎白女王对于前身为阿朗松公爵的安茹公爵想要插手
干涉尼德兰问题的相关报告，一直相当担心。能保卫英国安全
并维持英国经济稳定的和平协商遭到破坏，是她最不乐见的情
形，她也不希望法国军队恣意出现在尼德兰。一五七八年春
天，情势明朗化，安茹公爵的行动显然没有法国政府的支持，
这让她松了一口气，她已经知道，若想控制安茹公爵的行动以
利她的国家，最好的方法就是重启婚姻协商，并与法国签订新
的条约。当时的她并不知道，但这却是她人生中最后一次踏入
欧洲婚姻协商场域中。

此时安茹公爵也兴起相同的想法，在法国宫廷中总被视为
麻烦人物的他，其野心总找不到宣泄的出口，然而他心中却暗
藏着一个坐上王位的梦想。因此他打算在尼德兰实现他对名望
与荣耀的渴望，但现在若没有如英国女王般有权有势的统治者

312 支持，他可能完全无法实现愿望。若能娶得英国女王，加上英国雄厚的财力做后盾，情势将大为逆转。历史证据显示，安茹公爵先展开了追求：他写信给伊丽莎白女王表明自己的心意，也表示自己愿意由她来主导一切。这真是令人惊奇，他表示"经过两年完全无交集，他已经感受到她的重要性"。安茹公爵的表态让伊丽莎白女王相当满意，也了解到，这封信给了她重启婚姻谈判的筹码。

沃尔辛厄姆爵士对于安茹公爵的花言巧语并不买账，认定"此刻他来向女王求好，绝对是图谋不轨，只为了利用女王"，到时要是安茹公爵带领军队踏入尼德兰境内，女王便不会反对，如此而已。当伊丽莎白女王听闻此说法时，大感不悦，并要莱斯特伯爵向沃尔辛厄姆爵士表示，安茹公爵会爱上自己也不是什么令人惊讶的事情。女王表示，安茹公爵只是要让自己在尼德兰更有武装实力，有一天能"践踏我们的领土"。

* * *

自从丈夫过世后，艾赛克斯伯爵夫人莱蒂丝几乎被巨额债务压得喘不过气。野心勃勃又美丽如昔的她，决定不要浪费自己的天赋，变成了一个自负又投机的女人，她发现情夫莱斯特伯爵没什么理由不娶自己。没有人知道，莱蒂丝对莱斯特伯爵与德古莱丝·谢菲尔德的婚姻关系了解多少，但显然她与莱斯特伯爵本人都认定他是个自由之身。

当莱蒂丝发现自己怀孕了，莱斯特伯爵因为渴求一个合法继承人，便同意与她成婚；一五七八年，两人便在凯尼尔沃思城堡中秘密成婚。接着，莱斯特伯爵买下了艾赛克斯温斯特庄园与宅邸，这样一来，只要他在公务之余便可以偷空前往探望她。因为莱斯特伯爵"极度沉溺在婚姻里"，因此他们的两人世界相当快乐。

婚礼后，莱斯特伯爵再度回到伦敦，待在莱斯特宅邸中，借口自己生病无法进宫。事实上，他可能正在与莱蒂丝享受短暂的蜜月时光，或者"生病"是个策略，因为有迹象显示，四月二十八日，伊丽莎白女王就发现他做的事。以下是西班牙大使门多萨相关的报告：

> 伊丽莎白女王与我确定了第二十八次觐见的时间，但那天早上她踏进御花园时，却发现门口被人塞进一封信，于是她拿起来读，随即秘密造访莱斯特伯爵的家，发现他在家中病着。女王在那里待到晚上十点，并派人送口信来，表示自己当天身体不适宜见客。我并没有看过那封信的内容，只知道这封信让她随即赶到莱斯特伯爵家中。

这件事有两种可能性：第一是莱斯特伯爵自己写信，给　313
了相当充分的理由，解释事情紧急，要求女王到他家；第二就是有人发现他秘婚一事，向女王禀报。当然，女王走访莱斯特宅邸可能另有原因，但因为当时的情势与事后女王的反应推断，事情可能就是这样。若信件是莱斯特伯爵本人写的，我们也能理解，他可能是装病以软化女王的态度，缓和女王的盛怒。

五月份时，也许是受到莱斯特伯爵背叛的刺激，伊丽莎白女王派遣特使前往法国重启她与安茹公爵的婚姻协商。此时，莱斯特伯爵再度北行前往巴克斯顿做矿泉治疗，坚持自己依然身体不适。这可能也是他经过思考后做出的决定，暂时离开宫廷，给伊丽莎白女王一些时间，调适自己接受现况，也可能是让口出威胁表示要将莱斯特伯爵拒于门外的女王了解，若真这么做，人生将有多寂寞。无论是什么原因，莱斯特伯爵这一去将近两个月，毕竟女王向来讨厌他不在的生活，因此显得相当不寻常。

莱斯特伯爵不在宫中的日子，伊丽莎白女王将挫折感转而发泄在海登爵士身上，相当明显地表现出若他也如莱斯特伯爵般做出背叛举动，娶了别人，她绝对无法忍受，尤其是海登爵士曾发誓永远效忠女王，且若女王愿意，永远都有机会与他成婚。

在一片困惑中，海登爵士于六月十八日写信给莱斯特伯爵：

> 自从阁下离宫后，女王显得相当忧郁；个中原因除了猜测外，我也不得而知，尽管如此，我依然得承受并忍受女王冲动的负面情绪。她梦想着一段可能会受伤的婚姻：将我当作那个对象，或是类似的模式。我反驳表示，没有任何一个男人愿意被如此大的麻烦绑住，无法透过神的旨意或人间的律法成婚，除非在双方的同意下，以丈夫与妻子之誓互相约束，而我知道，她并未与任何男人有此承诺，因此在任何婚姻之中，她便不会受到伤害。但伯爵阁下，我并不愿意如此唐突地，在只有神知道的状况下步入婚姻，我从未这样想过。

事实上，遭到莱斯特伯爵遗弃，伊丽莎白女王心碎大过愤怒。隔一周，女王收到莱斯特伯爵好几封信，时至今日这些信件早已荡然无存，但海登爵士在六月二十八日通知莱斯特伯爵，女王收信后相当开心，"因为信中的记录，是阁下自始至

终表现忠诚的最佳证明"。此刻，女王已迫不及待地等着莱斯　314
特伯爵回来，"阁下已缺席太久，尤其是在那里，可想而知，
就算阁下缩短治疗时间也会有疗效，但女王如今下令要你依照
医生指示去做。若矿泉疗法并不完全如预期，女王陛下将不会
同意你与她再度远行"。

　　伊丽莎白女王以相当微妙的方式，为她与莱斯特伯爵未来
的关系定调：只要莱斯特伯爵能以女王的需求为优先，装作没
事般地对待她，并继续做她的好宠臣，面对他那不合适的婚
姻，她也愿意抛弃成见。这件事轻描淡写地过去，让莱斯特伯
爵松了一口气，继续做他的美梦，但他很快就发现自己还是要
为这些行为付出惨痛代价，伊丽莎白女王曾一度与表妹莱蒂丝
如此要好，而现在女王的仇恨难平，于是总装作无视莱蒂丝的
存在。除了嫁给莱斯特伯爵外，因为莱蒂丝婚前并未履行身为
伯爵遗孀的义务和并未取得伊丽莎白女王的同意，也让女王愤
怒不已。

　　一边是女王，一边是妻子，莱斯特伯爵夹在两个强势的女
人中间，他对两人的忠诚成了冲突的来源，莱斯特伯爵忽然了
解，从此他的人生将变得非常复杂。为了维持两个女人间的和
平，他尽量不提及自己的婚姻。

　　当然他与女王之间的关系也有了改变。在某种程度上，他
依然得到女王最大的宠信：例如当女王因牙痛彻夜难眠时，莱
斯特伯爵会彻夜陪伴她煎熬，他也不断送女王昂贵又特别的礼
物，像是一五七九年新年夜，他送给女王的金表。但两人之间
不再有过去那种亲密的情谊：两人私下说笑、热情洋溢地互通
有无的机会少了。取而代之的，是女王常常对他感到不耐烦，
在施予恩惠时显得更加善变。女王更进一步地霸占他所有的时

间，让他没有时间去探望妻子，而且女王完全是故意的。

发现莱斯特伯爵秘婚一事，让伊丽莎白女王几乎整个夏天的心情都荡到谷底，枢密院参事们也跟着绝望不已。伊丽莎白女王患了严重牙痛，导致整个脸部肿胀，已经够严重了，医生们还得花很长的时间与她争辩"如何减轻女王陛下的痛苦"一事。在忧郁与痛苦难耐之下，她根本不想做任何决定，不断咆哮着责骂各级大臣，甚至还有一次说沃尔辛厄姆爵士该被吊死——那一次，沃尔辛厄姆爵士冷淡地说，他只请求这由密德塞克斯的陪审团决定便可。

315　　当法国大使出言反对伊丽莎白女王对苏格兰女王的处置时，女王刚听闻沃尔辛厄姆爵士回报，玛丽·斯图亚特再度与吉斯家族联手，试图要谋害她，于是她嘶吼着表示，这个表侄女"是世界上最可恶的女人，几年前就该砍了她的头，只要她活着的一天，就绝对不会放她自由"。

就连面对相当紧急的国家大事，伊丽莎白女王有时也会以牙痛为借口，拒绝与参事们会面。最终，参事们还是说服了她，坚持要她阻止安茹公爵带领法国军队入主尼德兰。莱斯特伯爵在枢密院中，一向扮演与女王沟通的发言人角色，也向女王"直率、大胆又坦诚地表示自己反对女王的拖延"，这种态度对其他参事们来说，就算敢也多半如对牛弹琴。伊丽莎白女王要他安静。此外，她也不与海登爵士说话。莱斯特伯爵只好尝试向来是万灵丹的卧床招，假装生病，希望女王会再来关心他，但这次连这招都失效了，女王对莱斯特伯爵的冷酷无情，让许多人都起了疑心。当伯利男爵与莱斯特伯爵起了争执时，女王也丝毫不想插手介入。

八月九日早晨，伊丽莎白女王总算清醒，了解到安茹公爵并不是在玩游戏，他在尼德兰惹的麻烦事，可能更甚于西班牙。而她的动作已经拖延得太久了。

* * *

这一年，女王出巡的脚步来到东英吉利，这次的计划仓促成行让当地乡绅争相大量购买丝与天鹅绒，以致当地的相关货品瞬间销售告罄。

八月十日，伊丽莎白女王抵达塞特福德，接受天主教派的路克伍德先生（Mr. Rookwood）的招待，他是邻镇萨福克豫斯登庄园的主人。声名狼藉的虐待狂理查德·塔克里夫（Richard Topclyffe），曾刑求拷打过多位天主教神职人员，他形容路克伍德是个罪犯，也是个"恶棍。最重要的是，我们敬爱的女王陛下，竟无视路克伍德那烂房子，向他致谢，甚至让他行吻手礼"。在女王此行中，有人发现路克伍德家中有圣母玛利亚的肖像，路克伍德刻意将它放置在庄园中刺激女王。女王下令焚毁圣母玛利亚像，女王的手下们随即奉命，"让所有人都暗自欢欣不已"。在女王离开后，路克伍德随即遭到逮捕，被关入诺里奇监狱，在牢中度过二十多年余生。他的身家财产则被英国政府没收。

在走访过凯尼尔沃思，接受遭处决的诺福克公爵之子前萨里伯爵菲利普·霍华德（Philip Howard）诚挚的招待后，女王前往诺里奇进行令人难忘的一次参访行程，八月十六日，女王抵达"最敬爱她的城市"，受到轰动的欢迎，上百人一同前往问候女王。

她对孩子们纺作的精致毛料织品，以及在圣史蒂芬教堂附近，还有工匠在舞台上亲自为她示范精湛的纺织技巧，表现出相当大的兴趣。在她的坚持之下，她甚至抽空儿观赏当地的孩

316

子们在市集中为她表演的一场露天历史剧，剧中将女王赞为"恩典的珍珠，世界之宝，人民的最爱，当代的标的，人间之神"。为了女王的到来，他们排演了好几周，因此尽管女王的行程紧凑，但她不想让他们失望。

在参观大教堂时，女王收到消息指出，安茹公爵真的带兵攻打尼德兰，并与尼德兰一带的新教公国签订条约，新教公国邀请他担任他们的总督，并授予他"低地国对抗西班牙暴政的自由卫士"。稍后在主教宫殿的下榻处，伊丽莎白女王的怒气大爆发，大骂大臣怎能让这种事发生，同时拒绝承认自己也袖手旁观，没有阻止这件事情。伊丽莎白女王随即反应过来，派人向菲利普国王表达支持之意，但她却暗中计划以婚姻协商的希望，来转移安茹公爵的注意力。

尽管如此，诺里奇的庆典仍持续下去。八月二十一日星期四，女王又欣赏了一出有魔术般特殊效果的戏剧演出，包括藏在地底的音乐，但就在演出快结束之际，天公不作美，所有人只好急忙躲雨。在女王来访的最后一天，也就是八月二十二日，"令人难过的周五"，另外有一出有关仙子的滑稽戏，由当时的诗与散文作家汤姆士·查奇亚德（Thomas Churchyard）主笔，随后女王先是将诺里奇市长册封为骑士，接着在晚上七点才带着依依不舍的微笑离开了诺里奇。

"我的心中充满了美妙的感受，我永远也不会忘记诺里奇。"她微微哽咽地向居民保证。接着，女王在马上挥了一鞭，并含着泪大喊："别了！诺里奇！"

女王这次出访，也让二十二名天主教抗命人士因拒绝服从信仰统一的国王至高权法案而沦落下狱。相反，沿途许多愿意服从信仰统一的天主教人士，与地方上的新教杰出分子，都一同被女王册封为骑士。女王走访这些地区的主要目的，就是要颠覆天主教的影响力，加强人民忠贞的程度。查奇亚德发现，无论伊丽莎白女王前往东英吉利的哪个地方，"都能将崎岖的道路变成康庄大道，并赢得人民的心"。

＊　＊　＊

诺利斯家族一直拒绝接受莱斯特伯爵与莱蒂丝秘密结婚的事实，而莱蒂丝也决心自己绝不要像谢尔菲德小姐德古莱丝·霍华德一样，随意遭到遗弃。对于丈夫依然与德古莱丝和儿子保持联络一事，她恨得牙痒痒的，因此坚持丈夫必须与生命中的其他女人切割干净。

317

莱斯特伯爵对德古莱丝的热情早已熄灭，因此安排在格林尼治宫与她一会，在两位人士的见证下，莱斯特伯爵表示她不再需要负起身为他妻子的任何责任。同时他也同意，若德古莱丝愿意对外否认两人的婚姻，并将抚养小罗伯的权利交给他，他愿意每年付出七百英镑的赡养费。将近二十五年后，德古莱丝写下两人这次会面的唯一记录，她写着自己当场哭成了泪人儿，断然拒绝莱斯特伯爵的提议，也因此让莱斯特伯爵失去耐性，并对着她大吼大叫，表示两人的婚姻根本不合法。

没有人知道，他为何要坚持两人婚姻不合法。毕竟两人结婚时都是凭着自由意志，现场也有见证人，甚至还有神父证婚，两人当时也都未受到其他的关系束缚。两人成婚的仪式完整，身心也都健全。

德古莱丝表示自己需要一些时间思考，但她随后因为害怕若阻挠莱斯特伯爵将遭到恶意报复，因而屈服了。离别时，莱斯特伯爵给她的忠告，是让她赶紧找个好人家，因此那一年都还没有结束，莱斯特伯爵便为她安排了一门亲事，嫁给一位有贵族血统，在宫中逐渐窜起的新势力爱德华·史达福爵士（Sir Edward Stafford），他的妻子是艾咪·达德利的亲戚萝西塔·鲁伯萨特（Rosetta Robsart），但最近刚过世。

一六〇四年，莱斯特伯爵的私生子，当时的小罗伯·达德利爵士，向宫廷中的皇室法庭申请裁决父母的婚姻是否有效。但这事却受到势力庞大的西得尼家族阻挠，因为他们从莱斯特伯爵与华威伯爵处继承了地位，若小罗伯·达德利爵士赢了这场官司，他们就会输了一切。西得尼家族是新王詹姆士一世身边的红人，也许就是因为他们影响了调查结果，因而使此案不了了之。一五七三年这场秘婚的合法性，一直没有定案，迫使小罗伯·达德利爵士不断努力地想要证明自己的合法性，但他手上的有力证据却遭到扣押。而唯一剩下的其他证据却显示，这段婚姻绝对合法。

到了十九世纪，因为约翰·雪莱－西得尼爵士（Sir John Shelley-Sidney）宣称自己就是迪莱尔·达德利男爵，这段婚姻的合法性问题又再度被提起，若当年小罗伯·达德利的身份合法，并指定了地位的继承人，则约翰·雪莱－西得尼爵士将失去这个资格。英国上议院为此提起调查，最后决定，约翰·雪莱－西得尼爵士无权取得男爵地位，而其中最重要的原因，就是小罗伯·达德利爵士的父母婚姻绝对合法。而莱斯特伯爵本人，因为个人因素的关系，有完全相反的想法，尽管他非常喜欢这个儿子，但一直到他死前，都从未提起过他的合法性。

莱斯特伯爵感受到压力，非得安排第二次更适宜的婚礼，才能让莱蒂丝与她的父亲满意。因此在一五七八年九月二十一日早晨，两人又在莱斯特伯爵于温斯特的宅邸中再度举办了婚礼，座上嘉宾则有诺利斯家族、华威伯爵与潘布鲁克伯爵。莱蒂丝怀孕的消息已广为人知，因此身穿"宽松的礼服"。两年后，为了确定一切都在掌握之中，新娘的家人还召来负责主持婚礼的神父，要他发誓自己曾为两人证婚。两人举办二次婚礼一事，女王并不知情，且消息受到相当严格的控管。

两天后，伊丽莎白女王与皇室人员，在返回伦敦的路途中抵达了温斯特。并在此待了许多天，受到相当高规格而又花费很大的招待，但新任的伯爵夫人则躲得不见人影。莱斯特伯爵交代菲利普·西得尼以女王之名，制作一个田园假面剧《五月姑娘》；剧中有两个人同时追求五月姑娘，结局由伊丽莎白女王决定，到底五月姑娘该选谁。

＊　＊　＊

是年秋天，伊丽莎白女王与安茹公爵秘密通信，但她并未将信件内容透漏给任何人，伊丽莎白女王开始认真地思考嫁给安茹公爵带来的益处，其中她最需要的，就是建立新的友谊，让英法关系走向新的境界，并在尼德兰取得真正和平，除此之外她更能有效地协助法国的胡格诺派教徒。尽管伯利男爵与萨赛克斯伯爵对这项计划是否能付诸实现并不抱希望，但仍一如往常地表态支持，而人生早已无惧所失的莱斯特伯爵，则以宗教问题为由大表反对，但此时的他与女王间的关系岌岌可危，必须小心行事以免触怒女王。

十月一日奥地利的堂·胡安身亡，菲利普国王派遣帕尔玛公爵（Duke of Parma）麾下的一支军队前往尼德兰镇压。帕尔玛公爵占领了荷兰南部，将奥兰治亲王威廉一世的势力赶往北荷兰与泽兰，随后在一五七九年北部七省成为共和国。

十一月份，安茹公爵已返回法国，并积极寻找支持他再次突袭尼德兰的势力，于是派遣他"最亲爱的"御用衣橱管理大臣圣马可男爵尚恩·席米尔（Jean de Simier, Baron de St. Marc）前往英国，"他是千挑万选中的臣子，精于爱情游戏、各种感官奇想与厮混调戏"，由他来与伊丽莎白女王讨论婚姻协商内容，并帮她准备好迎接安茹公爵"狂热的追求"。

席米尔是个颇具争议的人物，曾因怀疑哥哥与妻子有染因而谋害哥哥，而他的妻子则在他出发前往英国前服毒自尽。但他仍于一五七九年一月五日准时带着一行六十人抵达英国。伊丽莎白女王在对席米尔的背景毫无知悉的情况下，对这位"完美的臣子"相当买账，甚至为他起了小名为她的"猴子"，甚至盛赞他为"她身边最美丽的野兽"，许多人见了两人的相处模式后，都会误以为女王想要嫁给席米尔，而非他的主子。

席米尔抵达英国后，带着价值相当于一万两千克朗[6]的礼物送给英国宫廷人士。婚姻协商于是进行得相当顺利，同时席米尔也以安茹公爵之名，不断展现高超的调情卖俏技巧，让女王表现得像个轻佻的女孩，仿佛除了他的陪伴外，她不曾感受到如此开心愉快一般。女王甚至以席米尔之名举办了宫廷舞会，舞会上的假面剧中，演出了六名女孩融化在六位追求者的爱中的故事。她尽可能地召来席米尔陪伴在自己身边，甚至常常将他留在身边直至深夜。她珍藏所有席米尔代安茹公爵献上的礼物，包括一本以宝石装订的迷你书，一直将它带在身边。而女王则给了席米尔一些小小的纪念品，回送给安茹公爵，包括自己的迷你画像与手套。一天，伊丽莎白女王宣布，自己非常想送给亲王更多美好又价值连城的东西，但目前为止这样已足够。

过去任何以政治为目的的追求，从未引起女王如此大的兴奋感，女王就在许多浪漫的插曲中度过了这一年的冬天，女王的参事与臣子们则开始认为，这次女王可能是认真地想结婚了。"像我这样的老女人想结婚可不是好事吗？"她故意这样挪揄西班牙大使门多萨。

"若女王陛下同意嫁给我，"急切不已的新郎来信写着，"保证能过着缠绵美丽的日子，而这一切只为天堂最美的女神而设。"

伊丽莎白女王与安茹公爵间的年龄差距，或是他脸上的天花疤痕已不再重要。伊丽莎白女王回信向痴心追求她的安茹公爵表示，会将他爱的誓言铭刻在大理石上。女王同时也誓言给予永恒的友谊与忠贞不贰，"这对王室来说相当罕见"，同时脸不红气不喘地向安茹公爵保证，自己从未违反过誓言。席米尔的回报中表示，每次只要有人提及安茹公爵的名字，伊丽莎白女王就会眼睛一亮，而女王身边的侍女也曾向席米尔透露，私底下女王几乎无法停止谈论安茹公爵。伊丽莎白女王甚至表示，此刻自己认为世界没有什么比婚姻更令人欢欣，希望自己从前并未浪费这么多时间。

但在席米尔背后，伊丽莎白女王仍有疑问。他的主子真的对她感兴趣，抑或是只想坐上王位？在答案揭晓前，她都无法安心，且除非安茹公爵亲自走一遭来拜访伊丽莎白女王，否则她都不可能知道。

当女王的参事们听闻席米尔竟趁女王不在时进入女王寝室并偷取女王的睡帽与手帕意图作为"给主人的献礼"；又知道某天女王一早便前往席米尔的房间，让他只能穿着无袖紧身短上衣参见女王时，都开始对这种追求方式持保留意见，甚至有人谴责这些举动是"毫无男子气概、丝毫没有尊严的法国式追求"。

320

若伊丽莎白女王只是刻意与席米尔调情，以使莱斯特伯爵妒忌，这一招可以说是相当成功。尽管莱斯特伯爵表面上必须对席米尔展现友好态度，并在宫中负责招待席米尔，但他对席米尔的敌意，明眼人都看得出来。莱斯特伯爵可能发现了席米尔黑暗的过去，有人听到他指称法国派来的特使用了"爱情魔药与其他非法的方式"才为安茹公爵掳获女王芳心。多数人都不知道莱斯特伯爵的已婚身份，都认定他私心仍盼望与伊丽莎白女王结婚而在怄气；而伊丽莎白女王的侍女们也都不相信席米尔，当他们出言力挺莱斯特伯爵时，伊丽莎白女王严厉地回答："汝等认为我会不顾颜面、罔顾皇室尊严，认为我一手提拔的仆人比一个基督教国家的贵族还适合做我的丈夫吗？"在这件事情之后，再也没有人敢在女王面前批评席米尔了。

"他展现出对主子的忠诚，而且在这件事情上拥有超乎年龄的睿智与谨慎。"伊丽莎白女王在写给英国驻巴黎大使阿米爱斯·伯勒特爵士（Sir Amyas Paulet）的信中如此表示。"真希望英国也有这么好的仆人，以供差遣。"

但在女王背后，宫廷传言直指席米尔不仅掳获了女王的心，更赢得了女王的身体。

一五七九年三月，席米尔上呈一份联姻条约草案给英国枢密院。"我觉得很有希望，但一切只能等到故事落幕、蜡烛熄灭，而亲王也能安睡才会知道了。这样我才能安心地说出来。"这是他在四月十二日写下的字句。甚至还有英国人已经开始订制女王的婚纱。

但在伦敦方面，反对与赞成这场联姻的人数是三比一，许多人反对的理由，主要是因为安茹公爵不仅是法国人，而且还是个天主教鬼子[7]。清教徒对抗这项计划也不遗余力，甚至许多圣公会传教士，都在圣坛上对此大加责难。甚至有一位传教士还大胆地在女王面前预示："与外国人成婚，只会为国家带来灾难。"因为感觉受到污辱，伊丽莎白女王愤而在布道会中起身离席。民间的反对声浪相当激烈，不只是反对伊丽莎白女王，更重要的是反对法国，女王只好采取行动禁止任何支持臣民反对此计划的文字流出。

到了月底，英国枢密院针对联姻条约进行攻防，但两派意见相左。宗教问题是一大绊脚石，毕竟，尽管安茹公爵对宗教并不狂热，也可能为了伊丽莎白女王而改信新教，但他现已为法国王位的继承人，因此必须维持天主教身份。

除此之外，女王的年龄也是一大问题。此时她已年届四十五岁，就以现代的标准而言，要生孩子也太晚了。伊丽莎白女王也因此感到焦虑，欧洲许多宫廷因此有传言指出，她因此向一个医疗小组请益，而医疗小组则向她保证不会有问题。伯利男爵则在枢密院会中提起，萨伏伊公爵夫人（Duchess of Savoy）将近五十岁时，仍生下一个健康的男婴，男婴也活了下来。他继而表示：女王陛下，"是一个气色相当好的人，以男人的眼光而言，在身材姣好的女性中，女王陛下的身形也算是一等一，她的四肢健全、比例完美。大自然不需要让她再增减任何一分，她就能轻易地孕育与生产。"

因为担忧伊丽莎白女王的安危，伯利男爵进行了相当仔细的调查，以了解为英国诞下王位继承人的过程，是否会为女王带来任何危险。在私人备忘录中，伯利男爵提到伊丽莎白女王的身体状况相当好，"有关孕育后代的那些部分并没有功能失常，反而相当健全，这是经由相当了解她那些部分的医生，与非常了解女王陛下身体状况的女性所做的判定。"这些医师预

321

测，伊丽莎白女王至少还有六年的生育机会，因此可以断定，当时她仍未停经。但这也无法保证，在这样的年龄之下，她仍有能力生育，当然也无法确定她是否会在生产过程中身亡，毕竟在十六世纪，大约有四分之一的女性死于生产过程。

伯利男爵认为，满足性欲与孕育后代就能治愈女王的颜面神经痛及"当代的医生们归因于缺乏婚姻所致的女性哀伤体虚"，因此认定皇室婚姻带来的益处，远胜于生产的风险，然而沃尔辛厄姆爵士则比较实际，他站在多数意见的那一边，表示自己也十分担忧孕育下一代对女王带来的风险。

法国大使则支持伯利男爵的乐观意见。关于伊丽莎白女王，他向凯瑟琳·梅迪奇禀报："维持着一如往昔的美貌。除了年纪之外完全不显老态。"跟她同样星座的女性生育力一向不低，也很少因生产而死亡。在英国，年纪较大的女性育儿也时有所闻：他的邻居就有一位五十六岁女性，目前已怀孕八个月。

* * *

当英国枢密院表示拒绝联姻条约中的其中三项条文时，席米尔气得冲出议事堂，那就是——婚后安茹公爵随即加冕为英王，他将拥有与女王相同的权力，可授予封地与教会职务，同时英国国会还须通过每年给付六万英镑作为他的薪资，且必须给付到两人的孩子成年为止。当然，在安茹公爵来到英国与女王见面前，参议院也都无法做出任何决定。

322

席米尔直接去找女王，当时女王正在御花园中散步，她以"和蔼的态度倾听，并对参事们不同意她那么想要的一桩婚事，表达出忧伤"。根据门多萨表示，女王旋即变得"非常忧郁"，随后马上告诉侍女们："他们别妄想事情这样就结了。

我一定要结婚。"

因为感到困窘，席米尔随即向安茹公爵通报此事的发展，但安茹公爵的态度相当和缓，仅表示一切交由女王做主。此时，伊丽莎白女王为参事们的态度感到情绪不佳，大臣们只好赶紧退让，并匆忙地召来她最信任的侍女进宫安抚。

到了五月，伊丽莎白女王已经恢复爱抱怨的原貌，向法方表示他们的要求太多："如果今天他们要娶的女王，有什么身体或心理上的问题，抑或智能平庸，也许就可以忍受这些过分要求。但一切完全相反——先将我们的幸运摆在一旁——神以其大能赐予我们他的珍宝，一切功劳归于上帝，而非我等的行为（无须大张旗鼓地自我赞扬），但我等在谦逊之中，仍认为要与如亲王般伟大的贵族匹配，我等不需委屈接受此苛刻条件。"

幸好安茹公爵早已指示席米尔，不需要坚持让英国达成所有条件，因为伊丽莎白女王已经表露出"强烈的结婚意愿，无论是哪一位参事，执何种意见，都无法扭转女王陛下的心意"。

整个春夏，安茹公爵不断等待英国方面提出邀请，让他出发与女王一会。伊丽莎白女王仍犹豫不决：一方面，伯利男爵与萨赛克斯伯爵不断催促她同意；但另一方面，莱斯特伯爵日复一日地表达反对立场，据传他甚至伏在女王脚边，哀求她不要答应这桩婚事，甚至疑似两度企图谋杀席米尔未果，只是相关证据薄弱。最终伯利男爵打赢了这场战争，但在这之前，女王"整整三天活在极度懊悔之中，哭了好几回，然后才在莱斯特伯爵以外主导这场协商的人士威胁利诱下，签署了通行证"。

一六一五年，伊丽莎白女王的传记作家威廉·康登宣称，七月初，席米尔积极想要拉拢莱斯特伯爵，阻止他极具破坏力的影响力，因此向女王透露莱斯特伯爵已婚消息，伊丽莎白女王"显得恼怒不已，下令要莱斯特伯爵不准离开格林尼治宫半步，甚至还想把他打入伦敦塔中坐牢，这是他的对手们期待已久的一刻。然而他最大、最可怕的敌人萨赛克斯伯爵却向女王说情。因为他认为，没有人该为合法婚姻惹上麻烦，这样的身份是所有男人的荣誉与骄傲"。

就目前的证据来看，女王非常可能在十四个月前就已知道莱斯特伯爵的婚姻状态。康登表示，她仅短暂地将莱斯特伯爵囚禁在他于宫中的房里，接着将他放逐到温斯特，这段时间里，各国大使都在积极回报英国宫廷中的各项八卦传闻，但历史上却没有其他关于此事的记载。莱斯特伯爵这段时间的确离宫待在温斯特，但他并未失去女王的宠信。根据门多萨大使回报，七月六日，因为安茹公爵的通行证"与莱斯特伯爵的意愿相违背，他感到相当失望，愤而返回五英里外的自宅，女王则急忙赶赴探望他，莱斯特伯爵再度装病，因而使得女王待了两天。随后女王又秘密返回伦敦"。因此可以判定康登所著的一切并非真实。

伊丽莎白女王的确将怒气发泄在莱蒂丝身上。当莱蒂丝大胆穿着一身贵气仿佛以伯爵夫人身份自居，甚至带着大群仆人出现在宫中时，伊丽莎白女王以复仇天使的姿态走到她身边，赏了她一记耳光，并大吼："就像天空只有一颗太阳从东方升起一样，英国只能有我一个女王。"当众受到如此屈辱后，莱蒂丝多年都不敢再踏入宫中一步，且就算莱斯特伯爵不断求情，女王依然不准她出现。

七月八日，英国枢密院通知席米尔，英国方面已经裁定安茹公爵造访英国之行。然而他的哥哥亨利三世认为这么做并不明智，但安茹公爵无视于哥哥的阻挡，在乔装打扮下执意前往英国，于八月中出发。为避免此行毫无结果，安茹公爵秘密出访，仅有他本人、伊丽莎白女王与席米尔知晓，但其实英国宫廷多数人都已知道，只是聪明地装糊涂。为了确保秘密，席米尔住进格林尼治宫花园中的一个帐篷，让安茹公爵与他同住。

门多萨大使的报告中显示，伊丽莎白女王"对安茹公爵来访仍显得相当迫不及待，即使参事们已向女王提出两国联姻背后可能的困境。尽管不确定是否能成为她的丈夫，她深信自己的天分与美貌广为人知，因此足以吸引安茹公爵，仍愿前来拜访她"。

七月十七日，伊丽莎白女王差点丢了宝贵的性命，当时她搭乘着驳船正离开格林尼治宫，在林肯伯爵与法国大使的陪伴下，准备前往德特福德。依据约翰斯托的记载，一位有两三个孩子待在女王陛下的礼拜堂中的猎人托马斯·埃布尔齐（Thomas Appletree），"他正划着船带着滑膛枪到处穿梭巡视，忽然间他鲁莽地开了枪"。其中一发子弹落在距离女王陛下仅六英尺远处，穿透了一位划手的两只手臂，让他翻出了他的座位，"这位划手以为自己要死了，随即凄厉地大喊尖叫出声"。伊丽莎白女王表现得相当镇定，"一直坚强地鼓励这位划手，并表示可以理解他最需要的就是缓解痛苦"。

在女王的命令之下，埃布尔齐被判了死刑，四天内就在他犯下此刑的水边立起了断头台。但事实上，伊丽莎白女王只是想给他一个铁铮铮的教训，"一直到刽子手将绳子绑在他的脖子上，他才在女王陛下的恩典下，获得救赎，免去一死"。

324

* * *

安茹公爵于八月十七日一早抵达格林尼治宫，直接进入席米尔的大帐篷，他叫醒了席米尔，要求直接与女王会面。当席米尔表示，女王陛下仍在睡觉时，迫不及待的安茹公爵还得按捺住性子，才没有前去叫醒女王，亲吻她的手背。因此，席米尔递了一张纸条给女王陛下，表示他已让累坏了的主子睡下。"愿神能让他安睡在你身边。"

落日时分，伊丽莎白女王仅带着一位侍女偷偷出宫，与安茹公爵共进晚餐。在两人会面之前，女王一直以为他是个外形丑恶又畸形的侏儒；但实际见了面后，却发现眼前的是一个成熟又充满魅力的男子，坑坑疤疤的麻子脸也无损他那黑发、黑眼诙谐风趣的吸引力，对她来说，这是一个相当合适的丈夫人选。伊丽莎白女王表示，"我这一生中还未见过比他更适合的人选"。

"这女人实在太入迷，掉进了爱的漩涡中，简直无法好好招待公爵大人，"法国大使向法国王太后回报，"她亲口表示，从未见过比公爵大人的个性与特质更适合她的人。"

"伊丽莎白女王相当喜欢安茹公爵，也喜欢和他在一起，这是她向部分臣子透露的"，门多萨大使在给菲利普国王的信件中提及此事。伊丽莎白女王曾表示，自己非常高兴能认识他，也相当欣赏他的优点，对他的爱慕之意也超过了对其他男性。她亲口证实，她绝对不会拒绝这个男人来当她的丈夫。然而菲利普国王知道一切都还没有定论，认为这只是伊丽莎白女王的伪装。

但这对皇室恋人间互相吸引的火花并不假。安茹公爵不但有魅力，也相当具有性吸引力，追求的手段相当殷勤，伊丽莎白女王则乐不可支地响应。她昵称安茹公爵为她的"小青蛙",他们甚至互相致赠礼物,互许夸张的誓言,甚至矢言相爱到终老,永不分离。许多臣子们都发现两人的爱的小游戏,其中也包括了莱斯特伯爵,而他也因此感到恶心、尴尬不已。 325

但他也无力反对,因为台面上就如门多萨大使的报告中写的:

> 参事们都拒绝承认安茹公爵在英国国境内,同时为了避免触怒女王,大家都眼不见为净,避免进宫,甚至极力避免与安茹公爵面对面说话的机会,参事们现在只在必要时才前往枢密院。到处都有传言指出,若她未先参照臣民的意见,执意结婚,未来很可能后悔莫及。莱斯特伯爵感到相当倒胃口,除了萨赛克斯伯爵外,大部分的参事们也都感到相当恶心。莱斯特伯爵的一位好友向我透露,他拼命诅咒那个法国人,也对萨赛克斯伯爵的行为感到愤怒。

同时,伦敦各地的新话题,就是法国公爵对女王的卖力追求,因此让许多人民,尤其是清教徒愤慨不已,甚至还有一位莱斯特伯爵门下的诗人埃德蒙·斯宾塞(Edmund Spenser),写出了一个讽刺作品《哈巴德妈妈故事》,席米尔对这个故事相当不悦,而女王命令莱斯特伯爵将斯宾塞赶出家门时,莱斯特伯爵感到相当尴尬,因为不久前他才动用自己的人脉将斯宾塞安插在爱尔兰的格雷男爵身边,要他在那里创作出最棒的作品《精灵女王》,献给伊丽莎白女王。

安茹公爵名义上并不在英国,他为伊丽莎白女王带来的惊奇,主要来自两人只能抓紧私下短暂相处的时间。只要有时间，伊丽莎白女王就要见他，而且对于两人的分别感到十分厌恶。八月二十三日，女王安排安茹公爵躲在一处帷幕后，观看宫廷舞会，女王为了在他面前好好表现而显得更加外放，比平常跳了更多的舞，甚至朝他的方向挥手微笑，因此让安茹公爵露出了马脚。臣子们都礼貌性地假装没看见。伊丽莎白女王甚至向门多萨大使否认安茹公爵在英国一事，当两位侍女公开讨论安茹公爵的八卦时，女王则下令两人回房。

两天后，莱斯特伯爵"在极度懊悔之中"，努力寻求觐见女王的机会，同时也展现出相当情绪化的模样。这天晚上，他与同样反对两国联姻的西得尼爵士，一起到潘布鲁克伯爵家召开会议，会后莱斯特伯爵决定再也不要忍受这一切，于是带着姐姐玛莉·西得尼离宫了。他仅剩的唯一希望，就是"国会能针对女王结婚与否的问题提出其他见解。"

因为法国方面传来他的一位挚友因一次决斗而身亡的消息，他只好匆匆安排隔日离开。安茹公爵的英国行因此而结束，伊丽莎白女王甚至安排了王室专用的船只"侦察号"让他离境。

在英国行的最后一晚，席米尔向伊丽莎白女王表示，安茹公爵一直叹息、抱怨又睡不着，甚至一早就将席米尔拖下床，向他赞叹女王的"灵性之美"，同时许下了千个誓言，表示若此生不能再见，他可能连一刻钟都活不了。安茹公爵表白，伊丽莎白女王"是他心头的枷锁，也是让他自由的唯一女神"。

八月二十九日，当安茹公爵离开格林尼治时，"两人对于别离的一刻都展现出相当的温柔"。抵达多佛后，他写了四封信给伊丽莎白女王；接着跨越了英吉利海峡，再从布洛因写了三封信，表示她不在身边让他感到相当孤寂，但也只能抹去自己凄凉的眼泪。他说自己是全天下最忠心、最深情的爱情俘虏，并表示他要亲吻女王的脚，只为在这片不平静的海中找到一处港湾。他以"一朵小金花，上面坐着一只小青蛙，里面则有一个（迷你的）亲王及一个珍珠链坠"为这封信封缄。

尽管伊丽莎白女王装作若无其事的模样，但她私下的心绪已大乱，从她这段时期所写的许多文字便可看出端倪，这首诗叫作《亲王的别离》：

> 懊悔，我为何不敢表达不满；
> 我爱，却被迫装出厌恶的模样，
> 我沉溺，却不敢表现出来；
> 我看来像个十足的哑巴，内心却正絮絮叨叨。
> 我是，却也不是，我冷如冰，却又热如火。
> 这样的我，让我的另一面也难接受。
> 我的在意仿佛太阳下的影子，
> 萦绕着我，当我想抓住它却又瞬间飞逝，
> 就在我身旁，就在我身体中，做着早已做过的事。
> 让我活在更甜蜜的生活中吧！
> 否则我愿死去，就能忘了爱的意义。

安茹公爵留下席米尔完成联姻条约的其他协商事宜，剩下的部分就是逗伊丽莎白女王开心。但英国境内对这个计划的反对更甚以往，尤其在首都伦敦，许多臣子们甚至强烈反对。菲利普·西得尼忆起了圣巴托罗缪惨案，于是写了一封相当有礼的公开信给伊丽莎白女王反对联姻计划，提醒她法国天主教徒有多么背信弃义，并坚持安茹公爵的母亲是"当代的杰若

粕"[8]，对新教臣子们来说是完全不能接受，而臣子们"尽管非独一无二，也是你最主要的力量"。女王看到这封信后流下了眼泪并严重地斥责了他。因此，他认为以政治考虑，自己最好离宫一年，离宫的这段时间，他住在姐姐位于威顿庄园的家，写了旷世巨著《阿卡迪亚》（Arcadia）。门多萨大使则欢欣期待地报告，菲利普·西得尼相当担忧，若女王真要嫁给安茹公爵，英国可能会爆发大革命。

但事情的发展并不如法国大使的预期，因为这一年的秋天，伊丽莎白女王返回伦敦时，他也震惊地亲眼见到"女王变得比以往更貌美，打扮得如太阳般闪耀，骑着一批西班牙骏马，身边跟着一大群人，展现出她的伟大。这些人不只尊敬她，甚至因崇拜她而纷纷下跪，给予成千上万的祝福与欢心的赞词"。

尽管女王受欢迎的程度难以撼动，但这一切很快就要面对威胁。九月份时，一位来自诺福克郡的清教人士约翰·史塔伯斯（John Stubbs），写了一本书名相当冗长的小册子——《发现贪婪之口，若女王陛下未能看清违背神旨意的婚姻带来的罪与罚，英法联姻恐将吞噬英国》。这本小册子在伦敦付梓发行，接着散播到英国各地，变得异常热销，也影响了民众观感。

这本小册子使用的语言十分激烈，而且大大地攻击了女王以及安茹公爵，因此政府对其内容的愤怒并不难预期，文中甚至直指瓦洛王朝因疾病而腐败，因政权残酷而遭上天降罪惩罚的斑斑劣迹，而安茹公爵则"在纵情声色中被侵蚀殆尽"。他就是"以男人形体出现的古老邪蛇，二度来勾引英国夏娃，准备破坏英国这块净土"，"就连看一眼女王的睡房都不配"。针对女王陛下这个年纪还要传宗接代，史塔伯斯也质疑此举根本不明智。

伊丽莎白女王看到这本小册子时，整个人怒火中烧，不只是因为这本小册子策动人民反对她，还因为它诽谤中伤又污辱了盟邦法国。九月二十七日，伊丽莎白女王发表了声明书，谴责这本小册子无知又具有煽动性，不但查扣了所有的册子将之焚烧殆尽，甚至派人前往圣保罗的十字架前，向臣民宣告绝不为婚姻改变信仰："她在基督教的环境中长大，生死都是基督徒。"尽管对此"人民看来高呼着感谢上帝"，他们对史塔伯斯"尖锐又讽刺的语气"展现出厌恶的态度，但他曾广受人民爱戴，人们也相当尊敬他的正直。

听闻这样的情形后，伊丽莎白女王在与法官研议后，下令逮捕史塔伯斯以煽动叛乱罪并准备将他吊死，除此之外还有印刷商辛格顿（Singleton）与发行商威廉·佩吉（William Page）。然而此罪实不致死，因此三人改判剁去右手，锒铛入狱。一名法官与律师出言质疑此判决的合法性，最后也遭无妄的牢狱之灾。

伊丽莎白女王展现出一如往常的宽大为怀，以年事已高为由饶恕了印刷商，她也向法国大使解释，她宁愿失去自己的一只手，也不愿减轻史塔伯斯与佩吉的刑责。这两人被带出了伦敦塔，在怀特霍尔宫前广场搭起的刑架上公开受刑，史塔伯斯也在此自我表述自己对女王的忠诚。 328

"请为我祈祷，此刻，我的大难临'手'。"他仍勇敢地玩着双关语。接着刽子手便一刀剁下他的右手，"用切肉刀切穿手腕"。在被砍断的右手被热烫的铁烧灼后，史塔伯斯脱下了帽子大喊："愿神拯救伊丽莎白女王！"接着便昏死过去。然后佩吉则举起血淋淋的断肢说："我留下的，是纯正英国人的一只手。"接着便在无人搀扶的情形下，与他的随从们一同离开。大批围观的民众，都在充满同情与不满的静默中，观看行刑。

在愤怒的情绪过去后，伊丽莎白女王随即醒觉，行事冲动与不寻常的残酷举动，已经触怒了公众。于是十八个月后便释放了史塔伯斯，甚至在宫中接见他；一五八一年，他正式成为英国国会议员。

＊　＊　＊

英国国会预计于十月二十日再度开议，以决定英法联姻条约，但伊丽莎白女王因为忌讳公众意见，同时也记起自己不该丧失臣子们的好意，下令国会休会一个月，并向枢密院征询意见。

英国枢密院因此引发热烈讨论。在沃尔辛厄姆爵士缺席的情形下，莱斯特伯爵与海登爵士召集另外五位参事联合反对这个计划，而伯利男爵则领着另外四位参事投下支持票。一定要记得的是，伊丽莎白女王"似乎对任何有异议或不支持这桩婚事的人都相当不悦"，他们终于一致地要求女王暂时抛开自己的意愿，对他们"敞开心胸"。

伊丽莎白女王显然已经知道，若在参事与臣子们如此反对这桩婚事的情形下，坚持与安茹公爵成婚，绝对是个愚蠢的念头，但十月七日，四位枢密院代表来到她身边，要求了解"女王的心之所向"，她随即了解到自己必须拒绝最后一个嫁人与生育的机会，因而不住地伤心哭泣。她叹道："她的参事们应仔细思考，对她和她的王国来说，除了成婚、生个孩子继承王位并延续亨利八世的血脉外，似乎没有什么更明确的道路了"。她边哭边表示，询问枢密院的意见是相当愚蠢的事情，她原本期待"枢密院一致通过，让她迈向婚姻之路"；她并不想听参事们的质疑。此刻的她实在太苦恼，无法再继续下去。

枢密院代表们垂头丧气，赶紧退下，向同僚们回报此事。329 隔天，他们再度谒见女王，表示"只要女王高兴"，枢密院将由衷支持"英法联姻进程"，同时也解释，因为女王如此渴望婚姻，并且如此直接地表示希望丈夫就是安茹公爵，除此之外谁也不要，因此感动了他们，让他们改变心意。此时的伊丽莎白女王已经恢复往昔的冷静沉着，以犀利的言论回击那些反对联姻的人，表示若非他们意见太多，枢密院多数的参事早就同意联姻一事。最后枢密院方面总算说服她同意给一个确定的答案，但她却没有暗示她的答案是什么。她只说："她觉得直接向我们宣布她要不要嫁给亲王，是一件不适合的事情。"

门多萨大使的报告中则记录着："在这次的商议过后，伊丽莎白女王显得极度悲伤，且极度暴躁忧郁，只要接近她身边的人都感觉得出来。这一切的事情，在在触动了她的敏感神经。"

在下一次与参事们的会面中，伊丽莎白女王的情绪极差，并向沃尔辛厄姆爵士表示除了偏袒清教立场外，他一点用处也没有，因此最好离席。她对莱斯特伯爵也没什么好气，诺利斯爵士与海登爵士，也感受到她牙尖嘴利的威力，其中海登爵士更因反对这桩联姻，遭到驱逐出宫一周。

伊丽莎白女王知道，现在她若想维持臣子们的爱戴，就永远不能让安茹公爵当她的丈夫，但更重要的是，在这个状况下延长联姻协商时间，以维持法国方面的友谊，顺道控制安茹公爵的行径。因此在十一月十日时，戴着装饰着法国国徽鸢尾花的头纱，伊丽莎白女王召开了枢密院会，"向枢密院宣布她已决定要结婚，他们什么都不用说了，但必须马上讨论完成婚事的相关事宜"。

十一月二十四日，她同意与席米尔签署婚姻条款，附带条件是要给她两个月的时间处理臣子的问题，让国会同意联姻计划，才能确定条约内容。若法方无法通融，双方的协议将失效。伊丽莎白女王相当清楚，英国国会要通过此案的可能性极低，但这将成为她最终拒绝协商的好借口。

伊丽莎白女王写信给安茹公爵：

> 盼你明白，我最亲爱的，婚姻之路最大的障碍，在于让人们欢欣同意。对罗马宗教的信仰，深植于他们的心中。仅求你将此纳入考虑，对英国人来说，此事难以忍受的程度已超乎想象。就我而言，我承认世界上没有任何一位贵族，让我感到如此倾心，也无人像你一样，无论是少有的美德或贴心的个性，都让我想与你共度余生。以此问候我亲爱的小青蛙。

330

正如约克大主教所说："法国的事情完全破灭。"

到了十一月底，席米尔便在军队护航下，带着许多精美礼物与一行人返回法国，后来他寄给伊丽莎白女王一连串绑上粉红丝带的热情信件，但伊丽莎白女王对他却没再回复。

同一个月，谢菲尔德小姐德古莱丝嫁给了英国现任驻巴黎大使爱德华·史达福爵士。伊丽莎白女王曾听闻德古莱丝与莱斯特伯爵过从甚密的消息，因此抓住这个机会教训莱蒂丝·诺利斯，大声疾呼，表示因为先前德古莱丝疑与莱斯特伯爵举办过结婚典礼，而忧心两人婚姻的合法性。若两人的婚姻证实合法且有效，女王便得以对莱斯特伯爵下最后通牒：要不就是宣布与莱蒂丝的婚姻无效，给予德古莱丝名分与地位，"否则就在伦敦塔中腐烂"。

萨赛克斯伯爵是德古莱丝的表亲，女王指派他负责侦讯德古莱丝，然而，她却无法提出一五七三年那场婚礼的证人或纸本证据。因为她恨透了莱斯特伯爵，一点也不想再与他有任何瓜葛，因此这个反应也不是不能理解。

伊丽莎白女王怀着遭背叛的心情展开报复，到了十二月，莱蒂丝·诺利斯为莱斯特伯爵生下了一个继承人，这让女王更为光火——两人的第一个孩子于一五七八年不幸难产死亡。这个男孩在施洗时被命名为罗伯特，同时继承了父亲丹毕男爵（Baron Denbigh）的封号，但他的父母总是称他为他们的"贵族小淘气"。这件事之后，加上莱斯特伯爵对女王与安茹公爵联姻毫不掩饰的厌恶之情，看来莱斯特伯爵要再得到女王宠信，可能还要再等一段时间了。

* * *

这一年年终时，席米尔写信给伊丽莎白女王："别忘猴子的忠贞，小青蛙依然活在希冀之中。"就在此时，伊丽莎白女王与门多萨大使讨论了婚姻的议题，"以相当柔情的态度谈起此事，并清楚表态她有多么热切地想要这段婚姻"。

但席米尔在她身上下的魔咒似乎已经过期，伊丽莎白女王再度成为自身命运的女主人。

19　进退维谷

　进入一五八〇年新年，伊丽莎白女王心绪依然阴郁，对反对她成婚的参事依然相当不能谅解，"对莱斯特伯爵也不再展现如以往般宠爱"。但不久后，她已经开始理解，莱斯特伯爵与其他参事反对婚事背后的原因，当法国大使批评莱斯特伯爵，故意提出宗教问题来阻挡婚事进行时，女王不以为然地反驳，指莱斯特伯爵只是在做枢密院参事该做的事。尽管如此，两人似乎也无法恢复往昔的亲密，一直到这一年的四月，她对莱斯特伯爵的态度才开始软化。

一月底时，伊丽莎白女王婚事的考虑期限，在她毫无动作的状况下过去了。门多萨大使记载，安茹公爵相当清楚自己不该施压要答案，反而努力在英国宫廷中争取支持度，他不断写信给女王，要求她释放约翰·史塔伯斯与威廉·佩吉，塑造自己宽大为怀的王者风范。

二月底，门多萨大使听闻伊丽莎白女王向伯利男爵抱怨自己的处境，仿如"前有大河后有追兵般地进退两难"。

"我认为无论是个人意向，或透过任何您信任的人劝说，女王陛下并无结婚意愿"，伯利男爵清楚点明。就连他指出，若女王决意不婚也需"立即点醒安茹公爵"时，女王依然不置可否。女王主要的目的，就是维持与安茹公爵无限期的"鱼雁往返"，对于参事们警告以此低劣的手段对付法国可能导致严重后果，她也充耳不闻。"想要对他国贵族耍花招的人，就是在耍自己。"伯利男爵不满地说。

伊丽莎白女王大胆地继续这条路线，以潦草的字迹，写了一连串日期未定的信件给安茹公爵。在这些信件中，女王技巧性地暗示，因为人民无法接受安茹公爵参与的弥撒仪式，两人当前可能必须否认彼此的关系，但只要给她多一点时间，她也许可以用结婚的好处来说服臣民。一次又一次地，女王盛赞安茹公爵那"坚若磐石"的坚贞，同时又不断将协商进程延迟的责任推卸给法方。"我们的灵魂属于彼此。"女王坚称——但最要紧的问题是，何时呢？

332

女王大张旗鼓地，尤其是在法国大使面前，表现出依然深爱安茹公爵的模样，甚至带着青蛙样式的珠宝以资证明。女王的腰带上总是系着安茹公爵送她的手套，每天总会仿佛炫耀般拿出来亲吻上百回。一次在宫廷舞会中，伊丽莎白女王甚至逼迫法国大使听她念安茹公爵写给她的一字一句，女王读信的口吻温柔缱绻、充满感情，让法国大使以为，她只是想让反对这段婚姻的人打消念头。

当然，这都是女王装出来的，主要目的是让法国大使感到满意。虽然伊丽莎白女王已经接受自己绝对不能下嫁安茹公爵的事实，但就连枢密院成员们都仍不断猜测。沃尔辛厄姆爵士就曾叹道："但愿女王陛下能找到方法，解决她的婚姻问题。"萨赛克斯伯爵则曾写下："若女王陛下还未找到解决方法，定有加速寻求解决之道的必要，毕竟此事为她带来的耻辱，我完全不敢诉诸纸笔，加上她状态未决为她带来的危险，这一切都仰赖婚姻来解决。"

七月，伊丽莎白女王对于莱斯特伯爵反对她结婚，仍难以谅解，尽管女王暴怒的次数减少了，参事们的心情依然相当苦涩。在一次女王大发雷霆过后，有人听到莱斯特伯爵叹道：

"宁愿卖掉最后一块地，也不愿再过这种苦日子。"他与女王间的冷战，也让他将怒气转嫁到同僚身上，后来他做得实在太过分，甚至必须写信给伯利男爵道歉。伊丽莎白女王与往昔的宠臣间，可能还要一段时间才能恢复和谐关系。

行为古怪的牛津伯爵宣布改信罗马信仰，因而不再受到女王器重。为了平衡自己在女王面前的形象，他偷偷向女王揭露秘密信仰天主教的臣子，结果导致这些人都遭到软禁。但这种爆料行为，对牛津伯爵也没什么好处，过去与他交好的朋友都疏远他，伊丽莎白女王也是，她不齿牛津伯爵的行径，而牛津伯爵甚至闹出与一位行为不检点又放荡的女王侍女安妮·伐瓦梭尔（Anne Vavasour）过从甚密的传闻。

接下来的三月，安妮竟然生下了一个儿子，牛津伯爵随即承认父子关系，安排这个孩子的未来。但伊丽莎白女王"为此意外感到恼怒不已"，要安抚她的心情并不容易，于是将安妮与她那不负责任的爱人，一同关进伦敦塔几周。

*   *   *

一五八〇年，过去五年来相对稳定的英国政局，因罗马教皇格里高利十三世（Pope Gregory XIII）再度发布前任教皇对伊丽莎白女王的逐出教令而面临崩毁。到了夏天，英国政府开始警觉，耶稣会神职人员纷至沓来。他们的神圣任务，就是扩大天主教信仰在英国的地位，于是由激进派教士罗伯·帕森斯（Robert Parsons）与虔诚又能鼓动人心的圣艾蒙·坎庇恩神父（Father Edmund Campion）领军，负责耶稣会传教任务最终的大成功及未来十年内英国境内的天主教反抗势力，但这些行动也引发英国相当大的爱国反应。

英国的政治情势不太乐观。玛丽·斯图亚特针对伊丽莎白女王展开了新一轮的阴谋，这次与她勾结的是西班牙大使门多萨，这个相当危险的伙伴关系，维持了将近三年。英国与苏格兰之间的关系，在詹姆士六世僭越了权力后，便相形冷淡；年纪轻轻的他，有一段时间逐渐向母亲与吉斯家族之间的势力靠拢；国际上也开始出现担忧菲利普二世篡夺葡萄牙王位的声浪。在强大的海军与富庶的国力之下，葡萄牙建立了稳固的帝国，并成为史上最富有的王朝。法国方面，宗教纷争造成的战争再度爆发，让伊丽莎白女王不再奢望与法国联盟，英国再度陷入孤立的境地中。

八月份传来消息，指出菲利普国王吞并了葡萄牙，自称为王。"西班牙国王越来越令人难以忍受了。"伊丽莎白女王咬牙切齿地说。为了回应这个重大威胁，伊丽莎白女王决定大力支持非法觊觎葡萄牙王位的唐·安东尼奥（Don Antonio），他对葡萄牙王位的合法性，比菲利普国王来得更低。为了挫一挫菲利普国王的锐气，伊丽莎白女王更在背后支持安茹公爵在尼德兰的运作，她邀请法国的婚姻协商委员紧急来到英国。

但法方并未实时响应，让女王感到十分光火，很快各界就知道，安茹公爵对于荷兰王位的兴趣大过了英国王位。威尼斯驻巴黎大使就听闻类似的传言，指出安茹公爵对伊丽莎白女王的热情不再，同时还想起了"两人之间的年龄差距与伊丽莎白女王肢体上令人厌恶之处"。九月份，荷兰反抗军遭到帕尔玛公爵连连攻击，节节败退，于是他们请求安茹公爵协助，若能摆脱西班牙势力的纠缠，便愿奉上荷兰王权，现在几乎可以确定，安茹公爵肯定会要求未来的妻子以军力支持，作为两人成婚的条件之一。这件事情的发展触动了伊丽莎白女王的敏感神经。"我首先想到的并不是自己被利用，而是若国会通过我

334

的婚姻协商，但愿我的婚宴，不会成为英国臣民富庶背后的吸血虫。"伊丽莎白女王写下这样的词句。她相当担心这段婚姻可能让英国陷入负担沉重的战争中，"而女王可能也会为此不得不与丈夫起龃龉"。安茹公爵无视伊丽莎白女王的抗议，接受了荷兰方面献上的王权，九月十九日正式成为荷兰统治者。

* * *

一五八〇年九月二十六日，弗朗西斯·德瑞克乘着改名为"金鹿号"的"鹈鹕号"，经过三年的海上探险后，终于回到南安普敦港下锚，这段时间他已环游世界一周，他是继一五一九年到一五二二年费南多·麦哲伦率先完成此创举后的第二人。德瑞克第一个问题是了解女王是否安好，听闻女王依然健在后，他大大地松了一口气，因为他面对西班牙愤怒的报复，极需女王的保护，他破坏了西班牙的贸易，从西班牙处得手八十万英镑宝物，西班牙国王则对他发出追杀令，要他人头落地。

伊丽莎白女王不但没有将他视为罪犯，反而邀请德瑞克前往里士满宫，让他以冒险故事陪伴女王度过愉快的六个小时。他靠着驮马带回英国的宝物中，包括一顶有五颗绿宝石的王冠，伊丽莎白女王于一五八一年新年那一天还公开佩戴。德瑞克搜刮来的战利品让伊丽莎白女王开心不已，龙心大悦地让他留下一大部分的珍宝。女王自己则得到相当于十六万英镑的宝物，存放在伦敦塔中。虽然门多萨大使以近乎歇斯底里的方式抗议并要求归还，但英方一点也没有归还给西班牙，德瑞克也并未受到惩罚。相反，在女王的命令之下，"金鹿号"从此停泊在泰晤士河上，向大众展现德瑞克英勇的探险故事。

此后，德瑞克成为宫中的大红人，常常造访宫廷。伊丽莎白女王总是热情欢愉地迎接他，听他诉说四处游历的故事，而他则带来许多贵重的礼物致赠给女王，其中包括一具精致的钻石十字架。

* * *

从一五八〇年后，菲利普二世便计划以军事手段利用海上军力入侵英国，致使伊丽莎白女王面临极大危险。当年十二月，在经过询问两位不知名的英国天主教贵族，刺杀女王是否合法后，罗马教皇发布了刺杀令：

> 这个女罪人造成天主教信仰遭受颠覆，许多灵魂无法得到救赎。能以虔诚的心，以神之名，让她与这个世界隔绝者非犯罪，而是立下大功。因此若英国贵族愿承担此荣耀之责，将不致有罪之疑虑。

335

罗马教皇的宣言很快传遍世界各地，这让英国政府大感不悦，同时也警觉到，若女王遭到暗杀，政府将无立足之地。眼前只有保全女王性命，才能避免罗马势力入侵英国。

英国国会与枢密院不断呼吁女王，对天主教异议分子与宣教神职人员采取严苛的手段。尽管女王天性痛恨流血，至今总是采取温和手段，但此刻她也理解到，罗马方面的制裁行动为她带来极大危险。尽管如此，英国国会对于一五八一年三月十八日通过的不服从国教法案依然相当不满意，将拒绝参与圣公会仪式者的罚金，提高到每个月二十英镑之多，若被发现参与弥撒仪式，最高将被判一年有期徒刑，只要改信罗马信仰者，便以叛国之名等同视之。更重要的是，任何散布诋毁女王字眼者，若为初犯，将戴上颈枷手枷示众、砍去双耳并罚金两百英镑；再犯便是死刑。以女王的星座或预言擅自预测女王寿命或继位人选者，也将成为非法之徒。

从这时起，圣艾蒙·坎庇恩与罗伯·帕森斯等传教士被视为英国的重大敌人，尽管如此也并未出现大规模处决的情形。接下来的二十年内，只有不到两百五十位天主教徒遭到死刑或死在狱中。但历史上有相当可信的证据，指出其中约有九十人遭到刑求，尽管在所有的案例中，女王都并未亲自参与判决，但她显然知情。她个人偏好以牢狱之刑或罚锾来惩罚这些犯罪者。

一五八一年一月，当法国同意派遣特使前来英国时，伊丽莎白女王听闻此消息感到松了一口气。接下来几个月，她将全神贯注地精心准备法方人员的接待事宜，这不是因为她想要嫁给安茹公爵，而是因为她知道与法方缔结友好条约多么重要。

此时的安茹公爵背负巨额债务压力又缺乏资源，又再度打起与伊丽莎白女王联姻结盟的主意。一五八一年四月，英国等待已久、视为上宾的法国特使终于抵达怀特霍尔宫，特使团的目的是要完成婚姻协商，或确定万一两国不联姻，便得说服伊丽莎白女王支持安茹公爵在尼德兰的基业。

336　　　一抵达英国，特使团便致赠由安茹公爵亲自为伊丽莎白女王万中选一的新鲜花束，伊丽莎白女王回信致谢："这些由小手采摘的甜美花朵，让我感受到无比的祝福，我从未收过如此典雅的礼物，花束上的叶子依然如同刚摘下般新鲜，将你的情感生动地展现在我眼前，真希望这束花永远不会枯萎。"

穿着金色服装的伊丽莎白女王，闪闪发亮，她以相当铺张的宴会与豪奢的大帐篷来款待特使团，这个新式帐篷长三百三十英尺，还有两百九十二扇窗，天花板上装饰着太阳与金色的星星，这是英国方面花了三百七十五个人力与一千七百四十四英镑巨款所建。接下来是更多的晚宴、戏剧、假面剧、历史剧表演、斗熊、马上长枪比武、大型宫廷舞会，以及与枢密院的许多会议。门多萨大使表示，伊丽莎白女王"似乎对卖弄一些细枝末节的东西更重于缔结条约"。

最后伊丽莎白女王终于愿意办正事，她突然向特使团表示，对于自己与安茹公爵之间的年龄差距，依然相当在意。她也觉得自己若下嫁安茹公爵，等于是以错误的方式鼓励英国天主教徒。她也不希望与西班牙方面开战。事实上，她比较偏向以非婚方式缔结盟约。

惊讶不已的特使团迟疑表示，除了联姻条约之外，他们无法为其他事情做主，但伊丽莎白女王态度丝毫没有动摇。特使团继续待在伦敦，盼望她的态度会软化。

四月四日，女王从格林尼治登上了"金鹿号"，然后为了反抗菲利普国王，刻意在德特福德靠岸与弗朗西斯·德瑞克一同用膳，甚至以他环游世界的英勇事迹，将他册封为骑士。她也带着法国特使团随行。船上的宴会，"是英国自亨利国王时期以来，最豪奢的一次"，在宴会上，女王相当放松又活泼。为了取悦女王，德瑞克的仆人们穿上了红色印第安人的服饰，为女王跳一支战舞，而船长则接着花了四小时的时间，讲述海上探险的事迹。尽管多数的臣子们因无趣而显得无精打采，但女王却显得神采奕奕。

德瑞克陪着女王在船的附近散步时，两人讨论到菲利普国王下令要追杀他的事，女王掏出一把剑，一边开玩笑表示要用这把剑"砍下他的头"，一边假装在空中挥舞着。

伊丽莎白女王意欲向菲利普国王强调英法的防御同盟，因

337　此转向安茹公爵派出的一位特使马修蒙先生（Seigneur de Marchaumont），将手中的剑交给他，要他代替女王执行册封仪式。结果矮胖的探险家发现他自己在甲板上，跪在一位法国人面前，而女王则在旁观看，笑容满面地点着头。

后来女王那紫金相间的束袜带掉了下来，她弯腰调整之际，马修蒙先生询问她，是否愿意"赐予"束袜带，作为主子安茹公爵的战利品。女王则表示"这样一来就没有办法固定她的袜子了"，但返回格林尼治宫后，女王给了她一副束袜带作为给安茹公爵的礼物。

新封的骑士德瑞克，将他环游世界旅程的地图上呈给女王，"并附上一本日记，里头巨细靡遗地记载了他不在这三年发生的每一件事"。这本记事本与"金鹿号"都没能留存到现在；那艘船于一五九九年正式崩毁。当时德瑞克早已离世，但他成为英国的重要传奇人物，在伊丽莎白女王的臣子与接下来几世纪英国历代君主心中，占据了情感上与想象中的重要地位。

* * *

六月十一日，伊丽莎白女王显然又大幅地改变了心意，法国特使团得以在怀特霍尔宫草拟一份联姻条约。但伊丽莎白女王又坚持，这份条约需由安茹公爵本人背书，法国特使团只能带着不满的情绪返回法国。

进入夏季，安茹公爵已然走投无路，发现自己可能被迫要放弃对荷兰的野心，返回满是豺狼虎豹的法国。尽管伊丽莎白女王借他三万英镑，但这笔钱根本不够，在一封信中，女王暗示自己已然改变心意，不愿嫁给他了："尽管她的身体永远只能属于她自己，但她的灵魂永远与他常在。"

尽管如此，当她听说法国王太后要安茹公爵迎娶一位西班牙公主时，她随即派出不情不愿的沃尔辛厄姆爵士前往法国，并指示要他捏造伊丽莎白女王其实还想嫁给安茹公爵的谎言，但事实上是要进行不需婚姻关系也能达成的同盟。这绝对不是个简单的任务，尤其是显见未来英国方面会下达一连串自相矛盾的指示，因此不久后，沃尔辛厄姆爵士便在莱斯特伯爵与海登爵士的支持下，要求女王别再想婚姻大事了。但这样的请求仿如对牛弹琴。

"除非女王陛下能有更好的决定，否则此刻若有人将我押入伦敦塔大牢，应该可以说是帮了我很大的忙。"沃尔辛厄姆爵士写了这样的句子给伯利男爵，"若想求得邦谊，我恐怕女王陛下得到的会是敌意，而身为臣子的我则感到相当挫败。"

沃尔辛厄姆爵士向法王亨利三世表示，伊丽莎白女王"愿意结婚，让法王与他的弟弟一起保护她，不受战争的恐惧"。但没有人能保证，就算法方完全答应他的条件，她就真的愿意下嫁。"当女王陛下受到胁迫必须成婚，"沃尔辛厄姆爵士向伯利男爵忍不住抱怨："她就宁愿与人结盟，在渴望达成结盟之际，她又改变心意想要结婚了。她因此又倾向同意结婚，接着又改为结盟；当结盟或其他要求牵扯到金钱时，女王陛下又回到婚姻议题上打转。"

另一方面，亨利三世与凯瑟琳·梅迪奇坚持，英法任何联盟关系，都需建立在联姻机制上。他们也和伊丽莎白女王一样，焦急地希望可以赶走西班牙在荷兰的势力，若在这场战争中，他们可以得到伊丽莎白女王的金援，那就更好了。

经过几周的协商，沃尔辛厄姆爵士直接向伊丽莎白女王表明，她必须做出决定："若陛下没有这样的意思，请告诉自己，这对你来说就是最糟糕的方法（无论女王陛下认定它的

338

效果如何）。"若女王陛下继续支吾其词，就可能失去其他贵族的友谊，于是伊丽莎白女王选择认定沃尔辛厄姆爵士支持她选择这段婚姻。当他返回英国时，便以开玩笑的口吻表示："你这无赖，为什么一直批评他（安茹公爵）呢？你简直像墙头草两边倒啊！"

* * *

七月份时，圣艾蒙·坎庇恩遭到逮捕，并被关进了伦敦塔大牢。隔天，他被送往莱斯特宅邸，接受莱斯特伯爵与其他参事们的讯问。根据一个米兰籍人士提供的内线消息："他应讯的态度相当有学问、慎重又温和，让伯爵们相当欣赏，伯爵们欣赏他的德行与学识，并表示他信天主教真是太可惜了。他们下令卸下他身上的枷锁，并要求伦敦塔中的狱卒们人性地对待他，给他一张床和其他生活必需品。"尽管如此，坎庇恩还是免不了遭到三度刑求，以透露他的同伙，同时撤回他的主张，但两点他都完全拒绝。随后他免不了面对肃杀的命运：他被吊死，罗马天主教会随后则将他立为圣人。

打压天主教徒全新的严苛法律，免不了引起反弹效果。秋天来临之际，菲利普二世威胁伊丽莎白女王要兴战，门多萨大使警告她，若不听信菲利普国王的忠告，"那就有必要看看，火炮是否能让她听得更清楚一点"。女王则相当沉着，"不带一点感情，仿佛重述一个闹剧情节般，以低沉的口吻"回答他。若他是想要威胁惊吓她，她平静地表示，那她只好把菲利普国王"放到一个他一个字都说不了的地方"。

在这样的当头，安茹公爵认定若他再度前往英国，亲自追求伊丽莎白女王，便能让情势对他有利，甚至还可能大赚一笔。于是在冬季时，他离开了部队，经过了惊险万分的旅程

339

后，他终于在十月三十一日从英国萨赛克斯的拉依登陆了，当他于十一月二日抵达里士满时，伊丽莎白女王公开地以热情的态度欢迎他，并在里士满宫附近找了一间宅邸让他住下：伊丽莎白女王亲自监督宅邸的翻修，并俏皮地表示他应该会认得里面的那张床。她也送给安茹公爵一支金钥匙，可以打开宫殿中的任何一扇门，还给他一把镶着宝石的火绳枪，而安茹公爵则送她一只昂贵的钻戒。

两人迅即恢复往昔恋人的角色，伊丽莎白女王对她的"青蛙王子"、"小摩尔人"或"小意大利人"说着一些无意义的甜蜜话，并告诉安茹公爵，他是她遇过"最忠贞不渝的追求者"。门多萨大使发现："一整个早上直到中午，伊丽莎白女王都不办正事，只待在房中与安茹公爵诉情衷，接着在中午过后，这样的情形甚至会维持到日落后的两三个小时。不知道他们在干什么邪恶的勾当。""忠贞的弗朗西斯"带来的一切都不算太好，宫中开始出现传言，指每天早上安茹公爵还在赖床时，女王便会带着一碗热汤前往探视。有人则是听说，安茹公爵表示渴望日日夜夜成为女王的入幕之宾，让她了解自己多善于陪伴。伊丽莎白女王更夸张的是，由安茹公爵陪伴她前往圣保罗大教堂参与宗教仪式，以消弭臣子们的忧虑，同时在教堂上下都能看见的地方，公然亲吻安茹公爵。

十一月十一日，门多萨大使通报菲利普二世，法国大使与安茹公爵的随行人员"视两人的婚事为势在必行，但英国大众则嘲弄这个想法，表示安茹公爵要的只是钱。显然女王将会尽可能地避免冒犯他，在安茹公爵重视的荷兰事务上给予承诺，以破坏安茹公爵的哥哥与陛下的关系，这是她最大的阻碍，同时她尽量保持不受干扰，等待时机，准备宣战"。

目前为止，安茹公爵已经开始忧心，伊丽莎白女王为何不公开宣布自己对他的感情。根据门多萨大使的了解，"当伊丽莎白女王与安茹公爵私下相处时，她尽量满足安茹公爵的要求，做到比任何女人对男人都要更好的地步，但她绝不会公开表态"。她也要求法国大使转告，要亨利三世在经济上援助安茹公爵。

十一月二十二日，伊丽莎白女王知道安茹公爵的耐心逐渐被消磨殆尽，伊丽莎白女王安排了一场给他的惊喜。根据门多萨大使的记录，伊丽莎白女王与安茹公爵在怀特霍尔宫的长廊中漫步时，身边有莱斯特伯爵与沃尔辛厄姆爵士相陪，

340　　　　法国大使来到跟前表示，他想要回信给主子，因为法王亨利三世下令要直接询问伊丽莎白女王对与他弟弟结婚的想法。女王回道，"请如此回应贵国国王：安茹公爵是我的丈夫人选"，接着她转向安茹公爵，在他的唇上深情一吻，再从手上拿下一个戒指，送给安茹公爵作为承诺。安茹公爵则回送一个自己的戒指，不久后，伊丽莎白女王将她的侍女与侍臣们召集到谒见室中，以相当大的音量，将方才的承诺又说了一次。

伊丽莎白女王的宣言，在英国境内与欧洲各地都引发不小的声浪。当奥兰治亲王威廉一世听闻伊丽莎白女王公开接受安茹公爵为丈夫时，下令全安特卫普大鸣钟声以庆祝。安茹公爵"简直乐坏了"，但莱斯特伯爵与海登爵士与女王身边的许多侍女都哭了。威廉·康登写着："廷臣们"的心情百感交集；有些人乐不可支，有些人羡慕不已，有些人则相当哀伤。伯利

男爵时因痛风不得不卧床，也兴奋地表示："称颂耶和华！"不久后，伊丽莎白女王便宣称，"在恋爱中失去了女性的庄重"，让她说出了超出原本意图的话。无论如何，她刚刚在有见证人的状态下所做的，就等于正式的订婚。

这天晚上，她坐在一群侍女中，显得相当疑虑和忧郁，侍女们则"不断哀诉并对她表达害怕之意，用各式各样的话语使得女王心烦意乱"，甚至睡不着。她试着忽视心中的疑虑，期盼法王会拒绝特使团带回去的条件，让她从承诺中解放出来。若他不愿这么做，她就只能额外提出其他更不可行的要求。若这些方式都行不通，她就必须确保英国国会否决这项婚姻。

隔天一早，伊丽莎白女王向安茹公爵表示，若再度过两个这种煎熬的夜晚，她可能就要安息了，于是她决定现在还不能与他成婚：尽管她对他的感情无法抹灭，但她必须为了全体臣民的福祉，牺牲自己的快乐。安茹公爵只能表示自己相当悲伤与失望，但当他有时间仔细思考后，他想出了一个办法，若他无法透过与伊丽莎白女王成婚来资助尼德兰基业，那他只好让她付点分手费了。

* * *

伊丽莎白女王与法方的全新协议，让菲利普国王终于在十一月份准备求和，表示他愿意原谅伊丽莎白女王过往对西班牙的挑衅，并表示愿意重签之前的《英国—西班牙联盟协议》。此举代表伊丽莎白女王此后的危机减少，但英国政府依然时刻不能松懈。 341

就如伊丽莎白女王所料，亨利三世看到她提出的意见后，果然露出"相当刻薄的表情"，对于伊丽莎白女王拒绝资助安茹公爵在尼德兰的基业一分一毫，忍不住破口大骂，法国方面自然也不愿答应伊丽莎白女王的要求，也就是要他们允诺若西班牙攻打英国，法国将会出兵相挺。毫无意外地，法王立即拒绝了英国开出的条件，当安茹公爵知道了英方的要求后，有人听见他喃喃地抱怨："女人心思难料，海岛民族个性易变。"

进入十二月，伊丽莎白女王对于好不容易摆脱的窘境，感到欢欣鼓舞，于是她向安茹公爵表示，若他愿意离开英国返回尼德兰，她就愿意借他六万英镑，协助他对抗西班牙势力。安茹公爵接受了这个条件，并安排于十二月二十日起程。根据门多萨大使侧面了解，伊丽莎白女王因为顺利摆脱了安茹公爵，因而在寝室中开心地跳起舞来，接着她也向萨赛克斯伯爵表示，自己对婚姻的厌恶感日渐加深。

然而一直到十二月底，安茹公爵依然出没在英国宫廷中，没有要离开的意思，并向女王表示，若要他不娶女王就离开英国，他不如死了算了。女王对此十分敏感，于是尖锐地问他，"难道要在她的国家威胁她这个老女人吗？"并表示从今以后，安茹公爵必须努力将她当成姐姐般看待，这一席话让安茹公爵爆发了一阵大哭，女王甚至不得不把自己的手帕借给他。

事已至此，伊丽莎白女王恨不得尽快摆脱他。现在她已经完全不想嫁给他了，安茹公爵却仍持续出没在英国宫廷中，让此事陷入尴尬局面。莱斯特伯爵提议用二十万英镑贿赂他，让他快点离开，但光想到要花这么多钱，就让女王惊骇不已。因此女王要伯利男爵转告安茹公爵，希望他在新年以前离开，才不用砸大钱送女王昂贵的礼物，但这一招也没有用。十二月三十一日来临时，安茹公爵变得更加难缠，不断提醒伊丽莎白女王，她已经承诺过要嫁给他，于是她给了他一万英镑。但他依然在英国逗留，担心若离开英国国境，就再也要不到更多钱了，这一点自然毋庸置疑。

在担忧安茹公爵的心情之中，伊丽莎白女王仍有慰藉。这一年十二月，她被一文不值的德文郡男子华德·莱礼爵士（Walter Raleigh）迷得神魂颠倒，当时他带着爱尔兰代表的信函，抵达英国宫廷，很快女王便要求这个新来的代表住下来，他接着很快成为女王身旁的亲信。

莱礼爵士出生于一五五二年，在牛津大学受教育；他是伊 342 丽莎白女王前家庭女教师凯瑟琳·艾希莉的大侄子。在青少年晚期时，他曾与法国的胡格诺派教徒一同并肩作战，一五七八年时，甚至陪伴他那同母异父的弟弟汉弗利·吉尔伯特（Sir Humphrey Gilbert）一同出海探险，然后才在爱尔兰代表的手下找到一份职缺。

他是一位优秀又多才多艺的男性：在那个年代，他同时身兼军人、冒险家、探险家、发明家、科学家、历史学家、哲学家、诗人与学者于一身，他也是一位相当具有说服力的演说家、称职的政治人物与国会议员，有解决各种难题的无穷能力。他勇敢无惧、敢于冒险，有气势逼人的男子气概，身材修长、皮肤黝黑，他的眼神锐利，还有明显的胡须。在有关伊丽莎白时期的宫廷轶事中，罗柏·依顿爵士曾提及，他是"一个风度翩翩的男子，长相俊俏、体型结实"。伊丽莎白女王对于他的聪颖、直率的态度与公正的观点感到印象深刻。"他可以说瞬间就抓住了女王的目光，女王也渐渐被他的演说迷住了，也爱上与他玩一问一答的游戏。事实上，女王将华德·莱礼爵士视为相当神圣的人，拥有世间所有的优点。"故意以他那德文郡口音来做文章，伊丽莎白女王昵称他为"华尔德"。莱礼爵士则称女王为月亮女神辛西亚，一五八五年时他甚至建议，英国在美洲新大陆东部的殖民地以女王来命名为"弗吉尼亚"。

有关莱礼爵士在伊丽莎白女王准备跨过一摊烂泥时，摊开自己的披风铺在地上的故事，首度出现在汤玛士·富勒（Thomas Fuller）十七世纪时的著作《英国名人》（*Worthies of England*）之中；这次的事件并未记录在更早的文件中。无论如何，这个举动与莱礼爵士的性格相当吻合，也符合他与伊丽莎白女王之间的关系互动。

莱礼爵士用一枚钻戒，在宫殿的窗上留下讯息，确保女王能看见，这一行为也深受富勒的赞扬：

> 我愿登高，但仍忧惧坠落。

据传伊丽莎白女王在这个句子下面刻下：

> 若心不定，登高无益。

莱礼爵士终生有相当多的著作，包括《世界史》（*A History of the World*）（1614 年）和许多政治文章、诗作，但因为他拒绝发表自己的作品，因此多数的作品都未能留存至今。一六一八年他因为一项莫须有的罪名遭执行死刑的前夕，他写下了这样的诗句，以《时光亦如此》为题，成为英国文学中最动人的一页诗篇，文中他写道：

343

> 自然之景，美德之选，
> 时光孕育出唯一仅有的惊奇……

噢，眼，穿透最纯净之心，

噢，手，俘虏了最崇高的心，

噢，理智，能跨越最深的沙漠……

除了敬爱汝，请允许我服侍汝。

不幸的是，莱礼爵士太过专注于自己的身份地位与天赋，"骄傲得可恨"，那是令人难以忍受的高傲，若有人不愿屈服于他的魅力中，他便显得相当不屑。他从不将这些人的敌意放在眼里。他的性格相当残忍，青少年时期曾两度银锒入狱，在爱尔兰时期，反抗军投降后，他也曾于蒙斯特诛杀六百多位西班牙籍雇佣兵。他是个恶名昭彰的骗子，也是个花言巧语、玩弄女性的人。根据约翰·欧贝瑞（John Aubrey）记载，莱礼爵士曾在一棵树下强暴了一位侍女。

"不，亲爱的华德！噢，亲爱的华德！"她虚弱地抗议着，但"危险与欢愉的刺激不断升高，她在狂喜之中哭着。后来还怀了孩子"。

莱礼爵士成为女王身边红人，过程仿如戏剧一般，不久后，他就被安插在斯庄特的杜伦宅邸，接着以各种昂贵闪亮的服饰现身宫廷；光是一双镶有宝石的鞋子，就要价一千五百英镑，让其他的宫廷人士显得相当寒酸。

他如流星般地快速窜起，自然而然地在莱斯特伯爵的心中引发相当大的妒忌与怨恨，他认为这个年轻人入侵了他的地盘，因此相当痛恨他。海登爵士也因此写了一封信，弥封在象征莱礼爵士小名华尔德的小盒子中，来表达他的忧虑，女王身边出现新的红人，让他逐渐遭到排挤。伊丽莎白女王向他再三保证，表示："若君主就如神一般（本该如此），自不会有任何产生混乱的疑虑。有许多试图影响她的卑劣之人，都让她相当保护自己的海岸，无论是怎样的洪水泛滥，都无法冲击。"因此他不需要害怕被淹没，她会派出信鸽，"只要看见彩虹，就能带来好的音讯与圣约，再也不会有洪水的侵害"。她就是牧羊人，而他理应记得"羊儿们对她来说有多重要"。

事实上，莱礼爵士自大自满又贪婪，一直以来都不受欢迎。"许多人都注意到，他常用尖酸的嘲弄与奚落式的责备"，他的骄傲，已经让他成为"当代最可怕的魔鬼"。"他甚至会为了杜撰一个玩笑，而不在乎失去朋友。"他的敌人们称呼他为"暴发户杰克"或"那个无赖"，也有人说他是"全世界、全宫廷、全城、全乡最讨厌的人"。但倔强不已的他，对自己的不受欢迎反而相当高兴，认为这是成功的象征。

就连女王也看见他那不稳定、不顾一切的天性，但她依然将他的天分运用在许多不同的面向上，指派他为四十卫士长，并于一五八五年册封他为骑士，只是她从未给予他重要的政治职务，也从未让他进入枢密院。他太过喜欢"故意唱反调"，是个"傲慢无礼、情绪极度激昂的人，总是喜欢支配他人"。相反，伊丽莎白女王赐予他油水丰厚的职缺、垄断商品。因此也让他过得丰衣足食，甚至还有闲情能满足冒险、研究与探险的渴望。

伊丽莎白女王的教子约翰·哈林顿爵士，此时也完成了在林肯法律学院的学业，在宫廷里崭露头角。他初试啼声便大获成功，宫廷人士对他的智慧与谈话技巧相当信服。伊丽莎白女王则相当欣赏他的"即席演讲"，但她可能没有发现，哈林顿爵士，私下为后代子孙记载了相当多关于她与当时宫廷的许多隽语轶事，再经过两百多年后才得以公之于世。伊丽莎白女王与教子的感情相当好，但哈林顿爵士从未滥用她的情感以得到宠信或谋取高位。

* * *

新年期间，安茹公爵送给伊丽莎白女王一副镶着珠宝的锚形胸针，象征坚贞不移。女王只好被迫再给予他一万英镑的礼遇，才终于说服了安茹公爵离开英国，而此时的伊丽莎白女王，对于安茹公爵持续现身宫中，已经变得相当暴躁，甚至夜里无法安睡，还常常发烧。一五八二年二月七日，在坎特伯雷依依不舍、泪眼汪汪地与女王话别后，安茹公爵总算在三艘英国军舰护航下起程前往桑德维奇，莱斯特伯爵与许多贵族都来送行。其实莱斯特伯爵一点也不想去，但伊丽莎白女王警告他，若不以尊敬的态度对待"这世界上她最深爱的人"，他就要遭殃了。女王也仰赖莱斯特伯爵秘密地为她向奥兰治亲王威廉一世传递口信，要他确保安茹公爵再也不会回到英国。此时，伊丽莎白女王并不知道，萨赛克斯伯爵早已暗中要求奥兰治亲王威廉一世在尼德兰居留莱斯特伯爵，但女王命令莱斯特伯爵事成后立即返国，阻挠了这个计划。

伊丽莎白女王装作因失去挚爱而悲愤不已，表示自己再也无法在怀特霍尔宫待下去了，"因为这里充满了他与她的回忆，而她一点也不想与之分离"。她不时哭泣，并告诉莱斯特伯爵与沃尔辛厄姆爵士，若此生无缘再见安茹公爵，她简直连一个小时都活不下去；她甚至承诺，只要法王同意，安茹公爵六周内就能回到英国境内。她甚至在紧身裙内放上一本镶着她与安茹公爵画像的小祈祷书，这本书的复刻版现珍藏在大英图书馆中。她向门多萨大使表示，若能让她的青蛙王子再回到泰晤士河中优游，她甘愿花上百万英镑，而且她也持续与安茹公

345

爵互通情书。而安茹公爵的回应，则是假装两人仍有婚约在身，拼命逼迫伊丽莎白女王说出一个期限。伊丽莎白女王知道，不戳破这个谎言，尽可能地维持两人的暧昧关系，对自己绝对有好处。而她当然也顺利地达成了目的，用英法同盟的力量制衡西班牙，让菲利普国王不敢轻举妄动，同时也避免了与尼德兰开战的可能性。

二月十日，安茹公爵抵达法拉盛，满心想要以荷兰新教之名出兵。但莱斯特伯爵却向女王表示，这个未来的征服者"简直老而无用，像是离水的鱼，姿态高，却快干枯而死"；伊丽莎白女王惊声尖叫地责骂他的傲慢无礼与拙劣的嘲弄，并指他与他们一家一样，都是叛国贼。结果安茹公爵却发现新臣子们带来的限制，大大地削弱了他的权力，他的无能也害了自己。最后，在帕尔玛公爵夺下一个又一个城池之际，他只能百无聊赖地打网球、打猎，对于反抗军的不支持及安茹公爵天性的怠惰，伊丽莎白女王的怒气也显得十分无力。"天啊，亲王，您疯癫了吗？"她曾在一封信中大发雷霆。"您对维系盟约似乎不以为意，反而不断削弱联盟之谊！"

一五八三年一月，因为荷兰反抗军对他的诸多限制，他再也无法忍受，于是安茹公爵背叛了他们，并针对反抗军的许多城市发起多次攻击。"法方从未面对如此不光彩之事。"一位英国特使写信向沃尔辛厄姆爵士透露此事。这次意外的结果，导致安茹公爵不得不离开尼德兰返回法国，他的梦想破灭，帕尔玛公爵的地位反而更加巩固。从此荷兰反抗军对法国势力的介入不再怀抱希望，于是转向奥兰治亲王威廉一世做他们的领袖，以及他们对抗西班牙威胁最大的救赎。

安茹公爵离开英国，预示着伊丽莎白女王最后的爱情生涯告终，她自己也明白这一点。"我是个老女人了，若要说婚姻，由念主祷文时的念珠陪伴我便已足够。"她哀伤地向臣子们表示。都铎王朝将在她手上终结，直到她卸任的那一天之前，她都必须面对继承问题悬而未决，且有更甚以往的急迫性。更重要的是，她失去的可能是她最重要的谈判筹码：婚姻的可能性。"她再也不是人人争抢的婚配对象"：她已经年华老去，也没有能力孕育下一代。现在枢密院的所有参事都只希望她能将苏格兰女王摒除在王位继承权之外。

* * *

一五八二年五月，吉斯家族、罗马教皇、西班牙的菲利普国王与耶稣会一同联手，在巴黎酝酿推翻伊丽莎白女王的天主教谋反计划，他们的目的是让玛丽·斯图亚特登基成为英国女王。

英国政府此刻也早已注意到，耶稣会传教士在英国有多么成功，但伊丽莎白女王依然不愿采取更强硬的手段来对付天主教臣民。"女王陛下总算渐渐了解，天主教鬼子的势力增加，已经威胁到英国王权。"莱斯特伯爵表示。"感谢神的怜悯，让她总算看清这一切！"

十月份，沃尔辛厄姆爵士派出的探子，得到一份苏格兰女王所写的密码文件，显示她又图谋不轨了。从那一刻起，她的对外通信都受到严密审查，她身边的仆人也更进一步地严加看管她。

到了一五八三年春天，玛丽·斯图亚特与她的天主教盟友们拟订一个计划，让她得以重返苏格兰，与儿子詹姆士六世一起担任国家的共同治理人。这个计划从一开始就注定失败，因为玛丽·斯图亚特坚持主要王权须移转归于她，对此詹姆士六世肯定会抗议。苏格兰也不见得会欢迎一个天主教女王复辟。伊丽莎白女王已经注意到逐渐成形中的阴谋,但她并未认真对待,只是针对苏格兰女王带来的问题相当焦虑地要找到解决方法,避免造成流血事件。玛丽·斯图亚特一厢情愿地认定,詹姆士六世对自孩提时期就未见过的母亲相当孝顺忠诚,一定会合作完成这项计划,但尽管年轻的詹姆士六世曾表达希望母亲恢复自由的渴望,他最主要的目的,还是希望保护自己的利益与地位,且不仅限于苏格兰,还包括英国王位的继承权。

沃尔辛厄姆爵士依然追着玛丽·斯图亚特不放。同时他也发现,尼古拉斯·瑟洛摩顿爵士的侄子弗朗西斯·瑟洛摩顿(Francis Throckmorton)是天主教徒,且常常夜半秘密造访法国大使馆。他怜悯玛丽·斯图亚特的立场鲜明,沃尔辛厄姆爵士马上正确地推断出他就是玛丽·斯图亚特的间谍。事实上,他与吉斯公爵和耶稣会之间都有联系。但当时沃尔辛厄姆爵士并不知道他这些举动背后真正的目的,因此在接下来的六个月内,他仔细地监视着瑟洛摩顿爵士与法国大使。

* * *

五月份,在特欧伯兹,伊丽莎白女王终于注意到伯利男爵与莱礼爵士的请求,经过他们多次在谒见女王时以"苦涩的眼泪与说情",在这一感人气氛下女王原谅了牛津伯爵与安妮·伐瓦梭尔私通一事,让他得以重返宫廷。

菲利普·西得尼现在是女王身边的一大亲信,一五八三年,女王册封他为骑士,同时同意了他与法兰丝的婚事,法兰丝是弗朗西斯·沃尔辛厄姆爵士独生女兼继承人,这桩婚事也让沃尔辛厄姆爵士感到与有荣焉。

七月份时，伦敦主教格林多逝世，死时依然蒙羞，女王　347
选择拔擢前伍斯特主教约翰·惠特吉夫（John Whitgift），成
为她在位期间第三任也是最后一任坎特伯雷大主教。惠特吉
夫大主教是伊丽莎白女王的好友，相当支持女王对宗教统一
的坚持，自从他的授任后仿佛是对清教主义的反动，对拒绝
遵奉英国国教的人采取相当严苛的手段。他是相当严格的新
教徒，倾向加尔文主义，是一个认真、固执己见又不屈不挠
的人，同时也是一个诡计多端的政治人物——一五八六年他
成为枢密院一员——严格执行宗教纪律。在惠特吉夫雷厉风
行的作风下，不到十年，清教主义便失去立基，再也无法威
胁圣公会教派了。

这一年七月，莱斯特伯爵发现自己"因为婚姻问题更加
失宠"，他在女王面前擅自以"比过去更平常的态度"提及他
的婚姻。他甚至大胆以最近莱蒂丝的女儿多丽丝·德弗萝小姐
（Lady Dorothy Devereux）与亨利八世的私生子约翰·佩洛特－
加龙省爵士（Sir John Perrot）之子，也是日后的爱尔兰代表
托马斯·佩洛特－加龙省（Thomas Perrot）私奔一事，来测试
伊丽莎白女王的反应。佩洛特－加龙省家族是恶名远播的冒险
家族，女王向来不认同他们。约翰·佩洛特－加龙省爵士因疑
似与西班牙勾结谋反，于一五九二年死在伦敦塔中。伊丽莎白
女王并不喜欢他，当然也不认为他的儿子配得上艾赛克斯伯爵
的姐妹，但她却胆敢在未经君主同意之下秘婚，伊丽莎白女王
认为这一定是多丽丝的母亲带来的负面影响。女王的狂怒简直
难以平息：她将多丽丝驱逐出宫，把托马斯·佩洛特－加龙省
关进了舰队街监狱，并指莱蒂丝是"豺狼虎豹"，她要向所有
基督教宫廷宣布她是个坏女人，甚至认定莱斯特伯爵是个妻子

不贞的没用丈夫。但到了八月底,和平重新恢复,传闻中,莱斯特伯爵"再度回到女王陛下身边,仿佛过去十年来,从未有过任何阴影"。

这一年萨赛克斯伯爵死后,莱斯特伯爵最大的敌人也消失了。就连在巴蒙吉家中,逝世前的那一刻,萨赛克斯伯爵都仍不住地吐露,自己对莱斯特伯爵的愤慨,并向枢密院其他参事表示:"我即将前往另一个世界,留下你们面对命运与女王的恩典,请小心那无赖,他肯定不会好好对待你们。你们对这家伙的认识没有我深。"萨赛克斯伯爵离世后,反对莱斯特伯爵的人纷纷噤声,未来他要面对的,是来自暗处、更狡猾的敌人攻讦。

事实上他的势力正逐渐缩减。伊丽莎白女王常常忽略他的建议,尤其在尼德兰事务上。莱斯特伯爵认为,在荷兰这块土地上的西班牙人不除,英国一天都不得安宁,而他一直希望能诉诸武力来解决这个问题。

348　　　　此时的莱斯特伯爵已经五十岁了,变成一个肥胖、秃头的男子,还有高血压带来的偏红气色。他的身体并不好,常有胃痛的情形,而这可能是癌症的警讯;尽管他饮食小心,偶尔前往巴克斯顿进行矿泉疗法,但却始终效果有限。他的健康情形差,也导致他变得脾气不好、更加暴躁,无视于他人的批评,同时将所有人视为敌人。他的朋友们对他性格的转变产生强烈反弹,约翰·艾尔墨主教曾如此写道:"过去我眼中的你,是温和、谦恭又友善的人。我痛恨现在的莱斯特伯爵,却想念以前那个人人称羡的莱斯特伯爵。"

在女王的心目中,莱斯特伯爵依然有相当特殊的地位,但他也发现,自己难以与年轻的新一代亲信们竞争,如莱礼爵士及更年轻的查尔斯·布朗特（Charles Blount），布朗特是蒙裘依勋爵年仅二十岁的弟弟，最近才抵达怀特霍尔宫，在晚宴上见到女王。意外发现了这个魅力十足的陌生人，女王随即询问他的名字，而查尔斯·布朗特却羞红了脸。于是女王伸手招呼示意他上前，然后说："若未通过考试就进宫来，我可以帮你安插个好位置。"当布朗特结束了法律相关训练后，随即想起女王的允诺，蒙受莫大的恩典，受到女王拉拢，进入她身旁那俊俏的男性宠臣圈子中。

* * *

一五八三年九月，伊丽莎白女王度过五十岁生日；此刻她已统治英国长达二十五年。

一五八三年十月，一位来自华威郡愚蠢荒唐的年轻天主教分子约翰·索默维尔（John Somerville），受到耶稣会宣传的煽动，吹嘘自己要去伦敦掏枪射杀女王，还"希望把她的人头插在竿子上示众，因为她是个蛇蝎女人"，因而遭到逮捕。他被打入纽盖特监狱判决死刑，但在行刑前，他就在牢房内上吊自杀了。

这起事件曝光后，英国境内兴起一阵对伊丽莎白女王的爱国风潮。十一月份，法国大使回报，当伊丽莎白女王前往汉普顿宫时，大批民众沿路跪拜，给予"成千上万的祝福，盼望若有邪恶之人企图伤害女王，能被及早发现并接受该当的惩罚"。女王得不断停下脚步来感谢他们的忠诚，并告诉法国大使"她非常清楚没有任何一个子民不喜欢她"。

20　国内外的难题

　　一五八三年十一月，弗朗西斯·瑟洛摩顿在伦敦家中就逮，在他家中搜出各种"罪大恶极的宣传手册"、天主教鬼子名单，以及他国船舰能顺利入侵的港湾记录。更令人感到不祥的是，门多萨大使显然涉入这些阴谋极深，这让沃尔辛厄姆爵士感到相当诧异，因为他怀疑的对象主要聚焦在法国大使身上，但若法国大使早知这些阴谋，可能早就避开以免受牵连。

　　尽管在伦敦塔中遭到刑求，瑟洛摩顿仍不愿吐露实情，但在女王下令二度施行肢刑后，他的勇气尽失。"现在我被迫吐露她的秘密，这对我来说是世界上最珍贵的东西。"他悲叹道。他透露这些阴谋背后主要的目的就是菲利普国王"对英国的企图"，其主要目的就是让玛丽·斯图亚特成为英国女王。罗马教皇、吉斯家族与耶稣会都涉入此案，计划分四波攻击进行，主要战场为苏格兰、爱尔兰、萨赛克斯与诺福克，而参与起义的则为英国与欧洲各地的天主教徒。计划进行得相当完整，只剩在英国发起叛乱行动。玛丽·斯图亚特与门多萨大使，都全力参与计划每个阶段的执行，但沃尔辛厄姆爵士在监视玛丽·斯图亚特的通信中，早已猜到玛丽·斯图亚特在搞鬼，因为她在多封信件中都漏了口风。

　　"相关事证显示，她想要骗我们放松戒心，"伊丽莎白女王做出此结论，"这样我们就不会发现他们在英国境内与欧洲各国的阴谋诡计。"

　　英国政府认定这是一个相当危险的谋反行动，因此主动出

击，捉拿瑟洛摩顿名单中的几位天主教贵族。有些人被关进伦
敦塔，有些人听到风声已经逃窜海外。这回因为有足够的证据
定罪，因此宫廷人士坚决要求女王将玛丽·斯图亚特绳之以
法，但却遭到女王断然拒绝。但她同意在泰伯恩行刑场处决瑟
洛摩顿，并将门多萨大使驱逐出英国。门多萨大使临别前的最
后一击，表示他的主公将会以战争报复这样的屈辱。但一直到
伊丽莎白女王卸任前，西班牙都未再派遣任何一位大使前来英
国。

350

　　英国国会与枢密院都想采取军事行动，欲以强烈的行动
来保护女王，并呼吁女王尽快对玛丽·斯图亚特采取"最
后"的手段。但女王依然犹豫不前，而这次莱斯特伯爵也站
在她那一边，他提议将继续以尊荣高贵的方式囚禁玛丽·斯
图亚特，这样的策略是为了英国的利益，若有一天玛丽·斯
图亚特真的登上英国王位，她也会记得自己的命是谁给的。
但在其他人都想要玛丽·斯图亚特的项上人头之际，这个意
见显得相当孤单。

*　*　*

　　一五八四年六月十日，安茹公爵因一场高烧在法国沙托特
里逝世。安茹公爵之死意味着法国王位已经没有瓦洛王朝的血
脉来继承，法王亨利三世膝下无子，法国王位只好传承给他的
一位表亲，纳瓦拉的胡格诺教派领袖亨利·德·波旁（Henry
of Bourbon）。

　　安茹公爵的死讯传来时，伊丽莎白女王显然陷入哀伤，整
整三周，几乎天天都在公开场合中哭泣，让旁观者都明了，她
对她的"小青蛙"感到相当不舍。英国宫廷也被迫为安茹公
爵哀悼，伊丽莎白女王甚至身穿黑色服装悼念了长达六个月。

"宫廷气氛一片忧伤,"沃尔辛厄姆爵士这样告诉一位朋友,"许多公开与私下的因素,让我们一整季神伤。"

伊丽莎白女王则写信慰问凯瑟琳·梅迪奇:

尽管您是安茹公爵的母亲,但我的哀伤并不逊于您。您还有其他孩子得以寄托,但我却毫无其他慰藉,此生无缘再见,只盼死后我能与他重逢。夫人,若您能看进我的心坎里,便能看见一个没有灵魂的躯壳,然而您有太多沉重负荷,我不想再以哀伤令您烦忧。

但并非所有人都认可她的诚意。当伊丽莎白女王向法国大使表示"我是个丧夫的寡妇"时,法国大使直指她是一个"非常懂得依照时势所趋调整自己的君主"。

此时传出了更糟糕的消息。奥兰治亲王威廉一世于七月十日在台夫特惨遭暗杀一事,震惊了欧洲各地的新教团体。这起暗杀事件背后的主谋,显然就是菲利普国王,此事对伊丽莎白女王来说代表着不祥,英国臣民们都相当担心她会是下一个受害者。现在,伊丽莎白女王与帕尔玛公爵的军队在尼德兰的对垒已经毫无阻碍,因为气势衰退的法王亨利三世正忙着处理宫廷中的派系问题,避免派系斗争白热化,而安茹公爵又已不幸去世。帕尔玛公爵的军队逐渐获得优势,拿下了一个又一个城池;伊丽莎白女王则认为,只要西班牙成功征服尼德兰,到时若找不出任何领袖来接替奥兰治亲王威廉一世的位子,菲利普国王接着就会放眼英国。因此,打压苏格兰女王不轨的举动有其迫切性。

玛丽·斯图亚特现已四十二岁,十六年的禁锢生涯,早已侵蚀了她原有的美丽与健康情形。她的头发变得灰白，体态臃肿，同时为风湿病与身体的慢性疼痛所扰。尽管英国政府多次同意让她前往巴克斯顿做矿泉治疗，但她的状况却一点也没有改善。

一五八四年，玛丽·斯图亚特主要居住在谢菲尔德城堡，在士鲁斯柏立侯爵的看守下生活。但偶尔当谢菲尔德城堡要进行清洁工作时，她就会住在士鲁斯柏立侯爵的其他住所。士鲁斯柏立侯爵负责审查她所有的通信内容，每当她在许可的状态下出外透透气，侯爵都会派遣一整队的守卫陪伴着她。事实上，无论城堡内外，玛丽·斯图亚特的身边都是守卫，到了夜间，甚至连附近的城镇与乡村都有守夜人。任何想要进入城堡外围地区的人，都必须回答自己来访的目的；若没有得到枢密院书面批准，任何人都不得进入城堡，也不得与玛丽·斯图亚特交谈。若她要接见访客，也都有人随时在一旁监视。

玛丽·斯图亚特非常痛恨这些限制，但她仍保有女王般的尊荣。她的家眷约有四十八人，此外还能挑选仆人，并给付仆人薪资、她的饮食与燃料所需的费用，尽管每年将近一千英镑，但伊丽莎白女王全都买单，她甚至可以在君主专用的顶篷下用餐，每次用餐时都能享用正式的两道菜餐点，而每道菜都有十六种选择之多。她也得以享受打猎的乐趣，但她的风湿病常常让她无法尽情享乐；因此她便与侍女们一同作精致刺绣手工，或是逗弄她身边许多赏玩用的小狗与鸟儿。她曾向友人表示，这一生除非成为英国女王，否则她可能都无缘踏出这囚锢她的大牢，因此尽管风险极高，她仍一而再再而三地想要达到目的，无视于严格监督着她的所有眼光。几年过去了，她与英国境外友人的通信越来越困难，这时的她只能仰赖愿意帮她突破沃尔辛厄姆爵士铺天盖地严密检查的家仆。

一五八四年八月，沃尔辛厄姆爵士决定加强玛丽·斯图亚特身边的安全检查；士鲁斯柏立侯爵承担看守玛丽·斯图亚特的重大责任多年，开始倾向对她仁慈宽大，现在，看守玛丽·斯图亚特的工作偶尔也会由拉尔夫·赛德勒爵士（Sir Ralph Sadler）进行。隔月，沃尔辛厄姆爵士出示一封信给伊丽莎白女王看，证明她的表侄女依然密谋要推翻她，玛丽·斯图亚特因而从谢菲尔德移监前往斯塔福德郡的温菲德，到了一五八五年一月，再度被关进那令人望之生畏的特伯利城堡。在那里要出外打猎的可能性变小了，她要请人挟带信件也更加困难。尽管她对此大加抗议，并抱怨特伯利城堡又湿又冷，但她依然能维持生活水平，且历史证据也显示，英国政府提供了相当充足的饮食与燃料。当然也有人直截了当地告诉她，因为苏格兰的生活水平远低于英格兰，因此"当她身在自己的国家时，绝不可能接受如此高规格的款待"。

但这一切也无法确保伊丽莎白女王的安全。一五八四年秋天，忧虑的声浪让英国境内的士绅贵族全都动员起来，采取更严格的预防措施以对抗英国王权受到的威胁。一名耶稣会神父克雷顿遭到荷兰政府逮捕，他身上带着一份文件，详细记载了菲利普国王那恶名昭彰的"对英国的企图"，让英方的敏感神经与愤慨顿时爆发。

莱斯特伯爵提议组成一支新教卫士联盟，这些人必须宣誓必要时愿意以女王之名抛头颅洒热血；若苏格兰女王涉及谋反欲取伊丽莎白女王的性命时，就算是偷偷摸摸的地下运作，都必须摧毁掉她。此举得到枢密院许多参事支持，传言女王可能也相当支持，只是她随后否认。这个誓言被称为联盟誓约。这一年十月，当英国政府将这个行动公之于世时，完全击中了社会大众的忧虑，在全国各地得到上千名卫士的热烈回响，他们纷纷加入卫士联盟并大胆宣誓。他们完全不在乎是否会冒犯到信仰天主教的邻人，大声宣告宁愿面对内战也不愿接受天主教鬼子当他们的君主。在伯利男爵的教唆下，有人将联盟誓约让玛丽·斯图亚特过目，以此举清楚地向她表明，若她继续挑衅，她的性命可能会受到重大危机。

玛丽·斯图亚特在罪证确凿的状态下，表示自己对推翻伊丽莎白女王的任何阴谋都不知情，甚至在联盟誓约上签下了自己的名字；两天内，她便着手撰写了一封信件给西班牙菲利普国王，要他尽快将"对英国的企图"付诸实践，就算要她赔上性命也无所谓。

伊丽莎白女王对自身安危相当不重视，甚至到了令人挂虑的地步，而宫中的男性参事们对她那犹豫不决的女性特质感到相当疼惜；他们为了捍卫她的利益，甘愿不惜牺牲性命。尽管臣民上下一心地对她展现忠诚与情感，让她感动不已，但她仍不愿轻易允许所谓的私刑制度，只表示她绝不会轻易地"为了某一个人的错"把另一人杀死，也不愿意允许任何可能影响臣民道德良知的法条。英国国会也有相同的看法，坚持在通过成为法律之前，联盟誓约必须先行修正。从今以后，任何密谋叛国的"不法之徒"，在"面对极刑"之前，都必须先经过审判。

为了避免新法上路后，玛丽·斯图亚特可能要面对审判的窘境，伊丽莎白女王再度尝试与詹姆士六世沟通，盼望他愿意与母亲权力共享。然而尽管苏格兰王詹姆士六世积极想要与英国结盟，但他仍清楚表明自己并不希望母亲回到苏格兰来制造麻烦。伊丽莎白女王这才发现,对于詹姆士六世的背叛,玛丽·斯图亚特被蒙在鼓里好几个月。

＊　＊　＊

十月份,一本名为《莱斯特国协》的册子,恶意地攻击了莱斯特伯爵,这本书四处流传散布,内容重复叙述着过去到现在,关于他的各种下流、破坏名誉的流言。册子里做出更严重的指控,直指他是个连续杀人魔、性好勒索敲诈,更是个不折不扣的罪犯。这本册子严重地扼杀了他的人格,而且撰写得相当出色,让许多人都相信了它的真实性。莱斯特伯爵向来不是受欢迎的人物,在这个事件当中,仅有的站出来为他说话的人,就是菲利普·西得尼爵士与伊丽莎白女王。伊丽莎白女王下令查禁这本手册,并宣称"只有恶魔"才会相信这些恶意的谎言,并写信给伦敦市长,大赞莱斯特伯爵"对国家的服务、对宗教的忠贞与其他可靠的行事风格"。

几乎可以确定《莱斯特国协》是耶稣会的杰作,在安特卫普或巴黎印制,但这本册子与过去其他的册子不一样的是,书中含有近乎真实的许多细节,也因此增加了它的可信度。许多人都认为,书中内容的真实性,就是它遭查禁的主因。这些杜撰的故事流传了将近三个世纪,这段时间,莱斯特伯爵一直受到多数史学家的诋毁,被形容成无耻的冒险家与弑妻凶手,一直到了近代,《莱斯特国协》中的瑕疵才被正式揭露,为莱斯特这个女王的忠仆平反。

因为他试图让儿子[9]与雅贝拉·史都华结婚,因此,莱斯特伯爵的敌人们也质疑,透过这个举动,他是否想要重蹈覆辙,制造与父亲护国公诺森伯兰公爵与简·格雷小姐一样的阴谋。玛丽·斯图亚特认定,哈维克的贝丝小姐策划"孙女雅贝拉成为英国王位继承人"一事，简直是"徒劳无功"，同时写信要求法国大使，确保伊丽莎白女王了解这个情形。然而莱斯特伯爵却说服女王，他让两人成婚最主要的目的，只是巩固英国与雅贝拉的表哥詹姆士六世之间的关系。

此时，莱斯特伯爵与伊丽莎白女王之间的关系，已经达到新的境界，两人不再互相认定为爱侣，也不再交换书信诉情衷，而是以老朋友的姿态相称，长达四分之一个世纪的共同生活与情感，维系着两人。宗教也是两人的共通点之一，也是莱斯特伯爵写给女王的许多信件中的主题，包括这一封他于一五八三年写给女王的信：

> 衷心感谢陛下亲切的问候。您可怜的"眼睛"除了向神祈祷外，别无报答之法，盼神能永远保您平安、健康与喜乐。因为神的仁慈，亲爱的陛下，让您避开许多恶意的侵害。女王陛下维持并建立了神眼中真正的宗教，抵御各种人为的手段与诡计，因此我们看到神赐予您的恩典。愿神佑您有披荆斩棘、乘风破浪之势。

他们两人依然有时争吵，一次莱斯特伯爵告诉海登爵士自己不参加枢密院会，因为"这么多双眼睛都看到，从女王陛下口中公开吐出，是我毕生最大的耻辱"。就算经过这么多年，女王那些带刺的话还是能深深伤害他，但最后他总是会原谅并遗忘，不过，有时候伊丽莎白女王也会道歉。

一五八四年时，莱斯特伯爵带着他的继子，年仅十八岁的小艾赛克斯伯爵来到宫中，他那"讨人喜欢的个性、雅致的风格、与生俱来的殷勤礼貌，几乎随即为他赢得女王与所有人的心"。莱斯特伯爵因此感到十分满意,殷殷期盼小艾赛克斯伯爵能取代那讨人厌的莱礼爵士在女王心目中的地位,但伊丽莎白女王还需要一点时间,才能认清小艾赛克斯伯爵不只是个俊俏、有教养的小男孩而已。

*　*　*

这一年的年终时,又爆出另一个与伊丽莎白女王作对的阴谋。一位威尔士国会议员威廉·派瑞(Dr. William Parry),秘密躲在女王在里士满宫的御花园中,企图在她散步透透气的时候刺杀她,但当女王现身时,他被女王庄严的气势震慑住,甚至看到她的父亲亨利八世的身影,尽管他已下定决心,但他的手就是不听使唤。

355　　　他谋杀女王背后的动机有各式各样的传闻:派瑞到过欧洲各地旅行,罗马教皇必定认为他是玛丽·斯图亚特的代表,也是她派驻在巴黎的探子;但派瑞其实也是英国的双面谍,秘密为伯利男爵效力,他从欧洲返国时便已事先通知伊丽莎白女王,他要演一出谋刺未遂的戏码,以利他打入天主教鬼子的圈子中。女王赐予赏金,接着派瑞询问一位合伙人,愿不愿意当那个谋刺女王的人,因此在演出谋刺未遂的戏码前,就因行为怪异而遭人侧目。他也许和前一年的约翰·索默维尔事件一样,精神错乱了,但在审判过程中,他仍能清楚地否认自己意图不轨。

他谋杀女王的意图引发反弹声浪,英国政府方面甚至不想给予其判决前无罪的人权。"想到可能失去这么珍贵的东西,我全身的关节都在颤抖。"一名国会议员记录下这样的心情。英国下议院呼吁女王让他们执行比死刑还可怕的刑罚,来惩罚这些叛国贼,还有更多人要求将玛丽·斯图亚特就地正法。伊丽莎白拒绝了这两种声音,但到了一五八五年二月,她总算同意判处派瑞绞刑。同时英国国会通过新的法令，要求神学院教士四十天内离开英格兰，否则就要面对通敌叛国罪名的惩罚，而沃尔辛厄姆爵士也开始着手征召更多密探。

尽管女王向国会表达感激之意，谢谢他们"维持我生命的安全，你们的忧虑对我意义深重"，但对于英国孤立的状态与更多意图刺杀她的举动，她依然不为所动。"他们想要夺我性命，"一位来自英国于一五八三年建立的殖民地纽芬兰的代表，曾听过女王如此表述，"但我没什么好害怕。主宰一切的神一直保护我到这一刻，也将会保我安康，我相信神的大能。"

她坚持不改变自己的生活方式，也不愿在臣子们的殷殷期盼下，受到维安加强的限制。她和过去一样，常常出现在民众的眼前。当她与臣子们到乡间漫步时，她也仅让卫士们"带着轻巧的武器"。她也不愿听从莱斯特伯爵的建议，禁止倾向天主教的人士进宫。这导致枢密院成员总是为她的安危感到焦虑，但同时对于她的勇气也相当佩服。

* * *

三月份，詹姆士六世写信向母亲表明，若要他与"被困在沙漠中"的人联手，是绝对不可能的事情。面对儿子的背叛，玛丽·斯图亚特伤心欲绝，在了解到自己透过外交途径协商重获自由的希望破灭后，她也感到分外愤愤不平。

"唉！"在一封情感丰富的信件中，她向伊丽莎白女王哀诉着，"从未见过如此可恶的不孝子，身为独子，却剥夺母亲的王权与皇室地位？"她矢言抛弃詹姆士。"在这么多基督教国家中，我一定能找到一位有能力掌握我给予的一切的人。"为了避免表阿姨误以为自己在打英国王位的如意算盘，苏格兰女王赶紧补充说明，表示"她比任何人都厌恶这些可怕的作

356

风与恐怖的行动"。但私底下的她已经决定将她对英国王位的继承权与野心转给西班牙的菲利普国王。

四月份，阿米爱斯·伯勒特爵士（Sir Amyas Paulet）被指派为玛丽·斯图亚特的管理人，总算得以更严格的监督管理来限制玛丽·斯图亚特的各种行为。伯勒特爵士此时将近五十岁，是一位恪遵规则的人，他以强烈的清教主义观点闻名遐迩。当玛丽·斯图亚特了解这个人的观点时，她相当激烈地大表反对，这不只是因为他"完全没有骑士的资格"，还因为他的容忍度比多数与她信仰同一个宗教的人都要低，阿米爱斯·伯勒特爵士在巴黎担任大使期间，对玛丽·斯图亚特派驻巴黎的探子都相当严酷。但伊丽莎白女王选择伯勒特爵士的原因，是他"对神相当虔敬，对我们十分忠心，可说是相当正直的人，自出生就非常高贵"。他的诚实与对君主毫不畏缩的忠诚，在担任泽西岛总督时便展露无遗，伊丽莎白女王可以完全信任与仰赖他，绝不会受到苏格兰女王的奸计或魅力所诱。事实证明，他是一个非常勤勉又严格的管理人，他的警觉一刻也不松懈，也从不擅离职守，对于玛丽·斯图亚特试图拉拢他的举动，维持一贯不为所动的态度。

上任后，伯勒特爵士刻不容缓地在玛丽·斯图亚特居住的环境中大行"严苛的改变"，玛丽·斯图亚特随即发现，在伯勒特爵士的管理之下，她的人生将过得更加辛苦，也将与整个世界隔绝。伯勒特爵士检查她的每一封信：什么也逃不过他的法眼，许多外国友人寄给她的信件，在沃尔辛厄姆爵士的桌上堆积成山。伯勒特爵士不允许访客拜访玛丽·斯图亚特，并在城堡四周加强维安。玛丽·斯图亚特的仆人们，都不准到城墙上走动，当玛丽·斯图亚特出外散步时，身旁总是陪着大批重装军人，不让任何当地民众接近她。而她也不准施舍救济品给路上的穷人，对此她认为这个规定相当没有教养。

伯勒特爵士的安全规范只有少数漏洞，玛丽·斯图亚特的洗衣妇就住在邻村，定期会来到城堡中，对于这位洗衣妇带来的危险，伯勒特爵士似乎束手无策。除非他每次都要求这些人脱衣检查，但对于他这么正直的人来说，根本不可能，他无法完全确定他们没有挟带玛丽·斯图亚特的口信出去。他能做的就是严密监视这些人。

一五八五年时，英国与西班牙之间的关系更加恶化。五月份时，菲利普国王为了报复英国攻击他的船只，下令没收停泊在西班牙港湾的所有英国船舰，成为他在里斯本的船队组成部分。尽管不愿意，但他已准备好与英国开战，他认为这是他的神圣使命。三个月后，伊丽莎白女王在无双宫与荷兰签订协约，荷兰成为英国唯一的盟邦。九月份时，她又指派德瑞克爵士为舰队司令，提供一支有二十二艘船与两千人的舰队给他，派他出航准备占领西班牙在加勒比海的许多一流海港。德瑞克爵士的任务非常成功：他在西班牙海岸占领了维戈港，接着前往东印度群岛，劫掠了圣多明各、古巴的哈瓦那及南美洲西班牙属地首都卡塔赫纳。

357

此事让菲利普国王感到万分羞辱，但伊丽莎白女王却表现得仿佛与她无关一般：她乐悠悠地表示，德瑞克爵士"根本不在意我同不同意他的举动"。在这次的挑衅举动中，她最主要的目的就是让菲利普国王忙着四处抵挡，同时也让他亲眼见识英国海军的威力。

*　　*　　*

七月底，莱斯特伯爵那年仅五岁的独子与继承人登比勋爵，因一场疾病不幸于温斯特死亡，闻此消息，原与伊丽莎白女王一同造访无双宫的他，在没有得到女王同意的情形下，擅自赶往温斯特去安慰他的妻子，留下海登爵士不断向女王致歉，并解释他匆匆离去的原因。听到这个消息，伊丽莎白女王十分感伤，于是派亨利·奇里格鲁爵士（Sir Henry Killigrew），向莱斯特伯爵表达哀悼之意。

儿子之死，让莱斯特伯爵大受打击。年老、体衰、孤寂，他经过深思熟虑后，打算从公仆生涯中退下。而海登爵士则写了一封慰留信，才终于劝服他别这么做，塞西尔则提出他与他"那可怜的太太"莱蒂丝，在特欧伯兹暂时栖身，一起面对哀戚的情绪。就在不到一个月内，传来了令人兴奋的消息，经过长久的等待，莱斯特伯爵总算得到他渴求的军事大权。

在与荷兰签订的协约中，伊丽莎白女王同意保护他们，并派遣一位将军指挥六千名士兵与一千匹战马，这位将军也将是伊丽莎白女王向荷兰议会传达讯息的对口。九月十七日，伊丽莎白女王不情不愿地在压力之下同意将指挥的任务派给莱斯特伯爵，毕竟他是少数她能信任，且对此任务十分积极的人。但他健康状况大不如前，不见得是个适当的人选，更重要的是，他上一次实地参与军事任务，已经是三十年前的事情了。战场的一切早已不同，他的对手帕尔玛公爵，则是当时最厉害的军事强人之一。

另外，面对这个问题，伊丽莎白女王依然无法与莱斯特伯爵稍离。过去一年来，伊丽莎白女王的情绪变得更加起伏，脾气更加暴躁。现在的她变得相当依赖，有一晚她"用可怜兮兮的语气"急切地恳求莱斯特伯爵不要去荷兰，不要离开她，她担心自己活不久了。他先是难以决定要不要答应女王，但一天之后，女王又恢复了朝气，但没人知道她的好心情能维持多久。这些行为在在显示，这个时期的伊丽莎白女王正经历更年期困扰。

九月底，伊丽莎白女王夜半叫醒了莱斯特伯爵，下达指示在得到更进一步的通知之前，要他"停止进行"相关的准备活动。在绝望之中，他告诉沃尔辛厄姆爵士："我对人世已经厌倦。"但到了早上，伊丽莎白女王又改变了命令，让莱斯特伯爵松了一口气；在接下来几天中，由于莱斯特伯爵离开的日子越来越近，伊丽莎白女王又展现出阴沉、不耐烦的情绪，让莱斯特伯爵的心直往下沉。

对于莱斯特伯爵在荷兰只能担任中将一职，女王的态度十分坚持，不能再更多，因为她忧心莱斯特伯爵可能为了追求"个人的荣耀"，而忘了"对她的忠诚"。最重要的是，他绝对不能接受荷兰方面给予的任何头衔或地位，因为这样等于暗示着女王接受了荷兰王权，但她一点也不想要。

灰心丧志的莱斯特伯爵因而向沃尔辛厄姆爵士吐露心声："女王陛下不断在试探我有多么敬爱她，如何才能让我放弃对她的忠贞，但事实上没有任何话语能阻挡我对女王忠诚与完成使命的任务，就算她表现出怨恨我的样子，我想是差不多了，因为我再也感受不到任何爱与宠信。"

十月份在里士满宫，伊丽莎白女王发布了"一份公开声明"，内容长达二十页，针对菲利普国王与世界各地为她将采取的行动辩解，并接着派出菲利普·西得尼爵士前往荷兰，任命他为法拉盛总督，根据英荷协约，英国有权在荷兰的两处港湾驻军，而这就是其中一个。接着她派出了每年几乎要耗尽她一半年度预算的一支军队。

十二月八日，莱斯特伯爵前往荷兰，决心让英国一次性摆脱西班牙的纠缠。他带着一百七十位家眷，其中多数都有贵族血统，而他的妻子莱蒂丝则坚持要有一群侍女服侍，甚至带着大批行囊，包括家具、服饰与马车。女王知道这个情形感到"相当不满"：威胁要换掉莱斯特伯爵的中将职务后，她随即又改变了心意，之后便对英国的荷兰任务不再感兴趣。

莱斯特伯爵离开后，年轻的小艾赛克斯伯爵便晋升为马术将军，这项职务能保他安然地退居第二线。他在马上长枪比武的表现极佳，甚至超越了莱斯特伯爵的表现，"让许多人对于他未来在军事上的发展感到希望无穷"。十二月十日抵达法拉盛时，荷兰人疯狂欢迎莱斯特伯爵的莅临，盛赞他为荷兰的救星，并以近三周的宴席、烟火表演、游行、娱乐节目及赛事来迎接他。

莱斯特伯爵希望以主动出击的策略，来捍卫荷兰领土。但因为伊丽莎白女王对财政的严格把持，并未提供足够的粮饷给军队，因而不允许他这么做。更重要的是，身为君主的伊丽莎白女王，痛苦地发现性别带来的限制，于是决心严格为这项任务把关，只要有机会就插手。莱斯特伯爵不但不能主动出击，"也不能为了更大的利益冒险"。他相当痛恨这一切，他离女王越远，就越不情愿听从女王的命令。

荷兰人成了新的争吵原因。对于伊丽莎白女王拒绝担任荷兰女王，荷兰人感到相当失望，于是将莱斯特伯爵当作君主出巡，这让他感到相当满意，却让女王相当懊悔。莱斯特伯爵不像在执行军事任务，反而仿佛是出巡各地探视子民的君主。要不了多久，接待他的人就热情地邀请他"宣誓成为领导人与总督"。

21　残忍极刑

一五八五年圣诞节前夕，伯勒特爵士对特伯利城堡维安漏
洞的担忧总算能稍歇，他接获消息，女王注意到玛丽·斯图亚
特的不满，因此指示从特伯利城堡移监到位于十二英里外艾赛
克斯伯爵于查特里暂时空下来的坚固宅邸，主要希望能让洗衣
妇也能长期住在里面。

"我无法想象，这些人要怎么把手指大的文件带出城堡
外。"伯勒特爵士对此感到相当满意。但多次发现玛丽·斯图
亚特对外联络的神通广大后，沃尔辛厄姆爵士并不像伯勒特爵
士那么确定，然而就在此时，他灵感乍现，不如利用玛丽·斯
图亚特对外联系的能力让她自己露出马脚，这样他就有理由处
理掉她。

受到命运之神的眷顾，这个月一名受训中的天主教神职
人员吉尔伯特·葛佛德（Gilbert Gifford）刚从法国踏上英国
土地时，就在拉依遭到逮捕，接着就被带到沃尔辛厄姆爵士
跟前。就他所知，葛佛德是玛丽·斯图亚特的友人从巴黎派
来英国的间谍，意图与玛丽·斯图亚特恢复联系。在发现计
划曝光后，意志不坚的葛佛德随即被煽动，转投沃尔辛厄姆
爵士旗下，随后便接受指示传递多份在法国大使馆等待玛
丽·斯图亚特已久的信件。玛丽·斯图亚特交给葛佛德的回
信，则直接交到沃尔辛厄姆爵士手上，他的秘书托马斯·菲
利浦斯（Thomas Phelippes）是密码专家，负责破解信中密码
并复制，接着重新封缄，再送回到原定的目的地。透过这个

方法，沃尔辛厄姆爵士得以监督玛丽·斯图亚特的通信网，设下了极大的陷阱。

葛佛德告诉玛丽·斯图亚特，他安排了秘密通道，可将信件走私进出查特里。沃尔辛厄姆爵士也发现，巴克斯顿当地的酿酒人马斯特·伯顿（Master Burton），定期运入一桶一桶的酒。葛佛德必须负责说服这个酒商，同时承诺给予丰渥的报偿，将玛丽·斯图亚特的信件藏在防水的小木盒中，穿过桶孔藏在酒中。这位酿酒商是个"正直的人"，他一直相当同情玛丽·斯图亚特，于是便同意了，以为自己是在帮助她；一直到一切都来不及了，他才发现自己被利用了，当伯勒特爵士告诉他这个秘密时，他自知这位客户涉入的风险太大，因而只说出了自己要求的价码。

361

透过这个新的沟通方式，葛佛德给了玛丽·斯图亚特一封信介绍自己，以及玛丽·斯图亚特在巴黎的探子托马斯·摩根（Thomas Morgan）的到任国书，并表示玛丽·斯图亚特也可以用这个方法与境外的友人沟通。对玛丽·斯图亚特来说，与友人们断绝联系这么久，葛佛德的方法仿佛久旱逢甘霖，她大赞葛佛德的计划，对他背后的动机完全不疑有他。不久后，玛丽·斯图亚特开开心心地收下法国大使馆来的二十一包信件，并准备回信。

知道陷害玛丽·斯图亚特一事的人，仅限于沃尔辛厄姆爵士、他的助手莱斯特伯爵，当然也可以确定伊丽莎白女王应该知情，因为她在这段时间曾向法国大使馆表示："你们持续与苏格兰女王秘密通信，相信我，我都知道我国家中发生的每一件事。在我的姐姐统治期间，我也曾是阶下囚，对于刑犯赢得他人协助、对外秘密联络的奸计，我再清楚不过了。"历史事证显示，她不仅知道这个计划，甚至同意这个计划的进行，并相当密切地关心事件的发展。

* * *

二月五日，伊丽莎白女王从一位侍女处得知（而这位侍女则是看到了一封私人信件），莱斯特伯爵接受了荷兰最高总督职位，并于一月十五日在海牙的一场庄重的仪式后开始执行"至高无上的命令"，伊丽莎白女王爆发了一阵宫廷人士从未见过的恐怖怒火。

"这足以让欧洲各国贵族视我为妖孽了。"她怒不可遏，并写了一封信斥责他：

> 不成熟的作为！在事实摆在眼前之前，我等简直无法想象，在我们扶植之下的一个人，甚至得到比这块土地上任何一位臣民更多的宠信，却以如此卑劣的手段破坏国家戒律，造成国家荣誉极大损伤。我等面对此事的立场与命令为：将耽搁与借口摆在一边，为了表示你的忠贞，无论这个职务以我们之名为你带来什么考验，都务必遵从与执行。不许失败，若你的表现与预期相反，将为你招致最大的灾祸。

362

女王的反应让莱斯特伯爵深感苦恼。他认为自己这么做，能带给女王极大的利益，尽管伊丽莎白女王认为他绝对不敢向她实话实说，但事实上，莱斯特伯爵依然派出了皇室书记威廉·戴维森（Sir William Davison）去向女王解释。但戴维森受到天气状况极差的影响，当他于二月十三日抵达英国时，其他人已先发制人。女王也不愿听他的解释，而是以"最讽刺难听的话语"训了他一顿。"至少在女王听取他的陈述以前，任何人都不会受到她如此大的谴责。"莱斯特伯爵苦涩地说。

荷兰战争为伊丽莎白女王带来极大压力，沃尔辛厄姆爵士发现，"她背负压力的能力日渐消退"。三月份，华威伯爵告诉莱斯特伯爵："女王陛下的愤怒并未随着时间消退，她的怨恨与怒意反而日渐高涨。"她甚至不给付莱斯特伯爵军队的粮饷，以此给他重大的教训。莱斯特伯爵本想将接受最高总督的责任，推卸到戴维森身上，表示是戴维森爵士要他这么做的，但女王丝毫不相信，甚至立即拔擢戴维森为参事。

枢密院忧心女王怒火中烧的情绪会让她武断地召回莱斯特伯爵，并因此造成两人之间的裂痕，因为要是让西班牙方面看到英国内部闹不和，其后果将是不堪设想。枢密院参事们只好极力苦思安抚女王之策，并试图向她解释莱斯特伯爵违抗命令可能的原因；一直到一位信差来访，向女王传达莱斯特伯爵生病的消息，女王才勉强承认莱斯特伯爵只是自以为是地以为这么做能照顾到女王的利益。

三月十四日，托马斯·赫内基爵士通知荷兰国务委员会，莱斯特伯爵必须卸下总督职务——"这么重大的事情，能让许多人心碎"。荷兰方面上书女王，求她收回成命，但最后是伯利男爵以辞职威胁，才让女王不情不愿地同意让莱斯特伯爵继续担任总督一职，但她强调，莱斯特伯爵并非英国正式代表，并要求他莫忘自己对女王的从属关系。

莱斯特伯爵依从形势。四月份在乌特勒支庆祝圣乔治日时，他在庆典上留了一个空荡荡的王位，仿佛女王只是不在而已，女王的座位上甚至还摆放着饮料与食物。

"女王对你依然不太能谅解，"圣乔治日过后莱礼爵士这样告诉莱斯特伯爵，"但感谢神，她已经平静了下来，阁下依然是体贴的罗伯特。"疲惫不堪又情绪低落的莱斯特伯爵写信向沃尔辛厄姆爵士表示："国务大臣大人，我好疲倦，真的好疲倦。" 363

* * *

一五八六年三月，西班牙的菲利普国王写信给教皇席克斯塔斯五世（Pope Sixtus V），请求教会祝福他"对英国的企图"。教会给予满心的祝福与经济援助。这场侵略阴谋，以讨伐异教徒为名，准备展开大规模圣战。

五月二十日，玛丽·斯图亚特写信给门多萨大使，透露自己愿意"主动退让，将自己应得的（英国王位）继承权让给贵国君主、阁下的主公，这一切都是因为我的儿子对异教的顽固与坚持"。然而菲利普国王却向罗马教皇表示，自己无意将英国纳入他那幅员广阔的版图，因此决定将英国统治权转交给他的女儿伊莎贝拉·克拉拉·尤金妮亚（Infanta Isabella Clara Eugenia）。

五月底，葛佛德将两封玛丽·斯图亚特的信件交给沃尔辛厄姆爵士：第一封是写给门多萨大使的信，她向西班牙方面承诺，对入侵计划鼎力相助，同时允诺寻求詹姆士六世的协助。第二封信则是写给一位支持者查尔斯·佩吉特（Charles Paget）的信，信中提醒他要不断提醒菲利普二世入侵英国的必要性。佩吉特的回信，自然也经过沃尔辛厄姆爵士的审查，透露一名神职人员约翰·巴拉德（John Ballard）刚从法国抵达英国，准备精心安排英国天主教人士起义，西班牙大军也准备同步进攻，时间就在这一年的夏天。

巴拉德神父很快就成了沃尔辛厄姆爵士紧迫关注的对象。

与多数曾待在国外的天主教徒一样，这位误入歧途的神职人员，将天主教支持玛丽·斯图亚特登上英国王位的概念，看得太过夸张偏激。对他的任务一片热诚之下，他前去拜访一位相当富有的天主教乡绅，德席克的安东尼·巴宾顿（Anthony Babington of Dethick），他已经在地下支持苏格兰女王长达两年时间了。帅气又热情的巴宾顿，时年二十五岁，出身于英国德比郡一个古老又受崇敬的家庭，曾在士鲁斯柏立侯爵负责看守玛丽·斯图亚特时担任她的侍从。然而英国政府方面早就知道，前一年秋天时，巴宾顿曾涉入一场草率的暗杀行动，目的是在闭门会议中杀害英国枢密院全员。

六月份，有人听闻巴拉德与巴宾顿讨论菲利普国王计划入侵一事，并暗中策划要谋杀伊丽莎白女王，他们准备在谒见室中突袭，或在她漫步花园时出手，她坐在马车上时，也是个好时机。巴宾顿决定一肩扛起刺杀的重责大任，还有六位友人的协助，后来证实这些他的朋友，都与巴宾顿本人一样，出身权贵阶级，是有为青年，受到良好教育，他们全都是受到苏格兰女王操弄的骑士精神的感召。

沃尔辛厄姆爵士在严密监视巴宾顿的同时，决定让这起谋反事件转向，以利英国政府。幸好玛丽·斯图亚特在巴黎的探子托马斯·摩根听过巴宾顿的名字，并写信向她推荐巴宾顿的忠诚，并指出"要赶走令全世界烦忧的野兽，方法很多"。沃尔辛厄姆爵士不费吹灰之力，就让这封信顺利交到玛丽·斯图亚特手上。

六月二十五日，与他预期得一模一样，玛丽·斯图亚特写信给巴宾顿，接着巴宾顿又于七月六日回信，简述其阴谋计划内容，要求玛丽·斯图亚特同意并给予建议。甚至称呼玛丽·

斯图亚特为"我伟大的神圣主母与女王",他向玛丽·斯图亚特表示"六位英国贵族,都是我可靠的朋友",会"推翻篡位者"伊丽莎白女王,而他则会负责援救玛丽·斯图亚特逃离查特里,接着在西班牙军队入侵的协助下,助她登基成为英国女王。巴宾顿对玛丽·斯图亚特唯一的要求,就是保护那些执行"残忍极刑"的人,并给予适当的报偿。

这封信由托马斯·菲利浦斯送往查特里。接着沃尔辛厄姆爵士便悬着一颗心等待玛丽·斯图亚特的反应。七月九日,他通知莱斯特伯爵有大事要发生了:"可以确定的是,若此事处理得宜,便能阻断女王陛下任内的所有危机。"

七月十日,菲利浦斯回报:"苏格兰女王已经回复巴宾顿了,而我昨晚就已经收到。"但所谓的回复其实只是一张短签,玛丽·斯图亚特在信中允诺,未来几天会写得更详细。"接下来几天必须更谨慎地对待她。"菲利浦斯说。

沃尔辛厄姆爵士与他殷切企盼的那封信,由玛丽·斯图亚特的两位书记于七月十七日以密码完成,他们从玛丽·斯图亚特手中接过指示,她也随即将它们烧毁。信件的原稿已不存在,显然是遭到巴宾顿湮灭证据,目前留下的则是菲利浦斯复制的版本,并以最快速度送交沃尔辛厄姆爵士手上,信上甚至还有菲利浦斯手绘的监狱图像。

在漫长的沟通过程中,玛丽·斯图亚特因为替巴宾顿的阴谋背书与支持行刺伊丽莎白女王而有罪:"这项计划准备得如此精细,在里应外合的力量下促成,只要有时间让这六位贵族展开动作;按照指示一步一步完成计划,我可能很快就能离开这里了。"

沃尔辛厄姆爵士要的就是这样一封信,让玛丽·斯图亚特能在一五八五年的关联法之下俯首认罪，同时我们也相当确定，为了了解巴宾顿提及的六位贵族是谁，他在这封"血腥信件"的最后伪造了一个附笔，询问这些人是谁，最后在七月二十九日将信件交到巴宾顿手中。后来玛丽·斯图亚特的支持者便指称，其他的信件内容也都是沃尔辛厄姆爵士假造的，尤其是玛丽·斯图亚特支持暗杀伊丽莎白女王的部分：然而玛丽·斯图亚特与门多萨大使的共谋关系是确定的，门多萨大使甚至曾向菲利普国王表示，玛丽·斯图亚特知道阴谋计划的每一步。

365

此时这些阴谋者，正在伦敦的小酒馆中公开吹嘘他们的冒险精神，甚至提前庆祝胜利。巴宾顿甚至要人画了一幅他与弑君杀手群的团体像，作为"行前纪念"。

七月五日，伊丽莎白女王与苏格兰王詹姆士六世签订《贝维克条约》，让两国君主在遭遇武力侵犯时能够互助保护。这也代表菲利普国王无法从英国北部边界入侵。就在巴宾顿请求玛丽·斯图亚特祝福他的阴谋成功时，儿子最终的背叛消息也传到了玛丽·斯图亚特耳中；"这让她感到异常愤怒、绝望又难过，更进一步刺激她对眼前阴谋的支持"。

* * *

就在七月，莱斯特伯爵向伊丽莎白女王提起，确保能赢得荷兰战争的方法就是由她来接掌荷兰王权。想到此举可能为财政带来的困境，并忧心过度刺激菲利普国王，伊丽莎白女王以相当歇斯底里的态度响应。接着在冷静下来之后，女王写信给莱斯特伯爵，理性地解释自己犹豫的原因，更强调："罗伯特，想必你认为在这个季节中，仲夏夜的疯狂影响了我的思考，然而你必须接受我的想法，这就是命令……这件事到此为止，我不会再与你讨论。尽管不情愿，但我还是要向你道别，我的眼睛，但我会向神祈祷，保你不受伤害，保你远离仇敌，我对你的付出有无尽的感谢。一如往昔的 E. R. 。"

这也代表她绝对不可能接受荷兰王位。

* * *

到了八月，沃尔辛厄姆爵士搜集到的信息，已足够置苏格兰女王于死地，于是他决定不需等待巴宾顿回复玛丽·斯图亚特，他现在就要出手，在他们任何一个人听到风声之前，在他们有时间烧毁任何通信证据之前，而这些则是沃尔辛厄姆爵士准备上呈法庭的证据。

八月四日，约翰·巴拉德遭到逮捕，以他身为天主教神职人员为由，被送往伦敦塔中囚禁。从友人处听闻这个消息，巴宾顿陷入慌张之中，于是要求一位叫作"野蛮人"的弑君杀手当天就要杀了女王。尽管野蛮人已经准备万全，但却表示自己穿着太不体面，可能进不了宫，巴宾顿于是给了他一枚戒指，要他将戒指卖了，将所得用来买件好一点的衣服。但时间太过仓促，于是当晚巴宾顿便展开逃亡，找地方躲了起来，伊丽莎白女王此时才将事情原委告诉伯利男爵，并下令要他发布宣告谴责阴谋暴行。有关阴谋计划的相关事证，很快就被复制，接着散布到全国各地，让忠诚派的臣子们能指认这些弑君杀手，各地随即传出抗议声浪。

八月九日，玛丽·斯图亚特到附近的查尔迪打猎时，伯勒特爵士搜查了她的私人物品，扣押了三大袋的信件、珠宝与现金，递交给沃尔辛厄姆爵士。她的书记吉尔伯特·柯勒（Gilbert Curle）与克劳德·诺鲁（Claude Nau），接着骑马到附近的荒野，逮捕了玛丽·斯图亚特本人。涕泪纵横的她被带到附近民宅中整理仪容，接着才被押解回查特里继续拘留。

女王写了一封信给伯勒特爵士："阿米爱斯，我最细心的忠仆，神在这次的行动中赐予你三大袋的成果，让你可以顺利解决这个麻烦的角色。让那邪恶的坏女人知道，她那些卑鄙行径，经过法律制裁，会带来多沉重的苦痛，我多年来拯救了她的生命，但她却以各种奸诈的行径，造成我难以容忍的损失，那就看神能不能原谅她吧。"

伊丽莎白女王下令遣散玛丽·斯图亚特的仆人们，并以伯勒特爵士指定的对象取而代之；就连听到玛丽·斯图亚特因为失去这些朋友而重病，她也不为所动。

巴宾顿的脸全都被"绿核桃木的外皮划伤"，八月十四日被人发现在伦敦北部的圣约翰森林中，隔天就被押入伦敦塔。当逮捕他的消息公开后，伦敦各地甚至响起欢庆的钟声，伦敦市民纷纷表达感激之意，燃起营火，大开街头嘉年华。伊丽莎白女王被人民的这些爱与忠诚感动不已，因此亲笔写了一封动人的信函感谢伦敦市政厅。

巴宾顿的家遭到搜索，找到许多天主教煽动谋反的证据，以及诅咒伊丽莎白女王身故的预言。此时已有十四人落网，罪名都是重度叛国罪。八月十八日，审问由伯利男爵、海登爵士与布隆尼大法官在伦敦塔中进行，巴宾顿因畏惧刑求的折磨，天真地以为只要合作就能获得赦免，于是自白承认策划暗杀女王的行动，在接下来七次的自白中，首度透露了阴谋内容，<u>丝毫未保护玛丽·斯图亚特或其他共犯</u>。吉尔伯特·柯勒与克劳德·诺鲁也证实，那些沃尔辛厄姆爵士复制来为玛丽·斯图亚特定罪的信与原版一模一样。

枢密院盼女王能召开国会，解决苏格兰女王的问题。伊丽莎白女王知道上下两院将坚持审判玛丽·斯图亚特并处以极刑，且她将毫无选择必须同意，因此再度使出拖延战术。她的参事相当坚持，指出若涉案情节较轻的阴谋者巴宾顿与他的友人们都必须依照叛国罪面对极刑，也就不该纵放此案背后的主谋玛丽·斯图亚特。九月九日，怀着沉重的心情，伊丽莎白女王屈服了，召开国会。

367

九月十三日，巴宾顿与他的共犯们面对审判。结果早已未审先判，但伊丽莎白女王坚持，在这个"恐怖的叛国案"之中，通常施加在叛国者身上的刑罚不适用。伯利男爵向海登爵士表示："我告诉过女王陛下，死刑应以适当、有条理的方式执行，在众人面前对犯人施以极度的痛苦，致死的方式一定要与各种新的谋反手法一样可怕。然而女王陛下并不满意，但她要我向法官表达这个意见。"

死刑正常的执行方法，刽子手必须先确定犯人已死，才会除去他们的内脏。但伯利男爵认为，确保巴宾顿与同党的生命——与折磨——一直延续，直到惩罚够重为止，最后他终于让女王同意他的看法。

在审判期间，尽管巴宾顿"以良好的态度"承认了所有的犯行，但他坚持约翰·巴拉德神父是煽动这个阴谋的主要角色。在伦敦塔的受刑架上，巴拉德只提到阴谋确有其事。伊丽莎白女王并不希望审判期间提及玛丽·斯图亚特的名字，但当审判委员会向她表示，如此一来这些证据就没意义时，女王才同意在起诉书与巴宾顿的自白书中，可以保留玛丽·斯图亚特的名字。

九月二十日，巴宾顿、巴拉德与另外五位共犯一同带着枷锁从伦敦塔丘前往霍尔本的圣吉尔平原，当地架起了特别高耸的断头台与刑架。在这里的大批民众面前，这些罪犯就要接受叛国者应得的、最恐怖的极刑，一直到最后，巴宾顿仍坚称自己认为参与的"是合法且值得称颂"的活动。根据威廉·康登记载，巴拉德率先受刑：他与其他共犯都"活到最后一秒"才被解下，接着被摘取器官，肠子被活生生拉出体外，且自己全都目睹，然后才被砍头、肢解。临死之际，巴宾顿则不断大喊："耶稣，救赎我！"怀着报复心而来的人们，因他们眼前的残忍景象感到作呕，意外地对犯人产生了同情心，隔天当剩下的七名共犯被带到刽子手跟前时，女王只好下令，将罪犯吊至死亡后，才能去除内脏与肢解。

368

行刑后，英国境内出现大量歌谣与文章，很快地"英国所有的人都听到这么可怕的阴谋"，不只是枢密院，就连一般平民百姓，都怒骂着这个造反计划背后的主谋玛丽·斯图亚特，要求审判她、处决她。尽管到了这一刻，但伊丽莎白女王依然想要赦免玛丽·斯图亚特的死罪，而这一切都是因为伊丽莎白女王并不赞成处决一个神圣的女性君主。她原本希望犯人死亡就能满足臣民们嗜血与报复的渴望，但她随后发现自己误会了。

枢密院参事们指出，在新型法规之下，有更多制裁玛丽·斯图亚特的好理由。玛丽·斯图亚特密谋伤害伊丽莎白女王性命是不争的事实，证据显示这一切都可能发生在宫里。詹姆士六世不太可能捣乱，因为对他来说，母亲死亡才是对他最有利的情形。玛丽·斯图亚特一除，由新教人士来继承英国王位，对英国人民来说就不难接受了。同时还可以去除天主教不满情绪与反抗的焦点。而法国方面早就放弃了玛丽·斯图亚特；另外，菲利普国王对伊丽莎白女王已经够糟了，也没什么更不良的企图。

更重要的是，各界纷纷呼吁伊丽莎白女王多多为人民着想，因为最近的事件，导致英国的子民成为谣言制造者的嘴边肉，他们不断散布恐怖谣言，指伊丽莎白女王已遭到暗杀，或是帕尔玛公爵已入侵诺森伯兰。为了保护国境的安全，英国出动了海军舰队在海岸巡防，人们则以更大的警觉心来捉拿天主教神职人员。

伯勒特爵士感受到逐渐逼近的危机而心神不宁，于是提出警告，表示自己无法无限期地让玛丽·斯图亚特安然待在查特里，因而促请女王将玛丽·斯图亚特移往更坚固的据点。英国枢密院则希望将她打入伦敦塔中，但伊丽莎白女王光想到后果就感到毛骨悚然，因而断然拒绝；她也拒绝了臣子们建议的其他堡垒，最终臣子们终于说服她同意将玛丽·斯图亚特转送往位于北安普敦郡的中世纪小镇法瑟林盖，这是十五世纪时约克王朝的所在地。九月二十五日，玛丽·斯图亚特正式被带往法瑟林盖。

目前依然可以确定，伊丽莎白女王绝不会让她的表侄女接受审判。然而伊丽莎白女王透露，审判绝对有其正当理由，但她也知道玛丽·斯图亚特的支持者可能会说，苏格兰女王是外国人，不需要遵循英国法律；而且她是个神圣君主，任何举动只需对上帝负责。于是，这个烫手山芋般的问题，就转交给一群英国律师处理，他们针对此事深入讨论后，认定伊丽莎白女王有权以一五八五年的关联法来起诉玛丽·斯图亚特。

接下来，伊丽莎白女王总算知道，自己无力再阻止审判。369于是她勉强同意指派三十六位调查委员——来自枢密院、贵族阶级与法律界人士——来鉴定证据，并担任法官工作。到了九月底，这群人纷纷抵达法瑟林盖。委员成员包括伯利男爵、沃尔辛厄姆爵士、海登爵士与伯勒特爵士，以及两位天主教贵族蒙塔格（Montague）与鲁姆利（Lumley），以确保审判的公正性。

十月十日，忧心忡忡的莱斯特伯爵，从荷兰来信提醒伊丽莎白女王一切应依法办事。"我们可以确定，"莱斯特伯爵在写给沃尔辛厄姆爵士的信中表示，"若要维护女王陛下的安全，我们必须做的，就是让正义的地位大于政策。"在这种非常时期远离英国，让莱斯特伯爵感到挫折感相当大，他一直想要回国，运用他在女王面前的影响力，让她了解自己必须怎么做。

十月十一日，法院开庭审理，但玛丽·斯图亚特认定英国法院没有资格审理她，表示自己是神威显赫的女王，不需对英格兰平凡的律法俯首称臣，因此拒绝出庭。伯利男爵发现，情势照这样继续发展下去，对审判本身是相当危险的事情，因此呼吁她多多思考。

"身在英国，在伊丽莎白女王的管辖之下，一位自由君主的冒犯也需听令于女王陛下的法律。"他告诉玛丽·斯图亚特。

"我不是她的臣子，我宁愿死上千回，也不要让自己成了她的下属！"玛丽·斯图亚特勃然大怒。若是如此，伯利男爵警告她，就算她不在场也得接受审判。海登爵士告诉她，审判过程中有民意的支持，可能对她有利，让她躲过对她不利的罪名，但伊丽莎白女王却写了一封冷酷的信给玛丽·斯图亚特："你以各种不同的方式与手段企图取我性命，让我的王国陷入血洗的危机中。我一定要让你接受本国贵族士绅的审判，而我也将如临现场。"

尽管玛丽·斯图亚特依然不承认英国法院的权力，但仍屈服了。十月十四日，玛丽·斯图亚特开始接受审判，她最主要的罪名，就是密谋叛国危害女王性命。

英国政府方面只有严密地准备才能确保审判以适切又合法的方式进行，但就如那个年代多数的国家审判一样，不准玛丽·斯图亚特带任何辩护人来协助她，她只能自己为自己辩护。苦于慢性风湿病，玛丽·斯图亚特一跛一跛地出现在调查委员会的面前，看来是个修长、穿着黑色衣服、体型壮硕的中年妇女，整张脸"臃肿而富态，有双下巴与栗色的眼睛"，她信心满满地、情绪昂扬地、愤愤不平地否认自己对巴宾顿的阴谋诡计事先知情。她也宣称，法庭上那些写给巴宾顿的一些重要信件都是假的，事实上两人完全没有通信。针对谋杀女王的计划，她说道："我从未设法杀害我最亲爱的姐妹，那是撕裂灵魂的重罪。"她大声表示，在软禁时期所做的一切，都只是为了不择手段重获自由。

大量对她不利的证据，压垮了她华丽雄辩的答辩，使她难以狡赖。伯利男爵因此论断，她毫无疑问地犯下了重罪。审查委员会非常清楚自己的责任，女王的信差抵达时，他们已经准备要宣布玛丽·斯图亚特有罪。这天深夜，女王难以入眠，因而下令休会，十天后到伦敦重新召开侦查庭。

十月十六日，大法官正式宣布休会，审查委员们则回到南方。当玛丽·斯图亚特被留在法瑟林盖思考自己未来命运的同时，委员们正在西敏寺的皇室法庭上重新检视证据，并且耐心地承受女王不断的干扰，"但愿女王陛下能够像各国君主一样，将审判的任务，交给能以最理性的态度判断的人！"沃尔

370

辛厄姆爵士为此恼怒不已。重审过后，法官们的结论依然不变，只有一人反对，审判委员会宣布，玛丽·斯图亚特是计划刺杀女王的叛国同谋。在一五八五年关联法的规范下，她难逃死罪，同时也失去了王位继承权。

法院并未宣判刑责；批准法院的判决是女王与国会的权力。

* * *

一开始，英国在荷兰的战事表现得相当好，甚至连帕尔玛公爵都相当佩服。九月份时，英军在阿纳姆一带的聚特芬之战中大获全胜。在这场战役中，小艾赛克斯伯爵表现得骁勇善战，并由莱斯特伯爵册封为骑士，而菲利普·西得尼爵士则因为将腿部的护甲借给一位毫无防备的朋友，导致大腿受了重伤。因为失血过多而显得相当虚弱，菲利普·西得尼爵士骑马狂奔了一英里才返回营区，"不断地谈起女王，表示就算自己受伤或死亡，只要能带给女王荣耀便罢"。但自从菲利普·西得尼爵士黯然返回宫廷后，女王陛下就开始"针对他的一言一行不断找碴"，认为他的伤势可以预防，他将英勇的行径用在错误的地方。但宫廷人士对他却相当赞赏，他们最欣赏的部分，就是菲利普·西得尼爵士即使在干渴之中，仍拒绝其他人给予的一杯水，坚持要他们先将那杯水给了旁边某位垂死的士兵。"汝比我还更为重要。"他这样说。

一开始，许多人以为西得尼爵士会痊愈，伊丽莎白女王会亲笔写一封感谢信给他。但他的伤口却化脓溃烂，让他痛苦了二十六天才死去，年仅三十一岁的他，已然成为英国的一个传奇人物。这一年对西得尼家族来说，是十分痛苦的一年：夏天时，亨利·西得尼爵士逝世，没多久，伊丽莎白女王的老朋友玛莉·西得尼小姐也不幸去世。

英国宫廷为这个死去的英雄哀悼，陷入一片哀凄之中，菲利普·西得尼爵士一向十分受欢迎，且一直被视为是骑士精神的最佳代表。他的遗体由一艘打着黑旗的船运回家乡，并在圣保罗大教堂举办了国葬。而女王则因"痛失一位忠仆感到太过悲伤"，因此没有参与国葬。

在聚特芬之战后，莱斯特伯爵率领的军队运气急转直下，这一切不是因为西班牙的报复，而是因为莱斯特伯爵是个无能的指挥官，精于惹恼盟友与手下之道。莱斯特伯爵的许多手下因而背弃了他，这场战争显然就要以最耻辱的失败方式作结。对于莱斯特伯爵办事不力，伊丽莎白女王写信教训他，他灰心丧志地回信表示："我一直相信，神不会让我在陛下的心中失去地位。"事实上，经过一年的分离，伊丽莎白女王对莱斯特伯爵思念得紧，且十分忧心若再经过一个冬天的战役，莱斯特伯爵的健康可能就会有问题。因此当他表示想要离开荷兰返回英国时，伊丽莎白女王随即准奏。

* * *

十月二十九日再度召开了国会，将其他事务摆在一边，以决定苏格兰女王命运为优先，"这是一个沉重、极度有破坏力且后果严重的问题"。女王陛下毅然决然地不再插手审判事宜，待在里士满宫中，拒绝一如往常地待在怀特霍尔宫中。她向宫廷人士表示，"她不想知道即将被拆穿的那些下流又悲惨的事情，待在怀特霍尔宫中，她快乐不起来。"

英国上下两院纷纷怒吼着要玛丽·斯图亚特交出项上人头，并一致通过审查委员会对"这个麻烦人物"的判决，同时上书女王，表示"最公平的判决就是处死她"。上下两院派出二十位士绅与四十位国会议员作代表团，于十一月十二日前往里士满宫上呈这份请愿书，让女王陷入左右为难的痛苦深渊。

女王不断地向代表团强调，在她过去二十八年来的统治中，对于玛丽·斯图亚特一向宽大为怀。"在这世界上，我见过许多大风大浪，"她提醒着代表团，"我知道何为臣，何为君，何为盟邦，也见过邪恶之人。我曾在信任中体验背叛，在小处得到大利益。"接着她又表示，对于与她同样性别、有血缘关系的亲人竟不断密谋杀害她，让她感到十分哀伤，她也秘密写信给玛丽·斯图亚特，允诺倘若玛丽·斯图亚特和盘托出，她绝不会让她受到屈辱，也会保她不受指摘，但这个表侄女仍否认罪行。就算到了这一步，若她真心悔悟，伊丽莎白女王都愿意赦免她的罪。

女王想要满足人民的要求，但臣民们都知道，她可能永远 **372** 无法下定决心这么做。"我只能告诉你们，最近的这个国会法案中，你们让我相当为难，要我决定她（玛丽·斯图亚特）的死活，这是非常严重又令人厌烦的负担。身为君主，我们一直在明处，全世界的眼光注视着我们。因此我们必须当心，任何的决定都必须公正可敬。"对于玛丽·斯图亚特的去留，她只表示会祈祷与思考，恳求上帝让她能有更澄澈的思考，因为她明白拖延决定可能带来的危险；但她也以神圣不可侵犯的态度矢言做出最正确而公平的决定。根据伯利男爵的说法，她的这番演说，"让许多人感动得热泪盈眶"。

两天后，伊丽莎白女王派遣海登爵士递送口信到国会，询问他们能否找到处置玛丽·斯图亚特的"其他方法"。但唯一的办法就是终生单独监禁玛丽·斯图亚特，让她继续成为天主教反叛的乱源，此外就是死刑，别无他法。

而此时的玛丽·斯图亚特，"丝毫未表现出害怕死亡的样子"，就连在十一月十六日，伊丽莎白女王向她表示她的判决是死刑，国会上书请求她下令行刑，要她有心理准备时，她也是一样的态度。十一月十九日，玛丽·斯图亚特正式收到死刑定谳的消息，闻此消息，她表现得相当镇定勇敢，并未表现出忧惧或忏悔。

"我什么也不会说，因为没什么好说。"她依然坚称。她反而写信给外国的友人，包括罗马教皇与吉斯公爵，表示自己绝对清白无辜，并宣称自己将为天主教殉教捐躯。当伯勒特爵士拆除她专属的顶篷，并宣布依据法令规定，她已经是个待死的女人了，因此不配享受君主级的对待时，玛丽·斯图亚特只是将一具十字架与耶稣基督肖像挂在顶篷原本的位置上。

同一天，她写信感谢伊丽莎白女王"给予关心的问候，而我漫长又乏味的朝圣之行已然告终"。她只要求死刑执行时，她的仆人们要在身边，并将她的遗体埋葬在法国。她希望能在所有人面前有尊严地死去，"在即将离开这个世界，到更美好的地方去之际，我想要提醒你，有一天你也需在最终审判中面对自己的罪，在你毁灭的这么多人之中，我只盼你能记得我的牺牲，直到那一刻。"

伯勒特爵士看了这封信，因担心信件内容可能对伊丽莎白女王造成影响，因而决定延后递送时间。他非常希望可以在圣诞节前处决玛丽·斯图亚特。

十一月二十三日，莱斯特伯爵在小艾赛克斯伯爵的陪伴下回到英国。"从我出生以来，从未感受过如此诚挚的欢迎。"事后他曾这样写道。除了女王外，沃尔辛厄姆爵士与伯利男爵

见到他都感到欢欣不已，因为此刻他们非常需要他的协助。虽

373 然在他离开的这一年中，他对枢密院的影响力不再，海登爵士与其他人则继而成为英国政治圈中的显要，但伊丽莎白女王依然十分重视莱斯特伯爵的意见，此时也非常需要他的支持。

这天晚上，在与莱斯特伯爵私下晚餐过后，伊丽莎白女王写信给大法官，表示她愿意公开宣布苏格兰女王的刑罚。但这件事让她当晚几乎不能成眠。

此时，法国大使抵达英国，请求英国豁免玛丽·斯图亚特的罪。伊丽莎白女王向法国大使表示，这件事情已经超出她能阻止的范围了。"这是一个由一群罪恶的男性保护的女罪人应该面对的刑罚。"她严厉地向大使表示，若她要顺遂地活下去，玛丽·斯图亚特就不得不死。

伊丽莎白女王向国会提起处置玛丽·斯图亚特的"其他方法"，在国会中完全无人回应。会中上议院询问是否应执行死刑，而其中所有的贵族"皆表示为了女王与英国的安危，他们已别无他法"。国会一致附议玛丽·斯图亚特处决案，十一月二十四日，英国国会再度派遣代表前往里士满宫请求女王陛下，并以"各种难以辩驳的事由"说服女王下令执行死刑，以保护英国新教、大英联邦与她宝贵的性命。而女王陛下的回复则一如往常地苦恼又犹豫。

现在可以确定的是，若某位君主的头不落地，便无法确保我的安危。而让我最苦恼的是，在我执政多年来，我赦免过许多反叛人士，对许多谋反行动视而不见，现在却被迫要如此对付一个人。我的敌人们难道不会说，这个童贞女王为了维护自己的安危，就连眼见自己的亲人溅血也

不顾吗？我可能因此被人说成是个残酷的人，但我是如此无辜。不，我非常不赞成这个处理方法，若只是为了我的性命，我绝不愿杀害她。若在这世界上能找到其他的解决办法，我必定会（以更快乐的态度）接受。

她的声明中，依然是模糊不明的口吻：

> 若要我告诉你们，我并不愿同意你们的请求，依据我的信念，我该直接表达我的意图。若要我告诉你们，我愿同意你们的请求，我就必须告诉你们无权知道的许多事情。我并非昏庸到不知道自身危险的君主，面对日夜威胁我的安危问题，我也并不草率。但有如此多的人透过书写与口语表达来反对我，我只期望你们能接受我的感谢，谅解我的疑虑，以正面的态度接受我无以回答的回答。

374

伯利男爵刻薄地表示，这一届国会肯定在历史上被称为"坐而言的国会"，因为他们无法起而行。

这天晚上，伊丽莎白女王在疑惧之中，为玛丽·斯图亚特的审判宣布撰写草稿，下令要大法官对国会大声宣读。她的字迹潦草难以辨认，伯利男爵还得不断为布隆尼大法官解释，但在大法官宣读之前，就接到伊丽莎白女王的口信，下令要他暂缓宣读，并将国会延期一周。

隔天，闭门会议再度召开了审判委员会，正式宣判玛丽·斯图亚特之死。在那之后，莱斯特伯爵、伯利男爵与其他人，纷纷运用自己的游说力量，迫使伊丽莎白女王循着人民的期待走。若她不愿意，他们指出，她可能就会失信于民，男性也会认为性别上的弱点让她失了判断力。

十二月二日，当国会重新开议时，伊丽莎白女王与伯利男爵已经重新撰写了宣判书。十二月四日，当宣判书正式宣读时，英国上下陷入一片狂喜，伦敦各地燃起了火把与营火，钟声与赞美诗声不绝于耳。同一天沃尔辛厄姆爵士起草死刑执行令，但女王仍未正式签署，甚至让国会休会到二月十五日，给她十周的时间为此做准备。在这段时间，枢密院参事们将尽可能地迫使犹豫不决的女王面对这必然的结果，并签署执行令。

伊丽莎白女王陷入了左右为难的境地，法国与苏格兰大使们不断地说服伊丽莎白女王怜悯玛丽·斯图亚特，伊丽莎白女王也相当焦虑，不愿冒犯这些友善的盟国。詹姆士六世则写信提醒她，"英王亨利八世的声誉，因处决了枕边人受到极大影响"，提及了安妮·博林，让身为她女儿的伊丽莎白女王相当恼怒。但苏格兰王詹姆士六世更关心的是自己未来继承王位的利益，而不是想要拯救母亲的性命；他听说玛丽·斯图亚特自愿将英王权位让给西班牙的菲利普国王，因此决心防止这样的情形发生。就他而言，他的母亲"除了镇日祈祷、服侍神以外，没有资格管闲事"，但他仍向莱斯特伯爵表示："为了我的信誉，我还是得坚持保她的命。"

玛丽·斯图亚特将面对死刑执行一事，大大地影响了苏格兰的公众意见，此时苏格兰激起一阵爱国情操，将她视为女英雄；部分贵族甚至语出威胁，表示若玛丽·斯图亚特遭到处决，将对英国宣战，尽管詹姆士六世并不想为了母亲，使出如此激烈的手段，但这一席宣言依然让他无法忽视——毕竟两国开战要冒很大的险。因此他表面上说说，但事实上要求特使罗伯特·梅维尔爵士（Sir Robert Melville）私底下向伊丽莎白女王表示："玛丽·斯图亚特之死绝不会刺激苏格兰。"

伊丽莎白女王陷入执政以来最困难的决定。若她签署了执行令，就等于是为神圣的君主判刑开了先例，也等于是杀害了自己的亲人。她将因此遭到全世界的咒骂，甚至刺激天主教强权国家以此为借口展开报复行动。但若她对玛丽·斯图亚特表现出怜悯，未来毕生将成为天主教策划谋反的焦点。伊丽莎白女王知道她身负重责大任，但她并不想背负玛丽·斯图亚特之死之责。

几周以来，伊丽莎白女王活在极大的压力之中，影响了她的判断力，让她濒临崩溃边缘。她的顾忌让她被参事们孤立，她对枢密院说了一个又一个借口，运用自己极佳的拖延技巧，不愿正式做出决定。

伯勒特爵士无法无限期地延迟将玛丽·斯图亚特的诀别信送到伊丽莎白女王手上，历史上可知，女王于十二月二十三日收到此信，忧心忡忡的莱斯特伯爵向海登爵士透露："女王因此而流泪，但我认为应该不会有太大的影响。"此后，伯勒特爵士禁止玛丽·斯图亚特再与伊丽莎白女王沟通。

圣诞节时，宫廷正式移驾格林尼治，女王同意由伯利男爵将沃尔辛厄姆爵士撰写的草稿，制成正式的执行令。执行令准备妥当后，再交由近来擢升，与沃尔辛厄姆爵士一同担任国务大臣的威廉·戴维森爵士妥善保管。

一月六日，罗伯特·梅维尔爵士向伊丽莎白女王建议，若玛丽·斯图亚特正式将继位权转让给她的儿子，就可免她一死，身为新教徒的詹姆士六世，一定不会偕同天主教人士谋反对抗伊丽莎白女王。然而伊丽莎白女王随即看出这个说词背后的瑕疵，因而大发雷霆。

"以神之名，这根本就是要割断我的喉咙！"伊丽莎白女王怒吼着。"我绝不容忍比他母亲更糟的对象来继位。不，以神之名！你的主公永远没有这个机会。"这样的说法让梅维尔爵士气愤不已，他并未注意到伊丽莎白女王并不愿意指定继承人一事，但他强压着怒气，要求女王延后死刑执行，就算一周也好。

"一个小时也不可能！"伊丽莎白女王怒气冲冲地大吼大叫，接着离开了谒见室。法王亨利三世派人送来的口信也让女王气愤难平，他警告伊丽莎白女王，若她处决了玛丽·斯图亚特，他一定会将它视为公开污辱。女王因此勃然大怒，表示："那才是让我把这个祸根处理掉最快的途径。"

但许多人都明显地感觉到她犹豫不决，迟迟无法签署执行令。尽管她的参事们"相当努力地运作"，依然未能说服她。他们甚至翻出古希腊的先例，盼能说服她处决一个不断密谋杀她的人乃天经地义，伯利男爵表示："若没有更多时间让我们除掉这个眼中钉呢？"戴维森则担心："伊丽莎白女王会与当年对待诺福克公爵相同，若非遭受极大恐惧的催逼，否则不愿取她性命。"

一月份，此案悬而未决已达到难以忍受的地步；枢密院甚至刻意散布许多令人忧心的谣言，盼能敦促女王做出决议，包括指称西班牙已然出兵，伦敦全城陷入火海，苏格兰女王逃逸无踪，导致全国上下陷入恐慌，许多人甚至打算拿起武器开战，主要干道上甚至不得不派人看守。此时，枢密院才通知伊丽莎白女王，因疑似涉入谋刺伊丽莎白女王的阴谋中，他们逮捕并讯问了法国大使。这可能是枢密院方面精心策划，要操弄她的恐惧，逼她签署执行令的一个计谋——当然，枢密院根本没有逮捕法国大使——但无论如何，这个计谋成功地扫除伊丽莎白女王担心刺激法国的顾忌，下令诛杀玛丽·斯图亚特。

"不主动出击就屈服吧！"伊丽莎白女王以拉丁文宣誓，在她的房里来回踱步。"为了不遭人痛击，我们主动出手吧！"

二月一日，伊丽莎白女王突然派人召来效率极高、颇受尊崇的威廉·戴维森爵士，当时他正代理执行身体不适的沃尔辛厄姆爵士的工作。关于接下来发生的事情，历史上存在着两个完全矛盾的描述。根据戴维森爵士后来的宣言，伊丽莎白女王向他表示，意图释放玛丽·斯图亚特的报告让她心神纷乱，因此她决定签署玛丽·斯图亚特的死亡执行令刻不容缓。戴维森爵士将执行令放在女王面前，女王仔细阅读后便签下了名字，并表示希望死刑尽快于法瑟林盖城堡大厅举行，不要在庭院中。女王指示他询问代理大法官克里斯多福·海登爵士在执行令上盖上英国国玺，接着拿给沃尔辛厄姆爵士看。

"他一定会当场悲痛不已。"女王冷酷地嘲弄着。

女王最后的指示，就是以最快的速度将执行令送达法瑟林盖，接下来"一直到死刑执行完成前，她都不想再听到这件事"。

戴维森爵士随即将执行令让伯利男爵过目，伯利男爵因而松了一口气，接着才呈到海登爵士面前，让他盖上国玺印，执行令就此生效，并可正式执行。隔天，伊丽莎白女王派人传话给戴维森爵士，表示在他与女王进一步沟通之前，绝不可将执行令交给大法官；但当戴维森爵士向女王表示，执行令已然封缄时，女王以相当紧绷的语气问他为什么执行得如此迅速。戴维森爵士忧心女王可能会改变心意，于是向海登爵士寻求建

377

议。二月三日，两人相偕去找伯利男爵，并紧急召开枢密院会，会中参事们不断辩论，在正式派发执行令前，究竟是否该先行知会女王。最后，伯利男爵一肩扛下责任，决定在玛丽·斯图亚特死亡之前，任何参事都不得再与女王谈论此事，以免女王"想到新的方法干涉，阻止公平正义的伸张"。

为了避免戴维森爵士一肩扛下所有的责任，十位枢密院院士皆同意，分担接下来他们所作所为的责任。伯利男爵因此草拟了死刑执行命令，戴维森爵士接着复制了命令内容，在二月四日将命令书送往法瑟林盖。他的信差是枢密院的一位雇员罗伯·比勒（Robert Beale）。

伊丽莎白女王对此事件的看法则与他们大相径庭。她坚持自己在签署了执行令后，下令要戴维森爵士保密，当她知道执行令盖上国玺印后，便要求戴维森爵士发誓，在她正式下令执行前绝不可让执行令外流。

戴维森爵士可能误会了女王的意思，但其实不太可能。当时与近代历史现象都显示，伯利男爵知道女王需要有人来帮她承担处决玛丽·斯图亚特的罪，因而选择戴维森爵士为代罪羔羊，但却没有直接证据。不过伯利男爵对戴维森爵士的能力，一直有很高的评价，认为他有能力担任英国政府中的任何职务；因此他并不认为戴维森爵士在策略上是可牺牲的消耗品。比较具有可信度的解释，应该是伊丽莎白女王选择让戴维森爵士来背黑锅——成为万夫所指的对象——承担玛丽·斯图亚特之死之责。她认为在关联法的规范下，此举能合理化英方的做法。

毫无疑问的是，在戴维森爵士收集了所有文件离开谒见室时，女王扣留了他。在她经常采用的莱斯特伯爵、约翰·惠特吉夫与其他人的建议下，女王要戴维森爵士询问签署了关联法的伯勒特爵士，是否能直接处理玛丽·斯图亚特以减轻女王的负担，好让伊丽莎白女王宣布玛丽·斯图亚特是自然因素死亡，这样女王就不需为她的死负责。戴维森爵士吓坏了，坚持表示伯勒特爵士绝不会同意如此卑劣的手法，但伊丽莎白女王向他表示，这是比他还要聪明的人提出的建议，他只好勉强同意写信给伯勒特爵士。

在执行令派发之后，不疑有他的女王再度召来戴维森爵士，表示自己做了有关玛丽·斯图亚特遭到处决的噩梦。于是他再度询问女王，是否希望死刑继续执行。"她说要，并以相当激烈的态度，说出了庄重的誓言。"但她强调："也许可以有更好的方式。"女王问他是否收到伯勒特爵士的回音，但他表示没有。

当天稍晚来了一封信，但却不是女王等待的回音，尽管伯勒特爵士总是呼吁女王走法律既定的道路，但他也不愿自贬为杀人凶手。"我的生活与生命都任由女王处置，"他写下了这样的字眼，"但愿我不需使出如此不正当的手段，在没有法律或执行令的支持下，毁灭我的道德良知，留下这么大一个人格污点给我的后代子孙。"

当女王隔天早上看到他的信时，抱怨这封信太过考究，并疑惑地说着为什么伯勒特爵士会支持关联法。女王"一直责怪特定宫廷人士的讲究，他们口口声声说会为了女王的安危付出全部，但事实上却什么也没做"。

两天后是二月七日，伊丽莎白女王下令要戴维森爵士写一封"措辞尖锐的信"给伯勒特爵士，抱怨为什么"事情还没办好"。戴维森爵士知道，女王依然希望以暗中运作的手段处理玛丽·斯图亚特，于是坚持伯勒特爵士需要执行令，"而不是由我写私人信件给他"以"指导他在这件事情上的执行方向"。这件事到此不了了之。

事实上当天执行令就抵达法瑟林盖，当天晚上，伯勒特爵士便提醒玛丽·斯图亚特准备隔天早上八点受死。她相当平静地接受这个消息，当天晚餐时间仍显得相当高兴。在那之后，她写了几封诀别信，分配了自己仅存的几件遗产。接着花了好几个小时祷告，才在凌晨两点左右入睡。

当她于晨间醒来时，太阳已高挂在天空；当天天气"相当风和日丽"，新教徒将这个现象解释为神赞同处决玛丽·斯图亚特的征兆。准备好了以后，在与仆人们诀别时，玛丽·斯图亚特哭得相当伤心，当她受到召唤准备前往大厅时，她已经整顿好自己的心情。

一五八七年二月八日星期三早上八点整，在北安普敦行政司法官与几位侍女、医生、药剂师与管家的陪同下，苏格兰女王玛丽·斯图亚特走进了法瑟林盖城堡大厅，眼前有三百人即将成为见证。对于传说中的美人，事实上是个瘸腿、肥胖的中年妇女，还有着双下巴，让许多人感到相当吃惊。但她依然保持着她的尊严与冷静，甚至为了这个场合精心打扮，这是她最后一次公开露面："头上罩着边缘有薄蕾丝的细麻布、香盒链与羔羊颂；颈上挂着金质的十字架；手中握着一幅骨制的耶稣受难像与一个木头十字架；腰带上也系着念珠，念珠的尾端有一个牌子；细麻布做的纱罩系在她的后脑勺，上面绑着细绳，周围则装饰着细致的蕾丝。她身穿黑色缎面服装，上有印花，袖长垂地，上头缝着黑玉纽扣，还有珍珠装饰，短袖的部分也是缎面材质，还有紫色天鹅绒质的袖子装饰。"

当她走向铺满稻草的黑色行刑架时，她转向侍女们表示：

"汝等理应欣喜莫哀伤，此后玛丽·斯图亚特所致之苦痛，得到久望的结果。"

彼得伯勒新教司祭长就在行刑架上等待准备安慰她，但她却拒绝了："司祭长先生，请别为彼此烦心，汝等必知晓我潜心古天主教信仰，在神的恩典下，不便接受汝之祷告，我愿抛洒热血。"但司祭长坚持为她祝祷，她便以更大的音量用拉丁文念出自己的祷词，一边不住地哭泣着。

接着刽子手与他的助手上前，协助她脱去外衣，才不会影响斧头的动作。"我不习惯由这些侍从为我宽衣，也从未在如此多人面前脱去外衣。"她表示。在她脱掉黑色外衣，露出低胸的缎质紧身胸衣与鲜红色的天鹅绒衬裙时，旁观的民众一阵议论纷纷，她穿着天主教殉教的颜色；此外，加上她身上佩戴的宗教饰品，她显然自视为天主教信仰殉道者。

当刽子手跪在玛丽·斯图亚特面前，请求她原谅他接下来不得不做的事情时，玛丽·斯图亚特仿佛事先准备好般表示："感激你结束了我充满灾祸的一生。"她以坚毅的态度跪下，将头放在断头台上，不断念着："父啊！我把我的灵魂交托在你手中。"刽子手两次重击，才将她的脖子砍断，可能对她的脊神经造成极大刺激，在她死后，嘴唇还动了五分钟才停下来。

依照风俗，刽子手需抓住受刑者的头发，将头颅提起，并大喊："天佑女王！"但这一次，当刽子手提起她的人头时，细麻布帽与红色假发瞬间掉落，露出了她灰白的头发，"剪得十分短"，只在两边耳上各留下一绺头发。她的脸也仿佛变了一个人，死后的样貌令人难以辨认。

上头有令，须将尸体的衣服剥除焚毁，千万不能留下任何遗迹作为天主教鬼子们崇拜的工具，但当刽子手弯下身

380 　　扯掉她脚上的袜子时，他在她的外套中发现了一只小狗，它一直待在那里，接着就跳到了玛丽·斯图亚特的遗体与头颅中间，身上沾满了女主人的血，必须送去与任何沾到血的东西一起清洁。刽子手收了钱后就走了，并没有带着任何属于她的东西离开。她的尸体与头颅被行政司法官送进了一个大房间中，由外科医师不断涂抹香料，直到入土埋葬。

　　这天下午，在沃尔辛厄姆爵士的命令下，玛丽·斯图亚特的遗体以铅封装，放置在沉重的棺材中。

＊　＊　＊

　　处决玛丽·斯图亚特的消息传到伦敦后，民众欢声雷动。到处可听见庆祝的钟声、大鸣枪声致敬，人们点燃营火，每条街上几乎都有随性的宴会。庆祝的气氛维持了一周。

　　但伊丽莎白女王丝毫不显高兴：二月九日早上九点，当她知道玛丽·斯图亚特遭到处决的消息时，她几乎陷入一阵歇斯底里中。根据康登记载，"她的表情大变，说话颤抖，如此沉重的忧伤让她受到严重打击，仿佛陷入悲痛无法平复般，甚至穿上了哀悼的丧服，不断流泪"。她的情绪爆发，不只是连番哭泣，对于那些以她之名擅自行动，让她落入这般田地的人，她也感到相当气愤。参事们与臣子们早已预料到她会失控，但并未料到如此剧烈的程度，女王对他们严厉的指控，让他们怕得发抖。海登爵士因忧虑而感气馁；沃尔辛厄姆爵士逃回巴恩厄姆斯的家中装病；伯利男爵与莱斯特伯爵则被罚不能会见女王。吓坏了的伯利男爵多次写信给伊丽莎白女王，哀求女王让他"能跪在女王脚边"，感受"女王偶尔的施舍与怜悯，滋润我那悲痛的心灵"，并表示自己愿意下台，但他的信件上只写着"信件未达"。

尽管枢密院不断请求："女王陛下需要更多食物与睡眠以维持健康。"但伊丽莎白女王几乎无力生活。尽管她的哀痛与痛悔千真万确，但这些情绪都是为了她自己，而非她的表侄女，因为她害怕神会因她处决了玛丽·斯图亚特而惩罚她，对于这么恐怖的消息传开后，她的国际声望又会变得如何，也是她非常担心的一件事。她的第一要务，就是让自己远离遭人谴责的命运。因此在她将悔恨的感受发泄完后，她刻意装出受到情绪与悔恨蹂躏后的惨状，希望这样她的敌人们，会认为她为苏格兰女王之死感到如此哀伤，一定不是她下令的。

381

当然还要找一个代罪羔羊，因为她必须说服欧洲各国君主，英国枢密院才是此事背后的主谋，而不是她。她坚持在她正式授权以前，绝不能将死刑执行令交给枢密院，接着暗示，是戴维森爵士模仿了她的笔迹。但为了说服詹姆士六世她并不需要为他母亲之死负责，伊丽莎白女王指控可怜的戴维森爵士举措失宜；女王拒绝听他的解释，在二月十四日时，他便遭到逮捕，在闭门会议中接受审判，接着被判一笔重大的罚金，并在伦敦塔中监禁到女王高兴为止。伊丽莎白女王本要吊死他，但伯利男爵说服女王，这种报复是暴君才有的行为：她不应该认为"她的权力大于法律"。负责递送执行令的比勒，则被贬为约克的低阶邮差。

就算这样也很难欺骗世人的眼光。"英国女王现在说这不是她的命令，显然是种权宜之计，事实显然与她所称的一切相反。"菲利普二世坚称，许多天主教圣徒则坚定地提醒他，为玛丽·斯图亚特报仇是他的责任。

　　一如伊丽莎白女王的担忧，她的所作所为，引发天主教欧洲的谩骂，他们强烈的反感，都收录在狠毒的宣传手册与传单中，谴责她是个异教徒，是个无耻邪恶的女人，甚至要神降罪于她。罗马教皇则希望对她发起新的圣战，因此呼吁西班牙的菲利普国王在刻意地追悼玛丽·斯图亚特之外，尽快抓住机会入侵英国。而各界也认定，玛丽·斯图亚特已将她继承英国王位之权让给了菲利普国王，他绝对有权这么做。尽管天主教势力不断表明这一点，但随后很快就发现，玛丽·斯图亚特从未正式指派菲利普国王作为她的接班人。然而英国境内的许多天主教徒，包括耶稣会神职人员，仍坚持菲利普国王的女儿伊莎贝拉·克拉拉·尤金妮亚是神圣合法的英国女王。玛丽·斯图亚特未立遗嘱一事，并未让菲利普国王感到烦恼，他认为玛丽·斯图亚特之死，成了他实现"对英国的企图"、夺取英国王位最好的借口。

　　伊丽莎白女王写了一封慰问信，给她"亲爱的兄弟"詹姆士六世，将他母亲遭到处决一事，形容成"悲惨的意外，完全违背我的心意。神与许多人都知道，在这件事之中，我非常无辜，我只能恳求你相信我，若我有不良企图，愿意承担任何后果。若此事真为我的意思，我绝不会推诿于他人"。

　　果不出其然，詹姆士六世刻意营造痛失母亲的儿子形象，但又无法失去伊丽莎白女王这个盟友，因此除了象征性的抗议之外，并未有额外的动作。三月三十一日，詹姆士六世向气愤难平的苏格兰贵族表示，他无法为了替母亲报仇而牺牲英格兰—苏格兰联盟，只能选择相信伊丽莎白女王所说的一切是真的。

　　法王亨利三世则公开谴责英国处决玛丽·斯图亚特的暴行，对伊丽莎白女王愤怒以对，"真是个杂种、无耻的贱人"。

在巴黎，英国大使被拒于宫廷大门之外，同时也完全不敢上街，否则会引来大批奉玛丽·斯图亚特为圣徒的嘈杂人潮。但亨利三世要面对的国际问题太多，无力对英国宣战，最后他对伊丽莎白女王也是束手无策。

三月二十七日，伊丽莎白女王依然情绪不佳，下令要十位触法的枢密院参事到大法官面前报到，由最高法院首席法官与约翰·惠特吉夫大主教来审判他们的行为。伯利男爵代表所有人，指称戴维森爵士是依照他的命令行事，而他们最大的动力，就是担忧女王的安危。一周后，沃尔辛厄姆爵士发现："我们那严苛的情势依然存在。财务大臣仍遭罢黜，女王陛下依然在我背后用十分冷酷的言辞对我。"伯利男爵失了宠，也因此让他的儿子罗伯特·塞西尔（Robert Cecil）有了证明实力的机会，他支持海登爵士，而海登爵士则认可他的政治技巧，让他在四月份正式走马上任成为大法官，而莱礼爵士则填补了他卫士长的位置。五月份，仍痛苦难耐的伊丽莎白女王向法国大使表示，玛丽·斯图亚特之死"是她毕生无法抹灭的记忆"。

到了五月份，伯利男爵终于获得恩准返回宫廷，但女王依然"以苛刻的言辞对付他"，"称他为叛国贼、伪君子、缺德的小人，要他不准出现在她面前——这一切都是因为苏格兰女王之死"。身为老臣的他只能等待时机，六月份时，伊丽莎白女王特地前往特欧伯兹拜访他，他的忍辱负重有了回报——这是女王在他家住得最久的一次，这段时间两人言归于好，女王的心情也恢复平静。

莱斯特伯爵也得到了女王的原谅，他与伊丽莎白女王再度快乐地争吵着英国该如何扭转在荷兰的劣势。这年春天，菲利普国王下令要帕尔玛公爵尽可能地征服所有的省，让荷兰成为西班牙入侵英国的跳板，其准备工作也已然在进行中，尤其是自从四月以来，在伊丽莎白女王的授权下，德瑞克爵士在卡第兹港焚烧了三十七艘西班牙籍船舰。在圣文森港挟持了一百多艘船，并在亚速尔群岛掠夺了大量的西班牙珍宝；因为他的行动，西班牙无敌舰队当年无法出航，但德瑞克爵士嚣张的举动，让菲利普国王更存心要一举侵略英国。莱斯特伯爵全力支持武力干涉荷兰事务，但伊丽莎白女王的态度相当难测。

在玛丽·斯图亚特处决之初引发的轩然大波过后，伊丽莎白女王指派伯勒特爵士为嘉德骑士事务大臣以兹奖赏。四月份，看来无论是人或神，都已经没有立即性的报复危机后，伊丽莎白女王开始改口，称玛丽·斯图亚特之死有其必要性与公正性；最重要的是，玛丽·斯图亚特死后，她便不再需要面对内部反抗的威胁，因为天主教反叛的势力失去了重心，也没有合法继承王位的人选，现在已经没有什么能阻挡由身为新教徒的詹姆士六世继位。境外的天主教徒认为他们在英国境内的教友，应将菲利普国王视为救赎，但他们却大大地低估了伊丽莎白女王麾下天主教臣民的忠诚与爱国心，菲利普国王对他们来说，等同于玛丽·都铎时代的恐怖统治，而他们对西班牙人统治英国的恐惧感也并不亚于效忠伊丽莎白女王的新教臣子。

七月三十日，在女王的命令下，玛丽·斯图亚特的棺木终于在法瑟林盖下葬；在夏日将至之际，她的遗体几乎成了影响健康的乱源，传出极度难闻的臭味，几乎没有人敢进入摆放她遗体的屋里。她的遗体被移往彼得伯勒大教堂（Peterborough Cathedral），以皇室礼仪与壮观的盛典风光下葬。一六一二年，詹姆士一世下令将母亲的棺木移灵西敏寺，放置在伊丽莎白女王下葬处对面的礼拜堂中。

22　胜利女神伊莉莎

　　莱斯特伯爵仿佛为所欲为般，再度带着全新的三千兵力与一队战舰，于一五八七年六月二十五日重返荷兰。帕尔玛公爵故意使出时间战术，一度提出和平诉求，花了几个月的时间，进行迂回曲折的协商。

　　七月二十九日，罗马教皇与西班牙签署了一项条约，同意由菲利普国王提名任何一位他认为适合担任英国统治者的人选，唯一的条件是，这个人必须在英国重建天主教信仰。九月份，菲利普国王下令要帕尔玛公爵组织一支舰队准备入侵英国。伊丽莎白女王注意到敌国准备入侵的气氛，将所有的希望都寄托在和平协商的结果上，因为她知道英国没有强而有力的军队，仅有一支小小的海军，根本没有应战的实力。

　　同时，英国与荷兰盟邦之间出现了严重的分歧，眼见尼德兰可能就要爆发内战了，而莱斯特伯爵的无能就是造成现况最主要的原因，于是这一年的秋天，他向伊丽莎白女王提出自己在荷兰毫无用处的说法。女王便在十一月十日将他召回英国。在他离开之前，还下令制造一个纪念章，上面镌刻着他的传奇："我不愿离开的并非人们，而是那忘恩负义的一群"。

　　回到英国宫廷中，他气愤地发现，虽然女王表面上亲切地欢迎他，但私下对于他无法与盟友间更进一步地团结并阻挡西班牙的推进感到相当不满。无法面对女王的斥责，他只好退到温斯特去，并放弃担任了将近三十年的骑士统领头衔，并说服女王将这个荣耀赐予他的继子小艾赛克斯伯爵。

在莱斯特伯爵二度离开英国前往荷兰后，年纪轻轻的小艾赛克斯伯爵与女王变得更加亲近，再透过他新建立的势力为继父赢得优势，毕竟继父对他的栽培，就是为了挽回自己政治上的颓势。也因为两人之间的情感，因此他们从未互相敌对。伊丽莎白女王为年轻的小艾赛克斯伯爵着迷不已，总是将他带在身边，认为有他在身边的生活相当有趣。他拥有伊丽莎白女王喜欢的各种男性特质，但女王相当清楚，他完全没有政治敏锐度。整个夏天，宫廷人士都看他忙着陪女王散步、骑马，晚上则常见两人一起玩牌或听音乐，直到"清晨的鸟鸣声声唤"。

小艾赛克斯伯爵拥有贵族血统：他的身上流着金雀花王朝的血液，同时从小也接受了莱斯特伯爵那严格的新教信仰。他具有骑士精神、自信满满且十分大方。他会写十四行诗，执笔的信件相当时髦、掷地有声，他在宫廷的化装舞会中总是表现良好。他身材看来"十分修长"，拥有红褐色的头发与胡髭，还有高雅的双手。

女性难以抵挡他的魅力、他的男子气概与他健壮的体格，伊丽莎白女王也不例外，尽管她比他年长了三十三岁。但这个年轻人也免不了要花言巧语地称赞女王，或假装被女王的魅力深深吸引，伊丽莎白女王就需要这样的注意力。传言中，她有永生不摧的美丽，她也刻意助长这样的传闻，但到了这个年纪，要维持传言中的姿态越来越困难，她只好使用假发与化妆品来协助。但在小艾赛克斯伯爵的陪伴下，她似乎恢复了逝去的青春。但女王似乎总把他当成自己无缘拥有的儿子，而非爱人或追求者。历史上从未有任何证据显示女王对他有任何非分之想，但曾有人推断，就外貌与体格而言，小艾赛克斯伯爵都让她想起了托马斯·西摩，在她青春正好的时期，唤醒她的性欲的那个男人。

　　但小艾赛克斯伯爵也有黑暗的一面。他有时相当情绪化、傲慢跋扈、莽撞无礼、难以相处，当他的脾气上来时总是冲动不已。他不懂自律，更不懂得"隐藏情绪。总是喜怒形于色"，也总是"非常容易被激怒，又难以平复情绪"。他是一个复杂的男人，生活过得仓促，但有时又仿佛活在自己的世界般爱做白日梦，做起梦来，连自己吃饭时吃了什么都不知道，也不在意自己的衣着是否搭配得宜。他总是迈开大步向前走，头部则总是向前倾。他的性格与其他的宫廷人士一样令人费神疑猜，但偶尔与人有了亲密接触后，他总会赶紧前往教堂，在神面前告解好几个小时。尽管他喜欢宫廷华丽炫目的生活，他也喜欢在查特里家中的安静生活。自小，他就有神经衰弱的问题，病情严重时，他甚至必须卧床多日，浑身发热、颤抖、重度忧郁，无法理性地说话或思考。

　　总是以自我为本位的小艾赛克斯伯爵拥有极大野心；总是想成为剑客中的佼佼者、宫廷中威风凛凛的年轻豪侠，但为了享受豪奢的生活，他需要很多钱，但在这方面却总是匮乏。因此他的生活总是寅吃卯粮，他的财务状况总是在破产边缘，也因此包括女王等人在财务状况许可下总是尽可能地帮他渡过难关。

　　年纪轻轻的小艾赛克斯伯爵，仿佛有用之不竭的精力，也想要在军事领域上有所作为。菲利普·西得尼死前将剑传给了他，因此他自视为菲利普·西得尼的传人，同时他对自己也相当有信心，认为自己有领导才能，能激发人们奉献的精神。他在这方面的确有相当程度的天分，但他有时行事太过轻率，也过于自负。"没有任何人比他还要更渴望荣耀，"康登记录下

386

这些现象，"也没有人比他更不在乎荣耀以外的一切。"

有一个人相当妒忌小艾赛克斯伯爵的崛起，这个人就是莱礼爵士。他原认为自己能取代莱斯特伯爵，成为女王跟前的第一大红人，但江山代有才人出，他的光芒早已相形失色。莱礼爵士仿佛着了魔般地妒忌着，更暗自决心要颠覆小艾赛克斯伯爵显赫的地位。但当小艾赛克斯伯爵获得进入女王寝室，与女王交谈的殊荣时，负责在门外过滤访客的莱礼爵士，只能将愤怒与怨恨埋在心里。

只要可以，他绝不会放过痛击对手的机会。小艾赛克斯伯爵的姐姐桃乐丝小姐在与人私奔之后，就被禁止入宫了。但这年的七月份，伊丽莎白女王出巡，走访华威伯爵的豪宅诺斯堂时，华威小姐认为伊丽莎白女王的怒气已灭，便邀请桃乐丝小姐与小艾赛克斯伯爵为宾客。莱礼爵士含沙射影地向女王告状，表示小艾赛克斯伯爵将姐姐带进诺斯堂，因为他认为自己对女王不敬也没有关系。伊丽莎白女王大为光火，因此下令要桃乐丝小姐待在房里，一直到女王离开后才得露面。

又羞又窘的小艾赛克斯伯爵，早就猜到是谁在背后搞鬼。于是晚餐后，当他与女王和华威小姐坐在一起时，莱礼爵士正在门外偷听，小艾赛克斯伯爵为姐姐喊冤，并指伊丽莎白女王未经思考的作为"只是要取悦那奸诈的莱礼爵士，我就知道她会在世人面前羞辱我"——这是他事后在信件中对友人的抱怨。

结果这激怒了伊丽莎白女王，她直率地表明"自己无法忍受任何人批评莱礼爵士，同时表示我没有任何理由轻视莱礼爵士。她的一席话让我甚感纷乱，但我依然尽可能地向女王传达他的所作所为与真面目"。

　　小艾赛克斯伯爵问她："我的女主公竟然敬畏这样一个男人，我该如何是好？"并以"悲痛暴躁的态度，尽可能地诋毁他"，希望能让莱礼爵士听到他的话。但这一席言论只是更进一步地激怒伊丽莎白女王，让她怒火中烧，让她毫不庄重地与小艾赛克斯伯爵吵了起来，甚至攻击他母亲莱斯特小姐的道德问题。这对情绪不稳定的小艾赛克斯伯爵来说，简直难以招架，他怒吼着说自己无法坐视家族蒙羞，并坚持在深夜里要把姐姐送走。至于他自己，他告诉女王陛下："我到了哪里都无法开心，我的情感被狠狠践踏，如莱礼爵士这样的小人却大受敬重，我绝不想待在这样的人身边。"伊丽莎白女王并未回应，只是转过身去，继续与华威小姐聊天。

387

　　女王的忽视让他愤怒极了，小艾赛克斯伯爵随即离开那个房间，并安排姐姐立即离开，并随即前往马盖特准备去荷兰，在那里，他能将受伤的情绪发泄在战场上。"与其忧虑一生，不如光荣而死。"他宣称。

　　但伊丽莎白女王已经猜到，他可能会干傻事，便派出亨斯顿勋爵之子罗伯特·凯利（Robert Carey）将他追回；最后他在桑德维奇追上了小艾赛克斯伯爵，说服他返回诺斯堂，并与女王和解；但他仍不断抱怨女王陛下"对他的态度不够和善"——在接下来的几年中，还会常常听到他的抱怨。

　　这件事为两人未来的关系设定了模式，易变又易怒：性格刚烈的两人很容易爆发冲突，口不择言，接着冷战；但相较之下，伊丽莎白女王更需要小艾赛克斯伯爵的存在，最后只好让步。小艾赛克斯伯爵对女王相当有感情，他知道自己凌驾于女王之上，不断地得寸进尺。他绝不让任何女人控制他，甚至包括女王陛下；事实上小艾赛克斯伯爵鄙视女王拥有的王权到了极点，也厌恶自己必须卑躬屈膝的事实，他认为像他这样的男人，除了体能外，智能也比女性更加优越。他也许会奉承女王，装作爱慕女王许久的追求者，但他常以斥责的话来惩罚女王，同时毫不掩饰地表示，自己痛恨女王在两人的关系中占上风。他显然认为女王是个爱管闲事、令人烦躁又过时的老女人。令人最惊讶的是，女王屡次原谅他的放肆。甚至有人瞎猜，认为女王让小艾赛克斯伯爵在背后发号施令，但面对他不应得的政治势力，或他可能会不知羞耻剥削自肥的利益时，女王的立场又变得相当严谨。然而当小艾赛克斯伯爵深信，这些权位给错了人，与老派的、聪颖的人所说的不同时，他就能胁迫女王听从他的意见。伊丽莎白女王深知这一点，也早有准备。

* * *

十二月二十一日，伊丽莎白女王指派霍华德勋爵查尔斯（Charles，Lord Howard）为中将、海军大臣兼英国海军指挥官，并下令要海军全员戒备。此时，菲利普国王可能很快就要派出他的无敌舰队前来；十一月份时，伊丽莎白女王便听说了他的计划：西班牙大型帆船的无敌舰队，准备痛击英国海军，为帕尔玛公爵先杀出一条血路，让他尽快由荷兰派遣一支精兵进入英国境内。推翻伊丽莎白女王、掌握英国政权后，菲利普国王就会来到英国，为女儿取得英国王位并重建天主教信仰。

根据霍林斯·赫德所记，在一五八八年年关将至之时，英国许多民众想起，部分占星家与预言家曾预测，英国这段时间会有"非比寻常又异常的意外"发生，因此引起极大的恐慌。但伊丽莎白女王拥有自己专属的占星预言家，则较为乐观。

实际上，伊丽莎白女王与她的政府已经开始准备迎战。海港与各地都加强边防，建造了七艘新船，旧船也进行翻修工作。王国各地高处都架起了烽火台，以在敌军入侵的第一时间通报。同时招募水手与军人，并向民间征用武器与仓库。尽管如此，面对敌人入侵，英国仍未有足够的准备，当她发现菲利普国王的舰队也并未完全准备好，可能到来年夏天都不见得有能力出击时，从不愿浪费金钱的伊丽莎白女王，下令遣散英国舰队。

纵然伊丽莎白女王有过人的勇气，但她仍不乐见两国开战：她天性不喜欢军事上的荣耀，对于战争可能带来的财政与生命损伤，她感到相当吃惊。若能透过外交手段解决的问题，她一定会选择这样的途径，当然，一直到无敌舰队真的出港以前，她一定会持续追求和平解决的方法。

因为女王仍然相当气愤，因此并未邀请莱斯特伯爵赴宫中过圣诞节，到了一月，莱斯特伯爵依然没有收到女王的音讯时，他只好写信哀求女王"用陛下那仁慈宽厚的眼睛，看看可怜又苦命的我"。而当莱斯特伯爵知道，当巴克赫斯特勋爵（Lord Buckhurst）提出要他为荷兰战争执行不力一事面对质询，但伊丽莎白女王却拒绝时，又感到相当欣喜。

战争恐将成真，伊丽莎白女王因而召回莱斯特伯爵，在一五五八年的前几个月中，尽管健康情形每况愈下，他仍一丝不苟地出席了枢密院会。莱斯特伯爵展现更甚于他人的态度，警告伊丽莎白女王，外交途径不足矣：她应该更进一步地加强军事实力。

到了四月，伊丽莎白女王下令额外翻修十二艘船，她的政府并负责着手开始针对女王的部队进行密集训练。德瑞克爵士

389　倾向直接航向西班牙，破坏菲利普国王的船只，但伊丽莎白女
　　王担心，在这最需要船只的时期，她可能会因而遭到报复，使
　　得船只被破坏或遭窃，因此并不同意这么做。同时，女王表
　　示，若真的在海上发生冲突，也一定要在英国近海一带进行，
　　这样才能让海军牢牢记得自己为何而战。

　　　伊丽莎白女王依然希望，两国不需要走到战争这步田地。
四月份时，她派遣前驻巴黎使节瓦伦泰·戴尔（Dr. Valentine
Dale）与帕尔玛公爵见面，希望求和。五月三十日，两国代表
见面讨论和谈相关事宜，就在同一天，西班牙无敌舰队的一百
三十艘船舰，搭载着三万精兵，在麦地那·西都尼亚公爵
（Duke of Medina Sidonia）的带领下从里斯本出发前往英国。
此时，英国舰队已经进入备战状态，在普利茅斯待命。

　　　在西班牙的船舰上，带着数千份罗马教皇对此战役祝福的
诏令，除了重申伊丽莎白女王遭到逐出教会外，甚至呼吁她的
臣子们背弃她。这些诏令将在西班牙军队入侵后，在英国境内
大肆散布。但到了六月底时，当伊丽莎白女王的臣子们知道诏
令存在的消息后，更进一步地展现出对女王的忠贞。

　　　六月初，枢机主教威廉·亚伦发行了一份手册，恶狠狠地
攻讦了伊丽莎白女王，这本手册名为《给英国贵族与平民的
警告》。在手册中，他将亨利八世形容为"伊丽莎白女王那让
世人信以为真的父亲"，而伊丽莎白女王则是"近亲相奸生下
的杂种，生来就招致灾祸，是无耻的妓女"。这样的诽谤中
伤，让伊丽莎白女王感到气愤又难过，因此她指示戴尔大使，
以女王之名向帕尔玛公爵郑重提出抗议。但帕尔玛公爵却表
示，自己还未看过亚伦发行的手册，对于教皇的新诏令也一无
所知。对于主公与伊丽莎白女王间交恶，他甚感遗憾，但身为

军人，他必须听从命令。一直到七月八日，伊丽莎白女王仍不断写信给帕尔玛公爵，询问"有没有迈向和平更合理的方法"，若有，她会毫不犹豫地接受。

"以我对耶稣基督的爱为誓，女王陛下，"海军大臣信中写道，"请您清醒，看看身旁那些可憎的阴谋，这都是为了对付女王陛下与陛下的王国，请您如其他威严的君主般，集合兵力捍卫自己。若女王陛下愿意照做，就不需恐惧。若您不愿听信，大难就在眼前。"

七月十七日，伊丽莎白女王正式结束和谈。

* * *

西班牙舰队的进程受到暴风雨的破坏，但到了七月十九日，西班牙人口中"所向披靡"的无敌舰队，出现在利札德海岸，这是英国人第一次亲眼所见。传言中，德瑞克爵士当时正在普利茅斯玩英式橄榄球，但他坚持在前往御敌之前，还有时间打完这场比赛。

当英国境内的烽火台燃起烽烟时，伊丽莎白女王于七月二十二日晚间，在里士满宫接获消息。接下来几天，英国枢密院则必须在紧急时期召开每日会议。罗伯特·塞西尔对于女王沉着冷静的反应，感到相当讶异："看到女王陛下不愠不怒，展现出宽容的情操，许多人大感安慰。"她以相当激励人心的话，向"矢言绝不轻饶这些他国入侵者，以慰英国民众"的莱斯特伯爵做出保证。伊丽莎白女王冷静的反应，主要是因为非常清楚她已经做了万全的准备，让英国有充分的实力击退外侮，而英国皇家海军拥有较小、较轻、较快的船只，"在海面行进时吃水少又平稳"，引用霍华德勋爵查尔斯的说法，就是"所有基督教国家君主麾下最强盛的一支海军"。

390

由女王亲自执笔的代祷词，在各教堂中大声宣读。宫廷中反而出现前所未有的平静，因为在伊丽莎白女王的命令下，各派系之间的口角与仇恨都暂时抛在一边。英国各地的子民们，带着期待与忧虑的心情静静等待着。

沿着英国南岸前进，威严的无敌舰队正朝向荷兰前进，准备护送帕尔玛公爵的军队前往英国。英国海军则在普利茅斯严阵以待，多达一百五十艘战舰，桅杆上皆飘扬着都铎王朝白绿相间的旗帜。霍华德勋爵查尔斯中将担任指挥并由海战经验十足的弗朗西斯·德瑞克爵士辅佐；查尔斯中将知道自己能成为军事首领，是因为自己的地位，而非海战成就，于是勇敢地宣布，自己将"让贤给更有经验的人"。因此德瑞克爵士对霍华德勋爵展现出"忠诚又宽厚"的态度，于是"消除了对这个不确定的合作关系的疑虑"。

查尔斯中将的主舰是过去被称为莱礼方舟的皇家方舟，前一年才由莱礼家族出售给女王。霍华德勋爵得到女王的授权，得以全权依照他的判断与敌方交战。但相反，菲利普国王却写下了相当琐碎的——有些甚至是不合理的——指示，要麦地那·西都尼亚公爵参照。

七月十九日的夜里，霍华德勋爵正式展开追击无敌舰队的任务。七月二十一日星期日，在普利茅斯附近的埃迪斯通，两军短兵相接，却没有任何决定性，两天后又在多塞特郡外围的波特兰发生了更严重的一次冲突，这次造成多艘西班牙大型帆船严重受损，另外还有两艘沉船，七月二十五日在威特岛搁浅。英国皇家舰队在无敌舰队往东迈进的路上，屡次对其迎头痛击，恰好避免皇家海军在远离英国领海后，无敌舰队船只可能准备进行的突袭。

同时英国中部诸郡仍持续征兵，而莱斯特伯爵则被钦点成为皇家军团连队总司令与海军中尉，开始着手在泰晤士河口的蒂尔伯里堡组织四千员精兵，镇守在伦敦东方以对抗帕尔玛公爵的进逼。他已经在河面上部署，阻挡船只长驱直入。

伊丽莎白女王大胆地提出要求，表示自己想要到英国南部主掌征兵事宜，并在帕尔玛公爵踏上英国领土的那一刻与他对垒，女王这样的突发奇想，吓坏了参事们。为了转移她的注意力，七月二十七日，莱斯特伯爵邀请她参观蒂尔伯里堡，对皇室军队"喊话"，并强调"亲爱女王，你与所有基督教国家君主相同，拥有如此良好、忠诚、精良的手下"；他认为女王的安危就是神的恩赐，"女王就是这世界上，我们最高尚神圣的拥有，想起了女王，任何人都会感动不已"。 391

同一天，西班牙无敌舰队在距离敦刻尔克不远的加莱港下锚，此时帕尔玛公爵正带领一万六千名精兵，等着跨越英吉利海峡。在附近的海域上，荷兰舰队不停巡防以抵抗西班牙无敌舰队。

英国皇家舰队跟着无敌舰队的脚步来到了加莱港，在七月二十八日的夜间，下令由五艘"地狱火焰"，也就是载满了木头与沥青的火烧船，直接冲撞巡防中的无敌舰队帆船。结果西班牙海军仿佛陷入地狱，强风助长火势，导致恐慌与混乱，打散了西班牙无敌舰队，破解了他们的新月阵队形，且使他们在强风的阻挡下四处溃散。这样也代表体积较小的英国舰队，在冲突中有更公平较量的立基。这次奇袭的结果，西班牙方面的士气大受打击。

七月二十九日，在法国格拉夫林，麦地那·西都尼亚公爵英勇地重组了他的船队，这个方法并不算失败，接着两军就要进行最后的攻防。但英国皇家舰队仗着数量较大，取得相当的优势，大获全胜。西班牙失去了十一艘船与两千名士兵，英国却只有五十五人阵亡。两军战到弹尽粮绝后才结束了这场战役。

女王还不知道英国皇家舰队占了上风，七月三十日还前往圣詹姆士宫，在那里会比里士满宫还要安全，而女王在伦敦时，则由亨斯顿勋爵负责她的安全，他随即派遣两千多名武装卫士，在圣詹姆士宫外围拉起封锁线。尽管面对如此大的危险，伊丽莎白女王依然"忧喜不形于色"。

此时风向变了，导致无敌舰队往北推移，让剩下的帆船全部四散。"世界上没什么比看到敌人被南风吹得往北偏移还要更令我开心的事情了。"德瑞克爵士兴奋地写道。霍华德勋爵下令要德瑞克爵士驾船追逐敌船，但也难以造成更多伤害，因为他们的弹药也全数用罄。事实上有了这道风——后来人们将它称为"新教风"，将它视为神恩——他们也不需再多做些什么，接着又来一场强烈风暴，对西班牙无敌舰队造成了更多伤害，远远超越英国皇家舰队原本的预期。

392 到了八月二日，霍华德勋爵追逐西班牙无敌舰队的残余，一直到福斯湾才放弃，掉头往南边航行，留下四处逃窜、残破不堪的西班牙船舰，独自面对险恶的苏格兰、爱尔兰与康瓦尔海岸。"其中大多数的人，此生可能都无缘再回西班牙了。"一名英国海军士兵记录下这一切。

错误的胜利报道，让西班牙一度提早出现欢乐的气氛，但到了八月三日，当麦地那·西都尼亚公爵下令剩余的船只返航时，西班牙海军此次惨败，成为历史上最耻辱的一页。失去了三分之二的兵力（许多士兵都因为在偏远地区的海滩受伤或生病而痛苦致死，也有些人在爱尔兰遭到爱尔兰王的无情屠杀），以及四十四艘船还有更多的船舰被破坏得再也没有航海的价值。另一侧，英国只有一百位士兵阵亡，船舰则是一艘也没少，但伊丽莎白女王仍不敢松懈。在这个"专横暴虐、孤高自傲又疯癫的企图后"，伊丽莎白女王在一封给詹姆士六世的信件中说道："（菲利普）国王的政权就算还未崩毁，效应也已经开始"。

* * *

英国击退了西班牙战舰，但最大的考验其实来自帕尔玛公爵与他的军队，此时他们就在英吉利海峡的另一端，只待海风转向。

伊丽莎白女王认为领土随时有可能遭到"男性力量"的侵略，于是接受莱斯特伯爵的邀约，前往蒂尔伯里堡去振奋军中士气。为了前往蒂尔伯里堡，八月八日女王从圣詹姆士宫搭上她的驳船。枢密院参事们都不断请求她不要前往，害怕她因此更靠近侵略者，并以各种理由阻止她的行动，但女王对他们的意见不理不睬。当伊丽莎白女王回信给莱斯特伯爵，表示自己决定走访蒂尔伯里堡时，莱斯特伯爵回信写道："我的好女王，若神赐予您健康的身体，就不要改变您的想法。臣在蒂尔伯里堡为您准备了合适、舒服又干净的房间，让您住下，就在军营的一英里外，绝对与圣詹姆士宫的环境一样舒适。"

在莱斯特伯爵徒手握着女王的马勒并小心翼翼地护送下，女王骑着一匹"白得像天使般"的阉马，伪装成"亚马逊族女战士头目"，穿着一袭白色天鹅绒服装，系着银色闪亮的马甲，出现在皇家军队的眼前，身边还有一位年轻的侍从，手执白色软垫，上面放着她那银色头盔，再由奥蒙德伯爵手持女王御剑。莱斯特伯爵将女王此行安排得相当有戏剧效果，加入许多壮观的场面。帐篷上的旗帜与三角旗在微风中挥舞，鼓声与风笛声昂扬，伊丽莎白女王眼眶含着泪，巡视了完美的步兵连队，在装饰完美的战马与装甲部队中，由小艾赛克斯伯爵出任指挥官，他大声吼出："愿神祝福你们！"而士兵们则单膝下跪，大声回应："愿主佑女王！"在女王经过身边时，士兵便弯下长矛与军旗，向女王致敬。在激动人心的代祷仪式过后，伊丽莎白女王前往番红花花园附近爱德华里奇的庄园，当晚就住在那里。

393

八月九日早晨，伊丽莎白女王再度返回军营，空气中瞬间爆出热烈的掌声——"欢声雷动"——伊丽莎白女王表示，自己仿佛"身在一场热血沸腾的战役中"。喧闹声暂歇后，士兵们进行战争演练，然后在女王面前进行阅兵。接着"英勇的女王骑着最庄严的一匹马"，穿得就像"全副武装的希腊智神"，她穿着银色护胸甲，手拿金银相间的小型令牌，伊丽莎白女王再度以她任内最激昂、最著名的演说，来振奋士兵的心。

"我亲爱的子民。"她大声地说。

许多人建议我们，面对武装群众时，一定要留心我们的行为，因为担心他们背叛；但我向你们保证，我从不曾不信任忠诚又亲爱的子民。

就让专制君主去忧虑吧！我总是行为节制，以神之名，我将最主要的力量与捍卫的信念，托付给臣民忠诚的心与善意，因此我来到这里，在你们面前，在这个时候，不为了我的消遣娱乐，而是在一场白热化的战役中，为了解决生死攸关的问题，放下一切，只为了我的神与王国，为了我的人民、我的荣耀与我的血脉。

我知道自己拥有女人羸弱无力的身体，但我却有着王者的心胸，是英格兰君王的气魄，无论是帕尔玛公爵与西班牙的国王，或欧洲的任何君主，都不准侵略我们王国的边界；我不会回以不名誉的手段，我愿执起武器，愿成为你们的领袖、军师，回报你们的美德。

因此，由（莱斯特）中将代替我，在任何君主手下，再也找不到一个比他更高贵、更有价值的臣子，不需怀疑，只要服从中将的命令，维持军营中的和谐与战场上的勇气，英国很快就能击退神的敌人、我的王国的敌人、我的人民的敌人，胜利威名远播。

在这"最成功的演说"结束时，军营中集合的士兵"皆在激动中大叫大哭"。女王的一位教堂牧师里欧内尔·夏普（Dr. Lionel Sharp），受莱斯特伯爵所托，记录下女王演说的一字一句，隔天女王离开后再度大声宣读给那些当天未能听清楚的人听。女王演说讲稿的复制品四处流传，三十年后，夏普将当日的记录交给白金汉公爵，他的儿子在一六五四年正式将它发行。莱斯特伯爵认为，女王的演说"让良好的臣民受到极大鼓舞，就连最懦弱的一群，面对胆敢踏入英国国境的西班牙，都有能力与他们决战"。

中午时，伊丽莎白女王与莱斯特伯爵在他的帐篷中用餐，她接获消息，指帕尔玛公爵准备渡海。莱斯特伯爵与他的手下们，催促女王为了安全，尽快动身返回伦敦，但她表示不容许自己这么做，并表示要与子民并肩作战同生共死。许多人为她的勇气感动不已，但"夜色悄悄地袭上"，消息传来危险将过，因为没有西班牙海军的支持，帕尔玛公爵并不愿自己的士兵冒险，而菲利普国王，虽然心情沉重，也能理解他的看法。

这次的战败，自然让菲利普国王感到挫折不已，于是他退回到马德里附近埃斯科里亚的皇宫中，盼能在祷告之中获得慰藉与理解。"尽管有这一切不利的迹象，国王陛下依然决心持续兴战。"威尼斯大使的报告中如此显示。菲利普国王向告解的神父表示决心奋战到底，并希望有神迹相助，就算没有神迹降临，"也希望死后能到他的身边"。西班牙的子民们此时则穿上丧服，在街上行走时显得垂头丧气。

八月十日，德瑞克爵士从格拉夫林捎来的信中提及"帕尔玛公爵丧气得就像失去了幼子的熊"。伊丽莎白女王以凯旋胜利之姿返回伦敦，因为确定无敌舰队不会再来而感到安心，她的首要考虑是撤回舰队、解散部队，让士兵们回家参与农忙收割。在这些事情完成后，伊丽莎白女王才开始庆祝英国的大胜利与她个人的功绩。

她一刻也未"失去镇定的态度"，威尼斯驻巴黎大使表示，"也从未忽略任何必要的细节。她解决问题的敏锐、执行的勇气，在在显示她相当重视荣耀，也决心要拯救国家与自己。"

根据康登的记录，伊丽莎白女王非常感激莱斯特伯爵，她甚至着手起草诏书，准备指派他为英格兰暨爱尔兰副总督，这个职务能带给他的权力，将比英国有史以来的其他臣子都要更高。但伯利男爵、沃尔辛厄姆爵士与海登爵士担心，这么做会让向来得宠的莱斯特伯爵真的成了总督，因此说服女王改变心意，后来的证据显示，莱斯特伯爵一直都不知道女王原本想要给他多大的奖赏。

这一切都要感谢英国政府缜密的准备、严密的训练与军队和资源上的调配，英国军队领袖们的技巧，当然还有那一阵"新教风"，才能征服强大的无敌舰队，也让英国得到史无前例的大胜利。

395

* * *

八月十七日，蒂尔伯里堡军营正式解散，莱斯特伯爵"在许多士绅的陪伴下，仿佛国王般"凯旋伦敦，并接受人群的欢呼。到了二十日，伦敦市长与市政参事们，前往圣保罗大教堂参加一个宗教仪式的活动，深深感谢军事上的胜利。

到了九月初，英国海军遣散了大部分的人员；英国国库吃紧，因为这些人员的关系，伊丽莎白女王甚至差点付不出剩下的薪水。在这场战役中，并没有太多人死亡，但船上粮食供应不足与发酸的啤酒，让数千名海军士兵全都在英吉利海峡两岸的城市中，罹患了伤寒、坏血病或食物中毒，甚至因而死亡。在了解到英国财政部不会再提供更多的金钱后，霍华德勋爵、德瑞克爵士与约翰·霍金斯爵士，便自掏腰包提供酒与竹芋给士兵们。当女王听说部分船长将原本要给船员们的薪水拿来挥霍时勃然大怒，从此之后便以相当鄙视的眼光看待船长们，但事实上，海军士兵们悲惨的处境的一切都要怪她。

大败西班牙无敌舰队后，英国开始大张旗鼓地准备国家庆典。八月二十六日，小艾赛克斯伯爵在怀特霍尔宫指挥了胜利军演的演出，年纪轻轻的小艾赛克斯伯爵在马上长枪比武中对上卡门伯兰伯爵（Earl of Cumberland）。门多萨大使的一位探子，则指莱斯特伯爵夜夜与伊丽莎白女王共享晚餐，夺回了他昔日的权力与声望。但此时的他也病重了，过去几周来的庞大压力让他喘不过气，在军演过后随即奔赴巴克斯顿，盼望当地有疗愈功效的泉水能恢复他的健康。

途中，他通常会在诺利斯勋爵与夫人所居住的牛津郡的莱科特做客停留，八月二十九日，他便在这里写信给伊丽莎白女王：

> 我深切地恳求女王陛下，容忍一位老臣的大胆，擅自来信一探女主公是否安好，若有什么能解除她痛苦的良药，便是我在这世上最大的祈求，盼她能健康快乐、长命百岁。至于我这垂垂老矣的身体，陛下依然是我的最佳良药，比我用过的任何特效药都来得有用。但我希望矿泉治疗能一劳永逸解决我的疾患，我只能一如往常地继续为女王陛下的快乐安康祈祷，我恭顺地行吻足礼。
>
> 女王陛下最忠诚顺服的仆人 R. 莱斯特，在陛下于莱科特的小屋中，写于周四清晨。
>
> 附笔　尽管絮絮叨叨写不尽，仍能感受女王陛下的垂怜。

396

他的原定计划是要慢慢地前往凯尼尔沃思城堡，但在路上却"不幸得了疟疾"，转而变成"持续不断的高烧"，最后不得不暂时住进伍德斯托克附近查尔伯里公园的狩猎小屋中。就在这里，他于九月四日的清晨四点走完了一生，"身边只有寥寥数人为他阖上双眼"。现代医药历史学家则认为他的死因应为胃癌。他身后被埋葬在华威圣母玛丽亚教堂伯琼礼拜堂中他的小儿子身边，此处的一幅肖像画描绘出带着贵族冠冕、全副武装的莱斯特伯爵，随后被置于他的墓前。

"他贵为成就非凡的宫臣，灵活狡诈，懂得随波逐流，非常懂得自身优势，"康登如此形容莱斯特伯爵，"但他对于权力与威望的追求大过美德，那些贬损他的人群起效尤，总是说一些贬损他的话，就算在他权力最盛的时期，这些人也不忘可耻地以各种诽谤的言语破坏他的名誉，但有些人当然也所言不虚。许多宫廷人士总是公开称颂他，更多的时候，却是私下诽谤他。"

就连他死后，这些造谣中伤都未能稍歇。尽管验尸结果并没有任何非自然死亡的现象，但心怀恶意的本·琼森却在毫无根据的情形下，谎称莱蒂丝为了嫁给爱人而毒杀了丈夫，毕竟鲜有人为他的离世感到悲伤，因此许多人都相信这个说法，就连曾为他的门徒的诗人埃德蒙·斯宾塞也一样，他不屑一顾地写下这样的诗句：

> 现在他走了，荣华富贵也已逝去。
> 再大的功绩也如云烟。
> 名气随之腐败，
> 生前许多诗人赞扬着他，
> 但死后却没有任何诗人盼他重生。

"胆敢表达出意见的人，对莱斯特伯爵之死，几乎都表现出不亚于英国战胜西班牙时的雀跃。"历史学家约翰·斯托写道。

面对失去莱斯特伯爵的惨痛，伊丽莎白女王显然大受打击，毕竟过去三十年来，这个男人比任何人还要更亲近她，她以"兄弟及好友"与他相称。在这最荣耀的时刻，她却陷入了个人的伤痛中。沃尔辛厄姆爵士记录下的一切，显示伊丽莎

白女王几乎无心政事，"她的理由是不想让任何人靠近她的身
边，只因她为一位男仆之死感到忧伤"。门多萨大使的探子回
报，表示在九月十七日时，"女王为莱斯特伯爵之死感到太过
遗憾，无视于国内的其他人。她非常感伤，多日来都将自己独
自锁在房里，拒绝说话，直到英国财政大臣与其他枢密院参事
破门而入，才见到女王的面"。在那之后，根据康登的记载，
伊丽莎白女王"总是耐着性子忍住，或努力地掩饰"她的悲
伤。

当士鲁斯柏立侯爵来信恭喜伊丽莎白女王打了一场胜仗，
并为她失去的挚爱哀悼时，伊丽莎白女王向这个"非常好的
人"透露："汝献上周到心意与善意，我等自当受之并表谢
意，然我等只得强忍种种记忆，于此我等别无慰藉，此外我等
只得接受神无可避免的旨意，尽管他仁慈地赐予一切荣华，仍
收回如此亲爱的人，独留我等于世上。"

伊丽莎白女王哀伤地重读了一次莱斯特伯爵从莱科特的来
信，接着在上面题字"他的最后一封信"，接着小心翼翼地将
信件收入床边的一个小金库中。伊丽莎白女王死后，有人在小
金库中找到这封信，现则收藏于邱园的公共记录办公室。

莱斯特伯爵于遗嘱中留给"我最亲爱、仁慈的女王陛下，
是我眼中神最高贵的创造"一个钻石、一个绿宝石链坠与一
条有六百多颗珍珠的美丽项链，但他生前过于挥霍，死时几乎
濒临破产，留下了五万英镑的债务给他的遗孀。其中有一半的
债主都是女王，而女王为了报复莱蒂丝，于是规定她必须悉数
偿还：十月份，伊丽莎白女王下令清查已故的莱斯特伯爵的财
务状况，收回了凯尼尔沃思城堡及莱斯特伯爵于华威郡的所有
封地，并下令要莱蒂丝拍卖莱斯特伯爵仅存的三个主要住

所——凯尼尔沃思宅邸、温斯特宅邸与莱斯特宅邸。对于同样痛失挚爱的莱斯特伯爵遗孀，伊丽莎白女王丝毫不表同情，甚至继续表现出莱蒂丝并不存在的模样。尽管两人的婚姻看来美满——在莱斯特伯爵的遗嘱中，称呼莱蒂丝为"忠贞、深情、非常服顺又贴心的妻子"——但伯爵遗孀莱蒂丝可能是为了确保经济不致匮乏，便于一年内再婚了：她的第三任丈夫是克里斯多福·布朗特爵士（Sir Christopher Blount），她儿子小艾赛克斯伯爵的好友。

莱斯特伯爵剩下的财产，都留给了他的私生子小罗伯特·达德利爵士，对于这个孩子，许多人早已默认他身份的合法性。只是小罗伯特·达德利爵士一直无法证明这一点，因此莱斯特伯爵的身份便传给了他姐姐的儿子罗伯·西得尼爵士。斯庄特的莱斯特宅邸则落入继子的手中，最后继子将它更名为艾赛克斯宅邸。

* * *

在全国上下正为打败无敌舰队而兴高采烈之时，莱斯特伯爵之死几乎遭到世人的忽视，也无人为他哀悼。伊丽莎白女王得伪装出坚强的笑容，带领全国人民一起庆祝，但这一年的秋天，许多人都注意到，伊丽莎白女王"变得更加苍老衰弱，也显得非常空虚忧郁"。当她坐在王位上让乔治·高尔描绘著名的无敌战舰肖像画时，她与之后的许多画像一样，在身上戴着莱斯特伯爵遗留给她的珠链。　　　　　　　　　398

莱斯特伯爵逝世后，举办战胜庆祝会的工作，就落在海登爵士、小艾赛克斯伯爵与亨利·李爵士的肩上。他们制作了一枚奖章，上面记载着许多这场战役的传奇："上帝召来一阵神风，吹得敌人仓皇四散。"结果奖章大受好评，托马斯·赫内基爵士则指派尼古拉斯·希利亚德制作无敌舰队纪念珠宝，再致赠给女王，但女王后来又还给了赫内基爵士。从此不需再担忧天主教国家因玛丽·斯图亚特之死而报复，伊丽莎白女王大赦威廉·戴维森，让他脱离伦敦塔，来年又免除了他的罚金，到了一五九四年，甚至赏赐他许多封地。伊丽莎白女王从此并未再雇用他，但伊丽莎白女王却每月支付他等同于书记的薪资，一直到女王身故为止。

十一月十二日，伊丽莎白女王领着宫廷人士前往索美塞得宅邸。这一年的十一月十七日，伊丽莎白女王登基纪念日，英国上下显得特别欢欣鼓舞，到了十九日也就是圣伊丽莎白日，政府宣布全国放假一天，以纪念军事大胜，于是这一年的这一天，特别举办了感恩仪式、祈祷、盛宴、比武大会、斗鸡与营火晚会。

后于英王詹姆士一世时担任格洛斯特主教的葛菲古曼（Godfrey Goodman），当时只是个五岁的孩子，与家人一起住在斯庄特，他曾忆起这一段故事，这一年的十一月，忽然之间……

> 夜里大约五点时，外头一片漆黑，突然有人来报，女王要前往市政厅，想看女王动作就要快。大家都起身快跑。当市政厅打开了大门时，看见的是神采奕奕的女王陛下。所有的人都忘情大喊："天佑女王陛下！"女王告诉我们："未来你们可能会有个更伟大的君主，但绝不会有比我更仁慈的君王。"语毕，女王便离开了。此事在斯庄特的人们心中，留下十分深刻的印象，从未看过更精彩的戏剧或表演，回家的一整段路上，我们都不断讨论女王多么令人钦佩，为了女王，我们又该如何抛头颅洒热血。

　　庆祝气氛的最高点，就在十一月二十六日星期日。伊丽莎白女王穿过挂着蓝色布条的栏杆，后面则是喧闹鼓噪的人民，她就坐在一辆精美的有顶双轮马车上，由两匹白马拉着前往圣保罗大教堂，感谢神让英国打赢自阿金库尔战役以来最大的一场胜仗，承认自己亏欠上帝与神。皇室游行的大阵仗是继伊丽莎白女王登基以来，从未见过的盛大场面，加上女王经过伦敦市区时的庆典游行、歌曲唱诵与民谣。

　　到了圣保罗大教堂西侧门前，伊丽莎白女王走下双轮马车，在大批民众面前直接跪下，"以最虔敬的态度向神祈祷"。接着才走入挂着醒目旗帜的教堂。随后在布道会结束以后，伊丽莎白女王大声宣读自己所写的祈祷词，并以"最基督徒的方式"向会众发表了演说，她极佳的表达能力，让所有人听得如痴如醉并且大声呼喊祝福女王一生长寿快乐、御敌无数来回应她。

　　女王接着走到附近主教的宫殿中，与伦敦主教共进餐点，才在"火把的照耀之下"返回下榻的索美塞得宅邸。

＊　＊　＊

　　此时伊丽莎白女王的声势达到顶点，让她成为基督教国家中最受人崇敬的君主。就连敌人都相当敬畏她，教皇席克斯塔斯五世便曾表示：

　　　　伊丽莎白女王绝对是伟大的女王，若她是个天主教徒，定是天父最钟爱的女儿。看看她伟大的执政能力！她只是个女人，只掌管了半个岛屿，然而西班牙怕她，法国怕她，神圣罗马帝国怕她，全都怕她！

　　教皇甚至开玩笑，希望自己非神职人员，这样就能娶她：

399

"她会是多么好的妻子哪! 我们又能生下多么美好的后代! 他们一定能统治全世界。"他也大加赞扬德瑞克爵士的勇气——"多么伟大的船长!"

那是英国声势的顶峰。在法国、意大利，甚至是罗马，就连天主教徒都大加赞扬伊丽莎白女王。法王亨利三世盛赞她的勇气、精神与深谋远虑，断言她的胜利"与历史上最杰出的所有男性最伟大的功绩可拟"。就连奥斯曼土耳其帝国苏丹都大赞她，并为了她与波兰和谈。

一五八八年后，童贞女王声名远播，至于在英国境内，子民享受着荣耀的光辉，女王的传奇持续滋长，衍生出一个新的偶像崇拜对象，"胜利女神伊莉莎"。从此她更加确信，神选择了她来统治英国，英国大败西班牙无敌舰队，就是神圣寓意的表现形式，一直到任期告终为止，许多作家与艺术家都不断展现她的权力。她麾下的天主教臣民也展现出忠诚，任何叛乱的威胁已然平息，开辟了一条未来容忍宗教异议人士的康庄大道。多数派的新教徒则深信上帝与神在英国需要帮助的时刻伸出援手，让英国新教圣公会更为稳健。最重要的是，英国人民对国家的信心大增，让文学与艺术灿烂绽放，形成了所谓的英国文艺复兴时期。

一位西敏寺的学童约翰·史莱（John Sly），透过文字表达了英国民众的孺慕之情，在一篇有关恺撒大帝的文章中（现在收藏在牛津学院中），他不断地以女王的名字书写，甚至创作出这个押韵对句：

> 红是玫瑰，绿是叶，
> 愿神拯救伊丽莎白，我们高贵的女王![10]

400

23　大英王国的荣光

莱斯特伯爵死后，伊丽莎白女王转而将感情寄托在小艾赛
克斯伯爵身上，他很快地便晋身为女王身边的大红人，搬进了
继父过去在宫廷中居住的房间，无时无刻不陪伴在女王身旁。
想要得到恩宠的宫廷人士，听闻他"善待友人"的名声后都
蜂拥而至，他经常替这些友人运用他在女王面前的影响力。但
女王常常拒绝他的要求，让他因此气愤不已，"变成一个就连
稍微丢脸都感到愤世嫉俗又懦弱的伪君子"。他时常考验伊丽
莎白女王的耐心，但女王希望他能安于自己的幸运，然而他从
未因此满意，他知道女王非常需要他的陪伴，因而屡次语出威
胁要离宫，回到乡间居住，透过这样的手段逼得女王不得不就
范。

"她并非信心满满地否定，"他总是说，"只要懂女人心的
人都知道，这就是女人柔顺的象征。"他自以为能控制女王，
但事实上是小看了女王杰出的智慧与意志力。不过，正因为女
王对小艾赛克斯伯爵的情感极深，因此总是能原谅他的小过
错；也因为这样，又再度地让他自以为能为所欲为、无法无
天。

小艾赛克斯伯爵与莱斯特伯爵不同的是，他极度受到人们
的欢迎，因为他总是以"和蔼可亲与开放的态度，敞开他的
公务桌与房间，接待要求见的人"。伊丽莎白女王很快便起了
嫉妒心，她希望小艾赛克斯伯爵的成功，只能仰赖她的给予；
她不希望有人跟她竞争他人的感情。

　　小艾赛克斯伯爵过去的监护人伯利男爵，试图想要将这个年轻人召入门下，但小艾赛克斯伯爵对于"人生与追求庞大财富之路，必须一步一步慢慢来，相当缺乏耐心"，同时他也讨厌伯利男爵那逐渐成气候的儿子罗伯特·塞西尔。他希望在最短的时间内达到令人望之生畏的权势顶峰。

402　　时年五十五岁的伊丽莎白女王健康情形非常好。她腿部溃疡的情形已经痊愈，她也一如往常地活力充沛，有时早晨仍会舞上几支双人舞，也定期散步、骑马与打猎。年龄渐长加上政治上的成功，让她更加威严，更有风采，当人民看见她坐着金色马车而过时，她看起来"就像个女神"。小艾赛克斯伯爵相当聪明地在某种程度上对女王言听计从，并在公开场合中以当时最爱使用的隐喻符码向女王表露他的爱与忠诚。"我必须承认，身为男人，比起身为臣子对君主风采的崇拜，陛下那天生的美丽更让我着迷。"他曾这样告诉女王。他天真地以为自己的影响力，永远无人能及。

　　但很快，他就从这样的幻想中觉醒过来，因为一五八八年十一月时，伊丽莎白女王的眼光转向蒙裘依勋爵之子查尔斯·布朗特（Sir Charles Blount）。他是学者派的年轻人，有着"栗色头发、俊俏的脸蛋，个性冷静沉着，身材修长"，他在马上长枪比武大赛上的精湛技巧，让他备受瞩目。女王在惊羡之下，"从她专属的纯金西洋棋子中，挑选出了女王棋送给他"，他便以深红色的缎带，将这个女王棋系在手臂上。见此状而嫉妒不已的小艾赛克斯伯爵嘲讽地说："看来所有的蠢人都会受到宠信。"被惹得怒不可遏的布朗特，表示要与他在梅利本公园中单挑，随后在决斗中，他一剑划伤了小艾赛克斯伯爵的大腿，并让他的剑离手。

台面上，伊丽莎白女王强烈反对单挑决斗，但她对于小艾赛克斯伯爵的霸道十分反感，当她听见决斗结果时，勃然大怒地说："老天在上，若来个人挫挫他的锐气，教导他正确的态度，也是刚好而已，否则他简直没有王法了。"但伊丽莎白女王坚持，若两人不握手言和就不准回宫，于是两人言听计从，后来尽管布朗特较受女王宠爱，两人竟能成为至交好友。

布朗特曾打过荷兰战争，也对抗过无敌舰队，最大的野心就是要再到各国闯闯，寻求军事冒险的刺激，但伊丽莎白女王总不予理会，只是告诉他："除非有神迹，否则你不准离开，别像不顾他人眼光的西得尼一样。只有我点头，你才能走。现在你只能待在宫中，好好看书，谈谈战争。"一五八九年，伊丽莎白女王钦点他成为四十卫士一员。

到了十二月，小艾赛克斯伯爵与莱礼爵士发生严重争吵，再度扬言要决斗，但此事挑动了枢密院的敏感神经，于是严格禁止。尽管两人严守秘密，但消息依然传进伊丽莎白女王的耳中，两人因此"麻烦大了"，但小艾赛克斯伯爵却毫不在乎。"她非常喜欢干涉臣子们的不和"，尤其是她的几位爱将，他向法国大使这样表示。

一五八九年春天，小艾赛克斯伯爵寅吃卯粮的习性，让他背负了超过两万三千英镑的巨额债务。当伊丽莎白女王下令，要他随即清偿某一笔借款时，他却提醒女王"爱与仁慈"的重要性，远超过金钱。女王的态度和缓下来，并同意让他抵押一处庄园，得到未来十年所有英国进口甜酒的关税收入，如此一来等于是让他公器私用、中饱私囊。

403

* * *

这一年的春天，决心打压西班牙的海军实力到底，确保菲利普国王再也无法派遣无敌舰队来威胁英国，伊丽莎白女王决定派出德瑞克爵士、约翰·诺利斯爵士与莱礼爵士，带着一百五十艘船与两万名士兵，前往葡萄牙摧毁敌军残余的势力，同时英方忧心葡萄牙爱国分子可能会群起反抗，因此准备由非法觊觎葡萄牙王位的唐·安东尼奥登基。

小艾赛克斯伯爵盼能从中获利清偿债务，积极想要争取出征的机会，但四月初，女王有感他的轻率鲁莽，因而禁止他前往，小艾赛克斯伯爵公然抗命，在女王未允诺的状况下擅自离宫，不顾一切地奔赴法尔茅斯，在四十八小时内奔驰了二百二十英里。当伊丽莎白女王得知他抗命的消息时，小艾赛克斯伯爵已经成功说服罗杰·威廉斯爵士（Sir Roger Williams）让他加入，并出航到海上了。伊丽莎白女王非常生气，派遣弗朗西斯·诺利斯爵士与亨斯顿勋爵搭上轻艇，在英吉利海峡逡巡缉拿小艾赛克斯伯爵，当此举毫无所获，女王便在给德瑞克爵士的一封信中，大大地谴责威廉斯爵士的行径：

> 他的罪过如此沉重，甚至得宣判死刑。我只要你们不择手段将他押回，严密地看守他，直到我给予新的命令，若你们不从，将可能招致灾祸，因为国家有尊严，希望你们遵从。我要直截了当地命令你们，立即以安全的方式遣送（小艾赛克斯伯爵）。若你们不从，就该接受应得的痛苦，这绝不是儿戏。

女王也写信给小艾赛克斯伯爵，抱怨他"突兀又毫无责任感地离开宫廷、擅离职守；此举对我们的冒犯，理应不难想象。我给予你太多的善意与恩惠，信任你不会擅离职守，却反而使你忽略、遗忘了自己的责任"。

女王的信件花了两个月才送达，当船舰抵达里斯本时，小艾赛克斯伯爵依然在船上，德瑞克爵士发动了一场突袭，但因为葡萄牙方面无法如实起义对抗，因而失败。接着，他们无视于伊丽莎白女王的命令，推进亚速尔群岛，盼能拦截西班牙宝物舰，却在六月底时遭遇海上强风，因而被迫退回英国。历史上有各种不同推测，显示有四千到一万一千人因而死于疾患，伊丽莎白女王也大大损失了四万九千英镑：这次的出航完全是场灾难。 404

伊丽莎白女王将怒气发泄在德瑞克爵士身上，她有好一段时间，不愿再让他主掌规模如此大的探险任务，当然还有诺利斯爵士，而小艾赛克斯伯爵反而成了返国英雄，但伊丽莎白女王注意到莱礼爵士出色的表现，于是赐予他一枚奖章。她甚至原谅了小艾赛克斯伯爵与威廉斯爵士的抗命，无视小艾赛克斯伯爵刚愎自用的行为，指其为"年轻人的冲动"，因此维持了一段时间的和平。宫廷大开宴席、打猎与马上长枪比武，而小艾赛克斯伯爵"则在女王陛下的好评之中，日复一日地壮大声势"。

然而伊丽莎白女王对他的好意，只是更加深了他的不满，让他开始秘密与詹姆士六世通信。而他的姐姐潘妮洛普·瑞奇（Penelope Rich）则向苏格兰王表示，小艾赛克斯伯爵"感到非常厌烦，认为自己仿佛过着奴隶般的生活"，希望能看见王权轮替，但詹姆士六世却不为所动。

七月份时传来消息，为了报复他杀了吉斯公爵，一位疯狂的修道士暗杀了法王亨利三世。因为亨利三世膝下无子，又是瓦洛王朝的最后一个传人，因此便由他那信仰新教的妹夫纳瓦拉的亨利（Henry of Navarre）继位，成了法王亨利四世（Henry IV），也开启了波旁王朝的历史。

西班牙的菲利普国王马上巧立一位天主教的继位者，企图夺取法国王位，但伊丽莎白女王嗅到此举背后的危机，坚决支持新王亨利四世。她于十月份派遣一支由魏勒比勋爵（Lord Willoughby）带领的精兵前往诺曼底，并连续五年金援这支部队，破坏西班牙的反对力量，并协助亨利四世稳坐王位。

* * *

在不堪长期过劳之下，弗朗西斯·沃尔辛厄姆爵士于一五九零年四月六日逝世，死时为了服侍女王几乎濒临破产，只得瞒过债主在一个夜里下葬，以免他们扣押他的棺材。他对伊丽莎白女王一向忠心，传闻中，他在欧洲各地部署了五十五位探子，保护女王不受天主教敌人恶意侵犯。英国多数人对他的离去感到相当哀伤，但"对我们来说是好消息"，西班牙菲利普国王曾这么说。

伊丽莎白女王并未指定任何人与沃尔辛厄姆爵士共同管理英国情报网，也没有马上找人替代他。接下来六年的时间，国务大臣一职就由罗伯特·塞西尔一肩挑起，而女王也相当信任他的能力。伯利男爵培养他的儿子做接班人，对于儿子进步快速也感到相当满意。

出生于一五六三年的罗伯特·塞西尔，据传在婴儿时期被一位粗心的保姆摔到地上，因此让背部畸形、身材矮小、发育不良。罗柏·依顿就形容："针对他个人的部分，老天爷待他相当苛刻，但若要说到脸庞，那可是他最值得骄傲的部分。"伊丽莎白女王昵称他为她的"小矮人"或她的"小精灵"。"因为是女王起的小名，因此我并不讨厌。"罗伯特·塞西尔表示，事实上他对于自己身体的残缺非常敏感，因此痛恨这个名字，但他的对手常残酷地以此来开玩笑。

因为学习力敏锐，他在前往剑桥就学前便已接受导师的调教，之后更前往法国与尼德兰进行外交任务，一五八四年被选为英国国会议员。他反应很快，也有极佳的专注力。他除了是一个十分机灵的政治人物外，也拥有相当的行政才能，且面对吃重的工作也有无限的能力，许多人总是说常常看见他"满手拿着文件，满脑想着事情"。"打从娘胎就是个宫廷奇才"，他拥有绝佳的演说才能、讨人喜欢的举止与诙谐的幽默感。他并不缺乏狡猾与机灵，但与伯利男爵相较之下，更缺乏原则。尽管女王对待他，并不如对他父亲那般亲近，但女王仍是全然地信任他。

此时的情势来看，伊丽莎白女王透过拔擢伯利男爵的儿子与莱斯特伯爵的继子，仿佛想要让宫廷的气氛回到她年少之时，然而尽管罗伯特·塞西尔非常愿意与小艾赛克斯伯爵分享荣耀，但后者知道自己缺乏与宫廷人士的亲近互动，因此非常嫉妒罗伯特·塞西尔的政治地位，并决心破坏他的声望。他并不认为自己无法获得宫廷人士青睐并且成为主要的政治参事；也不明白伊丽莎白女王为何从不将"国内事务的权威"加诸同一人身上。

小艾赛克斯伯爵坚持将塞西尔视为敌人，在宫廷中形成派系之争，成为伊丽莎白女王执政晚期的重大现象，因此也制造许多纠纷、贿赂与机会主义者。小艾赛克斯伯爵与许多宫廷中的追随者都渴求军事上的荣耀，更希望持续与西班牙对战到底，至于以罗伯特·塞西尔与伯利男爵为中心的派系，则以和平与稳定为主要诉求。从一五九〇年以后，小艾赛克斯伯爵开始在宫廷与国内各处推行贵族统治的概念。只要在宫廷中不受罗伯特·塞西尔青睐，或是赞成与西班牙持续对战的人，纷纷走向这条道路，积极地拥戴他。他也得到伦敦清教徒的支持。罗伯特·塞西尔则紧紧地抓住了宫廷官职与政治机会。在国会方面，他的父亲主宰上议院，而他则成为上议院领袖。

伊丽莎白女王面对她那一代的友人与参事们纷纷离世，也只能调整心态，适应当前较为年轻、较不协调的一代，这些年轻人的思想与品味与她差异甚大，对于长者的态度也越来越轻蔑。女王也得忙于维持宫廷的平和，维持初出茅庐的新派系间的平衡，对一位垂垂老矣的女性来说，这可是相当吃重的工作。

406

这一年的夏天，在英国所有的城市中，伊丽莎白女王出巡来到了毕乡修道院，由罗素小姐的女儿们负责接待女王，再前往米契汉、萨里等地，负责招待女王一行人的则是朱力斯·西萨爵士（Sir Julius Caesar），他献给女王"一件银丝织成的华服，上面用刺绣装饰得极其华丽，一件镶着纯金的黑色网状披风，一顶白色塔夫绸制的帽子，上面缀有许多花朵，以及镶有红宝石与钻石的全副黄金珠宝。女王陛下于九月十三日晚膳过后才心满意足地离开"。

事实上，这段时间对伊丽莎白女王来说相当哀伤。一五九〇年，死神带走了华威伯爵安布洛斯·达德利、过去曾负责看守玛丽·斯图亚特的狱卒士鲁斯柏立伯爵与时年已八十二岁的布兰琪·派瑞小姐（Blanche Parry，她是女王寝宫的首席女仆，打从伊丽莎白出生之日起便服侍着伊丽莎白）。

秋天时，伊丽莎白女王发现，小艾赛克斯伯爵于四月份秘密与沃尔辛厄姆爵士的女儿兼继承人法兰丝（Frances）结婚，她同时也是菲利普·西得尼爵士的遗孀。伊丽莎白女王认为法兰丝身无嫁妆，也毫无美丽可言，根本配不上小艾赛克斯伯爵，因此大发雷霆，整整生气了两周，才在他人的劝说下，接受小艾赛克斯伯爵只是做了他这个身份地位的男人应该做的事，那就是结婚生子。小艾赛克斯伯爵自己则使尽浑身解数，希望能获得女王的谅解，时间一久，女王紧绷的情绪也渐渐放松。

到了十一月十七日的女王登基纪念日，穿着一身黑的小艾赛克斯伯爵以葬礼的步伐走进怀特霍尔宫的骑士比武场，象征自己的耻辱；但在场观看的人很快就发现，女王早就原谅他了。尽管如此，女王却始终不同意将法兰丝视为他的妻子。两天后，他表现杰出，在参赛者之中脱颖而出。

英女王加冕典礼护卫官亨利·李爵士最后一次在幕后指导登基日马上比武大会，为了纪念这一天，他安排了一场护火贞女的盛装游行，音乐则由约翰·道兰德负责。纪念日过后，亨利·李爵士便与妻子——臭名远播的安妮·伐瓦梭尔退休，回到牛津郡的迪奇里公园。

就在这个时期，女王的教子约翰·哈林顿爵士愚蠢地在女王的侍女之间，流传他下流的翻译之作，亚力奥斯托（Ariosto）的第二十八本诗作《愤怒奥兰多》（*Orlando Furioso*），伊丽莎白女王下令清查是什么样的书引起这么大的欢笑声，但当她亲自阅读时却陷入震惊之中，并宣布这本书的内容不适合年轻女孩阅读。这位"淫秽的诗人"遭到严重的谴责，女王也规定他在翻译完亚力奥斯托的所有作品之前，不准踏入宫廷一步——这么巨大的工作量，几乎占据了他一整年中最美好的时光。

* * *

407　　到了一五九一年，小艾赛克斯伯爵受到已故国玺大臣尼古拉斯·培根爵士之子弗朗西斯·培根越来越多的影响，他的哥哥安东尼（Anthony）过去十年来一直担任沃尔辛厄姆爵士在法国的探子，因此与亨利四世结为至交。他们的母亲则是伯利男爵的姐妹，但身为财务大臣的伯利男爵没什么时间照顾外甥，且认为这两个外甥蓄意要破坏他儿子的政治前途，因此一直拒绝将这两个孩子纳入门下。这件事严重地撕裂了家族情感，弗朗西斯·培根因而寻求外人支持，当然也就不令人意外了。

　　弗朗西斯·培根当时是个三十岁的律师，也是个博学多闻的国会议员，当时他就已经发行了历史、哲学与法律论述著作。"他的身材普通，未老脸上就已烙上岁月的痕迹；但风度翩翩恰如其分。"这是十七世纪历史学家阿瑟·魏尔森（Arthur Wilson）对他的形容。这位后来晋身成为大法官的弗朗西斯·培根，资质远胜罗伯特·塞西尔与小艾赛克斯伯爵，但女王始终不欣赏他，也从不赋予他应得的重责大任。事实上，弗朗西斯与哥哥安东尼都是同性恋，这也有可能是造成女王对他们反感的原因之一。

　　弗朗西斯·培根很快便建立与小艾赛克斯伯爵的情谊，他很快就发现，只要获得这个新朋友的青睐，他就可以对抗罗伯特·塞西尔。高傲又工于心计的弗朗西斯·培根接着便看出可以利用小艾赛克斯伯爵"杰出的完美与美德"，以此来达成政治上的声望，同时挫挫罗伯特·塞西尔的锐气。但宫廷人士很快就注意到，尽管伊丽莎白女王愿意在合理范围内，给予小艾赛克斯伯爵任何想要的东西，却不乐见他过度扩张自己的派系，因此来到他身边盼能得到些许利益的人，总是败兴而归。人人都知道，女王害怕他会招来一大群追随者。

诡计多端的弗朗西斯·培根，很快就看出了端倪，于是写信给小艾赛克斯伯爵，献上诚挚的建议，试图让他了解自己在女王眼中的地位："天生不愿被管束的人；享有非以崇高作为得来的地位；却十分受到爱戴；倾向军事行动——我想对世界上任何君主来说，再没有什么比这种形象的人更加危险，更不要说对女性，甚至女王陛下带来的忧虑。"于是他呼吁小艾赛克斯伯爵放弃军事上的野心，才能让女王放心，并透过和平的手段达成目的。这样的建议相当明智合礼，但刚愎自用的小艾赛克斯伯爵拒绝了。

对于自身日见增长的人气，他也并未做任何事情来平息伊丽莎白女王的妒意。女王不仅嫉妒他与其他人交好，更见不得他注意其他的女性。一次女王抓到他正在调戏女王的两位侍女，凯瑟琳·布里姬（Katherine Bridges）与伊丽莎白·罗素（Elizabeth Russell），便以相当厌恶的态度对他大吼大叫，甚至赏了情妇布里姬（她后来真的变成小艾赛克斯伯爵的情妇）一巴掌，并将这两个女孩赶出宫整整三天。但小艾赛克斯伯爵个性也同样善妒：只要女王对他在宫廷中的对手微笑，他就会发怒、生气很久。

五月份，伊丽莎白女王来到特欧伯兹，接受伯利男爵一家的招待长达十天，塞西尔家族筹划了一出戏，暗示女王应正式赐予在此行中接受女王册封为骑士的罗伯特·塞西尔国务大臣之职。女王并未看出他们的暗示，但三个月后便招揽罗伯特·塞西尔进入寝宫中服务。约在这段时间，已经长期受到痛风困扰，且年已七十岁的伯利男爵，请求女王准他退休。伊丽莎白

408

女王只是开玩笑地问他，是否想成为隐士，接着以他是"英国福祉的栋梁"为理由拒绝他离开。

夏季中，皇家卫队队长莱礼爵士宣誓保护女王旗下的侍女，并获得进入的一把钥匙，他秘密地诱惑（但也有可能是被其诱惑）年纪最长的首席侍女伊丽莎白·贝丝·瑟洛克摩顿（Elizabeth Bess Throckmorton），她是尼古拉斯·瑟洛摩顿爵士的女儿。七月份她便与莱礼爵士珠胎暗结，但她与莱礼爵士的其他情妇不一样：她开始坚持要与莱礼爵士结婚，但任谁都看得出来，女王一定会认为她配不上他。这一年秋天，莱礼爵士与贝丝·瑟洛克摩顿秘密地结婚了。贝丝继续待在宫中，照样执行每天的工作，尽可能地隐瞒自己有了身孕的事实。

针对英国王位继承问题，依然有许多抱怨的声音，这在女王面前是禁忌的话题，聪明人都会尽量避免。这时的伊丽莎白女王忧心宫廷中的派系将成为阴谋者。因此比起过往更加忌讳指定接班人。年纪渐长后，女王更加忧心臣子们会以年轻的男性来取代她成为统治者。事实上许多宫廷人士已经开始秘密与苏格兰王詹姆士六世来往，因为他是最有可能的继位人选。因此这一年八月，当一位精明的国会议员彼得·文特沃斯（Peter Wentworth）发表了一篇名称为《对女王陛下继位人选的短谏》的无礼短文时，他很快就被迫入狱。

这一个月，女王展开了历年来最大张旗鼓的一次出巡。她走访了法纳姆，接着到萨赛克斯的考德雷城堡，接受蒙塔格勋爵与勋爵夫人（Lord and Lady Montague）的招待，女主人对于能接待女王实在感到相当荣幸，激动得扑向女王的臂弯不住哭泣："噢，多么快乐时光哪！多么光辉的一天！"在这里，女王享受了几乎可比拟十六年前在凯尼尔沃思城堡的露天历史剧演出与各种新奇的经验。在一次野餐中，甚至摆出了长达四十八码长餐桌的大阵仗。

之后女王前往佩特沃思、奇切斯特、蒂奇菲尔德、普兹茅斯与南安普敦，回程时则经过贝辛与奥迪厄姆，抵达汉普郡的 409 艾维萨姆，赫特福德伯爵在这里准备好一切，希望继自己三十年前娶了凯瑟琳·格雷小姐而失去女王的宠信后，能以此夺回女王亲信的地位。他雇用了三百人来扩建、翻修他的房子，并在公园中架起临时建筑，以招待整个宫廷来访的人士。他甚至在草坪上特别挖出了一个新月形的人工湖，湖中有三座船型人工岛，并种上树木作为桅杆、堡垒与土丘，女王抵达时就从这里鸣枪迎接。就在这座湖边，女王得以坐在绿色缎质顶篷下，欣赏水上历史剧的演出，还有乐团在船上为她现场演奏。女王在这里待了四天，这四天则有宴席、舞会、排球比赛（女王甚至"屈尊俯就"，在场观赏了九十分钟）、烟火表演、歌唱与富含寓意的娱乐节目。女王离开时，天空正下着大雨，一名诗人不禁说着："太阳不在，夏日又何以为夏日？"女王则从马车上告诉赫特福德伯爵，绝对不会忘记此行的精彩。当她的座车离开公园时，她看到许多音乐家无视于庞大的雨势正为她演奏着，"她喊着要马车停下"，脱掉旅途上她总是戴着的面罩，对音乐家们表示"深深地感谢"。

* * *

好几个月来，法王亨利四世一直写信给伊丽莎白女王，要求她的紧急援助，此时西班牙正与法国天主教势力并肩作战，已经占领了布列塔尼与诺曼底。伊丽莎白女王一直按兵不动，因为她不想让英国陷入另一场耗费巨资的外国战争。但她也不想看到西班牙军队又一次出现在英吉利海峡的对岸，于是，这一年的夏天，尽管她并不想花费任何不必要的开支，仍不情不愿地同意派遣四千名士兵前往诺曼底。

在所有的臣子中，小艾赛克斯伯爵不断要求她展开行动，且热切地请求女王让他带兵打仗，但女王拒绝了他。他又一次请求，但女王依然不答应。一直到他第三次请求，跪着哀求了两个小时，还有伯利男爵在旁敲边鼓，女王依然不为所动：他实在"太过性急冲动，没有资格职掌兵符"。一直到法王亨利四世亲自介入，伊丽莎白女王才勉强改变心意，告诉他也许可以带兵出征，但同时女王也警告亨利四世，这个小伙子"要的可能是主控权，而非协防"。部分人士认为，伊丽莎白女王无法忍受他不在的日子，更不敢想象万一他战死沙场又会如何。

八月份，小艾赛克斯伯爵总算与英军一同抵达法国，随即快马加鞭去贡比涅见法王亨利四世，并接受高规格的款待。很明显，小艾赛克斯伯爵把战争视为一种较高级的娱乐活动，因为大可利用职权自肥，他十分沉醉于身为军队指挥官的身份。但抵达法国后的第一个月，他几乎什么事也没做，眼睁睁看着法王在努瓦永奋战。小艾赛克斯伯爵的任务，应是围困鲁昂，但若没有法军协助，就无法完成任务。因此他开始夜夜笙歌，举办游行，甚至到敌方阵营之中进行鹰猎，无意义地让自己涉险，引发英国枢密院的一片责难。他无端地浪费时间与金钱，加上并未深思熟虑，没有向女王通报他的计划，让伊丽莎白女王因困窘而气愤难平。

"不管他在哪里，做了什么，或是想做些什么，都与我们无关！"女王气得跳脚，对于派他出兵一事感到万分后悔。在恼火之中，女王下令要他回国。

"看来女王陛下是想要毁了我。"他回以相同的怨怒。伯利男爵认为，女王事实上是想要见小艾赛克斯伯爵，于是说："但愿女王别让私人情绪掌控了公共事务。"而历史证据则显示，这次伊丽莎白女王的确让情感凌驾于理智之上。

在小艾赛克斯伯爵离开法国之前，他违反了女王的命令，将二十四位支持者册封为骑士。这个草率的举动让许多人感到不祥，害怕他正在为了私人的原因建立权力网络。从伊丽莎白女王的观点而言，君主本身就是权力之源，如此随意地册封骑士，是女王特有的权力。伯利男爵试图隐瞒他的所作所为，保护小艾赛克斯伯爵别受到女王暴怒以对，但女王还是发现了，意有所指地表示："在他册封那群骑士之前，他的贵族身份就已经让他开了一间救济院了。"

但当小艾赛克斯伯爵回到英国，施展他的魅力时，女王与他再度言归于好。几天后，在伯利男爵的影响之下，他竟然又得以回到鲁昂加入军队的行列。他在鲁昂写了这一封信给女王：

> 最美丽、最亲爱且最完美的君主：您寝宫的两扇窗户，就是我最重要的支柱，只要女王陛下信赖我，我也肯定坚心不移。女王陛下给了我一段假期，让我能表达我的爱意，我的命运就如同我的情感，无可比拟。若您不愿赐予我这样的自由，就请夺去我的生命，但请永远不要动摇我的坚定，因为面对如您这么伟大的女王，您没有权力命令我减少对您的爱意。

这次的军事行动以悲剧收场。小艾赛克斯伯爵夺下了高尔内——女王认定"这是个笑话，不是场胜利"——但就是这样了。他的部队受到疫病的袭击，士气低落，其中有三千人因生病而死或擅离职守，他的兄弟也在一场小冲突中丧命。当伊丽莎白女王抱怨他毫无进展时，因疟疾而生病的小艾赛克斯伯爵写了一封可怜兮兮的信给女王，抱怨她不够仁慈，"打碎了我的心与我的判断力"。他仅靠着与鲁昂总督一场温和的战斗，勉强保住了自己的颜面，但这也不过是个微不足道的慰藉。当女王下令要他辞去指挥官的职务回国时，他竟非常不公平地将这一切怪罪到伯利男爵与罗伯特·塞西尔头上，指控他们迷惑了伊丽莎白女王的心，女王才会因此不信任他。

411

＊　＊　＊

一五九一年十一月，女王走访了伊利寓所，探望忠心耿耿的海登爵士，当时他已经病重了，女王甚至"亲手为他服用汤药"。不久后他就因为肾衰竭而死，死时尚欠女王五万六千英镑。传闻指他心碎而死，因为伊丽莎白女王几乎追债追到坟墓里，一直要他还钱，但这根本不太可能。海登爵士之死，让女王再度陷入哀痛之中：眼见着曾与她亲近的所有人士，正一个一个离她远去。

有一段时间女王显得相当忧郁，笼罩在忧惧死亡的阴霾里，痛恨任何让她想起这个念头的话语。一次诺斯勋爵负责在餐桌上为她切肉，她问起未掀盖的餐点是什么。

"回女王陛下的话，那是个棺材派。"他答道。"棺材派"是当时的一种肉馅派，但这个字眼倏地点燃了女王的怒火。

"你怎么会蠢到给我一个这种名字的派呢？"女王怒吼着。

她的反应等于是"警告许多宫廷人士,千万别在她面前提到任何与死亡有关的字眼"。

* * *

小艾赛克斯伯爵于一五九二年一月返回英国。他一直希望的申请竞选牛津大学校长一事已经通过,但当他知道罗伯特·塞西尔提名的人选巴克赫斯特勋爵(Lord Buckhurst)雀屏中选后,整个人陷入暴怒之中。满脑子的妒意与抱怨,让他决定忽视弗朗西斯·培根要他寻求政治高位的建议,反而开始策划暗中破坏塞西尔家族的政治势力。

隔一个月,当安东尼·培根从法国返英时,小艾赛克斯伯爵随即寻求他的支持。安东尼是个难搞的人,原本就不稳定的脾气因为关节炎而更加严重,但他相当愿意将天分运用在辅佐小艾赛克斯伯爵上。他们决定由他来协助小艾赛克斯伯爵建立他专属的情报网,希望能因此打动女王,让女王觉得小艾赛克斯伯爵消息灵通,绝对有政治上的可信度,应认真对待他。小艾赛克斯伯爵也开始拉进与法国新教君主亨利四世之间的关系。

但这样还不够:他迫切地渴望他人的注意力与刺激感。到了三月份,他在宫廷中待得十分暴怒,"胸中充满做大事的渴望",但弗朗西斯·培根却告诉他,他应该迈向"成为国家伟人"之路,别一直执著于他心心念念的战争带来的荣耀。女王身边多名参事都渐渐陨落,现在可是他的大好时机,他应该多加利用这一点。

412

* * *

贝丝·瑟洛克摩顿凭空捏造了一段托词,顺利在二月份请假出宫，她跑到哥哥家，然后于三月份产下一子。这一段时间以来，她逐渐发福的体态，让宫廷中的传言甚嚣尘上，有些人甚至精准地猜出了孩子的父亲是谁。但莱礼爵士始终不承认，对外宣称："这世界上没有什么女人值得我倾心。"

四月份，贝丝回到宫中，许多人都发现她瘦了一大圈。八卦流传得更为热烈，一直到五月份，莱礼爵士的"恶行"被女王知道了，一名宫廷人士记录下，女王"气愤异常，威胁着要让两人面对最残酷的刑罚。许多人认为，华德·莱礼爵士会失去在宫廷中的政治地位与晋升机会，以及女王的宠信；结束他迅速窜起的政治生命，现在，他飞得多高就会跌得多重，而许多人都在暗自欢喜"。

当时莱礼爵士正在海上服役，在巴拿马一带不断找西班牙船舰的麻烦，但他很快就接到"召回令，并随即返回英国"，陷入深深的耻辱之中，他因为欺君瞒上而犯下了不可饶恕的过错，勾引贵族贞女把贞操托付给他，还在女王未同意的情形下擅自成婚——后面两项都触犯了重罪。最糟糕的是，伊丽莎白女王觉得自己遭到背叛，因为多年来，莱礼爵士一直都是她非常宠信的爱将，而这场婚姻简直就让他过去信誓旦旦对女王的忠诚都成了笑柄。

到了六月，伊丽莎白女王将他与贝丝送入伦敦塔中，两人分开隔离在不同的牢房中。莱礼爵士受到的监管相对较松：他可以到花园中走走，甚至可能可以去探望太太，但他非常渴望重获自由，因此积极运用各种势力，盼能达成目的。

七月一日，听闻伊丽莎白女王即将离开伦敦，展开一年一度的出巡，莱礼爵士于是写信给罗伯特·塞西尔：

直至今日听闻女王即将远行为止，我从未体验过如此心碎的感觉，我以最大的爱与渴望，多年来跟随着女王多次出巡，现在却被她弃于黑暗的牢笼中。现在我离她很近，每两三天就能听到她的消息，不那么忧伤，但我的心仍堕入了深深的惨痛之中。我多么习惯看见她如亚历山大般奔驰、如猎神黛安娜般狩猎、如维纳斯般婀娜行走，当微风吹拂着她的头发，她那澄澈的脸庞就像个山林水边的仙女；有时坐在树影下的她，也像个女神，有时引吭高歌的她，就像个天使；有时弹奏着天籁的她，就像希腊神话中的俄耳甫斯。这世界多么残酷呀！一点小错便让我失去 413 希望。她已不再是我信任的人，因为我得不到一丝怜悯。你诚挚的，不值得任何头衔与地位的 W. R.

当天稍晚，听闻女王的驳船将通过伦敦塔，于是他恳求狱卒，也就是他的表亲乔治·凯鲁爵士（Sir George Carew）驾船送他到泰晤士河面上，让他可以亲眼看看女王，最好还能吸引女王的注意，但这位狱卒丝毫不敢放肆。凯鲁爵士后来向女王禀报，当时莱礼爵士竟企图自杀，但遭到另一位看守监狱的官员阻止，从他手上夺下了一把短刃，甚至在救援过程中割伤了手。凯鲁爵士也提醒伊丽莎白女王，若她不愿原谅，莱礼爵士可能会因此发疯，但女王完全不受威吓。

但莱礼爵士并未在伦敦塔中待太久。八月初，一艘西班牙宝藏船遭俘，带着价值达八十万英镑的宝物被拖进了达特茅斯。多数的宝藏都被英国籍船员与当地民众瓜分，当卡门伯兰伯爵（Earl of Cumberland）抵达，准备为女王取得她的持份时，引发了一场暴动。女王清楚知道，只有莱礼爵士能重建社会秩序并确保宝物平均分配，因此同意让他出狱。当他抵达达特茅斯时，受到海军将士们的拥戴，但此时所有的珠宝早已不见踪影。但他却成功取得女王的持份，只是其他的投资人，包括他自己，都被迫牺牲。

伊丽莎白女王同意恢复莱礼爵士的自由身，但禁止他入宫。她的怒气丝毫未稍停歇，他只能静默地生活着。接下来的五年，都住在前一年女王恩赐给他，位于德文郡的舍伯尔尼城堡中，"像只离水的鱼，苟延残喘"。随后贝丝正名为他的妻子，于十二月被释放后，也来到舍伯尔尼城堡与他住在一起。

在英国国家海事博物馆中，一幅小马库斯加拉德的神秘画作中，似乎就描绘出莱礼爵士遭罢黜一事。近来进行画作整理后，发现在这幅画中，有一名看来像莱礼爵士的男子被抹去，同时也发现背景中也有一位瘦小的女性，背靠着座椅。她的红发上带着贵族的小冠冕，脖子上则有象征官职的项链，手中握着一把羽毛扇，可想而知，这位就是女王，当时则因不满而避开莱礼爵士。对于莱礼爵士的陨落，小艾赛克斯伯爵因失去一个重要敌人而幸灾乐祸。

这一年的夏天，当女王出巡时，英国爆发了多年来最严重的黑死病疫情。为了远离伦敦，女王远赴西部格洛斯特郡的休414 德利城堡，接着前往巴斯。此时她已经原谅哈林顿爵士在《愤怒奥兰多》事件中的所作所为，因此前往巴斯附近的克尔斯登拜访他，他以诚敬的心，将装订精美的翻译著作奉上。

伊丽莎白女王此时感到大权在握。一名德国访客就发现，她"就像个十六岁的女孩"，无论是外表或体力都一样。九月份时，女王再度造访牛津郡，她即兴地以拉丁文响应不久前听到的演说，观看荣誉学位的颁赠，也参与辩论会、布道会、讲课、晚宴与三场乏味的喜剧表演。在她到访的最后一天，女王发表了临别感言，表示："就算我能将一张嘴换成千张，也无法言谢。"接着她发现可怜的伯利男爵连站都站不稳，竟中断演说，下令仆人们准备担架。"若我能好好照顾你的身体，我能忽视你的心吗？"她做此结论："但愿不会！"

当女王站在夏托瓦丘上，回望整个城市时，她说："别了，别了，亲爱的牛津！愿神佑汝，世代交替源源不绝，尽享神圣与美德。"接着她便前往莱科特，住进老友诺利斯勋爵夫妇家中。

*　*　*

新年时，宫廷里因假面剧与其他新奇的事物而充满开心的欢笑。一五九三年二月时，小艾赛克斯伯爵的情报网已经健全，女王对此感到相当惊奇，最后终于任命他为枢密院一员，他时年二十七岁。现在他终于有了政治家的身份，他总是孜孜不倦，只要有枢密院会必到，也会为了国家利益与对手合作。"此刻对他的贵族地位来说最重要的就是洗心革面。"一位枢密院成员描写了这件事，"洗清年轻时犯下的过错，培养荣誉又严肃的态度，他的演说与判断力格外受到欣赏。"尤其针对外交事务上的相关知识，很少有人能与之匹敌。但小艾赛克斯伯爵决定要善用自己的地位，就算散尽家财来扩大势力也不足惜。

总检察长这个职位相当于女王的礼物。四月份，当这个职务空下来时，他特别运用自己的影响力，为弗朗西斯·培根得到这个机会。只是那段时间，弗朗西斯·培根在国会中针对女王专属预算问题提出质疑，因此伊丽莎白女王对他并不高兴。当小艾赛克斯伯爵提出这个人选时，女王爆发一阵狂怒，并禁止培根觐见。

几个月来，小艾赛克斯伯爵运用他的势力，试图赢得女王的赞同，认为"想要拉拢女王，没有什么比诚挚的恳求更有效"。只是，尽管他不断争辩与哀求，女王总是坚持认为脾气暴躁的爱德华·柯克爵士（Sir Edward Coke）——也就是当时的检察长——是个比培根更称职的律师，除了"坚持己见"外，她也时常过于忙碌或"反复无常"，以致无法讨论相关问题。她向缠人的小艾赛克斯伯爵表示，"她会接受更有资格评断此事的人的意见"，小艾赛克斯伯爵于是在一次争吵中向培根表示："女王跟我说，没什么别的说，就可以早早上床了。我怀着盛怒离开了。明天我还要去找她。周四我更要写封劝诫信给她。"

＊　＊　＊

西班牙的菲利普国王并未放弃打着天主教旗帜征服英国的野心，近来他几乎重建了西班牙海军，"脑中除了复仇，没有别的想法"。英国再度陷入遭侵略的危机之中，但信心满满的伊丽莎白女王向国会表示：

> 对于他的威胁，我一点也不害怕。他完善的准备与强大的军事威胁吓不倒我。尽管他挟着比以往更强势的威力前来，我毫不疑惧，我知道神会助我，定能打得他落花流水。正义在我这一方，我有稳固的立基——绝不会失败，在争论之中，神会站在正确的一方。

英国国会非常具有政治正确性地投票通过给予女王三倍的特别津贴，对此，伊丽莎白女王"以君主对臣子们最大的爱，致上她的谢意"。这一年夏天，又来了一阵风，让西班牙船队无法如期出航，伊丽莎白女王再度表示，这是老天垂怜她，她将这样的奇迹视为神的恩赐。

七月份，发生了一件令伊丽莎白女王震惊不已的事情，她的盟友法王亨利四世，为了让自己更能稳坐王位而改信罗马天主教，并宣布："巴黎可以举行弥撒。"女王写信给他："听闻这个消息，可知道我的灵魂感受到多大的悲痛，多大的遗憾与多大的压力！做了亏心事却希望能有好的结果，这样的想法十分危险，但我仍盼望你能更加理智。"但当亨利四世再度发布宗教容忍的官方命令时，伊丽莎白女王的担忧顿时缓解，于是她并未停止支持法国对抗西班牙，毕竟若能赢得这场战争，对英国也有好处。

* * *

这一年的夏天，英国爆发了比前一年更严重的黑死病疫情。伦敦的剧院被迫歇业，除了短暂前往萨里的萨顿寓所、帕尔汉公园与萨赛克斯的考德雷公园外，女王在圣诞节以前，主要都只能待在温莎。她在此欢庆六十岁生日，多数时间都用来翻译波爱修斯的作品，她几乎都是亲手提笔翻译，且十二天内就完成了。经过英国国务大臣的提醒，她从十月十日到十一月五日这二十五天，

> 首先要扣掉四个星期日、三个其他假日，六天女王陛下外出骑马、呼吸新鲜空气，只能忍住翻译的渴望，这样的日子加起来一共有十三天。因此只剩下大约十二天的时间。以每天花两小时翻译来计算，女王陛下从开始翻译到结束，可以说只花了二十四小时的时间。

416

她的手稿至今依然存在，看起来却是相当杂乱的涂鸦，拼字随意，且随处都有女王更改涂写的痕迹。

冬日来临，对于指派一位新任总检察长，女王依然支吾拖延。小艾赛克斯伯爵也依然纠缠着女王，希望她能选择培根，但女王心意已决，只想做出自己的选择；若她无法坚定地反制小艾赛克斯伯爵，人们就会认为年纪增长影响了她的判断力。因此她坚决无视于他挫折的眼泪，当他擅自离宫，以为能动摇女王的心意时，女王也努力忍住情绪。但这些冲突都让宫廷气氛不佳，当他终于回宫时，女王长篇大论地严厉斥责并诅咒他擅自离开她。接着两人又感性地和解，一直到下次提起这个议题前，两人都维持着良好的关系。

一五九四年初，伯利男爵请求女王决定由谁出任总检察长一职。小艾赛克斯伯爵因而出言挑衅，直言："我会用尽我的权力、势力、职权与友好关系，拼命也要捍卫培根达成理想的权力。"这件事因而继续拖延下去。

这一年，伊丽莎白女王在怀特霍尔宫度过新年，她高坐在豪华的王座上，观赏戏剧与舞蹈表演，一直到凌晨一点，身边则有她的"野马"小艾赛克斯伯爵守候着。一位年纪较长的宫廷人士安东尼·史丹顿（Anthony Standen），眼见女王不断与小艾赛克斯伯爵说话，并以"甜蜜又宠爱的态度"抚摸着他，于是豪气地表示："在我的老眼之中，女王依然与过去一样美丽。"但那其实是压力相当大的一天，因为小艾赛克斯伯爵发现了一桩对抗女王的密谋，背后的主谋其实与女王相当亲近，而这个人当天才被逮捕。

罗德里戈·洛佩兹（Roderigo Lopez）是个葡萄牙犹太人，一五五九年时，为了逃离异端裁判所的迫害而逃至英国，接着改信基督教，并在伦敦行医，自此平步青云。很快，他就成了圣巴托罗缪医院的资深大夫，包括莱斯特伯爵、沃尔辛厄姆爵士与小艾赛克斯伯爵都是他的病人。一五八六年，他成为女王的首席御医。

身为犹太人的洛佩兹一直不受欢迎：传言中，就是他提供了毒药给莱斯特伯爵，妒忌他的对手则诋毁他那令人信服的精湛医术。他树敌无数，其中一位就是小艾赛克斯伯爵，因为他拒绝成为小艾赛克斯伯爵旗下的探子，且小艾赛克斯伯爵将他当作医生，透漏自己的隐疾，却遭到他无情的泄露。伊丽莎白女王无视于此，因为她的宠信与他逐渐累积的财富，洛佩兹得以无视这些纷扰。

小艾赛克斯伯爵此刻成了反西班牙集团的领袖，也是宫廷 417
中引战派成员。他与当时住在英国，非法觊觎葡萄牙王位的唐·安东尼奥（Don Antonio）建立友谊，希望能透过他来挑衅西班牙。小艾赛克斯伯爵知道，菲利普国王希望能暗杀唐·安东尼奥，小艾赛克斯伯爵于是派遣安东尼·培根去保护他。培根也因此发现，一位曾因唐·安东尼奥而失去一切，心怀不轨的葡萄牙支持者埃斯特班·斐列拉（Esteban Ferreira），当时正住在洛佩兹医师位于霍尔本的家中，同时也秘密接受西班牙的金援，密谋对觊觎王位的唐·安东尼奥不利。

小艾赛克斯伯爵向女王通报此事，女王于是下令逮捕斐列拉。洛佩兹医师请求女王释放他，表示唐·安东尼奥对他并不好，而斐列拉只是在为英国与西班牙的和平努力，但女王对此说法却表现出"不悦与不同意"，结束了这次的谈话。

两周后，另一位与洛佩兹医师有关联的葡萄牙人高美兹·狄亚维拉（Gomez d'Avila）也因疑似在桑德维奇涉入间谍工作，而遭到逮捕。斐列拉警告洛佩兹医师，若高美兹落网，就有可能将他们和盘托出，洛佩兹医师则表示自己已三度阻挡高美兹来到英国。而这些信件则遭到小艾赛克斯伯爵安排的探子拦截。

斐列拉获知洛佩兹医师背叛了他，于是从实招来，表示洛佩兹医师多年来都接受西班牙金援。高美兹则在肢刑架的威胁下，招出他们全都在暗中密谋对付唐·安东尼奥。另一位葡萄牙人提诺可（Tinoco）则在审讯中向小艾赛克斯伯爵承认，他是西班牙耶稣会派来英国的奸细，目的是要协助斐列拉说服洛佩兹医师倒戈，协助菲利普国王。只要提到西班牙的名称，便能挑动小艾赛克斯伯爵的敏感神经，他认定这些人的证词背后隐含的意义，就是密谋要取女王的性命。

因此，一月一日洛佩兹医师遭到逮捕。他被囚禁在艾赛克斯宅邸（也就是过去的莱斯特宅邸），同时他的住所也遭搜索，但却始终未能找到任何可疑物品。当他接受伯利男爵、罗伯特·塞西尔与小艾赛克斯伯爵的侦讯时，便提出了相当可靠的证据。伯利男爵与罗伯特·塞西尔于是前往汉普顿宫，告诉女王他们确定这个多年来对她忠心耿耿的男子绝对是无辜的，整件事情是因为小艾赛克斯伯爵企图获得众人支持，才能对西班牙展开新一轮的攻击，导致策划多年的谋略失败。

小艾赛克斯伯爵仍坚持己见，但他到了女王面前时，女王却指控他心怀不轨，说他是"轻率鲁莽的年轻人，为了一己之私对付可怜的人，尽管他无法证明自己，但她知道他是清白的"。女王挥挥手要他噤口，接着让他退下。接下来两天，又羞又怒的他感到疲惫不堪，随后又振作了起来，决心找回自己的荣耀，证明自己是对的，并能成功对抗塞西尔家族，再下一

城。他将洛佩兹医师移监伦敦塔，几乎不吃不睡地二度审讯其
他疑犯。因不堪折磨，或在刑求的威胁下，他们只好说洛佩兹　418
医师涉入阴谋中，同意以五万克朗[11]的代价毒害女王。这正
是小艾赛克斯伯爵想要的证据，因此一月二十八日时，他便写
信给安东尼·培根："我发现了最危险、最极端的叛国阴谋。
这场阴谋最终的目的，就是要取女王陛下的性命。刽子手是洛
佩兹医师；谋杀的方式则是下毒。"

　　当提诺可证实三年前菲利普国王曾送给洛佩兹医师一颗钻
石与红宝石戒指时，小艾赛克斯伯爵的疑虑又更加可信了。伊
丽莎白女王忆起那段时间，洛佩兹医师的确送了她一个类似的
礼物，但女王却坚持不收。洛佩兹医师坚决否认这些指控，但
当女王证实了戒指一事时，他仅承认于一五八七年时，在沃尔
辛厄姆爵士的指示下，他同意将自己的名字，列入前西班牙大
使门多萨密谋对付唐·安东尼奥的名单中，但这只是要取信于
菲利普国王而已。沃尔辛厄姆爵士已经去世，听起来可信度如
此低的解释也死无对证，因而让洛佩兹医师失去了塞西尔家族
的支持。事实上，并没有任何证据足以让人怀疑，在沃尔辛厄
姆爵士在世时洛佩兹医师曾成为他的秘密间谍。事实上，近来
许多西班牙的历史资料纸本文件揭露，他的说法的确可信，且
他的确是相当无辜，但真正的事实恐怕已消失在历史的洪流
之中。

　　在疲惫与恐惧之中，年老的洛佩兹医师松口了，承认了那
些并非事实的阴谋，也决定了自己悲惨的命运。二月份，洛佩
兹医师、斐列拉与提诺可遭到通敌叛国罪起诉，同时被判处死
刑。英国民众在听到西班牙人变节的消息后，自然对这个犹太
人与他的同党犯下的罪感到气愤不已，但伊丽莎白女王则更加

头痛，她十分担心法官们为了维护小艾赛克斯伯爵的颜面，因而陷无辜的人入罪：后来她花了四个多月才下定决心签下洛佩兹医师的死刑状。

伊丽莎白女王在汉普顿宫受到睡眠障碍的困扰，一直思考着搬到温莎古堡是否能减轻她的症状。她多次下令宫廷上下打包准备搬迁，但又屡屡改变心意。到了第三次，宫廷雇用来搬运女王专属物品的运货马车夫又被打发走，导致他们抱怨连连。

"看来女王也不过就是跟我老婆一样烦人的女人！"他叹了一口气，但伊丽莎白女王从窗口听到他的抱怨，于是探出头来大笑。

"好大胆的小子！"她大声嚷嚷，随即赐给他三枚金币"要他闭嘴"。不久后，女王总算决定要迁往无双宫。到了三月二十六日，女王终于在无双宫指派了爱德华·柯克爵士为总检察长，小艾赛克斯伯爵认为这是塞西尔家族的胜利，因而愤愤难平。但他脑筋一转，马上建议由弗朗西斯·培根出任检察长的职缺。伊丽莎白女王耐心地表示，她绝对不会因为小艾赛克斯伯爵要求她这么做，就拔擢一位她完全不认可的人，小艾赛克斯伯爵气得出宫，表示"在我的意见受到更大重视以前，我决定退隐"。事实上，伊丽莎白女王已经将指派检察长决定延宕了十八个月，这段时间小艾赛克斯伯爵不断要求女王接受他的提议，导致两人发生无数次的龃龉，又再度和好。培根兄弟的母亲认为"小艾赛克斯伯爵行事风格充满了暴力倾向"，但女王也常常犹豫不决，甚至向富尔克·格雷维尔（Fulke Greville）表示"我越看越觉得培根相当适合"。但在女王与小艾赛克斯伯爵之间，这等于是在测试谁的意志比较坚定，但却没有人愿意让步。

　　六月七日，在不断咆哮嘲弄的暴民之前，洛佩兹医师与他的"同党"们在泰伯恩行刑场被吊死、取出内脏和分尸，一直到死前，洛佩兹医师仍坚持爱他的女主公胜过耶稣基督。但女王忧心小艾赛克斯伯爵运用私权，加上她并不全然相信洛佩兹有罪，因此将洛佩兹医师身后留下的许多财产还给他的遗孀与女儿，自己则将从菲利普国王处辗转得来的戒指好好收藏，到死前都一直戴着。

　　这一年的夏天气候不佳，大雨不停，破坏了英国的农作物，这在都铎时期是非常严重的事情，可能会造成无情的饥荒与物价上涨。

　　七月份，伊丽莎白女王给了小艾赛克斯伯爵四千英镑来清偿债务，并向他表示："亲爱的小艾赛克斯，子当自省，以聪颖的态度自助，勿让仇敌有可乘之机，必要时，余自当出手相助。"但若要女王协助他的朋友，她总是不理不睬。但他在政坛上的声望越来越高，也获得人们的好评。此时他与詹姆士六世已是好友，派驻在各地的英国大使，都会向他回报国际重要事务。他雇用了四位书记来协助他的通信事宜，而他部署在各地的探子们，则提供他许多相当有用的最高机密。

　　但此时又出现了令人恐慌的消息。在安特卫普出现了一本诋毁英国王权的书，书名为《英国王位继任事宜研讨会》，作者是耶稣会成员罗伯·帕森斯（Robert Parsons），他将此书献给"英国最尊贵的小艾赛克斯伯爵，因为现在在我们的王国之中，没有人的地位能比他高，能比他更有尊严"。这本书中讨论了可能成为伊丽莎白女王继位者的所有人选，并呼吁由小艾赛克斯伯爵在女王死后成为拥立王权的核心人物。小艾赛克斯伯爵非常清楚，伊丽莎白女王对于任何猜测继位事宜的态度，因此当她发现自己的名字与如此大不敬的文章连在一起，还建议由他来决定一项专属于皇室特权的问题时，感到相当困窘、"非常烦恼"。当女王把这本书拿给他看时，他对女王的反应感到相当害怕，但当他发现女王表现出没什么大不了的态度，且女王也能明白，天主教势力企图影响他的名声时，他深深地松了一口气。

420

＊　＊　＊

接着而来的夏天，天气一样潮湿，农作物再度歉收，导致这一年英国发生了更严重的饥荒。许多人因而死亡，打败西班牙无敌舰队的愉快心情一扫而空。

一五九五年七月，四艘西班牙船只大胆洗劫了康瓦尔，放火烧了彭赞斯，并洗劫了整个茅斯霍尔村。这起事件震惊四座，女王与枢密院下令加强英国海岸边防。

尽管小艾赛克斯伯爵持续施压，盼能让弗朗西斯·培根坐上检察长大位，但伊丽莎白女王依然不允。一次被逼急了，女王尖声怪叫地表示要"翻遍英国找出适合当检察长的人选"，也不愿意接受弗朗西斯·培根，到了十月，她故意忽视培根，指派了一位名气不大的律师汤马斯·弗莱明（Thomas Fleming）担任检察长一职。小艾赛克斯伯爵大受打击，甚至将责任不公平地推卸到事实上支持培根的塞西尔家族身上，但事情至此，他已经了解，要求女王拔擢他的任何一位友人都没有意义，为了补偿培根，他将名下部分财产让给培根，出售后，培根得手一千八百英镑。

十一月十七日女王登基纪念日，一如往常地在怀特霍尔宫举办了精彩的马上长枪比武大赛与其他庆祝仪式。女王在长廊中宴请荷兰大使，她一边与荷兰大使讨论对抗西班牙的新策略，一边对着群众与正在比武的骑士点头。

小艾赛克斯伯爵依然是比武场上耀眼的明星，但今年特别不一样，到了晚上时，他参与了由弗朗西斯·培根策划的余兴节目，在这个节目中，由三个人分别饰演一位士兵（莱礼爵士）、一位驼背参事（罗伯特·塞西尔）与一位年老的隐士（伯利男爵），他们要他"放弃追求对一位女神无望的爱"，并选择要过充满新奇、名利或深思熟虑的生活。接着一位穿着像是随从的演员大声表示："这位骑士绝不会摒弃对女主公的爱，女主公的美德让他思想澄明，女王的智慧教导他真正的谋略，女王的美貌与价值，总是能让他有勇气御敌。"这出戏剧若是精心安排的结果，显然隐含着相当大的暗示，但伊丽莎白女王却选择忽视它。

这出戏剧的结局，是小艾赛克斯伯爵摒弃了女神，将胸中满满的爱转为服侍女王的忠诚；在剧中的演说中，他多次恶意抨击塞西尔家族。"小艾赛克斯伯爵的手段相当高明，这次的表演相当成功。"一名观察家表示，但伊丽莎白女王却表示，"若她早知道会有这么多与她有关的事情，她当晚就不会出现了。"

女王始终未恢复对德瑞克爵士的信任，但他依然提议要突袭巴拿马群岛，以转移菲利普国王的注意力，当然也能抢夺更多的西班牙宝藏，女王也同意了。但这位英国英雄再也没有回来：一五九六年，他的舰队返航时两手空空，并带回消息，同年一月二十九日，德瑞克爵士因痢疾病逝于巴拿马，尸体直接海葬。

421

* * *

一五九六年时，罗伯特·塞西尔已经成为"英国权力最大的枢密院参事，女王几乎整天都与他闭室密谈"。而小艾赛克斯伯爵则开始对国家庶务感到厌烦，许多人都发现"伯爵大人对这里的虚假感到厌烦又轻蔑"。他渴望冒险与军事上的成就。

他的渴求即将获得实现，这一年的春天，伊丽莎白女王认为菲利普国王可能会于夏天派遣无敌舰队入侵英国，于是准备让英国海军出航，预先摧毁菲利普的新舰队。伊丽莎白女王、小艾赛克斯伯爵与霍华德勋爵，是此行幕后的金主，提供了一百五十艘船与一万名士兵。伊丽莎白女王则贡献了五万英镑。

渴望冒险的小艾赛克斯伯爵，显然是外出征战的不二人选，但伊丽莎白女王一如往常地"想法一日一变"，甚至语出威胁地表示要取消突袭计划。"女王对这个计划最大的挣扎，没有别的原因，就是因为危险就在眼前。"小艾赛克斯伯爵抱怨着，"我知道我若不违反她的意志，就一辈子也别想为她尽心力。"他花费了极大的心力才让女王同意这个冒险计划，若她继续犹豫不决，小艾赛克斯伯爵发誓"二话不说就去当修道士"。

三月份，伊丽莎白女王在有失优雅的情形下，终于同意任命小艾赛克斯伯爵与霍华德勋爵成为共同指挥官，小艾赛克斯伯爵心情大好，甚至将他对塞西尔家族的不满摆在一旁，开心地出发前往普利茅斯掌管舰队、点兵。接着在五月十六日，女王接获密报传来西班牙军队已经群集在加莱港一带，于是下令要小艾赛克斯伯爵与霍华德勋爵随即返回伦敦觐见，"这两人对她意义深重，私交甚笃，她根本不愿让他们涉险"。女王此举在宫廷与普利茅斯引发一阵骚乱，但伊丽莎白女王已陷入疯狂焦虑之中，完全无视于其他人的抗议。小艾赛克斯伯爵强迫她违反意志并执意继续这个冒险行动，但女王反对。伯利男爵则尽可能让她冷静下来，但当刚从圭亚那探险返国的莱礼爵士突然出现在宫中，哀求女王的原谅并自请成为比小艾赛克斯伯爵与霍华德勋爵更高阶的指挥官时，事情竟变得更糟。

当伊丽莎白女王的情绪终于从这些对抗之中恢复时，她终于接受若小艾赛克斯伯爵与霍华德勋爵能继续担任共同指挥官，这场探险的胜率极高，她只好不情不愿地答应，勉强指派莱礼爵士担任海军少将。小艾赛克斯伯爵松了一口气，与莱礼爵士言归于好，并告诉他："这次的行动与时机，就是在告诉我俩应彼此了解、相亲相爱。"

422

很快一切准备就绪，焦虑不已的伊丽莎白女王派富尔克·格雷维尔前往普利茅斯，带了一封诀别信给小艾赛克斯伯爵："我虔诚地向他请求，无论未来如何，他仁慈的双手都能护卫你们，让你们重罪轻受，赐予你们最大的幸运；返航时情势大好，我也欢欣。在神的祝福之下，愿你们鹏程万里。"还有一封来自罗伯特·塞西尔语气幽默的小纸条："女王说你很穷，所以给你五先令。"封缄在信中的，则是伊丽莎白女王亲手所写，准备向士兵们大声朗读的祷词："愿神福佑少洒点英国热血，加速你们的胜利之路。"此语一出，大大地激励了英军士气，小艾赛克斯伯爵于是写下："若女王能亲眼看见'她的演说多么有力'，她肯定会非常开心。"

* * *

这一年的春天，亨斯顿勋爵过世，让他的表妹伊丽莎白女王再度陷入忧郁的情绪。就在这个时期,女王总算拔擢一位小艾赛克斯伯爵的朋友成为英国的掌玺大臣——托马斯·艾格登爵士(Sir Thomas Egerton),他是个完美又富有经验的律师,只要英国大法官一职出缺时,重责大任便落到掌玺大臣肩上。他的掌玺交接仪式,由女王在谒见室的一场仪式中正式举行。伊丽莎白女王以一身金色绸缎加上银色绲边的服装出席,站在谒见室中以土耳其地毯制成、象征帝王地位的顶篷下。她向艾格登爵士表示自己的期许,她登基至今只有一个掌玺大臣,那就是尼古拉斯·培根爵士——"我可以告诉你,他是个聪明人"——结束时也只会有一个掌玺大臣。

"别说了,女王陛下。"也出席了仪式的伯利男爵打了岔,当时他因严重痛风因而只能坐在椅子上。"希望你任内还能有四到五个掌玺大臣。"

"不,这是最后一个了。"伊丽莎白女王回答,接着便因大限即将到来而崩溃痛哭。尴尬不已的艾格登爵士赶紧表示,培根爵士的确是个聪明人,但这席话却"触动了女王的伤心处",让女王哭得更激烈。接着在准备返回寝室时,女王想起伯利男爵要离开谒见室只得坐着他的担架,于是停住脚步迅速表示:"我还在这里时,财政大臣的手下都不准来扶他。这样我就能先走。"

女王走到门边时,突然又想起艾格登爵士还没依循传统,进行掌玺大臣应有的宣誓仪式,但她仍旧哭泣着,大喊:"他若不宣誓,就永远无法恪遵职守,让他宣誓!让他宣誓!"

六月三日,伊丽莎白女王正式指派罗伯特·塞西尔担任英国国务大臣,在一五九○年以前,他一直有实无名地肩负起国务大臣的责任。同一天,英国海军正式出航前往西班牙,隔月，小艾赛克斯伯爵便大胆地突袭富有的卡第兹港，"安达卢西亚的珍珠"，在这里可以看到，菲利普国王将部分准备好即将侵略英国的船只停放于此。在英国出其不意的偷袭下，西班牙军队毫无招架之力，两周内英国军队便将全城洗劫一空，并放了一把火烧个精光，甚至无视于小艾赛克斯伯爵要他们放过教堂及与宗教相关之所的命令。"若有人想亲眼见识地狱的模样，当时的情景就是最好的样板。"莱礼爵士如此说道。在冲突发生时，他离得很远，但他的脚仍受了重伤，在冲突过后的一段时间，都不得不拄着拐杖走路。事实上，许多促成这次大成功的重要决策，都是他下达的命令，但他的对手小艾赛克斯伯爵却想要独自居功，莱礼爵士的功劳则相形失色。可想而知，经过卡第兹之役后，两人之间的和解气氛也付之一炬。

423

当女王听到英军奇袭获胜的消息时，随即提笔写信给小艾赛克斯伯爵："你真是让我威名远播、令人闻之生畏、声势大好，这不只是因为你的胜利，还包括你的勇气。我是臣民的君主，请让士兵们知道，我并不在意女王的尊贵身份。"

被胜利冲昏了头的小艾赛克斯伯爵，向受困港中的一艘西班牙商船勒索；船东最后决定烧船，也不愿将船上的两千万元交给英国海军。小艾赛克斯伯爵决定无畏地乘胜追击，他认为与其攻击菲利普国王无敌舰队的大本营里斯本，不如拦截将要离港前往东印度群岛载有西班牙宝物的船队，但他的同僚们却相当反对，也因此断送英国掌握数千英镑油水的机会。最糟糕的是，小艾赛克斯伯爵将卡第兹之役中得手的赃物几乎都分给了手下，并未保留给女王。

小艾赛克斯伯爵总算达成理想，成为英雄，当他返回英国时，脸上蓄着黑桃形的络腮胡作为全新造型，接受全国上下感激与崇拜的欢呼，将他视为德瑞克爵士或史奇皮欧（Scipio）再世："他抓住了人民的心，永不止息。"就连许多神职人员都将他赞为新教斗士，颂扬他的功绩、正义与智慧。当时他简直就成了大英帝国中最受欢迎、最重要的男人。

24　被邪恶包围

卡第兹之役大胜后，伊丽莎白女王在欧洲的声望更为提高，于是她也与社会大众一起欢喜庆祝——威尼斯人称她为"海之女王"——但让她最挂心的不是军事上的荣耀，而是财政负担，因此当小艾赛克斯伯爵返回宫中时，女王的反应并不如他预期般雀跃称许，不断道谢；而是小心眼地问他花了多少钱，急切地想要知道她投入的资金"换得多大一笔收益"。小艾赛克斯伯爵只好承认女王早已料到的一切，"什么也没有"；事实上，大多数的钱都用来支付给手下了。伊丽莎白女王勃然大怒，表示她早就知道除了她以外，每个人都赚到钱了，最后仍不情不愿地付了两千英镑薪水给他，并要求他之后得如实归还。

让她生气的还不只是金钱问题。她也相当嫉妒小艾赛克斯伯爵的成功，以及成功为他自己在宫廷人士间带来的人气。她因此变得相当没有安全感，毕竟小艾赛克斯伯爵是一个个性不稳定的人，在女王的许多敌人影响之下，让他得到这么高的支持度，可能造成许多危险。因此女王不同意让他发行小册子，描述他的英勇事迹，当部分人士建议发起全国性的感恩行动时，女王坚持只有伦敦得以庆祝。她无法忍受别人称赞他，在枢密院会中甚至刻意贬抑他的军事策略。

但小艾赛克斯伯爵全都承受。"我的命运多舛，难得安宁！"他写信向安东尼·培根表示："这些让我难以消化的尖酸刻薄，就当作幽默吧！告诉你，身为女王亲信带给我的麻烦比荣耀多太多了。"当女王渐渐了解，她的舰队两手空空地返航并非小艾赛克斯伯爵的错时，她的态度渐渐软化。在一次枢密院会议中，尽管伯利男爵反对有人提议让小艾赛克斯伯爵从卡第兹之役中得到应得的利益，但女王严厉地斥责他，吼道："亲爱的财政大臣，无论你是害怕还是爱戴，你对小艾赛克斯伯爵阁下的心意，都超越了我。你是个恶棍！是个懦夫！"伯利男爵早就经历过女王这种突如其来的爆发，而女王的态度吓不倒他，他向小艾赛克斯伯爵透露自己的处境左右为难，"日渐衰弱"。虽然最痛恨伯利男爵的安东尼·培根表示"感谢神！"，但小艾赛克斯伯爵仍写信给他以表达怜悯之情。尽管如此，他过去与塞西尔家族的恩怨情仇再度浮上台面，变成更加难解的课题；法国大使就发现："这件事导致宫廷内斗严重；只要是财政大臣那一侧的人，就是小艾赛克斯伯爵派系的敌人。"

425

　　小艾赛克斯伯爵掌握了女王与枢密院，积极参与各式各样的国家事务。英国全体臣民谄媚地视他为传奇英雄的翻版，只要他在，身边就会聚集许多人簇拥着他。这个时期有一名诗人形容他为"大英帝国的荣耀，世界的珍奇遗产"。这些奉承当然让他冲昏了头，弗朗西斯·培根于是劝他，尽可能地不要踩到皇室特权的界线，并向女王表达最诚挚的忠诚。并要他放弃追求军事成就与派系斗争，投身于枢密院士应尽的义务，同时请求女王指派他担任悬宕已久的掌玺大臣一职，如此一来，他便能得到"监督国务大臣的特定权力"。但小艾赛克斯伯爵变得比过往更冲动、固执，根本听不进这些聪明睿智的谏言。尽管他宣称自己除了"得到女王陛下仁慈的疼爱与侍奉女王有功的好名声"以外，别无所求，但身为大名鼎鼎的征服者，又怎可能划地自限，甘愿担任行政职务？

此时，菲利普国王正为卡第兹之役的挫败气得跳脚，于是宣布要以"暴力手段"对英国展开报复，并下令增建船只，盼能派出比一五八八年的无敌舰队更庞大的海军队伍。

* * *

连续三年，英国夏天都出现暴雨，导致农作物歉收与"饥荒"。食物价格高居不下，地方上出现不满的声音，甚至出现暴动。伊丽莎白女王下令要政府制定出紧急措施，提供食物给穷人，但这一年的冬天有许多人饿死街头。政府宣布周三与周五是饥饿日，要有钱人断食，再将省下来的钱捐出来纾解当地饥荒。

遭到军队解雇的士兵与水手们，让地方上的劳力市场扩张，刚好碰上贸易量大幅下滑，地方上的治安法官不断反映许多地区都出现无业游民组成的暴力集团。

此时约翰·哈林顿爵士再度失宠，这不只是因为他花心，还因为他写了一本书，名为《大埃阿斯的形变》（*The Metamorphosis of Ajax*），这本书名一语双关地点出他的全新发明——马桶，又称为"厕所"。他知道女王对于气味非常敏感，于是他送给女王这本书，推荐女王将他的新发明安装在里士满宫。伊丽莎白女王因此而恼火，除了这本书在粪便学上描绘得太过详细外，这本书用有点风趣又带有诽谤意味的文字，点了几位公众人物的名，其中包括女王至今依然难以忘却的莱斯特伯爵，也是个中原因。女王拒绝赐予哈林顿爵士书本的发行权，但哈林顿爵士却公然反抗她，一年内甚至出了三版，导致他再度被女王赶出宫去。

哈林顿爵士加入了爱尔兰战争，并从爱尔兰写信给女王，请求女王的谅解。他的表亲告诉他："女王有意将你拉拔为亲信，但她认定你会用她来写讽刺短诗，进而影响整个宫廷。有人听到她说：'这个搞不清楚状况的小诗人，我的教子，若能恢复清醒，远离女人、戏谑与愚蠢的念头，才有资格回到格林尼治来。'"

预料到西班牙可能于是年夏天入侵，小艾赛克斯伯爵于一五九七年初向女王施压，让他再度外出征战。尽管女王的态度开放，但对于该采取什么样的进攻策略与谁该担任指挥官，都无法下定决心。

二月份时，小艾赛克斯伯爵称自己生病，伊丽莎白女王赶忙前往他的病榻前。此举治疗效果奇佳，但接着又因为女王坚持要他与莱礼爵士一同指挥舰队，他的病情又怪异地再度加重，两星期以来，他一直躺在自己的房里，伊丽莎白女王显得十分激动，两人发生争执的宫廷传闻不胫而走。女王宣布"我要故意与他唱反调，挫挫他的锐气"时，证实了这件传闻。女王表示哈林顿爵士那固执难搞的个性，必定是遗传自他的母亲。

当女王再度拒绝指派他的朋友罗伯·西得尼爵士，登上五港同盟战舰，反而将这个荣耀赐予他的仇敌科巴姆勋爵（Lord Cobham）时，小艾赛克斯伯爵更感光火。培根建议小艾赛克斯伯爵策略性地退出宫廷运作，因此他"迅速痊愈"，并表示要前往威尔士的领地。此举让女王派人去召唤他，"一切再度归于平静"，伊丽莎白女王总算同意，让他成为"女王的陆军与海军"中将与准将，并封他为军械统领。女王坚信不需要太多的花费，他一定能成就与卡第兹之役相同的胜利。

这次塞西尔家族也支持他的行动，小艾赛克斯伯爵抛弃了过去所有的妒忌，四月份时，邀请他们与莱礼爵士到艾赛克斯宅邸共进晚餐，餐间他们达成了共识，形成了以共同利益为基础的友好关系。六月初，小艾赛克斯伯爵与塞西尔家族说服女王重新接纳莱礼爵士。女王将华德莱礼爵士召唤到跟前，告诉他可能会恢复他皇家卫队队长一职，"让他能一如往常地大胆踏入女王寝宫"。那天晚间，女王亲切地邀请他一起出外骑马，但他始终无法恢复女王往昔对他的宠信。

427

到了六月底，小艾赛克斯伯爵欢天喜地地离开了女王，起程前往海边监督出航的最后准备工作。就在他要出发前的两星期，两人交换了情感满溢的书信，不断地互道珍重再见，小艾赛克斯伯爵称她为"最亲爱、最受人敬重的君主"，并告诉她："言语也无法形容我的真心意，但我要向您高贵亲爱的心恳求。我用尽心力只为了得到最高的仁慈与女王赐予的快乐。我对女王陛下的牵挂，比任何臣子对君主来得更多。"女王于是致赠礼物给他，为小艾赛克斯伯爵专属的客舱打造了一幅女王绘像，并告诉他，若事情发展不如预期，他就该"记得只要尽了全力，就不用害怕被责怪，我们也不会严格地抨击你"。小艾赛克斯伯爵感谢女王"恩赐一封信件，让他感受到最神圣的灵气"。

接着探子开始回报，西班牙船舰已经几乎准备好可以出航，但英国天候状况极差，连续四年的夏天都受到大雨与洪水的袭击。七月十日英国舰队正式出海后，英国南部一场强风狂吹了四天，英国舰队被迫返港避难。看到遭强风破坏的宫殿，又听见他人误传小艾赛克斯伯爵溺死的消息，导致她在见到小艾赛克斯伯爵以后松了一口气，甚至掉下欢喜的眼泪。罗伯特·塞西尔于是写信告诉他："女王陛下现在希望我们大家都爱你，她每天晚上都一直赞许你，仿佛你是个天使。"

罗伯特·塞西尔也告诉小艾赛克斯伯爵，伊丽莎白女王如何与一位放肆无礼的波兰大使应对，这位大使在人员众多的谒见室中，以违反所有外交礼节的态度，用拉丁文对女王说了一长串威胁的话，"那种嘴脸是我这一生都没见过的"。伊丽莎白女王愤而从王位上倏地起身，用完美、即席的拉丁文控诉他傲慢无礼的行为，这段演说简直能成为英国乡野传奇，传颂好几个世纪。女王咬牙切齿地说，若他的主子同意他说的这些话，那他显然是个新手国王，且他继承王位的方式定是透过近来兴起的选举，而非血统。

"至于你，虽然我猜想你应该看了很多书来巩固你的论点，但我猜你并没有阅读那些教你如何与君主及贵族交流的章节吧！"若他没有外交豁免权，女王肯定以"其他的方法"来对付他。

女王接着转向其他宫廷人士大喊："该死的畜生，各位！今天我被迫使用我生疏已久的拉丁文。"但在场的全体人员爆出了敬佩的掌声，当伊丽莎白女王向罗伯特·塞西尔表示她希望小艾赛克斯伯爵在场，听着这场精彩的攻防时，罗伯特·塞西尔承诺会特地写信告诉他。小艾赛克斯伯爵闻此消息，回复："在我眼中，女王陛下完全符合古代人眼中真正的英雄该有的条件，那就是如黄金般珍贵的心与如黄铜般坚强的身体。"

到了八月，在强风中受损的船舰修复了，英国海军舰队再度出航前往西班牙，但又再度遇上强风，因此始终无法抵达无敌舰队的大本营费罗尔。伊丽莎白女王告诉小艾赛克斯伯爵，他可以去搜罗一些西班牙宝物，但一直到他成功摧毁菲利普国王的舰队后，他才告诉女王他接下来要远行，去追寻西印度群岛的宝物船。这完全不是女王派他出航的目的，女王冷冷地回道："当我看到超越了正常状态的东风令人钦佩的杰作，我就清楚地看见自己做了多么愚蠢的决定。"同时，女王也警告他："以月神之名，你可别大胆得再度越线，践踏我们的宽容。你已带给我巨大的痛苦，超过了我原本的预期。"她想要的，只是小艾赛克斯伯爵"平安返航"。

小艾赛克斯伯爵却无视女王的警告，执意前往亚速尔群岛。他在九月十五日抵达时，西班牙舰队已经几乎近在眼前，但他四处寻找他们的踪迹时，他自己的船队开始四散。莱礼爵士带领的一支船队停靠在法亚尔岛，于是他擅自下令洗劫了一个小镇，得手大量的财宝。小艾赛克斯伯爵因相形见绌而气愤难平，于是指控莱礼爵士无视他的命令，因此在渴望荣耀与财富的想法之下，完全没有考虑到自己手下的军官，攻击了法亚尔岛。他甚至深切地考虑一位船长的建议，差点对莱礼爵士发起军法审判并处决他。"就算他是我的朋友，我也不惜这么做。"他狠狠地说。但有人劝服了莱礼爵士，让他开口道歉，这件事就到此为止，但他的名望也受到了影响。

此时，小艾赛克斯伯爵冲动地决定要拿下圣米格岛。但在决定全体舰队转向时，他损失了三小时的时间，因此错过了一艘宝物船，让它平安无事地载着三百五十万英镑的银块离开。若英国能挟持这艘船，菲利普国王肯定只能寻求和平之途，但小艾赛克斯伯爵却错失良机，在毫无选择的情形下，只好再度空手回家。

一听说小艾赛克斯伯爵的船舰正在偏远的亚速尔群岛，菲利普国王赶紧下令他的无敌舰队出航，十月十三日时，小艾赛克斯伯爵正在返家的途中。一百四十艘大帆船正离开费罗尔，准备大举入侵法尔茅斯，期盼能拦截并摧毁已无抵抗之力的英国战舰。接着他们要占领法尔茅斯，长驱直入伦敦。英国南部陷入警报之中，并准备好抵御敌军来袭，但到了十月底时正式传来消息，指西班牙舰队在费内·史特勒近海遭到暴风雨的袭击，因而破损不堪、漂流四散。

这场天灾让早已病入膏肓的菲利普国王失望至极。他已经破产，人民对这些毫无建树的战争相当质疑，此时的他也不得不面对，他所谓的"对英国的企图"，可能永远也不会实现了。

429

* * *

十月二十六日，小艾赛克斯伯爵总算抵达普利茅斯，听闻"西班牙船舰接近英国海岸"的消息让他紧张不已；有些人在利札德海岸看见大帆船的踪影。他赶紧重整旗鼓，出海御敌，但他很快就发现危机过去了。当他回到宫中面对伊丽莎白女王时，"海岛探险"失败的消息早已臭名远播，除了一路上挟持的几艘商船外，他没有什么能献给女王的礼物。更严重的是，因为他的愚蠢而让英国面临差点遭到敌人入侵的险境，伊丽莎白女王因此对他十分冷淡。

"我绝不允许英国海军离开英吉利海峡。"她这样告诉伯利男爵，她指责小艾赛克斯伯爵"让敌人有余力与胆量来侵略我们"。伊丽莎白女王生气的原因，还包括尽管小艾赛克斯伯爵并未负起责任，但他的人气依然不减。多数的人认为他只是运气不佳，或是认为莱礼爵士才是海上探险任务失败的主因。看来英国的英雄，永远不可能是个无能之人。

小艾赛克斯伯爵相当气愤：他无法理解女王为何对他如此

严苛。"在神的允许之下，我们根本不算失败。"他记录下这样的字句。"我们希望女王陛下能理解我们痛苦的日子、胆战心惊的夜晚、恶劣的饮食条件，以及许多无法与结果相提并论的危险。""那些安坐温暖家中的人，怎能评论我们？"他完全没有解释自己的失败，只是离开了宫廷回到温斯特暗自哭泣，而女王也写信给他。在沮丧之中，他回信给女王：

> 您让我变成了一个陌生人。我宁愿让自己病重的身体与受创的心灵，寻找一个安静的角落休息，也不愿在您的身边，却只能与您距离遥远。对我来说，写下这些您不在乎、不想知道的事情，相当愚蠢。我的心一如往常，现在却被刻薄的世道击得体无完肤，过去只有美好能征服我的心。周日晚间，我正躺在床上，我想，我会在这里将自己埋藏几天。女王陛下的仆人，带着受伤的心，尽管受到刻薄对待仍不改初衷的R.小艾赛克斯。

小艾赛克斯伯爵的缺席，也像过去一样改变了女王的心。在与牛津伯爵深入地聊过小艾赛克斯伯爵的事情后，女王陛下写信给他，询问他的健康情形。接着她又写了一封信，暗指原谅他的时机已经到了。

小艾赛克斯伯爵于是回信：

> 最亲爱的女主公，您的仁慈与频繁的来信，保全了一 430
> 个病重得半死的男人，让他再度重生。自从我第一次快乐地了解了爱的真谛后，便从未一天或任何一小时摆脱希望与妒忌的轮回。若女王陛下能以体贴的心，支持怀着公正

之爱的我，让我远离下一次的严苛责骂，我就很开心了。
因此，怀抱着希冀，盼女王陛下成为您心目中最好的君
主，我俯身亲吻您美丽的手。

这一字一句打动了女王的心，伊丽莎白女王邀请小艾赛克斯伯爵于登基纪念日的庆祝大典返回宫中。但他却不愿意，因为听说女王为感谢霍华德勋爵在对抗无敌舰队与卡第兹之役中的贡献而赐给他诺丁汉伯爵封号，小艾赛克斯伯爵的心中再度生出不满情绪，尽管他是海军大臣，但在宫廷中仅拥有骑士统领级别地位的他，依然比不上诺丁汉伯爵。妒忌不已的小艾赛克斯伯爵认为，卡第兹之役是他一个人的功劳，因此他向女王表示自己生了重病，无法离开温斯特。这件事让女王情绪极差，导致全宫廷都在祈祷小艾赛克斯伯爵赶紧回来，伯利男爵与得到新封号的霍华德勋爵都写信要他快回，但仅是徒劳。

女王登基纪念日从此被称为女王日，这一天就在小艾赛克斯伯爵缺席的情形下到来又过去。伯利男爵又写了一封信给他，提醒小艾赛克斯伯爵，这是伊丽莎白女王登基四十周年的纪念日，霍华德勋爵也写了一封信，里面充满了友情的力量。目前为止，小艾赛克斯伯爵自我放逐的念头也开始动摇，于是回了信，表示若女王陛下愿意邀请他回宫，他便愿意回宫。但伊丽莎白女王已经受够了，表示："他的职权所在，包括他必须身在宫中；君主不需与臣子争辩。"

女王拒绝继续讨论此事，表示自己公务繁忙，还要应付法国大使。亨利四世希望能让法国、西班牙与英国达成基本的和平，因此派了特使马利西的安德烈·修洛特－加龙省（André Hurault, Sieur de Maisse）来试探伊丽莎白女王的态度。但据传菲利普国王打算于来年春天再派遣无敌舰队来袭，因此伊丽莎白女王完全没有打算要和谈。虽然后来证实无敌舰队的传闻只是空穴来风，但女王仍保持表面的礼貌：先是为自己仍穿着睡衣[12]道歉，并表示因为脸上生了疮而感到尴尬不已；她给了修洛特－加龙省特使一张凳子，并同意让他觐见女王时全程戴着帽子。但她显得有点心不在焉："每次说话时总是不断起身，对我说的话表现出不耐烦的样子；她甚至抱怨壁炉的火焰让她眼睛很酸，但事实上壁炉不只离她有六七尺远，且前方正挡着一道厚重的帘子，但女王仍下令要人先把壁炉熄了。"她 431
向修洛特－加龙省特使表示宁愿站着接见他，接着故意补上一句，自己常常故意让讨人厌的特使站久一点，刺激他们。"她一起身我就起立了，"修洛特－加龙省特使的记录中显示，"她又坐下时，我也大方坐下。"

在另一次的会面中，伊丽莎白女王忽然指控菲利普国王十五次企图谋害她。

"这个男人多么爱我啊！"她笑出了声，接着又叹了一口气，表示很可惜两人的宗教观迥异。结果受害的是英国人民，而她对人民的爱，就如同他们对她的爱一般。若要她牺牲任何一点彼此的爱，她还宁愿去死，但女王自认人生已经跨进棺材一半，因此也为民众的未来担忧。女王接着看到修洛特－加龙省特使拉长了脸，她又笑了。

"不！不！我想我还不会那么快死！我还没那么老，马利西的安德烈·修洛特－加龙省特使，没像你想得那么老。"女王想要讨得一些赞美，因此表示很遗憾，特使见过这么多伟大的君主，却得要来看她这个愚蠢的老太婆。对于自己的舞蹈技巧与各种成就，她也显得不屑一顾，"她因此给了我很多称赞她的机会"。当他恰到好处地赞美女王的决策力与深谋远虑的能力时，女王说"她对于世界上许多事情有基本的认知是很自然的，许多人都说她年轻……当有人称赞她的美貌时，她表示虽然三十年前有这样的传言，但自己从来都不漂亮。不过她总是尽可能地提及自己的美丽"。

伊丽莎白女王的衣橱让修洛特－加龙省特使震惊不已。他意外发现女王拥有三千多件衣服。十二月十五日，她第二次觐见女王时，女王身穿意大利式银色纱质服装，边缘还有宽版金色蕾丝装饰。"袖口的 V 型开口剪裁还有红色塔夫绸装饰"，胸前的开口则露出了白色锦缎短外衣，里面再穿着侍女的无袖宽松内衣，但它们全都开衩到腰部，"完全露出了她的胸线"，当然也暴露了"不少皱纹"。因尴尬而慌乱不安的修洛特－加龙省特使，在两个小时的觐见对谈行程中，完全不知道眼睛该看哪。每次只要看着伊丽莎白女王，他都觉得自己超出了礼仪的规范。更糟糕的是，女王一边讲话"会仿佛觉得太热般，一边用手拉开胸前的上衣"，结果修洛特－加龙省特使便能一路从她的上腹看到肚脐去。她也戴着"大红色的假发"，"两束波浪大卷垂至她的肩膀"；假发上更装饰着珍珠、红宝石与珍珠花冠。修洛特－加龙省特使认为，她只是要以残存无几的风韵来蛊惑他。"尽管她认为这样能维护她的尊严"但"她的脸部看来十分苍老：脸形又长又瘦，牙齿泛黄又不整齐，甚至缺了很多牙，因此她说话时常常含糊不清"。但"要看到身心都保养得这么好、如此体力充沛的老妇人，还真是不容易"。

432

十二月二十四日最后一次谒见女王时，修洛特－加龙省特使发现女王正在聆赏小竖琴弹奏的孔雀舞曲。他们谈了许多不同的话题，修洛特－加龙省特使发现"没有人能告诉她任何她回答不出来的事情。因为她是上知天文下知地理的伟大君主"。尽管修洛特－加龙省特使相当钦佩伊丽莎白女王，但他此行可以说是毫无建树，徒增忧心，在与西班牙的和平之路上"英国可能会毫不理会"。

修洛特－加龙省特使随即感受到英国宫廷中的紧绷气氛，并正确地推测出，这一切都是因为小艾赛克斯伯爵不在的缘故。伊丽莎白女王告诉他，若小艾赛克斯伯爵的海岛探险真的失败了，她早就砍了他的头，但她调查过这件事，同时很高兴地发现不是他的错。

小艾赛克斯伯爵希望伊丽莎白女王能收回成命，不要给予诺丁汉伯爵特权，但女王并不愿意。他要求用决斗来解决问题，但霍华德勋爵以生病为由拒绝了。这个时期的小艾赛克斯伯爵不出席枢密院与国会的任何活动，以抗议伊丽莎白女王对待他的方式，宫廷中陷入一阵动乱，所有的事项都停罢。显然这样的情形不能持续下去，于是十二月二十八日这天，在罗伯特·塞西尔的建议下，伊丽莎白女王任命小艾赛克斯伯爵为王室典礼大臣，在诺福克公爵遭处决身亡以后，这个职务就暂时空缺；这可说是相当显著的荣耀，再加上女王随即恢复小艾赛克斯伯爵在诺丁汉的地位，这些举动产生了预期的效果。宫廷终于恢复平静，"风度翩翩的小艾赛克斯伯爵终于再度露面"。同时，诺丁汉伯爵则气恼地返回在切尔西的家中。

在和解的欢欣气氛中，因为小艾赛克斯伯爵不断地恳求，伊丽莎白女王总算放软了态度，让他的母亲莱蒂丝踏入宫廷中，但女王坚持她只能在寝室之中私下见面。过去，莱斯特伯爵夫人多次在回廊中等待，盼在女王经过时见她一面，却总是发现女王从别的通道离开。接着有人邀请她参加女王会出席的宴会，却发现伊丽莎白女王最后一分钟改变了心意。现在尽管女王态度依然冷淡，但她总算能在寝室中见到女王：她谦卑地屈膝行礼、亲吻了女王的手与胸，接着再拥抱她，女王则冷冷地回以亲吻，但对她儿子来说，这还不够，小艾赛克斯伯爵甚至要求伊丽莎白女王在谒见室中，再度重演一遍相见欢的戏码。"我不想被人强迫去做这么不开心的事情。"女王勃然大怒地喝道，这件事总算到此为止。

* * *

一五九八年初，修洛特－加龙省特使终于离开了英国，小艾赛克斯伯爵告诉他，自己对于和谈兴趣不高，因为他不像塞西尔家族，并不相信西班牙与英国之间有和平的可能性，这让修洛特－加龙省特使深感沮丧。小艾赛克斯伯爵也向修洛特－加龙省特使表示，英国宫廷最大的两个弱点，就是耽搁与矛盾反复，"造成这种局面最主要的因素，就是君主的性别"。这么说来也没错，宫廷中年轻的男性臣子们面对年老色衰的女性执政者都开始不听话，有些人甚至公开表示，未来绝不愿再见到女性当政的局面。

小艾赛克斯伯爵与其他开始计划未来的人，都已经展开争取苏格兰王詹姆士六世信赖的动作，但一五九八年初，当伊丽莎白女王发现宣称可能会在"果实成熟前先下手为强"的詹姆士下令要他派驻欧洲各地的大使们主张他拥有英国王位继承权时，女王严厉地斥责他："若你不改过自新，就别想那么多了。说不定我会对你改观。但我仍要建议你要抱着善意，对你做的事更深思熟虑。"

大体上她的精神相当好，但小艾赛克斯伯爵却仿佛"乌云罩顶"般忧郁，进而从许多宫廷侍女身上寻求慰藉。女王与他的妻子对他这些行为的流言皆感不悦，不断地怀疑让伊丽莎白女王变得低落、凶恶。多次遭到女王恶言相向后，许多侍女们不止一次伤心泪流，当伊丽莎白女王发现小艾赛克斯伯爵与玛莉·霍华德之间的暧昧情愫后，女王显得难以忍受。但幸运的是，小艾赛克斯伯爵运用三寸不烂之舌，说服女王她只是在瞎猜，才让女王恢复了好心情。

小艾赛克斯伯爵的朋友，长发花心大少南安普敦伯爵里奥谢思利（Henry Wriothesley，Earl of Southampton）——他最著名的事迹就是资助大文豪莎士比亚——四年来成功地隐瞒他与女王的一位侍女伊丽莎白·维侬（Elizabeth Vernon）之间偷偷摸摸的恋情，后来两人想要结婚，于是在一五九八年的二月份，由里奥谢思利请求伊丽莎白女王的允许，但女王拒绝了。但当他要求离宫两年出国旅游时，女王同意了。二月十日他便前往法国，留下一个孤寂的女子，伊丽莎白·维侬差点哭瞎了美丽的双眼。

伊丽莎白·维侬的哭泣事出有因：她有了身孕。担心自己的名声毁于一旦，她拜托小艾赛克斯伯爵将南安普敦伯爵召回。小艾赛克斯伯爵从善如流且严守秘密，甚至安排这对恋人在艾赛克斯宅邸秘密成婚，当南安普敦伯爵返回巴黎后，伊丽莎白·维侬便待在艾赛克斯宅邸中。

四月份，伊丽莎白女王着手庆祝圣乔治日的到来，为嘉德勋章骑士准备了丰盛佳肴。不久后，一位德国访客保罗·亨兹纳记录下看见她前往格林尼治礼拜堂的过程，为后代子孙留下珍贵的见证："接着女王走了出来，非常威严；她那长椭圆形的脸相当白皙，但满布皱纹；她的眼睛很小，但乌黑又有精神；她有点鹰钩鼻；嘴唇薄而窄，齿黑；头发呈现赤赭色，但

434　事实上却是假发；头顶上戴着一顶小王冠。她与一般未嫁的英国女性一样穿着低胸服装。她的手十分修长、手指也长，身高不高不矮刚刚好；呈现出神圣庄严的气势，说话的态度温和又有礼。"

当女王陛下经过身边时，"她以非常神圣的态度说话，先向一个人致意，接着换下一个人，她说英语、法语与意大利语，除此之外，她的希腊语、拉丁语等语言都相当流利，她也能操流利的西班牙语、苏格兰语与荷兰语。无论谁与她交谈都会主动跪下；她会用手将某些人扶起来。她的脸转向哪边，在场的人就会不自主地跪下"。

五月份，法王亨利四世与西班牙达成和平协议，导致伊丽莎白女王用"忘恩负义的反基督教义者"来形容他。伯利男爵则呼吁伊丽莎白女王也赶紧与菲利普国王和解，但小艾赛克斯伯爵相当坚决地反对。他希望可以对西班牙展开大规模的军事侵略，永久性地摧毁西班牙的海军势力。伯利男爵于是指责小艾赛克斯伯爵满脑子只想着战争、厮杀与血腥。伊丽莎白女王则在这两种意见之间摆荡，不得不先将工作摆在一边，以维持两人之间的平衡，也因此情绪大坏。总体而言，她其实赞同塞西尔家族的观点，毕竟眼前若没有任何遭到侵略的危机，主动出钱进行战争筹备工作，其实是相当愚蠢的行为。

为了报复，小艾赛克斯伯爵发行了一本小册子，里面写上了伯利男爵的观点，并向英国民众喊话寻求支持，因此也激怒了伊丽莎白女王。结果伊丽莎白女王并未签署和平协议，因为盟邦荷兰在菲利普国王将军事侵略重心转往法国后，逐渐恢复了力量，因此拒绝支持这项和平协议。他们看过西班牙人太过丑恶的一面，因此压根不想与他们握手言和。

接着爱尔兰方面传出消息，政治情势逐渐恶化，伊丽莎白女王派出的爱尔兰国王代表已死。于是女王决定派遣小艾赛克斯伯爵的舅舅威廉·诺利斯爵士（Sir William Knollys）出任这项职务，但当她于七月份在枢密院会上宣布这项决定时，小艾赛克斯伯爵为了一己之私，希望能摆脱掉一名政敌，于是提议说塞西尔派系的乔治·凯鲁爵士（Sir George Carew）更能胜任这份工作。当女王拒绝他的提议时，小艾赛克斯伯爵显得相当坚持，两人发生了严重口角，导致态度恶劣、不敬的小艾赛克斯伯爵刻意转过身去背对女王。

"去死！"女王大声吼道，接着赏了他一记耳光。"你最好滚开吊死你自己！"小艾赛克斯伯爵承受不了这样的羞辱，于是他拔出了剑大喊："我永远无法忍受这么大的耻辱，你的父亲也不曾这么做。"在小艾赛克斯伯爵出手前，诺丁汉伯爵赶紧站到两人中间，但太迟了，小艾赛克斯伯爵知道自己铸下大错。

伊丽莎白女王震惊地静静站着。没有人敢出声。接着，小艾赛克斯伯爵冲出宫，撂下几句狠话，便前往温斯特，抵达温斯特后甚至大胆地写信给女王：

435

　　陛下对您自己与我造成了无法忍受的错误，不仅撕裂了情感，也失去了女性应有的荣誉。我无法将您的心想得如此不堪，但您无视我的感受，这是您自己造成的结果。无论结果如何，我只希望女王陛下不要找借口，接受自己是失败的主因，也接受全世界对结果的质疑。一直到女王陛下践踏我之前，我都不曾为自己感到如此骄傲。现在我的绝望就如同我过去的爱般，无怨无悔。愿女王尽得天下间的安稳与快乐，您以错误的态度对待我，最好的惩罚，就是彻头彻尾地了解，您已失去一位忠仆的信任与您身边只剩下一群小人的事实。

多数人都希望女王下令逮捕小艾赛克斯伯爵，将他押入伦敦塔大牢。甚至也有人预测他将面临被处决的命运。但伊丽莎白女王毫无动作，自此也未再提过这次意外事件。

这次争吵象征着两人关系微妙的变化。他们两人厌倦了彼此，难以继续扮演一直以来的角色。小艾赛克斯伯爵对伊丽莎白女王性格上的变化无常与浮躁感到厌倦，而女王则坚持要他遵循与其他臣子相同的行为准则。后来，伊丽莎白女王向法国大使表示，她"对于小艾赛克斯伯爵的冲动的脾气与野心感到相当畏惧，若他受到不良势力的影响，可能就会让自己毁灭"，此时，她只能建议小艾赛克斯伯爵"任何时候都要以顺从她为优先，不要像过去一样，对她摆出如此傲慢的态度；但为了巩固王权，她只得依据英国法律来惩罚他，而非按照自己的心意，但这些刑罚都太轻，带来的效果一定没有吓阻作用"。她仿佛事后诸葛般地补上一句，她的建议并没有办法避免他继续堕落。

到了七月中，威廉·诺利斯爵士写信给外甥小艾赛克斯伯爵，请他"决心走向正途，服侍君主，服侍国家，神的理想从未如此刻般需要你的存在。请记住，在君权与服从之间是没有拉锯战的"。但他的信件石沉大海，于是掌玺大臣托马斯·艾格登爵士便告诉他的朋友："我亲爱的伯爵阁下，最大的困难在于克服自己的心魔。你离经叛道得还不算远，还有悔悟的机会。"小艾赛克斯伯爵让他的支持者们都感到相当尴尬，"他破坏了自己的荣誉与名望"，也在伟大的君主面前误了自己，而国家需要他，他应"谦卑服从"。

小艾赛克斯伯爵勃然大怒，表示：

> 若此时我的国家需要我为公仆，女王陛下定不会迫使 436
> 我过孤独的生活。我永远无法像卑贱的佃农或奴隶一样服
> 从她。当我的尊严受到最大的污辱，宗教能给我反驳的理
> 由吗？面对这种罪名，我绝无法委屈自己，或是你认为这
> 些加诸我的污名是正确的吗？为什么君主就没有错误？臣
> 子就不能不认错吗？宽恕我，宽恕我，爵士阁下，我永远
> 无法遵守这些原则。我受到了错误的对待，我很清楚这一
> 点。

做出了如此危险又穷凶极恶的举动，他依然坚持己见。

事实上，小艾赛克斯伯爵的朋友想要告诉他的是，因为伯利男爵重病了，因此伊丽莎白女王非常需要他。年届七十八岁的伯利男爵，白发苍苍、颤颤巍巍，却仍不得不扛起治国的重责大任，因为女王过去半个世纪以来都相当仰赖他，尽管知道他已近乎全聋、为痛风所苦，就连拿笔都有困难，仍完全无法同意他辞职一事。

最后当伯利男爵在斯庄特家中卧病在床，因年纪与过劳而筋疲力尽时，女王前往探视他，并且充满感情地亲自喂他吃东西。她也致赠药品给伯利男爵，并写上："我每天都向上苍祈求让你延年益寿，我与人民都将真心诚意地祈祷。人民的幸福就是我最大的安慰，而他们的幸福掌握在你的手中。"女王告诉他，若没有他陪伴在身边，自己也不想活得太长，这句话让伯利男爵不禁潸然泪下。"自始至终，你就是我的一切。"女

王陛下肯定地表示。女王因为过于忧心可能会失去伯利男爵一事，因而简直无心政务。伯利男爵是女王年轻时执政集团中仅存的最后一员，其他人都已经死了，若没有了他，女王知道自己将被其他新崛起的年轻势力孤立，这些年轻人多数都讨厌她、视她为强弩之末。当罗伯特·塞西尔为他父亲送上补汤时，他已经虚弱得无法举起碗来就口。伊丽莎白女王再度到他床前帮忙，她走了以后，伯利男爵写了一封信给他儿子：

> 我请求你以坚定的态度让女王陛下了解，她的仁慈让我战胜了不足，尽管她不是我的母亲，但却展现出母亲的宽容，用她那伟大的双手喂养我，就像个细心的护士般；若我能重拾饮食的力量，处理这世上的要务绝对是报效她的恩情。若我无力康复，我只希望到了天堂，仍能成为她与上帝的侍从。也谢谢你悉心炖粥。
>
> 附笔　以服侍女王来服侍上帝，因为服侍其他人的都确实是被魔鬼所奴役。

伯利男爵于一五九八年八月四日逝世，听到消息，伊丽莎白女王"感到相当遗憾悲伤，甚至流下眼泪"，她躲开了众人私下为他哀悼。几个月过去后，只要有人提及伯利男爵的名字，女王仍会崩溃大哭。

伯利男爵死后，被誉为英国之父。"欧洲没有任何一位君主，有幸拥有这么好的参事。"伊丽莎白女王一度曾如此表示。康登也敬佩地描述，他是一个"集正直、认真、节制、勤勉与正义等特质于一身的男子。除此之外，他的演说流畅又优雅，经过丰富的历练洗涤出一身智慧，加上极度温和稳健的性格与几经考验仍不减的忠诚度。总而言之，伊丽莎白女王非常庆幸能拥有如此伟大的参事，在他审慎的建议下，英国的国家事务总能蒙受恩泽"。

女王下令，尽管伯利男爵将在斯坦福的圣马汀教堂下葬，但仍应在西敏寺为他举行国葬大礼。当场来了五百位身着黑色服装的宾客，形成浩大的队伍，盛况空前，其中小艾赛克斯伯爵"表情最为凝重"，但多数人都认为这是因为"他自己不得人缘"，不是为了对手过世而哀悼。在这最凄凉的境地之中，伊丽莎白女王仍表示，"他玩弄了她的感情，因此她还要吊他胃口一阵子，就如同他坚守立场般，坚守自己的伟大。"

死神不仅带走了女王最信任的朋友，也带走了她的敌人。九月十三日，经过连续五日的痛苦后，西班牙国王菲利普国王离世，死前的一场大病侵蚀了他的身体，出现大规模的脓肿与腐臭的暗疮。在他的命令之下，他死前就已经把铅制的棺材放在病床边。西班牙的继位者是对宗教较不狂热，时年只有二十岁的菲利普三世，而他则是漫不经心地接续了父亲大人"对英国的企图"之战。

* * *

伯利男爵死后两周，爱尔兰传出了事态严重的消息。由亨利·巴杰纳爵士（Sir Henry Bagenal）领军的一支英国精兵在黄滩遭到泰隆伯爵二世休·欧尼尔（Hugh O'Neill, Second Earl of Tyrone）带领的爱尔兰反叛军暗算，英军有一千二百名人员死伤，英国北部一路到都柏林一带陷入无人看守的危险之中。这是英军"史上最惨重的一役，也是伊丽莎白女王毕生最大的耻辱"，她知道在伤害扩大到无法收拾以前，她必须加紧脚步。

泰隆伯爵拥有绝佳的战斗水平与能力，他曾一度对伊丽莎白女王输诚，但于一五九五年时变节，并成功地集结爱尔兰当地人，一同对抗占领当地的英军。他想要有敬神崇拜的自由，希望英国军队离开爱尔兰，他同时要在指派政府官员上拥有决定权。许多人将他视为爱尔兰的救世主，许多人都抛弃了英国驻军，加入反叛军的行列，加上西班牙方面与泰隆伯爵结盟，多年来他们一直计划将爱尔兰当作进攻英国的跳板。菲利普二世临死前口述了一封道贺与支持信，寄给了泰隆伯爵，作为他对伊丽莎白女王最后的抵抗。为了控制这个人，伊丽莎白女王知道自己非得指派一位声望极高、能力极佳的国王代表，这个人必须有能力摧毁反抗军势力，建立爱尔兰和平。

438

小艾赛克斯伯爵依然待在温斯特，等待伊丽莎白女王的道歉，但当他听说了泰隆伯爵的胜利时，便主动写信给女王请缨对抗反叛军，他等不及女王的回信，便赶往怀特霍尔宫，却发现女王压根儿不想见他。他气急败坏地写信给女王："我来到这里没有其他原因，而是要听候您的差遣。"伊丽莎白女王只简短地回了一句话："请转达小艾赛克斯伯爵，我重视自己身为伟大君主的身份，就如同他的自傲一般。"

迫切地渴望军事作为，也担心错过重新分配伯利男爵的职务的时机，小艾赛克斯伯爵又装病，再度让他达到预期的效果，融化了女王的心。伊丽莎白女王写了一封慰问的信件，并派了御医医治小艾赛克斯伯爵，让他奇迹般迅速康复，这也促使小艾赛克斯伯爵提笔写了一封文情并茂的感谢信。伊丽莎白女王心花怒放，同意接见他。两人见面对谈时，伊丽莎白女王的态度相当和善，因此罗伯特·塞西尔与其他宫廷人士一直认

为"暴风雨已经过去了"，但事实却不然。小艾赛克斯伯爵要
求女王道歉，但女王拒绝了，怀着气愤难平的心情，他又回到
温斯特去。事实上，女王也认为自己应该道歉，但小艾赛克斯
伯爵也并没有放软态度。两人皆不相让之下，情势陷入了僵
局。艾格登爵士与许多人建议小艾赛克斯伯爵臣子的职责就是
要服从君主，但小艾赛克斯伯爵却声称女王的态度让他很难服
从。就连在巴克赫斯特他要竞选牛津大学校长一事，都无法让
他提振精神。

此时，伊丽莎白女王派遣了新任指挥官理查德·宾汉爵士
（Sir Richard Bingham）前往爱尔兰，但他抵达爱尔兰没多久后
就死了。听到这个消息，小艾赛克斯伯爵再度写信给女王请
缨，盼能亲赴战场，这次女王同意了。因此他重返宫廷，两人
在一次私下单独会面中，解决了认知上的歧异。没有人知道究
竟是哪一方先道歉，但有可能是女王，因为艾格登爵士将小艾
赛克斯伯爵前一年七月写的那封信，拿给女王过目，让女王感
到相当困扰。在这次事件以后，女王对小艾赛克斯伯爵的情分
也降低了不少。两人多少都仍感到受伤，而这些伤口，也影响
了两人未来对待彼此的态度。

小艾赛克斯伯爵并未从失败中汲取教训。为了扩大自己的
人气，他向女王要求担任伯利男爵过去的——油水丰厚的——
典狱长统领一职，女王表示自己想把选择权留给自己。小艾赛 439
克斯伯爵再度气得出走，再写抗议信给女王，信中他指出，伊
丽莎白女王的皇室先辈们都不会这么做。他要女王再好好想清
楚，但这封信却只让女王的立场显得更坚定，这项职务便一直
无人填补。

勇敢无畏的小艾赛克斯伯爵仍提议由自己担当新任爱尔兰

国王代表，坚称自己是抵御泰隆伯爵的唯一人选，尽管多数人都知道，这绝非简单轻松的任务。伊丽莎白女王提名蒙裘依勋爵查尔斯·布朗特（Charles Blount）担任爱尔兰国王代表一职，但他与其他人都没有这个意愿，因此尽管女王对于任命小艾赛克斯伯爵依然持保留态度，但也别无选择。一位名叫罗伯·马可汉（Robert Markham）的宫廷人士就记录下了这件事："若爱尔兰国王代表能达成他在枢密院会议中的各项承诺，一切都会安好无虑，尽管女王原谅他当着她的面的无礼举动，但我们知道其实不然。她将一切赌在一个以不当行为对待她的男人身上。"

接下来两个月，伊丽莎白女王与小艾赛克斯伯爵不断争论，该如何夺回爱尔兰的主控权。小艾赛克斯伯爵希望女王派遣大批人马前往爱尔兰，当女王拒绝时，他便摆出怒而不语的姿态。"无论女王陛下多么鄙视我，她都不该忘记，她失去的是一个能为了她将危险当运动，将死亡当飨宴的人。"他气急败坏地说。他已经开始考虑不要前往爱尔兰了，"但他的荣誉心不许他不战而屈"。

最后，他的坚持让他得到想要的一切，他募集了伊丽莎白女王上任以来最大的一群精兵——汇集一万六千人的步兵团与一万三千人的骑兵部队。"愿神护佑，"他向哈林顿爵士表示，"让我在战场上击退泰隆伯爵，将史无前例的荣耀献给女王陛下。"

* * *

此时，伊丽莎白·维侬依然住在艾赛克斯宅邸中。到了她准备生产时，小艾赛克斯伯爵让她去住在他姐姐瑞奇小姐家，此时的瑞奇小姐却正与蒙裘依勋爵发展出非法的恋情，非常善于编造借口。于是在十一月八日这天，伊丽莎白·维侬生下了一个女儿，取名为潘妮洛普。

后来，伊丽莎白女王仍发现了这件事，下令要南安普敦伯爵立即返国。他一抵达英国国境随即因未获得女王同意而结婚遭到逮捕，并遭短期拘留在舰队街监狱。小艾赛克斯伯爵此时则将南安普敦伯爵的妻子与女儿留在艾赛克斯宅邸中，保护她们，并尽力斡旋期盼能让好友早日归来。此事对于他和女王之间的和平关系，自然也没什么帮助。

同时他与莱礼爵士也再度交恶。这一年的女王登基日，小艾赛克斯伯爵与追随他的许多人，一起穿戴着黄褐色的羽毛来到比武场，希望能让莱礼爵士相形见绌，因为小艾赛克斯伯爵听说，莱礼爵士派系也打算以这样的方式对付他们。这么无知的行为让伊丽莎白女王难以忍受，于是她早早就离开了，也让那一年的登基日庆祝大典突然告终。

"我愿前往爱尔兰。"一五九九年一月四日，小艾赛克斯伯爵写下这席话，"女王已经无法收回成命。"许多人正期待他的离开，因为伊丽莎白女王年纪大了，更难以在宫廷各派系之间维持平衡，也快要无法控制小艾赛克斯伯爵了，"此刻他的所有权势，都仗着女王对他的畏惧与宠爱"。

但眼前他的任务也不轻松。多数英国人都不懂地道的爱尔兰语，只认为他们是野蛮的部落，他们大方地拥抱天主教，只是为了反抗英国封建君主。伊丽莎白时期的其他国王代表都未能征服他们，在这块满是高山与沼泽的地区，多数的英国指挥官也发现一般的战略都难以施展，游击战才是上上之策。

小艾赛克斯伯爵丝毫不将这些难题放在眼里，信心满满地认为，自己一定能击败泰隆伯爵，如此一来，他在各方面就能

440

建立至高无上的权势，超越他认为总是在破坏他的威权的罗伯特·塞西尔与莱礼爵士。但他最担心的，就是在他离开的空当中，他"重要的政敌们"会蛊惑女王，让女王厌恶他。"明枪易躲，暗箭难防，"他在枢密院会上公开表示。也就因为这一份担忧，超越其他的考虑，让他在一五九九年二度考虑不要前往爱尔兰。

在这一年的主显节，在与来到宫中做客的丹麦大使跳舞前，伊丽莎白女王先与小艾赛克斯伯爵跳了一支舞。此时的伊丽莎白女王正全神贯注于翻译弗吉尔的作品《诗的艺术》，此时已年届六十五岁的她，"依然有能力外出打猎"，承受"每两天一度"的长途骑行，这一年，宫中一位德国宾客汤玛士·皮列特（Thomas Platter）以明显夸张的语言形容，伊丽莎白女王"外表出奇地年轻，看起来绝不超过二十岁"。

此时，小艾赛克斯伯爵逐渐明白，自己接下了"贵族士绅阶级面临的最大挑战"。三月一日，许多人都知道"每天都会传来新的问题，在在挑战他的忍耐限度与质疑，甚至让他变得相当不满，多次自问到底应不应该前往爱尔兰"。离开英国的时间越来越接近，他开始要求枢密院同情他的处境，不要对胜利有太高的期待。

对于派小艾赛克斯伯爵前往爱尔兰的决定，伊丽莎白女王也开始动摇。女王并不怀疑他的勇气，但对于小艾赛克斯伯爵的判断力与稳定性，女王始终存疑，且女王对于他的忠诚度也开始有了疑虑。二月份时，因为约翰·海华德爵士（Sir John Hayward）发表了一本著作，名为《亨利四世的前半生与王权》，以此来向小艾赛克斯伯爵致意。女王痛苦不堪地注意到，自从一五九七年莎士比亚的《理查德二世》公演后，许

441

多臣子们就开始将小艾赛克斯伯爵视为博林布鲁克子爵亨利第二，也就是暗指他可能会如亨利推翻理查德二世一样推翻她。她发现自己无法信任地将史上最大批的军队人马交到小艾赛克斯伯爵手上，于是她表示是这本书冒犯了她。

"我们不能以叛国罪来处置约翰·海华德爵士吗？"伊丽莎白女王询问弗朗西斯·培根。

"我想叛国罪是不可能，但有剽窃罪的嫌疑，女王陛下。"培根表示。

"怎么说？"

"他剽窃了许多塔西佗的主张！"培根微笑响应。但此时的伊丽莎白女王根本无心开玩笑。

"我已做好最坏的打算，"女王宣布，"我要逼他说实话。"她甚至考虑要以肢刑架来对付他，但培根劝退了她的念头。尽管如此，海华德爵士依然遭到逮捕，因为文章中提及推翻君主一事，而在闭门会议法庭中遭到审判，一直到伊丽莎白女王死前，他都一直被关在舰队街监狱中。

伊丽莎白女王盼望小艾赛克斯伯爵能借由此事学到一些教训，她于三月十二日签署了任命令，也给予他随时可从爱尔兰返回英国的自由。"女王授予我的权力，超越了其他所有的人。"他有感而发。

三月二十七日，艳阳高照，穿着朴素的小艾赛克斯伯爵领着大批军队，在众人欢呼"天佑伯爵阁下！"的声浪中离开了伦敦。来到伊斯林顿时碰上的一场风暴，被许多人视为"不祥的预兆"。培根事后留下这样的字句："我早就看见，他命中注定在此役中失败。"

由小艾赛克斯伯爵带领着南安普敦伯爵（在女王的眼中，

他依然是个皇室之耻）、蒙裘依勋爵，与在此行中将接受他颁赠骑士勋章的约翰·哈林顿爵士；女王忧心小艾赛克斯伯爵会累积太多军事势力，因而不许他将重要职务交给前面两位。但小艾赛克斯伯爵仅忍耐到安全抵达爱尔兰后，便开始随意指派他的好友担任所有工作。

这一趟旅程不断受到暴风雨的侵害，到了四月十五日，他终于抵达都柏林，但却开始受风湿病之苦。英国方面已经同意让他推进到阿尔斯特，攻击泰隆伯爵，但他在爱尔兰的顾问团却要他等到六月，届时牛只已经养肥了，军队的食物来源也不至于短缺。在未通知伊丽莎白女王的状况下，五月初，小艾赛克斯伯爵擅自决定推进到兰斯特，以那里作为据点前往蒙斯特以征服当地叛军。小艾赛克斯伯爵因权势而感到陶然自得，尽管伊丽莎白女王给了他"一封直言不讳的亲笔信"，命令他不准自作主张，他依然准备册封三十八位骑士；他也指派南安普敦伯爵担任骑士统领，此事同样违背了伊丽莎白女王的意愿。当女王来信要求他撤回命令时，他断然拒绝，理由是不想让叛军看到英军分裂的情形。

六月终于到来，尽管牛只的确养得很肥，小艾赛克斯伯爵似乎仍没有攻打泰隆伯爵势力的打算。目前他唯一的功绩，就是在凯尔抢夺了一头牛。二十八日时，伊丽莎白女王对于他延后进攻进程感到气愤难平，"她对于小艾赛克斯的军事方针一点也不满意，完全不喜欢他军事上的成果，但却表示一天给予他一千英镑的出巡费"。小艾赛克斯伯爵因此下令，让累坏了的士兵们兼程赶回都柏林，于七月十一日抵达。听说他离开后，罗伯特·塞西尔得到拔擢成为典狱长统领，他因而气愤难耐，于是向女王抱怨：

为什么要我得到胜利与成功？除了不安与灵魂的伤口外，我在英国什么也得不到，这是无人不知无人不晓的事情。女王陛下不再宠信我的消息，也已传遍军中，难道您在触我的霉头吗？我生是您的，死了也将是女王陛下最忠诚的仆人。

对此伊丽莎白女王丝毫不受感动：她想看到的是行动，不是空话。七月十九日，她正式回复了小艾赛克斯伯爵的信，信中指出：

若考虑你浪费的时间与耗损的大量金钱，以及此行目前为止的成果，那就请你务必了解，各国君主也都在看着我们的行动，以及人民对我们安慰与珍惜的心。但在连番税收与赋税的重担之下，他们开始喊苦，而你迄今带给我们的成果，怎能让我们快乐得起来？之后我们或许不得不面对一些比许多花费还要令人不满的事情，也就是说，这就是英国女王的命运（她曾大败最恐怖的敌人），丛林促成了反抗军的名气，一个人就能对抗上千人与马匹，就算大英帝国派出这么多贵族，也无力相抗衡。

泰隆伯爵此时正以征服者的姿态横扫基督教国家，而小艾赛克斯伯爵却只能写信吹嘘自己能有多英勇，但事实上他只是在浪费人力、金钱与资源。

伊丽莎白女王再度下令要他推进到阿尔斯特，依照他的诺言打倒泰隆伯爵："每当我想到，若我们动不了这个傲气十足的叛乱分子一根汗毛会为我们的信用带来多大伤害时，我就必须直接命令你，负起你所允诺之责，整合你完全的判断力，完成服侍国家的誓约，依照命令尽快出兵打仗。"

夏天时，许多人都开始议论纷纷，认为女王开始出现年老的表征。不像往常那么常出外骑马，只要骑个一两英里就会抱怨"马匹难以驾驭，当旁人扶她下马时，她的双腿僵硬麻木，几乎无法站立"。伊丽莎白女王相当担心人民会认为她无力于政事，于是当她听见这些传闻时，马上以严厉的手段对付这些传闻，此后都只带着"少得不符合她身份"的仆人私下出外短途骑行。当亨斯顿勋爵二世问她，这把年纪了还骑马从汉普顿宫前往无双宫，是不是不智的行为时，女王愤怒地大声责骂他。

"我的年纪！"女王怒吼。"陛下！您骑的是快马呀！"勋爵答道。但接下来两天，女王都拒绝与亨斯顿勋爵二世说话。不久后，一名宫廷人士便刻意散布消息："感谢上天保佑，女王陛下的健康情形良好，也非常享受无双宫新鲜的空气。有关女王的飞短流长很多，非常奇怪，没有合理的解释，这让她感到十分困扰。"但女王并未因此松懈。在看了一封"半途遭到拦截的信件，上面写着'停止长途旅行也是年老的象征'"，女王刻意延长了她出巡的行程。

* * *

七月的第三周，女王的信件抵达爱尔兰时，小艾赛克斯伯爵正无谓地第二度对兰斯特展开攻击，攻击不重要的叛军兵团。八月初，因为在亚克洛的一场冲突中，小败于爱尔兰人的手中，小艾赛克斯伯爵不得不退守都柏林，在这场冲突后，他派了书记亨利·卡夫（Henry Cuffe）回英国告知女王，英国于爱尔兰的顾问团告诉他，今年要再对付泰隆伯爵为时已晚，因为爱尔兰的天候变得很坏，且他带去的一万六千名兵力，也只剩下四千人，剩下的不是被杀死、逃走，就是病亡。

这个消息让伊丽莎白女王震惊不已，对于小艾赛克斯伯爵提供的建议感到难以置信；情绪激动之下，女王再度派遣两千名援军，并于八月十日告诉小艾赛克斯伯爵，她希望下一封信中能看见，他"有机会"打得泰隆伯爵节节败退，而不是"有问题"。女王气愤地下令要他尽忠职守，在未能"削弱北方叛军势力前"，没有她的允许不准擅离爱尔兰，同时一定要完成他背负的责任。千万不要再把资源浪费在"不重要的叛军部队"身上。"希望你能三思，了解到你的行为给了我们合理的动机怀疑你的目的不在于结束战争。"女王展现出洞烛先机的气魄。

小艾赛克斯伯爵因痢疾与肾脏问题而重病，导致士气低落，无力对抗泰隆伯爵，他也清楚知道失败就在眼前，然而伊丽莎白女王再度送来一封言辞犀利的信件，坚持要他完成使命，甚至补上一句，不愿听信他人谏言的人，永远不可能拥抱成功。宫廷人士议论纷纷："小艾赛克斯伯爵什么也没做。"此时开始获得伊丽莎白女王赏识的弗朗西斯·培根点醒了她，若将小艾赛克斯伯爵独留在爱尔兰，还"赋予重兵权，可能会让他把持不住而踰矩"。他于是呼吁女王尽快召回小艾赛克斯伯爵。女王态度严肃地感谢他点出她心中的犹豫。

伊丽莎白女王尖锐的批评与抱怨刺伤了小艾赛克斯伯爵狂妄的自尊，于是他开始将全部心力放在塞西尔派系为了破坏他的影响力而在英国可能做出的斗争动作。同时听闻对手巴克赫斯特勋爵（Lord Buckhurst）取代了伯利男爵成为财政大臣一

444

事，也让他气愤难平。女王当然对小艾赛克斯伯爵非常不悦，但他却怪罪于政敌的阴谋，而不是他自己的失败。突然间，他知道自己该怎么做了。他无心继续待在爱尔兰追求军事胜利带来的光荣；相反，他要回英国捍卫自己的利益。他知道因为自己无能，军队中弥漫着绝望，根本不可能打败泰隆伯爵，此时他一心只想离开。

他于是向惊讶不已的同僚们表示，他想要带着三千兵力横跨威尔士，透过他身为伯爵的权力，私自在封地上募兵，接着推进伦敦逼退塞西尔家族，因为他认为，塞西尔家族的恶政与和平倾向，是导致帝国崩毁的主因。事成之后，他会逼迫女王立他为首长。他坚信自己拥有人民的爱戴，以及支持他的军队，因此这条路必然可行。他又强调自己并不想要伤害女王，也会亲自向她解释自己的行为，希望见到他平安无事为女王带来的欣慰，能冲淡女王心中所有的不愉快。他的思想越来越偏激，他似乎没有想到，女王可能一点也不希望他侵害女王专属的王权。

蒙裘依勋爵与南安普敦伯爵试图警告小艾赛克斯伯爵，他策划的这一切根本就是鬼话连篇，可能会导致英国内战，但他却不愿听信。因此为了确保他的安全，他们两人要求小艾赛克斯伯爵离开爱尔兰的军中，仅带着"数量足够"的军官与新册封的骑士们，陪他完成他的计划。但他们坚持，在这之前，他必须维持荣誉，完成他打败泰隆伯爵的使命。

* * *

八月底，小艾赛克斯伯爵总算离开都柏林，带着虚弱无力的军队前往阿尔斯特，他写了一封颇富戏剧性的信件给女王："充满忧伤的思想，遭艰辛、烦忧与悲伤侵蚀的灵魂；被热情

冲撞得支离破碎的心；我是个厌恶自己的男人，也厌恶支持我　445
活在世上的一切——女王陛下还有什么要求呢？既然我忠心的
服侍，只招来被放逐到这片受诅咒之地的命运，我的人生还有
什么寄托呢？”信末署名为“女王陛下最遥远的仆人，小艾赛
克斯”。

　　九月三日，在违反伊丽莎白女王的命令之下，小艾赛克斯
伯爵在军队人数二比一的悬殊比例之下，偷偷派人与反抗军领
袖（他至少与对方通信长达两周）讲和，他首先要求以比武
斗殴的方式解决两人之间的恩怨，但泰隆伯爵以自己年老体衰
为由拒绝了，小艾赛克斯伯爵于是要求两人会谈，希望获得宽
恕。泰隆伯爵同意了，并向他保证，若他愿意听信泰隆伯爵的
建议，泰隆伯爵将辅佐他成为英国第一人。这个说法正中下
怀，小艾赛克斯伯爵于是开始考虑与泰隆伯爵结盟。

　　泰隆伯爵与小艾赛克斯伯爵的会谈中，要求英国将自治权
返还给爱尔兰人。九月七日双方领袖骑着马，在卡里克马克罗
斯一带，里根河畔的贝拉克林斯湾会面了，为时半小时的会谈
中，两人到底讨论了些什么，后人众说纷纭，因为小艾赛克斯
伯爵做了一件相当不明智的事情，他忘了带个人作见证，还要
求南安普敦伯爵将所有人带到听不见会谈内容的地方。但有三
人藏身在附近丛林中，后来他们将所听见的内容作为证据呈交
给女王，显示小艾赛克斯伯爵将自己的计划告诉泰隆伯爵，并
要求他支持。小艾赛克斯伯爵的政敌们认为，此举等同于与泰
隆伯爵联手，准备推翻伊丽莎白女王，让小艾赛克斯伯爵坐上
王位，尽管小艾赛克斯伯爵显然未诚实告知伊丽莎白女王他们
的会谈内容，但这事实上是不可能的。

　　这次会谈结束时，双方领袖同意，至一六〇〇年五月前，

每六周就要更新一次停战协议。在停战协议之中，泰隆伯爵会继续待在他的领地上，英军则不得再新建堡垒或驻军。爱尔兰领袖因而争取到更多时间加强部队实力。

尽管小艾赛克斯伯爵允诺泰隆伯爵会将他的要求亲自呈交给女王陛下，但小艾赛克斯伯爵却认为，反抗军的领袖已经服从他了，丝毫未察觉自己遭受到的耻辱。为了怕女王又抱怨他在军事行动中一事无成，他说服旗下军官签署一份文件，指阿尔斯特的军事活动根本无益，接着便调兵遣将返回都柏林。

一周后，女王听说了两人会谈的消息，但仍不知道停战协议一事，因为小艾赛克斯伯爵认为不适合告诉她，但小艾赛克斯伯爵紧急写信给国王代表，询问女王的反应："这毫无疑问是泰隆伯爵的风格，每当英军接近时，他便丢出会谈要求。从你的日志中可知，你与这个叛国贼，在四下无人的状况下谈了半个小时，尽管我们对你的信任绝对大过于对一个叛国贼，但对于你处理的方法，却感到相当讶异。若英国早已决定放弃爱尔兰，派遣像你这样的和谈特使也是多余。"女王提醒小艾赛克斯伯爵，泰隆伯爵是个言而无信的人——"信任这个叛徒所说的话，就仿佛是听信于恶魔的话"——同时坚持要小艾赛克斯伯爵依照原订计划，继续与泰隆伯爵对峙。"我依然坚持命令你继续走向这条道路。"女王表示。

小艾赛克斯伯爵始终没有接到这封信。九月二十四日，他忽然宣布自己要离开爱尔兰回英国，带着许多追随者，半个小时后便上了船，他违抗了女王的命令，而且可以说是抛弃了自己的部队。伊丽莎白女王与许多宫廷人士，将此举解读为擅离职守。六个月的军事行动中，他浪费了三十万英镑公帑，这次的军事行动可以说是失败中的失败。

　　九月二十八日天刚破晓之际，在连续三天三夜奔驰未休息的状态下，小艾赛克斯伯爵总算抵达西敏区，但却发现女王陛下身在无双宫中。他将其他随从留滞在伦敦，自己则搭上兰贝斯的渡船，跨越泰晤士河，在大雨中全速南行，隔天早上十点便抵达无双宫。接着他一身泥泞，大步进入宫中，长驱直入地进到谒见室与女王寝宫中，然后无预警地出现在女王寝室里。

25　三千宠爱于一身

　　伊丽莎白女王才刚起床，她的侍女们正在工作。此刻她要戴上那副年轻的妆容、假发、精美的服饰与珠宝需要更长的时间，才能向世人展现更完美的一面。当小艾赛克斯伯爵破门而入，跪在女王面前时，根据一名宫廷人士劳兰·怀特（Rowland Whyte）的记录，"女王才刚起身，整个人披头散发"，脸上满是皱纹未施脂粉。尽管陷入惊吓与尴尬之中，女王陛下依然保持冷静沉着，她伸出手让小艾赛克斯伯爵行吻手礼，并"私下与他谈谈"，"似乎让他感到非常满意"。

　　伊丽莎白女王完全不知道宫廷外发生了些什么事，可能认为自己的恐惧成真，小艾赛克斯伯爵可能带着一支精兵回来，准备罢黜她、监禁她。但他看起来态度依然相当好，女王陛下仍维持一定的风度要他先退下，同时允诺等两人都准备好后再行深谈。小艾赛克斯伯爵丝毫看不出女王内心的慌乱，也不知道自己已大大地冒犯了女王："从女王的寝宫中出来后，他回到房里沐浴更衣，他的心情大好，甚至感谢天，尽管他在国外惹了许多麻烦与风暴，家依然给予他恬静的温暖。"

　　英国宫廷因流言揣测而沸腾了起来。"实在是太令人好奇了，他胆大妄为地直闯女王跟前，女王根本还没准备好，而他则是满身满脸的泥泞。"怀特记录下他的观察。

　　小艾赛克斯伯爵离开后，伊丽莎白女王很快地结束梳妆打扮，随即召集了当天在无双宫中的四位枢密院参事：罗伯特·塞西尔、亨斯顿勋爵二世、托马斯·艾格登爵士与诺斯勋爵，另外还有威廉·诺利斯爵士。十二点半，女王再度接见小艾赛克斯伯爵，接下来的一个半小时"一切安好，女王以非常仁慈的态度对待他"。不久后就到了晚餐时间，他显得神采奕奕，并以爱尔兰的冒险故事来娱乐友人与宫中的侍女。但怀特感受到台面下的紧绷感："我仿佛灵光乍现般，感受到此刻暗伏的危险。"

下午，透过罗伯特·塞西尔查明了没有叛乱的危险后，伊丽莎白女王再度召来小艾赛克斯伯爵，这一次"他却发现女王短时间内态度丕变，开始质疑他返国的动机，对于他擅离职守，让英军陷入危险之中也感到相当不悦"。小艾赛克斯伯爵于是动怒，并要求直接向枢密院亲自解释。女王"安排了几位贵族来听审，于是他们便在下午前往枢密院"，伊丽莎白女王则带着满腔怒火回到了房里。

小艾赛克斯伯爵此时被迫脱帽面对枢密院，而罗伯特·塞西尔则指控他违背女王陛下的命令，擅离指挥官职守，罔顾皇室命令，无意义地册封许多骑士"冗员"，且擅闯女王寝宫。五个小时过去了，他不断解释自己的行为，接着有人上前要他先退下，让枢密院会中场休息，讨论这件事。经过仅十五分钟的讨论后，枢密院参事们便要求女王下令逮捕他。

这天晚上十一点，"请阁下待在自己的房中，这是女王陛下给小艾赛克斯伯爵的旨意"：在他的行为受到彻底调查前，他都会被软禁在这里。他的政敌们准备瓮中捉鳖取他性命。隔天一早，枢密院急速召集了全体成员举行会议，小艾赛克斯伯爵又被带到会议上，负责的书记离场，接着关上枢密院大门。然后他接受整整三小时的严密审讯，这段时间他曾一度表现出"严肃审慎"的模样。听到小艾赛克斯伯爵的证词，伊丽莎白

448

女王无语，只表示自己要再想想。但事实上她的情绪陷入极度愤怒之中，也出现了报复的念头。此刻英国宫廷中出现各种流言，女王与其他枢密院成员仍在等待小艾赛克斯伯爵的余党出现，执行政变计划。到了十月一日清晨，他们都发现这样的忧虑只是无稽，伊丽莎白女王下令由一位友人掌玺大臣艾格登爵士来看守小艾赛克斯伯爵，将他软禁在艾格登爵士位于斯庄特的约克宅邸中，直到女王满意为止。他只能带着两位仆人，访客全部禁见，就连他的妻子也一样。被软禁后不久，小艾赛克斯伯爵便生了病——这次是真的了。

但就连罗伯特·塞西尔都不相信，女王会软禁他太久。

＊　＊　＊

不久后，哈林顿爵士便接获小艾赛克斯伯爵的口信，哀求他到女王面前，让女王看看他的军事日志，希望能向女王证明自己尽了全力。哈林顿爵士并不愿意面对女王，担心女王会发现在停战协议达成后，他也与泰隆伯爵见了面，甚至接受了反叛军"丰盛晚宴"的招待。哈林顿爵士的恐惧果然成真，当他跪在女王面前发抖时，女王一个箭步逼近他，一把抓住他的腰带，大声斥责他。

"我的天，我简直就不是女王了！"她如狮吼般说："那个男人比我重要。"接着"女王便快速地来回踱步"，对哈林顿爵士始终皱着眉头。他不住地发抖，仍将自己的军事日志呈交给女王，女王耐心地阅读了一次后，感到毫无新意。

"我的天，你们都是冗员骑士，国王代表更是糟糕透顶，竟聪明到浪费你的时间，也浪费我们的信任！"女王骂声连连。吓坏了的哈林顿爵士尽可能地安抚她，但"她在盛怒之中什么也听不进去"，在场的所有人都不会怀疑"她是谁的女儿"。

"回去！"女王喝道。哈林顿爵士"并没有等到女王再说一次便脚底抹油"，"仿佛后有爱尔兰追兵般"奔赴克尔斯登。

过了一小段时间，哈林顿爵士便派妻子去女王面前为他求情，并意有所指地指示她告诉女王陛下，她透过对丈夫展现的爱意来感受丈夫的爱。伊丽莎白女王听懂了这个比喻，于是她说："去吧！去吧！夫人，我知道你是个聪明人；经过了这些事情，我依然对我所有的丈夫们，也就是我的人民，抱持着善意；若非这一份特殊的爱，他们也不会给我们如此大的顺服。"语毕，她同意让哈林顿爵士返宫，但当哈林顿爵士真的回来后，女王仍忍不住要挖苦他。

"回到宫中之后，我总感到怒火中烧。"他向一位友人安东尼·史丹顿爵士这么说。

　　回到宫中才一个小时，女王陛下就威胁要把我送往舰队（街监狱）。我将回答化作诗篇，表示自己服役的时间已经太晚，希望自己不要被迫到舰队街的女王舰队上服役。三天后，所有人对于我仍是自由之身都感到讶异，但我真的很幸运，才过了四五天，女王就谈起了我的名字，也两度与我说话，只是非常短暂。最后她以非常仁慈的态度，在怀特霍尔宫的女王休息室中接见我，她自己同时身兼原告、法官与证人，洗清了我的罪名，仁慈地释放了我。我能说些什么呢？我觉得自己如同圣保罗般为极乐之地而狂喜不已，他在这里听见了人类难以讲述的真理；所以我也不需透露女王说了些什么。在进入天国之前，我再也不可能面对如此圣严的法官了，也没有人能像当时的女王陛下一样，集威严、学识、愠怒与宠信于一身。

450　　十月份，爱尔兰与英国的停战协议到期，泰隆伯爵重新武装。伊丽莎白女王不减怒意，反而更加生气，大骂小艾赛克斯伯爵，并决定给他一个教训。"这种藐视王权的行为，就该公开受到谴责"，她向枢密院表示。同时女王也向法国大使表示，她要让小艾赛克斯伯爵知道，英国是谁当家做主。她气急败坏地表示，就算是她自己的儿子犯了这样的错，也要把他关进英国最可怕的监狱中。但其他国家的人并不知道她究竟有多愤怒，只是天天等着小艾赛克斯伯爵获释的消息。就连枢密院也已多次建议释放他，他们的理由是，小艾赛克斯伯爵没有恶意，只是无能而已，他犯的错并不严重。

但"女王陛下的怒意似乎不能稍缓"；几个月后，女王陛下才告诉法国大使，小艾赛克斯伯爵抗命的情节有多严重，她其实没有向枢密院据实以告，尽管没有详尽阐述，但历史上留下极少的证据显示，女王陛下认定小艾赛克斯伯爵可能在前往爱尔兰前，就已经与泰隆伯爵狼狈为奸。若果真如此，他的确是犯下了非常严重的罪行。但可想而知，女王陛下掌握的一切并不足以将他定罪，因为女王陛下并不确定该拿小艾赛克斯伯爵怎么办，并要多年后曾记录下这段对话的弗朗西斯·培根提供一点意见。培根嗅到小艾赛克斯伯爵前途毁于一旦的意味，为了保全自己的政治前途，于是决定抛弃他，将全部心力用在迎合女王的要求上。于是他告诉女王，他认为小艾赛克斯伯爵的罪行严重。他建议，绝对不要再派他回爱尔兰。

"如果我还派他回爱尔兰，我就嫁给你！我说到做到！"

女王大声呵斥。女王表示自己希望能定小艾赛克斯伯爵的罪，但要怎么做呢？他犯下了叛国罪吗？他的罪行足以送交闭门会议吗？培根建议，这些做法都很不妥当，因为虽然小艾赛克斯伯爵非常无能，但政府却掌握不到他蓄意胡为或叛国的证据。在证据不足的情形之下，若贸然将他定罪，依据他受到的欢迎程度来看，英国显然要面对一场民权运动；毕竟，女王陛下在毫不起诉的情形下，将他软禁这么长一段时间，民间已经开始传出反对声浪。这不是伊丽莎白女王希望听到的答案，两人的会面就在女王难看的脸色中结束了。但事后她仔细思考了培根所说的一切，英国当时的社会气氛的确不太适合，也相当容易挑起冲突。

十一月十七日女王登基日，伊丽莎白女王展现出无忧无虑的样子，欣赏马上比武竞赛好几个小时。一周后，为了宣布由蒙裘依勋爵取代小艾赛克斯伯爵出任爱尔兰国王代表，女王突然决定要公开向臣子们说明她对小艾赛克斯伯爵处置的理由。当时的传统，在会期结束的那一天，掌玺大臣必须在闭门会议法庭上发表演说，女王则决定"为了满足社会的期待"，并镇压"法庭外、城市外与国外的危险叛徒对女王陛下与枢密院的流言蜚语"，她要利用这个场合来宣读小艾赛克斯伯爵所犯下的各种令人遗憾的罪行。

小艾赛克斯伯爵也收到与会通知，他哀求地表示自己得了"爱尔兰病"，已经病重无法出席。但伊丽莎白女王并不采信他的借口，因此在十一月二十八日的下午，他在伍斯特勋爵与由舵手送达约克宅邸的华威伯爵夫人陪同下与会。闭门会议中究竟发生了什么事，没有人知道，历史上甚至没有留下在垂死边缘挣扎的小艾赛克斯伯爵与女王见面的证据。

451

　　无论如何，到了十一月二十九日，枢密院参事、法官与许多平民们，严肃地聚集在闭门会议中，小艾赛克斯伯爵则以在爱尔兰战事中办事不力，浪费高达三十万英镑公帑，私自与泰隆伯爵联系，有辱国家声誉，以及违抗女王命令、擅自抛下部队而遭到起诉。

　　培根并不在场，当女王问他为什么时，他表示许多人都认为他是背信弃义、背叛朋友的人，因而受到严重的暴力威胁而不敢前往。女王完全不相信他，随后几个月都不愿跟他说话。

　　小艾赛克斯伯爵的罪行公之于世后，闭门会议的审判也告一段落，他依然被软禁，但许多人依然认为，在未经审判的情形下"就先判定一个人有罪"是不公平的事情。

＊　＊　＊

　　在遭到软禁的几周内，小艾赛克斯伯爵蒙受许多痛苦。他正因为肾结石而疼痛不堪，加上不断复发的痢疾，除了仆人之外，他也见不到任何人的面，足不出户，向女王求情的信件也石沉大海，这些让他陷入极度绝望之中。就连勇敢前去探望他的哈林顿爵士，都不敢为他带一封信给伊丽莎白女王，毕竟他与女王的关系才刚恢复，不想"因为小艾赛克斯伯爵的事情再栽一次跟斗"。但英国人民依然未对小艾赛克斯伯爵失去信心，当他病重的消息走漏后，人们就更加怜惜他了：伦敦街头散发着赞美他的宣传手册，内容直指他是无辜的；宫廷的围墙上甚至出现亵渎女王与罗伯特·塞西尔（他被视为是影响女王思想，让女王痛恨小艾赛克斯伯爵的元凶，甚至严重到必须由随扈陪同才能出门）的涂鸦；全国各地的布道会上，牧师们也为这个新教信仰的代表祈祷，呼吁伊丽莎白女王仁慈宽厚。最严重的是，（女王口中的）"邪恶叛徒"则开始大胆地针对女王扯出"挑衅的传闻与诽谤的谎言"。一切的现象都让她非常烦闷，毕竟她穷及一生都在追求臣民的忠诚与爱，女王简直无法忍受看见他们的不满。

因此，十二月初，伊丽莎白女王仁慈地允许长期待在宫中的小艾赛克斯伯爵夫人，刻意穿着丧服在白天时前往探视丈夫，但此时小艾赛克斯伯爵的身心都已病重，因此法兰丝断言"小艾赛克斯伯爵康复的可能性渺茫"。根据怀特的记录，"哀伤让他病重并且衰弱，并迫切地想要早点知道女王陛下打算如何处置他。他吃得很少、睡得很少，靠着流质物体维持基本生命，让身体的炎症加剧"。

452

听到此消息，女王也相当难过，于是派了八位御医前往诊治，但他们的检查报告都不乐观：他的肝脏"功能丧失，逐渐衰竭"，他的肠子全都溃烂。他无力走路，当仆人们要为他更换被内脏深黑脓血浸湿的床单时，他还得由人搀扶。医生只能开立灌肠剂作为药方，以涤净他的排泄系统。伊丽莎白女王于是下令，将他移居到艾格登爵士家最好的房间，女王眼泛泪光地派遣信差带着几帖汤药与一封能安慰小艾赛克斯伯爵的信件前往探视，信中女王允诺，若能在符合礼仪的状态下探视她，她非常愿意。女王甚至暗示，等到小艾赛克斯伯爵身体好转后，可以到约克宅邸的花园中透透气。

尽管如此，此时的伊丽莎白女王已经搜集了足够的证据，证明小艾赛克斯伯爵与泰隆伯爵间的联系已经到了叛国的境界，因此女王依然坚持要惩罚他的罪。但女王陛下愤怒之余仍感忧伤，她后来告诉法国大使，她依然希望能"助小艾赛克斯伯爵悔改"，因为他"仍有非常良善的一面"。

十二月十九日，有谣言指出小艾赛克斯伯爵逝世，许多教堂因而敲起丧钟。罗伯特·塞西尔家的门前，有人字迹潦草地写着："这里住着个讨厌的家伙！"当女王听闻教堂牧师为小艾赛克斯伯爵祈祷一事时，随即下令他们停止，因为她知道小艾赛克斯伯爵不仅还未死，反而有逐渐好转的迹象。一周后，他已经能坐起，没多久就可以上餐桌吃饭了。

这一年的圣诞节，伊丽莎白女王在里士满宫度过；宫中人满为患，充满喜悦，女王也看起来神采奕奕，一边与沙克维尔伯爵（Sackville）和罗伯特·塞西尔玩着纸牌，一边看着侍女们在谒见室中表演乡村舞蹈。同时也依据女王的喜好，献上了"戏剧表演与圣诞节派"。也有不少人在讨论潘布鲁克伯爵的继承人——年纪轻轻的威廉·赫伯特，近来因为他"慎重地循着讨女王欢心的道路前进"，因而在宫中快速累积人气，但事实上他是个乏味单调、毫无野心的年轻人，只爱看书不爱比武，"很快地许多人都发现，女王不欣赏他，全都是他的问题。其中最大的原因，就是他缺乏精神，而且是个郁郁寡欢的人"。

一六〇〇年的主显节，一名西班牙探子回报："伊丽莎白453 女王大开宴席，英国与爱尔兰教会领袖，都看到垂垂老矣的她跳了三四曲的双人舞"。

* * *

小艾赛克斯伯爵的姐姐瑞奇小姐，因为不断为弟弟求情，也招致女王陛下的不悦。在她的恋人蒙裘依勋爵于二月七日出发前往爱尔兰前，他向南安普敦伯爵与小艾赛克斯伯爵的友人查尔斯·丹佛斯爵士面授机宜，教他们如何给予小艾赛克斯伯爵最大的帮助。他们也都同意，要告诉苏格兰王詹姆士六世塞西尔派系不断阻挠他的英王之路，以拉拢他的势力，并告诉他，他继承英国王位之路唯一的希望，但看小艾赛克斯伯爵是否能恢复与女王的关系。若詹姆士六世愿意展现军事实力，协助达成目的，蒙裘依勋爵便会带着四千到五千兵力，从爱尔兰南下会合支持他的行动，逼迫伊丽莎白女王同意他们的要求。这三人私下都与小艾赛克斯伯爵有联络，他显然知道也同意这个阴谋计划。但詹姆士六世以外交辞令表示自己毫无兴趣，因此计划便遭到搁置。

一月底时，小艾赛克斯伯爵再度恢复健康，伊丽莎白女王则恢复了强硬的态度，向参事们宣布，她要在二月八日的闭门会议中公开以叛国罪处置他。罗伯特·塞西尔与培根因忧心公众意见而劝退了女王，并进一步说服女王私下解决小艾赛克斯伯爵的问题。在罗伯特·塞西尔的建议下，小艾赛克斯伯爵写了一封恳切的信件，请求女王陛下的原谅，并恳求女王降罪于他。"我心中的泪水淹没了我曾有的骄傲。"小艾赛克斯伯爵宣称。在闭门会议的最后一分钟，女王陛下才不情不愿地取消了计划。

三月三日，怀特发现："女王陛下对小艾赛克斯伯爵的怒气丝毫不减。"艾格登爵士觉得再也无法忍受现况，在他的多次抗议下，伊丽莎白女王总算在三月二十日同意让小艾赛克斯伯爵在李察·伯克里爵士（Sir Richard Berkeley）的监管下，返回艾赛克斯宅邸接受软禁。此时艾赛克斯宅邸华丽的外表已被取下，此外小艾赛克斯伯爵不得擅离，也只能有几位仆人伺候。他的家人也不准与他住在一起。他依然不断寄出哀伤的信件给女王，要求女王继续关爱他。"我曾如此忠诚宣誓将生命奉献给女王陛下，神是见证。"他再度向女王发誓。

莱礼爵士非常忧心，罗伯特·塞西尔与女王对待小艾赛克斯伯爵的态度不够严苛，于是警告他：

> 我不够聪明，无法给你什么建议，但若你对这个恶人心软，等到太迟了，懊悔也来不及。可以肯定的是他的恶意，就算你采取温和路线，也无法消弭他的恶。不要失了你的优势。若你让步，我便能预见你未来的命运。他将成为女王权势与安危最大的威胁。若他重获自由，女王的好日子告终，而我们也一样。

454

此时小艾赛克斯伯爵早已与身在爱尔兰的蒙裘依勋爵密切通联，向他提出要求，就算詹姆士六世不愿出手，仍要带兵返国协助他。但蒙裘依勋爵此时亲眼见证了爱尔兰的情势后，对小艾赛克斯伯爵的怜悯大减，加上眼前有更要紧的事情要办，其中最重要的就是打倒泰隆伯爵。于是他便表示"无论小艾赛克斯伯爵阁下的野心是什么，他都不愿透过任何行动协助他"。此时小艾赛克斯伯爵再度写信给女王陛下，向她表示"自觉像个被扔到墙角的死尸"。

这一年的春天，伊丽莎白女王精神萎靡不振，显然被处置小艾赛克斯伯爵的方法两头拉扯。斯葛洛普小姐带来一封小艾赛克斯伯爵的信，信中哀求女王陛下，让一位拥抱哀伤不断期盼的人，重新回到女王的怀抱，伊丽莎白女王则忧愁地回复："没错，的确是这样。"

* * *

对于小艾赛克斯伯爵仍遭监禁一事，英国民间的怒火甚嚣尘上，许多人深信，他未能接受审判的原因，是因为"政府缺乏将他定罪的不利证据"。为了打击这些流言，六月五日，伊丽莎白女王在约克宅邸，让小艾赛克斯伯爵面对十八位枢密院参事组成的委员会，掌玺大臣艾格登爵士则在旁陪审。还有两百位平民受到邀请出席这场审判。这并非正式的法院，而是为了公布女王事先同意的罪与罚，因而得到女王授权召开的法庭，而女王陛下则是透过此举来操作公众意见。会后许多臣子都开始认为，女王陛下正在为和解之道铺路。

这场庭讯耗时十一小时。囚犯对于自己该怎么做了然于心，于是跪在一群端坐的枢密院参事面前，总检察长爱德华·柯克爵士则宣读他那"罄竹难书的违法行为"。其中情节最重大的，莫过于他恶劣的企图与不服从，但文中也为他开脱，表示他对女王的忠诚度并未受到质疑。王室的四位律师谴责他的行为不端；当小艾赛克斯伯爵看到往昔的友人培根也在其中时，感到相当震惊与受伤。事实上，培根曾哀求女王不要这么做，但女王坚持一定要他出席。

过了很长一段时间，多亏有大主教约翰·惠特吉夫（Archbishop Whitgift）的协助，小艾赛克斯伯爵总算有椅子可以坐。在几个小时的指控之下，也该是他为自己的错误行为道歉，并恳求女王怜悯的时候了，此时总检察长却擅自发表了攻击小艾赛克斯伯爵的长篇大论，激起小艾赛克斯伯爵满腔的愤怒。庄严的聆讯，很快就变质成为互相攻讦，一直到罗伯特·塞西尔介入，主角们才下戏。小艾赛克斯伯爵则在激动又感人的演说中，表示自己有罪，并针对冒犯了女王深深地表达自己的悔意。"我愿剖开胸膛取出心脏，让诸位看看里面是否有任何一丝不忠的思想！"他哭喊着。 455

委员会认定小艾赛克斯伯爵诸多犯行全都有罪，艾格登告诉他，若这次召开的是一般法庭，他可能会被罚大量的罚锾，并终身监禁在伦敦塔中，但毕竟这不是一般法庭，且他也招认了所有的犯行并恳求女王的原谅，他可以回家等待女王陛下的宣判。"看到这原本集三千宠爱于一身的人，现在连最基本的尊严都没有了，真是令人惋惜。"怀特记录下这一刻，许多围观的人也都流下了眼泪。

伊丽莎白女王下令将他带离枢密院会，卸除他王室典礼大臣与军械统领的职务，只让他留下骑士统领的身份。女王曾考虑要释放小艾赛克斯伯爵，但罗伯特·塞西尔与莱礼爵士都提出警告，他一定会再兴风作浪，因此在聆讯过后，小艾赛克斯伯爵依然被软禁在艾赛克斯宅邸中。

三周后，伊丽莎白女王决定取消所有小艾赛克斯伯爵册封的骑士。此举引发宫廷的一阵混乱，许多人根本不敢想象，若告诉老婆她们不再拥有"骑士夫人"的称号，只是个一般的"夫人"会如何。罗伯特·塞西尔因而出手相助，但又过了一段时间，女王陛下才决定放松她的态度。幸运的是，爱尔兰传来了好消息，蒙裘依勋爵证明了他的策略奏效。

＊　＊　＊

到了夏天，伊丽莎白女王依然忙碌不已。到格林尼治大公园中散步、骑她最宠爱的马灰池与黑威佛，甚至常常公开跳舞，希望能证明"自己不如某些人想得那么老"。她也多次接受贵族人士招待的晚宴，到靶场射箭，在看法国特技演员的走钢索表演时，她也感到相当紧张，甚至观看熊、公牛与猩猩在比武场上的大乱斗。

六月十五日，女王前往布莱尔，参加她最爱的一位首席侍女安·罗素与威廉·赫伯特爵士（William Herbert）的婚礼。婚宴过后，由八位宫廷侍女穿上寓意十足的装束，表演了一场假面剧，女王的另一位侍女玛莉·费顿（Mary Fitton），邀请女王共舞。女王陛下询问她的服装代表了什么意义，玛莉·费顿回答："钟爱。"

"钟爱！"依然因小艾赛克斯伯爵的背叛而伤感的女王嗤之以鼻。"钟爱是假的！"但女王依然加入了共舞的行列。　　456

这一年的八月与九月，伊丽莎白女王每天都外出打猎，此时已年届六十七岁的她，甚至计划长途出巡，前往威特夏与法纳姆，让皇室许多年纪较长的成员语多抱怨及抗议，"于是女王请年纪较长的人士留下，年轻力壮的宫廷人士与她一同出巡"。后来她想到了更好的方法，于是带着一长串队伍前往无双宫，接着转往艾维萨姆，再到欧特兰，据传她在这里显得"非常快乐，状态极佳"。接着她没有出巡，反而是出宫多日，前往贝丁顿公园拜访弗朗西斯·加露爵士（Sir Francis Carew），并到克罗伊登宫拜访约翰·惠特吉夫大主教，还来到她在新森林中的狩猎小屋。

女王的心情起伏变化很大。在肯特郡的彭斯赫斯特庄园中，她显得意志低沉，负责招待她的罗伯·西得尼爵士，因而告诉哈林顿爵士：

> 对于我们一切的努力，她似乎感到非常满意。我儿子对女王发表了一篇演说，而女王也和蔼地给予回应。侍女们在她面前跳舞，小号手在回廊中演奏，她会吃一两口浓郁的水果蛋糕，用金杯喝一点果汁。最近的几起风暴，似乎让她变得更加羸弱，伯利男爵之死常常让她那美丽的脸庞布满泪水。她偶尔外出，但鲜少这么做，多数时间都独自沉思，有时也会私下写信给好友。一次她在楼上召来仆人，就连在房子

附近绕绕都显得疲倦，并表示自己下回会再来。她的到来与离开时，都有六名鼓手与喇叭手在院子里等着她。

这一年夏天，英国已经连续七年歉收。这一段时间以来，女王总忙着处理国家的经济问题。死亡与饥荒引发广泛的不满与社会秩序紊乱，各界纷纷炮轰政府与西班牙昂贵的长期战争，大大地影响了英国的贸易。伊丽莎白女王难以维持收支平衡，只能被迫贱卖手上的土地、珠宝，甚至是亨利八世的国玺，才能勉强支撑负债。许多宫廷人士也只能仰赖垄断货品与民生用品糊口，但剥削这个系统的结果，便是导致国会的诸多抱怨。

＊　＊　＊

在六月份聆讯过后，培根曾写信给小艾赛克斯伯爵，为参与那场审判表达歉意，同时建议他连续写两封信，经由培根润饰后，用来请求女王的宽容。其中一份上面写着："现在，听过了女王的正义之声后，只能卑微请求，陛下让臣听听您平时正常的声音，只要女王陛下悲悯，臣就能进入另一个境界。若女王陛下恩准，让臣再一次跪倒在女王足前，看着那美丽又仁慈的双眼，就算再受到女王陛下的惩戒，将我打入大牢，甚至是判我死刑，能得女王陛下的怜悯，此生足矣。"

这封信达到了些许的效果。七月份，伯克里爵士不再看守他了，但女王仍下令要小艾赛克斯伯爵待在家中，八月二十六日，在培根的建议下，女王总算还给小艾赛克斯伯爵自由。但他依然不准靠近皇宫一步，也不许担任公职，于是他宣布自己将退隐山林。但他与朋友们仍希望得到女王陛下的原谅，而对女王陛下来说，小艾赛克斯伯爵仍未展现出适当的谦逊态度。

小艾赛克斯伯爵依然背负沉重的债务，负债将近一万六千英镑。债权人都显得越来越焦躁不安，但他只是一心企盼着，女王会恢复他独霸甜酒市场的地位。这份合约于米迦勒节告终前，一直在他的收入中占最大宗。因为他写信告知伊丽莎白女王这件事，刻意让她发现他尴尬的处境，但当他开始密集地用更多信件攻势来游说女王时，女王向培根坦言："亲爱的小艾赛克斯伯爵写了很多相当恭顺的信件给我，我也感到十分感动，但……"——此时女王发出了讽刺的笑声——"但经过我仔细思考，我发现他只适合甜酒产业。"培根只好代为求情，"不要完全剥夺伯爵阁下服侍女王的愿望"，但女王陛下却漠视他的请求。

小艾赛克斯伯爵并不知道女王已经看透他了，在回到伦敦后，他一直希望女王同意接见他，于是再一次不顾一切地写信给女王："臣渴望得到一纸证明，快乐地见到女王陛下，以消除被放逐的不愉快；臣欲亲吻陛下那双公平公正的手，让它治愈我的忧伤，但臣最大的伤口，恐怕已无药可救。来自痛苦、焦急又绝望的SX[13]，向您请求。"伊丽莎白女王一直无视于他的来信，但这次她派人送上口信："这样的谢意总会受到欢迎，也永远不过时，他已经相当清楚地让我们知道，他做的一切都是出自善意。"

米迦勒节来了又走，但女王仍未允诺让他再度掌握甜酒市场。历史上留下的证据显示，此时英国政府已经发现他与蒙裘依勋爵的阴谋，那一阵子他甚至还更进一步要求，希望蒙裘依勋爵尽快对英国宫廷发动攻击。

"贪腐的情事——做得越多，伤得越大。"伊丽莎白女王冷冷地说，"难以驾驭的野马只要吃不到粮草，就会变得比较好控制了。"

十月十八日，小艾赛克斯伯爵最后一次绝望地向女王请求：

458

> 臣的灵魂哭喊着女王陛下的恩慈，臣欲回到陛下身边，盼结束这漫长的流放。若女王陛下同意臣的请求，陛下肯定是世上最仁慈的君主。若臣不得愿，留得一命、得到自由、过去的宠爱与惩戒又有何意义；在我能见到女王陛下慈爱的脸，亲吻公平公正的那双手前，时间仿佛就像无休止的夜晚，对女王陛下最忠诚的奴仆来说，这世界就像个巨大的坟墓。

十月底，伊丽莎白女王宣布此后甜酒事业的利润由皇室独享；也许女王的用意是要在小艾赛克斯伯爵补偿了所犯下的罪行后，再恢复他的权力，但目前为止，小艾赛克斯伯爵只能宣告破产。

这件事，加上几个月来健康情形不佳、极度的焦躁与压力，终于击垮了他。若说在这残酷的一击之后他便丧失了正常的心智，实不为过，此时更恰好碰上蒙裘依勋爵明确地拒绝协助他。他仿佛着魔了般，一下极度愤怒，一下又掉入忧郁的黑暗深渊。此时来探望他的哈林顿爵士，记录下他的所见：

> 生涯抱负受到阻挠，让他很快便陷入疯狂。他的心情不断在痛苦忏悔和愤怒仇恨中摆荡，让他几乎失去了理智、心神。他会说一些奇怪的话，出现一些奇怪的念头，让我想赶快离开他所存在的地方。当他谈起女王时，其内容完全不是一位身体健康心灵健全的人会说的话。他身边总围绕着坏人，更多的邪念就由此出现。女王最懂得如何

驾驭高傲的心灵，但拥有高傲心灵的人，却不懂得让步。小艾赛克斯伯爵的灵魂似乎正前后摆荡，就像气候恶劣的海浪。

有人将小艾赛克斯伯爵的一句话转达给伊丽莎白女王：当某人，可能是哈林顿爵士，提及"女王的条件"这个字眼时，他随即打断对方，大吼："她的条件！她的条件和她尸体一样又臭又邪门！"女王完全无法原谅这件事。

但他的愤怒不只是嘴上说说。此后在他那聪颖又具有野心的秘书亨利·卡夫的阴谋诡计煽动下，小艾赛克斯伯爵暗地里展开了反叛之路，而亨利·卡夫则是接下来要发生的一切背后的主谋。他变得偏执，认定自己运气不好，让政敌要摧毁他而设计的阴谋成功，罗伯特·塞西尔不只密谋要谋杀他，还与菲利普三世共谋要让伊莎贝拉·克拉拉·尤金妮亚（Infanta Isabella）坐上王位。他紧急通知女王这件事，要女王尽快远离这个心怀不轨的政要并与他和解，让他回到女王身边。若她不听，那他只好强行：卡夫说服他，回到女王身边最好的方法，就是在军队友人以及长期爱戴他的人民协助下，直接闯到女王身边。卡夫告诉他，为了荣誉，他不得不这么做：他必须拯救自己的名声。

因此，小艾赛克斯伯爵开始与心有不满的贵族人士联系，包括南安普敦伯爵、拉特兰伯爵，以及他那帮可靠的朋友，像是查尔斯·丹佛斯爵士（Sir Charles Danvers）、小艾赛克斯伯爵的继父克里斯多福·布朗特爵士（Christopher Blount）、天主教异议人士弗朗西斯·特雷舍姆（Francis Tresham）、小艾赛克斯伯爵秘书亨利·卡夫、威尔士籍管家盖利·麦瑞克爵士

459

（Sir Gelli Meyrick），甚至还有他的姐姐蒙裘依勋爵夫人瑞奇小姐（Lady Rich）。为了达到奇效，小艾赛克斯伯爵告诉詹姆士六世，他们设想罗伯特·塞西尔可能的企图，也就是让伊莎贝拉·克拉拉·尤金妮亚成为英国女王，呼吁他强硬要求伊丽莎白女王宣布他为英国王位继承人。为此詹姆士六世感到心烦不已，因此以加密后的讯息回复，小艾赛克斯伯爵则仿如炫耀般，将这些信件装在黑色囊袋中，挂在脖子上到处招摇。

很快，这些叛徒的集会，除了艾赛克斯宅邸外，还延伸到南安普敦伯爵住所，以及特鲁里宅邸。小艾赛克斯伯爵甚至企图闯入女王寝室，监禁她，再以女王之名统治英国。还好有罗伯特·塞西尔的探子们，这一群年纪轻轻、爱吹牛皮的纨绔子弟总是在斯庄特会面，让这些探子起了疑心，因此国务大臣罗伯特·塞西尔完全摸清他们想要什么花招，于是准备守株待兔，等小艾赛克斯织出一条绵密的犯罪网后，准备让他作茧自缚。

* * *

十一月份，英国—荷兰联军在新港大胜西班牙军队后，荷兰战争总算告一段落。此刻全英国上下包括女王，都只想要安全的生活，与西班牙维持有尊严的和平。

女王登基日再度来临，怀特霍尔宫一如往常大张旗鼓地庆祝。这一天，小艾赛克斯伯爵写下了历史记录上的最后一封信给伊丽莎白女王，恭喜她登基四十二周年，并再度请求她的原谅："臣不时想起（在比武场上）奔驰的日子，接着又不禁思考着，若与陛下见面会是什么光景，但这两件事，我都已经无法得到您的允许，也被您拒于千里之外。"但他同样得不到答案。

此时他已召集相当多的支持者，根据宫廷史家威廉·康登记载，包括"所有的剑客，大胆、有自信的宫廷人士，仕途不顺遂的人，并以各式各样的花言巧语来诋毁他人的人"。边缘人士、反社会人士、军队游离分子、清教牧师、天主教鬼子、探险家与所有的反抗分子，都知道艾赛克斯宅邸的大门为他们敞开。这个团体中几乎所有人都处于经济吃紧的状态，包括小艾赛克斯伯爵的贵族支持者，这是对他们相当不利的情形，但他们认为只要起义成功就会有所改善，这些人早已被蒙蔽，将爱国的热情寄托在错误的地方。就连蒙裘依勋爵听到瑞奇小姐加入这个阵营，都开始向他们提供协助，希望这场反叛行动会成功。

460

圣诞节到了，小艾赛克斯伯爵再一次请求詹姆士六世支持他们，一同对抗塞西尔派系，要求他"阻止这个男人的阴谋、邪恶与疯狂，拯救我那在沉重压力下呻吟的可怜的国家"。他声称："女王陛下被蒙蔽了双眼，看不见自己的危险。"詹姆士六世同意派遣一位苏格兰大使支持小艾赛克斯伯爵的行动，但一切都要先等小艾赛克斯伯爵正式展开政变行动。

整个圣诞节，伊丽莎白女王都待在怀特霍尔宫；罗伯特·塞西尔服侍女王到晚宴时刻，到了十二月二十六日，宫廷中处处歌舞，女王则与帕玛尔先生一同表演了库伦特舞曲。同时也观赏了这个季节中宫廷总会上演的十一出戏剧。

* * *

在一六〇一年的前几周，小艾赛克斯伯爵总算拟定政变计划，准备三月份展开行动，而他的同党们，则在伦敦各地散布天主教政变的流言。他们决定，一旦掌握了市政厅与伦敦塔，小艾赛克斯伯爵便会接近女王，"安静、迅速得连狗的舌头都来不及伸出来"，接着要求女王召开国会，他便能借机弹劾罗伯特·塞西尔、莱礼爵士与他们的同党，小艾赛克斯伯爵本人则成为摄政王。尽管小艾赛克斯伯爵命令大家无论如何不能伤害女王陛下，但克里斯多福·布朗特爵士表示："若行动失败，与其面对失望，不如一尝女王陛下的鲜血滋味。"

小艾赛克斯伯爵的一名友人费迪南德多·格吉斯爵士（Sir Ferdinando Gorges）感到相当恐怖，因而将此事告知莱礼爵士。莱礼爵士便向枢密院提出预警，但罗伯特·塞西尔早有准备。二月初，罗伯特·塞西尔刻意放出假消息，指小艾赛克斯伯爵即将被送入伦敦塔大牢。听到此消息，小艾赛克斯伯爵知道时间不多了。

二月七日早晨，一名女王派遣的差使要求他马上前往枢密院，让小艾赛克斯伯爵更感急切。他的朋友们警告他不要去，担心他可能因此遭到逮捕，并呼吁他尽速展开行动。他曾短暂地考虑过逃亡，但他实在无法拒绝荣耀的希望，也无法放弃支持他的人们，因为他知道，这些人会以他之名起义。他于是将宫里派来的差使遣回，要他表示"小艾赛克斯伯爵刚打完网球，正在休息，全身冒汗"，因此无法参加枢密院会。接着他召集了三百位支持者，向他们表示罗伯特·塞西尔与莱礼爵士正在计划暗杀他，因此敲定隔日起义。他再一度重申，千万不能伤了女王陛下。

461　　　是日稍晚，为了激起伦敦民众的情感，小艾赛克斯伯爵的朋友盖利·麦瑞克爵士（Sir Gelli Meyrick），付了四十先令给莎士比亚与宫务大臣剧团的演员们，莎士比亚才不情不愿地在南岸的环球剧场演出激昂的剧作《理查德二世》，还要加上被禁演的退位戏码。

罗伯特·塞西尔已经准备好迎接冲突：他从附近各郡召来

兵员，并透过伦敦各级牧师散布消息，要居民翌日待在家中，并安排怀特霍尔宫以两倍人力看守。负责在宫中卧底的丹佛斯爵士，赶紧通知小艾赛克斯伯爵，他的密谋计划曝光，要他能逃就尽快逃。小艾赛克斯伯爵完全不听劝。

隔天，也就是二月八日，他真的策动了政变。当他在艾赛克斯宅邸的庭院中，召集了友人、支持者与两百兵力时，出现大声骚乱，就连女王都听到了，于是女王派遣掌玺大臣艾格登爵士、最高法院首席法官约翰帕普汉爵士、伍斯特伯爵与威廉·诺利斯爵士去一探究竟，并坚持要小艾赛克斯伯爵亲自向枢密院解释。小艾赛克斯伯爵邀请这些人到他的图书馆中，但院子中的暴民包围了阶梯上的来者，大吼："杀了他们！杀了他们！"这压过了官员们要他们放下武器的声音。小艾赛克斯伯爵将四位枢密院参事锁在图书馆中，接着与早已失去控制的追随者一同徒步离开前往伦敦市区。

他并未全副武装，仅穿着平日的服装，以表达和平意愿，身上唯一的武器是一把剑，他穿过了坦普尔大门，走进舰队街，大喊着："为女王而战！为女王而战！英国王位将被出卖给西班牙人！有人设计要取我性命！"但他高估了自己的声望与可信度：伦敦民众不但没有飞奔到他身边，反而在惊吓之余待在屋内，有些人甚至想要阻止他穿越拉得关，但却失败，而拉得关早已紧闭，以防他闯入。等到他抵达圣保罗大教堂时，他只能面对残酷的事实，没有人会为了他站出来起义。他转向戚普塞街后，他的脸上"满是冷汗"，心中满是恐惧。当他抵达一位支持者，也就是伦敦郡长的托马斯·史麦斯（Thomas Smyth）家中时，因为实在流了太多汗，还得请人给他一件干净的衬衫。但此时他的追随者早已弃他而去，用斗篷遮住自己的脸，史麦斯则非常后悔，自己怎会涉入如此疯狂愚蠢的阴谋中，赶紧从家中后门溜走，前去禀报市长，此时市长正忙着遵照女王发布的禁制令，召集民众对抗叛徒。

此时，英国传令官已经出发，准备到各国发布小艾赛克斯伯爵为叛国贼的消息，政府军队则从查令十字路到怀特霍尔宫一路步下许多路障。许多民众赶忙前往怀特霍尔宫，其中一人表示："从未见过宫廷之中如此吵闹喧嚣。"约翰·雷维森爵士（Sir John Leveson）带领的一支部队则镇守着拉得关，进入伦敦城的七个大门全都关闭。

462

下午两点，小艾赛克斯伯爵眼看大势已去，抛弃了剩下的所有追随者，逃亡到昆西斯去，搭上驳船回到家中，却发现格吉斯爵士放了他的人质，接着与他们一起回到怀特霍尔宫。在了解自己的处境有多么尴尬后，小艾赛克斯伯爵将自己关在房里，烧掉许多密谋造反的文件与放着苏格兰王信件的黑色囊袋。但要不了多久，女王陛下的士兵们在诺丁汉准将（Lord Admiral Nottingham）的带领下，来到他的宅邸，将他团团包围，用枪炮对着他，要他弃械投降。

小艾赛克斯伯爵爬上了屋顶挥舞着佩剑。"我很快就要飞向天堂！"他大吼道。诺丁汉准将则回答，那很好，反正他就要炸烂这间房子了。小艾赛克斯伯爵别无选择，只能出面，晚间十点刚过，他便交出了佩剑。他唯一的要求就是要将管家阿布迪亚希顿带在身边。不久后，八十五位叛徒也被团团包围，收押囚禁。

* * *

在反抗行动情势未定前，伊丽莎白女王一直表现得稳定沉着，展现出无比的勇气，她从容地对罗伯特·塞西尔下指令，且从不质疑人民的忠诚度。她照常进餐，表示神让她登上了王位，也会保全她的性命，因此绝不让宫廷日常的事务受到影响。她曾一度收到错误的讯息，表示全伦敦城都已归顺小艾赛克斯伯爵，但女王的表现"却仿佛只是听到有人在舰队街吵了一架"。"女王本来还想出外了解，到底是哪些异议人士胆敢试图推翻她，还好她的参事们好说歹说，才让她继续待在宫内。"对于女王全然相信神的安排，诺丁汉准将极其佩服："我亲眼见证女王陛下高贵坚毅的情操，仿佛救世主般挺立不摇，甚至想要亲自面对狂妄的叛徒，将一切交由一直保护着她的神来裁决。"当罗伯特·塞西尔为"女王得以安然无恙的喜悦"而表达感激时，他是为许多人表达出他们的心声。

在意外中，女王陛下展现出自己依然是全国最有权威的统治者，特别下令当晚就在重兵戒护下，将南安普敦伯爵与小艾赛克斯伯爵带往兰贝斯宫，而不是伦敦塔，因为"夜太漆黑，（伦敦）塔桥底下难以通行"。但到了隔天清晨三点再度涨潮时，他们便正式被送进了伦敦塔，此外还有包括拉特兰伯爵、丹佛斯爵士、布朗特爵士及其他贵族出身的叛徒。伊丽莎白女王在确定命令执行完毕后，才能安稳入睡。卡夫与其他平民反叛人士则被关进一般大牢。

二月九日，女王告诉法国大使，小艾赛克斯伯爵"是个忘恩负义的无耻之徒，终于展现埋藏心底深处的真面目"。女王也承认自己过去纵容他太久，越说越激动，甚至不屑地谈起，小艾赛克斯伯爵如何走遍伦敦市区，高谈阔论却毫无作用，最后还羞耻地躲回家中。若他胆敢踏入怀特霍尔宫一步，女王宣称，她一定会在大门等他、面对他，"一次解决由谁做主的问题"。

463

在小艾赛克斯伯爵起义失败后，紧张的情势依然存在。哈林顿爵士发现，伊丽莎白女王显得"了无生趣"，甚至没有精神穿戴华丽的服饰。

> 餐桌上多么精致的食物，都无法引起她的兴趣，只吃一点白面包和浓汤。来自市区的任何消息，都让她心烦意乱，侍女们做的每一件事，她都看不顺眼。我不能说太多，但这么多邪恶的策略阴谋，让女王陛下的好脾气消磨殆尽。她常在房里踱步，只要听到坏消息就气得跺脚，一次她甚至将一把钝剑刺进了挂毯（绣帷）中。尽管危险已经过去，她就连吃饭都还是随身带着佩剑。所有的骚乱都已平息，但女王陛下仍无心打扮，好几天才换一件衣服，只要有人令她担忧，就会受到责骂，她也完全无法承受任何情绪打击。

伊丽莎白女王希望叛变事件的主谋尽快面对审判，不要误了时机，枢密院已经开始展开调查，解开这场注定失败的阴谋诡计背后的细节。二月十三日，在闭门会议中，公开了叛变的细节。四天后，小艾赛克斯伯爵、南安普敦伯爵与其他贵族的起诉书起草完毕，同时决定两天内处决两位主谋。培根早已选择靠向王权这一边，因此也不需为这次的意外感到愧疚。因为蒙裘依勋爵在爱尔兰大胜，因此女王也打算对他涉案一事睁一只眼闭一只眼；女王也克制住自己，不向詹姆士六世抱怨他支持小艾赛克斯伯爵一事。

到了二月十二日早上，伊丽莎白女王处决小艾赛克斯伯爵的意志更坚定了，小艾赛克斯伯爵的一位追随者利亚船长

（Captain Lea），当初就是小艾赛克斯伯爵与泰隆伯爵之间的信差——同时在一五九七年时，还割下一位爱尔兰叛军头颅献给女王，让女王吓得花容失色——他被人发现在宫廷厨房中，准备往女王与侍女们一同用餐的房间走去，他主要的目的，是想用刀抵着女王的脖子，威胁她发布释放小艾赛克斯伯爵的命令，因而遭到逮捕。二月十四日，利亚船长便在纽盖特监狱被判决，隔天便在泰伯恩行刑场正法。

* * *

二月十九日，小艾赛克斯伯爵与南安普敦伯爵，便在西敏厅由其他贵族执行死刑，巴克赫斯特勋爵担任皇家总管大臣主持行刑。嫌犯的罪行是密谋夺取女王王位与性命，监禁枢密院大臣，以不实谣言煽动伦敦民众反抗君主，妨碍女王派出的士兵执行逮捕他们的任务。尽管小艾赛克斯伯爵脸上挂着微笑，但爱德华·柯克爵士、弗朗西斯·培根与约翰·帕普汉爵士，为君主执行了非常具有震撼力的审判，柯克爵士指控小艾赛克斯伯爵心怀不轨，用名字的第一个字自称"英王罗伯"。培根爵士的背叛，对小艾赛克斯伯爵来说是"最沉重的一击"，但培根爵士向法庭表示："只要小艾赛克斯伯爵尽忠职守，我就会继续爱戴他。我奉劝他好好服从女王陛下的时间，简直比处理自身庶务还要多。"

464

小艾赛克斯伯爵穿着一身黑，表现得相当稳定，表示自己无罪，南安普敦伯爵也是，他甚至大胆驳斥每一项罪行，与指控他的人唇枪舌剑。他认定莱礼爵士想要谋杀他，但以证人身份出庭的莱礼爵士则坚决否认。小艾赛克斯伯爵则表示，自己主要的目的，只是要请求女王远离罗伯特·塞西尔，因为他的忠诚是假，培根爵士因而怒吼，全副武装登门找女王根本不是请愿的正常手法，更何况他们还"带着一大群人。难道所有的人都愚蠢得以为这样的行为称不上是叛国吗？"当罗伯特·塞西尔询问小艾赛克斯伯爵，在何处听闻他密谋安排伊莎贝拉·克拉拉·尤金妮亚成为英女王时，小艾赛克斯伯爵不得不承认，这段谣言来自罗伯特·塞西尔两年前一段不经意说出的话，且他还曲解了罗伯特·塞西尔的意思。"你真是个披着羊皮的狼。感谢老天，你终于露出了真面目。"罗伯特·塞西尔愤愤地说着。

判决自然是无可避免的结局，贵族审判团事前已向资深法官请益过，并参照女王陛下的意愿：经过一个小时的辩论后，小艾赛克斯伯爵被判重度叛国罪，巴克赫斯特勋爵判决他接受最野蛮血腥的叛国者死刑——但由于小艾赛克斯伯爵身为贵族，因此君主得以无条件为其减刑为普通的斩首示众。

聆听宣判后的小艾赛克斯伯爵仍维持冷静、尊严的态度，对于在未来等着他的恐怖命运丝毫不为所动，庭上同意让他结辩："我可怜的手下们在全世界各地为女王陛下卖命，现在却遭女王恣意牺牲、抛弃，也是罪有应得。"他希望女王怜悯南安普敦伯爵，但又表示自己"不想阿谀奉承地为自己求饶"，接着他转身看着诸位贵族，又说："尽管你们在法庭上谴责、惩罚了我，但你们的道德良知肯定会宽恕我，因为我完全没有伤害王权的意思。"各界都预期受到谴责的人应该逐渐展现出恭顺的态度，对许多出席旁听的人来说，小艾赛克斯伯爵身为即将面对最终审判的罪人，简直是不可饶恕的高傲，罪大恶极。

465　　南安普敦伯爵指称，自己是因为太过敬重小艾赛克斯伯爵才会误入歧途，他也遭到死刑宣判，但女王陛下十分心软，最后将刑罚改为在伦敦塔中终身监禁。但女王死后，英王詹姆士一世就还给他自由了。

*　*　*

许多出席庭讯的人都认为，若小艾赛克斯伯爵愿意哀求女王怜悯，女王一定会饶过他一命，但小艾赛克斯伯爵可以说是说到做到，高傲地连一点"卑躬屈膝的服从"都不愿表现出来。尽管枢密院派出了诺里奇司祭长道德（Dean of Norwich）劝说，他仍不愿认罪。就算他愿认罪，他的存在，对女王陛下的安危依然是很大的威胁。在判决确定的同一天，伊丽莎白女王竟不像以往般拖拖拉拉，直截了当、毫不犹豫地签下了他的死刑执行令；而这份生死状目前仍在大英博物馆中展出。

二月二十一日，罗伯特·塞西尔、诺丁汉伯爵、艾格登爵士与巴克赫斯特勋爵，再度前往伦敦塔探视小艾赛克斯伯爵。小艾赛克斯伯爵的男仆凭空捏造一些在地狱中等待他的极刑，警告他若不认罪，这些就在眼前，于是成功地达成连司祭长也无法达成的任务，因痛悔自责而痛苦不已的小艾赛克斯伯爵，于是要求在枢密院全体参事面前为自己犯下的罪行自白。他以极度谦卑的态度，表示自己"是英国史上最可恶、最卑鄙又最不懂感恩的叛徒"，并承认"只要自己活着的一天，女王陛下定无法安全生活"。接着他详述自己的罪行，毫不犹豫地牵连了所有的朋友，甚至还有他的姐姐。他要求要见亨利·卡夫，当这位秘书步入会堂时，小艾赛克斯伯爵随即指控他是"陷我于对女王不忠境地的幕后黑手"。

小艾赛克斯伯爵夫人写信哀求罗伯特·塞西尔向女王陛下说情，饶过丈夫不死，表示若失去了丈夫"我再也不想活了"。看到小艾赛克斯伯爵式微，罗伯特·塞西尔事实上也感到相当难过，但这次女王的态度毫不宽容。后来她告诉法国大使，若能在不危及王权尊严之下饶过小艾赛克斯伯爵一命，她绝对非常乐意，"但就连小艾赛克斯伯爵自己都知道，自己不值得饶恕"。但女王仍仁慈地同意让小艾赛克斯伯爵接受私下处决，保全颜面。

二月二十三日，在给予罪犯许多时间自白而延迟行刑后，小艾赛克斯伯爵的死刑执行令还是送往伦敦塔典狱长手中，但伊丽莎白女王随即派人送来命令，下令将死刑执行延后一天。

这一年的忏悔日是二月二十四日星期二；女王照常出席宫廷中的忏悔日宴会，并观赏了莎士比亚的一出剧作。这天夜里，她派人送上讯息，下令要伦敦塔典狱长翌日处决小艾赛克斯伯爵，并下令由两位刽子手来押解犯人："就算其中一个刽子手昏厥了，还有另一个在神宽恕他的灵魂之下可以处死他。"接着女王便返回寝室中独处，隔日一整天都待在房里。

466

* * *

小艾赛克斯伯爵之死衍生出一则传说，且广为传颂，那就是伊丽莎白女王一次曾在龙心大悦之下，送给小艾赛克斯伯爵一枚戒指，告诉他若陷入困境，就赶紧将戒指交给她，她便会出手相助。一枚宝石上浮雕着女王人像的金色戒指，据说就是这个信物，目前依然存放在西敏寺教士会堂博物馆中。十七世纪曾出现过这样的传闻，那就是小艾赛克斯伯爵在伦敦塔中时，曾将头探出窗外，将这枚戒指抛给一位男孩，要他将戒指交给斯葛洛普小姐（Lady Scrope），再请她转交给女王；但这个男孩误认了斯葛洛普小姐的姐姐，也就是小艾赛克斯伯爵的政敌诺丁汉准将的夫人，于是准将心怀恶意，命令斯葛洛普小姐留住这枚戒指。这个传闻显示，最后在一六〇三年伊丽莎白女王弥留之际，她曾向女王坦承这枚戒指的事，女王因此愤恨地告诉她："愿上帝宽恕你，夫人，但我永远也不会。"

但事实上这是个捏造的故事。一六二〇年，在约翰·韦伯斯特的作品《魔鬼的诉讼》中，首度提到这个传言，后又在《著名的伊丽莎白女王与小艾赛克斯伯爵秘辛，最可信的证人》中详尽阐述，这是一本一六九五年发行的小说。伊丽莎白女王最著名的传记作家威廉·康登，也听说了这项传闻，并对这一不实内容大加挞伐，且历史上绝对有证据支持康登的说法，因为事实上是伊丽莎白女王为她的挚友诺丁汉伯爵夫人送终，女王甚至因为她的死而哀伤欲绝，进而大大地影响了身体健康。

* * *

二月二十四日的晚间，小艾赛克斯伯爵已经准备好赴死，他向看守他的狱卒们表示，很抱歉自己无以为报："我已身无分文，所剩无几的一切，都得在明晨全还给女王。"

二十五日凌晨，一批精挑细选后的贵族、骑士与市府参事抵达伦敦塔。他们受到邀请准备观看小艾赛克斯伯爵处决过程，于是在伦敦塔中彼得皇家礼拜堂前的断头台附近就座。身为皇家卫队队长的莱礼爵士必须在场，引起许多人的反对，因为许多人都知道，莱礼爵士与小艾赛克斯伯爵是死对头，甚至还有人看到他抢着坐在前排，于是指称他幸灾乐祸。他只好退到伦敦塔白塔中的军械库，从那里的窗户观看处决过程。不久后，他甚至表示自己难过地流下泪来。

在三位神职人员的协助下，小艾赛克斯伯爵在八点整以前被带往断头台；他穿着紧身上衣与黑色缎面的裤子，外罩黑色天鹅绒服装，并戴上黑色毛毡制的帽子。他慢慢地步下台阶，脱下帽子，对观众们鞠躬。在英国的传统中，即将遭到处决的

467

人，在离世前有权发表最后的感言，小艾赛克斯伯爵则以相当凄苦的语调发言，"他表示非常感谢神，也知道自己已被君主拒于门外"。接着他又说：

> 我犯下的罪行比我的顶上发丝还要多。我年轻的时期，都在放纵、淫欲与不贞之中度过，显得骄傲自满、自负虚荣，只懂得追求这世间的声色之乐。对此，我诚心地恳求慈悲的基督，为我向永恒万能的主祈求原谅，尤其是我最后的罪过，如此巨大、如此血腥、如此显著、如此邪恶的罪，拖累许多爱我的人一同冒犯了神、冒犯了君主、冒犯了整个世界。仅盼神能宽恕我们，宽恕我——最微不足道的人。

他也求神保全女王，"我从不愿伤害她，也不愿侵犯她本人"，同时他也要求在场的所有人"发自灵魂深处与他一起祈祷"。最后他则求神原谅他的死对头。

语毕他脱下外衣与襞襟领，跪在断头台上。一名神职人员鼓励他别因为死亡的恐惧而昏厥过去，于是他表示，出外征战时，他多次"感到肉体上的虚弱，因此在冲突中总会求神协助他、让他坚强"。再度望向天空，他热烈地为君主祷告，并背诵出主祷文。接着负责行刑的刽子手跪下，依据惯例请求受刑者原谅他接下来要做的事情。他早已准备好允诺，接着再随着神职人员复诵使徒信条。起身后，他脱下紧身上衣，只留下长袖鲜红色的马夹，他俯身以就刑台，并表示自己张开双手时便是准备好了。此时，许多观众都已流下眼泪。

"主啊，请怜悯你忠心的仆人！"小艾赛克斯伯爵祈祷着，然后在刑台上将头歪向一边。"主啊，我将灵魂交付你的手上。"一位神职人员嘱咐他要复诵第五十一篇赞美诗，但才念了两节，他便大喊："刽子手，给我个痛快吧！"接着张开他的双手，继续大声祷告。刽子手砍了三刀才截断他的颈部，但第一击时他可能就已经死了，因为在那之后他就没有任何动静了。随后刽子手抓住他的头发、举起他的头颅，大喊："天佑女王！"

* * *

至于其他的共谋，包括布朗特爵士、丹佛斯爵士、麦瑞克爵士与卡夫也都被处决。剩下的人，在罗伯特·塞西尔的建议下，女王便饶过他们一命。其中四十九人遭到监禁与罚款——有些人甚至仍冥顽不灵，于一六〇五年参与历史上知名的火药阴谋事件——至于瑞奇小姐和另外三十人则被无罪释放。小艾赛克斯伯爵夫人随后再嫁，而布朗特爵士遗孀莱蒂丝·诺利斯则活到九十四岁。安东尼·培根因失去老朋友而崩溃，在反叛事件三个月后便去世。他弟弟弗朗西斯·培根则因服侍女王有功，获得一万二千英镑的奖赏。 **468**

许多一般平民为小艾赛克斯伯爵之死哀悼，许多人则以流行民谣思念着他的作为，包括《小艾赛克斯的最后一夜》《英国美丽的骄傲已逝》《呜呼哀哉》，而亲自下令送他上断头台的伊丽莎白女王，也以个人名义为他哀悼。尽管如此，女王仍认为他罪有应得，英国没有了他就更稳定、安全了。

26　日落西山终有时

　　处决了小艾赛克斯伯爵后，伊丽莎白女王始终未展现出任何悔意。对她来说，这么做只是伸张了正义。但想起他，女王仍会伤感，她的余生都戴着小艾赛克斯伯爵送她的一枚戒指。

　　小艾赛克斯伯爵死后，全英国权力最大的人就是罗伯特·塞西尔了。他是个高明能干的政治人物，但他始终不受欢迎，人民总认为他与莱礼爵士，是害死小艾赛克斯伯爵的刽子手。"小塞轻松来去，掌握宫廷国君"[14]成了当时的一句顺口溜。这个说法并不完全正确，因为女王仍全面掌控政务，但社会大众显然不这么想。"若女王下令，我知道全国上下没有第二个人胆敢提出异议。"罗伯特·塞西尔表示。唯一会这么做的人已经死了，宫廷中总算出现难得的平静，就连自命清高的莱礼爵士都无法搅乱一池春水。伊丽莎白女王知道莱礼爵士嫉妒罗伯特·塞西尔的权力，但同时也清楚，他那"天杀的骄傲"得保他永远不会是个麻烦的对手。

　　一六〇一年三月，罗伯特·塞西尔开始为苏格兰王詹姆士六世继位与自己在新王朝中掌权的未来铺路，于是他开始与苏格兰王保持通信。这一切自然得严加保密，罗伯特·塞西尔也向詹姆士六世表示，千万不要期待他会做出什么违反伊丽莎白女王王权的事情。但只要詹姆士六世愿意听信他的建议与指示，时机到了，他就能确保英国政权安然移交到他手上。詹姆士六世自然乐得乖乖合作。

　　到了五月，他派遣特使向伊丽莎白女王提出请求直截了当

地告诉他，她属意的继承人是谁，但罗伯特·塞西尔却向英国
驻爱丁堡大使表示："女王陛下只给了负面的答案，因为这个
要求让女王陛下觉得很刺耳。"目前只要听人谈起继位话题，
她都会病态性地反弹，就连苏格兰王闻此消息对她的反应气愤 470
不已并准备联合外国势力来支持他时，也无法让女王下定决心
解决这个问题。于是她再一次向詹姆士六世重申，她可以确定
的是，在她的葬礼上一切都会有答案；因此，一直到伊丽莎白
女王任期届满为止，她与詹姆士六世的关系都相当紧张。尽管
如此，在她的信件中仍可以清楚看出，詹姆士六世在伊丽莎白
女王心目中，比其他候选人的地位还要高。她只是不敢公开宣
布。但她曾私下告诉哈林顿爵士，"还猜不出苏格兰皇室会是
英国王位继承人者，简直愚蠢到家。"

　　小艾赛克斯伯爵死后数月，伊丽莎白女王总感厌烦、悲
伤，受到情绪忧郁的困扰，常让她想躲回阴暗的房间，才能好
好哭泣。精力枯竭的她，开始无心治理国事，也变得健忘。执
政的最后两年，她的意志力被完全摧毁，她这一代的老臣所剩
无几，无人能理解她被孤立的苦。这一年夏天，她向法国大使
表示"她非常厌世，现在什么也无法满足她，带给她欢乐"。
谈起了小艾赛克斯伯爵，女王"不住地叹气，还几乎要掉下
泪来"，但仍坚持因为他不听从她的警告，才会自己走上毁灭
之路。"胆敢戏弄君权者，不值同情。"女王如是说。

　　因为女王的情绪起伏大，"忽视了政务，因此让人民开始
群起质疑老女人当政的后果"。小艾赛克斯伯爵陨落后，尽管
政府不断努力，伊丽莎白女王人气仍直线下滑。"至今，"康
登在新王朝开始后写下这些记录："只有少数人认为（小艾赛
克斯伯爵）犯下了杀头罪。"经济问题拖累了国政，与西班牙

的战争仿佛永无止境，改革的必要性逐渐清晰。尽管部分说法不实，但伊丽莎白女王仍大受批评，尤其是她大删宫廷预算，让许多宫廷人士面对不断上涨的物价几乎入不敷出，于是许多人开始期待继位者能拯救他们。此时宫廷中弥漫着贿赂与贪腐的恶习，女王陛下也已无力驱赶这些乱象。"现在到处都是如狐狸般奸诈的人，想要找到值得信赖又善良正直的人，几乎很难了。"女王不住地抱怨。

八月份，伊丽莎白女王接见了专事古物研究的威廉·兰巴德，他也是伦敦塔的文件管理者，他进宫是为了呈交在他照料之下的档案目录复本。伊丽莎白女王显得非常有兴趣，甚至大声阅读部分文件，并告诉他"尽管她到了这个年纪，还是可以做学问，并表示不要轻视她用剩余的岁月来学习"。但当她翻阅理查德二世时代的文件时，显然小艾赛克斯伯爵背叛带来的伤痛阴影，依然在她心里挥之不去，她转向兰巴德说："我就是理查德二世，你懂吗？会忘了神的恩典的人，也会忘了自己的恩人。这种悲剧，已经在公开的街道上或平民的家中多次上演。"对于她意有所指的话，兰巴德了然于心。但伊丽莎白女王最后还是相当有风度地命他退下，并说："再见了，良善正直的兰巴德。"两周之后，他便离世了。

这一年夏天，女王出巡来到瑞汀，接着进入汉普郡，在前往桑迪斯勋爵官邸前，她便在汉普郡贝辛的维恩宅邸住进温切斯特侯爵家中，接待法国大使彼林斯上将（Marshal Biron），为此她甚至从汉普顿宫与伦敦塔带来盘子与挂饰。有人听到她吹嘘，表示英国史上没有任何一个君主像她一样，在出巡时与在臣子的宅邸中"如此庄严地接待他国大使"。

彼林斯上将的同事苏利公爵（Duck de Sully），对于伊丽莎白女王对国事的渊博知识，感到印象深刻：

> 我深信这个伟大的女王，与她远播的威名绝对符合。她告诉我许多合情合理的事情，让我既惊喜又钦佩。有远谋的君主常见，但像她一样一步步稳定迈进，能预见障碍、排除万难的统治者就少见了，当问题发生，他们不需要多做些什么，只要拿出预先计划好的解决方案就能度过危机——这是多数君主缺乏的能力。就短时间内发现的各种功绩，想要称赞英国女王，三言两语实在难以形容，但这些特质都来自她的心思与智慧。

在这次出巡的途中，伊丽莎白女王的臣子们，发现年轻俊美的爱尔兰克兰里卡德侯爵（Earl of Clanricarde），与小艾赛克斯伯爵有那么一点神似，于是他们刻意制造机会，让女王注意到克兰里卡德侯爵，希望能让她振作一点，但女王对他似乎一点兴趣也没有，并表示只要想起小艾赛克斯伯爵，她就感受到无尽的伤痛。

在返回伦敦的途中，女王造访了中殿律师学院，在学院中以"金鹿号"上拆下的木材建造的大厅中，女王主持了一场宴会，并观赏莎士比亚剧作《第十二夜》的演出，而宴会上她所坐的桌子至今依然在原址。

* * *

伊丽莎白女王任期内第十三届也是最后一届国会，在十月份一个乖戾的天气中展开了，这次的主要目的，就是希望能破坏专卖权的卑鄙手段，这是导致许多人陷入经济困境的主因。[15]当女王正式召开国会时，几乎没有人依照惯例问候：

472 "天佑女王陛下"。在女王的国会演讲上，穿着沉重的礼袍、戴着皇冠的女王突然间微微地颤晃了一下，身边许多卫士连忙冲上前去扶住她，以免她撞到地板，这件事短暂地引起骚动。但女王随即恢复，于是典礼继续照常进行。

女王离开国会议事堂后，整个前厅挤满了人，"几乎水泄不通，（接着）女王只好挥动双手才能挪出空间，于是一位领宾员便大喊：'退后，各位议员，让个位子。'结果一位议员在背后大声说：'若您要断我们的生路，我们也无法让路。'女王似乎没听见，但她还是抬起了头，望向了说话的人的方向"。

在粮食缺乏与饥荒之中，更严重的问题是，伊丽莎白女王当政的太平年代让英国人口急速上升。圈地运动更是让英国贫穷人口大幅增加的关键，这些人曾受到教区的修士与修女妥善的照顾，但一五三〇年代，亨利八世解散修道院的法令破坏了许多人的宗教生涯，为国家徒增沉重负担。伊丽莎白女王任期将届之际，乞丐成了英国街头的重大问题。

一五九八年，英国国会通过了著名的《救贫法》，于一六〇一年十一月正式上路，将地方上的乞丐托付给当地教区照顾，法律规定教区有责任协助这些人。过去，英国各级城市与自治市镇都有贫民收容所——后又称为济贫工作院——而这个制度则由地方赋税系统来负担支出。

英国下议院决心终结遭权力人士滥用的专卖权，于是提交一项补助案，盼能让女王同意通过一项限制她封赠专卖权的法案。在他们展开行动前，为了避免引起王权上的争端，伊丽莎白女王发布了一项声明，宣布要马上终结当前的体制。下议院闻此全体欢呼，甚至有议员流下欣喜的眼泪，在下议院议长约翰·克洛克（John Croke）带领下全体议员一同为女王祝祷时疯狂大喊："阿门！"

国会决定派代表向女王表达臣子们最深的感激与欢喜。当他们要决定由哪位议员作为代表时，有些人大喊："全体议员！全体议员！全体议员！"伊丽莎白女王只好派人表示，尽管宫廷空间非常有限，但她仍希望见到每一个人。下议院全体一百五十位议员都接受了女王的邀请。

十一月三十日，伊丽莎白女王便在怀特霍尔宫的会议室中，端坐王位上接见了他们，同时也证明了旧时的魔法依然有效，她发表了被后代称为"黄金演说"的演讲，而这次演说 473 也成了她与最爱的人民最后的诀别。议员们跪在她的面前，而议长作为全体议员代表，则开始表达他们诚挚的感谢，但女王坚持要说些话。

她说：

> 议长先生，我知道阁下的来意，是为了感谢我。请记得，我得到诸位诚挚的感谢，内心的欢喜，绝不亚于赠送如此珍贵心意的你们。我向诸位保证，这世上没有任何君主对臣民的爱，能像我一样多。我从未拥有如此价值连城的珠宝，我会珍藏这件宝物：也就是你们的爱。我对它的尊重，超越了任何有价值的稀世珍宝；诸位的忠诚、爱与感谢——对我是无价的；尽管神给了我超越凡人的地位，但我依着你们的爱来统治国家，这才是王权荣耀的本质。对于神命定我为英国女王，我内心的欢乐从未胜过受到如此多人的爱戴与感激，也能在神的指引下，保护人民生命

安全，远离危险。

女王要议员们起身，因为她还有更多话要说，她感谢议员们让她知道人民对专卖权体制的不满：

> 议长先生，你向我道谢，但我内心的感激远超过你，因此我命令你，代替我向下议院全体人员表达感谢，因为诸位，我才能得知这些事情，我的内心着实感激不尽；若我未能得到诸位的点醒，便可能堕入错误的深渊中，感谢诸位以真正的民意相响应。只要王权的行使依据人民的意愿，并适当地压制特权行使的本质，王权的尊严绝不会受损。是的，听到这样的消息后，一直到能拨乱反正前，我始终无法放下紊乱的心绪，而滥用王权慷慨赠予者，也应了解我绝不通融。
>
> 至于我自己，容我为自己辩护：我从不贪婪，也非性好剥削，不是个严苛、独断的君主，也从不挥霍；我向来不爱世间财，只为臣民着想。臣民赠予我的东西，我绝不私藏，而是留待日后再度回赠诸位；是的，我所有的一切都属于人民，都是为了人民所用，盼诸位能体认我的用心。

女王向议员们保证，她"除了盼能看见英国再度繁荣外，并不想再活得更久，这也是我唯一的希冀。身为女王，我从未以对臣民良好有益作为借口、托词，实则赋予他人重权，事实上这一切皆为侍奉王权的老臣应得之利"。若这些人滥用了专卖权体制，她促请：

474

盼我错误的命令不会触犯天意。在旁观者眼中，带着王冠君临天下的荣耀，比起在位者实际感受到的乐趣还多。就我而言，若非为了履行神加诸我的道德责任，维护神的荣耀并保护人民的安全，而我自己则宁可退位让贤，并为自己不必再为了荣耀而不辞劳苦感到欢喜；我并不想活得太久，也不想统治太久，治理国家一切都是为了人民。尽管过去到现在，诸位曾见过更伟大、更睿智的君主上位，但绝不会有任何一位君主，像我一般爱民。

除了君主光荣之名与女王独有的权力外，我从未感到如此积极，对于神选择了我作为他的双手，维护他的真理与荣耀，保护这个国家不至于陷入危险、污辱、暴政与压迫之中，我甚感欢欣。在诸位的面前，这一切的功劳用来赞美神，而与我无关；因为我——噢，主啊，我又是什么呢？——噢，我该怎么做才能让您更显荣耀呢？但愿上帝不要让这事发生！

会面到此结束，女王请所有代表上前行吻手礼，接着从王位上起身，在喇叭的吹奏下缓缓离开会议室。

没有人质疑，她这次的演说是史上最精彩的一次；一名国会议员表示，这篇演说绝对值得镌刻在黄金之上。更重要的是，她的宽宏大量与迅速响应国会请求的态度，让她节节下滑的受欢迎度再度回升，民众心里对她的敬爱，甚至超过了以往，也让下议院在没有任何反对票的情形下，史无前例地投票通过，给予女王四倍的补助。

十二月十九日，当伊丽莎白女王宣布会期告终，上下两院的议长表示，英国孤立在欧洲大陆边陲地带，一直到女王执政后才享有稳定政府，于是议长代表全体议员，感谢女王"赐予快乐、宁静、甜美又令人安心的和平现况，这是全体人民共享的丰硕果实，一切都要感谢神与女王陛下的恩赐，我们至今仍感激享受"。

伊丽莎白女王则表示，议员们应返家告诉身边的人们，"你们的统治者对你们身家性命的重视，比她自己还要多，她也会天天祈求神，那些为你们的和乐安康祈祷的声音，永远不会只是徒劳"。

* * *

475　　这一年的圣诞节出奇平静，留在宫中的人不多，"就连观看戏剧表演与余兴节目时，守卫都不需要紧守门口"。但庆典还是不能少，十二月二十四日，蒙裘依勋爵在金沙尔大胜了泰隆伯爵，让一千二百名叛军战死沙场。泰隆伯爵逃逸无踪，而前一年秋天抵达苏格兰协助泰隆伯爵的西班牙军队将领则举白旗投降，希望能与英方和谈。一六〇二年一月二日，西班牙军队正式向蒙裘依勋爵投降，并准备返回西班牙。英国则完全掌控了爱尔兰。

女王曾写下这一段话，形容这场胜利"是神赐给我们最好的一场意外"；她希望西班牙全军覆没，但这已经是次要的问题了。蒙裘依勋爵触犯王权一事早已被遗忘；伊丽莎白女王已经开始定期写下许多充满情感的信件给他，信末还自己署名"你最亲爱的女王"。一次，蒙裘依勋爵抱怨女王将他当佣人使唤，女王甚至亲笔写下长篇大论的信件支持他，而信件的开头竟是"亲爱的厨房女佣……"在获得大胜后，女王的慰问信则写着："我差点忘了称赞你的谦卑，在担任女王的厨房女佣后，仍不避讳地担任叛徒的佣人。愿神祝福你平安喜乐。"

一六○二年六月，当理查德・雷维森爵士（Sir Richard Leveson）领军的小舰队，在十一艘大帆船与一万名士兵的戒护下，挟持了一艘满载着宝藏的葡萄牙武装商船时，德瑞克爵士当年在海上英勇争战的年代，仿佛又要再次降临。然而经由伊丽莎白女王派遣，前往西班牙海岸径行掠夺的舰队，却无功而返。这就是伊丽莎白女王任内最后一次的海上冒险了。

一六○二年，英国爆发了天花疫情，导致许多人丧生，但伊丽莎白女王仍计划前往布里斯托出巡。只是，英国的天气再度陷入大雨与风暴之中，臣子便以接待她会造成人民在遭受七年饥荒之余更加不便为由，劝退了女王。没想到天气就此好转，这一年英国农作物大丰收，这个迹象显示英国几年来的粮食短缺已经过去。贸易活动再度兴盛，人们也因此显得精神奕奕。

八月份时，伊丽莎白女王宣布，自己的健康情形比过去十二年都好。有一天她甚至骑行十英里，接着还去打猎。回到宫中，她显得精疲力竭，但隔天却又长途健行，许多宫廷人士还以为经过前一天激烈的活动，她一点也不累。此时，罗伯特・塞西尔送了她一副红宝石与黄晶镶嵌的珠宝，刚好衬托"她那活灵活现的眼睛与鲜红的唇色"；当时人依然称颂她是永恒青春的美丽女神。

就在这一个月，伊丽莎白女王离开了格林尼治宫前往奇斯 476
威克，接着造访掌玺大臣艾格登爵士位于密德塞克斯・海菲尔德公园的家，尽管当地正下着倾盆大雨，女王陛下依然受到豪华的招待，更被赞为"我们所有这群人之中最棒的女主人"。艾格登爵士举办了宴会、假面剧演出、音乐幽默短剧演出、乡村祭典、欢乐的游行与早就内定好结果的摸彩大会，女王当然是最大奖的得主。几天后，艾格登爵士便发行了有关这场盛宴的宣传小手册，而民众也都踊跃收藏。因为大雨与天花疫情的关系，女王的出巡行程也被迫缩短，女王也在欧特兰住了一段时间。

九月份是女王的六十九岁大寿，根据斯德丁公爵在欧特兰花园中的观察，"女王健步如飞，仿佛还是个十八岁的年轻女子"。有人告诉他，女王"已经有好几年没这么有活力，心情也没这么开心了"。伍斯特勋爵则告诉士鲁斯柏立勋爵："宫中一片歌舞升平；女王端坐在谒见室中，看着许多人跳着乡村舞蹈，这让她开心又欢愉。"现在她已经很少公开跳舞了，但偶然仍能看见，她趁着四下无人之际，私下就着笛声与小鼓跳舞。

这一年的九月，富尔克·格雷维尔告诉士鲁斯柏立勋爵夫人："我要报告夫人一个好消息，女王的身体健康与心情、状态都非常好。我已经多年未见她这么好的光景了。"

女王依然幽默。她发现德比伯爵夫人戴着一串有罗伯特·塞西尔画像的项链，于是伸手将它拔下，边笑边将项链系在他的鞋上，后又改挂在他手臂上，让大家都能看到。罗伯特·塞西尔以正面态度看待，甚至还以此吟诗，甚至谱上曲献给女王，让女王龙心大悦。她有时也许臣子们亲近得过分。当一名旅居国外多年的英国人被带到女王跟前跪下时，女王"揪住他的头发要他起立，并假装打了他一记耳光"。

但女王的记忆力也明显开始衰退。十月八日，皇室移驾格林尼治，四天后，部分宫廷人士才抵达，准备向女王致敬。尽管女王记得他们的名字，但一直到其他官员提醒，她才想起自己册封过他们。同时她也发现自己开始难以专注于政务上，而逐渐退化的眼力，则让问题越趋严重。罗伯特·塞西尔则不断提醒枢密院办事员，一定要记得将信件大声阅读给女王听。

* * *

十一月十七日，伊丽莎白女王再度于怀特霍尔宫欢庆登基纪念日，对于"当天一如往常地有庄严的仪式，许多人报以热烈的掌声，仿佛他们从未见过女王"。宫中弄臣盖瑞特，骑着一匹比狗大不了多少的小马进入比武场，"觐见女王后，让女王开心之至"。十二月六日，女王前往罗伯特·塞西尔位于斯庄特的新家一起用餐，随后观赏一位处女、一位寡妇与一位夫人间让彼此皆大欢喜的"巧妙对谈"；可以想见，最后最幸运的自然是处女了。女王离开时表现出"非常满足的样子，却在临去之际扭伤了脚"。之后就没有相关记录了，显然只是个微不足道的小伤。当月稍晚，女王分别前往亨斯顿勋爵与诺丁汉伯爵位于伦敦的家中，接受招待。

477

这个时期，因为发现自己再怎么努力，在与年纪拉扯的这场马拉松赛中，她永远是输家，于是女王又再度陷入重度忧郁中。许多人都开始了解，她的时间不多了。哈林顿爵士于圣诞节前后，对于女王的改变感到震惊不已，因而写信给太太：

　　我们亲爱的女王、我最挚爱的皇室教母，也是这个国家最重要的母亲，逐渐展现出人类的弱点；那要与我们争夺她性命的恶魔，太快找上门来了；但若要她从无止境的痛苦与悲伤中解放出来，时间似乎又漫长得发慌。我知道有些人对于我们即将失去的一切，完全不在意，他们只在意在她大限之后的未来。但我的记忆之中，无法抹去女王陛下对我所有的好：她对我母亲的情感，她改变了我父亲的命运，她看护着年少轻狂的我，她喜欢我的即席演说，也欣赏我在学识与诗作上那微小的成就，这些都是她命令我达成的境地。若我不为她此刻的状态掬一把泪，简直就是玷污了赐我恩情的一切源头。

因为女王"陷入令人怜悯的状态"，几乎食不下咽，因此哈林顿爵士为她读了一些自创的玩笑话，希望能振奋她的精神，尽管女王仍能虚弱地微笑以对，却要哈林顿爵士住口，她说："汝等若知已走到命运尽头的大门处，此等愚蠢言行也难令人发笑。为此我更无食欲。"

当女王问哈林顿爵士是否见过泰隆伯爵时，哈林顿爵士一阵惊愕。"于是我毕恭毕敬地告诉她，我与国王代表一同与他见过面；她抬起头来，以惋惜又气愤的表情看着我说：'噢，是的，现在我记住你与这个人见过面了。'"但忧郁的情绪起伏，让女王非常难受，"于是她掉下泪来，不断捶胸顿足"。哈林顿爵士忧心，这意味着她记忆的丧失。"但谁能说，是女王陛下忘记了呢？"他问他的妻子。

这个圣诞节，女王陛下就在怀特霍尔宫中一如往常地在绚烂之中度过，她似乎变得较有精神了。"宫廷显得比以往更热闹。除了舞蹈、斗熊与各种戏剧外，还有很多经典剧作"——罗伯特·塞西尔因为玩牌而输了八百英镑。接着爱尔兰方面又传出更好的消息：泰隆伯爵表示，若女王陛下愿饶他不死，他就愿意投降。蒙裘依勋爵不断敦促女王接受这个条件，让爱尔兰战争画下句点。

478

* * *

尽管伊丽莎白女王拒绝任命继承人，但年纪越大，各种传闻也就甚嚣尘上。多数人都期待由苏格兰王詹姆士六世继位，因为他信仰新教、已婚，还育有两子。尽管人民对伊丽莎白女王爱戴又钦佩，多数贵族与士绅都不希望再让女王当政：那个年代的男人依然抱持着根深蒂固的观念，认为作为女性执政者的臣子是一件丢脸的事情。许多人也担心，"世上再也不会有这么好的女王了"。至于伊莎贝拉·克拉拉·尤金妮亚及高特的约翰在欧洲的其他后裔，包括布拉甘萨公爵与帕尔玛公爵，英国人都没将他们放在眼里，就连势力旗鼓相当、也觊觎英国王位的菲利普三世也一样。

至于英国内部有权继位的人选，凯瑟琳·格雷的儿子因为身份合法性问题而相当不受欢迎，当然，雅贝拉·史都华身为女性，自然也不被看好。

一五八七年，雅贝拉曾一度进宫，然而她的傲慢触怒了伊丽莎白女王，最后被踢出宫，回家与老祖母哈维克的贝丝小姐住在一起，一直到现在。此时的雅贝拉已经二十八岁了，性格神经质又不稳定，目前仍未婚。贝丝小姐一直是个严酷又吹毛求疵的监护人，雅贝拉因此非常讨厌她，一六〇二年左右，自觉仿佛在坐牢，因而迫不及待想要逃脱祖母的掌控，她因此托人带了讯息给凯瑟琳·格雷的鳏夫赫特福德伯爵，表示愿意嫁给他的孙子。赫特福德郡伯爵之前因企图与凯瑟琳·格雷结婚并让婚姻合法化，而惹上一身麻烦，立即将此事通报枢密院，他知道伊丽莎白女王无论如何也不可能同意这对年轻人的婚事，毕竟这两人身上都流着皇室血液，彼此婚配会引起大麻烦。

当一位皇室代表抵达雅贝拉的家询问相关问题时，对于孙女策划出逃的计划仍完全不知情的贝丝小姐，气急败坏地差点就要毒打雅贝拉一顿；后来她则是以恶毒的话咒骂她。哈维克的贝丝小姐也赶紧写信给伊丽莎白女王，向她保证自己对于雅贝拉的"大胆妄为""完全不知情"，并恳求女王解除她监护这个女孩之责，同时强调："现在已无法像过去那样掌控她了。"但伊丽莎白女王坚持，雅贝拉必须继续与祖母同住，而祖母则必须更努力地找到控制她的方法。两个月后，雅贝拉再度因试图逃脱被逮，但此时的伊丽莎白女王已经没有心思管这件事了。

479　　但就算全国各阶层的人民，都对伊丽莎白女王逝世后的未来感到焦躁不安，英国王位继承问题也始终是个禁忌。"王位继承！"曾有一位士绅这么说，"哪个不要命的敢说这种话？"

* * *

一六〇三年一月十七日，看来"一切安好"的伊丽莎白女王，与诺福克公爵的小儿子，也就是她的"好汤玛士"汤玛士·霍华德勋爵，在查特豪斯共进晚餐，并册封他为沃顿·霍华德勋爵（Lord Howard de Walden）。四天后，约翰迪用女王的星座排了命盘，在他的建议下要女王不要继续住在怀特霍尔宫，皇室便从怀特霍尔宫迁往里士满宫，"女王冬日最温暖的角落"，中途在波特尼停留，让女王得与一位布商约翰·雷西（John Lacy）共进晚餐，两人相识已经多年。此时的天气比往年都来得湿冷，伴随着冷如刀锋的东北风，女王却坚持穿着夏服，更拒绝搭上皮草。小伯利男爵托马斯·塞西尔提醒弟弟罗伯特·塞西尔，女王陛下应接受"年纪渐长，应多照顾自己的事实，以及不知足于被关在年老躯壳中的年轻心灵"。

在前往里士满宫的路上，诺丁汉伯爵策马护卫着女王座驾，依仗着女王向来对他好声好气，于是斗胆问她是否愿透露继位者人选。女王回答："我的位子就是王位，绝不会传给任何恶霸无赖；除了真正的王者之外，还有谁有资格继承我的位子？"诺丁汉伯爵与许多宫廷人士，都将这句话视为在暗示她要詹姆士六世继位的暗号，但女王既不承认也不否认。

　　二月六日，罹患严重风湿的伊丽莎白女王，接见威尼斯特使乔凡尼·斯嘉拉梅利（Giovanni Scaramelli），他是她任期内第一位威尼斯驻英大使，这也成为她人生最后一次公开露面。高坐在讲台上，身边围绕着臣子们，伊丽莎白女王穿着一件银白相间的塔夫绸搭配金色绳边的服装，服装设计是旧式的宽下摆长裙搭配低胸线，还镶着珍珠与珠宝，还有她那"向来不自然的清淡发色"，头上则戴着王冠。斯嘉拉梅利特使从她的脸上能看得出"历史，但仍不掩她的美丽"。当他弯下身去亲吻女王的裙摆时，女王将他扶起，接着伸手让他行吻手礼。

　　"欢迎来到英国，外交大臣先生。"女王说的是意大利文。"威尼斯共和国此时派人来拜访一个总是以王权为荣的女王，可说是时机相当恰当。"针对前后任的总督，女王陛下斥责他们四十五年来都未能提醒对方她的存在，并表示自己非常清楚，性别"不是这个过失的主因，我的性别不掩我伟大的声誉，也绝不冒犯那些对待我如同其他君王般平等的人"。特使知道女王打破了总督的偏见因而阻止了一场策划精细的外交政变，也让总督从此不敢再冒犯罗马教廷，因此他以正面的态度看待女王所说的话，并表示见到女王陛下"身体如此强健"让他感到开心不已。语毕稍停，等待女王同意的响应，但女王无视于此，随即将话题一转："我不知道自己的意大利文说得好不好；但我想应该不差，因为我从小便开始学习，至今仍不敢稍忘。"

480

　　十天后，在多次威胁罗伯特·塞西尔之后，女王写信给蒙裘依勋爵，同意接受泰隆伯爵输诚，给予豁免权，但前提是他须接受最严苛的条件。女王也许老了，是个"孤寂"的老女人，但她想要在任期即将结束之际，得到最后一次的胜利。

　　到了二月中，伊丽莎白女王的表侄女，也是她的挚友，诺丁汉伯爵夫人，即已故的亨斯顿勋爵之女，在里士满宫过世。女王来到床边为她送终，哀伤地下令举办国葬，并陷入深深的低潮中，直至生命的终点都未能复原。此时她的加冕戒指因为她手指肿胀而卡住，导致她疼痛不堪，只好将戒指锯下——这件事对她来说，就像是打破了女王终生嫁给人民那神圣的誓约。她已预料到死神就在不远处等她，因此哀伤地写信向法王亨利四世表示："我登基后建立的一切，都一点一点地逐渐逝去。"

　　二月二十六日，法国大使伯蒙特请求谒见女王，时因诺丁汉伯爵夫人刚过世，女王便要他稍待几日，"因为她哭得太过伤心，担心不能自已"。之后她再也未公开露面。"她仿佛突然间消失般，只愿独处，她人生的最后几年，与过去的意气风发，显得天差地别。"斯嘉拉梅利特使说。

　　此时来到宫廷中的，是女王陛下的表侄罗伯·凯利（Robert Carey），已故的亨斯顿勋爵的小儿子，也是诺丁汉伯爵夫人的兄弟。身为女王陛下的亲属，在一个周末的夜晚，他得以进入一个房间，发现伊丽莎白女王

　　　　待在一个客厅中，坐在地板上的一块座垫上。她要我过去。我吻了她的手，告诉她，看到她健康平安就是我最大的快乐，也希望她能继续维持。她执起我的手，紧紧地

拧着，告诉我："不，罗宾，我一点也不好。"接着将她心中的不适全都告诉了我，她说十到十二天以来，她的心很伤感，非常沉重，在这么短的句子中，她就叹了四十到四十五次的气，第一次见到她这个模样，让我也非常难过，在这之前，除了苏格兰女王遭斩首之时，我从未听过她叹气。

女王下令要议事堂准备好，让她隔日一早能前往做礼 **481** 拜。隔天一切都准备好了，我们正等待着女王到来。到了上午十一点，传令员表示要我们准备好御用厅堂；女王决定不去议事堂了。我们又在那里等了很久，最后她决定在寝宫中祈祷，而厅堂的门则敞开，让她能聆听礼拜程序的进行。从那天以后，她的状况就越来越差了。

最主要的问题似乎是喉咙些微的肿胀——可能是溃疡，接着伴随着感冒上身。到了三月初，女王出现发烧的症状，她的睡眠质量奇差，吞咽困难。到了三月九日，伯蒙特（Beaumont）表示："女王觉得胃部有烧灼感，始终感觉口渴，让她随时得喝点东西减轻痛苦，避免又硬又干的浓痰让她窒息。她在病中相当坚持，不断拒绝医生开立的任何处方。"这些问题，可能都是流行性感冒与扁桃腺炎的症状，因为她的忧郁而症状加重，但臣子们问她在烦恼些什么时，她告诉他们，"她知道这世界上没有什么事能让她忧心。"

罗伯特·塞西尔预料到女王大限将至，因此清楚地知道，让苏格兰王詹姆士六世和平无虞地接下政权将会是他的责任。到了二月底，他命令罗伯·凯利做好万全准备，只要女王陛下停止呼吸，随即转达苏格兰王要继位的消息。

到了三月十一日，女王陛下暂时恢复了健康，接着症状再度复发，女王"陷入呆滞状态，仿佛一下老了很多"。伯蒙特表示，她"非常懊悔、厌世，尽管参事与御医们强烈要求她同意接受治疗，以减轻痛苦，女王仍坚持不从"。尽管年老，但她依然精神可嘉，她向跪在她床前哀求要她遵照医生指示的罗伯特·塞西尔及惠特吉夫大主教表示，"她比任何人清楚自己的体力与体质，她并不像他们想的病得那么重"。她也不愿意吃任何东西，只是镇日躺在地板上的软垫上，思绪飘散在"挥之不去的忧郁"中，也不愿跟任何人说话。显然她已经不想活了。

"女王的状况越来越糟，因为她并不想康复，她身边没有任何人能说服她到床上休息。"罗伯·凯利表示。

罗伯特·塞西尔持续劝说："女王陛下，请依从人民的心，您一定得到床上休息。"女王陛下却喝道："小伙子，不准对君主使用'一定得'这个字眼。若你的父亲仍健在，定不允许你这么说，但你知道我要死了，就变得如此狂妄大胆。"

她的喉咙仿佛再也张不开。诺丁汉伯爵来探视她：他之前为妻子治丧而离宫，但随后赶紧回到宫中，协助女王提振精神。他要女王勇敢坚强，但女王却说："阁下，我的颈间仿佛被上了铁链般难受。仿佛要窒息，仿佛要窒息了，我的病如影随形。"她抱怨"胸闷如火烧，口干舌燥，让她时时无法入睡，非常难受"。这样的症状，显示她已变成支气管炎或肺炎了。

诺丁汉伯爵希望她能上床休息，但女王依然拒绝，告诉他："若你和我一样，每到上床时间，就会看到那样的情景，就不会一直这样说了"，她又表示"自己已经预见到，若轻易躺下，自己恐怕再也起不了身"。

一天，她拖着病体坐在一张矮椅子上。她发现自己无法起身后，便命令仆人们帮她起身。当她站好后，在无比坚强的意志力及与死神对抗的雄心壮志之下，她纹丝不动地屹立了十五个小时，让宫廷人士咋舌却又无能为力。最后她因体力透支而昏了过去，众人七手八脚地扶她躺在软垫上，休息了四天。

到了三月十八日，她的状况变得非常糟糕；伯蒙特向法王回报，伊丽莎白女王"看来不省人事，已经两三个小时未语了，过去两天来也没说过几句话，她总是将手指咬在口中，眼睛圆睁，直盯着地板，她总是坐在软垫上不起身，也不愿休息，因为一直睁着眼也不吃东西，她已经瘦了一大圈"。至此，女王已和衣躺在地板上长达三周。

三月十九日，女王病重，罗伯·凯利于是写信通知詹姆士六世，伊丽莎白女王的寿命可能剩不到三天；他已在北方大道各驿站安排好马匹，准备届时飞也似的奔赴苏格兰。隔天，罗伯特·塞西尔寄出一份声明给詹姆士六世，让他在登基典礼上高声朗读。此刻，詹姆士六世只希望伊丽莎白女王最后一口气不要拖得太长，"昏迷不醒、毫无知觉，无法领导统御一个国家"。

为了避免全国上下陷入抗议与恐慌中，罗伯特·塞西尔先是禁止英国政府发行有关女王健康情形的公报，但法国大使仍故意将消息放出去。"女王陛下命在旦夕。"斯嘉拉梅利特使曾提及这一句话。"过去十天来，女王几乎毫无知觉（令人怜悯）。因忧心天主教入侵，伦敦陷入全面武装的紧张之中。每一间房舍与每一个人都有所行动，绷紧了神经。"依据康登的 483

记载："女王的健康报告证实，她身体的疾病一天一天地侵蚀着她。"最令人惊讶的是，英国出现一股浪潮，许多清教徒、天主教徒、野心人士与逢迎拍马的人，以最快的速度走海路与陆路前往苏格兰，膜拜即将升起的权威，准备博取他的欢心。

最后，到了三月二十一日，诺丁汉伯爵总算"半推半就"地让伊丽莎白女王愿意上床休息。在床上躺了几个小时候，女王喉中的一处脓疮或溃疡破裂了，她于是表示自己好多了，要仆人们准备一些汤药。斯嘉拉梅利特使的报告中提及，他们将玫瑰水与红醋栗摆在女王身边，"但她很快就不能言语，从那时起便滴水未进，只是一直侧身躺着，未语，也未与他人相视，但她要人为她读一些沉思录"。惠特吉夫大主教与女王的教堂牧师，从那时起就一直待在她身边，宫廷乐师则在她身边奏点音乐，舒缓她的身心。

参事们都知道，她撑不下去了。二十三日，教堂牧师派瑞在礼拜堂中进行了特别的祈祷仪式，为女王陛下热烈地祈祷，"很少人能不流泪"。皇室日志作者强·曼宁翰（John Manningham），则在女王寝宫中得知，

女王陛下陷入无语状态已两三日，非常悲伤又安静，但她仍维持着意识与记忆，昨日甚至（向派瑞牧师）示意，抬起她的手与眼，面向天堂，她一直坚持的宗教信仰，全心全意地等待耶稣基督的救赎与怜悯，不作他想。听见祈祷声，女王显得十分开心，只要听见耶稣基督之名，就会举起手与眼望向天堂。她不愿听大主教让他长命百岁的祈祷，但当大主教提及天堂与随之而来的欢喜时，女王便会握一握他的手。

看来如果她愿意便得以继续活下去，但没有人能说服她，没有人能强迫君主。御医们表示，女王的身体非常结实健康，还能再活好几年。

那一天，诺丁汉伯爵、艾格登爵士与罗伯特·塞西尔要求女王陛下透露继位者人选，但女王已经失去了语言能力。因此——就如后人所猜测得一样——女王陛下用手与手指在头上比了一个王冠的手势，他们于是猜测，女王陛下希望詹姆士六世接下王位。

斯嘉拉梅利特使返回里士满宫时，"发现宫廷里里外外人　**484**
山人海，一片喧嚣，人人急切地等待着"。看来，终点就在不远处了。

六点整，女王陛下感到尚存的体力渐渐流失，于是示意惠特吉夫大主教上前，在她的病榻旁祈祷。在这神圣的一刻，罗伯·凯利也跪在女王的寝室中，惠特吉夫大主教此时出现的意味，也让他不住感伤流泪：

> 女王陛下仰躺着，一只手在床上，另一只手则悬空。大主教跪在她身旁，首先询问她对宗教是否忠心；女王则以眼神与握手如实地回答他的问题，让在旁陪伴的人宽慰不少。接着惠特吉夫大主教叙述了她的过去及她要面对的未来：尽管她是这个世界上的伟大女王，但她很快就必须将管理众人的职责交给全能的王。之后他便开始祷告，而周围的人也有所回应。

惠特吉夫大主教一直在她的身旁，握着她的手，给予精神上的安慰，直到他的膝盖痛得受不了，但当他想要起身祝福女王时，女王示意要他再度跪下，继续祷告。于是他又跪了"整整半个小时"，"恳切地请求上帝赐予女王健康的灵魂，他非常热烈地祈祷着，我们都发现，女王相当开心，也让我们见证了她那充满宗教、宽慰的人生最后一段路。时间渐晚，所有人都得离开，只剩下女王的侍女们来照顾她。"

当天晚上十点左右，大雨滴滴答答地打在窗棂上，伊丽莎白女王转头面向墙，坠入再也不会醒来的梦境中。派瑞牧师则"为她的灵魂大声祈祷"，她的老朋友华威伯爵夫人与斯葛洛普小姐都随侍在侧，伊丽莎白女王永世长眠，"温驯地像只绵羊，又像苹果树上的成熟苹果"，不久后，在三月二十四日周二清晨的三点整，"曾经璀璨夺目的太阳，终须西行，沉入云雾里"。

落　幕

斯葛洛普小姐一发现伊丽莎白女王断了气，便如同事先排 练好的，脱下已故的女王手上的一枚蓝宝石戒指，丢出窗外给在外等待已久的弟弟罗伯·凯利，接着他便起程前往苏格兰。苏格兰王詹姆士六世非常清楚，只要接下这枚戒指，他就真的成为英王了。

是日清晨，怀特霍尔宫中与戚普塞街已经遍传英王詹姆士一世要继位的消息。"没有人大声嚷嚷，"曼宁翰认为，"女王逝世的消息，刺痛了许多人的心，无法表现出欢欣鼓舞的样子"。尽管如此，这一天接近傍晚时，开始出现低调的庆祝，有人为新王、新王朝、新年代点燃了营火、敲响教堂钟声。渐渐地，人们发现伟大的伊丽莎白年代已成云烟。

三天后，凯利抵达了爱丁堡，正当苏格兰王准备就寝时。因长途奔驰而浑身泥泞脏污的他跪在詹姆士六世面前，称呼他为英国、苏格兰、爱尔兰与法国之王詹姆士。接着再将伊丽莎白女王的戒指交给他。

* * *

此时因皇室搬迁回伦敦，里士满宫一片萧条，"女王陛下的遗体，于死后独自摆放了一两天，只有少数人能靠近"。没有人进行验尸，只有三名侍女负责处理遗体准备下葬。接着，女王的遗体被涂上油膏，缠绕上裹尸布，奉入铅棺中。

五天后的夜里正式移灵，将棺材放上点满火炬的驳船，前往怀特霍尔宫，将它神圣地置放在大厅中，由许多贵族人士与

486

侍女日日夜夜地看守着。接着再将棺木移到西敏寺，"接受众人的哀悼；并依照自古以来的传统，一直置放在这里，直到新任英王下令埋葬"。

四月二十八日，伊丽莎白女王逝世后一个多月，葬礼队伍缓缓将她的遗体送往西敏寺。那个场景令人肃然起敬：由四匹马拉着上面垂挂着黑色天鹅绒的灵车，棺木上可以见到已故的伊丽莎白女王真人大小的蜡像，穿戴着她生前的礼袍与王冠，手握象征王权的宝球与令牌；蜡像的头上则有六位伯爵手执顶篷。紧跟在后的是由女王陛下的骑士统领牵着女王专属的无鞍驯马。送葬的主要工作是由地位崇高的贵族侍女北安普敦女伯爵来担任，由她带领穿着仿如修道服般之斗篷与兜帽的贵族们，以及其他一千位穿着黑色服装的人士：贵族、参事、士绅、宫廷人士、传令官与仆人们，以及两百七十六位穷人。市长大人与他的诸位教友弟兄也出席，此外还有皇家礼拜堂的儿童合唱团，最后则是莱礼爵士领着女王的四十卫士，卫士们手中的戟全都朝下。在这一片庄严的丧葬队伍行进间，还伴随着美丽壮观的场面，包括五彩缤纷的布条与军旗随风飘扬，以及雄壮的喇叭声。

成千上万的平民沿着出殡的路线哀悼着：史家斯托就表示："西敏区涌进了各式各样的人，将街道、平房、窗户、街沟等，全挤得水泄不通，他们全都是来送葬的，当他们见到躺在棺木上的伊丽莎白女王的蜡像时，人人都不禁叹息、呻吟、哭泣，空前绝后的悲怆，历史上也未记载任何人、任何时间或地点，一位君主之死能激起人民如此大的悲恸。"

在惠特吉夫大主教的主持下，伊丽莎白一世的遗体就埋葬在西敏寺亨利七世礼拜堂北面的侧廊；她的棺木运进了墓穴，置放在她姐姐玛丽一世的棺木上头，皇室的主要官员便依据惯例，将象征职权的白色徽章击碎，洒在她的棺木上，象征对女王的忠诚划上句点。接着便将墓穴密封。

詹姆士一世下令为伊丽莎白女王修建一座华丽的纪念碑。由马克西米连·柯特（Maximilian Colt）设计，造价七百六十五英镑，于一六〇六年完工。柯特用白色大理石，刻了一座伊丽莎白女王的塑像，看起来是个老妇，因此许多人猜测，他可能是依照女王死后的面模雕刻出来的。这座雕像由尼古拉斯·希利亚德上漆，再由约翰·克利兹（John de Critz）镀金，但现在塑像上的颜色与镀金，已被岁月冲刷殆尽。但这段用拉丁文镌刻在碑上的墓志铭，可能会让女王非常开心，因为这段文字形容她为"大英王国之母，新教与学识的抚育者；精通多国语言，天资过人，身心皆美，是举世无双的君主"。

* * *

四十五年来，"尽管面对各国的挑战"，伊丽莎白女王仍为国家带来和平与稳定的治理——这是她送给人民的无价之宝。伊丽莎白女王在位期间，英国从贫困小国，摇身一变成了欧洲强权。在英国水兵的支持下，女王的海军成为人人敬畏的海上霸权，伊丽莎白女王被尊称为"海之女王，北方之星"绝对名副其实。

透过宗教宽容政策，伊丽莎白女王也让人民更加团结，这样的气氛一直影响到了今日的英国，也让人民对她忠贞不贰。她与臣子之间，建立了过去从未见过的特殊关系，至今也无人能出其右。历史上少有如此受到爱戴的女王。在她的统治之下，人民更深具信心地相信他们是被神眷顾的国家，受到上天的护佑，也因为这样的信心，在英国大败无敌舰队多年后，成就了英国文艺复兴。

当然她也不是没有失败之处。她总是小心翼翼地掌管金钱，穷极一生都得收支平衡，最后却因经济困顿而破了功，死时留下四十万英镑的债务。爱尔兰事实上也未完全归顺，加莱港仍属法国，而至伊丽莎白女王身亡前，英国仍未能在新大陆成功建立永久的殖民地。但在伊丽莎白女王的治理下，英国打败了西班牙强权，获得欧洲诸国的敬佩，并透过王权的结合，与苏格兰建立了永远的和平。伊丽莎白女王幸运地拥有许多睿智的参事，这可能也都要归功于挑选公仆时，她识人精明，总能看出他人优点。

伊丽莎白女王总是拖延或闪避许多问题，包括皇室财务、清教主义复苏及国会试图缩减王权，伊丽莎白女王将许多可能成为未来冲突的问题，留给了后代去解决，就算她因各种难以克服的威胁与问题而腹背受敌时，她也尽可能地维持最佳状态。

许多当时的人都见证了她的能耐。伯利男爵是这样说她的："她是史上最聪颖的女性，她完全清楚同一个年代中，各国君主的兴趣与性格倾向，对于自己的王国也有彻头彻尾的了解，几乎没有任何一位参事，能说出她不知道的事情。"

"英国的神圣女王有超越男人的能力。"罗伯特·塞西尔写道，"事实上，她根本不像个女人。"接着又渴望地表示："真希望现在在谒见室中等待的是她，这样我的脚就会轻松一点，夜里也能安睡。"看来詹姆士一世统治的日子，并不像他想得那么简单。

488　　但一直到几年后，许多人才开始理解，自己失去了些什么。"当我们接受苏格兰王的统治后，对女王的思念就更深了，"格洛斯特主教葛菲古曼如是说，"对她的记忆多被称颂：教堂钟声、民众欢欣鼓舞的模样，以及追思她的布道会，都超越了迎接新王詹姆士的期待。"在她死后不过几十年间，她辛苦培养出的和谐气氛便消失无踪，王权与国会之间无可避免地发生冲突，也制造意外。人们用一种怀旧之情，不断思念着英明女王，她的传奇被人不断美化，成了各式各样的乡野奇谈：在无敌舰队之役前，德瑞克爵士仍在玩保龄球；莱礼爵士将自己的斗篷铺在地上，让女王顺利通过泥泞；伊丽莎白女王对婚姻游戏的操弄，引发几世纪的揣测。

对这位传奇女性来说，最适合的墓志铭，应该就是康登的传记中所述："再怎么遗忘，也不掩她威名的光辉；因她带来的快乐记忆，至今依然鲜明，在世代子孙的心目中流传下去。"

注　释

[1] 按当时习俗，富贵人家的做法是生完小孩后不亲自哺乳而是到乡下高薪雇用奶妈授乳。——编者注

[2] 事发后，艾咪·达德利同母异父的哥哥——约翰·艾柏雅德曾扬言他手上握有妹妹死亡的秘密线索，但是因为顾虑到当时已成为莱斯特伯爵的前妹夫达德利，所以才将消息压制下来。这句话似乎暗藏玄机，颇耐人寻味；但他的动机很明显是为了钱，可能是想要达德利付他一笔封口费，或者是想从达德利的政敌那边拿到一些好处。一五六七年，约翰·艾柏雅德怀疑这是一场骗局，便向佛里特监狱要求提出有关达德利夫人死亡的相关证据；而委员会也提供了一份验尸官的报告复本给他。最后，他很快撤销了控诉，并且宣称他非常满意这份调查，而他妹妹的死亡纯属意外。——作者注

[3] 埃居（法文：écu）是法国古货币的一种。五法郎的银币称为一埃居。——编者注

[4] Deborah（德博拉）是犹太女先知；Judith（朱迪丝）则是犹太女英雄。——译者注

[5] 克莱天奈斯拖：希腊神话人物。阿葛曼农之妻，与奸夫一同谋杀阿葛曼农，后皆为其子所杀。——译者注

[6] 一克朗等于二十五便士，也就是四分之一英镑，所以一万两千克朗等于三千英镑。——译者注

[7] 天主教鬼子：papist，贬低天主教徒的称法。——译者注

[8] 杰若粕：Jezebel，《圣经》故事人物，以邪恶淫荡出名。——译者注

[9] 这个行为受到质疑的儿子，现在是他的继承人登比勋爵。此时，莱斯特伯爵已经放弃让他那见不得光的私生子做雅贝拉未来的丈夫。这样的安排让哈维克的贝丝小姐也相当中意，一个合法的继承人当然比私生子更受人欢迎。——作者注

[10] 原文对句如下：The rose is red, the leaves are green, God save Elizabeth, our noble Qreen! ——编者注

[11] 五万克朗相当于一万两千五百英镑。——译者注

[12] 事实上是现在的晨袍。——作者注

[13] SX，等同 Essex 的念音，即艾赛克斯。——译者注

[14] 专卖权原是王室赐予的独门权力，拥有者得贩卖如盐与淀粉等民生消费品，但这样的特权经常可耻地遭到拥有者的滥用，因此多数民众对这样的制度都抱持负面观感。——作者注

[15] 原文：Little Cecil trips up and down, he rules both court and crown. ——编者注

参考文献

在许多情况下，本书所引述之文字是源自明确的文本或参考书目。而非引述的文字叙述则是参考许多当时的文献资料，经由汇集、整理、撰写而成，其主要来源是：

Acts of the Privy Council

Archaeologia

Calendar of the MSS at Hatfield House

Calendar of the MSS at Longleat

Calendars of State Papers，Foreign and Domestic

The Cecil Papers-

Collection of State Papers relating to the Reign of Elizabeth，edited by William Murdin

The Devereux Papers

The Dudley Papers

The Egerton Papers

Simonds D'Ewes：Journals of all the Parliaments during the Reign of Queen Elizabeth

N. Fourdinier. Amy Robsart

Lives and Letters of the Devereux Earls of Essex

Memoirs of the Reign of Elizabeth，edited by Thomas Birch

Sir Robert Naunton：Fragmenta Regalia

Original letters：several collections

Proceedings and Ordinances of the Privy Council

Progresses and Public Processions of Elizabeth I，edited by J. Nichols

Queen Elizabeth and Some Foreigners，edited by Victor von Klarwill

Queen Elizabeth and her Times, edited by Thomas Wright

The Rolls of Parliament

T. Rymer: Foedera

The Sidney Papers

State Papers: various collections

以上完整的细节以及其他参考文献皆列于以下原始文献和二次文献。

原始文献

Acts of the Privy Council of England (32 vols., ed. John Roche Dasent, HMSO, 1890–1918)

Allen, Cardinal William: *Letters and Memorials* (ed. T.F. Knox, 1882)

L'Ambassade de France en Angleterre sous Henri IV, 1598–1605 (4 vols., ed. Laffleur de Kermaingant, 1886–95)

Anecdotes and Traditions Illustrative of Early English History and Literature (ed. W.J. Thomas, Camden Society, 1839)

The Antiquarian Repertory: A Miscellany intended to Preserve and Illustrate several Valuable Remains of Old Times (4 vols., ed. Stephen Perlin and Francis Blyth, 1775–84; ed. F. Grose and T. Astle, 1808)

Archaeologia, or Miscellaneous Tracts relating to Antiquity (102 vols., Society of Antiquaries of London, 1773–1969)

'Archives of the English Tournament' (ed. Sidney Anglo, *Journal of the Society of Archivists*, 2, 1960)

Ascham, Roger: *English Works* (ed. W.A. Wright, 1904)

Ascham, Roger: *Opera* (1703)

Aubrey, John: *Brief Lives* (ed. Andrew Clark, 1898; ed. Anthony Powell, 1949, and Oliver Lawson Dick, 1962)

Bacon, Sir Francis: *Collected Works* (ed. J. Spedding, R.L. Ellis and D.D. Heath, 1857–74)

The Bardon Papers: Documents Relating to the Imprisonment and Trial of Mary, Queen of Scots (ed. Conyers Read, Camden Society, 3rd Series, XVII, 1909)

Barthlet, J.: *The Pedigree of Heretics (1566)*

Brantôme, Sieur de: *Oeuvres Complètes* (1823)

Buchanan, George: *Detection of the Doings of Mary, Queen of Scots* (1572)

The Cabala sive scrinia Sacra: Mysteries of State and Government in Letters of
Illustrious Persons (1654, 1691)

Calendar of Carew MSS, 1575–1588 (ed. J.S. Brewer and W. Bullen,
1868)

Calendar of Letters, Despatches and State Papers relating to Negotiations
between England and Spain, preserved in the Archives at Simancas and
Elsewhere (17 vols., ed. G.A. Bergenroth, P. de Goyangos, Garrett
Mattingly, R. Tyler etc., HMSO, 1862–1965)

Calendar of the Manuscripts of the Marquess of Bath at Longleat (Historical
Manuscripts commission, 1904–1980)

Calendar of the MSS of the Marquess of Salisbury. . . preserved at Hatfield
House (18 vols., Historical Manuscripts Commission, 1883-1940)

Calendar of Patent Rolls: Elizabeth I (Public Record Office)

Calendar of the Pepys MSS in Magdalene College, Cambridge (Historical
Manuscripts Commission)

Calendar of State Papers: Domestic Series: Edward VI, Mary, and Elizabeth,
1547–1580, 1581–90, 1591–1603 (12 vols., ed. Robert Lemon and
M.A.E. Green, 1856–72)

Calendar of State Papers: Foreign Series, Elizabeth 1 (23 vols., ed. Joseph
Stevenson and W.B. Turnbull etc., 1863–1950)

Calendar of State Papers: Ireland (11 vols., ed. H.C. Hamilton and R.P.
Mahaffy, 1860–1912)

Calendar of State Papers and Manuscripts existing in the Archives and
Collections of Milan, Vol. 1 1385–1618 (ed. A.B. Hinds, 1912)

Calendar of State Papers and Manuscripts relating to English Affairs preserved
in the Archives of Venice and in the other Libraries of Northern Italy 7 vols.,
ed. Rawdon Brown etc., HMSO, 1864–1947)

Calendar of State Papers relating to Border Affairs (ed. Joseph Bain, 1894–6)

Calendar of State Papers relating to English Affairs, preserved principally at
Rome in the Vatican Archives and Library, 1558–78 (ed. J.M. Rigg,
1916–26)

Calendar of State Papers relating to Scotland, 1509–1589 (ed. M.J. Thorpe,
1858)

Calendar of State Papers: Scotland, 1547–1603 (12 vols., ed. Joseph Bain,
W.K. Boyd and M.S. Guiseppi, 1898–1952)

Calendar of State Papers: Spanish, Elizabethan, 1558–1603 (4 vols., ed.
M.A.S. Hume, 1892–9)

Camden, William: Annales Rerum Anglicarum et Hibernicarum Regnante
Elizabetha (1615; 3 vols., tr. Thomas Hearne, 1717; tr. H. Norton,
1630, 1688; also published as Annals of the Reign of Queen Elizabeth in
'The Complete History of England' ed. White Kennett, 1706)

Camden, William: Britannia (ed. R. Gough, 1789)

Camden, William: The History of the Most Renowned and Virtuous Princess

Elizabeth, late Queen of England (1630); later published as *The History of the Most Renowned and Victorious Princess Elizabeth* (1675)

Carey, Sir Robert: *Memoirs of the Life of Robert Carey, written by Himself* (ed. John Boyle, 1759; ed. Sir Walter Scott, 1808; ed. G.H. Powell, 1905)

Carleton, Dudley: *Memorials of Affairs of State in the Reigns of Queen Elizabeth and King James 1* (3 vols, 1725)

Castelnau, Michel de: *Mémoires de Michel de Castelnau, Seigneur de la Mauvissière* (3 vols, ed. L. Laboureur, 1731)

Castiglione, Balthasar: *The Courtier* (tr. G. Bull, 1967)

The Cecil Papers: A Collection of State Papers Relating to Affairs from the Year 1552 to 1570, left by William Cecil, Lord Burghley, at Hatfield House (15 vols., ed. Samuel Haynes and William Murdin, 1740–59)

Cecil, Sir Robert: *Letters from Sir Robert Cecil to Sir George Carew* (ed John Maclean, Camden Society, LXXXVIII, 1864)

Chamberlain, John: *Letters* (ed. Sarah Williams, Camden Society, LXXIX 1861; 2 vols., ed. N.E. McClure, American Philosophical Society, Vol. XII, 1939)

Chettle, Henry: *The Order and Proceeding at the Funeral of Elizabeth* (1603)

Churchyard, Thomas: *The Service of Sir John Norris in Brittany in 1591* (1602)

Clapham, John: *Elizabeth of England: Observations concerning the Life and Reign of Queen Elizabeth* (ed. E.P. Read and Conyers Read, 1951; Pennsylvania University Press, 1951)

Clifford, Lady Anne: *Diary* (ed. V. Sackville West, 1923)

Colección de Documentos ineditos para la Historia de España (112 vols., 1842–95, and the *Nueva Colección*, 6 vols., 1892 catalogued by J. Paz, 1930–1)

A Collection of Ordinances and Regulations for the Government of the Royal Household, made in Divers Reigns (Society of Antiquaries of London, 1790)

A Collection of State Papers relating to Affairs in the Reign of Queen Elizabeth, 1571–96 (ed. William Murdin, 1759)

A Complete Collection of State Trials (ed. D. Thom, William Cobbett, and T.B. Rowel I, 1809–98; reissued 1972)

Correspondance de Philippe 11 (5 vols., ed. L.P. Gachard, 1848–79)

The Correspondence of King James VI with Sir Robert Cecil and Others in England during the Reign of Queen Elizabeth (ed. J. Bruce, Camden Society, LXXVIII, 1861)

Correspondentie van Robert Dudley, graaf van Leycester (3 vols, ed. H. Brugmans, 1931)

Cotton MSS (British Library)

The Devereux Papers (Collection of the Marquess of Bath, Longleat House) (ed. P. Broughton, Camden Miscellany XIII, 1924)

Diary of Philip Julius, Duke of Stettin, Pomerania, through England in 1602 (ed. Gottfried von Bulow and Walter Powell, Transactions of the Royal Historical Society, 2nd Series, VI, 1892)

Digges, Dudley: *The Compleat Ambassador* (1655; contains many documents relating to the Duke of Anjou's courtship of Elizabeth I)

Documents from Simancas relating to the Reign of Queen Elizabeth (ed. Tomas Gonzalez, tr. and ed. Spencer Hall, 1865)

Dudley Carleton to John Chamberlain: Jacobean Letters, 1603-1624 (ed. M. Lee, 1972)

The Dudley Papers (Collection of the Marquess of Bath, Longleat House)

The Edmondes Papers (ed. G.G. Butler, Roxburghe Club, 1973)

The Egerton Papers (ed. J.Payne Collier, Camden Society, XXII, 1840)

Elizabeth and Mary Stuart (ed. F.A. Mumby, 1914)

Elizabeth I: *A Book of Devotions composed by H.M. Elizabeth R.* (ed. J.P. Hodges and Adam Fox, 1977)

England as seen by Foreigners in the Days of Elizabeth and James I (ed. W.B. Rye, 1865)

D' Ewes, Sir Simonds: *The Journals of all the Parliaments during the Reign of Queen Elizabeth* (revised and published by Paul Bowes, 1682, 1693)

The Foljambe Papers (Historical Manuscripts Commission, 15th report, Appendix, Part V, 1987)

Fourdinier, N.: *Amy Robsart, the Wife of Lord Robert Dudley, the Favourite of Queen Elizabeth I. Her Life, Ancestry and the True Cause of her Tragic Death* (MS. MC5/29, Norfolk Record Office)

Foxe, John: *Acts and Monuments of the Church* (1563; 8 vols., ed. G. Townshend and S.R. Cattley, 1837-41)

Fuller, Thomas: *The Church History of Britain* (1665)

Fuller, Thomas: *The Worthies of England* (1662; ed. P. Nuttall, 1890)

A Full View of the Public Transactions in the Reign of Queen Elizabeth (ed. P. Forbes, 1740-41)

Gascoigne, George: *The Princely Pleasures at the Court at Kenilworth* (1575)

The Girlhood of Queen Elizabeth (ed. F.A. Mumby, 1909)

Gleanings after Time (includes 'An Elizabethan Schoolboy and his Book' by A.M. Bell; ed. G.L. Apperson, 1907)

Golding, A.: *A Confutation of the Pope's Bull against Elizabeth* (1572)

Goodman, Dr. Godfrey, Bishop of Gloucester: *The Court of James the First* (ed. J.S. Brewer, 1839)

Grafton, Richard: *Abridgement of the Chronicles of England* (1563)

Greville, Fulke: *The Life of the Renowned Sir Philip Sidney* (1652; ed. N. Smith, 1907)

Greyfriars Chronicle (ed. J. Nichols, Camden Society, Old Series, XLXIV, 1852)

Grindal Edmund: *Remains* (ed. W. Nicholson, Parker Society, 1847)

Guide to the Manuscripts preserved in the Public Record Office (2 vols., ed. M. G. Guiseppi; 2 vols. 1923–4)

The Hamilton Papers (ed. J. Bain, 1890–92)

The Hardwick Papers: Miscellaneous State Papers, 1501–1726 (2 vols., ed. Philip Yorke, 2nd Earl of Hardwicke, 1778)

Harington, Sir John: *Letters and Epigrams* (ed. N.E. McClure, 1930)

Harington, Sir John: *A New Discourse of a Stale Subject called the Metamorphosis of Ajax* (1596; ed. Elizabeth Story, 1962)

Harington, Sir John: *Nugae Antiquae, Being a Miscellaneous Collection of Original Papers in Prose and Verse, Written in the Reigns of Henry VIII, Queen Mary, Elizabeth, King James, etc.* (3 vols., ed. Rev. Henry Harington, 1769–79; 2 vols., ed. Thomas Park, 1804)

Harington, Sir John: *A Tract on the Succession to the Crown* (1602; ed. C.R. Markham, Roxburghe Club, 1880)

Harleian MSS (British Library)

Harleian Miscellany (1746; 10 vols, ed. T. Park 1808–13)

Harrison, William: *An Historical Description of England* (4 vols., 1908)

Hayward, Sir John: *Annals of the First Four Years of the Reign of Elizabeth* (ed. John Bruce, Camden Society, VII, 1840)

Hayward, Sir John: *The First Part of the Life and Reign of King Henry IV* (1599)

Hearne, Thomas: *Remarks and Collections* (Oxford Historical Society, 1898)

Hearne, Thomas: *Syllogue Epistolarum* (1716)

Hentzner, Paul: *A Journey into England in the Year 1598* (tr. Horace Walpole, 1757; 1881–2)

Hentzner, Paul: *Travels in England* (1889)

Heywood, Thomas: *England's Elizabeth* (Harleian Miscellany, X, 1813)

Hilliard, Nicholas: *The Art of Limning* (Walpole Society, 1912)

Historical Collections of the Last Four Parliaments of Queen Elizabeth (ed. Heywood Townshend, 1680)

History of Queen Elizabeth, Amy Robsart and the Earl of Leicester (ed. F.J. Burgoyne, 1904)

Hoby, Sir Thomas: *The Book of the Courtier* (1561)

Holinshed, Raphael: *Chronicles of England, Scotland and Ireland* (1577; 6 vols., ed. Henry Ellis, 1807–8)

Illustrations of British History in the Reigns of Henry VIII, Edward VI, Mary, Elizabeth and James 1 (3 vols., ed. E. Lodge, 1838)

Intimate Letters of England's Queens (ed. Margaret Sanders, 1957)

Jonson, Ben: *Conversations with William Drummond* (Shakespeare Society 1842)

Journals of the House of Commons (ed. Vardon and May, 1803)

Journals of the House of Lords (1846)

The Kenilworth Festivities (ed. F.J. Furnivall, New Shakespeare Society, 1890)

Laneham, R.: *A Letter, wherein part of the Entertainment unto the Queen's Majesty at Kenilworth Castle in Warwickshire in this Summer's Progress, 1575, is signified* (1575)

Lansdowne MSS (British Library)

Leti, Gregorio: *Historia o vero vita di Elizabetta, regina d'Inghilterra* (survives only in an abridged French translation published as *La Vie d'Elisabeth, Reine d'Angleterre, traduite d'Italien* (1692; 1696)

The Letter Books of Sir Amias Paulet (ed. John Morris, 1874)

'A Letter from Robert, Earl of Leicester, to a Lady' (ed. Conyers Read *Huntington Library Quarterly*, April, 1936)

The Letters of Queen Elizabeth (ed. G.B. Harrison, 1935 and 1968)

The Letters of Queen Elizabeth and James VI of Scotland (ed. John Bruce, Camden Society, XLVI, 1849)

Letters of Royal and Illustrious Ladies (ed. M.A.E. Wood, 1846)

Lettres de Catherine de Medicis (10 vols, ed. H. Ferrière-Percy, 1880–1909)

Lettres de Marie Stuart (ed. A. Teulet, 1859)

Lettres, Instructions et mémoires de Marie Stuart, Reine d'Ecosse (7 vols., ed. Prince A. Labanoff, 1844)

The Leycester Correspondence: Correspondence of Robert Dudley, Earl of Leicester, during his Government of the Low Countries, 1585–6 (ed. John Bruce, Camden Society, XXVII, 1844)

Leycester's Commonwealth (ed. F.J. Burgoyne, 1904)

De Lisle and Dudley MSS at Penshurst (Historical Manuscripts Commission, Report, 1934–46) (Now in the Kent County Archive Office at Maidstone)

Lives and Letters of the Devereux, Earls of Essex (2 vols., ed. Walter Bourchier Devereux, 1853)

The Loseley MSS (ed. A.J. Kempe, 1825)

'*Lost from Her Majesty's Back*' (ed. Janet Arnold, The Costume Society,1980)

Machyn, Henry: *The Diary of Henry Machyn, Citizen and Merchant Tailor of London, from A.D. 1550 to A.D. 1563* (ed. J.G. Nichols, Camden Society, XLII, 1848)

Maisse, André Huralt, Sieur de: *A Journal of all that was Accomplished by M.*

de Maisse, Ambassador in England from King Henry IV to Queen Elizabeth, 1597 (tr. and ed. G.B. Harrison and R.A. Jones, London, 1931)

Manningham, John: *Diary* (ed. John Bruce and W. Tite, Camden Society, 1858)

Melville, Sir James, of Halhill: *Memoirs of his own Life, 1549–93* (ed. Thomas Thomson, Bannatyne Club, 1829, and A. Francis Steuart, 1929)

Memorials of the Rebellion of 1569 (ed. Cuthbert Sharpe, 1840)

Memoirs of the Life and Times of Sir Christopher Hatton (ed. N.H. Nicholas, 1847)

Memoirs of the Reign of Queen Elizabeth (2 vols., ed. Thomas Birch, 1754) (drawn chiefly from the Bacon MSS in Lambeth Palace Library)

Merbury, C.: *A Brief Discourse on Royal Monarchy etc.* (1581)

Monarchs and the Muse: Poems by Monarchs and Princes of England, Scotland and Wales (ed. Sally Purcell, 1972)

Moryson, F.: *An Itinerary* (4 vols., 1907)

La Mothe Fénelon, Bertrand de Salaignac de: *Correspondance Diplomatique* (7 vols., Bannatyne Club, 1838–40)

Naunton, Sir Robert: *Fragmenta Regalia, or Observations on the Late Queen Elizabeth, Her Times and Her Favourites* (1653; Harleian Miscellany II, 1744; ed. Edward Arber, 1870, 1896)

Newdigate, Lady: *Gossip from a Muniment Room* (1898)

Notes of Conversations with Ben Jonson by William Drummond of Hawthornden (ed. G.B. Harrison and R.F. Patterson, 1923)

Original Letters Illustrative of British History (11 vols., ed. Henry Ellis, 3rd Series, 1824–1846)

Original Letters relative to the English Reformation (ed. H. Robinson, Parker Society, 1846–7)

Parker, Matthew: *Correspondence, 1535–75* (ed. J. Bruce and T.T. Perowne, Parker Society, 1853)

Parsons, Robert: *A Conference about the Next Succession to the Crown of England* (1594)

Peck, Francis: *Desiderata Curiosa* (2 vols., 1732–5; 2 vols., ed. T. Evans, 1779)

Perlin, E.: *Déscription d'Angleterre et d' Écosse* (1558)

The Poems of Queen Elizabeth (ed. Leicester Bradner, 1964)

Proceedings and Ordinances of the Privy Council of England (ed. H. Nicholas, Records Commissioners, 1834–7)

The Progresses and Public Processions of Queen Elizabeth (3 vols, ed. J. Nichols, 1823)

Queen Elizabeth and some Foreigners (ed. Victor von Klarwill; tr. T.N Nash, 1928)

Queen Elizabeth and her Times (2 vols., ed. Thomas Wright, London 1838)

The Queen's Majesty's Passage through the City of London to Westminster the Day before her Coronation (ed. James M. Osborn, 1960; ed. J.E. Neale, 1960)

Raleigh, Sir Walter: *The History of the World* (1614, 1677)

Raleigh, Sir Walter: *Letters* (ed. E. Edwards, 1868)

Raleigh, Sir Walter: *Poems* (ed. Agnes Latham, 1929)

Raleigh, Sir Walter: *Works* (8 vols., 1829)

Relations Politiques de France . . . avec l'Ecosse (5 vols, ed. A. Teulet, 1862)

Rélations Politiques des Pays Bas et de l'Angleterre sous la Règne de Philippe II, 1555–79 (11 vols., ed. Kervyn de Lettenhove etc., 1882–1900)

Rotuli Parliamentorum (The Rolls of Parliament) (7 vols., ed. J. Strachey etc., Records Commissioners, 1767–1832)

Royal MSS (British Library)

MSS of the Duke of Rutland at Belvoir Castle (Historical Manuscripts Commission, 12th Report, Appendix, Part IV, 1888)

Rymer, Thomas: *Foedera* (20 vols., 1704–35 ed. T. Hardy, Records Commissioners, 1816–69)

The Sadler Papers (2 vols., ed. A. Clifford, 1809)

Sanders, Nicholas: *De Origine ac Progressu Schismatis Anglicani* 1585; ed. D. Lewis and printed as *The Rise and Growth of the Anglican Schism*, 1877)

The Sayings of Queen Elizabeth (ed. F. Chamberlin, 1923)

Secret Correspondence of Sir Robert Cecil and James I (ed. Lord Hales, 1766)

The Secret History of the Most Renowned Queen Elizabeth and the Earl of Essex. By a Person of Quality (1695)

The Sidney Papers: Letters and Memorials of State (2 vols., ed. Arthur Collins, 1746)

Sidney, Sir Philip: *Works* (4 vols., ed. A. Feuillerat, 1922–26)

The Somers Tracts (13 vols., ed. Sir Walter Scott, 1809–15)

State Papers, Foreign Series, Elizabeth I, 1589–90 (ed. R.B. Wernham, 1964)

State Papers relating to the Defeat of the Spanish Armada (ed. J.K. Laughton, Navy Record Society, 1894)

The Statutes, A.D. 1235–1770 (HMSO 1950)

Statutes of the Realm (11 vols., Records Commissioners, 1810–28)

Stow, John *The Annals of England, or a General Chronicle of England* (1592; ed. E Howes, 1631)

Stow, John: *The Chronicles of England, from Brutus unto this Present Year of*

Christ (1580; 1605)

Stow, John: *A Survey of London* (2 vols., ed. C.L. Kingsford, 1908; ed. Henry Morley, 1994.)

Stubbs, John: *A Gaping Gulf, with Letters and other Relevant Documents* (ed. Lloyd E. Berry, 1968)

Strype, John: *Annals of the Reformation* (4 vols., 1820–40)

Strype, John: *Ecclesiastical Memorials* (3 vols., 1721–33; 1822; 1823)

Thomas Platter's Travels in England, 1599 (ed. Clare Williams, 1937)

Tomkyns, J.: *A Sermon preached on the 26th day of May 1584* (1584)

Tothill, R.: *The Passage of our Most Dread Sovereign Lady, Queen Elizabeth through the City of London to Westminster* (1559)

Tudor Royal Proclamations (3 vols., ed. P.L. Hughes and J.F. Larkin, 1964–9)

Tudor and Stuart Proclamations (2 vols., ed. R. Steele, 1910)

Tudor Tracts (ed. A.F. Pollard, 1903)

Unton, Sir Henry: *Correspondence* (ed. Joseph Stevenson, Roxburghe Club 1848)

Walsingham, Sir Francis: *Journal, 1570–83* (ed. C.T. Martin, Camden Miscellany, IV, 1871)

Wilbraham, Sir Robert: *Journal* (Camden Miscellany, X, 1902)

Wilson, Thomas: *The State of England, Anno Domino 1600* (ed. F.J. Fisher, Camden Miscellany, CVI, 3rd Series, LII 1936)

Wriothesley, Charles, Windsor Herald: *A Chronicle of England in the Reigns of the Tudors, from 1485 to 1559* (1581; 2 vols., ed. William Douglas Hamilton, Camden Society, 2nd Series, X, XX, 1875–7)

The Zurich Letters (ed. H. Robinson, Parker Society, 1842)

二次文献

Abbot, Edwin A.: *Bacon and Essex* (1877)

Abbot, Edwin A.: *Francis Bacon* (1885)

Adams, Simon: 'Faction, Clientage and Party, 1550–1603' (*History Today*, XXXII, 1982)

Adlard, George: *Amye Robsart and the Earl of Leicester* (1870)

Aikin, Lucy: *Memoirs of the Court and Times of Queen Elizabeth* (1818)

Aird, Ian: 'The Death of Amy Robsart: Accident, Suicide or Murder – or Disease?' (*English Historical Review*, 1956)

Andrews, K.R.: *English Privateering Voyages 1588–95* (Hakluyt Society, 1959)

Arber, E.(ed.): *An English Garland* (1877–96)

Armstrong Davison, M.H.: *The Casket Letters* (1965)

Arnold, Janet: *Queen Elizabeth's Wardrobe Unlock'd* (1988)

Ashdown, Dulcie M.: *Ladies in Waiting* (1976)

Auerbach, Erna: *Nicholas Hilliard* (1961)

Auerbach, Erna: 'Portraits of Queen Elizabeth I' (*Burlington Magazine*, 1953)

Auerbach, Erna: *Tudor Artists* (1954)

Axton, M.: *The Queen's Two Bodies: Drama and the Elizabethan Succession* (1977)

Bagwell, Richard: *Ireland under the Tudors* (1885)

Bainton, R.: *The Reformation in the Sixteenth Century* (1953)

Bassnett, Susan: *Elizabeth I: A Feminist Perspective* (1988)

Bayne, C.G.: 'The Coronation of Queen Elizabeth' (*English Historical Review*, XII, 1907)

Beckinsale, B.W.: *Burleigh, Tudor Statesman* (1967)

Beckinsale, B.W.: *Elizabeth I* (1963)

Bekker, E.: *Elisabeth und Leicester* (Giessener Studien, V, 1890)

Benson, E.F.: *Sir Francis Drake* (1927)

Bindoff, S.T., Hurstfield, J. and Williams, C.H. (eds.): *Elizabethan Government and Society* (1961)

Bindoff, S.T.: *Tudor England* (1950)

Black, J.B.: *Elizabeth and Henry IV* (1913)

Black, J.B.: *The Reign of Elizabeth* (1959)

Bloch, M.: *Les Rois Thaumaturges* (1924)

Bloch, Michael: *The Duchess of Windsor* (1996)

Boas, F.S.: *University Drama in the Tudor Age* (1913)

Boyd, M.C.: *Elizabethan Music and Musical Criticism* (1940)

Bradbrook, Muriel: *Drama as Offering: The Princely Pleasures of Kenilworth* (Rice Institute, XLVI, 1960)

Bradford, C.A.: *Blanche Parry* (1935)

Bradford, C.A.: *Helena, Marchioness of Northampton* (1936)

Bradley, E.T.: *The Life of the Lady Arabella Stuart (1869)*

Bromley, J.S. and Kossman, E.H.: *Britain and the Netherlands* (1961)

Brook, V.J.K.: *Whitgift and the English Church* (1957)

Brooke, Iris: *English Costume in the Age of Elizabeth* (1950)

Brookes, E. St. John: *Sir Christopher Hatton, Queen Elizabeth's Favourite* (1946)

Brushfield, T.N.: *The History of Durham House* (Devon Association, XXV)

Buxton, John: *Elizabethan Taste* (1965)

Buxton, John: *Sir Philip Sidney and the English Renaissance* (1966)

Chamberlin, Frederick: *Elizabeth and Leicester* (1939)

Chamberlin, Frederick: *The Private Character of Queen Elizabeth* (1921)

Chambers, E.K.: *'The Court' in Shakespeare's England* (1925)

Chambers, E.K.: *The Elizabethan Stage* (4 vols., 1923)

Chambers, E.K.: *Sir Henry Lee* (1930)

Chantelauze, M.R.: *Marie Stuart, sa Procès et son Exécution* (1876)

Chapman, F.: *Ancient Royal Palaces in or near London* (1902)

Chapman, H.W.: *Two Tudor Portraits* (1960)

Christy, M.: 'Queen Elizabeth's Visit to Tilbury in 1588' (*English Historical Review*, 34, 1919)

Clark, G.N.: *The Wealth of England, 1496 to 1720* (1946)

Collins, A.J: 'The Progress of Queen Elizabeth to Tilbury, 1588' (*British Museum Quarterly*, X, 1936)

Collinson, P.: *The Elizabethan Puritan Movement* (1967)

Cook, Greville: 'Queen Elizabeth and her Court Musicians' (*Musical Times*, 79, 1918)

Cowan, S.: *The Last Days of Mary Stuart (incorporating a translation of the Journal of Burgoyne)* (1907)

Creighton, Mandell: *Queen Elizabeth* (1899)

Cross, C.: *The Puritan Earl: Henry Hastings, Third Earl of Huntingdon* (1966)

Cust, L.: *Notes on the Authentic Portraits of Mary, Queen of Scots* (1903)

Davenport, C.: *English Embroidered Book bindings* (1899)

Dawley, A.: *John Whitgift and the Reformation* (1955)

Dawson, Giles E. and Kennedy-Skipton, Laetitia: *Elizabethan Handwriting: A Guide to the Reading of Documents and MSS* (1968)

Dent, John: *The Quest for Nonsuch* (1962)

Dewar, Mary: *Sir Thomas Smith: A Tudor Intellectual in Office* (1964)

Dictionary of National Biography (22 vols., ed. L. Stephen and S. Lee, 1885–1909)

Dimmock, Arthur: 'The Conspiracy of Dr Lopez' (*English Historical Review*, July, 1894)

Dodd, A.H.: *Life in Elizabethan England* (1961)

Dorsten, J.A. Van and Strong, Roy: *Leicester's Triumph* (1964)

Dowsing, James: *Forgotten Tudor Palaces in the London Area* (undated)

Dunlop, I.: *Palaces and Progresses of Elizabeth I* (1962)

Dutton, Ralph: *English Court Life from Henry VII to George II* (1963)

Eccles, Audrey: *Obstetrics and Gynaeocology in Tudor and Stuart England* (1982)

Edwards, Edward: *The Life of Sir Walter Raleigh, together with his Letters* (1868)

Edwards, R. and Ramsey, L.G.G. (eds.): *The Tudor Age* (1956)
Elton, G.R.: *England under the Tudors* (1955)
Elton, G.R.: *The Parliament of England, 1559–1581* (1986)
Elton, G.R.: *The Tudor Constitution* (1960)
Emmison, F.G.: *Tudor Secretary* (1961)
Erickson, Carolly: *The First Elizabeth* (1983)
Evans, Joan: *English Jewellery from the 5th Century A.D. to 1800* (1921)
Evans, Joan: *A History of Jewellery, 1100–1870* (1953)

Fairbank, A. and Wolpe, B.: *Renaissance Handwriting* (1960)
Falls. C.: *Elizabeth's Irish Wars* (1950)
Falls. C.: *Mountjoy: Elizabethan General* (1955)
la Ferriére, C.F.H. de: *Les Projects de Marriage de la Reine Elisabeth* (1882)
Finch, Peter J.: *John Dee: The World of an Elizabethan Magus* (1972)
Firth, C.H.: *The Ballad History of the Late Tudors* (Transactions of the Royal Historical Society, 3rd Series III, 1909)
Fisher, F.J. (ed.): *Essays on the Economic and Social History of Tudor and Stuart England* (1961)
Fleming, David Hay: *Mary, Queen of Scots: From her Birth to her Flight into England* (1898)
Fox Bourne, H.R.: *Sir Philip Sidney* (1891)
Fraser, Antonia: *Mary, Queen of Scots* (1969)
Freedman, Sylvia: *Poor Penelope: Lady Penelope Rich, an Elizabethan Woman* (1983)
Froude, J.A.: *A History of England from the Fall of Wolsey to the Defeat of the Armada* (12 vols., 1856–70)
Furnivall, F.J.: *Shakespeare and Mary Fitton* (1897)

Gaunt, William: *Court Painting in England* (1980)
Gardiner, D.: *English Girlhood at School* (1929)
Gee, Henry: *The Elizabethan Prayer Book and Ornaments* (1902)
Geyl, P.: *The Revolt of the Netherlands, 1555–1609* (1932)
Goodall, W.: *An Examination of the Letters said to be written by Mary, Queen of Scots to James, Earl of Bothwell* (2 vols., 1754)
Grew, J.H.: *Elisabeth d'Angleterre dans la Litterature Française* (1932)
Grun, Bernard: *The Timetables of History* (1991)

Hadfield, A.M.: *Time to Finish the Game* (1964)
Haigh, Christopher: *Elizabeth I* (1988)
Haigh, Christopher (ed.): *The Reign of Elizabeth I* (1984)
Hale, H.M.: 'The English Historic Portrait: Document and Myth' (*Proceedings of the British Academy*, 1963)
Hampden, John (ed.): *Francis Drake, Privateer* (1972)

Handover, P.M.: *The Second Cecil: The Rise to Power, 1563 to 1604 of Sir Robert Cecil* (1959)

Harrison, G.B.: *The Life and Death of Robert Devereux, Earl of Essex* (1937)

Haynes, Alan: 'The Islands Voyage' (*History Today*, XXV, 1975)

Haynes, Alan: *Robert Cecil, Earl of Salisbury (1989)*

Haynes, Alan: 'Supplying the Elizabethan Court' (*History Today* XXVIII, 1978)

Haynes, Alan: *The White Bear: The Elizabethan Earl of Leicester (1987)*

Headlam Wells, Robin: *Spenser's Faerie Queen and the Cult of Elizabeth* (1983)

Hearne, Karen (ed.): *Dynasties: Painting in Tudor and Jacobean England 1530–1630* (1995)

Henry, L.W.: *The Earl of Essex and Ireland* (British Institute of Historical Research, XXXII, 1959)

Henry, L.W.: 'The Earl of Essex as Strategist and Military Organiser 1596–97' (*English Historical Review*, LXVIII, 1953)

Hibbert, Christopher: *The Court at Windsor* (1964)

Hibbert, Christopher: *The Tower of London* (1971)

Hibbert, Christopher: *The Virgin Queen: The Personal History of Elizabeth I* (1992 edn.)

Hosack, J.: *Mary, Queen of Scots and Her Accusers.*(2 vols., 1870–74)

Hotson, Leslie:*Queen Elizabeth's Entertainment at Mitcham* (1953)

Howard, Philip: *The Royal Palaces* (1960)

Howarth, David: *The Voyage of the Armada.*(1981)

Hughes, P.: *The Reformation in England, Vol. 3* (1950–56)

Hume, M.A.S.: *The Courtships of Queen Elizabeth* (1898, 1904)

Hume, M.A.S.: *Treason and Plot* (1901)

Hurstfield, J.: *Elizabeth I and the Unity of England* (1960)

Hurstfield, J.: *Freedom, Corruption and Government in Elizabethan England* (1973)

Hurstfield, Joel: *The Queen's Wards* (1958)

Jackson, E.: 'Amye Robsart' (*Wiltshire Archaeological Magazine*, XVII, 1898)

Jardine, David: *Criminal Trials, Vol. I* (1832)

Jardine, David: *A Reading on the Use of Torture in the Criminal Laws of England* (1837)

Jebb, S.: *Life of Robert, Earl of Leicester* (1727)

Jenkins, Elizabeth: *Elizabeth the Great* (1958)

Jenkins, G.: 'Ways and Means in Elizabethan Propaganda' (*History*, 1941)

Johnson, Paul: *Elizabeth I: A Study in Power and Intellect* (1974)

Kendrick, T.D.: *British Antiquity* (1950)
Kenny, R.W.: *Elizabeth's Admiral* (1970)
Kingsford, C.L.: 'Essex House, formerly Leicester House and Exeter Inn' (*Antiquaries Journal, Archaeologia*, LXXIII, 1–54, Oxford, 1923)

Lacey, Robert: *Robert, Earl of Essex: An Elizabethan Icarus* (1971)
Lacey, Robert: *Sir Walter Raleigh* (1973)
Lamont-Brown, R.: *Royal Murder Mysteries* (1990)
Law, Ernest: *The History of Hampton Court Palace* (1890)
Leader, J.D.: *Mary, Queen of Scots in Captivity* (1880)
Lee, A.G.: *The Son of Leicester* (1964)
Lees-Milne, J.: *Tudor Renaissance* (1951)
Lever, T.: *The Herberts of Wilton* (1967)
Levine, M.: *The Early Elizabethan Succession Question, 1558–68* (1966)
Levine, M.: *Tudor Dynastic Problems, 1460–1571* (1973)
Lewis, Michael:, *The Spanish Armada* (1951, 1960)
Lloyd-Howell, A.:*The Rouen Campaign, 1590–92* (1973)
Long, J.H.(ed.): *Music in English Renaissance Drama* (1968)
Luke, Mary M.: *A Crown for Elizabeth* (1971)

MacCaffrey, Wallace: 'Elizabethan Politics: The First Decade, 1558–1568' (*Past and Present*, April, 1963)
MacCaffrey, Wallace: *The Making of the Elizabethan Regime* (1968)
MacDonald, H.: *Portraits in Prose* (1946)
MacNalty, Arthur S.: *Elizabeth Tudor: The Lonely Queen* (1954)
Mahon, R.H.: *Mary, Queen of Scots* (1924)
Marshall, Rosalind K.: *Elizabeth I* (1991)
Mattingly, Garrett: *The Defeat of the Spanish Armada* (1959)
du Maurier, Daphne: *The Golden Lads* (The Bacon brothers) (1975)
Mercer, Derek (ed.): *Chronicle of the Royal Family* (1991)
Meyer, C.S.: *Elizabeth I and the Religious Settlement of 1559* (1960)
Meyer, A.O.: *England and the Catholic Church under Queen Elizabeth* (tr. J.R. McKee, 1916)
Meyer, E.H.: *English Chamber Music* (1946)
Montagu, W.: *Court and Society from Elizabeth to Anne* (2 vols.,1864)
Morley, H. (ed.): *Ireland under Elizabeth and James I* (1890)
Morris, C.: *The Tudors* (1955)
Mumby, F.A.: *The Fall of Mary Stuart* (1921)

Neale, J.E.: 'The Accession of Queen Elizabeth' (*History Today*, May, 1953)
Neale, J.E.: 'The Elizabethan Acts of Supremacy and Uniformity' (*English Historical Review*, 1950)

Neale, J.E.: *The Elizabethan House of Commons* (1949)

Neale, J.E.: *Elizabeth I and her Parliaments*, Vol. 1: 1559–1581 (1953) Vol. 11: 1584–1601 (1957)

Neale, J.E.: *Essays in Elizabethan History* (1958)

Neale, J.E.: 'Parliament and the Succession Question in 1562/3 and 1566' (*English Historical Review*, 1921)

Neale, J.E.: *Queen Elizabeth I* (1934; revised edn.1965)

Neale, J.E.: 'Sayings of Queen Elizabeth' (*History*, X, October 1925)

Neale, J.E.: 'Sir Nicholas Throckmorton's Advice to Queen Elizabeth' (*English Historical Review*, LXV, 1950)

Needham, R. and Webster, A.: *Somerset House, Past and Present* (1905)

Nicholas, N.H.: *The Life of William Davison* (1823)

Orwell, G. and Reynolds, R.: *British Pamphleteers* (1948)

Osborne, June: *Entertaining Elizabeth I: The Progresses and Great Houses of her Time (1989)*

The Oxford Book of Royal Anecdotes (ed. E. Longford, 1989)

Paston-Williams, Sarah: *The Art of Dining* (1993)

Peck, D.C.: 'Government Suppression of English Catholic Books: The Case of "Leicester's Commonwealth"' (*Library Quarterly*, XLII, 2, 1977)

Percival, Rachel and Allen: *The Court of Elizabeth I* (1976)

Perry, Maria: *The Word of a Prince: A Life of Elizabeth I* (1990)

Picard, B.L.: *The Tower and the Traitors* (1961)

Plowden, Alison: *Elizabethan England* (1982)

Plowden, Alison: *Elizabeth Regina, 1588–1603* (1980)

Plowden, Alison: *Marriage with my Kingdom: The Courtships of Elizabeth I* (1977)

Plowden, Alison: *Two Queens in One Isle* (1984)

Pollen, J.H.: *The English Catholics in the Reign of Queen Elizabeth* (1920)

Pollen, J.H.: *Mary, Queen of Scots and the Babington Plot* (Scottish Historical Society, 3rd Series, 111, 1922)

Porter, H.C.: *Reformation and Reaction in Tudor Cambridge* (1958)

Prior, T.M.: *The Royal Studs of the Sixteenth and Seventeenth Centuries* (1935)

Quinn, D.B.: *Raleigh and the British Empire* (1947)

Rait, R.S. and Cameron, J.: *King James's Secret* (1927)

Read, Conyers: *Lord Burghley and Queen Elizabeth* (1960)

Read, Conyers: *Mr. Secretary Cecil and Queen Elizabeth* (1955)

Read, Conyers: *Mr. Secretary Walsingham and the Policy of Queen Elizabeth*

(3 vols.,925; reprinted 1967)

Read, Conyers: *The Tudors: Personalities and Politics in Sixteenth Century England* (1936)

Read, R.R.: *The Rebellion of the Earls, 1569* (Transactions of the Royal Historical Society, 2nd Series, XX, 1906)

Reese, M.M.: *The Royal Office of Master of the Horse* (1976)

Rice, G.P.: *The Public Speaking of Queen Elizabeth* (1951)

Rich, E.E.: 'The Population of Elizabethan England' (*Economic History Review*, 1949)

Richardson, A.: *The Lovers of Queen Elizabeth* (1907)

Ridley, Jasper: *Elizabeth I* (1987)

Robinson, Agnes M.F.: 'Queen Elizabeth and the Valois Princes' (*English Historical Review*, 11, 1887)

Rosenberg, Eleanor: *Leicester, Patron of Letters* (1955)

Roulstone, M.: *The Royal House of Tudor* (1974)

Rowse, A.L.: *An Elizabethan Garland* (1953)

Rowse, A.L.: *The Elizabethan Renaissance: The Life of the Society* (1971)

Rowse, A.L.: 'Elizabeth's Coronation' (*History Today*, III, 1953)

Rowse, A.L.: *The England of Elizabeth* (1950)

Rowse, A.L.: *The Expansion of Elizabethan England* (1955)

Rowse, A.L. and Harrison, G.B.: *Queen Elizabeth and her Subjects* (1955)

Rowse, A.L.: *Raleigh and the Throckmortons* (1962)

Rowse, A.L.: *Shakespeare's Southampton* (1965)

Rowse, A.L.: *The Tower of London in the History of the Nation* (1972)

Rowse, A.L.: *Windsor Castle in the History of the Nation* (1974)

The Royal Encyclopaedia (ed. Ronald Allison and Sarah Riddell, 1991)

Rye, W.B.:, *England as seen by Foreigners* (1865)

Rye, W.B.: *The Murder of Amy Robsart* (1885)

Scarisbrick, Diana: *Tudor and Jacobean Jewellery* (1995)

Seymour, William: *An English Family in the Shadow of the Tudors* (1972)

Simpson, A.: *The Wealth of the Gentry, 1540–1640* (1961)

Simpson, R.: *Edmund Campion* (1896)

Sitwell, Edith: *The Queen and the Hive* (1963)

Smith, A.G.R.: *The Government of Elizabethan England* (1967)

Smith, Lacey Baldwin: *The Elizabethan Epic* (1966)

Smith, Lacey Baldwin: *Elizabeth Tudor: Portrait of a Queen* (1976)

Soden, Geoffrey: *Godfrey Goodman, Bishop of Gloucester, 1583–1656* (1953)

Somerset, Anne: *Elizabeth I* (1991)

Spedding, James: *The Letters and Life of Francis Bacon* (2 vols., 1890)

Stafford, Helen G.: *James VI of Scotland and the Throne of England* (1940)

Starkey, David (ed.): *The English Court from the Wars of the Roses to the*

Civil War (1987)

Stebbings, W., *Sir Walter Raleigh* (1899)

Strachey, Lytton: *Elizabeth and Essex* (1928)

Strickland, Agnes: *Life of Queen Elizabeth* (1906)

Strong, Roy: *Artists of the Tudor Court* (1983)

Strong, Roy: *The Cult of Elizabeth* (1977)

Strong, Roy and, Oman, Julia Trevelyan: *Elizabeth R* (1971)

Strong, Roy: *The English Icon: Elizabethan and Jacobean Portraiture* (1969)

Strong, Roy: 'Federigo Zuccaro's Visit to England in 1575' (*Journal of the Warburg and Courtauld Institutes*, 1959)

Strong, Roy: *Gloriana: The Portraits of Queen Elizabeth 1* (1987)

Strong, Roy: 'The Popular Celebration of the Accession Day of Queen Elizabeth I' (*Journal of the Warburg and Courtauld Institutes*, 1947)

Strong Roy: *Portraits of Queen Elizabeth I* (1963)

Strong, Roy: *Splendour at Court* (1973)

Strong, Roy: *Tudor and Jacobean Portraits* (2 vols., HMSO, 1969)

Sugden, John: *Sir Francis Drake* (1990)

Summerson, John: *The Building of Theobalds* (*Archaeologia*, CVII, 1954)

Tanner, Lawrence E.: *The History and Treasures of Westminster Abbey* (1953)

Taylor, W.F.: *The Charterhouse of London* (1912)

Tenison, E.M.: *Elizabethan England*, I to XIIA (1933–61)

Thompson, G.S.: *Lords Lieutenant in the Sixteenth Century* (1923)

Thompson, J.V.P.: *The Supreme Governor* (1940)

Thurley, Simon: *The Royal Palaces of Tudor England* (1993)

Tighe, R.R. and Davis, J.E.: *Annals of Windsor, Being a History of the Castle and Town* (1858)

Tillyard, E.M.W.: *The Elizabethan World Picture* (1944)

Tillyard, E.M.W.: *Shakespeare's History Plays* (1944)

Tudor and Stuart Portraits (The Weiss Gallery, 1995)

Turton, Godfrey: *The Dragon's Breed: The Story of the Tudors, from Earliest Times to 1603* (1969)

Wallace, M.W.: *Philip Sidney* (1915)

Wallace, W.M.: *Sir Walter Raleigh* (1959)

Waldman, Milton: *Elizabeth and Leicester* (1945)

Walpole, Horace: *Anecdotes of Painting in England* (1876)

Waterhouse, E.: *Painting in Britain, 1530–1790* (1953)

Waters, D.W. 'The Elizabethan Navy and the Armada Campaign' (*Mariner's Mirror*, 1949)

Welsford, Enid: *The Court Masque* (1927)

Wernham, R.B.: *Before the Armada: The Growth of English Foreign Policy*

1485–1588 (1966)

Wernham, W.B.: 'Queen Elizabeth and the Portugal Expedition of 1589' (*English Historical Review*, 1951)

Westminster Abbey: *Official Guide* (various edns.)

White, F.O.: *Lives of the Elizabethan Bishops* (1898)

Wiesener, L.: *La Jeunesse d'Elisabeth d'Angleterre* (1878; 2 vols., tr C.M. Yonge, 1879)

Williams, E. Carleton: *Bess of Hardwick* (1959)

Williams, Neville: *All the Queen's Men* (1972)

Williams, Neville: 'The Coronation of Queen Elizabeth I' (*Quarterly Review*, 597, 1953)

Williams, Neville: *Elizabeth I, Queen of England* (1967)

Williams, Neville: *The Life and Times of Elizabeth I* (1972)

Williams, Neville: *Thomas Howard, 4th Duke of Norfolk* (1964)

William, P. 'The Fall of Essex' (*History Today*, 1957)

Williams, Penry: *Life in Tudor England* (1964)

Williamson, Hugh Ross,: *Historical Enigmas* (1974)

Williamson, J.A.: *The Age of Drake* (1960)

Wilson, C.: *Queen Elizabeth and the Revolt of the Netherlands* (1970)

Wilson, Derek: *Sweet Robin: A Biography of Robert Dudley, Earl of Leicester, 1533–1588* (1981)

Wilson, E.C.: *England's Eliza* (1939)

Wilson, J.D.: *Life in Shakespeare's England* (1911)

Wilson, Jean: *Entertainments for Elizabeth* (1980)

Wilson, Jean: 'The Harefield Entertainment and the Cult of Elizabeth I' (*Antiquaries Journal*, LXVI, 1986)

Wilson, V.A.: *Queen Elizabeth's Maids of Honour* (1922)

Woodfill, W.L.: *Musicians in English Society from Elizabeth to Charles I* (1953)

Woodworth, W.: *A Purveyance for the Royal Household under Queen Elizabeth* (Transactions of the American Philosophical Society, 35, 1945–6)

Wormald, Jenny: *Mary, Queen of Scots: A Study in Failure* (1988)

Wright, W.B.: *Middle Class Culture in Elizabethan England* (1935)

Yates, F.A.: *Astraea: The Imperial Theme in the Sixteenth Century* (1975)

Yates, F.A.: 'Elizabethan Chivalry: The Romance of the Accession Day Tilts' (*Journal of the Warburg and Courtauld Institutes*, 1947)

Yates, F.A.: 'Queen Elizabeth as Astraea' (*Journal of the Warburg and Courtauld Institutes*, 1947)

Young, Alan: *Tudor and Jacobean Tournaments* (1987)

Youngs, F.A.: *The Proclamations of the Tudor Queens* (1976)

Zweig, Stefan: *The Queen of Scots* (1935)

索 引

图书在版编目（CIP）数据

伊丽莎白女王/（英）威尔著；董晏廷译.—北京：社会科
学文献出版社，2014.8（2023.7 重印）
ISBN 978 - 7 - 5097 - 5902 - 8

Ⅰ.①伊…　Ⅱ.①威…②董…　Ⅲ.①伊丽莎白一世
（1533 - 1603）- 传记　Ⅳ.①K835.617 = 33

中国版本图书馆 CIP 数据核字（2014）第 074162 号

伊丽莎白女王

著　　者／〔英〕艾莉森·威尔（Alison Weir）
译　　者／董晏廷

出 版 人／王利民
项目统筹／段其刚　董风云
责任编辑／冯立君
责任印制／王京美

出　　版／社会科学文献出版社·甲骨文工作室（分社）（010）59366527
　　　　　　地址：北京市北三环中路甲 29 号院华龙大厦　邮编：100029
　　　　　　网址：www. ssap. com. cn
发　　行／社会科学文献出版社（010）59367028
印　　装／三河市东方印刷有限公司

规　　格／开　本：889mm × 1194mm　1/32
　　　　　　印　张：23.75　插　页：0.625　字　数：557 千字
版　　次／2014 年 8 月第 1 版　2023 年 7 月第 9 次印刷
书　　号／ISBN 978 - 7 - 5097 - 5902 - 8
著作权合同
登 记 号　／图字 01 - 2013 - 7774 号
定　　价／79.00 元

读者服务电话：4008918866